中文社会科学引文索引（CSSCI）来源集

民间法

FOLK LAW

第26卷

主　编·谢　晖　陈金钊　蒋传光
执行主编·彭中礼

中南大学法学院 主办

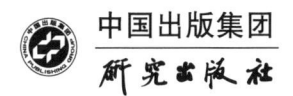

中国出版集团
研究出版社

图书在版编目(CIP)数据

民间法.第26卷/谢晖,陈金钊,蒋传光主编.--北京:研究出版社,2021.6
ISBN 978-7-5199-1040-2

Ⅰ.①民… Ⅱ.①谢…②陈…③蒋… Ⅲ.①习惯法–中国–文集 Ⅳ.① D920.4-53

中国版本图书馆CIP数据核字(2021)第145238号

出 品 人：赵卜慧
责任编辑：张立明

民间法（第26卷）
MINGJIANFA (DI 26 JUAN)

作　　者	谢　晖　陈金钊　蒋传光
出版发行	研究出版社
地　　址	北京市朝阳区安定门外安华里504号A座（100011）
电　　话	010-64217619　　64217612（发行中心）
网　　址	www.yanjiuchubanshe.com
经　　销	新华书店
印　　刷	河北赛文印刷有限公司
版　　次	2021年6月第1版　2021年6月第1次印刷
开　　本	787毫米×1092毫米　1/16
印　　张	33.5
字　　数	651千字
书　　号	ISBN 978-7-5199-1040-2
定　　价	99.00元

版权所有，翻印必究；未经许可，不得转载

总　序

在我国，从梁治平较早提出"民间法"这一概念起算，相关研究已有25年左右的历程了。这一概念甫一提出，迅速开启了我国民间法研究之序幕，并在其后日渐扎实地推开了相关研究。其中《民间法》《法人类学研究》等集刊的创办，一些刊物上"民间法栏目"的开办，"民间法文丛"及其他相关论著的出版，一年一度的"全国民间法/民族习惯法学术研讨会"、中国人类学会法律人类学专业委员会年会、中国社会学会法律社会学专业委员会年会、中国法学会民族法学专业委员会年会等的定期召开，以及国内不少省份民族法学研究会的成立及其年会的定期或不定期召开，可谓是相关研究蓬勃繁荣的明显标志和集中展示。毫无疑问，经过多年的积累和发展，我国民间法研究的学术成果，已经有了可观的量的积累。但越是这个时候，越容易出现学术研究"卡脖子"的现象。事实正是如此。一方面，"民间法"研究在量的积累上突飞猛进，但另一方面，真正有分量的相关学术研究成果却凤毛麟角。因此，借起草"《民间法》半年刊总序"之机，我愿意将自己对我国当下和未来民间法研究的几个"看点"（这些思考，我首次通过演讲发表在2020年11月7日于镇江召开的"第16届全国民间法/民族习惯法学术研讨会"上）抛出来，作为引玉之砖，供同仁们参考。

第一，民间法研究的往后看。这是指我国的民间法研究，必须关注其历史文化积淀和传承，即关注作为历史文化积淀和传承的民间法。作为文化概念的民间法，其很多分支是人们社会生活长期积累的结果，特别是人们习常调查、研究和论述的习惯法——无论民族习惯法、地方习惯法、宗族习惯法，还是社团习惯法、行业习惯法、宗教习惯法，都是一个民族、一个地方、一个宗族，或者一个社团、一种行业、一种宗教在其历史长河中不断积累的结果。凡交往相处，便有规范。即便某人因不堪交往之烦而拒绝与人交往，也需要在规范上一视同仁地规定拒绝交往的权利和保障他人拒绝交往的公共义务。当一种规范能够按照一视同仁的公正或"正义"要求，客观上给人们分配权利和义务，且当这种权利义务遭受侵害时据之予以救济时，便是习惯法。所以，民间法研究者理应有此种历史感、文化感或传统感。应当有"为往圣继绝学"的志向和气概，在历史中观察当下，预见未来。把史上积淀的民间法内容及其作用的方式、场域、功能，其对当下安排公共交往、组织公共秩序的意义等予以分门别类，疏证清理，发扬光大，是民间法研究者责无旁贷的。在这方面，我国从事民族习惯法，特别是从史学视角从事相关研究的学者，已经做了许多值得赞许的工作，但未尽之业仍任重道远。其他相关习惯法的挖掘整理，虽有零星成果，但系统地整理研究，很不尽人意。因之，往后看的使命绝没有完成，更不是过时，而是必须接续既往、奋力挖掘的民间法学术领域。

第二，民间法研究的往下看。这是指我国的民间法研究，更应关注当下性，即关注当代社会交往中新出现的民间法。民间法不仅属于传统，除了作为习惯（法）的那部分民间法之外，大多数民间法，是在人们当下的交往生活中产生并运行的。即便是习惯与习惯法的当下传承和运用，也表明这些经由历史积淀所形成的规则具有的当下性或当下意义。至于因为社会的革故鼎新而产生的社区公约、新乡规民约、企业内部规则、网络平台规则等，则无论其社会基础，还是其表现形式和规范内容，都可谓是新生的民间法。它们不但伴随鲜活的新型社会关系而产生，而且不断助力于新社会关系的生成、巩固和发展。在不少时候，这些规范还先于国家法律的存在，在国家法供给不及时，以社会规范的形式安排、规范人们的交往秩序。即便有了相关领域的国家法律，但它也不能包办、从而也无法拒绝相关新型社会规范对人们交往行为的调控。这在各类网络平台体现得分外明显。例如，尽管可以运用国家法对网络营运、交易、论辩中出现的种种纠纷进行处理，但在网络交往的日常纠纷中，人们更愿意诉诸网络平台，运用平台内部的规则予以处理。这表明，民间法这一概念，不是传统规范的代名词，也不是习惯规范的代名词，而是包括了传统规范和习惯规范在内的非正式规范的总称。就其现实作用而言，或许当下性的民间法对于人们交往行为的意义更为重要。因此，在当下性视角中调查、整理、研究新生的民间规范，是民间法研究者们更应努力的学术领域。

第三，民间法研究的往前看。这是指我国的民间法研究，不仅应关注过去、关注当下，而且对未来的社会发展及其规范构造要有所预期，发现能引领未来人们交往行为的民间法。作为"在野的"、相对而言自生自发的秩序安排和交往体系，民间法不具有国家法那种强规范的可预期性和集约性，反之，它是一种弱规范，同时也具有相当程度的弥散性。故和国家法对社会关系调整的"时滞性"相较，民间法更具有对社会关系"春江水暖鸭先知"的即时性特征。它更易圆融、自然地适应社会关系的变迁和发展，克服国家法在社会关系调整中过于机械、刚硬、甚至阻滞的特点。惟其如此，民间法与国家法相较，也具有明显地对未来社会关系及其规范秩序的预知性。越是面对一个迅速变革的社会，民间法的如上特征越容易得到发挥。而我们所处的当下，正是一个因科学的飞速发展，互联网技术的广泛运用和人工智能的不断开发而日新月异的时代。人类在未来究竟如何处理人的自然智慧和人工智能间的关系？在当下人工智慧不断替代人类体力、脑力，人们或主动亲近人工智慧，或被迫接受人工智慧的情形下，既有民间法是如何应对的？在人类生殖意愿、生殖能力明显下降的情形下，民间法又是如何因应的……参照民间法对这些人类发展可以预知的事实进行调整的蛛丝马迹，如何在国家法上安排和应对这些已然呈现、且必将成为社会发展事实的情形？民间法研究者对之不但不能熟视无睹，更要求通过其深谋远虑的研究，真正对社会发展有所担当。

第四，民间法研究的往实看。这是指我国的民间法研究，应坚持不懈地做相关实证研究，以实证方法将其做实、做透。作为实证的民间法研究，在方法上理应隶属于社会学和人类学范畴，因此，社会实证方法是民间法研究必须关注并运用的重要工具。无论社会访谈、调查问卷，还是蹲点观察、生活体验，都是研究民间法所不得不遵循的方法，否则，民间法研究就只能隔靴搔痒，不得要领。在这方面，近20年来，我国研究民间法，特别是研究民族习惯法的一些学者，已经身体力行地做了不少工作。但相较社会学、人类学界的研究，民间法研究的相关成果还远没有达到那种踏足田野、深入生活的境地。绝大多数实证研究，名为实证，但其实证的材料，大多数是二手、甚至三手的。直接以调研获得的一手材料为基础展开研究，虽非没有，但寥若晨星。这势必导致民间法的实证研究大打折扣。这种情形，既与法学学者不擅长社会实证的学术训练相关，也与学者们既没有精力，也缺乏经费深入田野调研相关，更与目前的科研评价体制相关——毕竟扎实的社会学或人类学意义上的实证，不要说十天数十天，即便调研一年半载，也未必能够成就一篇扎实的、有说服力的论文。因此，民间法研究的往实看，绝不仅仅是掌握社会学或人类学的分析方法，更需要在真正掌握一手实证材料的基础上，既运用相关分析工具进行分析，又在此分析基础上充实和完善民间法往实看的方法，甚至探索出不同于一般社会学和人类学研究方法的民间法实证研究之独有方法。

第五，民间法研究的往深看。这是指我国的民间法研究，要锲而不舍地提升其学理水平。这些年来，人们普遍感受到我国的民间法研究，无论从对象拓展、内容提升、方法运用还是成果表达等各方面，都取得了显著的成就，但与此同时，人们又存有另一种普遍印象：该研究在理论提升上尚不尽如人意，似乎这一领域，更"容易搞"，即使人们没有太多的专业训练，也可以涉足，不像法哲学、法律方法、人权研究这些领域，不经过专业训练，就几乎无从下手。这或许正是导致民间法研究的成果虽多，但学理深度不足的主要原因。这尤其需要民间法研究在理论上的创新和提升。我以为，这一提升的基点，应锚定民间法学术的跨学科特征，一方面，应普及并提升该研究的基本理念和方法——社会学和人类学的理念与方法，在研究者能够娴熟运用的同时，结合民间法研究的对象特征，予以拓展、提升、发展。另一方面，应引入并运用规范分析（或法教义学）方法和价值分析方法，以规范分析的严谨和价值分析的深刻，对民间法的内部结构和外部边界予以深入剖析，以强化民间法规范功能之内部证成和外部证成。再一方面，在前述两种理论提升的基础上，促进民间法研究成果与研究方法的多样和多元。与此同时，积极探索民间法独特的研究方法、对象、内容、范畴等，以资构建民间法研究的学术和学科体系——这一体系虽然与法社会学、法人类学、规范法学有交叉，但绝非这些学科的简单剪裁和相加。只有这样，民间法研究往深看的任务才能有所着落。

第六，民间法研究的比较（往外）看。这是指我国的民间法研究，不仅要关注作为非制度事实的本土民间法及其运行，而且要眼睛向外，关注域外作为非正式制度事实的民间法及其运行，运用比较手法，推进并提升我国的民间法研究。民间法的研究，是法律和法学发展史上的一种事实。在各国文明朝着法治这一路向发展的过程中，都必然会遭遇国家法如何对待民间法的问题，因为国家法作为人们理性的表达，其立基的直接事实基础，就是已成制度事实的非正式规范。随着不同国家越来越开放性地融入世界体系，任何一个国家的法制建设，都不得不参照、尊重其他国家的不同规范和国际社会的共同规范。因此，民间法研究的向外看、比较看，既是国家政治、经济、文化关系国际化，人民交往全球化，进而各国的制度作用力相互化（性）的必然，也是透过比较研究，提升民间法学术水平和学术参与社会之能力的必要。在内容上，比较研究既有作为非正式制度事实的民间法之比较研究，也有民间法研究思想、方法之比较研究。随着我国学者走出国门直接观察、学习、调研的机会增加和能力提升，也随着国外学术思想和学术研究方法越来越多地引入国内，从事比较研究的条件愈加成熟。把国外相关研究的学术成果高质量地、系统地迻译过来，以资国内研究者参考，积极参与国际上相关学术活动，组织学者赴国外做专门研究，成立比较研究的学术机构，专门刊发民间法比较研究的学术专栏等，是民间法研究比较看、向外看在近期尤应力促的几个方面。

当然，民间法研究的关注路向肯定不止如上六个方面，但在我心目中，这六个方面是亟须相关研究者、研究机构和研究团体尽快着手去做的；也是需要该研究领域的学者们、研究机构和研究团体精诚团结、长久攻关的事业。因此，在这个序言中，我将其罗列出来，并稍加展开，冀对以后我国的民间法研究及《民间法》半年刊之办刊、组稿能有所助益。

创刊于 2002 年的《民间法》集刊，从第 1 卷到第 13 卷一直以"年刊"的方式出版。为了适应作者及时刊发、读者及时阅读以及刊物评价体系之要求，自 2014 年起，该集刊改为半年刊。改刊后，由于原先的合作出版社——厦门大学出版社稿件拥挤，尽管责任编辑甘世恒君千方百计地提前刊物的面世时间，但结果仍不太理想。刊物每每不能按时定期出版，既影响刊物即时性的传播效果，也影响作者和读者的权利。《民间法》主编与编辑收到了不少作者和读者对此的吐槽。为此，经与原出版社厦门大学出版社及甘世恒编辑的商量，从 2020 年第 25 卷起，《民间法》将授权由在北京的研究出版社出版。借此机会，我要表达之前对《民间法》的出版给予鼎力支持的山东人民出版社及李怀德编审，济南出版社及魏治勋教授，厦门大学出版社及甘世恒编审的诚挚感谢之情；我也要表达对《民间法》未来出版计划做出周备规划、仔细安排的研究出版社及张立明主任的真诚感谢之意。期待《民间法》半年刊作为刊载民间法学术研究成果的专刊，在推进我国民间法研究上，责无旁贷地肩负起其应有的责任，也期待民间法研究者对《民间法》半年刊一如既往地予以宝贵的帮助和支持！

是为序。

陇右天水学士　谢　晖
2020 年冬至序于长沙梅溪湖寓所

原　　序

　　自文明时代以来，人类秩序，既因国家正式法而成，亦藉民间非正式法而就。然法律学术所关注者每每为国家正式法。此种传统，在近代大学法学教育产生以还即为定制。被谓之人类近代高等教育始创专业之法律学，实乃国家法的法理。究其因，盖在该专业训练之宗旨，在培养所谓贯彻国家法意之工匠——法律家。

　　诚然，国家法之于人类秩序构造，居功甚伟，即使社会与国家分化日炽之如今，前者需求及依赖于后者，并未根本改观；国家法及国家主义之法理，仍旧回荡并主导法苑。奉宗分析实证之法学流派，固守国家命令之田地，立志于法学之纯粹，其坚定之志，实令人钦佩；其对法治之为形式理性之护卫，也有目共睹，无须多言。

　　在吾国，如是汲汲于国家（阶级）旨意之法理，久为法科学子所知悉。但不无遗憾者在于：过度执著于国家法，过分守持于阶级意志，终究令法律与秩序关联之理念日渐远离人心，反使该论庶几沦为解构法治秩序之刀具，排斥法律调节之由头。法治理想并未因之焕然光大，反而因之黯然神伤。此不能不令人忧思者！

　　所以然者何？吾人以为有如下两端：

　　一曰吾国之法理，专注于规范实证法学所谓法律本质之旨趣，而放弃其缜密严谨之逻辑与方法，其结果舍本逐末，最终所授予人者，不过御用工具耳（非马克斯·韦伯"工具理性"视角之工具）。以此"推进"法治，其效果若何，不说也知。

　　二曰人类秩序之达成，非惟国家法一端之功劳。国家仅藉以强制力量维持其秩序，其过分行使，必致生民怅还，惶惶如也。而自生于民间之规则，更妥帖地维系人们日常交往之秩序。西洋法制传统中之普通法系和大陆法系，不论其操持的理性有如何差异，对相关地方习惯之汲取吸收，并无沟裂。国家法之坐大独霸，实赖民间法之辅佐充实。是以19世纪中叶、特别20世纪以降，社会实证观念后来居上，冲击规范实证法学之壁垒，修补国家法律调整之不足。在吾国，其影响所及，终至于国家立法之走向。民国时期，当局立法（民法）之一重大举措即深入民间，调查民、商事习惯，终成中华民、商事习惯之盛典巨录，亦成就了迄今为止中华历史上最重大之民、商事立法。

　　可见，国家法与民间法，实乃互动之存在。互动者，国家法借民间法而落其根、坐其实；民间法藉国家法而显其华、壮其声。不仅如此，两者作为各自自治的事物，自表面看，分理社会秩序之某一方面；但深究其实质，则共筑人间安全之坚固堤坝。即两者之共同旨趣,在构织人类交往行动之秩序。自古迄今,国家法虽为江山社稷安全之必备,然与民间法相须而成也。此种情形,古今中外,概莫能外。因之,此一结论,可谓"放之四海而皆准"。凡关注当今国家秩序、黎民生计者,倘弃民间法及民间自生秩序于不顾,即令有谔谔之声,皇皇巨著,也不啻无病呻吟、纸上谈兵,终其然于事无补。

近数年来,吾国法学界重社会实证之风日盛,其中不乏关注民间法问题者。此外,社会学界及其他学界也自觉介入该问题,致使民间法研究蔚然成风。纵使坚守国家法一元论者,亦在认真对待民间法。可以肯定,此不惟预示吾国盛行日久之传统法学将转型,亦且表明其法治资源选取之多元。为使民间法研究者之辛勤耕耘成果得一展示田地,鄙人经与合作既久之山东人民出版社洽商,决定出版《民间法》年刊。

本刊宗旨,大致如下:

一为团结有志于民间法调查、整理与研究之全体同仁,共创民间法之法理,以为中国法学现代化之参照;

二为通过研究,促进民间法与官方法之比照交流,俾使两者构造秩序之功能互补,以为中国法制现代化之支持;

三为挖掘、整理中外民间法之材料,尤其于当代特定主体生活仍不可或缺、鲜活有效之规范,以为促进、繁荣民间法学术研究之根据;

四为推进民间法及其研究之中外交流,比较、推知相异法律制度的不同文化基础,以为中国法律学术独辟蹊径之视窗。

凡此四者,皆须相关同仁协力共进,始成正果。故鄙人不揣冒昧,吁请天下有志于此道者,精诚团结、互为支持,以辟法学之新路、开法制之坦途。倘果真如此,则不惟遂本刊之宗旨,亦能致事功之实效。此乃编者所翘首以待者。

是为序。

陇右天水学士 谢 晖
序于公元 2002 年春

目　录　　民间法（第26卷）

总序/原序　　　　　　　　　　　　　　　　　　　　　　　谢　晖 / I

学理探讨

非正式制度、信任机制与民族地区禁毒社会组织功能发挥　　　　谢　勇 / 3
民间借贷夫妻债务的司法认定问题　　　　　　　　　　蓝寿荣　罗　静 / 19
纾解农村家庭养老集体行动困境：在"情""理""法"之间
　　——基于中原传统农区的田野调查　　　　　　　　　　　贾　滕 / 37
民商事习惯司法适用地位研究　　　　　　　　　　　　宋　阳　陈　莹 / 50
习惯法的刑法命运　　　　　　　　　　　　　　　　　　　　詹红星 / 69
宅基地使用权抵押民间规则的司法实证研究　　　　　　　　　　于　霄 / 81
论我国农村基层治理及实现路径中的民间法作用及其限度＊　　　钱继磊 / 104
从"送法下乡"到"迎法下乡"
　　——乡村巨变时期纠纷解决的乡土逻辑　　　　　　　　　马树同 / 116
《世界反兴奋剂条例》嗣后实践法律解释方法适用
　　——基于俄罗斯系统性兴奋剂违规案的思考　　　　　　　孔　蕊 / 127

经验解释

从婚俗看民间法中女性的失落　　　　　　　　　　　　　　　　李　勇 / 141
论1940年代太行革命根据地婚姻纠纷的产生及解决
　　——以《乡村法案——1940年代太行区政府断案63例》为中心　胡现岭 / 157

通过法律与情理的社会控制
——以南宋"名公"淫祠邪祀治理为视角的分析　　　　　　　　　　吴运时 / 171

我国基层解纷模式的古今差异：正反"金字塔"架构
——兼论"枫桥经验"启示下基层解纷机制重构　　　　　魏文超　范忠信 / 183

新旧之间：诉讼档案中的民国基层女性权利意识　　　　　　　　　刘楷悦 / 195

制度分析

众包型纠纷解决中的民间规范及其运作机制分析
——以淘宝大众评审制为例　　　　　　　　　　　　　　　　　　尚海涛 / 213

西部民族习惯与认罪认罚从宽制度的互动研究
——以藏区"董嘉哇"习惯为例　　　　　　　　　　　　马连龙　马晓萍 / 228

重拾被遗忘的传统：晚近百年刑事和解的变迁　　　　　　张　健　吕嘉成 / 245

员额动态管理制度的构建逻辑与实施优化　　　　　　　　　　　　龙婧婧 / 259

论公益诉讼案件范围拓展的民间法调适　　　　　　　　　　余　彦　苏　雁 / 273

社会调研

扁担山地区布依族婚姻习惯法田野调查与研究　　　　　　　　　　周相卿 / 291

中部乡村治理现代化的逻辑
——以新冠疫情防控中的江西省L市农村为分析样本　　　唐东楚　高松琼 / 306

人民法庭巡回审判如何回应农牧区司法需求
——对新疆阿勒泰AH法庭日常个案的考察　　　　　　　　　　　肖建飞 / 318

职业放贷人的识别及其现代化治理
——基于演化博弈分析　　　　　　　　　　　　　　　　赵　勇　任建坤 / 339

民族自治地方变通立法实证研究
——以变通、补充规定为考察对象　　　　　　　　　　　　　　　张　印 / 355

互联网平台经济从业者劳动权益法律保障困境及应对　　　　黎　林　杨柳圻 / 393

域外视窗

法律民族志研究：重新连接人类学和社会学传统
　　　　　　　　　　　　　　　乔纳斯·本斯　拉里萨·维特斯　刘锐一译 / 417

阿拉斯加州公共卫生改革：迈向模范公共卫生法
　　　　　　　　　　　　劳伦斯·O. 戈斯廷　小詹姆斯·G. 霍祺　李文军译 / 431

联邦托管责任视角下美国土著领地的环境保护　　　　　　　　　　　　　郑　勇 / 465

学术评论

场域公共秩序中的移风易俗与助推型治理
——兼论《民间法哲学论》引发的思考　　　　　　　　　　　　　　段泽孝 / 487
理论指导实践：法律学说在司法运用中的应然样态
——《论法律学说的司法运用》之批判性阅读　　　　　　　　　　　沈　寨 / 499
网络法治探索的民间法向度
——第十六届全国民间法·民族习惯法学术研讨会综述　　　　　　　魏小强 / 512

学理探讨

非正式制度、信任机制与民族地区禁毒社会组织功能发挥*

谢 勇**

摘 要 通过个案质性等研究方法，深入探究民族地区非正式制度的"异质性特征"以及这些非正式制度是如何通过信任机制来支持、培育和规制当地禁毒社会组织发展，又该怎样完善当地非正式制度等问题。信任机制以来源于政府的纵向信任关系、社会的横向信任关系为基础，通过禁毒社会组织与公安机关、政府、村（居）委会、服务对象、当地社会组织建立的错综复杂信任关系，产生了网络体系不健全、规范体系族群认同欠缺以及支持体系面临制度排斥的效应，并据此提出了相应的对策建议，以期推进我国少数民族地区毒品治理体系和治理能力现代化。

关键词 非正式制度　信任机制　民族地区　禁毒社会组织

在毒品治理领域中，禁毒社会组织因其独特的治理功能而备受关注。禁毒社会组织是统述性的话语概念，主要服务对象是出戒毒所后或未达强制收治条件的社区戒毒、社区康复吸毒人员；主要工作内容是通过毒品预防、心理干预、宣传教育、就业扶持、临时救助等方面对吸毒者心理、精神状态进行调试和矫治；主要是由民政部门登记的以及虽未经民政部门登记但在市场监管部门注册的社会团体、民办非企业单位和基金会等各种社会组织构成；主要目的是通过嵌入进禁毒治理结构的系统机制和组织安排中，帮助吸毒人员提升社会适应能力，尽力克服"人格退化"，促进吸毒人员顺利回归社会，并积极营造全社会

---

* 司法部法治建设与法学理论研究部级重点项目《刑法介入毒品问题治理的中国模式》（项目编号：19SFB1005）。
** 谢勇，法学博士后，西南政法大学国家毒品问题治理研究中心副研究员。

共同支持关爱吸毒人员的良好氛围。近年来,我国民族地区积极探索禁毒社会化,大力发展禁毒社会组织。这些禁毒社会组织在当地制度环境综合影响、控制和促进下,取得了显著的工作成效。系统解释民族地区禁毒社会组织面临的非正式制度供给情况以及通过何种机制对禁毒社会组织产生影响这一问题,具有重要的现实意义。

一、研究缘起

美国社会学家斯科特指出,制度环境包括正式约束与非正式约束两类,制度由管制性、规范性以及文化认知性三大系统组成。[①] 在此基础上,一些学者以正式与非正式两个维度为划分,进一步完善了制度环境的结构性要素,指出:正式制度以管制为特征,包括法律强制性规定、国家管制和社会规则;非正式制度以认知为特征,包括社会规范、文化道德和意识形态等(如表1所示)。[②] 近年来,国内外一些法学、社会学、人类学学者更加重视非正式制度对宏观经济政治环境、微观个体组织行为的影响作用。他们认为,正式制度无法形成对政治以及市场运作全覆盖的治理体系,而非正式制度在一定程度上能够有效弥补正式制度的不足,有力避免治理缺失。

表1 制度环境的维度

正式的程度	示例	重要支柱
正式制度	法律	管制性(强制性)
	管制	
	规则	
非正式制度	规范	规范性
	文化	认知性
	道德	

总体而言,我国民族地区文化价值体系具有封闭性、多元式以及横向交流不足等特征。在此背景下,民族地区禁毒社会组织是否能够通过建立与政府、其他社会组织、服务对象等主体稳定的信任关系,有效吸纳社会资源,赢得来源于政府与社会的广泛信任、支持与认可,践行其使命价值,实现其目标任务,将在一定程度上决定社会组织的生存和发展。

我国著名法人类学家张晓辉曾指出,研究者要认真选择调查地点、调查对象和调查范

---

① [美]理查德·斯科特:《制度与组织——思想观念与物质利益(第3版)》,中国人民大学出版社2010年版,第67-71页。
② Peng, Mike W, Sunny Li Sun, Pinkham, Brian, *The Institution - Based View as a Third Leg for a Strategy Tripod*, Academy of Management Perspectives, 63 - 81 (2009).

围，尽量将研究视野限制在相对狭小的、具有一定代表性的范围之中。① 笔者选择了西南民族地区某禁毒社会组织为个案进行研究，该组织是西南民族地区首个以禁毒命名的社会组织，当地少数民族成分多，毒情形势也较为严峻复杂。对该组织的个案研究可能无法简单推导为我国民族地区禁毒社会组织非正式制度有关整体性结论，但是对该组织所面临的非正式制度逻辑却是值得讨论的，并有可能从中提炼出关于民族地区禁毒社会组织非正式制度有关结论，实现从独特个案走向概括整体。

二、民族地区非正式制度表现形式

民族地区禁毒社会组织面临的非正式制度主要指当地政府、其他社会组织以及服务对象等主体对禁毒社会组织有关制度规则、价值理念、组织功能的认同遵循，其核心体现为信任。具体而言，民族地区禁毒社会组织面临的非正式制度主要表现为：

（一）差序格局的人际关系网络

在解释民族地区禁毒社会组织非正式制度这个问题上，社会资本理论具有高度概括力的理论解释范式。社会资本是社会学、法社会学和经济学等学科重要的分析解释工具。社会资本对社会组织的建立、合作、发展等方面有着独特的分析视角和被实践广泛印证的契合度与解释力。我国民族地区传统社会资本主要包括家庭型、宗族型、邻里型、乡土型以及宗教文化型等多种类型，这些社会资本类型的内涵外延都不太一样，但是却都是镶嵌在相同的血缘、地缘、亲缘认同性关系基础上，建立在以家庭或家族为单位的小规模、高同质的社会网络结构内部。当地社会个体都以自己所处的宗法群体为中心向外推及开，根据与"己"的关系而形成的"特殊化"利益倾向，进而逐渐形成了当地差序格局关系网络。这种差序格局关系网络是在较为封闭的民族关系网络中自然形成的，而没有经过理性化或制度化建构过程，具有一定的稳定性、封闭性、狭隘性等特征，缺乏强烈的吸纳能力和积极的开放心态。

（二）狭隘关注的公共精神

哈佛大学肯尼迪政府学院公共政策学教授帕特南在其成名之作《使民主运转起来》中，运用社会资本理论这一分析工具，通过对意大利的实证分析，认为凡是公共精神发达的地方，其社会组织网络较为密集，当地公民参与公共事务的积极性也较高，社会组织政治模式呈现出平等互助的特征，在此生活的人们也容易形成相互信任的良性社会关系，社会治安状况也往往令人满意。相反而言，那些公共精神并不发达的地方，其政治参与通常

---

① 张晓辉：《法律人类学视角的学术魅力》，载张钧：《农村土地制度研究》，中国民主法制出版社2008年版，第3页。

表现为垂直式、被动性,充斥着不信任、腐败和威胁,当地的人们也很少参与或发展社会组织,违法乱纪现象普遍存在。之后,他用这一分析工具去观察美国的社区组织非正式制度发展状况,发现公民参与社会组织的热情急剧下降引发社会资本流失,使得公众社区参与度持续衰退。① 在政治活动中,公共精神的缺失往往体现为公共事务治理缺乏必要的民主参与、公共事务决策缺乏透明度以及民间自发组建、现代意义上的社会组织数量不多、涉及领域狭小、功能发挥受限等等。民族地区差序格局的关系网络并不有利于公共精神的培育、践行和弘扬。当地公共精神的缺失,主要表现为社会成员对以家庭或家族为边界的共同体利益主动维护、积极忠诚,而对关系网络外的成员进入则表现出强烈的限制和阻碍,这种狭隘的心态将会随着关系网络的不断稳固而趋于持续稳定。一般而言,当地寨老、理老等村寨精英依托本民族的治理惯习来处理本族群内部事务,维系族群共同体利益。同时,也不可避免地依赖当地政府组织为其提供各种必备的资源,政府组织通过公权力实现对少数民族地区的管理。除了政府组织外,少数民族地区大多对外来的社会组织、企业组织保持着警惕戒备的封闭心态。这种公共精神的狭隘性,一方面导致了民族地区官本位思想以及臣民意识更为强烈,决定了当地社会成员仍习惯于政府的政治动员;另一方面影响了民族地区社会组织与当地政府、其他社会组织、服务对象的信任关系,大大降低了禁毒社会组织工作实效。

(三) 族群内部的高度信任

由于民族地区传统社会资本以宗族和家族等传统形式为主,而基于相同的血缘、地缘或亲缘建立起来的族群内部高度信任关系可以增进小范围的合作,同时依托传统社会控制的乡土力量对少数民族成员实施约束管制,对民族地区禁毒社会组织功能有效发挥产生过积极作用,有助于一定程度上提升禁毒社会组织的整体工作效能。比如,四川凉山彝族自治州民间禁毒协会,在促进吸毒人员回归社会上,为更好吸纳"地方性知识"——民间习惯法,一直都有利用"地方性知识"来帮助戒毒,克服毒品依赖的历史传统。这些组织充分利用民族传统、乡规民约等形式,采纳"虎日"歃血盟誓等文化自救方式,整合整个家支的力量,利用当地少数民族吸毒人员对本族群内部的高度信任这一特点,调动和激活族群认同、信仰仪式、尊严与诚信、伦理与责任、习惯法和民俗教育等诸多文化要素的综合力量,进一步强化对信仰仪式的尊崇感以及对家族惩戒的敬畏感。这些集聚起来的文化力量,能够一定程度上帮助他们战胜药物依赖成瘾性。

(四) 传统有效的社会控制

美国社会学家乔尔·M·卡伦认为,社会秩序的建立维系与社会控制的强化巩固密切

---

① [美] 罗伯特·D. 帕特南:《使民主运转起来》,王列译,江西人民出版社2001年版,第121页。

相关，如果没有对于个体行为的有力控制，那么包括社会组织在内的治理主体都将无法存续。① 比如，在贵州省黔东南州，存在着大量传统民族社会组织，如苗族的"榔社"、侗族的"侗款"、彝族的"家支"等组织力量。寨老、理老等村寨精英作为这些社会组织代表性的灵魂人物，也是本族群内部社会治理的话语权威。这些人物不经投票选举产生，也不世袭传递，一般是由本村寨中年岁较大、决断公正、理性稳重的男性村民担任，他们的学识教养、处事态度、协调能力、道德水准、威望口碑等被当地少数民族群众信服。因此，他们对当地生产生活有关规则的制定、纠纷的解决以及违规行为的惩处具有强大的发言权，他们的决定、裁断和意志往往都能得到较好的执行。在这些村寨精英的组织带领下，当地传统的少数民族社会组织通过建立村规民约等形式多样的治理方式，实现社会控制，并取得了较好的治理效果。这些村规民约等治理方式是官方认可的法律渊源之一，也是当地司法官员调解、审判的重要依据。

三、信任机制的基础

在环境复杂、条件多变、元素繁杂的背景下，通过机制研究能够有力摆脱现象描述、经验总结、事实解释的局限性，从事物内部把握深刻解构事物内在本质规律以及发展态势。机制最早用于解释物理机器的组成结构和运作原理。随着近代科学发展，西方有些学者尝试运用机制概念来描述社会现象。傅立叶就曾把社会看成是一个有机整合的运行体，马克思也把人类社会比喻成一个"活的机体"，等等。20世纪兴起的系统论、控制论、信息论等综合性理论都运用了机制概念去分析解决问题。比如说系统论认为，任何事物和组织的产生、运行、发展以及消亡都有其背后特有的一套影响机制，并发生着决定性作用。经济学则引申了"经济机制"的概念，指的是在经济社会机体内，各构成要素之间相互联系和作用的方式及其功能。根据《现代汉语词典》的解释，机制可以从以下四个方面进行理解：一是机器的组成结构和运作原理；二是有机体的组成结构、功能作用以及产生的关系；三是解释一些自然现象的化学、物理内在的规律；四是更广意义上，各个工作系统相互关联的过程、方式。② 国内学者李明华等认为，机制是指系统各个部分相互联系、制约和作用的方式，以此实现其整体功能的运行方式。③ 张耀灿指出，各个要素通过明确的纠合方式构成了机制，机制的功能、运行状况由这些要素决定，这些要素能够相互适应、制约、调节，机制的功能呈现出耦合性特点。④

---

① [美] 乔尔·M. 卡伦：《社会学的意蕴》，张惠强译，中国人民大学出版社第2011年版，第140页。
② 中国社会科学院语言研究所词典编辑室：《现代汉语词典（第八版）》，商务印书馆2008年版，第582页。
③ 李明华、余少波、叶蓬：《精神文明建设机制论》，广州出版社1997年版，第2页。
④ 张耀灿：《思想政治教育学前沿》，人民出版社2006年版，第258页。

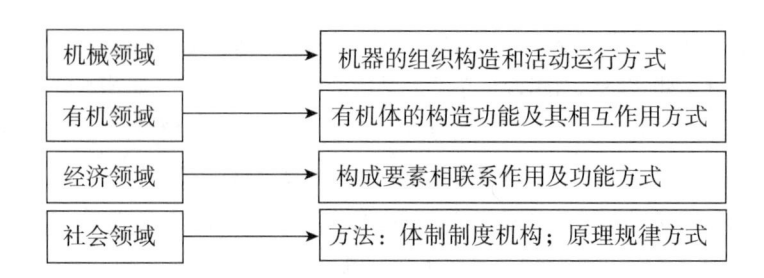

```
机械领域  →  机器的组织构造和活动运行方式
有机领域  →  有机体的构造功能及其相互作用方式
经济领域  →  构成要素相联系作用及功能方式
社会领域  →  方法：体制制度机构；原理规律方式
```

图1 机制涵义发展演化脉络图

本文认为非正式制度通过信任机制对民族地区禁毒社会组织产生影响，其背后是一套复杂的系统。这个系统包括了从目标设定、干预措施、运行情况以及运行结果等方面。要想了解这个系统，必须解析信任机制建立的基础、作用的表现和产生的效应三大内容，这是一个逻辑紧密、客观因果的线性发展结果。

```
影响机制建立的基础 → 影响机制作用的表现 → 影响机制产生的效应
```

图2 影响机制的三大内容

根据民族地区禁毒社会组织的联系纽带方向的不同，本文将禁毒社会组织非正式制度信任机制建立的基础分为来源于政府组织的纵向信任关系以及来源于社会的横向信任关系。其中，来源政府组织的纵向信任关系表现为禁毒社会组织与政府部门、街道（乡镇）、村（居）委会、派出所等关系上，来源社会的横向信任关系表现为禁毒社会组织与其他社会组织、服务对象及家庭等关系上。

（一）来源于政府组织的纵向信任关系

社会组织与政府部门、街道（乡镇）、村（居）委会等政府组织形成的网络信任节点构成了其重要的外部社会网络。如果这种网络能够严密连结起来，双方能够建立良好的合作信任关系，就会帮助社会组织提升获取政府组织知识、技术与资源的能力和水平。政府组织对社会组织信任度越高，两者之间达成的共识越强，双方联系越紧密，政府组织就会更加认同社会组织，也会及时提供资源信息、帮助解决问题、提升社会组织的政治合法性，甚至还能得到政府组织的大力庇护。这种信任关系下，社会组织能凭借政府赋予的合法性、权威与公信力开展各类活动，进而得到服务对象的认可，与服务对象之间的互动、沟通与交流就会更加顺畅，社会组织的功能就能得到有效发挥。

（二）来源于社会的横向信任关系

一方面，禁毒社会组织一旦与服务对象之间能够产生较高的信任度，与服务对象的沟通联系比较多，形成较为一致、广泛、坚定且稳固的心理认同、价值态度和信仰法则，就会提升服务对象互动意识、参与意识和融入意识，就会有助于禁毒社会组织更有效地激发服务对象维护并践行组织设立的工作目标、合作模式，更好地组织动员服务对象主动参与进行动中来，与组织共同努力，摆脱毒瘾依赖、重新回归社会。禁毒社会组织也因此具备了更坚实的信任基础和更好的社会合法性，其运行效果将会更好。

另一方面，禁毒社会组织也要与当地其他社会组织建立信任关系，形成共同实现社会公共目标的强大合力。与当地其他社会组织建立信任关系也需要一定的前提条件，主要是要考虑相似性与熟悉度两方面内容。如果组织间的相似程度越高，他们就会更容易被相互吸引、产生共鸣，会促进相互信赖的积极预期，提升共同行动力，也会内化对方的行为偏好，驱使组织间建立相互认同的价值观，推动共同目标的形成。反之，组织间缺乏相似性就会造成相互间的理解认同度的下降，形成沟通减少、互动向心力下降的局面，甚至会加剧组织间的猜疑，这种基于相似程度低产生的信任弱化关系，最终影响共同目标的实现。与此同时，组织间的熟悉度也非常重要。组织间基于一定的社会交流互动，提升相互了解的程度。当组织间熟悉程度较高时，信息非对称性现象就不会轻易发生，组织间对彼此未来行动意图和价值取向的判断可靠性也会随之增加，将进一步提升组织间对彼此行为的预期和信心。相反地，当组织间熟悉度较低时，因不能较全面地了解对方的行事规则、价值观和组织权力结构等内容，导致双方都无法可靠预测对方下一步的行为动机和行动意图，不可避免地削弱组织间信任的形成。

四、信任机制的表现

与其他社会组织不同，禁毒社会组织在参与社区戒毒、社区康复过程中，必须要建立并维护好与政府部门、街道（乡镇）、村（居）委会的纵向关系以及与其他社会组织、服务对象及家庭的横向关系，当好织网者的角色，将政府组织、其他社会组织以及吸毒人员（及家庭）等资源有效整合起来，形成抗毒拒毒、帮教吸毒人员的强大合力，促进吸毒人员逐步恢复社会功能。但受非正式制度等因素的影响，笔者发现禁毒社会组织与政府部门、街道（乡镇）、村（居）委会的纵向信任关系以及与其他社会组织、服务对象及家庭的横向信任关系难以建立。

（一）禁毒社会组织与公安部门之间基于资源互补与功能依赖产生的信任关系

禁毒社会组织的主管部门一般是当地的公安部门。自创建以来，禁毒社会组织通过招聘职业化、专业化的禁毒社工，引入现代化禁毒知识等，能够更好地嵌入当地毒品治理体系中，派出所也因此对禁毒社会组织专业能力表现出了一定的信任，有效缓解了派出所民警在社区戒毒、社区康复方面不足，派出所与禁毒社会组织形成了一种资源互补和信任依赖的互动关系。基于对禁毒社会组织的专业能力的认可，派出所会定期为禁毒社会组织的社工提供当地吸毒人员的情况，委托禁毒社工督促和带领吸毒人员参加尿检。禁毒社工通过派出所提供的信息,能够及时对吸毒人员进行全面深入的了解,有利于下一步上门帮教服务工作的开展。禁毒社工会及时将帮教服务效果等有关情况反馈给各级主管部门决策参考。另外,禁毒社会组织的社工还会借助派出所的影响力,积极引导服务对象配合帮教活动,帮助恢复社会功能,对那些拒不配合甚至私下继续吸毒的服务对象,禁毒社会组织会转交给派出所,方便派出所开展有针对性地打击。与此同时,在调研中,笔者发现,在民族地区公共精神普遍缺失这一宏观背景下,当地派出所领导对禁毒社会组织仍旧持有警惕戒备的封闭心态:

(1)目标函数不同导致的不信任。公安部门以维护社会治安为目标,而禁毒社会组织以帮助吸毒人员回归社会为目标,因此滋生出了派出所对禁毒社会组织的不信任。例如,禁毒社会组织的社工通过提供人性化帮教服务,帮助吸毒人员戒毒,一旦这些吸毒人员发生了再次吸毒的行为或者尿检呈阳性的话,派出所就会立即将其进行强制戒毒,同时会对禁毒社会组织下一步的帮教工作进行限制性审查。如此,派出所与禁毒社会组织、禁毒社会组织与服务对象之间建立的信任关系就被破坏。

(2)治理理念不同导致的不信任。近年来,随着民族地区经济社会的发展、人口流动较为频繁,公安部门对吸毒人员的底数、动态掌握都不全面。为了将禁毒社会组织发现的吸毒人员及时纳入服务对象范围,通常会如实上报,影响了双方信访关系。

> 当地登记在册的吸毒人员没到一百人,但是我们社工在定期开展的排查清理统计中,发现实际吸毒人数远不止这些,我们向上级公安部门如实上报,却影响了当地派出所考核成绩,从而导致当地派出所对禁毒社会组织的排斥。
> (访谈时间:2019年9月2日上午,星期一,阵雨;访谈对象:ZLL,女,禁毒社会组织的社工;访谈地点:禁毒社会组织办公地)

(3)身份背景不同导致的不信任。禁毒社会组织成立以来,在帮教吸毒人员方面起到了积极的作用,取得了一定的成绩。但是当地公安部门还不认可禁毒社会组织作为禁毒工作主要参与者的身份。禁毒社会组织在开展帮教活动时,都需要得到当地主管部门的许可。有的还需要事先专门写报告,活动经费也要申请拨付,束缚了组织的资源整合能力。

(二)禁毒社会组织与政府之间基于资源供给产生的信任关系

禁毒社会组织的工作重心在基层,因此与街道(乡镇)政府联系最为紧密。在禁毒社会组织组建之初,当地政府都会帮助协调解决电脑、办公桌椅、文件档案盒等各类办公用品,也会酌情为禁毒社工解决交通补助费、伙食住宿等问题。禁毒社工为服务对象办理低保、医保、贫困补助等,都会利用街道(乡镇)的资源。但是笔者在调研中还发现,民族地区政府还缺乏强烈的吸纳能力和积极的开放心态,官本位思想以及臣民意识较强烈,政府部门习惯以政治动员的模式来管理本地事务。有的甚至认为：既然政府出了钱，禁毒社工就应当服从政府部门的领导。正是由于存在类似这样的思想观念，街道（乡镇）的政府部门会安排禁毒社工辅助他们从事政府的一些工作。

> 有时候面对这种情况，我们会去找当地主管部门（派出所）有关领导，他们会"义正词严"地对我们说，你们是归我们管理的，不要听街道办其他领导安排，做好自己的本职工作就可以了。但是，换位思考下，我们怎么敢不服从当地街道办的安排呢？街道办的部门又多，得罪其中任何一个，我们以后的工作都不好开展。
>
> （访谈时间：2019年9月1日下午，星期天，阵雨；访谈对象：XLY，女，禁毒社会组织的社工；访谈地点：禁毒社会组织办公地）

（三）禁毒社会组织与村（居）委会之间基于业务合作产生的信任关系

村（居）委会也负责社会面吸毒人员的帮教工作，有的会聘用社工来开展禁毒工作，但这些社工与禁毒社会组织的社工工作模式不同：

> 过去，村（居）委会聘用的社工会习惯性讲述毒品的危害，对吸毒人员的行为进行限制，实际上他们在心理上是把吸毒当作违法对象来看待的。这种类似行政管理的帮教难以取得实质作用。其实对于毒品的危害，吸毒者知道的比我们还要多，他们都是亲身经历过那种痛苦的人。而我们专业禁毒社工在心理上不会将他们当成违法者，而是当成病人。
>
> （访谈时间：2019年9月22日下午，星期天，阵雨；访谈对象：HM，男，禁毒社会组织的社工；访谈地点：禁毒社会组织办公地）

在实际帮教工作中，禁毒社会组织的社工不仅不能取代村（居）委会以及聘请社工的职能作用，而且还要积极赢得信任，发挥优势。例如，由于村（居）委会及聘请的社工对属地服务对象的情况更为熟悉，因此禁毒社会组织的社工会先通过他们获取信息，比如最近服务对象喜欢与哪些人交往、是否落实了就业以及其家庭经济状况、家庭关系如何等等。有的禁毒社会组织的社工第一次上门还需要当地聘请的社工的陪同，这样才能更容易为服务对象所接纳和信任；在遭遇服务对象疾病发作、违法犯罪、自杀等紧急事件时，很多禁毒社工的第一反应也是直接向他们求助。通过与禁毒社工的接触与合作，一些本地社工也逐渐意识到专业性的差距，逐渐对禁毒社会组织产生了信任。但是，禁毒社会组织与村（居）委会以及聘请的社工信任关系也遭遇到一定挑战。当地群众对吸贩毒行为普遍极其厌恶,并给吸贩毒行为贴上了污名化的标签,把吸毒行为视为是触犯神灵的龌龊行径,吸毒人员是罪犯。比如,当地村(居)委会发现是禁毒社会组织的禁毒社工陪同吸毒人员来办理低保,都很慎重,对这些吸毒人员带有一定的歧视。村(居)委会的社工会反复询问其是否定期参加尿检,是否真正戒毒,等等。而且,禁毒社会组织的社工与当地社工的待遇还存在一定的反差,一定程度上降低了彼此的信任度。当地一些社工就会抱怨:

> 这些禁毒社工是外面来的社工,工资却比我们多,但是他们开展的工作,很多也是找我们帮忙,比如为吸毒人员解决低保、介绍工作等等。

(访谈时间:2019 年 11 月 18 日下午,星期一,晴;访谈对象:XFT,女,C 县 B 街道 J 居委会聘请的社工;访谈地点:J 居委会办公地)

(四)禁毒社会组织与服务对象之间基于共同利益产生的信任关系

服务对象期望禁毒社会组织能够通过禁毒社工专业的知识,帮助自己戒断毒瘾,但他们仍习惯于政府的管理、控制和监督,对于非政府组织安排的帮教服务有时不主动配合。加之,戒毒本身难度极大、反复性很强、极易发生复吸,有的服务对象纯粹是为了完成政府组织交办的管控任务,应付禁毒社会组织社工的来访与调查,长此以往,不可能产生持续有效的戒毒帮教效果。

当禁毒社会组织的社工初次去服务对象家里上门走访,有的会请村(居)委治保主任和派出所民警带领或陪同,服务对象看到有政府部门的人在,也对禁毒社工表现出恭敬尊重,但当日后禁毒社工独立深入开展帮教工作时,服务对象就极其不配合,对禁毒社工抱有较强的戒备心理和抵制情绪,对禁毒社工而言,是一种考验与挑战。不仅是服务对象,有时其家庭也会拒绝禁毒社工的工作。

(五)禁毒社会组织与当地少数民族社会组织之间基于业务配合产生的信任关系

"因俗而治"是传统中国民族地区的主要治理方式之一。如苗族的"榔社"、侗族的"侗款"、彝族的"家支"、瑶族的"寨老"等等,这些当地少数民族社会组织通过制定村规民约等手段,维系社会内部自我管理、自我教育、自我监督、自我发展。就禁毒工作而言,这些地方大多都在当地村寨精英组织下,通过少数民族群众协商等形式,把有关惩处吸贩毒行为等规制内容刻在石碑上、立在村寨标志物或进村入口等地,警示众人要遵纪守法,不能参与吸毒贩毒。这种村落内部的民族自治资源非常有限,必须依赖外界力量的有序介入,才能起到共同抵制毒品的作用。这种背景下,禁毒社会组织介入民族地区有其内在的必然性和合理性。禁毒社会组织希望能够借助民族地区传统社会组织的权威,提升自身的合法性,更好地发挥组织功能,实现对少数民族吸毒人员的帮教目的。因此,与当地传统社会组织建立信任合作关系显得尤为重要。

组织要想取得成效，必须与当地各种不同的社会组织特别是当地民族特点浓厚的社会组织增强信任感，积极建构良好的信任关系，打造稳固的社会网络。

（访谈时间：2019年12月6日下午，星期五，晴；访谈对象：WXQ，男，禁毒社会组织负责人；访谈地点：禁毒社会组织办公地）

尽管禁毒社会组织成立已有近五年的时间，也经常与当地少数民族社会组织沟通联系，建立了一定的信任关系。但是当地基于相同的血缘、地缘或亲缘建立起来的族群内部的高度信任，会排斥或者拒绝外部力量的介入，外部力量难以与当地社会形成良性互动、理解认同的关系。调研中，笔者发现当地少数民族社会组织普遍认为禁毒社会组织无法全面地了解本地社会文化价值观，甚至听不懂本地苗、侗等少数民族语言，对禁毒社会组织的介入持有怀疑的态度。比如，在当地民族地区社会组织寨老看来，戒除毒瘾主要靠强制力，而禁毒社会组织禁毒专业社工知识并不具备这种强制力，因此对禁毒社会组织认可度不高。有的寨老甚至还不清楚这些社工是做什么的，他们会将社工和居委会等同起来，甚至以为禁毒社工的工作就是走门串户、帮助服务对象解决困难、调节邻里纠纷等。他们已经习惯于政府、事业、企业的常规编制分类，对于禁毒社会组织这样的运作模式，一时间还无法接受。

五、信任机制的效应

建立于民族地区的禁毒社会组织，其面临的非正式制度具有差序格局的人际关系网络、狭隘关注的公共精神、族群内部的高度信任以及传统有效的社会控制等形式，信任机制通过与公安机关、政府部门、村（居）委会、服务对象、当地社会组织建立的错综复杂信任关系表现出来，并对禁毒社会组织产生影响。信任机制影响的效应主要表现在：

（一）网络体系：禁毒社会组织活动网络不健全

法国学者托克维尔考察了1830年美国民众参与政治的情况，他在《论美国的民主》中谈到，那个时候的美国民众对政治非常关注，对建立社团表达意愿、参与政治都表现出了强烈的热衷。这样的政治氛围形成不是偶然的，而是由美国自然环境、社会法制和当地民情所共同决定的。其中，民情最为重要，当地民情会抑制或鼓励公民自发形成各种社会网络；法制作用其次；自然环境因素影响最小。[1] 禁毒社会组织所在的民族地区参与网络普遍不足，也可以从当地民情的角度进行分析。美国芝加哥大学阿尔蒙德教授根据公民对政治制度的选择取向，结合对政治功能的认知和输入情感，他认为政治文化可以分为地域

---

[1] 梅祖蓉：《思想者的高度：托克维尔及其〈论美国的民主〉》，载《特区实践与理论》2018年第6期，第97－102页。

型、依附型和参与型三种。如果公民对政治制度的功能有明确的认知、对政治制度的选择有明确的取向,对政治制度的参与有明确的主动性且有自我认知,参与型政治文化便容易形成。[①] 而民族地区缺乏公共参与的政治文化传统。在基于血缘、亲缘、地缘建立的差序格局社会关系网络中,当地社会成员对外来成员的进入表现出狭隘的限制,当地习惯于政府政治动员模式,被动地参与进当地的社会治理中,参与型政治文化很难得以培育、践行和弘扬。

一是在民族地区禁毒工作中,虽然初步形成了由政府机构、自治组织(村、居民委员会)、民族地区传统社会组织以及现代意义上的社会组织等多种主体构成的毒品治理网络结构。但各主体之间有着不同的资源禀赋、资源总量以及由此带来不同的资源动员力、统摄力和组织力,政府机构依旧起着支配作用,良性互动的关系网络难以建立。禁毒社会组织自治性和独立性在很大程度上没有得到实现,其专业优势没有充分发挥出来。而且,在一定时间内西南民族地区出现的这种关系网络不健全的问题难以解决,政府与社会自下而上和自上而下相互嫁接、相互配合的良性互动也难以形成。

二是本个案中,一些禁毒社工、志愿者出于对公共责任、禁毒使命和集体利益的尊崇感而加入进禁毒社会组织,但是随着其与外界、特别是与服务对象及家庭的信任关系出现危机,得不到外界的充分理解与支持,这些禁毒社工、志愿者逐渐将加入禁毒社会组织、开展帮教服务视为养家糊口的工作。这种心态下,一定程度上导致了禁毒社会组织出现了盈利倾向的现象。

三是禁毒社会组织在开展一些活动中容易受制于当地政府的控制,必然会更加倾向于向行政权力、行政力量和行政资源靠拢,而服务对象的真正需求得不到重视、满足和尊重,导致服务对象对禁毒社会组织的信任感和认同度也随之降低。

(二)规范体系:禁毒社会组织族群认同欠缺

我国民族地区的规范体系主要是传统社会积累起来的非正式的伦理道德、习惯规范等内容,这些传统有效的社会控制在小农经济和计划经济条件下对于规范人们的价值选择和行为活动起到了重要的作用。随着民族地区社会结构的逐渐分化,以契约、互惠、诚信为主的现代道德规范尚未充分建立,从而导致西南民族地区社会资本不健全,阻碍了民族地区社会组织民主化、自治化的进程。

一是在本个案中,禁毒社会组织无法充分发挥传统社会控制的乡土力量,无法有效整合民族传统、乡规民约的力量,以调动和激活族群认同、信仰仪式、尊严与诚信、伦理与责任、习惯法和民俗教育等诸多文化要素的综合力量来战胜人的药物成瘾性。

---

① [美]阿尔蒙德、维巴:《公民文化:五国的政治态度和民主》,马殿军等译,浙江人民出版社1989年版,第4页。

二是在禁毒社会组织发展过程中，受非正式制度的影响，当地官本位思想以及臣民意识还比较强烈，政府部门依旧习惯以政治动员的模式来管理本地事务，政府对禁毒社会组织逐渐持有不信任的态度，甚至偏见，对禁毒社会组织行政干扰过多，社会组织无法遵从公共利益的理念与目标，无法自主识别发展机会、组织目标与组织内容，甚至被迫沦为政府行政管理中的接收指令、完成任务的执行角色。比如，一些政府部门基于社区戒毒、社区康复工作的敏感性、保密性，往往不允许禁毒社会组织直接接触吸毒人员，甚至要求禁毒社工参与与禁毒工作毫不相干的打印资料、撰写报告等政府工作，影响了禁毒社会组织功能发挥。

（三）支持体系：禁毒社会组织面临制度排斥

在当地少数民族群众意识形态中，吸毒人员与贩毒人员一样都是罪大恶极的罪犯，应当被谴责和严厉处罚。这样的非正式制度给吸毒人员贴上了污名化的标签。吸毒人员戒除毒瘾，回归社会需要社会支持体系的合理接洽和完善建构。当前民族地区在推进禁毒社会化、促进吸毒人员回归社会的进程中，存在着一定的方向偏差与整合困难，其中一个障碍就在于仍推行传统的以打开路的毒品治理策略，而忽视了以社会接纳为根本目标的吸毒人员回归社会之路。

一是与禁毒社会组织主管部门对吸毒行为的严厉打击和惩处的策略不同。禁毒社会组织从社会工作角度出发，把吸毒原因放置于其所生活的社会环境来加以分析，形成以关爱、关注、关心为主导的多元诊断行动策略。与之不相适应的是，民族地区社会主导价值观念对吸毒者持以谴责、排斥和拒绝的态度，禁毒社会组织的行动方略也会受到这种非正式制度的约束和挤压。这样的背景下，禁毒社会组织与当地政府组织、其他传统少数民族社会组织、服务对象之间产生了不信任，致使禁毒社会组织帮教工作的开展更加步履维艰。

二是民族地区政府组织忽视了吸毒问题背后的复杂社会结构等因素。在就学、就业、就医、创业等方面将吸毒人员剔除出主流社会。在禁毒社会化工作中，基于强势权威，当地政府组织又会迫使服务对象定期参与禁毒社会组织有关的帮教服务和禁毒活动，服务对象对禁毒社会组织存有一定程度的不信任。而在长期习惯政治动员的心理支配下，民族地区的服务对象更加缺乏主动参与、主动支持、主动配合、主动矫正的积极性和内在动力，影响了社会组织帮教服务工作的成效。

三是服务对象也面临着外界不理解、不支持。村（居）委会干部对禁毒社会组织大力帮助服务对象找工作、办低保、申请补助等行为表示不理解：那些因正常下岗、失业、残疾而没有劳动工作能力的人都还没有统筹纳入解决，为何要先照顾吸毒人员？甚至在这些社会面的吸毒人员中，还有其他违法犯罪的不良记录。这些价值观念形成了对吸毒人员不利的总体社会氛围，影响了吸毒人员顺利回归社会，也影响了禁毒社会组织的工作成效。

六、结语

民族地区非正式制度对当地禁毒社会组织功能发挥有着重要的影响作用。要取其精华、去其糟粕,不断改善差序格局的人际关系网络、公共精神的狭隘、族群内部的高度信任等不合理的非正式制度。通过非正式制度环境的不断优化,进一步丰富当地的社会资本,强化社会组织与政府组织纵向信任关系以及与其他社会组织、服务对象及家庭的横向信任关系。

(一) 更加强化"合作治理"的价值理念

在民族地区政府支持社会组织发展上,应以实现最大公共利益为目标,彻底摒弃过去一些民族地区政府组织秉持的支配、服从和秩序为主的"工具主义"的价值理念,向强调合作、平等和参与为主的"合作治理"价值理念转变,尽力打破政府组织与社会组织垂直性或等级化的关系结构,更加尊重社会组织参与社会治理的主体性地位,竭尽所能地支持社会组织发展,充分释放社会组织的公共性价值,拓展社会组织的发展空间。要不断培育民族地区禁毒社会组织公共情感、公共理念、公共良知和公共责任,创设联结个体与公共生活、个人与他人之间的公共空间,不断超越狭隘的民族眼界和逐利倾向,增进彼此互信,强化心理认同,使得当地社会个体得以通过"结社"手段与政府、社会组织等加强合作,共同参与公共秩序的维护。

表2 "工具主义"模式与"合作治理"模式的比较

	价值优先	关系格局	支持方式
工具主义	支配、服从和秩序	权威-依附	选择性支持
合作治理	公共利益	自由-平等	效益性支持

(二) 更加重视当地风俗习惯的作用

我国民族地区地域广阔,生活着苗族、侗族、回族等不同的少数民族,意识形态、风俗禁忌、伦理道德等非正式制度在不同地域表现出不同的内容,具有一定的特殊性。但少数民族群众大多都有敬畏生命、拒绝毒品、纯净灵魂等朴素的伦理道德意识以及对于吸毒贩毒各种民间惩处的自治策略,至今在当地仍起到维护社会稳定、实施毒品管控、戒除毒瘾的重要作用。对于这些有益的非正式制度,要加以整理,并通过正式制度确认,及时纳入当地群众的正式规范中。如及时将四川凉山彝族自治州"虎日"歃血盟誓等文化自救方式加以总结推广,更充分运用好当地的"地方性知识",来共同对抗毒品依赖。同时,在我国民族地区,由于历史等多方面原因,孕育了大量具有本地民族特色的社会组织有些组织已经嵌入进当地毒品治理网络关系之中,有的地方甚至依靠这些社会组织实现对少数民族吸毒人员的治理，应当给与充分的信任。

（三）更加发挥当地村规民约的治理功能

美国著名社会人类学家萨姆纳指出，很多制度的来源可以从最初的风俗习惯中找到答案，这些制度演变大多经历从风俗上升为民俗，再演变为民德，最后升华为制度的过程。他认为，风俗一旦作为特定社会成员的活动规范时，风俗就上升为民俗。这种民俗是不成文的规则，但是有着顽强的生命力和强大的约束力。本族群的社会成员会遵守民俗，一旦违反，会受到谴责制裁，民德就此产生。当民德被以正式的法律等形式进行确认并保护时，民德就成为了制度。①

风俗 → 民俗 → 民德 → 制度

图 3　制度演变过程

在禁毒社会组织面临的微观正式制度层面，这种由风俗逐步上升为制度的情况比较多见。比如说，贵州省黔东南州很多地方都通过村规民约的形式对吸贩毒行为进行规制。《从江县高脚村村规民约》根据违法违规行为的轻重制定四个层次的处罚措施，其中就将种毒、吸毒作为承担违约责任最重的处罚，违约后不仅要面临法律上的惩处，还要按照契约精神承担约定好的最重的经济处罚，即施行"三个120"，即：120斤猪肉、120斤大米、120斤米酒（其余三个层次的处罚措施分别为"三个66""三个33"以及"三个12"）。再比如，雷山县西江镇是一个少数民族聚居的乡镇（其中，苗族群众占总人口的89.4%），为了实现有效治理，当地的《村规民约》明确了"红黑榜"的奖惩措施，对遵纪守法、勤勉劳动、尊老爱幼的家庭列入进"红榜"供大家学习；对发生作奸犯科、违反道德法律等行为的民众列入进"黑榜"警醒大家引以为戒。

要进一步将禁毒工作纳入当地少数民族村规民约中，将禁毒工作与当地的传统毒品治理习惯有机结合起来，从被当地少数民族群众广泛认可的村规民约中汲取禁毒措施等内容，并纳入正式文件规定中，充分利用民族文化积极因素助力禁毒工作。比如，可以考虑将从江县高脚村对吸毒行为"三个120"处罚措施、雷山县西江镇《村规民约》中将吸毒行为纳入"黑榜"措施等行之有效、当地少数民族群众普遍接受的惩治措施上升为当地的正式制度，不断增强村民识毒、拒毒意识。

（四）更加努力培育民族地区公共精神

韦伯从信任的视角，考察过中国社会信任的情况，提出了"韦伯命题"。他认为普遍主义的信任在社会经济秩序中具有极其重要的作用。但是，在中国一些地方，信任表现为

---

① 程继隆主编：《社会学大辞典》，中国人事出版社1995年版，第99页。

一种特殊主义的信任，当地的信任基础是宗族、亲戚等特殊主义关系，无法很好地提供现代化的精神动力。① 良性社会本质上是对公共精神的认可、尊崇和推广。

一是要逐步有序开放毒品治理领域空间。禁毒社会组织充分发挥毒品治理功能的重要制度前提是具备一定充分的制度化参与空间，而不让社会组织"游离"于正式的治理网络之外。要继续鼓励和促进民族地区禁毒社会组织积极参与，并在禁毒社会组织的发动下，大力发展禁毒社工、志愿者和群众参与，充分发挥社会组织治理毒品的功能和作用。

二是努力培育当地参与型政治文化氛围。参与型政治文化氛围的培育并非自上而下强制性的结果，而是政府、社会组织等主体持续互动、共同参与的结果。一方面，要充分激发民族地区禁毒社会组织、禁毒社工、志愿者公共责任、禁毒使命和集体利益的尊崇感，不断健全完善政治参与渠道。另一方面，要让社区戒毒、社区康复吸毒人员也主动参与进摆脱毒品依赖、毒品共治中来，完善服务对象参与毒品治理的法律上、制度上和程序上的保障措施，强化参与权、知情权。

Informal system、trust mechanism and the function of anti drug social organizations in Ethnic Areas

XieYong

Abstract：This paper through the qualitative research methods of cases, explores the "heterogeneity characteristics" of informal institutions in ethnic areas and how these informal systems support, cultivate and regulate the development of local drug control social organizations through trust mechanism, and how to improve local informal systems. This paper holds that the trust mechanism has been based on the vertical trust relationship of the government and the horizontal trust relationship of the society. Through the complex trust relationship between the anti drug social organizations and the public security organs, the government, the village (residential) committee, the service object and the local social organizations, the network system is not perfect, the ethnic identity of the normative system is lack, and the support system is facing institutional exclusion The effect of the above mentioned above is put forward, and the corresponding countermeasures and suggestions are put forward in order to promote the modernization of drug governance system and governance capacity in minority areas of China.

Key words：informal system；trust mechanism；Ethnic Areas；social organization of drug control

---

① ［德］马克斯·韦伯：《儒教与道教》，王容芬译，商务印书馆1997年版，第289页。

民间借贷夫妻债务的司法认定问题

蓝寿荣 罗 静

摘 要 民间借贷纠纷案件中的夫妻债务认定是司法审理的一个疑难问题,源于家庭夫妻关系的私密性和借款人用钱行为的难控性,体现在司法审判中为借债的夫妻共同意思表示和借债资金用途认定难。通过梳理2019年浙江省民事审判的相关案件,发现从当事人来看,出借人与借款人的配偶非举债人,多数不存在熟人关系;从诉讼过程来看,多数案件无法举证表明具体用途,无论是债权人要证明对方借钱用于夫妻共同生活或共同生产经营等,还是借款人的配偶非举债人要证明自己对于借款完全不知情,都不容易举证;从审理结果来看,有不少案件被推定为具有夫妻共同意思表示,借款金额小的多被认定为夫妻共同债务。目前,鉴于民间借贷的复杂性,司法审理应该是尊重生活常识、遵循民间社会习惯,给当事人公平、向社会传递正义。今后的立法完善,要构建一个夫妻财产对外债务清偿关系和内部债务承担关系的制度规范。

关键词 民间借贷 夫妻债务 共同意思表示 家庭日常生活需要 共同生产经营

在法院审理的民事案件中,婚姻案件多、民间借贷案件多,已经引起了立法者关注①。民间借贷纠纷案件审理中,夫妻债务的认定,是一个长期存在的疑难问题,源于客观存在的民间借贷当事人的熟人社会交往习惯和产生借贷的感情基础、主观上的面子观念,致使理性不足和借贷手续不全,还有就是因为夫妻财产的家庭性和私密性致使法官

---

* 江西省高校人文社科重点研究基地招标项目《乡村振兴背景下的金融立法问题研究》(项目编号:JD19087)。

** 蓝寿荣,法学博士后,南昌大学法学院教授,博士生导师,南昌大学立法研究中心研究员。
罗静,南昌大学法学院硕士研究生。

① 朱宁宁:《听立法者讲述民法典背后的故事》,载《法制日报》2020年6月30日。

"难断家务事"。有学者"依托吉林大学司法数据应用研究中心","基于司法大数据的实证研究""分析结果显示:夫妻共同债务认定问题主要存在于合同纠纷中,尤其是民间借贷纠纷与金融借款合同纠纷"[①]。学界关于夫妻共同债务的研究也颇为丰富、极具价值,但研究民间借贷领域夫妻共同债务问题的不多。2020年2月20日,笔者在中国知网上按主题检索"夫妻共同债务"获得结果1799条,其中被CSSCI收录的就有30篇,以同样方法在中国知网上检索"民间借贷"、"夫妻共同债务"获得的结果仅174条,其中被CSSCI收录仅2篇。鉴于夫妻共同债务认定纠纷多发于民间借贷场合,从民间借贷角度来研究夫妻共同债务问题成为必要。

一、民间借贷夫妻债务案件裁判文书的收集与选取

夫妻共同债务,是指夫妻双方均有偿还义务的对外欠账,多指在家庭中夫、妻或夫妻双方为家庭生活形成的对第三人所欠债务,也有少量夫妻共同债务并非发生于家庭的夫妻生活期间。夫妻双方以共同合意对第三人的负债往往不存在争议,现实中的夫妻共同债务认定纠纷主要是夫妻一方以个人名义对外负债所引起。关于夫妻共同债务认定问题,现行有效的法律规范最早能追溯到1993年最高人民法院出台的《关于人民法院审理离婚案件处理财产分割问题的若干具体意见》第17条,该条明确规定了夫妻共同债务的确定与排除情形。2001年修订的《婚姻法》第41条在离婚章节规定"离婚时,原为夫妻共同生活所负的债务,应当共同偿还",即属于夫妻共同债务,但该条规定有些简单化,在实践中不足以适用复杂多变的夫妻债务案件。随着商品生产和商业交易的迅猛发展,民间借贷需求增长显著,离婚诉讼案件数量攀升。为了遏制"假离婚、真逃债"不良行为,保护夫妻关系外的债权人合法权益,2004年最高人民法院发布了《关于适用〈中华人民共和国婚姻法〉若干问题的解释(二)》(简称《婚姻法解释二》),其中第24条规定:"债权人就婚姻关系存续期间夫妻一方以个人名义所负债务主张权利的,应当按夫妻共同债务处理",这就形成了夫妻共同债务的"时间推定"论,除非配偶能够证明有法定除外情形。此种一刀切的方式消除了法官判案的疑难,极大地保护债权人权益、提高司法效率,却将举证责任倒置,损害了夫妻非举债方的合法权益。面对社会很多人士的强烈争议,最高人民法院在2017年以及2018年,分别发布了《关于适用〈中华人民共和国婚姻法〉若干问题的解释(二)的补充规定》和《关于审理涉及夫妻债务纠纷案件适用法律有关问题的解释》(简称《夫妻债务司法解释》),前者将夫妻一方虚构的债务以及为从事赌博和违法犯罪活动所负之债排除,后者明确了债权人的举证责任并扩大了共同债务的用途范围,同时确立"共债共签"原则倡导债权人在前端控制风险,预防纠纷。2020年通过、2021年实施的

---

① 蔡立东、刘国栋:《关于夫妻共同债务认定的立法建议——相关案件裁判逻辑的实证分析为基础》,载《中国应用法学》2019年第2期,第147页。

《民法典》第1064条明确写了"夫妻双方共同签名"。

2020年2月20日,笔者在中国裁判文书网的高级检索中,全文段检索"夫妻共同债务",案件类型选取"民事案件",考虑到进入二审的案件更具争议性,审判程序选取"民事二审",时间段选择"2019.01.01-2019.12.31",获得数据19250条,在全文字段加上"民间借贷"关键词,获得数据13327条,占比69.23%,可见夫妻共同债务案件多发于民间借贷领域。2019年全国民事案件再审率为2.26%,其中夫妻债务纠纷案件再审率为6%,涉及民间借贷的夫妻债务纠纷案件再审率为9.47%,可见实务中民间借贷场合下的夫妻债务纠纷问题尤为突出且棘手①。

在13327件涉及民间借贷的夫妻共同债务纠纷案件中,通过高级检索限定法律依据,获得不同地区的民间借贷夫妻债务纠纷案件数量,人口多的或经济发达的地区纠纷案件数量也多些,在这些案件中,适用《夫妻债务司法解释》第1条、第2条、第3条分别占比12.69%、6.54%、33.26%,适用《婚姻法解释二》第24条占比9.82%,剩余38.7%的案件依据其他法律或未在判决书中明确法律依据。可见目前民间借贷夫妻债务纠纷案件所依据的法律主要是2018年出台的《夫妻债务司法解释》,且多数案件适用第3条。基于样本量足够大、法律适用占比分布均匀、占比总量相当的要素,选取浙江省的案件判决书作为本次分析样本。浙江省2019年民间借贷夫妻债务纠纷民事二审案件为588份,按显示顺序依次阅读300份,剔除52个对夫妻债务无争议的案件,共248份有效样本。

浙江省2019年民间借贷夫妻债务纠纷民事二审案件概览表

适用法律②	认定为夫妻共同债务						未认定为夫妻共同债务					
	第1条	第2条	第3条	第23条	第24条	未明确	第1条	第2条	第3条	第23条	第24条	未明确
	55	22	37	1	36	6	0	0	84	2	0	5
举债合意	签字合意	推定合意		事后追认		无合意	无举债合意					
	8	41		20		88	91					
借款金额	≤20万元			>20万元			≤20万元			>20万元		
	76			81			25			66		

---

① 2019年全国适用民事一审程序案件数量为10315370件,适用审判监督程序案件数量为232861件,占比2.26%;而夫妻债务纠纷一审案件数量为113923件,再审数量6835件,占比6%;民间借贷中的夫妻债务纠纷一审案件数量为57401件,再审数为5436件,占比9.47%。

② 第1条,第2条,第3条分别指《夫妻债务司法解释》第1,2,3条;第23条,第24条分别指《婚姻法解释二》第23,24条。

续表

借款时间

	认定为夫妻共同债务				未认定为夫妻共同债务			
借款时间	结婚前	夫妻关系正常期间	夫妻关系非正常期间	离婚后	结婚前	夫妻关系正常期间	夫妻关系非正常期间	离婚后
	1	155	1	0	2	84	3	2

借款用途

	认定为夫妻共同债务						未认定为夫妻共同债务					
借款用途	生产经营投资	购置家庭资产	家庭日常消费	归还欠款	违法犯罪活动	用途不明	生产经营投资	购置家庭资产	家庭日常消费	归还欠款	违法犯罪活动	用途不明
	38	13	15	2	0	89	4	0	0	1	2	84

二、民间借贷夫妻债务纠纷案件司法裁判的特征

从选取的 248 份司法判决书来看，涉及民间借贷案件审理中存在夫妻共同债务认定的，总体上看存在一些类似性特征或问题，具体涉及案件判决法律适用和举债的夫妻合意、借款金额、借款时间、原告与非举债方关系等方面，这些具体方面归总起来又集中体现为借债的夫妻共同意思表示和借债资金用途两个问题上。

（一）从案件裁判结果看，《夫妻债务司法解释》适用作用明显

（1）纠纷案件适用《夫妻债务司法解释》第 1 条、第 2 条以及《婚姻法解释二》第 24 条，都被认定为夫妻共同债务。248 份判决文书中，适用《夫妻债务司法解释》第 1 条即"夫妻双方共同签字或者夫妻一方事后追认等共同意思表示所负的债务，应当认定为夫妻共同债务"的有 55 份，都被判定为夫妻共同债务，理由多为"非举债方配偶对借款内容有一定了解、事后存在还款或承诺还款的行为"；适用《婚姻法解释二》第 24 条即"债权人就婚姻关系存续期间夫妻一方以个人名义所负债务主张权利的，应当按夫妻共同债务处理。但夫妻一方能够证明债权人与债务人明确约定为个人债务，或者能够证明属于婚姻法第十九条第三款规定情形的除外"的有 36 份，均被判为夫妻共同债务，理由多为"债务未明显超出家庭日常生活，且债务人配偶未证明该债务约定为个人债务或者第三人知道夫妻约定财产分别制的"；适用《夫妻债务司法解释》第 2 条，"夫妻一方在婚姻关系存续期间以个人名义为家庭日常生活需要所负的债务，债权人以属于夫妻共同债务为由主张权利的，人民法院应予支持"的有 22 份，均证明了借款用途。

（2）适用《夫妻债务司法解释》第 3 条的债务纠纷，绝大多数未被认定为夫妻共同债务。适用《夫妻债务司法解释》第 3 条的判决书共有 121 份，其中 84 份被判定为非夫妻共同债务，占比 69.42%，而未被认定的理由均为"债权人未举证借款用于夫妻共同生活或者共同生产经营或者借款基于夫妻双方共同意思表示"。根据第 3 条规定，"夫妻一方在婚姻关系存续期间以个人名义超出家庭日常生活需要所负的债务，债权人以属于夫妻共

同债务为由主张权利的，人民法院不予支持，但债权人能够证明该债务用于夫妻共同生活、共同生产经营或者基于夫妻双方共同意思表示的除外。"可见，当借款金额较大时，债权人要证明对方借钱用于夫妻共同生活或共同生产经营等并不容易，举证难客观存在。

（二）从举债合意来看，有不少案件被推定为具有夫妻共同意思表示

有不少的夫妻共同债务纠纷，来自夫妻一方以个人名义对外负债，而另一方不知情，因此才会在案发时产生争议，基于此，在提起诉讼的夫妻共同债务纠纷中，大多是不存在夫妻双方举债合意的。在156份认定为夫妻共同债务的判决文书中，有55份是依据《夫妻债务司法解释》第1条裁判，即"夫妻双方共同签字或者夫妻一方事后追认等共同意思表示所负的债务，应当认定为夫妻共同债务"，该条文意在当事人举证证明夫妻双方的借债合意。在156份认定为夫妻共同债务的裁判文书中，有69份被认为具备举债合意，69份中属于签字合意的仅8份、推定合意的41份、事后追认的20份。这表明在夫妻双方被认为具备举债合意的判决中，目前来看夫妻共同签字的不多。法院在判定夫妻双方是否具备合意时，并非严格适用《夫妻债务司法解释》第1条的"共同签字"或者"事后追认"情形，更多时候适用的是条款当中的开放式规定"等"，推定夫妻双方具有共同的意思表示。

（三）从借款金额来看，金额小的多被认定为夫妻共同债务

从司法判决样本分析，发现纠纷案件裁判中，法院倾向于依据金额大小判定民间借款是否归属于"家庭日常生活需要"，金额在20万元及以下的借款多被认定为家庭日常生活所需。在248份裁判文书中，共有101份借款金额小于或等于20万元的判决书，其中76份被认定为夫妻共同债务，占比75.25%；此外的案件为借款金额大于20万元的，认定为夫妻共同债务的81份，没有认定为夫妻共同债务的66份。以20万元作为划分标准的法律依据，是浙江省高级人民法院于2018年5月发布的《关于妥善审理涉夫妻债务纠纷案件的通知》，该通知提到"以下情形，可作为各级法院认定"超出家庭日常生活需要所负债务"的考量因素："（1）单笔举债或对同一债权人举债金额在20万元以上的"。基于此，借款金额不高于20万元的债务多被认定为属于家庭日常生活需要，进而适用《婚姻法解释二》第24条的"婚姻关系存续期间"推论，判定为属于夫妻共同债务。在纠纷金额小于20万元的案件中，有25份裁判文书判决不属于夫妻共同债务，实属难得，显示了法官自由裁量权的运用和责任担当，其认定的原因分别是当事人年龄较大（多为老年人）、文化水平低下、生活习性节省等，将几万元的借款用于家庭日常生活概率极低，判决为夫妻共同债务不合理、不恰当。

（四）从借款期间来看，未明确区分夫妻关系正常期间与非正常期间

以是否存在法律上的婚姻而非事实上的婚姻为认定标准，因此可以分为夫妻关系正常

期间和夫妻关系非正常期间,如离婚讼诉期间或者夫妻分居期间为非正常期间。在 248 份判决中有 239 个案件借款发生在夫妻关系正常期间,剩下的 9 个案件分别是有 4 案发生在夫妻关系非正常期间(1 案认定和 3 案未认定)、3 案发生在结婚前(其中 1 案认定和 2 案未认定)、2 案发生在离婚后(均未认定)。对于结婚前的夫妻债务纠纷,《婚姻法解释二》第 23 条规定:"债权人就一方婚前所负个人债务向债务人的配偶主张权利的,人民法院不予支持。但债权人能够证明所负债务用于婚后家庭共同生活的除外。"但对发生在夫妻关系非正常期间以及夫妻离婚后的债务认定,法律和司法解释没有明确规定,与此相应的是,在 248 份裁判文书中有 11 份判决书也就没有明确说明法律依据。目前司法实务的情况,是将夫妻关系非正常期间归属于婚姻关系存续期间而直接适用相关法律,对于离婚后的债务则依法官自由裁量权综合其他相关因素认定。

(五)从借款用途来看,多数案件无法明确具体用途

在进入司法程序的纠纷案件中,有一些是能够明确借款资金用途的,其用途类型也是相对固定的。在 248 个案件中,借款资金用于生产经营的最多,计 42 个,具体用途包括用于夫妻共同开办的公司经营、个体工商户经营或者一方对外的经营投资,其次是用于购置房产、汽车等重要家庭资产或者用于家庭医疗、教育子女、赡养老人等家庭日常消费,计 38 个,有少量用于归还银行贷款、信用卡逾期或其他借贷欠款,极少量涉嫌用于违法犯罪活动。用于经营投资、购置大件家庭资产及医疗的资金,大多都是流向房产公司、金融机构、医疗机构等经济主体,这些单位具备完整的记账系统,能够对每一笔交易资金进行及时地详细记录,并出具凭证,因此这类资金用途较易举证。其余 173 个案件,原被告双方均未证明借款用途,法院也无法查明其具体用途。常见的合同之债,在订立时就具有特定的目的和用途,而民间借贷合同的标的物为货币,借贷意向达成有着很浓的熟人关系特征,借入方可自由支配资金,其最终去向存在多种可能,因此民间借贷中的借款用途是很难证明的,虽然立法意图清楚但出借人实际上行使法律赋予的权利不易。

(六)从原告与夫妻非举债方关系来看,多数不存在熟人关系

民间借贷的借贷双方往往有着一定的关系,他们相互熟知、相互信任。"民间借贷是民间融资的重要方式,在传统乡村社会生活中发挥着重要的作用,其乡土气息浓郁,有着浓厚的'民间性',很多借贷是依靠人和因素、朋友感情而发生"[①]。这种借贷双方的熟人关系,并不会直接导致资金出借方与借入方配偶是熟人关系,其原因是现代社会夫妻双方都有自己相对独立的交友圈子,一方的普通朋友另一方不见得了解甚至熟悉。在本文选取

---

① 蓝寿荣、李沃幸:《论民间借贷纠纷案件的司法认定》,载《民间法》(第 17 卷),厦门大学出版社 2016 年版,第 359 页。

的 248 个案件样本中，有 207 个原告与非举债方不存在亲密关系，占比 83.47%。可见，当夫妻一方在没有和配偶商量的情况下向他人举债，其配偶不太可能会及时发现，也难以在法庭上举证有关这笔借款的真实用途。

三、民间借贷案件审理的夫妻共同意思表示问题

《夫妻共同债务司法解释》第 1 条规定，"夫妻双方共同签字或者夫妻一方事后追认等共同意思表示所负的债务，应当认定为夫妻共同债务"。在法院审理的案件中，夫妻双方共同签字，自然就是夫妻共同债务，不易出现纠纷，在诉讼中并无争议，相反以借款人使用配偶账户、配偶事后追认、配偶家事代理等方式认定夫妻具有共同借款意思表示，则有争议。

（一）使用配偶账户问题

在认定为夫妻共同债务的案件中，真正由夫妻共同签字举债（包括一方签字举债另一方签字担保的情形）仅 8 个，41 个属于推定合意。例如在赵明轩、王息红民间借贷纠纷一案中，"赵明轩、王息红系夫妻，2014 年 1 月 26 日，沈伟欢将 50 万元借款转至王息红账户，后赵明轩向沈伟欢出具了落款时间为 2014 年 1 月 27 日的借条一份，该借条载明：今向沈伟欢借人民币伍拾万元整（500000.00 元），月利按两分五计取，利息按半年支付（75000 元/半年）。归还日期，赵明轩在接到沈伟欢通知后 10 日内全部归还。此后，赵明轩、王息红先后归还给沈伟欢本息 454000 元，余款经沈伟欢催讨未果。""一审法院认为，本案借款发生在赵明轩、王息红夫妻关系存续期间，用途系投入赵明轩担任副总的公司以获取利息收益，借款的交付及部分款项的归还均通过王息红的账户"，故本案债务系夫妻共同债务。二审法院认为，"案涉借款行为发生于赵明轩与王息红婚姻关系存续期间，王息红虽未在案涉借条上签字，但现有证据显示，沈伟欢通过将 50 万元款项转至王息红账户的方式交付了借款，并由王息红多次通过自己的银行账户向沈伟欢付息及还款，在无相反证据印证的情况下，应认定银行账户系王息红本人使用，可推定王息红对赵明轩向沈伟欢借款是明知并认可的"，本案借款系夫妻共同债务。[①] 类似的案例还有郑安梁、安吉冠荣有机蔬菜种植有限公司民间借贷纠纷[②]、陈田勇、孙佰红民间借贷纠纷[③]、胡金汉、应

[①] 《赵明轩、王息红民间借贷纠纷二审民事判决书》，浙江省绍兴市中级人民法院（2019）浙 06 民终 2154 号，发布日期：2019 - 07 - 17。
[②] 《郑安梁、安吉冠荣有机蔬菜种植有限公司民间借贷纠纷二审民事判决书》，浙江省湖州市中级人民法院（2019）浙 05 民终 506 号，发布日期：2020 - 01 - 01。
[③] 《陈田勇、孙佰红民间借贷纠纷二审民事判决书》，浙江省绍兴市中级人民法院（2019）浙 06 民终 1299 号，发布日期：2019 - 07 - 09。

虹民间借贷纠纷①等，因存在借贷资金汇入配偶署名的银行账户、配偶所借资金本息等情形的，进而被推定为具备夫妻共同举债合意。

在很多家庭里，家庭资金账户往往是写着妻子的户名，而频繁使用账户资金的可能是丈夫，这是很多民间借贷丈夫借钱却使用妻子户名账户的客观现状，但不能就此得出丈夫使用妻子户名账户就是妻子同意借款的结论。一是夫妻间互相使用对方的银行账户是常事，并不能据此认定另一方对借款知情。有些人为了规避银行监管或者出于管理资金便利等目的，让配偶帮忙开立银行账户专门供其使用，实践中银行账户的所有人与实际使用人往往并不一致，配偶不一定清晰知晓对自己名下账户所发生的交易。二是尽管有时收款还款行为确系非举债方作出，也不当然表示其认同举债行为。在实际生活中，具备举债合意并不必然是作出还款行为的必要条件，非举债方虽然客观上向债权人转账但其主观上并未认识到其转账系还款行为。例如丈夫委托妻子向债权人转账，却欺骗妻子说该款项系借给对方的。

（二）配偶事后追认问题

借款人的配偶"事后追认"，是法官认定借债夫妻具有共同意思表示的事实依据之一。目前，法院对"事后追认等共同意思表示"通常作简单理解，没有充分结合民间老百姓生活实际，"事实上实现了从配偶的'同意'向配偶的'简单知情'的过渡。并且在一些判决中，法院已倾向于仅仅从配偶知情的事实得出共同债务的结论。"② 对"合意"范围的简单理解，可能不能显示借贷的实际情况，导致公平正义的天平失衡，与《夫妻债务司法解释》的立法目的相背离。

在 248 个案件中，有 20 个被认定为"事后追认"，理由主要是"非举债方配偶承诺还款或存在还款行为"。例如在方伟标、倪妙珍民间借贷纠纷中，非举债方方伟标在债权人的多次催款电话中表示"我会还给你的"，法院依此认为方伟标行为属于承诺还款，构成"事后追认"，适用《夫妻债务司法解释》第 1 条认定为夫妻共同债务。③ 在黄皎晨、张媚婷民间借贷纠纷中，非举债方张媚婷曾还款 2 万元，法院认为构成对案涉债务的事后追认，认定为夫妻共债。④ 再如在陈正庚、莫晨超民间借贷纠纷中，配偶对丈夫所欠欠款表示愿意"根据工资收入情况逐月在二十年内还清，并要求适当减付本金"。但案涉借款资

---

① 《胡金汉、应虹民间借贷纠纷二审民事判决书》，浙江省金华市中级人民法院（2019）浙 07 民终 2812 号，发布日期：2019-08-30。
② 李贝：《夫妻共同债务的立法困局与出路——以"新解释"为考察对象》，载《东方法学》2019 年第 1 期，第 106 页。
③ 《方伟标、倪妙珍民间借贷纠纷二审民事判决书》，浙江省金华市中级人民法院（2019）浙 07 民终 5708 号，发布日期：2019-12-24。
④ 《黄皎晨、张媚婷民间借贷纠纷二审民事判决书》，浙江省杭州市中级人民法院（2019）浙 01 民终 5326 号，发布日期：2019-10-12。

金，并未证明用于家庭共同生活，也未证明用于夫妻共同生产经营，且"不排除用于赌博和个人经营"。配偶未对借款予以否认，并表示"是在举债方为躲债而失联的失衡心态下、不知借款具体情况、不知通话录音的前提下作出，其承诺更多的是基于与债权人友好关系的考虑，从夫妻一家责任共担的善良愿望出发，坚持道德底线"。① 如果配偶因善良承诺而被迫承担巨债，相反有些泼皮耍赖的人却不用承担责任，给社会传递的信息是老实人吃亏而不是社会公平正义。这就是说，看是简单的"事后追认"也有质疑推敲的必要，法律上的"事后追认"不应是简单地一句看似承诺的话或者一两次还款行为，法院应当充分考虑夫妻间的人身依附性、捆绑性，结合当事人动机和处境，综合判断。

（三）家事代理问题

学界关于夫妻共同债务及家庭生活需要的讨论，通常会提到家庭成员一方的家事代理，典型的是传统有"女主内男主外"的丈夫在外代理家事的说法。"日常家事代理权是指夫或妻对于日常家事的对外交易中互为代理人，在日常家事的范围内可以以自己的名义实施代理的权限"②。日常家事代理权起源于罗马法，受传统观念"男主外女主内"的影响，最初只规定了妻子是丈夫的日常家事代理人，后来随着女性社会地位的不断提高，"女主外，男主内"现象也很常见，人们逐渐意识到夫妻双方应当共享日常家事代理权。

我国《婚姻法》并未对该制度加以规定，但在《最高人民法院关于适用〈中华人民共和国婚姻法〉若干问题的解释（一）》第17条中稍有提及："因日常生活需要而处理夫妻共同财产的，任何一方均有权决定"。"日常家事代理权制度赋予夫或妻一方在处理家庭日常生活需要的事项时对外享有必要的经济自由和行动自由"③，也保护了善意第三方的合法权益，基于日常家事代理权的法律效果，债权人可以请求被代理方即非举债方承担共同责任。2020年《民法典》第1060条规定："夫妻一方因家庭日常生活需要而实施的民事法律行为，对夫妻双方发生效力，但是夫妻一方与相对人另有约定的除外。"

因此"家庭日常生活需要"的范围其实是日常家事代理权的代理范围。

可是在对待民间借贷纠纷案件中，有不同的看法。有的学者认为借款用途举难证，"婚内一方配偶非善意而借贷的道德风险较高，不宜将借贷债务纳入家事代理权的范围之内"④。这种看法有待商榷，不能因借款用途的难证性而忽视借款确实用于家庭日常生活的情形，应当对借贷债务加以区分，而不是一概排除于日常家事代理权之外。例如上述248个案例中，就有28个案件借款证明系为子女教育、赡养老人、医疗保健等家庭日常开

---

① 《陈正庚、莫晨超民间借贷纠纷二审民事判决书》，浙江省台州市中级人民法院（2019）浙10民终2896号，发布日期：2019-12-17。
② 余延满：《亲属法原论》，法律出版社2007年版，第246页民事判决书。
③ ［德］迪特尔·施瓦布：《德国家庭法》，王葆莳译，法律出版社2010年版，第89页。
④ 叶名怡：《夫妻共同债务相关法律问题研究——共债共签原则应写入民法典》，载《东方法学》2019年第1期，第100页。

支，这类被证明用于家庭日常生活的借贷债务，当然属于日常家事代理权的代理范围，是夫妻共债。另外，还有一些借款虽未直接用于家庭日常生活，如用于经营小商铺，但其经营收入全部用于家庭日常生活，这类借款也应当被认定为属于家庭日常生活需要。

常规而言，家庭日常生活需要就是用于家庭一起生活及其成员日常消费的开支活动。鉴于民间借贷中借款的特殊性，可以"适当地借鉴比较法上的经验，通过设置日常家庭生活需要的目的，以及为达成该目的之手段是否适当两个方面，综合判断日常家庭生活需要的范围"①。换言之，生活常识不会骗人，应结合当地生活水准与习俗，通过借贷的目的来判断借款性质，规制道德风险。首先借款的目的应当是用于家庭的常规性物品开支，其特点在于"日常性"，即在很长一段时间内会反复发生的家庭活动，主要是衣食住行消，也包括食品购买、看病健身、小孩上学、老人赡养、娱乐消遣等。值得一提的是，不同的家庭其日常生活需要也会有不同，因此"日常性"的判断应当遵循个别原则，例如旅游消费对于富有家庭是日常生活需要，但对于贫困家庭则并非日常。其次，借款行为应当与借款目的相适应，包括借贷本金、约定利率、借款对象、约定期限等。例如为购置家电借款百万元，或约定借款利率过高，或可向亲戚好友借款却向民营企业借款，或按照家庭资产流动速度可以按月一次归还却约定按年分期归还等，这些明显不具备必要性的借款不属于"家庭日常生活需要"。通过对借款目的和必要性的双向考察，以尽可能防止婚内夫妻一方非善意举债的道德风险。同时还要注意，"夫妻分居期间发生的借款"由于破坏了夫妻共同生活的前提，尽管具备目的和必要性要件，一方以自己名义的借款也不能认定为是"家庭日常生活需要"。

四、民间借贷案件审理的夫妻共同生活问题

《婚姻法》第 41 条确定"离婚时，原为夫妻共同生活所负的债务，应当共同偿还"，《夫妻债务司法解释》将"夫妻共同生活"表述为家庭日常生活需要和超过家庭日常生活需要但确系用于夫妻共同生活，第 2 条规定了"夫妻一方在婚姻关系存续期间以个人名义为家庭日常生活需要所负的债务"，第 3 条规定了"该债务用于夫妻共同生活、共同生产经营"。在《夫妻债务司法解释》并没有明确废止《婚姻法解释二》第 24 条的背景下，举证责任二元分配模式逐渐落实，即当债务未超过"家庭日常生活需要"时，由夫妻非举债方承担举证责任，举证债务明确约定为个人债务或债权人明知夫妻双方约定财产分别制；当债务超过"家庭日常生活需要"时，由债权人承担举证责任，证明债务用于夫妻共同生活、共同生产经营或基于共同意思表示。这里，如何界定"家庭日常生活需要"成为关键要素，由于"我国幅员辽阔，城乡差异巨大，各地经济发展水平极不均衡，而不同婚

---

① 冉克平：《论"因家庭日常生活需要"引起的夫妻共同债务》，载《江汉论坛》2018 年第 7 期，第 106 页。

姻当事人或家庭的经济状况、社会地位、职业类别、消费习惯、收入水平、兴趣爱好等因素又存在差异,因此'家庭日常生活需要'注定是一个不确定概念"[①]。

(一) 小额借贷问题

民间借贷纠纷案件审理裁判中,金额在20万元以下(含本数)的借款多被认定为家庭日常生活所需。在一定程度上,债务数额大小与家庭日常生活需要确实存在相关性,一般来说,经济水平较低的家庭其日常生活开支也较低。在同一个生活区域,绝大多数家庭的经济水平相当,其家庭日常生活需要也相同且相对稳定。如果换算成货币计算,各个家庭日常生活开支会聚集在某个数值上,以该数值作为判定"家庭日常生活需要"的考量因素具备一定的普适性,事实上有利于法官裁判纠纷案件。但在民间借贷夫妻共同债务纠纷案件中,这种依据债务数额判定方法并不能完全反映借债的真实情况,暴露出法律制度具体规定对于社会实际现象的不适应。

一是小额借贷的借贷金额确定问题。一方面是实际借贷金额难确定。民间借贷多发生于熟人朋友之间,在借款约定、借款形式上欠考虑和不规范明显,常见的如利息约定不明、还款期限、还款方式不明等,更甚的有借款本金不明。在248份判决中,除是否认定为夫妻债务外,最大的争议焦点就是借贷事实是否存在以及借贷金额实际多少。涉民间借贷的夫妻共同债务纠纷借款金额的认定本身就极具疑难性,依此来作为分配夫妻共债举证责任的标准,无疑加重了判决难度。另一方面是借贷金额用途标准难确定。货币不同于其他标的,其价值极易受经济环境影响,不同时间、不同地点以及不同的当事人等,其借贷数额标准也应当不同。例如在夏永明、陈锡英民间借贷纠纷案中[②],案涉借款3万元发生于1998年,当年的家庭消费观念、市场物价水平等与现在有着较大差异,若依现在规定的数值认定案涉款项属于"家庭日常生活需要"显然不公。又如上述高院通知中确定的债务数额标准就欠缺合理性,"浙江省2017年职工年平均工资为61099元,20万元数额抵得上一个收入中等的职工三年多的工资,这显然与家庭日常生活所负债务相矛盾"[③]。可见,当地高院在量化"家庭日常生活需要"时,是否适用于绝大部分借贷家庭情况是一个问题,毕竟存在大部分收入偏低的家庭。

二是配偶合法利益保护问题。首先,货币作为一般等价物,在市场上极易流通,支配空间自由,民间借贷场合较其他债务更易发生婚内一方非善意举债的道德风险,加上借款用

---

① 冉克平:《论"因家庭日常生活需要"引起的夫妻共同债务》,载《江汉论坛》2018年第7期,第106页。
② 《夏永明、陈锡英民间借贷纠纷二审民事判决书》,浙江省杭州市中级人民法院(2019)浙01民终2827号,发布日期:2019-12-09。
③ 叶名怡:《夫妻共同债务相关法律问题研究——共债共签原则应写入民法典》,载《东方法学》2019年第1期,第99页。

途难举证，以借债资金数额判定又过于简单化。其次，虽然对民间借贷利率做了限制①，但民间借贷利率总体仍在不断增加，很多都远高于银行利率。假设借款本金为10万元，借款年利率14%，借款期限5年，其到期本息高达17.2万元，此时借款本金未超出"家庭日常生活需要"，配偶很可能因举证不能而承担17.2万元的债务，一旦发生道德风险，会突然加重配偶方负担。最后，若举债方同时向多个债权人举债小数额借款，配偶将背负巨债。因为按照"单笔举债或对同一债权人举债金额"的计算方式，尽管举债总额累计逾百万，只要单笔或对同一债权人举债金额足够低，该债务也会被归属于"家庭日常生活需要"，致明显不公。然而在民间借贷中，分多次小额借款是很容易实现且常见的，出借人很可能依靠这种方式来逃避审慎注意义务，规避风险，非举债方配偶利益可能受害是存在的。

三是举证难及举证责任分配问题。民间借贷中发生婚内一方非善意举债，需要债权人举证证明借款的用途是用于家庭日常生活，从诉讼实际来看非常困难。当事人举证证明借贷资金用途不易、法院单纯以资金数额判定又不尽合理，导致法官在分配举证责任时易陷入两难境地。例如在俞宏铿、傅淑娇民间借贷纠纷②、汪文贵、金文锦民间借贷纠纷③以及徐成维、应亚琴民间借贷纠纷④等案件中，案涉款项分别为4万、8万、4万，远未及20万元，法院却认为案涉借款属于"超过家庭日常生活需要"，但均未说明理由，最终依《夫妻债务司法解释》第3条由债权人承担举证夫妻共债的责任。可以看出，法官在面对证据保存不充分的案件时也是清官难断家务事。另外，举证责任二元分配模式下，法院倾向于将调查借款用途的任务转移给当事人。248份判决中，有173份未说明借款用途，判决理由都是当事人因举证不能而承担不利后果，但借款用途是认定夫妻共债的重要标准，用途不明下的判决难免欠缺正当性。在民间借贷中，无论是债权人还是配偶都很难对借款用途举证，原因在于借款易流通、私密性强、债权人与债务人的配偶互不熟识等，法院在必要时依职权探知或依申请调查也未必能透过现象求得真实复原。

在民间借贷案件中，适用依据债务数额判定的方法，显而易见是一个需要纠正的做法。对于借款是否属于"家庭日常生活需要"的辩题，法官应当坚持个别判断原则，不能单纯依金额数额判定，要注意到每个案件的特殊性，主动调查疑难案件，综合借款实际金额大小、借款利率高低、资金转移流向、家庭富裕程度、当事人消费习惯、借款发生时当地经济水平等因素予以认定。

---

① 《最高人民法院关于审理民间借贷案件适用法律若干问题的规定》（法释〔2015〕18号）第26条"借贷双方约定的利率未超过年利率24%，出借人请求借款人按照约定的利率支付利息的，人民法院应予支持。借贷双方约定的利率超过年利率36%，超过部分的利息约定无效。借款人请求出借人返还已支付的超过年利率36%部分的利息的，人民法院应予支持。"
② 浙江省金华市中级人民法院（2019）浙07民终第2442号民事判决书。
③ 浙江省金华市中级人民法院（2019）浙07民终第2550号民事判决书。
④ 浙江省宁波市中级人民法院（2019）浙02民终第1841号民事判决书。

(二) 共同生产经营问题

《夫妻共同债务司法解释》第 3 条规定，"夫妻一方在婚姻关系存续期间以个人名义超出家庭日常生活需要所负的债务，债权人以属于夫妻共同债务为由主张权利的，人民法院不予支持，但债权人能够证明该债务用于夫妻共同生活、共同生产经营或者基于夫妻双方共同意思表示的除外。""夫妻共同生活"项目大部分时候是覆盖"家庭日常生活"的，"换言之，在判断时不应局限于直接的家庭食品、教育、医疗、居住、交通以及服务等生活消费，其他间接用于形成夫妻共同财产，或者基于夫妻共同利益管理共同财产产生的支出，性质上均属于夫妻共同生活或经营的范围"①。

审判实践中对"夫妻共同生活"认定不容易，对"夫妻共同生产经营"的认定更为复杂，主要原因是前者的认定往往能够依据生活经验判断，而后者对举证要求较高。结合目前的实际情况，比较明确的大致有以下两种类型：一是用于农村土地承包经营或个体工商经营。农村土地承包经营以家庭承包经营为基础，通常属于夫妻共同生产经营。个人经营收入为家庭收入来源的，应当属于用于夫妻共同生活的范围，若经营收入全部用于家庭基本日常开支的，属于家庭日常生活范围。二是用于公司或者合伙企业经营。按照夫妻双方在经营中的地位作用划分，可分为夫妻共同投资或者夫妻一方投资另一方经营。共同投资是指夫妻同为企业的股东或者合伙企业的合伙人。一方投资另一方经营，是指夫妻一方为公司股东，另一方担任公司法定代表人、董事、监事、总经理等重要职位。这两种情况都属于"夫妻共同生产经营"。"至于夫妻双方均为参与经营，但均无投资关系，这属于共同为他人企业打工（劳动关系），不属于夫妻共同生产经营"②。"夫妻一方作为企业小股东而存在，另一方作为企业雇员而存在，由于两者均对企业的经营发展没有实质上的影响力，所以也不构成夫妻共同生产经营"③。

对于借贷之债是否用于夫妻共同生产经营，除了要证明夫妻双方存在上述共同生产经营行为，更重要的是要证明该笔借款确实用于共同生产经营。例如在吕萍、陈卫峰民间借贷纠纷一案中，一审法院确认吕萍夫妇存在共同经营行为，认定该借款系夫妻共同债务。二审法院认为"虽有证据证明吕萍注册成立公司，配偶为该公司的总经理，但并无证据表明该项借款转入公司并用于公司经营"，因此不予认定为夫妻共债。④ 可见实务中，借款用途举证难，导致一审法院规避借款用途，转而关注夫妻生产经营的共同行为，径直认定

---

① 张力、李倩：《夫妻共同债务认定中的用途规则——兼论最高人民法院法释〔2018〕2 号的体系融入》，载《江西师范大学学报（社科版）》2019 年第 3 期，第 91 页。
② 叶名怡：《夫妻共同债务相关法律问题研究——共债共签原则应写入民法典》，载《东方法学》2019 年第 1 期，第 101 页。
③ 冉克平：《夫妻共同债务的类型与清偿——兼析法释〔2018〕2 号》，载《法学》2018 年第 6 期，第 76 页。
④ 浙江省金华市中级人民法院（2019）浙 07 民终第 2727 号民事判决书。

夫妻共债，自然也就经不起质疑。民间借贷中约定用途与实际用途往往不一致，法院应当关注借款的实际用途，因为从法官审理的经验来看，"民间借贷合同法律关系性质的界定，不应受制于当事人所签合同的外观和名称，而应根据当事人的真实意思表示和合同的实质内容来确定"①。如果依约定用途断案，就容易产生合同双方故意损害第三方配偶利益的道德风险，在无其他证据相互印证的情况下，仍然需要债权人就借款用于夫妻共同生活或者共同生产经营承担举证责任。

（三）夫妻关系非正常期间问题

现有司法解释都将夫妻共债限定在夫妻关系存续期间，包括夫妻关系正常期间和夫妻关系非正常期间。也就是说，夫妻共同债务纠纷并非只发生于正常夫妻关系期间，还可能是结婚前或者离婚后，而且夫妻分居、离婚诉讼等夫妻关系非正常期间应当与夫妻关系正常期间相区别。目前只有《婚姻法解释二》第 23 条②对婚前债务作了规定，其他时期尚未有法律作出规定。在上述 248 份判决书中，共有 8 个借贷债务发生于非夫妻关系正常期间，其中 3 个发生在结婚前，适用第 23 条作出判决，4 个发生于夫妻关系非正常期间以及 2 个发生于离婚后的债务均未明确适用的法律条款。可见关于非夫妻关系正常期间债务的认定尚待法律进一步明确规定。

发生在夫妻关系非正常期间或者离婚后的债务，一般认定为个人债务。其主要原因在于夫妻关系不和或者消灭后，夫妻共同体产生瑕疵或解体，共同债务也归于消灭。但在民间借贷纠纷中，借款容易突破时间的限制，在夫妻关系破灭后仍用于夫妻共同生活或者夫妻共同生产经营。在夏国权、蓝日坤民间借贷纠纷一案中，案涉三笔借款分别发生于当事人离婚前后，一审法院认为"离婚之前产生的借款，债权人无证据证明该借款用于夫妻共同生活或经营，故对于债权人认为该借款系夫妻共同债务的主张，该院不予采信。离婚之后发生的借款，不属于夫妻共同债务"。二审法院认为"案涉借款虽发生在夫妻离婚前后，但三笔借款均用于案涉工程，且夫妻双方均参与案涉工程后由配偶一方承接，加之离婚时未清晰地分割共同财产、离婚后举债方频繁使用另一方银行账户、离婚后夫妻双方仍在同一户口等情节，借款用途前后延续，除了婚姻登记的变化，二人就案涉借款产生的利益并无任何实质性变化。因此非举债应承担共同还款责任"。③ 可见，离婚后发生的债务并不当然不属于夫妻共债。

对于发生在非夫妻关系正常期间的债务，不能仅仅依据债务发生时间点来判断，应当重点关注债务的用途。夫妻共同债务的本质属性，在于善意的使夫妻共同受益，因此无论

---

① 王永起：《民间借贷法律关系的审查与认定》，载《山东法官培训学院学报》2019 年第 6 期，第 130 页。
② 《婚姻法解释二》第 23 条："债权人就一方婚前所负个人债务向债务人的配偶主张权利的，人民法院不予支持。但债权人能够证明所负债务用于婚后家庭共同生活的除外。"
③ 浙江省绍兴市中级人民法院（2019）浙 06 民终第 1074 号民事判决书。

债务的发生时间点上是否存在夫妻共同体,只要债务确实是善意地使非举债方受益,非举债方就应当承担共同还款责任。

五、民间借贷案件审理的生活实际问题

家庭财产、夫妻财产问题始终是影响婚姻家庭制度的核心问题。婚姻家庭是理解社会的独特视角,充分体现了社会发展的变迁,而婚姻家庭中夫妻地位问题则是受经济物质发展水平制约非常明显的。民间借贷是夫妻共同债务纠纷的高发领域,夫妻共同债务的认定直接关系到相关当事人的财产增减,在司法实务中的重要性并不亚于对夫妻共同财产的认定。

(一) 夫妻财产问题的复杂性

人类社会活动中,婚姻家庭是具有高度私密性和传统性的生活区域,也是必然会有其复杂性,但是家庭又是社会构成的最小组织单元体,因而必然会受到政府社会政策的干预。从社会制度约束的视角看,目前我国人民对于婚姻家庭的制度性观念中,明显的具有以下特征。
(1) 伦理性,就是婚姻家庭具有道德性,成员之间相处以道德愿望要求自己和约束自己。这个在我国目前社会中,信奉程度不一,有的人有很强的信念,有的人则不然。历史上,儒家文化的传承,讲究家庭和睦成员伦理为先,表现在家庭财产上是家庭夫妻一体不可分割。其实,形成于我国历史上农业经济文明的家庭,包办婚姻、男尊女卑,家庭财产就是男性的财产,丈夫的对外行为就是代表了夫妻的共同行为。(2) 政策性,就是婚姻家庭关系要执行政府政策,成员之间相处及其财产处置要符合国家政策。新中国成立以来,以 1950 年颁布的婚姻法为标志,婚姻家庭制度有了很大的改变,自由恋爱、女性解放、保护妇女儿童、一夫一妻、夫妻共同劳动。在夫妻财产制上,规定了法定财产制与约定财产制两种,以法定为主,约定为辅。第 13 条规定"夫妻在婚姻关系存续期间所得财产归夫妻共同所有,双方另有约定的除外。夫妻对共同所有的财产,有平等的处理权",进一步明确了夫妻共同财产的内容。(3) 契约性,就是家庭成员相处及其财产处置要依据法律规定和夫妻约定,夫妻协商约定和依法处理。改革开放以来,社会发展加快、个人权利意识增强、家庭夫妻关系契约化明显。伦理性、政策性、契约性,这三个特征的叠加,增加了婚姻家庭财产问题的复杂性。

(二) 司法审理的适应实际问题

目前的法律法规及其解释对于夫妻债务的规定,给民间借贷纠纷案件中涉及夫妻共同债务认定提供了极大的便利,但是在实际纠纷案件中存在一些问题。夫妻共同债务本身的私密性和举债方行为的难控性决定了夫妻共同债务认定的疑难性,加之缺乏有效的判定规则,致使实务中夫妻共同债务的司法认定问题不少。很多实例分析都发现举债用途难举证,"无论是债权人还是非举债一方的配偶都存在举证上的困难",至于夫妻一方非善意举

债损害配偶权益的道德风险难防控,"债权人能够主张的责任财产范围就完全取决于借款的用途,然而,证明借款的用途可能并不容易"①,"试图通过债权人订立合同时的审慎注意义务从根源上取消夫妻共同债务认定的困难,然而正如本文的实证研究所展现的那样,这一政策目的并未完全实现"②。

鉴于民间借贷的复杂性,一个基本的认识应该是尊重实际情况、遵循民间社会生活生产经营的秩序,依据民间生活常识的逻辑判定,因为纠纷案件的司法裁判结果是要给当事人公平,应该向社会传递公平正义信念。如关于"家庭日常生活需要"的司法认定,是一个有些理不清的琐碎问题。一是家庭生活就是一个泛义概念,不容易界定边界,每个家庭均有不相同的生活内容,在一个家庭里是必备的生活内容到另一个家庭也许就不一定是必备的生活内容,衣食住行是每个家庭基本的生活内容,而学习提高、健身美容、旅游观光等就不一定了。二是不同的地方也不一样,东南西北自然不同,同一个区域的城市、乡镇、山村也有可能不同。三是生活需要的内容还是变动的,不同时期有不同内容,有些东西现在是日常生活必需的,也许以后就可能不是必需的了,就不是生活需要。那么,司法裁判中,就要结合实际情况,包括当地的经济发展水平、居民生活习惯来进行裁决。关于"共同生产经营"的司法认定,情况同样也是很复杂。要考虑借债情况夫妻双方是否知情或受益,是否用于会形成夫妻共同财产的固定资产如房产、用于共同经营的商业或投资,如开小超市、用于收益归家庭整体受益的个人投资或商业经营。

(三)夫妻共同债务的知情同意

理想的状态,是不知者不担责,每个人承担债务的前提条件是知情同意,否则就不用承担债务。目前比较合适的做法,是依据合同相对性原则,共债共签,夫妻共同签字举债为夫妻共债,夫妻单方签字举债推定为个人债务。2018年《夫妻债务司法解释》第1条以注意规定的方式确认了夫妻共同债务的"共债共签"的原则导向。2020年《民法典》第1064条明确写了"夫妻双方共同签名",引导夫妻双方共同签字举债夫妻共同债务,力图在源头减少夫妻债务纠纷发生。"共债共签"原则确立以来受到了社会各界的广泛好评,但也有一些不同意见。有反对者认为"《夫妻债务解释》过分简单地认识了'共债共签'的成本,同时因为将该债务用于夫妻共同生活、共同生产经营的举证责任交给了债权人,这种成本就会更大"③。对于债权人来说,首先需要识别举债方是否有配偶,其次要了解举债方配偶的真实意思表示并获得其签字;对于举债人来说,必须先与配偶就是否举债达

---

① 缪宇:《走出夫妻共同债务的误区——以〈婚姻法司法解释(二)〉第24条为分析对象》,载《中外法学》2018年第1期,第275页。
② 李贝:《夫妻共同债务的立法困局与出路——以"新解释"为考察对象》,载《东方法学》2019年第1期,第106、112页。
③ 朱虎:《夫妻债务的具体类型和责任承担》,载《法学评论》2019年第5期,第49页。

成一致,这产生大量的时间成本,其次夫妻双方还得一同出行至约定地点与债权人协商,这影响了一方照顾家庭,破坏家庭正常秩序,"不利于人与人相互之间本该存在的正常的互助功能"①。更有学者认为共债共签理念"无视婚姻家庭领域的特别法,而使用一般的民法原理来处理带有身份意味的财产关系实为不妥;在伦理层面,也有以市场经济思维侵蚀婚姻家庭观念之嫌"②。换言之,既然夫妻一方获得财产,另一方则基于身份关系而共享利益,那么一方背负债务,另一方也应当因此而共负债务。有支持者对此观点予以反驳,一是在比较法上,共同财产与共同债务并无关联性;二是约定财产分别制(因无须对外公示)易实现且易证明,而约定债务分别制(因无法对外公示)难实现更难证明;三是夫妻共同财产与夫妻共同债务范围不对应,人一生积攒的财富有限,属于夫妻共同财产的很有限,但背负的债务可能无上限;四是从法理的角度,为对方加利的行为尚且需要获得对方同意(如赠与合同),为对方增负行为理应获得同意③。

在民间借贷场合,引导夫妻共同签名尤为必要。一是民间借贷夫妻共同签名并不会大大增加交易成本。民间借贷起初在熟人社会中产生,以借贷双方的友好情谊为基础,出于信任而简化手续,有些自然人间借款甚至连借条都不会出具。尽管中小企业日益活跃,自然人生活生产需要的借贷需求增加,相互借钱也不像银行贷款那样手续多、要提供各种材料及担保,有中介的也是只需考察房产证明并签订合同,更多的是口头诺言即可。民间借贷因其及时性、简便性、灵活性而被广泛接受,共债共签所带来的交易成本并不足以影响其便利性。二是夫妻共同签名有利于快速解决纠纷,维护社会秩序。民间借贷根植于百姓生活,简便灵活,同时也因此滋生大量民事纠纷问题,加上民间借贷形成过程具有相当私密性之后处置显复杂性,任何一方要成功举证都很困难,除非是有一方一开始就蓄意为之而进行虚假诉讼。共同签名能够以最小成本从源头解决民间借贷夫妻共同债务纠纷问题,同时最大限度地保护债权人和非举债方配偶等相关当事人的利益。

六、余论

以上的讨论,都是基于现行的制度路径,包括法律规范与司法实践。而理想的制度安排是,夫妻共同债务构成的必要要件,应该是夫妻双方对于债务知情同意,其他的借债用于家庭日常生活需要、夫妻共同生活、夫妻共同生产经营等,均不足以构成夫妻另一方对外担责。当然,借债用于家庭日常生活需要、夫妻共同生活、夫妻共同生产经营等,可以构成夫妻之间债务追偿关系,已经对外承担了赔偿责任的一方可以向另一方追偿,这样就

---

① 汪家元:《我国民法典夫妻共同债务规则评析》,载《东方法学》2020年第5期,第110页。
② 张力、李倩:《夫妻共同债务认定中的用途规则——兼论最高人民法院法释〔2018〕2号的体系融入》,载《江西师范大学学报(社科版)》2019年第3期,第88页。
③ 叶名怡:《夫妻共同债务相关法律问题研究——共债共签原则应写入民法典》,载《东方法学》2019年第1期,第95-98页。

构建了一个夫妻的对外债务清偿关系和内部债务承担关系。鉴于目前的社会经济发展现实和民间交往传统习惯，为了避免民间借贷纠纷复杂化，应该出台示范性民间借贷简易合同样本，明确要求借款人夫妻双方共同签字。

On the judicial determination of the couple's debt in private lending

LAN Shourong Luo Jing

Abstract: the determination of couple's debt in private loan dispute cases is a difficult problem in judicial trial, which originates from the privacy of husband and wife's family relationship and the difficulty of controlling the borrower's behavior of using money, which is reflected in the difficulty of identifying the common intention of the couple and the purpose of borrowing funds. By combing the relevant cases of civil trial in Zhejiang Province in 2019, it is found that from the perspective of the parties, the borrower's spouse and the borrower's spouse are not debtors, and most of them do not have an acquaintance relationship; from the perspective of the litigation process, most cases can not provide evidence to show the specific purpose, whether the creditor wants to prove that the other party borrows money for the couple's common life or joint production and operation, or the borrower's spouse does not It is not easy for the debtor to prove that he has no knowledge of the loan; from the trial results, many cases are presumed to have the joint intention of husband and wife, and those with small amount of loan are considered as joint debt of husband and wife. At present, in view of the complexity of private lending, the judicial trial should respect common sense of life, follow the habits of civil society, and impart fairness and justice to the parties and the society. In order to improve the legislation, it is necessary to establish a system standard of the relationship between the external debt repayment and the internal debt bearing of the husband and wife's property. Among them, the necessary element of the composition of the joint debt of the husband and wife should be the informed consent of the couple for the debt.

Key words: private lending, debt of husband and wife, expression of common meaning, need of family daily life, joint production and operation

纾解农村家庭养老集体行动困境：
在"情""理""法"之间[*]

——基于中原传统农区的田野调查

贾 滕[**]

摘 要 在社会转型期，集体行动逻辑概念，可以为我们理解农村多子女家庭养老困境的微观机制提供观察视角。通过田野调查发现，虽有国家法、民间法约束，也有可预期的共同利益，但在中原传统农区仍有相当比例的农村多子女家庭的被赡养人（父母）赡养意愿得不到满足，而且赡养人之间矛盾重重、纠纷不断，陷入集体行动困境。原因主要是："法""理"冲突、赡养人赡养意愿不一；情感冲突、被赡养人（父母）赡养人处事"非理性"造成累积性矛盾；"启动难题"与协调机制缺失等。因此，第三方介入下的"理""法"结合、强制与自觉结合，基于情感基础、实际经济条件的赡养意愿"合理化"以及发挥赡养人中"积极分子"的示范、引领与沟通作用等"内外"结合解决问题方式，是打破"困境"的有效手段。

关键词 农村多子女家庭 赡养纠纷 "法德"结合调解模式

据统计，我国在 2000 年已经基本进入老龄化阶段，65 岁及以上人口比重为 7.0%；2010 年的全国人口普查结果显示，有 1.19 亿 65 岁及以上老人，约占全国总人口的 8.9%。根据联合国 2010 年估计和预测的数据，2020 年中国 65 岁及以上人口占总人口的比重为

---

[*] 河南省高校哲学社会科学基础研究重大项目《近代以来"豫东—皖北"传统农区社会经济演变及发展研究》（课题编号：2019 - JCZD - 027）。

[**] 贾滕，历史学博士，周口师范学院教授。

13.6%，2030 年将提高到 18.7%，2040 年是 26.8%，2050 年则高达 30.8%。① 由于农村青壮年劳动力外出流动，极大地加速了农村人口的老龄化和农村劳动力年龄结构的老龄化、妇女化，使中国的老龄化问题在农村显得更加突出。和广大的发展中国家一样，家庭仍是农村老年人保障的主要载体，中国农村家庭一直承担着农村老年人赡养的主要义务——无论是过去还是现在，农村老年保障都是建立在家庭的基础上的。但是，工业化所带来的家庭生产活动向雇佣性工资收入就业活动的转移削弱家庭中父母亲的权力及其对年轻一代的控制，劳动的社会化使得妇女劳动力参与家庭以外劳动的可能性大为增加，减少家庭中妇女作为老年人赡养主要提供者的数量，西方意识观念正在改变着传统的价值观念和文化规范，生育率会降低、孝道下降，从而年轻一代赡养老年人的观念会发生变化，养老提供者的数量也会减少。② 在此背景下，农村家庭已经越来越难以承担老年人养老的功能，尤其多子女家庭，子代生育家庭各行其是，对于父母的赡养往往陷入集体行动的困境。

一、问题提出：农村多子女家庭赡养父母集体行动困境

引入集体行动逻辑概念，可以为我们理解农村多子女家庭养老困境的微观机制，提供观察视角。

（一）何为集体行动逻辑以及赡养父母的"共同利益"

1. 集体行动逻辑。涉及集体行动的集体利益有两种：相容性利益与排他性利益。前者指利益主体在追求这种利益时是相互包容的，利益主体之间是正和博弈；后者指的是利益主体在追求这种利益时是互相排斥的，利益主体之间是零和博弈。排他性的利益集团碰到的是"分蛋糕"的问题，希望分利者越少越好，总是排斥他人进入，而相容性集团碰到的是"做蛋糕"的问题，做蛋糕当然是人越多越好、蛋糕做得越大越好，故这类集团总是欢迎具有共同利益追求的行为主体加入其中，可谓"众人拾柴火焰高"。因此，相容性集团就有可能实现集体的共同利益——但也仅仅是可能而已，因为还是绕不开集团成员的"搭便车"行为倾向问题，还是要解决集体与个人之间的利益关系问题。

在严格坚持经济学关于人及其行为的假定条件下，经济人或理性人都不会为集团的共同利益采取行动——集体行动的困境是一种客观存在的社会现象……在中国传统语境中，"一个和尚挑水吃，两个和尚抬水吃，三个和尚没水吃"即是集体行动困境的形象揭示。为此，需要一种动力机制——"有选择性的激励"，这一机制要求对集团的每一个成员区

---

① 张文丽、景文超：《中国已跨越第一个刘易斯转折点——试论中国的人口转变、结构转型与刘易斯转折点》，http：//www.stats.gov.cn/tjzs/tjsj/tjcb/dysj/201212/t20121227_38108.html，访问日期：2012 - 12 - 27，2020 - 10 - 25。

② 丁士军：《经济转型时期的中国农村家庭养老问题研究》，华中农业大学 2000 年博士论文，第 11 页。

别对待，需要特定的启动成本，需要强制性约束，需要发挥积极分子的引领作用，需要适当方式"启动"以及等待有利的时机，等等。总之，集体行动困境的突破既仰赖于强制力量、制度（规则、文化等）安排等外部力量的干预，更有赖于行动者的自主性行为。

多子女家庭赡养父母的"共同利益"。多子女家庭赡养父母的"共同利益"是提升本人及其核心家庭的"人力资本"。一是直接强化个人能力——人类行为诸如赡养老年人和抚养小孩等都需要特别的技能和知识（更重要的是需要具备爱心、仁慈、同情等），二是加强社会责任，有助于提升个人、家庭声望，改进社会福利。同时，赡养既是家庭的重要功能，也是教育后代、保证自我未来幸福预期实现的主要行为方式。

当然，赡养父母的直接体现是经济性的支出行为，因为在钱财、物的支出同时，还需要消耗稀缺资源即时间。因此，对于多子女家庭来说，通过赡养父母而提升"人力资本"、降低单个家庭在该事项上的经济与劳务支出，改进联合家庭福利是多个核心家庭集体行动（行为）的结果。

（二）农村多子女家庭赡养父母的集体行动困境

虽有《婚姻法》和《老年人权益保障法》以及村规民约、村庄舆论等国家法、民间法约束，也有可预期的共同利益，但中西部地区现实却仍有相当比例的农村多子女家庭的被赡养人（父母）赡养意愿得不到满足，赡养人之间矛盾重重、纠纷不断，陷入集体行动困境，从而不能增加联合家庭的"人力资本"。

以课题组调查的样本村 D 县 L 村为例（就区域经济社会背景来说，该村位于中原传统农业区域，土质良好，土地利用率高）。行政村下辖 4 个自然村，全村耕地约 1680 亩，431 户、1760 人，人均耕地面积不到 1 亩，而且无区位优势——在乡政府所在地东北 2 公里处，距离县城 14 公里。与黄淮海平原上千千万万个村子一样，农民经济收入，一是传统的农业种植（冬小麦、玉米、红薯、花生等为主），其中部分农户（41 户）经营蔬菜大棚；二是打工。就传统粮食种植来看，一亩地（夏秋两季）收成良好的情况下净利润大概在 1000－1200 元之间，这还不扣除人工费。用当地人的话说，一年几亩地的收入还不如外出打工一个月的收入。所以，许多年轻人在辍学之后几乎毫无例外的选择外出打工，土地交给父母或转租于他人耕种（也有一些村民选择自己种一季麦子，而将秋季无偿让给他人耕种）——黄宗智曾将这种家庭生产模式称为"半耕半工的过密型生产"。[①]

在村里走访观察发现，破旧低矮的砖瓦房，基本是老人居住（或者独居老人），而他们的子女、孙子女大都在新房子里居住；走进这些老人户家中，基本没有现代家用电器，在普遍用上电磁炉、液化气的村里，他们的厨房仍是土灶；生活卫生条件较差。访谈发现，老年人，尤其独居老年人子女普遍存在子女无法尽到赡养老人的义务、负起赡养责任

---

① 黄宗智：《制度化了的"半工半耕"过密型农业（上）》，载《读书》2006 年第 2 期，第 30—37 页。

的现象——或者是打工、长期在外工作，无暇顾及老人，老人"孤立无援"；或者家庭矛盾引发赡养纠纷，两代人之间生活摩擦、家庭内部矛盾重重，引发赡养纠纷，导致年高体弱的老人生活没有保障，晚景凄凉；或者女儿出嫁不理娘家事，引发赡养纠纷；等等。如该村马X才有2个儿子，本人年近80岁（2020年），老伴2019年去世后，他与2个儿子关系很差，现独居，经常为家庭赡养纠纷去村室找村干部调解，进而要求享受贫困户政策、享受五保户政策等。村干部为其申请了危房补助款，帮他盖了2间房子，但他自己有儿子且儿子有赡养能力，按国家政策不能划为贫困户，更不能列为五保户。但马X才仍然常常跑到村室找村干部诉儿子不给钱看病、不给粮食等，但儿子儿媳妇说他前几年虐待生病老伴、自己经常去饭店吃喝，甚至在老伴生病时把老伴遗弃在医院不管……而且他自己前些年收废品手里攒有钱……村干部多次作马X才及其儿子儿媳工作。大儿子说，老二咋着我咋着；老二说，老大咋着我咋着……说归说，"靴子"就是一直不落地，估计彻底而完美地解决问题的办法还在路上……更多的类似情况应该是隐而不发，家庭问题未进入社会层面——被赡养人默默忍受一切，艰难度日。

这里尝试通过追踪D县相邻的H区L乡"老常调解室"①的相关调解案例，通过对具体案情深描，打开了解类似社会现象的窗口。

1) 兄诉两位弟弟赡养母亲纠纷（编号信访件：20190312）

审理人（接待人）：常X军、常X杰、陈X峰等

时间：2019年3月4日

当事人信息

申请人：郑×才，男，69岁，大郑村，身份证号4127271950×××1617

被申请人：郑×玉，男，身份证号4127271962×××1630

案件概述：2019年3月4日，申请人郑×才与郑×玉因赡养老人纠纷向镇人民调解中心提交申请书。当天，六位调解员对当事人郑×才进行调查，询问并了解了郑×玉的个人情况、与郑×才发生纠纷的大致过程以及郑×才的要求。据郑×才所言，大致情况为郑×才、郑×玉、郑×红弟兄三个轮番照顾老母亲，郑×玉拿着老母亲的身份证和劳保存折，但当老母亲轮到郑×玉家时，郑×玉却不管了，除此之外，老三郑×红手里有老母亲1020元，郑×才要求郑×玉尽赡养义务。

---

① H区蔡镇与我们的定点追踪调研村所在的D县相邻，原是有名的信访大镇，每年越级上访量都比较大，2014年前每年进京上访即达十几例。镇党委因此多次受到区领导的约谈、批评，信访问题成了镇里老大难问题，严重影响了镇域经济发展与社会和谐稳定。面对信访被动局面，倒逼镇党委、政府寻找破解信访问题的抓手。通过班子的充分讨论和认真反思：仅靠党政力量解决信访问题效果往往不佳，群众也不易接受。通过走访座谈干部群众，了解利用群众身边的人解决群众身边的事，群众既信任又容易接受。于是2014年4月蔡镇成立了镇信访矛盾纠纷调处中心和"老常"调解室，融合党政力量、司法力量、社会力量共同参与调解各类信访案件以及社会矛盾纠纷。参见《有事找老常，老常来帮忙－临蔡镇老常调解室简介》，https://www.sohu.com/a/256721221_100286409，访问时间：2018-09-28。

2）父诉诸子赡养纠纷（编号信访件：20190212）

审理人（接待人）：常××军、常××杰、刘××然等

时间：2019年1月29日

当事人信息

申请人：曹××，男，75岁，临蔡镇C庄044号，身份证号4127271944×××1616

被申请人：曹×红、曹×海、曹×动、曹×力，其中，曹×力住聂寨雷庄，身份证号4127271982×××1610。

案件概述：2019年1月29日，申请人曹××因四个儿子赡养问题向镇人民调解委员会提出申请。当天，六位调解员在临蔡镇调处中心接待曹××，他首先介绍了个人情况，接着说明他是来反映四个儿子不孝、不养老的问题。经调解员询问，曹××老婆去世，生活来源靠四个儿子供应，因卖树与二儿子曹×海发生矛盾，曹××的要求是四个儿子要负责他以后的养老。

访谈中，调解员常××又详细讲了一个自己处理过的、与此类似的纠纷案例。

常××，八十岁左右，四儿一女，大儿子今60岁，小儿子也快40岁了。为老两口的赡养问题，父子、兄弟矛盾纠纷不断，主要是大儿子、二儿子、三儿子拒绝负赡养责任、尽赡养义务，对老两口不管不问，日常主要是四儿子、闺女负赡养责任，后来连四儿子也不愿养活他们了。

2017年秋，只有闺女回来看他们，不时给点钱，四个儿子不管不问。

为此，儿子们的家庭受到左邻右舍舆论压力，孩子婚姻问题的解决也受到一定影响。但由于无人协调，矛盾纠纷一直得不到解决。

二、问题分析：陷入集体行动困境的原因

通过中原传统农区的田野调查，农村多子女家庭陷入赡养父母的集体行动困境的主要原因：一方面在于多子女家庭往往起始条件较差，早年子女受教育年限一般较短，加以子女多、生活困难、"饿吵穷打"，父母难免此薄彼，家庭往往积累较多生活矛盾；另一方面，现实中大多数多子女家庭收入一般，在市场化背景下，多子女赡养父母，各个核心家庭往往利益考虑较多，互相"攀比""等""靠"，纠纷不断，在"博弈"中陷入子女赡养父母的集体行动困境。

（一）"法""理"冲突：赡养人赡养意愿不一

《中华人民共和国宪法》第四十九条、《中华人民共和国刑法》第二百六十一条、《老年人权益保障法》第十五条第一款以及将于2021年1月1日生效的《民法典》第一千零六十七条，均明文规定赡养人不得以任何理由推卸赡养责任、赡养不附加任何条件，而且法律旨向老年人养老主要依靠家庭成员，特别是子女应当履行对老人经济上的供养，生活

上照料和精神上慰藉的义务，照顾老人的特别需要等。同时，农村诸子均分财产、责任共担的传统，要求诸子均摊父母养老费用，这一点与国家法相契合。

除了国家法、"民间法"之外，多子女家庭赡养问题还有"理"的因素在发挥作用。这里的"理"，我们把它界定为当下村落世界"生活的道理"，也可以叫"伦常日用"，简而言之，就是当前社会经济条件下，社群认同与自我认同大体统一的生产生活方式。就多子女家庭赡养来说，就是"据之实情"的"应该行为"——这个"应该行为"，有社群（或他人）认同的"应该"，也有自我认同的"应该"，虽然个人和群体永远是不完全一致的，此"应该"和彼"应该"之间，往往矛盾，不过乡村社会讲的是"大差不差"，做得基本说得过去即可。但现实问题是子代家庭经济条件、家庭结构等差异，使每个家庭的"投入—收益均衡模式"不同，因此在赡养父母应该做出"贡献大小"方面，往往各说各有理。与此同时，农村传统上认为长子应付更大责任，但现代社会背景条件下，长子往往离开原生家庭较早——在20世纪的大多数时候，中国农村普遍流行早婚，因而当多子女家庭赡养矛盾凸显的时候，往往是长子女已经达到五六十岁，实际上已经到了自己身体状况出现问题、面临养老准备的阶段——被赡养人年龄越大，长子女的赡养能力越低，面临的经济压力、心理压力越大。当然，此时社群认同的"应该"、兄弟姐妹认为的"应该"与自我认同的"应该"的差异越容易凸显，越容易产生矛盾纠纷。

这里以上面的"兄诉两位弟弟赡养母亲纠纷"（编号信访件：20190312）为例，进行解读。

2019年3月5日下午，六位调解员在大郑村室对申请人郑×才和被申请人郑×玉、郑×红进行调查，常×军调解员先说明郑×才反映的老二没去接老母亲的问题，然后郑×玉说到"我去老大家拉老母亲，老母亲不让拉"。接着，时调解员便让郑×红说。郑×红说，老母亲生病花钱、修房子的费用都是他们兑的，老大不兑钱。除此之外，调解员还了解到，母亲的养老存折确实在老二郑×玉手里。

调解员通过弟兄三人的诉说，通过对村干部的走访、通过对邻居的访谈，厘清了矛盾的根源。原来郑×才兄弟三人，老大郑×才未成家（单身汉），两个弟弟均成家另立门户，父母一直跟老大郑×才在一起生活，郑×才种着父母、两个妹妹和他自己共5个人的责任田，共有十几亩地。在这些年国家取消农业税，又有种地补助的情况下，责任田价值凸显。比如，一亩地每年产小麦1300斤左右——光土地就有不菲收入。主要矛盾，一是两个弟弟认为他霸着父母、妹妹们的责任田，而两个弟弟由于人口增加缺少耕地，粮食紧缺。现在他老了（当时已经69岁），种不动地了，却不想养活老母亲，两个弟弟有意见。二是十几年前，三弟儿子盖房子，想往他宅基地上占一点，他不愿意，因为当时他50多岁，还有成家的想法，坚决不让侄儿占他的宅基地，造成老三对他有意见。

两个弟弟认为老大得了父母的好处，应该老大养老母亲。

首先，二个弟弟不愿意赡养老母亲与"法"不符。固然有老大耕种父母、妹妹责任田、享有其收益的事实，但二弟三弟要求均分父母与妹妹责任田、以利益为前提拒绝赡养老母亲于法无据。其次，二个弟弟不愿意赡养老母亲与"理"不合。罔顾大哥是近70岁的单身汉、母亲年近90岁、母子自理能力日益下降的事实，仍坚持认为大哥赡养老母亲是"应该的"，其实是强调自己的"理"、违反公认的"理"——以前大哥应该赡养父母合"理"，随着现实情况的变化，他们赡养老母亲更合"理"，时移事易，现实在变化，"理"也在变，仍拿老"理"说事，既不合"理"，更不合"法"。

（二）"情""理"冲突：被赡养人（父母）赡养人处事"非理性"

对于村落普通农家，日常生活便是一切，所谓"过日子的事比树叶子还稠"，实际上映射出温饱生存时代生活的不易——修身齐家是传统时代乡村中寥若晨星的读书人的价值追求，普遍的情况应该是在生产生活方式的限制下，绝大多数农家一代又一代、周而复始在磕磕绊绊中过日子。但是，在当代中国经济快速发展、社会急剧变迁下，家庭代际的"传统－现代"分野日益清晰森然——"现代家庭的重要性下降……配偶之间的关系更紧密……父母与孩子的关系更紧密……家庭的许多功能被市场和其他社会组织所取代了，而后者具有更高的效率。"①

就农村多子女家庭来说，本身就反映了传统与现代的区别，因为传统"多子多福"观念是造成家庭多子女的动力，而现代家庭更倾向于提高孩子的教育质量而不是孩子数量。加以人际关系是互动生成的，家庭成员关系也是如此，代际观念差异、家庭的小矛盾累积往往造成难以化解的矛盾。如上文提及的D县L村马×才，早年在郑州收废品，养成吃喝习惯。70多岁回村后，不顾经济条件限制，仍然不时去饭店吃喝，甚至帮扶单位无偿送给他的上百只鸭苗、几只波尔山羊，也卖掉吃喝了。不但村干部很无奈，儿子儿媳甚至孙子女对此也很有意见，"积累莫返之害"致使家庭亲情非常淡漠，子女对其非常厌恶。此种情况有一定普遍性——课题组调研中，有村干部总结道：儿媳妇们总能找到不想赡养老人的理由——公婆责任田给谁了就该谁养活啦、公婆给谁照顾孩子多啦、公婆在某件事情上偏向谁啦、公婆给不同的儿子盖房子不一样好啦、公婆在自己结婚时下礼少啦……

以上文"父诉诸子赡养纠纷"（编号信访件：20190212）为例。

2019年1月30日，六位调解员接待了曹×顺的四儿子曹×力，曹×力介绍了他的基本情况，因为三个弟兄不在家，于是就他自己来了。然后说到"父亲自己一个锅，吃的是弟兄四个对的，"除此之外，兄弟四个每年会给他兑2000元，有病住院的时候也是花多少兑多少，但令兄弟四个不满意的是，曹×顺说话有问题，经常说四兄弟"这个不好，那个不中"。弟兄四个的孩子都大啦，他说的话会造成不良影响。

调解员常××介绍的八十岁的常××家情况，与此类似。

---

① [美] 加里·斯坦利·贝克尔：《家庭论》，王献生、王宇译，商务印书馆第2011年版，第419－421页。

当调解人员去常家调解时，常××大儿媳、二儿媳、三儿媳就开始讲老两口的"不是"：

收麦打场、抢场，弟兄四个在一起，老头老婆越过老大老二老三的麦场，一蹦子跑过去，直接去给老四干活，我们再忙再累，看都不看一眼。这些年，给老四家干了多少活？出了多少力？能动的时候不理我们，现在干不动了，要我们养活，原先干啥去了？有他小儿、有他闺女养活就行了。

调解员让老大老二老三来，说到赡养的事，其中老三说：我没钱，我就是不养活。

显然，上面案例，在父母的理念中，儿女基于儿女身份应该孝敬，是无条件的——父亲抱怨"这个不好""那个不中"的时候，当然是期待儿子们孝敬，既提供经济上的支持，也提供情感上的"敬"；但在儿女的理念里，赡养是应该交换的，或者应该有交换的部分，至少不是无条件的。确实，在现代社会中，"社会的基础已经不是以孝为基础的家族，而是以个人作为考虑问题的出发点。从法律地位上说，虽然父子之间具有血缘关系，但当儿子年满十八岁以后，父子在法律上是平等的法律主体，双方之间并不存在一种依附的关系。在这种情况下，现代语境下的养老更多表现为一种经济上的计算，支付赡养费便成为当然的解决问题的方法。"① 因此，当父子之间情感荡然无存时，单纯的经济赡养，也就缺失了内在的道德基础，"'父慈''子孝'不单单表征在行动上，更蕴含在行为者的内心中，于是情感性因素便在代际关系中占有重要地位。因此，虽然'父慈'与'子孝'具有交互性……（但）社会交换'是人们被期望从别人那里得到的并且一般来说确实也从别人那里得到了的回报所激励的自愿行动'"。②

（三）"启动难题"与协调机制缺失

毋庸置疑，市场化大环境下，"我们身边的许多行为、现象都可用博弈来概括。'博弈论'不仅属于经济学，也理应属于社会学、政治学、心理学、历史学等，这些学科也有理由分享'博弈论'那旖旎的学术风光和精细的分析技巧。"③ 当代农村多子女家庭中子女在赡养责任分担中的相互卸责的非合作局面的互动与博弈，就可以从博弈论的角度来理解——简而言之，局中人各自利用对方的策略来变换自己的对抗策略，达到收益最大化（当然，这里是付出最小化）。博弈论反映了个人最佳选择并非团体最佳选择。或者说在一个群体中，个人做出理性选择却往往导致集体的非理性。

但是，"理性人"并非人的"全部面相"，而且在经济利益、道德、情感等方面，每个人（甚至每个家庭）的偏好也是有差异的。俗语"一树之果有酸有甜，一母之子有愚有贤"，有人群的地方就有左中右之分，多子女家庭的子女并非人人都不愿意赡养父母或

---

① 李爱荣：《从孝到养：传统法律观念的现代转变》，载《开放时代》2010年第9期，第64-72页。
② 李拥军：《"孝"的法治难题及其理论破解》，载《学习与探索》2013年第10期，第66-74页。
③ 叶德磊：《日常生活中丰富生动"博弈论"》，载《学习月刊》2006年第2期，第12-13页。

者宁愿触犯法律也坚决不肯赡养父母——而且，即使有经济利益博弈的考虑在起作用，但是基于善良合作意愿的"一报还一报"的合作博弈也是社会客观现象。① 需要注意的是，善良合作博弈的开启者需要对方的博弈跟随。在具体的案例中，我们发现更多的是因为社会变迁中，联合家庭共同财产较少、权威缺失等造成对赡养行为诱导性不强、强制力弱，加以宗族、亲族权威缺失与市场化生产生活方式使村落、亲族内的日常协调机制缺失等，造成多子女家庭联合行动的启动难题。

调解员常××说：关键是没人"问事"。亲戚邻居各顾各——现在的纠纷，与外人的纠纷只占十分之一，自己人纠纷反而占了十分之九。自己内部的事情，自己解决不了，外人又不想得罪人，还嫌麻烦，谁愿意多管闲事呢？

兄诉两位弟弟赡养母亲纠纷（编号信访件：20190312），村支部书记代××，去他们家问了两三次，"问"不下来，就不"问"了，你们"经法"去。

像这种情况，缺乏日常纠纷解决机制，或者解决不及时，往往"小纠纷"积成大矛盾，甚至民事纠纷变成刑事案件；即便最后司法处理，也容易造成感情伤害，不利于家庭和谐。

三、讨论：子女间何以达成赡养父母的集体行动

民间俗语，"芝麻棵里羊叫唤——别住羊角了"，"别住羊角"，羊进退不得，意即有矛盾、有纠纷，必然会有反应、会有诉求。那么，解决的办法，当然是把"芝麻棵子"从羊角上解开，让羊出来。谁去解"芝麻棵子"？应该是治理者，是乡村基层的多元治理主体，而且更需要他们用恰当的、"接地气"的策略、技巧，使国家法顺利接引"民俗""规矩"，从而化解矛盾纠纷。就农村多子女家庭赡养父母集体行动困境的打破而言，首先需要第三方介入、"理""法"结合——强制与自觉的平衡；其次要结合"实情"——基于经济条件的赡养意愿"合理化"；再次要发挥赡养人中"积极分子"的示范、引领与沟通作用。

（一）第三方介入下的"理""法"结合：强制与自觉的平衡

造成"行动困境"的原因是多种多样的，而且一般是矛盾长期累积形成的。因而不借助外力，很难打破旧的"均衡"格局。上述案例，都有被调解当事人的抗拒现象出现。

如"兄诉两位弟弟赡养母亲纠纷（编号信访件：20190312）"中。老二、老三媳妇对调解员说，我们家没有事，老太太好着哩，他大儿、她俩闺女养得好好地，谁让你们多管闲事！

调解员常××介绍的"八十岁常××四儿一女赡养纠纷"，当调解员到他们家时，老

---

① ［美］罗伯特·阿克塞尔罗德：《合作的进化》，吴坚忠译，上海人民出版社2007年版，第21-36页。

大媳妇、老二媳妇、老三媳妇几乎异口同声：俺家的事，不用你们外人管！

调解员指出：不尽赡养义务，是违法行为。我们受司法所委托前来调解，你们若抗拒调解，那只好请派出所、法庭前来调解了。到时候就上"法"了，该怎么判决、怎么处理可由不得你们！

一看要赖不行，就找各种理由。这时就需要既讲法又讲理，结合具体情况，做耐心细致的工作了。

如常××家，调解员指出：以前老两口的责任田和老四在一起，他们给老四干活是给自己干活。他不给自己干活吃什么？你们也是父母生养的，你们娘家爹娘谁养活的？

媳妇们说：俺们娘家哥、兄弟孝顺，都是哥嫂、兄弟与兄弟媳妇养的，没让姑娘养。

调解员说：你们咋说得这样好哩！你们娘家哥、兄弟孝顺，你们咋就不孝顺呢？你们为啥光让姑娘养父母呢？

这时三儿子跳了出来：我没钱，孩子还没寻媳妇，我就是不养，看你咋着我！

调解员说：无法无天了是吧？那你把你说的这句话写出来。不写是吧？我写你签上字。我们不"咋着你"，法律会"咋着你"！为啥你孩子寻不来媳妇？难道这个事没有影响你家的名声？我们都听说了，你还不知道？姑娘家说你们不孝敬爹娘，人家愿意寻你们这样的人家吗？

说到疼点，老三媳妇软了：俺孩子回来也给俺讲，女方说你不孝敬俺爷爷奶奶，说媒的也这样说……老三也不说话了。

乘此机会，调解员、村干部讲法律、讲道理，终将问题解决。显然，没有法律的威慑，没有道理的讲解，没有舆论的考虑等，纠纷是难以解决的。

尤其对于老三家来说，更多的考虑，应该还是对未来生活的预期——兄弟姐妹都赡养父母，自己不赡养，名声不是更坏了吗？儿媳妇不是更难寻了吗？此情此景之下，唯有默认、跟着走，即做一个"善良合作博弈"的跟随者，才是利益最大化的选择。

（二）"情"融"理"中：基于经济条件的赡养意愿"合理化"

一则无法精准量化家庭收入、二则家庭收入支出是差异化的，但都要受共同市场化的影响，对于中原传统农区的农家来说，可谓"家家有本难念的经"。化解纠纷不可使当事人过于为难，子代家庭对父母提供的经济支持，既要根据当地的经济情况、生活水平，也要根据子代家庭的具体条件，必须经当事人认可，一定要可操作、可执行——过高的要求、当事人不愿意的要求，或者说超出当事人能力与意愿的要求，即便有协议，也落不了地。

对于"兄诉两位弟弟赡养母亲纠纷（编号信访件：20190312）"，调解员在多方了解情况，多方多次沟通下，最终达成被三兄弟接受的协议。

冻结老母亲养老折子以后用，生病花钱100元以下由当时的赡养人负责、每月累计

100元以上由兄弟三个一起兑、其他两个弟兄也要去赡养人家里看望老母亲。

2019年3月6日上午，在大郑村室，双方当事人就接走母亲的时间、用钱和兑钱方法、老母亲的身份证和存折的保管者、老坟地的使用权以及老母亲原住的两间房子的处理等都形成了统一的意见，三兄弟并于当天在村室签订调解协议书。

2019年3月12日，调解员常×军去大郑村对当事人进行回访，询问当事人对调解协议书的执行情况，当事人都表示对调解协议书非常满意，现在都是按协议履行的。

更可喜的是，现在（2020年11月）老大主动把父母的责任田分给二弟、三弟，在弟兄三个的自主协商下，老大每年给二弟三弟各1000斤小麦，给老母亲3000元钱。两个弟弟说：地早该分啦，又是五保户，将来进敬老院国家管着；粮食吃不完、钱花不完，留那干啥。似乎老大也明白这些，弟兄们关系亲密多了。

对于"父诉诸子赡养纠纷（编号信访件：20190212）"，2019年1月30日上午，调解员对曹×顺和曹×力同时进行接待，曹×力表示受三个哥哥的委托可以代替他们的意见。调解员首先对他们进行了有关赡养老人方面的法律知识教育，经过调解员耐心谈话，曹×顺表示能做到注意讲话方式，不给孩子造坏影响；曹×力代表弟兄四个答应每人每年给曹×顺兑2000元，并承担曹×顺因生病住院而产生的费用，当事人于当天自愿达成协议。2019年1月30日，曹×顺及其四个儿子收到调解协议书。

2019年2月12日，调解员常×军、常×杰对双方当事人进行回访，问道："你们双方对达成的调解协议履行得咋样？"双方当事人答道："我们都按协议履行的，现在我们家庭和睦，过得都很愉快。"

在此案件中，调解员分别对申请人和被申请人进行接待，了解双方的基本诉求并分析情况后，再同时与当事人进行沟通与交流，在深入了解情况的基础上，通过向双方当事人讲述相关法律最终当事人的要求均得到满足，体现了调解员工作的技巧性。通过回访了解到了双方当事人对协议的履行情况以及双方当事人之间的互动情况，有利于巩固调解成效；同时也可以发挥外溢效应，促进其他家庭对赡养老人问题的体悟，促进家庭团结与社会和谐。

（三）发挥赡养人中"积极分子"的引领与沟通作用

农村养老之所以陷入集体行动困境，很大程度上源于协调机制的缺失，发现并调动潜在赡养人的积极性，是从家庭内部纾解养老困境的一个重要缺口。所谓积极分子，是指"不占有专职政治职位，但对公共事务具有特殊兴趣、积极性或责任的普通公民。"[①] 聚焦到家庭养老集体行动困境中，这里"积极分子"主要指多子女家庭中对赡养（祖）父母

---

① 参见［美］詹姆斯·R. 汤森、布兰特利·沃马克：《中国政治》，顾速、董方译，江苏人民出版社2005年版，第180－182页。

的家庭"公共事务"具有特殊兴趣、积极性或责任感的家庭成员。

调解员常××讲述的"八十岁常××四儿一女赡养纠纷"问题的顺利解决,便主要是通过发挥积极分子在养老困境中引领和沟通作用——家庭养老困境的纾解,既得益于调解员的不懈努力,更得益于其四儿子、闺女的积极主动行为。

四儿子表示愿意赡养老人,闺女更是积极主动。调解员故意正话反说,批评闺女:你拿钱给你爹娘为什么不给你哥嫂们说呢?人家不知道你偷偷孝顺,这不是让别人说你哥嫂的不是,陷你哥嫂于不义吗?今后拿在明处!闺女立即答应:行!听你们安排,听哥嫂子安排!最后弟兄间达成协议:老两口责任田平均分给弟兄四人,吃的粮食弟兄四人均摊、每月各兑50元给父母,闺女主动每月给父母200元。

这样,吃的粮食有保证,每月还有400元钱,加上养老保险金、耕地补贴等,生活有了保障,问题顺利解决。

"兄诉两位弟弟赡养母亲纠纷(编号信访件:20190312)"的解决,也有赖于老太太两个闺女的主动让步与积极态度:表示不要责任田,经常回来看老母亲等,为弟兄们作了示范。

当然,"积极分子"不但可以在"存量"中发现利用,还可以发掘"增量",在家庭成员中教育、培养"积极分子"。如D县L村的马×才的大孙女,非常优秀,在北京一所211大学读本科,还积极准备考研究生。驻村第一书记设法与其沟通,给她发了几次长长的短信,希望她能在家庭赡养纠纷中发挥正能量。虽然孙子女非直接赡养人,但应该也起到了一定的积极作用,现在她父亲会不时给他爷爷送一袋子馍过去。

四、余论

"农村老年人危机正是源于扩大化家庭再生产改变了传统家庭的资源配置、权力让渡和价值实现路径,从而使得老年人陷入资源、权力和价值上的系统性危机状态。"[①] 转型期的困难与基于经济利益考虑形成的"赡养集体行动困境"的叠加造成中西部农村多子女家庭赡养纠纷。

不可否认,不是每件纠纷都能调解成功。但是在纠纷的化解、"困境"的打破需要"国家"、需要外力介入时,适时积极介入,结合具体情境,"德法"结合解决问题具有重要的实践意义。因而,当前应结合基层社会、家庭矛盾的新特点,在基层社会治理网格化构建中,打造农民身边的调解平台,在国家支持下,让合适的人以合适的方式介入家庭赡养纠纷,以"身边人说身边事""具体人说具体事",以积极主动的姿态,体现党的温暖关怀、体现国家的不懈努力、体现国家法的威慑与治理导向,以党和政府领导下的多元治

---

① 李永萍:《老年人危机与家庭秩序:家庭转型中的资源、政治与伦理》,社会科学文献出版社2018年版,第32页。

理优势,① 努力化解多子女家庭赡养纠纷——毕竟是亲人,血缘亲情基础仍在,"打断骨头连着筋",纠纷化解,一笑泯"恩仇""美美与共""何其美也"。

To solve the dilemma of rural family collective action for the aged: between feeling, reason and law Based on fieldwork in traditional Chinese farming areas

Abstract: In the period of social transformation, the concept of collective action logic can provide an observation perspective for us to understand the micro mechanism of rural multiple - child family pension dilemma. Through field investigation, it is found that although there are national laws and folk laws, and there are also predictable common interests, but the reality is that there are still a considerable proportion of rural families with many children in the traditional agricultural areas of Central Plains. The support wishes of the dependents (parents) are not satisfied, and there are many contradictions and disputes among the supporters, which makes them fall into the dilemma of collective action. The main reasons are the conflicts between "law" and "principle", the different wishes of the supporters, the emotional conflicts, the "Irrationality" of the relationship between the dependant (parents) and the supporter causes the cumulative contradiction, "starting problem" and lack of coordination mechanism. Therefore, the combination of "principle" and "law" under the intervention of the third party、combination of compulsion and self - consciousness, "rationalization" of support willingness based on emotional basis and actual economic conditions and give full play to the demonstration, guidance, communication role of "activists" in the supporters. These "internal and external" ways to solve problems are effective means to break the "dilemma".

Keyword: rural multiple - child family; Alimony dispute; Collective action dilemma; third - party intervention; "Law and morality" combined mediation mode

---

① 如"兄诉两位弟弟赡养母亲纠纷"(编号信访件:20190312)纠纷调解中,调解员、村干部明确指出,未成家的老大是"五保户",可以免费进乡里的敬老院,这是国家的优惠政策,但其仍负有赡养老母亲的责任义务。无疑,党和国家的温暖关怀政策为老大解除了后顾之忧,在纠纷化解中有基础性意义。

民商事习惯司法适用地位研究*

宋 阳 陈 莹**

摘 要 我国民商事实体法明确赋予了作为自治性规则的习惯的司法适用地位。但由于这类规范在性质上具有复杂多元的客观属性，因此，在法典编纂的过程中不宜将习惯笼统地作为一类独立的法律渊源，进而机械地为其设定司法适用地位以及顺序。应当在成文法律的框架内，将不同民商事习惯区别对待和处理，并透过合理的程序步骤确定民商事习惯相对于成文法能动的补充性适用地位。

关键词 民商事习惯 法律多元 法律渊源 司法适用

一、问题的提出

新颁布行实施的《民法典》在第10条、第140条以及第142条规定了习惯的法律地位。早在此之前，于1999年颁布实施的《合同法》则规定了在合同订立以及履行过程中应当依据"交易习惯"的情形。不过，具体如何在民商事审判和仲裁中界定和适用习惯却处于空白的状态。在理论层面，对于习惯的法律功能以及适用地位也存在着较为明显的理论纷争。例如，有学者指出："法官在适用习惯时，首先应当穷尽具体的法律规则，即便是任意性规范，原则上也应当优先于习惯法而适用。"[①] 但是，也有学者认为：在民商事领域，特别是商事领域中，习惯更能体现当事人的意思且更为具体，更能体现当事人的实践和合理期待，因此相对于民法中的任意性规则，应当优先适用更为灵活的习惯。[②] 还有学者从法的发现和法律安全价值为立论基础推理出："制定法只是立法者对民众交往习惯

---

* 基金项目：国家社科基金项目《国际商事惯例适用问题研究》（编号：16BFX195）。
** 宋阳，法学博士，河北大学国家治理法治化研究中心研究员。
陈莹，河北大学法学院硕士研究生。
① 参见王利明：《论习惯作为民法渊源》，载《法学杂志》2016年第11期。
② 参见左海聪：《国际商法》，法律出版社2013年版，第16页。

的概括,制定法的效力并非一定高于习惯。之所以将法律的适用顺位置于习惯之前,主要是为了法律安全之考虑。因此,如果对法律安全没有威胁,习惯也可能优先得到适用"。①

可见,在我国《民法典》已然出台和"商法总则"也已经形成了初步的征求意见稿的立法背景下,对于习惯以及与习惯性质类似的"自治性规则"的认识仍然存在较多模糊甚至相互矛盾之处。② 因此,有必要对习惯的性质与司法适用方法进行深入的挖掘与思考。

二、民商事习惯的法律特性

习惯的通常含义是指在一个地方积久养成的生活方式,如地方风俗、社会习俗、道德传统等等。③ 在法律语境下,习惯这一概念与一般意义上的习惯虽有共通之处,但也有着明显的区别。根据《布莱克法律字典》中 custom 词条的解释:"习惯是指被通常接受(common adoption)并且长久以来被不变地遵循的习惯做法,以至于这些做法产生了法律约束力。"④ 但是同样著名的《元照法律词典》中却将 custom 词条和 usage 词条合并,并解释为:"通过不变的习惯和反复使用而形成的普遍采用的一般规则。"此处并没有继续强调习惯具有法律效力。⑤ 从上述不同解释中我们至少可以发现以下几个问题是值得探究的:首先,习惯是否具有普遍性特征,是否只有被普遍遵守的习惯才是《民法总则》中所说的习惯?其次,习惯究竟是否需要经过长期的反复重复才能形成?再次,国内法下的习惯是否具有当然的法律效力?最后,我国民商法体系中所指称的习惯可以归入何种概念范畴?

(一) 习惯效力的非普遍性

目前国内大多学者认为,习惯具有普遍遵行性的特征,"应当在不特定的人们之间均具有共同的约束力和普适性";⑥ "习惯必须相互一致,不应相互对立";⑦ "是具有一定普遍性的做法,对当事人才具有约束力"。⑧ 在"江苏省高级人民法院《关于在审判工作中运用善良民俗习惯有效化解社会矛盾纠纷的指导意见》中明确指出:"要坚持习惯适用的

---

① 参见朱庆育:《民法总论》,北京大学出版社 2016 年版,第 41 页。
② 例如,我国在《民法通则》《民法总则》《涉外民事法律关系适用法》等一般性立法以及《票据法》《海商法》等单行法中都将习惯作为制定法的补充予以适用。但在"商事通则"(征求意见稿)第 8 条第 2 款中增加了商事组织制定的"自治性规则"优先于法律和行政法规予以适用。而同样具有自治性的民商事习惯就要后于法律予以适用,这显然有前后矛盾之嫌。
③ 参见罗竹风等:《汉语大辞典》,汉语大辞典出版社 1993 年版,第 1088 页。
④ homson Rutuers, *Black's Law Dictionary* 10th edition, 2014.
⑤ 见宋阳:《自治性商事规则法源地位否定论》,载《当代法学》2018 年第 3 期。
⑥ 见徐清宇:《民俗习惯在司法中的运行条件及障碍消除》,载《中国法学》2008 年第 2 期。
⑦ 见高其才:《中国习惯法论》,中国民主法制出版社 2008 年版,第 5 页。
⑧ 见左海聪:《从国际商法的特质看〈民法典(草案)〉中的国际商法渊源条款》,载《国际法年刊》2013 年卷,第 312 页。

普遍性原则。在司法裁判过程中运用的民俗习惯,应当为大多数民众和企业所熟知和认可,具有较为广泛的群众基础,运用民俗习惯和公认的商业习惯作出的裁判能够得到当地群众的理解与支持。"探寻以上观点的源头,很可能是受到西方法律自治性理论的影响。其中最为有名的学者是法律史学家哈罗德·伯尔曼教授,在其代表作《法律与革命》一书中,他描述了这样一种图景:欧洲自中世纪开始,由于城镇化的趋向越来越明显,大量的人口居住于城镇之中,随着社会分工的细化,市场的作用越来越重要。在市场和商人的作用下,至少在商事领域,欧洲形成了一套自治的习惯法体系。① 总之,在这些学者看来,习惯是一种普遍性的形态存在的且这是它能够发挥社会调整的功能的前提之一。②

但笔者并不能认同上述学者的看法。习惯可能自其诞生之时就很难具有普遍性的特征。这是由于,习惯本身是人的自发行为的产物。在自发行为的过程中,人不可避免地要受到多种因素的影响。不同的地区、不同的文化以及不同的风俗都可能对习惯的产生不同程度上的影响。因此,习惯必然是以一种多样化的形态存在着。甚至可以说普遍性的习惯是很难找到的。例如,在中世纪的欧洲不同地区的商人所遵循的习惯就有所不同。在16世纪的安特卫普,作为卖方的商人向法庭提交了11名专家的意见,如果买方欺诈并且将货物转移给了第三方,根据"安特卫普的商业习惯",没有拿到货款的卖方可以扣留和取回货物,而不论这批货物是在买方手中还是在第三方的手中。而作为接收货物的第三方,则针锋相对地找到6名律师证明,根据交易地勃艮第的习惯,受骗的卖方只能在货物处于欺诈的买方手中时才能享有扣押和取回货物的权利。在17世纪时一名叫马提亚斯·马雷沙尔的律师讲述了这样一个故事:一个巴黎的商人从一个鲁昂的商人那里得到了一张票据,当票据到期三天后,巴黎的商人要求付款。但是他却得不到任何款项,因为票据的付款人已经破产了。这样由谁来承担这种商业风险就引发了纠纷。由于一个地方和一个地方的商业习惯根本就不一样。巴黎最高法院在裁决的时候不得不征询巴黎和鲁昂两地商人的意见。而到了最后马雷沙尔写到,连商人也不能给出一个清晰和统一的意见。③ 时至今日,美国有学者对美国国内从事贸易的商人进行了调查,也发现被普遍认可的民商事习惯是不存在的。④

我国幅员辽阔且民族众多,在此国情之下势必形成不同的地区和民族存在不同的生活习惯的客观情况。在解放以前,北洋政府当局曾经对当时的北方诸省的民间习惯进行了调查。调查以县为单位,如直隶省下就分为天津县、直隶县(今天隶属于北京)、保定府下属各县等。但即便以县为单位,也发现了在很多区域内的习惯存在很大的出入和不确定

---

① 见[美]哈罗德·伯尔曼:《法律与革命:西方法律传统的形成》,贺卫方等译,中国大百科全书出版社,第408-409页。
② 见宋阳、张源:《自治商法理论的批判研究》,载《湖北大学学报(哲学社会科学版)》2018年第4期。
③ Emily Kadens, The Myth of the Customary Law Merchant, 90 *Texas Law Review*, 1180 (2012).
④ Lisa Bernstein, An (Un) Common Frame of Reference: An American Perspective On The Jurisprudence Of The CESL, 50 *Common Market Law Review*, (173) 2013.

性。例如:"清苑县内,对于以麦抵米之俗颇有差异,有村许之,但有村不许;且岁季多有不同,换量乃有出入。"①

在婚姻等人身领域的民事习惯方面更是如此,由于我国是一个多民族的国家,各民族的婚姻习俗各有不同,因此很难形成统一的婚姻习惯。例如,我国新疆的哈萨克斯坦族禁止七代以内有旁系血缘关系的亲属结婚。②还有西南一些少数民族有早婚的习惯等。总的来看,婚姻习惯和一个民族和地区的文化遗传密切相关。不论是从立法角度还是从司法角度,都要时刻铭记在民事领域习惯是多样和丰富多彩的。法律在现代化的过程中,不可避免地要和习惯发生碰撞,究竟在多大程度上尊重习惯是立法者需要考虑的重要问题。③但无论如何,认为习惯和法律一样具有统一性、普遍性的性质显然是错误的认知。

(二)民商事习惯内容的不稳定性

在传统理论看来,习惯之存在往往需要满足古老且长久以来反复实践(ancient or immemorial and continuous)这一时间要素与行为要素的约束。④"古老的习惯经人们加以沿用的同意而获得效力,就等于法律"。⑤换句话说,习惯必须经过反复不断的一致的实践才可能逐步被固化下来。因此时间因素和行为的反复性成为确认习惯存在的根本依据。不过,随着经济的发展,社会的交往程度日益加深,速度也越来越快。习惯规则的形成往往不需要那么长的时间就可以形成了。著名法学家朗·富勒教授认为:习惯在很大程度上并不仅仅从反复的行为中所产生,在很大程度上乃是由于人与人之间透过相互交往而产生的预期来形成的。⑥所以越是交往频繁、交往密度越大的领域就越容易快速地形成稳定的习惯。因此,传统上将时间和反复一致的行为模式作为习惯的性质特征的理论可能已然过时。正如《美国统一商法典》第1-205条官方评论明确指出的那样:"习惯必须具有所规定的经常性遵守的特征,在这一方面,本法放弃了判断习惯的那些古老的英国标准,不要求习惯必须是古老的,新的习惯和目前为大多数正派交易者所遵守的习惯,仍可以得到充分的承认。"⑦因此,交往是习惯形成的根本依托,透过交往所形成的相对固定的行为模式,这和习惯出现时间以及行为模式重复的次数并没有必然的联系。

---

① 前北洋政府司法行政部:《民事习惯调查报告录》,中国政法大学出版社2004年版,第123页。
② 高其才:《当代中国法律对习惯的认可》,载《政法论丛》2014年第1期。
③ 参见苏力:《当代中国法律中的习惯——一个制定法的透视》,载《法学评论》2001年第3期。
④ See Goebel, *Cases on the Development of Legal Institutions* 133 – 39 (1946); Holmes, *The Common Law* 190, 212 (1881); 1 Pollock & Maitland, *The History of English Law* 1S3 – 89 (2d ed. 1S98); Braybrooke, Custom as a Source of English Law, 50 *Iich. L. Rev*, 71 (1951); Goebel, King's Law and Local Custom in Seventeenth Century New England, 31 *Colum. L. Rev*, 416 (1931).
⑤ 参见[古罗马]查士丁尼:《法学总论——法学阶梯》,张企泰译,商务印书馆1989年版,第1页。
⑥ See Lon Fuller, *Anatomy of the Law*, Greenwood Press, 1977, p.116.
⑦ 参见美国统一州法委员会:《美国统一商法典及其正式评述》,孙新强译,中国人民大学出版社2004年版,第30页。

习惯产生和发展的交互性以及即时形成特征决定了习惯相对于制定法来说带有更强的随意性和多变性的特征。裁判者必须去处理时刻处于变化的习惯性规则，这些变化很可能导致裁判与裁判之间的相互矛盾。所谓"经常遵守"具有明显的模糊性。这是由于习惯自出现产生那一刻起，就处于一种持续的"自我纠正"的过程中。虽然，著名学者卢埃林认为这是习惯相对于成文法的最大优势，① 但也必须认识到习惯的多变性以及复合性特征给司法机关对习惯内容的把握所带来的巨大困难。例如，在"重庆信心农牧科技公司与重庆两江包装公司产品购销合同纠纷案"中，法院对于出卖方将货物发票盖章后交付给买方是否能够证明买方已经付款的交易习惯产生了不同的认识。一审法院认为发票是结算凭证，根据一般的交易习惯，卖方将发票交与买方执有，就意味着买方已经向卖方支付货款。但是上诉法院和再审法院则认为，双方之前的交易习惯是卖方先开票，买方次月付款。遂判决买方向卖方支付剩余货款。该案后来被重庆市检察院抗诉而进入了再审程序，经再审审理后法院支持了上诉判决。② 从该案曲折的审判历程中我们不难看出，民商事习惯在不同地区和不同当事人之间千差万别，如果完全将裁判寄希望于这种不确定的行为规则，很容易给司法带来不必要的麻烦，使裁判成为相互扯皮的举证游戏。因此，笔者坚持对成文合同解释方法应当优先适用于民商事习惯的效力判定。合同的生命在于解释，而解释的依托必须是合同文字本身。裁判者应首先考虑依照体系解释方法对合同进行系统解读，应当结合合同的上下文，推知当事人没有约定或约定不明条款的真意；不能推知的，才可以考虑民商事习惯的参照解释意义。

（三）民商事习惯法律效力的多元性与复杂性

目前国内大部分著述对习惯的法律性质的定性比较模糊。对于"习惯"、"习惯法"以及"惯例"的用法也比较混乱，往往相互通用、混用。③ 即便有学者注意到了这两种概念之间的区别，也只是将习惯法简单地归入"被国家认可的习惯"这一陈词滥调式的概念范畴之下。④ 甚至有人认为习惯法和习惯之间的差别很可能是概念不清下的混用。⑤ 事实上习惯和具有直接法律约束力的习惯法有着根本上的性质差别。事实上的习惯只是对社会成员的行为具有道义上的指引力，如果从不以国家作为唯一法的来源的"法律多元主义"

---

① See Amanda Perreau Saussine, *The Nature of the Customary Law*, Cambridge University Press, 2007, p. 28.
② 参见重庆市荣昌县人民法院（2007）荣法民初字第1049号民事判决书；重庆市第五中级人民法院（2007）渝五中民终字第2316号民事判决书；重庆市第五中级人民法院（2008）渝五中民再字第56号民事判决书。
③ 目前国内学者似乎没有对习惯、习惯法以及惯例等概念进行严格的界分。例如清华大学高其才教授在其著述中反复使用"习惯法"这一概念，并认为法律并不一定出自国家。并提出习惯法是独立于国家法律之外的。并认为其具有"一定强制性"。不过笔者反复查阅了他的专著，发现他并未详述这种强制性从何而来以及这些强制力的正当性问题。参见高其才：《中国习惯法论》，中国法制出版社2008年版，第3页。
④ 参见田东奎：《民国水权习惯法及其实践》，载《政法论坛》，2016年第6期。
⑤ 参见苏永钦：《私法自治中的经济理性》，中国人民大学出版社，第62页。

(legal pluralism)的观点来看，只能说仰仗接受规范的社会一般人自愿选择性地遵守。即便当事人选择不遵守也不会引起国家强制力的干预，故可在学理上被称为"民间法"（unofficial law）更为合适一些。① 但是，具有法律效力的习惯（习惯法）则完全不同，这类规范可以对当事人产生法律约束力，当社会成员违反这类习惯时会引发国家强制力的介入以强制恢复习惯所希望成就的状态。

在古罗马的文献中，被视为具有法律约束力并可以被强制执行的"习惯法"的拉丁文是"consuetudo"，而一般事实上的习惯则用拉丁文"usus"来指代。在希腊和罗马的法学学者看来，不论是"习惯法"还是"习惯"其共同的起源都是"mos"，含义为我们祖先遗传下来的习俗。只不过这些习俗在时间的传承过程中出现了分化，其中一部分得到了人民的同意而获得了法律效力转化为习惯法；另外一些则没有获得这种同意，只能作为一种"通例"而存在。② 这也解释了为何不论是英美法系还是大陆法系的传统法学理论认为习惯必须是古老的和普遍的原因。但不管怎样，我们都必须严格地区分具有法律效力的习惯法和不具有严格法律约束力的事实上的习惯（通例），否则将会给习惯的法律适用带来混乱和麻烦。

那么，习惯法与事实上的习惯之间的根本区别是什么呢？一般认为，习惯法是事实习惯之上的更高级的形态。其首先要符合事实习惯的一般要求，即在一定时间内相对确定的行为模式。但这行为模式若想获得法律上的约束力则还必须取得了一般人的"法律确信"为第二要件。法律确信属于一种心理要素，简言之，就是一般人认为习惯所涵摄的行为模式应该被强制执行，有国外学者称此要件为"契合性要件"（contractual elements）。③ 不过，问题在于法律确信是带有非常明显的主观性色彩的法律概念。在法律适用时，裁判者通常的做法是通过案件中的客观要素来判断某个习惯是否具备法律约束力。对此，不同的法律文件采取了不同的做法。例如，在《美国统一商法典》中第1-205条中将"经常性的遵守"作为习惯具有法律约束力的客观指标。在英国的判例法中则将著名、确定以及合理作为习惯可以直接适用的前提三要素。④ 德国的法律则将当事人是否知晓习惯的存在以及其周围当事人对习惯所设定的行为模式的态度为确定习惯是否具有法律约束力的指针。如果案件当事人能够证明他或者他的相对人的周围人有理由相信某习惯性的行为模式已然成为具有法律约束力的行为规则，那么就可以将该规则识别为习惯法，此时法院在进

---

① 参见王泰升：《论台湾社会上的习惯的国家法化》，载《台大法学论丛》2015年第1期。
② See David J. Bederman, *Custom as a Law Resource*, Cambridge University Press, 2010, p. 17.
③ See Lydie Van Muylem, *Custom and Usages Under French and Belgian Positive Law: A subjective Tending Toward Objectivity*, in Fabien Gelinas ed. The Trade Usage and Implied Terms in the Age of Arbitration, Oxford University Press, 2016, p. 26.
④ See Richard Austen-Baker, *Terms implied by custom, usage or course of dealing*, in Implied Terms in English Contract Law, EE Punlishing, 2011, pp. 86-87.

行裁决时必须适用该规则。① 联合国国际贸易法委员会制定的《国际货物销售合同公约》第 9 条则把当事人知道或应当知道作为习惯得以适用的客观标准。以上这些做法都清楚地表明，在司法实践中必须将有约束力的习惯法和没有约束力的一般性习惯加以严格地区分。

因此，在司法程序上来看，各国法院普遍要求当事人去证明习惯的存在及其约束力，这往往需要法院传唤相关的证人出庭，通过证人证言的方式来确认习惯法的存在和内容。不过也有学者强烈质疑这种方法的科学性和客观性。② 无论怎样，一个具体的习惯规则是否真正具有法律上的约束力以及拥有怎样的法律效力无疑是一个非常重要的问题。但无论如何，并不是所有的习惯都可以被视为与制定法相同的效力的规范体系，更不能当然地认为习惯就可以优先于法律来进行适用。

（四）习惯的"事实性"

当下我国暂时还没有欧陆国家成体系的民法典，但也形成了蔚为大观的民商法体系。在我国新颁布实施的民法总则以及其他民商事单行法律下多次提及了习惯。笔者以"北大法意"作为检索工具进行了检索。发现国家层面的法律共有 72 件提及了习惯，有效的 47 件，其中涉及民商事的主要有：《民法总则》《合同法》《物权法》《海商法》等四部法律文件。其中《民法总则》第 10 条、第 140 条、第 142 条的规定涉及了习惯。《合同法》第 22 条、第 26 条、第 60 条、第 61 条、92 条、125 条、136 条规定了交易习惯的适用地位；《物权法》第 85 条、第 116 条；海商法第 49 条。此外，在《民法通则》第 142 条、150 条规定了国际惯例的适用地位与方法。

以我国民商法几个主要的法律作为分析样本进行分析，可以发现习惯从适用类型上可以大体分为两类：一类是法院可以自由裁量是否对习惯进行参照适用；另一类则是法院必须对习惯进行适用的情形，如下表所示：

可以适用的	《民法总则》第 10 条、《物权法》第 85 条、《民法通则》第 142 条。
应当适用的	《民法总则》第 140 条、第 142 条、《物权法》第 116 条、《海商法》第 49 条、《合同法》第 22 条、60 条、61 条、92 条、125 条、136 条、第 150 条。

虽然从数量上看，法律规定法院应当适用习惯的法条数量并不算少，占到所有涉及习惯法条数量的 70% 以上，但如果我们深入分析这些法条的内容我们就可以发现这样一个有趣的现象：基本上所有规定应当适用习惯的法条都只是将习惯的内容作为确定某种具体情况是否存在的客观或主观表征。例如，《民法总则》第 142 条将习惯和当事人使用的词句，

---

① See Helge Dedek, *Not Merely Facts*：*Trade Usages in German Contract Law*, in Fabien Gelinas ed. *The Trade Usage and Implied Terms in the Age of Arbitration*, Oxford University Press, 2016, p. 94.

② See Lisa Bernstein, Customs in the Court, 110 *Northwestern Law Review*, 85 (2015).

结合相关条款、行为的性质和目的以及诚信原则等诸多其他要素一起作为考虑因素来确定当事人的意思表示内容。该条和《合同法》第 125 条的功能是基本一致的。又如,《物权法》第 116 条对于法定孳息的取得,法律也是优先考虑当事人的约定,只有在没有约定的情况下才适用相关的习惯,此时法律意在将外部的习惯推定为当事人之间的默示约定。此外,在《合同法》第 22 条和 26 条,法律是将习惯作为正常情况的例外来偏离法律的一般规定的。从这些规定来看,我国法律更多地是将习惯作为一种对具体情况的灵活处理方针来设定习惯的法律功能。换言之,法律只是希望通过习惯中所折射出来的信息来确定当事人行为的真实意思,并没有直接规定这些习惯对于当事人具有法律约束力。因此,在我国的法律体制下,不宜将习惯作为直接设定当事人实体权利义务的根本依据。而且,规定应当适用习惯的领域绝大多数都与交易中的意思表示有关,除此之外的其他领域如《民法总则》第 10 条和《民法通则》第 142 条都仅仅将习惯规定为法律的补充,且规定裁判者有选择是否适用的自由裁量权力。这与德国、瑞士乃至我国台湾地区将习惯规定为应当适用甚至可以改变成文法的内容有着根本性的不同。①

从司法实证的角度来看,有学者将习惯的司法适用类型进行了梳理,发现习惯只有:"解释意思表示"、"补强证人证言"以及"确定法律效果"三大作用。在这三大作用中唯独缺乏了直接通过习惯来确定当事人之间的权利义务这一法律所必备的功能作用。

笔者认为在我国民商法体系下,习惯更多地是以一种法律事实的形态存在着。不过,习惯中又包含着规范性的因素,通过习惯所折射出的行为模式,法院可以进行参照以便更加灵活具体地处理当事人之间的法律关系。可这并不意味着习惯本身像法律那样对当事人具有规范性法律约束力。只有通过当事人具体的行为或者合同的约定才能使习惯产生法律效果。因此,在我国法律体系下习惯并不具有习惯法的法律地位。

三、民商事习惯适用的新定位

本文上一部分的写作意图在于证明:习惯由于具有非普遍性、不稳定性以及事实与规范二元性的本质特征。这些客观情况决定了在我国习惯不可能与法律和示范性司法判例发挥等同的功能作用;更不可能在全国范围内优先于成文法进行适用。那么,习惯究竟能在多大程度以及多大范围内发挥规范功能?是否能够成为我国民法的法源而予以适用呢?

(一)法源的外延的限缩解读

我国法理学通说认为法源从根本上来说就是法的存在形式。② 但从法律现象学的角度

---

① 例如根据《瑞士民法典》第 1 条第 2 项的规定:"制定法未规定者,法院应依习惯裁决;无习惯者,法院应依自居于立法者地位所应行制定之法则为裁判"。又如根据我国台湾地区"民法典"第 1 条的规定:"民事,法律所未规定者,依习惯,无习惯者,依法理。"此处两者规定大同小异,皆为应当适用。

② 参见陈聪富:《民法总则第二讲:法之渊源》,载《月旦法学教室》2003 年第 11 期。

来看，法之存在必然有其来源与发生之基础，正因法之发生原因有别，导致法之存在形式亦有所不同，故法源也可被理解为法之发生原因。① 此外，法源之概念亦有广狭之分，民法学说所理解之法源，对法律适用者而言，指具有法律拘束力之法律。由于依法裁判是建立法治国家的根本基石，法官不得仅凭个人感觉及判断为裁判，除认定事实外，发现法律（Rechtsfindung）是司法裁判过程中所必须要进行的工作，对于法源的概念确定能告诉法官及其它法律适用者，其得引为裁判依据之规范为何，何为具有宪法意义下具有拘束力之法律规范，德国学者卡纳瑞斯称此意义下的法源为"法律效力意义下之法源"（Rechtsgeltungsquelle）。② 相对于此，法律社会学上所理解之法源，并不以此为限，法源概念之探讨在探寻何为事实上被实践之法律（law in action），而非探讨法之应然，在此目的设定下，前文所述之事实上的习惯当然可以成为法源之一。卡纳瑞斯称之为"法律认识论下的法源"（Rechtserkenntnisquelle）。我国内地学者也有洞察到此种概念，将法源区分为直接法源和间接法源，其中习惯属于间接性法源。③ 还有学者将法源区分为狭义的法源和广义的法源，任何能够影响司法判决的事实、行政活动、法院实践甚至大众观念都属于广义的法源，习惯显然包含在内。④

对此，本文试图回答这样一个问题：在司法审判中究竟应该抱持怎样的一种法源的概念。笔者认为，至少在法院裁判层面，我们应该从狭义上来把握法源的概念。事实上，之所以学者普遍强调习惯应作为民事裁判的法源，从根本上来说乃是为了补充成文法上的不足。⑤ 甚至有学者认为习惯作为法律渊源也不足以弥补所有的法律漏洞，还应该拓展加入其他的法源种类。⑥ 显然这类理论有"法源泛化"倾向。诚然，如上述学者所说，在民事裁判中由于裁判者不得"拒绝裁判"。因此，当没有法律规定或者是法律规定不甚明确时就需要其他的规范体系来进行裁判。此时，作为社会内部自发形成的自治性规则理所当然地应当成为法律渊源来予以适用。不过需要注意的是，这类理论有陷入极端主义风险。因为其有故意将法的来源和法本身两个泾渭分明的范畴混淆的嫌疑。包括台湾地区在内的我国法律以及瑞士、日本等国，民法之所以将法源之类别设定在一个相对固定的法条之中，根本的目的恐怕在于将裁判者适用的规则限制在一个空间之内。从此立法目的出发，我们就不应将法源的射程范围任意扩大。探其缘由，这种裁判承认规则的范围扩大往往会让裁判者忘记自己的裁判应该受到什么规则进行约束，从而让裁判很容易陷入主观臆断之中。

---

① 参见张文显等：《法理学》，高等教育出版社2007年版，第90-91页。
② Canaris, *Die Stellung der UNIDROIT Principles und der Principles of European Contract Law im System der Rechtsquellen*, in: Basedow（Hrsg.）, *Europäische Vertragsrechtsvereinheitlichung und deutsches Recht*, Tübingen, 2000, s.8.
③ 参见杨立新：《民法资料汇编》法律出版社2005年版，第7页。
④ 参见朱庆育：《民法总论》，北京大学出版社2016年版，第36页。
⑤ 参见刘作翔：《司法中弥补法律漏洞的途径与方法》，载《法学》2017年第4期，第51页。
⑥ 参见张民安：《民法总则第10条的成功与不足——我国民法渊源五分法理论的确立》，载《法治研究》2017年第3期。

同时，这也会在很大程度上造成法律裁判可预测性的降低，同时给司法腐败的出现带来更大的空间。①

事实上，上述学者描述的"间接法源"或"广义法源"恐怕用另外一个概念"法律素材"来进行指代可能更为精准。对于法官来说，法律的适用过程就是一个推理和证成的思维过程，但这种思维过程又必须严格地在法律的框架内进行。但是，为了让法律更为明晰或者对法律关系的具体情况有更为精准或灵活的应对，他可能不得不从制定法的范围之外获取论据来证成其结论。但我们不应该将这种外部获得的论据当然地视为为法律的一种。这是因为，推理证成的论据并不当然对身处此案件之外的其他裁判者和当事人具有法律上的约束力。

综上所述，我们在理解法源这个概念时，似乎应该从规则对于裁判机构和当事人是否具有约束力的角度来把握法源的外延范围。只有一个规则对于当事人和裁判机构具有法律约束力；且该规则可以作为"三段论"式法律推理大前提。只有同时满足前述两个条件下，该规则才可以被视为民法的法源。而其他包括习惯、政策等在内对法律推理只是具有参考意义的信息只能被列入"法律发现之材料"的范畴之中。简言之，应以规则具备对当事人和裁判机构的双重法律约束力为识别法源之充分判别标准。

（二）习惯不宜定性为法源的理由

首先，在我国现有法律体系下，习惯并不当然对当事人具有法律约束力。那么，接下来的问题是，既然习惯本身并不当然是法源，那么为何我国法律要规定在法律没有规定的情况下可以适用习惯呢？其实如果我们对法院适用习惯性规则进行实证性的考察，该问题似乎很容易解答。在司法活动中，习惯的适用往往为了让相对固化的成文法规则能够更为精准、生动地"被展现出来"。从本质上来说，对于习惯的适用恐怕仍然是对法律适用的一种变形而已，很少有完全脱离法律地对习惯来进行适用的情况。例如，我国台湾地区的学者梳理了该地区"法院"对习惯的适用后发现：法院往往藉由事实上的习惯以来具体化法律上的抽象概念，例如，参酌地方习惯认定相邻关系主体之间气体以及噪音侵入是否"相当"、②参酌一般交易习惯认定附合之动产是否"非毁损不能分离"、参酌医疗常规认定医疗行为实施过程有无"过失"或一般条款、参酌商业习惯认定拒绝受领是否违背"诚信原则"、参酌商业习惯认定竞业禁止条款是否"显失公平"，等等。③ 不过，以上所有对习惯的适用都有"参酌"这一根本的限定语。很显然，我国台湾地区在对习惯的适用上并无意另起炉灶，而是严格地将习惯的适用框定在法律的范围之内。所以说，那种将习

---

① 参见宋阳：《论交易习惯司法适用及其限制》，载《比较法研究》2017年第6期。
② 参见我国台湾地区"民法典"第793条的规定。
③ 参见陈玮佑：《原住民族传统"习惯"于民事司法上之适用与证明》，载《台大法学论丛》2017年Z1期。

惯作为一种独立的法源说法在很大程度上并不能成立。因此，我们必须对法源的概念进行限缩性的理解，只有对法官和当事人具有约束力的正式法律文件才能被作为正式法源来予以适用。其他的诸如习惯等非正式的规则只能作为法律素材来对裁判者进行"事实"或者"观念"上的影响。

其次，习惯本身的产生途径也决定了我们不宜笼统地将其视为法源。如前文所述，主张习惯是天然且最优的裁判依据的学者的主要理论依据大多来源于法社会学理论体系下自由主义流派的观点，该流派强调习惯是从事社会活动并形成相应法律关系的当事人群体内部自发形成的。因此，这种规则最能体现社会本身的客观需要也最容易被当事人所内化，并由此产生更优的规范效果。① 该理论基本上脱胎发轫于哈耶克教授的"内生性秩序理论"。哈氏教授认为：人类社会中存在着种种有序的结构，规则从根本上来说并不是立法者设计的结果。相反，法律制度本质上是社会进化过程的产物，而该过程的结果则不是任何人曾预见的或设计的。规则和秩序形成的根本基础是亚当·斯密所描述的看不见的手（invisible hand）在发挥作用，人类作为一个整体会引导个人去实现那些并非出于他本人意图的目的而习惯恰好就是这种自发秩序的最好体现和反映。② 在他看来，由于人们大部分的经验往往是只能意会不能言传的。习惯恰恰最能反映这种不能用语言文字表述出来的经验和信息。所以任何司法裁判都必须将反映自发性秩序的习惯摆在首要位置。尤根·埃利希教授则指出："法律与作为社会内部规范的习惯相比甚至处于一种次要的地位，法官在裁判时最不能忽视的就是长久以来存在的习惯。如果法律偏离习惯，那么这个法律就应该被废止。"③

但是，在笔者看来上述理论忽略了以下几个问题：（1）混淆了法律来源和法律本身之间的关系。笔者承认，在法律出现以前，确实习惯能够起到规范当事人之间关系的作用。法律出现以后也确实需要借鉴习惯中的积极要素且不能背离习惯的基本价值取向。不过法律也并不是要把习惯原封不动地搬到法律中去。尤其是在司法过程中，法官适用的是已然借鉴了习惯中要素的法律，此时又重新回过头去寻找习惯的内容并直接适用的做法显然是有些本末倒置的。

（2）公平习惯产生的局限性。习惯作为自发产生的秩序体系所受到的外部影响因素可能更为复杂。在社会中，作为自发形成的习惯从本质上来说是由于不同利益群体的博弈形

---

① See Robert Cooter, Structural Adjudication and the New Law Merchant: A Model of Decentralized Law, 14 *International Review of Law and Economics*, 215 – 231 (1994). Also See Robert Cooter, Decentralized Law for a Complex Economy: The Structure Approach to Adjudicating the New Law Merchant, 146 *University of Pennsylvania Law Review*, 1678 – 1688 (1996).

② 参见［英］弗里德里希·冯·哈耶克：《法律立法与自由（第一卷）》，邓正来等译，中国大百科全书出版社2001年版，第67－68页。

③ 参见［奥］尤根·埃利希：《法社会学原理》，舒国滢译，中国大百科全书出版社2009年版，第60－61页。

成的。在这个博弈过程中缺乏立法程序中的理性选择过程,由此带来的问题往往是占有优势话语权的利益群体获得了对于规则的制定权。虽然成文法的制定也多少同样会有前述问题存在。不过成文法可以通过明确的文字表述以及立法公示过程来过滤掉前述负面因素的影响。习惯则因其不成文性和非表述性,会将前述问题进一步放大,从而导致不公正的规则被带入到司法之中。此外,在习惯形成过程中,信息的不对称性以及参与的活跃度也是影响习惯内容是否公正的另一要素。习惯产生的"自下而上"过程只是一个相对的概念,习惯尤其是风俗习惯的产生还是基本反映了社会精英的呼求。作为接受习惯约束的普通民众对习惯往往处于一种被动接受的状态。例如,我国宗族习惯、村落习惯在很大程度上反映的作为精英阶层的家长、族长和领导阶层的意志。普通民众由于信息接收不畅、地位悬殊、很难掌控对习惯形成的话语权。因此,习惯在很大程度上带有一定的落后性。面对此问题,我国司法机关在适用习惯时,往往强调提倡"善良风俗";反对"陈规陋习"。毋庸讳言,这两个概念在法律上的难以预测的缺点过于明显,很容易将司法裁判带入主观擅断的泥沼之中。①

(3) 习惯的社会外部性效果。习惯作为一种由法律关系参与人自发产生的规则,很容易产生社会效果外部性的风险。事实上,这种风险可以从美国著名大法官波斯纳对哈耶克理论的批判中显露出来:"哈耶克博士对于习惯的认识过分地强调了社会进化的作用,但是在缺乏目的论的大前提下,这种进化可能会产生比较负面的社会效果。污染企业和垄断企业在形成习惯时,会更为倾向于为服务这些企业之间的合作而损害社会公共利益。比如企业之间可能形成敌视减价行为的习惯。又如,在侵权行为中,加害者与被加害者之间往往是没有潜在合同关系的陌生人,此时容易对他人造成损害的行业所产生的习惯往往忽略了被侵权人的利益,这显然会对社会的公共利益会产生不利的影响。因此,法院在判断当事人的加害行为是否有过错的判断上,根本不会考虑行业习惯的内容。"②

(4) 法治现代化进程对习惯司法的排斥。毋庸讳言,之所以人们强调习惯的法源属性及司法适用的优先性,从很大程度上在于意图维持基层社会的稳定性。但是,绝大多数习惯本身带有很强的乡土气息,③很多区域性的、民族性的习惯已经成为实现法治统一的障碍。法律对区域习惯的迁就不过是法制现代化进程中一种权宜而已。从我国法律体系的现实状况来看,可以寻找到的法律对于习惯的整体让位的立法例体现在民族区域立法层面,这种立法状态的根本原因不过是要尊重某些少数民族相较于我国主体民族生活方式的差异而已。这也就意味着习惯不可能作为一个完整的规则体系发挥优于成文法律的作用。因此,没有必要过分地拔高习惯的地位使之成为与法律平起平坐的规范法源。

不宜拔高习惯的法律适用地位的另外一个理由在于:随着我国交通的日益发达,我国

---

① 参见宋阳:《自治性商事规则法源地位否定论》,载《当代法学》2018年第3期。
② See Richard A. Posner, Hayek, Law and Cognition, 1 *NYU Journal of Law & Liberty*, 151-152 (2005).
③ 参见孙日华:《习惯在司法过程中的适用》,《宁夏社会科学》2009年第5期。

原来那些封闭的地区正在与外界发生越来越多的交流而发生同化的进程，这种进程是不可逆转且有速度加快的趋势。此时，原有的习惯社群正在受到外来人群的渗透和浸入。如果强调原来习惯的优先地位，显然会造成对外界交往的阻碍，也会对社群外来人员的合理期待造成损害。这种法治现代化过程中多元利益的相互冲击使得司法者不应该过多地将作为一个封闭群体过去的经验的集中表达（也就是习惯）拔高为司法人员必须予以适用的裁判依据。

（三）习惯中的特殊功能区域——交易习惯

前文已经述及，在涉及当事人意思表示的交易以及合同领域会出现交易习惯直接具有法律约束力的情形。根据《民法总则》第140条的规定："沉默在符合当事人之间形成的习惯"时才可以视为意思表示。第142条又规定了意思表示内容的解释要依照"相关条款、行为的性质和目的、习惯以及诚信原则"来确定含义。不过如果仔细研究我国民法体系中强调将习惯作为处理民事关系规范依据的地方就不难发现这些领域大多和"交易"、"意思表示"有关。换言之，这些领域主要涉及的矛盾焦点在于平等当事人之间相互博弈所产生的利益分配问题且该矛盾不涉及第三人和社会公共利益。即便是在《物权法》这类涉及对世权的法律，可以适用习惯法律关系也仅限于"相邻关系"、"法定孳息"。事实上可以近似地认为这类法律关系属于一种准交易契约关系的范畴。

那么问题在于为何在交易领域会出现习惯如此重要甚至于能够超越法律的一般规定来发挥法律功能的现象呢？笔者认为，可以从以下两个角度来理解这个问题：

一方面，交易契约法具有特殊性。在理想状态下，一个完备的合同透过约定的方式"完全地"设定了当事人之间的所有权利义务，并预料到了所有可能发生的意外状况。此时，合同可以完全取代成文法或判例法之任意规定。当出现争议时，当事人仅需要证明合同已然成立并具有法律效力就可以了。裁判机构此时所需要做的工作就是依据合同约定来判断当事方的是非曲直。在这种绝对理想的状态下，并不需要合同之外的规则来对交易合同的内容进行调整，学界因而称此为合同的"自我规范"（self - regulatory）现象。①

当然，前述情形只是一种较为理想的状态。在大多数时候，会出现不完备的交易。此时，裁判机构则不得不援用契约之外的规则来弥补这种不完备合同上所出现的漏洞。此时，在规则的选择上仍应注意规则适用的目的必须依附于合同目的。只有法律中出现强制性规则时才不需要考虑当时在进行交易订立合同时的约定以及合意。总之，虽然制定法可能为当事人设定了某种一般的行为模式，但这种行为模式是随时会被当事人的意思表示以及合意所取代的。事实上，民商事交易中当事人的合意（契约关系之主要要素）是在契约

---

① See Ellis Baker et al, *FIDIC Contracts: Law and Practice*, Rutledge Press, 2009, pp. 25 - 26.

自由原则之范围内解决交易类争端最为重要的裁判依据①。从这个意义上来说，在裁判交易法律关系时首要的问题并不是任意性的法律规定是如何规定的，而在于确定当事人的约定的真实含义是什么，当事人的真实意思表示又是什么。此时需要注意的是任何交易合同都不是孤立存在的，如果当事人经常从事相应的交易，签订类似的交易合同就更加不可避免地会受到其他交易的影响。这时一个理性的选择便是在解释合同时把合同的条款放在大的客观情势背景下进行理解。英国著名大法官霍夫曼勋爵（Lord Hoffman）在审理 Investors Compensation Scheme Ltd. v. West Bromwich Building Society 案中确立了合同理解的理性客观人标准，该标准成了英国之后解释合同的一般标准。在他看来，在解释合同时不能完全按照合同的字面含义进行解释，而应该将合同的字面意思传达给具有同样交易知识背景的理性第三人的理解来解释合同。合同的用语是存在于一个习惯性的背景下的，不能脱离开这个背景来孤立地理解合同之含义。②虽然，该解释标准在英国学术界饱受争议，然而霍夫曼大法官在后续的案件中仍然坚持这种解释合同的方法，该思路不但影响了英国交易合同案件的司法裁判，还影响到了一些英联邦国家如加拿大、新西兰等。可见在交易合同领域，习惯可以在一定程度上发挥解释合同条款的作用，从这个意义上来说习惯确实可能在有限地范围内发挥优于法律任意性规定来进行适用的现象。

另一方面，交易法律本身的特性也可以在一定程度上解释为何在交易领域自发产生的习惯可以发挥相对于其他领域更大的规范作用。对此，有学者将其归因于商人的对商法自助实施。③笔者部分同意该观点，但这种现象产生的根本原因还是在交易合同领域参与交易的主体之间进行博弈的均衡以及主体的高度参与。这两个原因才是交易习惯能够更大地发挥规范作用的根本性原因。

所谓博弈均衡，是指在合同交易领域双方当事人处于一种相对平等的地位。双方在谈判过程中会通过相互博弈使双方的利益进入一种相对均衡的状态。交易当事人对于交易来说处于一种高度参与的状态，只有对于双方都能获益时他们才会订立合同。④同时交易本身可以产生网络效应：由于当事人在进行交易活动时的高度流动性，他们会把这一次进行交易的经验带到下一次交易之中。另外，由于交易主体的不确定性，当事人不知道下次交易时他会扮演何种交易角色，从而形成了交易的无知之幕（veil of ignorance），在此种机制下，当事人不得不选择遵守已然形成的习惯性交易规则，而这类规则可能是相对公正和

---

① 参见陈自强：《联合国商事契约通则在契约法中之地位》，载《台大法学论丛》2010 年第 4 期。
② See Geoff Hall, *Custom and Usages in England*, in Fabien Gelinas ed, *Trade Usages and Implied Terns in the Age of Arbitration*, Oxford University Press, 2016, pp. 6 – 7.
③ 参见许中缘：《论商事习惯与我国民法典——以商事主体私人实施机制为视角》，载《交大法学》2017 年第 3 期。
④ See Bryan Druzin, Law without the State: the Theory of High Engagement and Emergence of Spontaneous Legal Order within Commercial Systems, 41 *Georgetown Journal of International Law*, 569 (2010).

高效的。① 此时，当事人在进行交易时必须参照其他当事人已然形成的习惯性交易规则。

上述法学原理不约而同地被反映到我国和美国等国家的法律制度之中。根据《合同法解释二》第 7 条的规定：在交易行为当地或者某一领域、某一行业通常采用并为交易对方订立合同时所知道或者应当知道的做法可以被识别为交易习惯并对合同当事人有约束力。《美国统一商法典》在 1-205 条官方评论中则明确指明：在交易中明确范围的习惯如果与本法规定的一般规则存在差异的情况下……则信赖这一习惯的当事方，均有权享有所表现出来的最细微的差异。以上均说明在交易中习惯可以成为解释当事人意思表示的重要规范性依据。

不过需要特别强调的是即便是在契约交易领域，在解释当事人的意思以及合同条款时，习惯虽然重要，但也并不是唯一的依据。如《民法总则》第 142 条就坚决要求确定当事人的意思必须考虑多重要素，习惯仅仅是诸多要素中的一个。但无论如何，在合同交易以及意思表示领域习惯确实可以成为进行司法裁判的一个重要的考虑依据。

四、民商事习惯适用的程序设定

通过前两个部分的论述，我们大体明确了习惯的基本性质及其法律功能。总体上来说，习惯本身并不具有与成文法律同等之法律地位，只有在法律明确授权的情况下或者法律没有规定的情况下可以参酌习惯的内容确定当事人的权利和义务。不过，在交易法律关系中解释当事人意思表示时，习惯被视为纳入交易合同中，从而依托合同产生了对当事人的约束力，这种约束力甚至有可以一定程度上偏离法律的任意性规定。因此，笔者建议在司法实践中应按照以下五个方面的程序和步骤来对民商事习惯进行适用：

首先，裁判者应确认民商事习惯的适用范围，对于不同的法律关系习惯适用的地位不应一概而论。具体而言，如果争讼涉及的法律关系仅仅涉及争端双方且该利益是可以通过当事人的意思表示所处分的。例如口头交易、书面合同交易等法律关系，习惯应作为解释合同条款和当事人意思表示的主要裁判依据。但同时也需要注意结合合同的其他因素诸如合同目的、先前行为以及诚实信用原则等共同确定当事人在交易中的真实意思。

笔者以北大法宝为检索工具对近 3 年以来涉及民商事惯例适用的案件进行了梳理，发现适用"民商事习惯"的案件共有 415 件。其中合同纠纷案件有 364 件，所占比例接近 90%。相对应地，只有 4 件物权纠纷的裁判中涉及了民商事习惯，② 只有 1 件人格权纠纷

---

① See Bryan Druzin, Anarchy, Order, and Trade, a Structuralist Account of Why a Global Commercial Legal Order is Emerging, 47 *Vanderbilt Journal of Transnational Law*, 1085-1086（2014）.

② 4 个案件分别是无锡市中级人民法院审理的"张忠明与江苏中煤电缆有限公司财产损害赔偿纠纷上诉案"（2016）苏 02 民终 3842 号；上海市第一中级人民法院审理的"中国铁路物资哈尔滨有限公司诉中化国际（控股）股份有限公司等所有权确认纠纷案"（2015）沪一中民四（商）撤初字第 1 号；江苏宜兴法院审理的"江苏中煤电缆有限公司诉张忠明财产损害赔偿纠纷案"（2016）苏 0282 民初 6084 号；辽宁省葫芦岛市中级人民法院审理的"费亮与葫芦岛市人民政府国有资产监督管理委员会等返还原物纠纷上诉案"（2015）葫民终字第 00464 号。而且上述 4 个案件中涉及民商事习惯的争议点也都和交易合同有关。

案件中侧面引用民商事习惯来解决一个附带性问题。① 可见，我国法院在适用民商事习惯的主要领域就是合同交易。然后，笔者又梳理了民事案件中适用民商事习惯的情况。具体而言，有212个案件使用了民商事习惯来解释交易当事人的真实意思。还有101个案件用民商事习惯来确定某种事实是否存在，只有51个案件直接根据民商事习惯判定当事人在涉诉法律关系中的实体权利义务。可见，在司法实践中，民商事习惯在裁判中主要发挥的是辅助性功能。

上述可知，我国关于民商事习惯的适用主要在合同交易中，其主要作用在于厘清交易当事人的真实意思和确认某种客观事实的存在。因此，裁判者在对具体案件的裁判中对确认民商事习惯的适用范围进行理性的思考、严格的把控。充分发挥民商事习惯在裁判中的辅助性作用。这就要求对于其他民事法律关系如物权、婚姻等领域中，应对民商事习惯的适用予以严格的限制。裁判机构在审理此类法律关系案件时不得以习惯作为主要的裁判依据和理由。

对此，我国台湾地区的相关判决先例可以很好地支持这一论点。在2010年我国台湾地区"最高法院"对泰雅原住民的"司马库斯倒木案"的裁决中，该"法院"认为依据台湾地区"森林法"第15条的规定："原住民族得依其生活惯俗需要，采取森林产物"为裁判依据判决原住民搬运倒木的行为为合法行为。值得注意的是，在该案的裁决过程中，法院调查了泰雅原住民的生活习惯，但将其归类为"事实证据"进而予以采信，在法律依据章节仅仅提及了"森林法"和"国有林产处分规则"的规定，只字未提泰雅人的山中习惯或者习俗，也未援引台湾地区"民法典"第1条之规定。② 相反，台湾地区"法院"还在判决书中特别强调："山中居民依据习俗习惯对于倒地树木拖回不视为对该地区'国有林产处分规则'的违反，然不能将此判决作为赋予原住民在民事法上取得山中资源的权利的法律依据。"③ 透过台湾地区"法院"的上述判决不难看出，在涉及物权等会影响第三人利益乃至公共利益的案件中，裁判机构对于习惯性权利的设定持一种非常谨慎的态度。因为如果允许依据非普遍、不稳定的习惯来随意设定"对世性"权利将会侵蚀习惯作用范围外的权利架构，进而破坏既有社会关系的稳定性和可预测性。

第二，裁判者应该考虑民事法律关系双方当事人之间的强弱地位以及信息获取能力。即便是交易习惯，如果双方当事人谈判以及信息获取的能力严重不均衡时，裁判者应该对习惯的适用进行严格的限制。防止强势一方滥用习惯侵害另一方当事人的利益。加拿大著名新马克思主义学者克莱尔卡特勒教授指出："各种商事习惯只是表面上显示出公平性的

---

① 参见甘宏与信阳房产网北京路线下店名誉权纠纷上诉案，(2017)豫15民终1336号。
② 参见台湾"最高法院"98年度台上字第7210号刑事判决。
③ 参见蔡志伟：《从客体到主体：台湾原住民族法制与权利的发展》，载《台大法学论丛》2011年21期。

特质，但其背后往往是服务于资本主义跨国寡头的需要。"① 事实上，早在《联合国国际货物销售合同公约》谈判的过程中，以苏联为首的社会主义国家和许多第三世界国家就对该公约第 9 条的规定提出了质疑，认为这不过是一种变形化的"新霸权条款"。我国代表在谈判中也指出，只有合理的"交易习惯或惯例"才能对货物贸易当事人产生法律约束力。② 实践证明，不成文的民商事习惯特别容易被经验更加丰富的"玩家"所滥用，造成法律适用的不确定性。③

第三，裁判者要对习惯内容进行确认。这一步分为两个方面，一方面是习惯的形成标准问题。习惯不应以普遍性和长期性为前提特征。裁判者只需要意识到某个习惯已然让当事人形成了合理的预期，并按照这种预期进行了行为安排，就可以将这种行为模式识别为习惯。另一方面是习惯认定的程序问题，原则上主张适用习惯的当事人有义务证明该习惯的存在并且必须证明该习惯对其相对方的约束力，至少要证明对方当事人知道该交易习惯的存在。仅在有合理理由的情况下，裁判机构才可以主动调取习惯存在与否及其内容的信息。查明习惯是否存在及其内容的主要途径有："所在地或主管行业的行政管理机构、行业的同业经营者、领域内的权威专家等"。

在由英国王座法院审理的 Libyan Arab Foreign Bank v. Bankers Trust Co 案中，斯托顿大法官所要解决的首要法律问题是："被告信托公司是否有权在未经原告明示授权的情况下直接根据行业内的交易习惯和与原告先前反复采用的交款模式，即透过服务器位于美国的 SWIFT 系统来向原告划拨属于原告的欧洲美元账户中的资金"。④ 为了弄清是否存在这样一种交易习惯，斯托顿大法官依职权询问了大量从事银行业专家的证人，并对交易结算的不同做法的数量及其原因进行了反复的统计和比较。⑤ 进而得出较为科学的结论：他认为使用 SWIFT 的清算系统确实构成了英国信托结算业中惯行的做法，但这种惯行做法并不能消灭法律赋予原告的选择权利。反观我国在民商事习惯的认定和查明程序上则显得较为粗糙。将习惯的证明责任几乎完全施加于当事人。有司法实务工作者通过调研统计发现：在我国司法裁判过程中，当事人对民商事习惯的举证比例并不高，只有 9.19%，剩余

---

① See Claire Cutler, *Private Power and Global Authority Transnational Merchant Law in the Global Political Economy*, Cambridge University Press, 2007, pp. 216 – 217.
② See UNCITRAL Digest of Case Law on the CISG—2008 Revision art. U. N. Doc. A/CN. 9/. SER. C/DIGEST/CISG/9, available/at：http：//www. uncitral. org/pdf/english/clout/digest2008/article009. pdf, 2018 – 6 – 30.
③ See Juana Coetzee, The role and function of trade usage in modern international sales law, 20 *Uniform Law Review*, 267 (2015).
④ 在该案中，由于被告使用了 SWIFT 清算系统来划拨资金，直接导致美国政府冻结了原告的这笔资金。因为，当时里根政府正在对利比亚卡扎菲政权采取全面的制裁措施。
⑤ See High Court of Justice (Queen's Bench Division, Commercial Court) Judgment in Libyan Arab Foreign Bank v. Bankers Trust Company (Extraterritoriality of U. S. Order to Freeze Libyan Assets; Banking Procedures for Clearing Eurodollar Accounts; Status of Accounts Held in London), 26 *I. L. M.* 1600 (1987), p. 125.

的都只是单方面主张习惯的存在,但是未进行举证。总体来看,举证质量并不是很高。①因而客观上增大了法官对习惯认定的难度,所以在我国司法裁判中法官对习惯内容的认定带有明显的单方心证的特点,严重缺乏客观性和科学性。②因此,建议细化我国《合同法解释二》第7条的规定,同时在民事程序法中加入民商事习惯的特别专家听证程序以保障裁判机构对民商事习惯内容的准确把握。

第四,裁判者要依职权主动对习惯内容是否违反公序良俗和强制性规定进行确认。如果涉诉习惯违反我国法律、行政法规的强制性规定或者违反社会主义的基本公共道德和社会公共利益的,该习惯不发生法律效力。

我国法律在提及惯例和习惯时法律往往会强调不得违反我国的公序良俗(《民法总则》第10条)或公共利益(《民法通则》第150条)。在司法裁判过程中应主动贯彻上述原则,对各种民商事习惯进行甄别,用马克思主义指引下的社会主义价值评判观念以及我国优秀的传统文化作为标尺来衡量具体民商事习惯的内容,同时将"诚实信用""互利互惠"等道德准则有机地融入法治评判体系之中。事实上,很多经济交往中所形成的民商事习惯本身就带有一些自发性规则所特有的不公正倾向。例如,我国在改革开放之初在引进国外技术的过程中经常在谈判中遇到外国公司强加的霸王条款,比较典型的有"单方回授""整合搭售"等。当我国代表据理力争时发达国家技术转让方往往强调这些条款是"商业习惯"或者"行业惯例"。这些所谓的"惯例""通常做法"显然就属于违背"公序良俗"或"公共利益"的民商事习惯,当然在司法裁判中要予以摒弃。

最后,有必要在对以民商事习惯为主要裁判依据的案件加强审判监督。如前文所述,民商事习惯这类自发性规则与成文法相比存在内容不确定且容易被滥用的特征。因此,如果裁判机构以此为主要裁判理由时,有必要对此等判决进行更为严格的审查。此处我们不妨以民法中的"情势变更"原则的适用程序作为类比。众所周知,情势变更制度本身在解释上也非常具有弹性,裁判机构很可能会刻意或者不自觉地模糊其与正常商业风险之间的界限,从而造成错案的出现。因此,最高院要求在司法实践中慎用该原则。同时发出特别通知要求如果根据案件的特殊情况,确需在个案中适用的,应当由高级人民法院审核。必要时应报请最高人民法院审核。鉴于民商事习惯与该原则极为类似的性质,笔者建议如果法院以民商事习惯为主要裁决理由的必须层报高级人民法院批准后方可生效。

---

① 参见彭海波:《商事交易习惯司法适用困境透析与完善进路——以315份生效判决书为分析样本》,全国法院第2018年学术年会论文集,第796页。

② 例如在"江苏宝隆建设工程有限公司诉连云港港加新型建材有限公司等买卖合同纠纷案"中法院认为港加公司多年从事商业活动,按照商业习惯,一般来说项目部印章不具有公章性质,不能独立行使法人权利。该结论是在未说明任何理由也未征求相关施工专家的意见的情况下得出的。又如"广州市强鹏建筑工程有限公司、广州市砼丰建材有限公司买卖合同纠纷"案中法院认为"以一般商事缔约习惯,如无特别约定,在合同最后一页盖章应视为对整个合同内容的确认"。笔者发现在适用民商事惯例的案件中,法院在判决书中大多采用了"一般""明显"以及"按照常理"等词汇,带有明显的心证嫌疑。根据《合同法解释二》第7条第2款的规定习惯应由提出主张的一方当事人承担举证责任。但在已有的实践中相关举证过程并不严谨,有形同虚设的嫌疑。

同理，如果仲裁机构在仲裁裁决中以民商事习惯为主要裁决依据的，理应对其进行严格监督。可以考虑将其规定为法定撤销或不予承认执行的理由。在有相关利害关系人向有管辖权的人民法院申请时，人民法院必须启动撤销或者不予承认之程序。

五、结论

依法裁判是民事裁判中最基本的要求，对于法源的认识不应该采取泛化的立场。只有那些对法官和当事人具有法律约束力的规则才能构成裁判的法源。同时我们又必须考虑到司法的能动性要求，在裁判中法官时刻需要面对制定法的相对固化的规定与民商事交易对于规则灵活性多样性的客观需求，所以他们在有些时候不得不引入一些制定法之外的规则来为裁判提供支持。此时，习惯作为法律发现过程中的重要素材当然可以发挥积极作用。可这并不意味着其可以喧宾夺主地获得优于法律的地位。裁判者在裁判中应该时刻意识到哪些是必须适用并遵循的；哪些只是用来参考的。从这个意义上来说，如果机械地设定习惯适用的法律地位，不但不能让习惯发挥它应有的法律功能，反倒可能让裁判陷入混乱之中，大大削减了司法裁判的可预测性。所以习惯应该作为司法裁判过程中重要的考虑因素并结合不同的具体情况来发挥其法律功能。不把习惯视为法源，不但没有削弱习惯的法律地位，反倒是对民商事习惯在司法过程中发挥良性作用的一种保护。

Research on the Judicial Application Status of Civil and Commercial Customs

Song Yang Chen Ying

Abstract: China's civil and commercial substantive law clearly gives the judicial application status of custom as an autonomous rule. However, due to the complex and diverse objective nature of such norms, it is not appropriate to regard customs as a kind of independent legal source in the process of codification, and then mechanically set their judicial application status and order. In the framework of written law, different civil and commercial customs should be treated and dealt with differently, and the dynamic complementary application status of civil and commercial customs relative to written law should be determined through reasonable procedural steps.

Key words: Civil and Commercial Customs, Legal Pluralism, Sources of Law, Judicial Application

习惯法的刑法命运

詹红星[*]

摘　要　刑法的渊源经历了从习惯法到制定法的嬗变。罪刑法定原则符合刑法的安定性；习惯法的非正式性、地域性、不明确性特征无法实现刑法的现代价值。罪刑法定原则的确立意味着习惯法在刑法中地位的沦落，排斥习惯法标志着刑法和罪刑擅断的彻底决裂。由于成文法具有局限性，在刑法中保留习惯法的地位可以弥补成文法的缺陷，实现刑法的正义目标。刑法和习惯法并非水火不相容的关系，我们需要在刑法立法和刑事司法等方面吸收习惯法的合理内核，实现刑法和习惯法的融通。在刑法立法方面，我们在制定刑法时需要充分吸收习惯法的合理内核，积极制定变通或者补充规定。在刑事司法实践中，习惯法可以作为实质出罪的依据和一种从宽处罚的量刑情节而存在。

关键词　习惯法　罪刑法定原则　形式正义　实质解释

成文法已经是现代法律的主要形式，习惯法似乎在法律中的地位日薄西山。特别是在刑法领域，由于罪刑法定原则在各国刑法中的普遍确立，排斥习惯法已经成为不言自明的公理。然而，这或许只是事物的表象，罪刑法定和习惯法之间并不存在着天然对立的关系，习惯法应该被彻底逐出刑法领域并非一个当然的结论。习惯法在刑法中的命运仍然需要我们认真予以研究。

一、习惯法的没落：刑法安定性的需要

在古代社会，习惯法是法律的主要形态，刑法的渊源经历了从习惯法到制定法的嬗变。刑法渊源嬗变的背后是刑法自身属性的蜕变，折射出了刑法的价值转向。

---

[*]　詹红星，法学博士，中南大学法学院副教授。

(一) 习惯法: 刑法的早期形态

现在,习惯法已经不再是刑法的渊源,但是,习惯法曾是古代刑法的载体。在人类社会的早期,没有国家,没有制定法,刑法是以习惯法的状态存在的,刑法和民法等其他法律规范一样散布于习惯法之中。梅因在《古代法》中考察了罗马法、英国法、古希腊法的发展历史。在他看来,法典不是研究法律的起点,法律的发展经历了前习惯法、习惯法、法典化三个阶段。① 我国台湾学者杨仁寿指出,"在十八世纪以前,各国几以习惯法为主要法源,一则法典未备,二则社会关系单纯"。② 应当说,法的最初形式是习惯法也是法学界的定论,刑法的早期形态表现为习惯法已经是学者们的共识,这也是符合人类社会发展历史的。经济基础决定上层建筑,成文法只是人类社会发展到一定阶段的产物。受制于当时的社会条件,特别是文字的不发达,习惯法作为古代刑法的渊源具有历史必然性。由于古代社会的社会关系比较简单,刑罚的存在方式同样不够发达,对外表现为是血亲复仇;对内则表现为对氏族成员的内部处罚。"在古代社会,氏族之间的复仇与氏族之内的惩罚就相当于'刑罚',它们并非是受近代意义上的'法'的规制而形成,不过是由习惯和宗教圈定了处罚范围而已。"③

习惯法并非成文法的补充,法律的生命来源于经验,从某种意义上讲,成文法其实就是一种对习惯法的表达和提炼。"习俗是实证法的一种渊源,与实证法有平等的效力,对实证法是必要的,是实证法的'祖先',习俗代表民众直接的同意,得到了民众的广泛支持。"④ 可以说,刑法脱胎于古代社会的习惯法,刑法的产生和习惯法存在着千丝万缕的联系。历史法学派告诉我们,成文法律只不过是一个民族生活方式的记载。历史法学派巨擘萨维尼指出,"一切法律均缘起于行为方式,在行为方式中,用习常使用但却并非十分准确的语言来说,习惯法渐次形成;就是说,法律首先产生于习俗和人民的信仰,其次乃假手于法学——职是之故,法律完全是由沉潜于内、默无言声而孜孜矻矻的伟力,而非法律制定者的专断意志所孕就的。"⑤ 昂格尔考察了中国古代的法律,他得出的结论是,从西周到春秋中叶,法既不是实定的也不是公定的,而是采取以习惯法为中心的礼制。在西方国家,法律的进化历史也经历同样的历程。从历史的角度考察,习惯法拥有过辉煌的历史,习惯构成了法律(包括刑法)的存在基础,那种主张绝对排斥习惯法的主张割裂了刑法和习惯法之间的历史关系,显然是我们难以支持的。

---

① 参见 [英] 梅因:《古代法》,沈景一译,商务印书馆1959年版,第1–12页。
② 杨仁寿:《法学方法论》(第2版),中国政法大学出版社2013年版,第267页。
③ [日] 松原芳博:《刑法总论重要问题》,王昭武译,中国政法大学出版社2014年版,第20页。
④ [美] 布莱恩·Z. 塔玛纳哈:《一般法理学: 以法律与社会的关系为视角》,中国政法大学出版社2012年版,第113页。
⑤ [德] 萨维尼:《论立法与法学的当代使命》,许章润译,中国法制出版社2001年版,第11页。

(二) 罪刑法定：习惯法命运的终结者

随着国家的产生，刑法逐渐披上了成文法的外衣。但是，奴隶制国家和封建制国家的刑法都属于专制刑法的范畴，都以剥夺国民自由为皈依。专制刑法具有干涉性、恣意性、身份性、残酷性等特点，其中，恣意性是专制刑法的最大特点，对国民的自由危害最大。因为恣意性意味着罪刑擅断，犯罪的范围及其法律后果没有具体的界限，这就为专制者随意剥夺国民的自由提供了广阔的空间。此时，虽然存在着成文刑法，但是，刑法不但不能保障国民的自由，反而是奴役国民的工具。由此，一个显而易见的事实就呈现在我们面前，习惯法和罪刑擅断并非孪生子，习惯法并不存在罪刑擅断的基因，专制刑法同样具有成文法的外衣。因此，对罪刑擅断的否定并不意味着一定要根除习惯法在刑法中的存在。

罪刑法定的思想基础是民主主义和人权保障，它高度关注国家刑罚权和个人自由的关系，以限制国家刑罚权和保障国民的自由为己任。罪刑法定原则的确立标志着刑法从镇压公民自由的工具转变成为人权保障的宪章。"长久以来，罪刑法定主义一直作为刑事立法和刑法解释学之指导原则，其价值之所以日趋重要，乃由于现代之罪刑法定主义所要求之最高层次的实质根据与普遍性原理，就是实质的人权保障原理，该原理之内涵，即为防止国家刑罚权之恣意行使，而实质地保障以个人尊严为基础的权利与自由。"① 罪刑法定原则是现代刑法的一项基本原则，罪刑法定原则主要包括法律主义、禁止溯及处罚、禁止类推、禁止绝对的不定期刑、刑罚法规明确及刑罚内容适正等派生原则，其中法律主义是罪刑法定原则首要的派生原则。根据法律主义，只有成文法律才能规定犯罪及刑罚，不成文的习惯法和行政法规不能设定犯罪和刑罚的内容，这样就明确界定犯罪圈的范围和刑罚权的发动边界。德国法学家施塔姆勒指出，"制定法的形式要求的拘束性，尽管总的说来确实在诸多方面造成不便，但它能够大大增进法律事务的客观确定性。"② 法律主义主张任何人都无权超越法律对国民科处刑罚，法外定罪和法外处刑则被视为严重侵犯人权的恶行。法律主义通过把国家的刑罚权关进了法律的笼子，控制国家刑罚权的恣意发动，进而实现保障国民自由的目标。

法律主义要求只有国家制定的法律才能规定犯罪和刑罚的内容，无视法律规范的明文规定而入人以罪则会出现"规范隐退"现象，违背形式法治的要求，损及法的安定性。"突破形式法治的实质法治是反法治。法律规范是形式法治的体现，是形式法治的载体，孕育在其中的正当性、合理性等实质法治理念在实现过程中，必须坚守形式法治的底线。法律规范代表了法的安全性、稳定性、可预见性等形式法治的重要价值，因此，对法律规范的尊崇是对形式法治尊崇的必然结果。"③ 习惯法由于不具有成文的形式，不为人们事

---

① 陈子平：《刑法总论》（2008 年增修版），中国人民大学出版社 2009 年版，第 36 页。
② [德] 施塔姆勒：《现代法学之根本趋势》，姚远译，商务印书馆 2016 年版，第 98 页。
③ 刘艳红：《实质出罪论》，中国人民大学出版社 2020 年版，第 234 页。

先所知，以习惯法作为刑事司法的依据存在着使刑法沦为少数人侵犯人权工具的危险。因此，不成文的习惯法自然不能成为刑法的直接渊源，人们在确立罪刑法定原则之时便将排斥习惯法作为该原则的核心内容之一予以坚持。习惯法在刑法中地位的丧失之日恰恰是罪刑法定原则的登台时刻，"罪刑法定原则决定了习惯法的排除"①。至此，任何人不得仅仅依据习惯法而被处罚，或者不得被科处比成文法之外更重的刑罚。

（三）刑法的安定性：习惯法命运的终结原因

法律的变迁并非全是人的理性的产物，相反，它是社会变迁的结果，不同的社会形态孕育着不同的法律制度。习惯法和罪刑法定并非天然的宿敌，习惯法退出刑法之外并非其与罪刑擅断的内在联系，而是刑法自身价值蜕变的需要。

1. 刑法价值的重塑呼唤成文法的来临

在近代刑法原则确立以前，刑法仅具有保护少数统治者利益的功能，大多数的普通国民则被置于刑法的对立面，仅仅是刑法规制的对象。"彼时个人自由权利之观念，尚未发达，个人对于国家，既不知有权利可主张，法律中所规定之事项，亦不过官吏执行职务一种官吏必携而已，如何而后谓之犯罪，犯罪应科处何种刑罚，悉由官吏之擅断行之，以其采用罪刑擅断主义也。"② 18 世纪中期和 19 世纪初的启蒙思想家批判了中世纪身份的、擅断的、残酷的、神学的刑法，提出了罪刑法定、罪刑均衡、刑法面前人人平等、刑罚人道等一些刑法原则，完成了近代刑法的"祛魅"过程。及至民主主义政治和人权保障观念的确立，刑法的使命才真正发生改变，刑法成为限制刑罚权、保障人权的宪章。"现代法治社会刑法的存在价值不仅仅是为国家行使刑罚权设定正当根据，而是要以刑法这种代表和体现社会公意的法律有效地规范和限制国家刑罚权的运作，防止因国家刑罚权的滥用而致使公民的权利受到侵犯作为自己的价值。"③ 刑法关系到国民的重大利益，刑罚的发动会给社会带来巨大的负面效应，这就决定了刑法相对于其他部门法更加追求法的安定性，只有成文法才能保证法的安定性，故此，成文法成为刑法渊源的优先选择。

2. 习惯法的特性致使了其刑法地位的沦落

关于习惯法的具体界定法学理论界还存在着争议，这也并非本文探讨的主旨。在笔者看来，刑法中需要探讨的习惯法是与制定法相对应的一个范畴，主要是具有地方性知识的地方习惯法和民族习惯法。习惯法是指"不是通过正式的制定，而是通过长期的事实上的操练而产生的法，这种习惯法必须是持续不断、稳定常态的，而且，参加于其中的法同时

---

① ［德］汉斯·海因里希·耶赛克、托马斯·魏根特：《德国刑法教科书》（上），徐久生译，中国法制出版社 2017 年版，第 183-184 页。
② 王瑾：《中华刑法论》，中国方正出版社 2005 年版，第 24 页。
③ 梁根林：《刑法总论问题要论》，北京大学出版社 2018 年版，第 14 页。

将之视为有约束力的法规范。"① 习惯法孕育于民间，内隐于乡民的价值观念，外化于乡民的日常生活举止。习惯法在乡土社会仍然维系着社会关系，潜移默化地影响着乡民的行为方式。然而，习惯法与罪刑法定原则存在着诸多冲突之处，习惯法的特性决定习惯法在刑法领域地位的丧失。

首先，习惯法的非正式性不符合民主主义的要求。民主主义在刑法中集中表现为何种行为作为犯罪成为处罚的对象，对犯罪处以何种刑罚需要代表全体国民意志的代议机关亲自决定。习惯法虽然被认为具有深厚的群众基础，但是这种所谓的群众基础是地方性的，习惯法并非由国家的立法机关制定的，不能彰显全体国民的利益和意志，因而不符合民主主义的要求。

其次，习惯法的地域性不能满足现代刑法的统一性要求。法律就像普通话，习惯法就像地方方言。成文法具有普遍性的特征，适用范围广，并不局限于某一特定的地域，同时，由于成文法对于相同的事物给予同样的法律待遇，可以彰显法律的公正性。习惯法具有文化差异性的特征，只适用于特定的群体，难以在全国范围推广。出于法制统一性的需要，国家垄断了刑法的立法权，习惯法自然而然就被无情地抛弃了。

再次，习惯法由于缺乏明确表达而不能满足国民可预测性。成文法具有显性的特征，以法典为载体，国民很容易查阅和学习；习惯法具有隐性的特征，存在特定群体的生活习俗和民族意识之中，很多习惯难以用规则的形式明确表达出来。成文法对于犯罪的成立条件和处罚结果都事先予以明确规定，让国民在决定行为时就能够知晓行为的性质和法律后果，满足国民可预测性的要求。习惯法具有不明确性，无法满足国民的可预测性。"习惯法虽与成文法同系来自法社会的法确信，但因未经过立法程序而加以条文化，故有未尽明确之处。刑法因干预人民的基本自由与权利至深且巨，故在罪刑法定原则下，刑法规范一律排除习惯法的适用，一切罪与刑的宣判，均应以成文法为依据。"②

一言以蔽之，否定习惯法成为刑法的渊源并非偶然，而是专制刑法向自由刑法转型的结果，它标志着自由刑法和罪刑擅断的决裂，宣示了自由刑法以法的安定性保障人权的路线，背后隐含的是人类对自由的追求和向往。

二、习惯法的保留：成文法的局限性

在刑法领域习惯法已经被放在被人遗忘的角落，辉煌的过去已经被埋进历史的坟墓。但是，这并不意味着习惯法在刑法中已经死亡，习惯法依然具有顽强的生命力。

（一）成文法的局限性

罪刑法定原则的确立是否意味着应当将习惯法彻底驱逐出刑法领域呢？答案未必如

---

① ［德］乌尔斯·金德霍伊泽尔：《刑法总论教科书》，蔡桂生译，北京大学出版社2015年版，第29页。
② 林山田：《刑法通论》（上册）（增订十版），北京大学出版社2012年版，第37页。

此，原因在于成文法并非完美。"实证主义的法概念因而只有两个定义要素：合乎规定的或权威的制定性以及社会的实效性。法实证主义的众多变化来自对于这两个要素的不同诠释与评价，它们的共同点在于，'什么是法律'完全取决于什么是被制定的并且/或者有实效的，至于内容的正确性——不论它是如何被实现的——则无关紧要。"① 实证主义法学把法律当作一个完全封闭的体系，只关心法律规则的技术特征，忽视法律规范的价值追求，使法律丧失了对自身的批判力。然而，成文法并非都是正义的化身，成文法自身亦需接受正义的检验。

如果坚守机械的法律主义，就会出现"恶法亦法"的局面，而这显然又违背了法律正义和自由的价值追求。二战时期的纳粹德国正是打着成文法的旗号实施侵犯人权的勾当，给了严格规则主义一记重重的耳光。同时，由于立法者的疏漏和时代的发展变化，任何成文法都会存在漏洞。法律漏洞是指，"现行法体系上存在影响法律功能，且违反立法意图之不完全性。"② 法律漏洞有损法的完整性，影响法律价值的实现。刑法不可能是完美无缺的，刑法存在法律漏洞时严格遵守刑法规定就会带来不公正的后果，这就是严格规则主义导致的尴尬局面。因此，仅仅具有法的确定性并不能确保刑法保障人权的目的。正如李洁教授指出的那样，"如果罪刑法定意味着要求国民对制定法的遵守，在法律公正合理的时候，守法意味着公正的实现，而当法律未必公正合理的时候，罪刑法定就意味着对不公正法律所可能导致的不公正后果的忍耐。"③ 正义是刑法的首要价值，当刑法存在明显的法律漏洞不能实现正义的目标时，司法者就有填补法律漏洞的权力，防止刑法偏离人权保障的方向。"依法治国原则所包含的权力分立原则要求司法裁判应尊重立法者制定规范的特权。但当立法者未能发挥作用，而如果司法权不自己发现规则，将产生连最低限度的法安定性和公平正义的基本要求都无法满足的状态时，那么前述要求并不禁止司法权自己去寻求规则，事实上它也多次这样做。"④

事实上，罪刑法定原则也并非僵化不变的。从罪刑法定原则的发展历史来看，它经历过从绝对的罪刑法定原则到相对的罪刑法定原则这样一个演变过程。早期的罪刑法定主义奉行的是严格规则主义立场，意图以立法权限制司法权，否定法官对刑法进行解释的权力，以防止刑事司法权的滥用。现在的罪刑法定主义并不排斥法官的解释刑法的权力，追求公平正义才是刑事司法的最高目标，为了刑法价值目标的实现，法官可以不拘泥于成文法的字面含义进行实质解释。"现代的罪刑法定主义已经从过去的'形式侧面'转变为'形式侧面'和'实质侧面'并重，不再坚持要求严格遵循成文法来适用法律；相反的，它主张当成文法规不能实现实质正义、保障人权时可以对其进行变通，以体现法对正义的

---

① ［德］罗伯特·阿列克西：《法概念与法效力》，王鹏翔译，商务印书馆2015年版，第6页。
② 梁慧星：《民法解释学》（第4版），法律出版社2015年版，第253页。
③ 李洁：《论罪刑法定的实现》，清华大学出版社2006年版，第81页。
④ ［德］卡尔·拉伦茨：《法学方法论》（全本·第6版），黄家镇译，商务印书馆2020年版，第472页。

追求。"① 罪刑法定原则的转向意味着绝对的成文法主义立场的软化,允许通过习惯法等规范补足成文法的局限性以实现刑法正义的目标,这就一定程度上缓解了罪刑法定原则与习惯法的紧张关系。

(二) 习惯法保留的必要性

一个不可否认的事实就是,尽管刑法理论主张在刑事司法中坚决排斥习惯法的适用,但是习惯法却在现实生活中发挥着重要的作用。"作为文化传统的一部分,农村习惯法不但在中国历史上发挥过重要作用,这些已溶入农村村民血脉之中的行为规范,即使在今天仍然是维护乡村社会秩序、规范人们行为的重要规范。"②

罪刑法定原则的精神是限制国家的刑罚权,保障国民的自由。因此,在刑法没有明文规定的时候发动刑罚权,就违背了罪刑法定原则,即入罪必须具有法律的明文规定。但是,出罪并不一定需要刑法的明文规定,在刑法中存在着诸多超法规的出罪事由。日本刑法学者西田典之指出,"如果是缩小、阻却处罚范围,则不一定要有明文的规定。例如,超法规的违法阻却(第35—37条以外的违法阻却)、超法规的责任阻却(无期待可能性)法情形。"③ 西田典之教授的观点表明了对行为人有利的习惯法仍然可以在刑法中得到承认,特别是习惯法在出罪方面大有可为。

习惯作为特定人群的一种生活方式,一定会或明或暗地影响着他们的思维方式和行为方式,刑法也难以挣脱被其影响的命运。事实上,在刑事司法实践中,习惯法仍然以一定的方式发挥着作用,影响的范围广泛,刑法规范和习惯内容的一致性有利于保障刑法的公共认同感。正如有学者指出的那样,"尽管当代刑法理论和制定法对习惯法采取了某种贬抑、甚至是明确拒绝的态度,但在司法实践中,习惯法仍然会以这样或那样的方式顽强地表现自己。习惯法的功能与作用,从过程看,体现在刑事纠纷进入正式司法系统之前的调解、公安机关的立案、检察院的起诉及法院的审判等各个阶段,可谓是贯彻整个刑事纠纷解决程序的始终;从范围看,地方习惯法在通奸、闹人命、大义灭亲、及婚内强奸等领域表现得异常活跃,民族习惯法则在自力救济、婚姻家庭、除魔驱鬼、赔偿命价等领域表现得极其有力;从结果看,体现为习惯法对正式刑法制度施加或显或隐的重要影响,甚至在实际上置换和改写了制定法。"④ 成文法并不能总是有效调整社会事实,在成文法和社会事实之间出现沟通障碍时就会出现合法性危机,这时就需要通过成文法之外的非正式规范进行救济,习惯法可以成为救济成文法缺陷的一种途径。谢晖教授非常重视实在法的合法

---

① 詹红星:《社会危害性理论研究》,法律出版社2011年版,第75页。
② 高其才:《试论农村习惯法与国家制定法的关系》,载《现代法学》2008年第3期,第18页。
③ [日] 西田典之:《日本刑法总论》,刘明祥、王昭武译,中国人民大学出版社2007年版,第33页。
④ 杜宇:《当代刑法实践中的习惯法——一种真实而有力的存在》,载《中外法学》2005年第1期,第76页。

性问题，他把法律的合法性缺陷分为了价值缺陷和技术缺陷，其中法律的技术合法性缺陷又细分为内部合法性缺陷与外部合法性缺陷。对于法律内部合法性缺陷，可以通过法律解释、法律推理、法律论证、效力识别、利益衡量、类推适用等司法手段进行救济，而"当法律之外部合法性存在缺陷时，把既定的、行之有效的社会道德、传统习惯、宗教规范、社会纪律、社区公约、政党政策、社团章程、乡规民约、民族习惯等运用于纠纷个案的解决中，以之为救济法律合法性缺陷的资源和手段，就是法律实施时必要的、甚至必需的选择。"① 疏而不失的成文刑法是我们美好的愿景，残缺不全的刑法规定则是我们需要面对的现实。当成文刑法不负众望的时候，承认习惯法等社会规范在刑事司法中的作用，可以扩大刑法规范的张力，化解刑法的合法性危机。

三、习惯法融入刑法的路径：立法和司法的双重嵌入

刑法和习惯法并非水火不相容的关系，习惯法对于刑事法治建设具有积极的意义。我们需要在刑法立法和刑事司法等方面吸收习惯法的合理内核，实现刑法和习惯法的融通。

（一）习惯法在刑法立法中的突围

1. 在制定刑法时充分吸收习惯法的合理内核

刑事司法实践中如果存在大量的非正式法源会冲击法制的统一性和权威性，可取的做法是在刑法立法过程中吸收习惯法的合理成分。事实上，法律并非纯粹的理性建构之物，法律植根于人类的历史之中，来自于民族的信念与习惯。在当前多元法文化的时代，各种法文化之间需要彼此相互尊重。优良的刑法需要通过汲取社会观念以及人们的价值、理念、经验来凝聚共识，获得公众认同。通过刑法立法方式将习惯法中的合理成分上升为刑法规范，不仅能有效维护法律的权威、稳定，还能避免刑事司法中存在随意、混乱的情况。在我国刑事制定法的订立过程中，可将刑事习惯法作为一种不可忽视的经验共识和民间智慧，根据农村社会的实际情况合理而谨慎地自觉吸收刑事习惯法的有益成分，并慢慢引导其向现代国家刑事制定法转变。例如，有学者主张将藏族赔命价习惯法中的合理部分作为"赔偿被害人经济损失，取得被害人谅解"的量刑依据，使其成为法定量刑依据，从而实现赔命价与国家法的融合。② 当下，由于缺乏专门研究刑事习惯法的职业群体和对刑事习惯法资料的整理及提炼，习惯法的合理内容系统化程度严重不足，习惯法进入刑事制定法的通道被严重阻塞，我们当前的要务就是要做好人才的培养和资料的储备。

习惯法往往是与传统的生活方式和生活条件相关联的，习惯法和成文法存在诸多抵

---

① 谢晖：《论民间法对法律合法性缺陷的外部救济》，载《东方法学》2017年第4期，第6页。
② 参见李杰、许雪凤：《人权保障视野下刑事制定法与刑事习惯法的"互养式互动"模式》，载《西南政法大学学报》2019年第5期，第84页。

牺。习惯法如果要在刑法领域中发挥更大作用,习惯法不能固步自封,还是需要主动转型,去其糟粕,对接现代刑法的基本理念及其价值追求。按照现代刑事法治国家的要求,习惯法需要具备合法性原则与合理性原则。合法性原则要求其运作主体必须遵循一般法律所具有的程序正义和实体正义;合理性原则要求运作主体在适用民族刑事习惯法时,必须客观、适度、合乎理性,要平等地对待违反规范者,同时在运作方式上讲求人道。然而许多民族现存的刑事习惯法,对诸如杀人伤害、盗窃损毁财产、强奸通奸等行为的处罚体现出其运作模式的不人道以及滞后性。如壮族习惯法规定,发生通奸事件,如果被其丈夫发现,当场将两人打死无事。如果抓到奸夫则由原夫毒打,打死打伤无事。瑶族习惯法规定,对与有夫之妇通奸的捉到后,剥光通奸者的衣服游街,摇铃招揽众人观看。① 为此,习惯法应当积极培育现代刑事法治理念,扬弃其严重违反刑法基本原则的内容,实现从历史到现代的转型。

2. 积极制定变通或者补充规定

我国是一个统一的多民族国家,汉族生活地区和少数民族聚居地区的发展并不平衡。相对于汉族而言,少数民族在某些生活方式、习惯、观念及宗教信仰等方面,基于历史传统形成的原因具有特殊性,体现出了一定非主流性和反现代法治性的特征。那么,刑法就有必要通过地方立法权进行适当变通。高铭暄教授指出,"我国各个民族由于社会、历史上的原因,政治、经济、文化上的发展是不平衡的,有的少数民族保有自己传统的宗教信仰和风俗习惯,有的在婚姻家庭方面带有自己明显的特点。凡此种种,决定了在刑法的适用上不能完全'一刀切',而必须尊重和照顾少数民族的特点。"② 我国刑法第 90 条规定:"民族自治地方不能全部适用本法规定的,可以由自治区或者省的人民代表大会根据当地民族的政治、经济、文化的特点和本法规定的基本原则,制定变通或者补充的规定,报请全国人民代表大会常务委员会批准施行。"但是,迄今为止,并没有民族自治地方制定关于刑法的变通规定或者补充规定,这就在事实上造成了这一立法规定的虚置。为了促进习惯法和刑法的衔接,我们可以积极运用刑法的这一规定,谨慎地制定刑法的变通或者补充规定。刑法及其刑法所规定的变通规定,属于一般与特殊的关系,所以,在少数民族自治地方立法机关制定刑法变通或者补充规定时,其变更的犯罪行为和受到的惩罚,都应该以刑法中的基本原则作为前提与基础,不能违背刑法的价值取向。变通规定和补充规定的内容应该坚持出罪的方向,不能扩大处罚范围。

过多的分散性立法会冲击法制的统一性,因此,对刑法补充规定的制定也需要保持一定的克制。民族自治地方的变通立法,应限于全国性刑法确实不符合当地民族的政治、经济、风俗、习惯、文化、传统等特点,无法实施而有必要变通其中某些具体条文和具体规

---

① 参见高其才:《中国习惯法论》,中国法制出版社 2008 年版,第 339－340 页。
② 高铭暄:《中华人民共和国刑法的孕育诞生和发展完善》,北京大学出版社 2012 年版,第 80 页。

定的情况。变通立法的适用范围应限于长期聚居在民族自治地方的少数民族公民,对于那些长期生活在汉族地区的少数民族公民,或者虽具有少数民族身份,但文化水平及法律知识层次较高的国家工作人员,以及少数民族公民在自治地方以外实施的犯罪行为,均不能适用民族自治地方的刑法变通或者补充规定。

(二) 习惯法在刑事司法中的运用

在目前刑法立法没有作为的背景下,加强刑事司法对习惯法的吸收,畅通出罪及从宽处罚机制,对于刑法和习惯法的契合具有重要的现实意义。

1. 定罪层面:根据刑法第 13 条但书作为实质出罪理由

刑法的目标是追求正义的结果,对于不正义的结果我们除了被动接受以外,我们还可以通过对刑法进行合理解释来实现正义的目标。我国刑法对犯罪采取的既定性又定量的立法模式为习惯法在刑法领域的存在留下了一定的空间。在刑法领域内,由于罪刑法定原则要求犯罪和刑罚都必须由法律明文规定,即定罪和处刑的依据均来自事前以文字形式制定的成文法,因此,习惯法创设罪名和加重刑罚就在禁止之列。然而,罪刑法定原则并不禁止以习惯法作为出罪的事由。

我国古代刑事司法实践奉行"礼法并行"的传统,建构了"恤刑慎杀""存留养亲""亲亲相隐"等伦理色彩浓厚的司法制度,法官在具体裁判案件时还需要考虑情理与伦理。在罪刑法定原则下,刑事习惯法的合理性体现在"出罪"上。我国刑法第 13 条在前半段规定了犯罪的本质特征和法律特征之后,在后半段规定:"但是情节显著轻微危害不大的,不认为是犯罪。"这表明,我国刑法对犯罪的规定采取的是定性和定量相结合的方式,即当司法者认定行为是否构成犯罪时,不但需要判断行为人的行为是否符合刑法分则的构成要件类型,还需要判断行为人的行为是否达到犯罪的量的要求。当某一行为被习惯法认为具有严重社会危害性并应该受到处罚,而该行为依据刑法并不构成犯罪时,就不能依据习惯法将该行为确定为有罪;当一行为被习惯法认为缺乏处罚必要性与合理性或者即使构成犯罪但处罚较轻,而该行为根据刑法构成犯罪时,可以对习惯法的内容予以综合考量,通过对构成要件的具体分析最终做出非罪化的结论。可以说,我国刑法第 13 条的但书规定为习惯法发挥出罪功能可以提供一条行之有效的通道,可以将那些符合习惯法的犯罪行为认定为"情节显著轻微,危害不大"的行为予以出罪。

2. 量刑层面:作为酌定情节从宽处罚

量刑时刑事司法过程中重要的一个环节,直接关系到个别正义的实现。我国刑法第 61 条规定:"对于犯罪分子决定刑罚的时候,应当根据犯罪的事实、犯罪的性质、情节和对于社会的危害程度,依照本法的有关规定判处。"这表明,我国刑法明确确立了量刑情节在量刑活动中的基础地位。量刑情节是选择法定刑和决定宣告刑的依据。刑罚正当化的根据在于报应的正当性与预防犯罪的合目的性,因此"量刑情节应该从与行为人的'责任'

判断，或者从与针对行为人进行'预防'的必要性判断相关联的因素中加以选择。"① 习惯法在量刑方面的作用表现为行为的客观危害和行为人的主观恶性的降低。具体而言，习惯法在违法性方面的功能体现在，它可能使行为对社会秩序的威胁和影响趋轻，从而降低了行为的社会危害；在有责性方面的机能，则体现在违法性意识与期待可能性两个方面，违法性意识的降低和期待可能性的减弱降低了行为人的主观恶性。②

根据刑法有无明文规定，可以将量刑情节分为法定情节和酌定情节。法定情节是刑法明文规定的在量刑时必须考虑的情节；酌定情节是指刑法没有明文规定，根据刑法精神和有关刑事政策，在量刑时需要酌情考虑的情节。刑罚的轻重不能超出一般人的认知范围，习惯法可以影响行为整体的社会危害性而成为量刑情节。由于缺乏刑法的明文规定，习惯法当属酌定情节的范畴。法定情节的功能是由刑法明文规定的，因而其在量刑中的功能是明确的。那么作为酌定情节的习惯法在量刑中的作用如何呢？由于少数民族地区经济和文化发展水平比较落后，我国一直对民族自治地区实行"少捕少杀"和"一般从宽"的刑事政策，即对少数民族的犯罪分子在量刑过程中要比汉族相同犯罪的量刑要轻。因此，从习惯法的作用方向上观察，我们应该把习惯法作为一种酌情从宽处罚的事由而存在，司法者在裁量刑罚时，可以根据案件的具体情况，对犯罪人作出从轻或者减轻的处罚，做到法律效果和社会效果的统一。

四、结语

习惯法和成文法构成了民间和官方、非正式和正式两种不同性质的法律渊源，习惯法在刑法中的生命并没有完全终止，"排斥习惯法"的宏大叙事遮蔽了习惯法在刑法中客观的存在状态。在形式正义的旗帜下，排斥习惯法无疑是最为正确的抉择，然而形式正义只是正义的一面，完全强调形式正义会损害实质正义，最终损害法律的正义价值。罪刑法定原则的价值在于保障人权，以限制刑罚权为己任，定罪处刑必须需要法律的明文规定为前提，严禁法律之外定罪和处刑。然而，罪刑法定原则并不排斥超法规事由的存在，超法规事由的存在可以缓解成文法的合法性危机，亦即，"形式入罪，实质出罪"并非违背罪刑法定原则的要旨。我国刑法对犯罪的定义采取的是定性和定量相结合的立法方式，只有具有社会危害性并达到一定量的规定性的行为才能评价为犯罪。习惯法在定罪上可以影响社会危害性的程度而出罪，在量刑上可以作为从宽处罚的酌定情节，可以说，习惯法在我国刑法中并没有寿终正寝，仍然具有旺盛的生命力。因此，加强习惯法和刑法关系的研究，不断实现习惯法和刑法的融通是我们当下工作的重点。

---

① ［日］城下裕二：《量刑理论的现代课题》（增补版），黎其武、赵珊珊译，法律出版社2016年版，第73页。
② 参见杜宇：《重拾一种被放逐的知识传统——刑法视域中"习惯法"的初步考察》，北京大学出版社2005年版，第237页。

On the fate of customary law in the criminal law

Zhan Hongxing

Abstract: The origin of criminal law has undergone the evolution from customary law to enacted law. The principle of legality is accordant to the stability of criminal law; The characteristics of customary law such as informal, regional and indefinite can not realize the modern value of criminal law. The establishment of the principle of legality means the decline of customary law in criminal law, and the exclusion of customary law symbolizes that criminal law has broken with the judgment of criminal punishment completely. Because of the limitation of statute law, the status of common law in criminal law can make up the defect of statute law and realize the goal of justice of criminal law. Criminal law and customary law are not incompatible. We need to absorb the reasonable kernel of customary law in the process of criminal law legislation and criminal justice, so as to realize the integration of criminal law and customary law. In the aspect of criminal law legislation, we should absorb the reasonable kernel of common law fully and make flexible or supplementary provisions of criminal law actively. In the practice of criminal justice, the customary law can be used as the basis for substantial decriminalization and a lenient punishment of sentencing circumstances.

Key words: Customary law; The principle of legality; Formal justice; Substantial explanation

宅基地使用权抵押民间规则的司法实证研究

于 霄[*]

摘　要　宅基地使用权抵押受到法律的一般性禁止，经过 4 年的改革试点，在实践中这一情况有所突破。通过对宅基地使用权抵押现有裁判文书的研究，可以发现多数宅基地使用权事实抵押权人并未主张优先受偿权；宅基地使用权抵押案件，以民间借贷纠纷为主；宅基地使用权抵押权人主张优先受偿权，但在以往的判决中极少予以支持。宅基地使用权人对抵押的需求，本质上是对抵押所促进交易的需求。宅基地使用权抵押的当事人有明确的行为预期，而司法现实破坏了这种预期，从而抑制了基础交易，也形成了大量不规范的抵押。宅基地使用权抵押立法规范改革具有现实的必要性。所以，要正视宅基地使用权抵押的民间需求，以改革促进交易；尊重民事行为主体正当预期，充分利用改革政策成果达成规范与预期的衔接；总结并推进试点改革，建立稳定的改革预期。

关键词　宅基地使用权　抵押　裁判文书　司法实证

一、问题的提出

在农村土地改革中，宅基地使用权抵押是个受到广泛关注的问题。虽然《民法典》第 399 条第 2 项规定"宅基地使用权不得抵押"，但在实际生活中，事实上的宅基地使用权抵押一直广泛存在。

在国家政策层面，宅基地使用权抵押改革一直在稳步推进。2013 年《关于全面深化改革若干重大问题的决定》提出"建立城乡统一的建设用地市场""赋予农民更多财产权

---

[*] 于霄，法学博士，上海师范大学哲学与法政学院副教授。

利"的总体方针,并指出"保障农户宅基地用益物权,改革完善农村宅基地制度,选择若干试点,慎重稳妥推进农民住房财产权抵押、担保、转让,探索农民增加财产性收入渠道。"在此总体方针下,2015 年 1 月,中共中央办公厅和国务院办公厅联合发布《关于农村土地征收、集体经营性建设用地入市、宅基地制度改革试点工作的意见》,次月,全国人大常委会通过《关于授权国务院在北京市大兴区等三十三个试点县(市、区)行政区域暂时调整实施有关法律规定的决定》,以法律形式授权包括浙江省义乌市和贵州省湄潭县等地在内的 33 个县(市、区)进行宅基地改革试点,2017 年 11 月第十二届全国人民代表大会常务委员会将试点期限延长一年至 2018 年 12 月 31 日。① 2015 年国务院《关于开展农村承包土地的经营权和农民住房财产权抵押贷款试点的指导意见》(国发〔2015〕45号)(下称"《试点意见》")要求"做好农村承包土地的经营权和农民住房财产权抵押贷款试点工作";2016 年国务院《农民住房财产权抵押贷款试点暂行办法》明确了农民住房财产权抵押贷款的抵押物包括"农民住房所有权及所占宅基地使用权"。2018 年中共中央、国务院发布《关于实施乡村振兴战略的意见》,明确提出"探索宅基地所有权、资格权、使用权'三权分置',落实宅基地集体所有权,保障宅基地农户资格权和农民房屋财产权,适度放活宅基地和农民房屋使用权。"2018 年底,试点工作结束后,2020 年《乡村振兴促进法(草案)》进一步规定:"国家综合运用财政、金融等政策措施,完善政府性融资担保机制,依法完善乡村资产抵押担保权能,改进、加强乡村振兴的金融支持和服务。"

当前农村土地改革的方向以及学界观点的主流是还权赋能。相对于法律规定的"宅基地使用权不得抵押"和"地随房走"的僵化标准,学界虽然在抵押完全解禁这一点上尚未达成共识,但多数学者认为应当有条件的允许农民住房(及相应的宅基地权利)抵押。例如,彭诚信认为,宅基地上所建房屋亦应禁止抵押,明显与现行法允许农村房屋处分相冲突,与政策宗旨和目前学界对农村房屋抵押的讨论共识相背离。② 高富平认为,通过有偿有期限取得的宅基地可以抵押。③ 陈小君认为,在宅基地使用权不能转让的情况下,宅基地使用权不能单独抵押。④

在农村土地改革的大背景下,宅基地流转范围扩大、有偿退出、有偿使用、超集体继承等改革有序推进,宅基地使用权抵押关系农民财产权的实现、农村融资渠道的稳步发

---

① 《全国人民代表大会常务委员会关于延长授权国务院在北京市大兴区等三十三个试点县(市、区)行政区域暂时调整实施有关法律规定期限的决定》(2017 年 11 月 4 日第十二届全国人民代表大会常务委员会第三十次会议通过)。
② 彭诚信:《农村房屋抵押权实现的法律障碍之克服》,载《吉林大学社会科学学报》2014 年第 4 期,第 42 页。
③ 高富平:《农民集体土地再物权化:民法典编纂的使命和策略》,载《交大法学》2018 年第 4 期,第 18 页。
④ 陈小君:《我国涉农民事权利入民法典物权编之思考》,载《广东社会科学》2018 年第 1 期,第 230 页。

展、农业发展的资金保障等乡村振兴的核心问题，更是农村土地改革不可或缺的一环。

虽然我国宅基地使用权改革的应然性研究已经非常丰富，但尚存以下问题。首先也是最为重要的是，当前研究学者的关注点都在于改革如何进行、制度如何设计等应然性说理，而对于宅基地使用权的现实描绘和改革基础研究较少，甚至在建构制度时，对宅基地使用权抵押改革正当性的研究都不能说非常深入。比如宋志红认为，宅基地租赁制度不能满足市场主体抵押融资的需求，不利于大额和长期投资。① 耿卓认为，改革的动因是宅基地闲置、农民财产性收入增加缓慢、农民城市化进退两难。② 高海认为，宅基地使用权权能限制在现实中已经存在很多突破，抵押已经引发大量纠纷，且各地司法标准不一。③ 但这些研究和说理还都有进一步深入的空间。此外，宅基地使用权抵押的研究对司法实证关注不足。司法实证研究已经成为我国法学研究的重要方法。在农村土地改革领域，小产权房转让、宅基地继承等问题都有相应的司法实证研究成果。而现实生活中，农房抵押的情况很多，产生纠纷的亦有之，虽然涉案金额可能不大，很多都调解结案，但因为立法上对宅基地使用权抵押存在禁止性规定，这些案件未能引起学者的重视。

二、宅基地使用权抵押案例描绘的三个现实维度

2020 年 8 月 1 日在裁判文书网，以"宅基地"并"抵押"在判决认定事实部分进行搜索，共获得一审民事判决书 477 份，二审民事判决书 42 份（并非所有二审判决的一审判决书都包含在以上 477 份一审判决书中），另外还有 4 份再审案件判决书。排除无关与重复案例，共获得有效样本一审判决书 369 份，二审判决书 38 份，再审判决书 4 份。

在筛选无关案例过程中，排除案例的主要原因主要有二：其一，判决书中将"宅基地"运用在了城市土地纠纷中，比如将具有城市土地使用权证和房产证的房产抵押称为"宅基地抵押"④；其二，将代物清偿关系（抵偿）表述为"抵押"。比如，在案例中，当事人签订《宅基地抵押协议书》约定"由于甲方向乙方借用 72600 元钱修缮房子和用于生产生活，在短期内无力偿还，甲方有宅基地面积 224 平方米……将其抵押给乙方长期使用，抵押之后，甲方不再欠乙方任何款项"⑤。

关于判断案例是否与宅基地使用权抵押有关的标准，笔者将当事人陈述中明确表明了存在宅基地使用权抵押事实的案件都包含在内，不管其是否进行了登记（进而被认定为有

---

① 参见宋志红：《宅基地"三权分置"：从产权配置目标到立法实现》，载《中国土地科学》，第 29 页。
② 耿卓：《宅基地"三权分置"改革的基本遵循及其贯彻》，载《法学杂志》2019 年第 4 期，第 35 – 36 页。
③ 参见高海：《宅基地"三权分置"的法实现》，载《法学家》2019 年第 4 期，第 113 页。
④ 内蒙古自治区巴林左旗人民法院（2017）内 0422 民初 2615 号民事判决书；宁夏回族自治区银川市西夏区人民法院（2017）宁 0105 民初 2224 号民事判决书；贵州省贵阳市白云区人民法院（2015）白民初字第 1266 号民事判决书。
⑤ 云南省蒙自市人民法院（2015）蒙民初字第 1074 号民事判决书。

效抵押),是否具有为判决认可的证据。笔者仅对一审判决书进行分析,原因有二:其一,对法律事实与司法裁判结果的分析,一审最具代表性,二审即便进行了改判或发回重审,也并非改变了一审的法律事实或司法裁判结果,只是改变了一审裁判的法律效果;其二,将二审案件计入统计,不易得出结论。并非所有筛选出的案例都进入了二审,同一事实进行的两次判决的结果与判决理由不宜一并进行数据分析。

通过案件的整理,可以从弱主张、不规范、少支持三个维度对宅基地使用权抵押的现实进行分析。

(一) 有宅基地使用权抵押事实,但并未主张优先受偿权的案例,占绝大多数

通过对案例的统计分析,有宅基地使用权抵押事实,但并未主张优先受偿权的案例,占所有样本案例的约73%。所谓有抵押事实是指在判决书存在宅基地使用权抵押的表述或相关表述,比如农房抵押、宅基地抵押、(试点地区部分宅基地转化的)集体所有建设用地使用权抵押等。而抵押是指双方当事人有以宅基地使用权作为债务担保的意思,是否以书面形式约定或是否登记不影响"抵押"事实的认定。在搜集到的案例中,宅基地使用权抵押多数具有书面形式,有的具有较为规范的协议形式,而有些只有简单的借条①。在金融借贷案例中,抵押都签订了规范的协议。但也存在当事人仅有口头协议②的情况。

在抵押登记方面,既有登记的案例,也有没有登记的案例,没有登记的占多数。从规范上分析,我国宅基地使用权不能设定抵押,其原因包括以下几个:其一,我国不存在宅基地使用权抵押的制度供给;其二,我国宅基地使用权并不能自由转让③,所以抵押权难以顺利实现;其三,"一户一宅"等现有宅基地使用权分配及交易规范④限制了宅基地使用权的价值及实现。但是随着我国宅基地使用权需求的增长,很多地方采取了变通的措施,加之我国2015年颁布《试点意见》,试点地区可以合法试点宅基地使用权的确权登记。在样本案例中也发与有大量宅基地使用权抵押在上述确权登记过程中获得了登记。根据统计分析,进行了抵押登记的绝大多数为金融借贷案件,而民间借贷案件进行了登记的极少,只有1件。因为金融借贷的债权人是银行或其他金融机构,形式要求高、风险控制意识强,所以一般都会要求进行抵押登记。尽管如此,金融借贷也仅有约18%的案例明确记载抵押进行了登记,虽然在没有明确记载的案例中,不排除也有登记的情况,但整体比例依然不高。因为金融借贷案件仅占全部样本案例的约30%,所以,所有抵押登记的案例

---

① 广东省广州市白云区人民法院(2019)粤0111民初29647号民事判决书;福建省南靖县人民法院(2019)闽0627民初2953号民事判决书等。
② 安徽省五河县人民法院(2016)皖0322民初108号民事判决书等。
③ 比如中央农村工作领导小组办公室、农业农村部《关于进一步加强农村宅基地管理的通知》第7条规定:"严禁城镇居民到农村购买宅基地"。
④ "一户一宅"的现实规范,参见于霄:《"一户一宅"的规范异化》,载《中国农村观察》2020年第4期,第11-18页。

仅占约 5.7%（包括民间借贷案件）。在进行了登记的案例中，情况也多有不同：有的抵押登记形式是取得政府核发的抵押登记书（登记上记载以下相似内容："一旦发生贷款违约行为，乡政府配合原告将借款人及共同所有人名下的宅基地使用权在法律规定范围内流转处置，用以归还原告贷款本息。"①）；有的是在主管政府机关（比如村镇建设管理办公室②、食用菌产业管理局③）办理登记；有的是在农民住房财产权抵押试点地区取得了宅基地使用权抵押和他项权证④等（很多案例虽然说明了抵押进行过登记，但对于登记机关与方式没有明确说明⑤）。除了登记之外，案例中还有以其他形式进行"公示"的情况，比如用文书或证件进行抵押⑥；进行公证⑦；获得村委会的同意⑧等。

所谓"未主张优先受偿权"是指宅基地使用权的抵押权人在诉讼中，没有明确请求就被抵押的宅基地使用权优先受偿。在此问题的讨论中，一个前提是，优先受偿权是一种民事权利，应当由权利人主张，法院不能依职权赋予。此外，权利人在交易中主张了抵押权的设定，就没有理由在诉讼中忽视这一权利。然而，根据统计分析，抵押权人主张优先受偿权的案例仅占全部样本案例的约 25%，未主张优先受偿权的占约 73%，其他还有不涉及优先受偿问题的案例（比如确权案例）。抵押权人不主张优先受偿权的原因在实践中非常复杂，主要归纳为以下三种：其一，在了解了相关法律规定之后，自行放弃主张优先受偿权；其二，由法官引导或说服当事人撤回主张优先受偿权；其三，因抵押的宅基地使用权及其上住房价值低或难以变现，而放弃主张优先受偿权。第一种和第二种情况是抵押权人不主张优先受偿权的主要原因。《物权法》第 184 条（案例判决时尚适用《物权法》）明确禁止了宅基地使用权的抵押。对于立法的明文禁止，绝大多数当事人容易接受，不管是律师还是法官只要提供了这一规范，当事人也容易被说服放弃或撤回相应请求。对于法官来说，作为说服主体，还有另外一个动因。只要当事人提出请求，不管支持与否，法官

---

① 甘肃省平凉市崆峒区人民法院（2018）甘 0802 民初 940 号民事判决书。以中国建设银行股份有限公司平凉分行为原告的案例有 8 件，情况大体相同。
② 本溪市平山区人民法院（2020）辽 0502 民初 588 号民事判决书。
③ 福建省古田县人民法院（2019）闽 0922 民初 2370 号民事判决书。
④ 比如建昌县农村信用合作联社与段立国、奚素文借款合同纠纷案，建昌县人民法院（2019）辽 1422 民初 3081 号民事判决书；江西会昌农村商业银行股份有限公司与张贱金借款合同纠纷案，江西省会昌县人民法院（2020）赣 0733 民初 996 号民事判决书。
⑤ 比如江西会昌农村商业银行股份有限公司与陈群昌、吴秀春借款合同纠纷案，江西省会昌县人民法院（2020）赣 0733 民初 1214 号民事判决书。
⑥ 在我国宅基地确权颁证之后，很多农民利用宅基地使用证进行抵押，比如郭健山与廖桂其民间借贷纠纷案，广东省广州市黄埔区人民法院（2019）粤 0112 民初 1724 号一审民事判决书；韩红芳与周国峰、周华明民间借贷纠纷案，上海市奉贤区人民法院（2016）沪 0120 民初 8268 号民事判决书。
⑦ 如株洲县农村信用合作联社与过春仔、张晚红、周飞艳、周建军、宾瑞之金融借款合同纠纷案，湖南省株洲县人民法院（2016）湘 0221 民初 1170 号民事判决书；刘广志与康德霞、刘志刚民间借贷纠纷案，北京市石景山区人民法院（2017）京 0107 民初 2802 号民事判决书。
⑧ 如双辽市农村信用合作联社与杨忠宾、王玉红金融借款合同纠纷案，吉林省双辽市人民法院（2020）吉 0382 民初 647 号民事判决书。

都必须在判决书给出判决理由，这无疑增加了法官的工作量，不如直接在诉前劝说当事人撤回这一请求①。在一般情况下，债权人在以诉讼的方式实现债权的过程中，不会忽视主张抵押权，但也有例外。因为在我国现有的立法条件下，除了有限的试点地区和集体内部转让等情况，宅基地使用尚无法自由交易，价值实现还比较困难。虽然小产权房、一般农民房屋的交易一直现实存在，但这些法外的价值实现方式难以通过司法途径实现。所以，在债权担保中，债权人会选择接受宅基地使用权的抵押，但在诉讼中却放弃了对抵押权的请求。

有宅基地使用权抵押事实，但并未主张优先受偿权的情况，在实际生活中更为普遍。通过调查研究发现，除上述未主张优先受偿权的案例以外，还有大量的宅基地使用权抵押纠纷案件并未进入司法程序，包括未起诉和起诉经调解撤诉等。理论上还存在宅基地使用权抵押权人自行主张抵押权，债务人配合其实现权利的情况。但宅基地使用权可以自由转让的范围本身较小，加之一旦涉及抵押权主张，一般主债权都已经出现难以实现的问题。所以，诉讼外，宅基地使用权抵押权人成功实现抵押权的情况比例不高，但抵押权人在诉讼外主张抵押权的比例因为不涉及法律规定的问题，应当高于案例中所反映的情况。

（二）宅基地使用权抵押案件，以民间借贷纠纷为主

在样本案例中，宅基地使用权抵押担保的主要是借贷关系中的债务，共占约96%。抵押作为一种担保手段，可以广泛地为各种债务提供担保，但宅基地使用权抵押涉及的借贷外主债权债务关系极少，在样本案例中，仅有买卖合同纠纷4例、承揽合同纠纷2例、餐饮服务合同纠纷1例和劳动合同纠纷1例②。在以上几个案例中，餐饮服务合同纠纷案和劳动合同纠纷案可能具有一定的随机性，而买卖合同纠纷案和承揽合同纠纷案代表了宅基地使用权抵押在实际生活中除借贷关系外使用的两种主要情况：农民购买高价值物品（比如车辆③、农业生产资料④、生活资料⑤等）以及农村工程修建⑥。

借贷关系分为民间借贷与金融借贷，在样本案例中，分别占比约66%和30%。而实

---

① 在研究的案例中，有5件当事人诉中撤回优先受偿权的请求。在实践中，很多撤回的请求并不会记录在判决书中，法官可以要求当事人以重新提交起诉书的方式撤回。事实上，在更多的案例中，法官扮演了引导或说服当事人撤回优先受偿权请求的角色。

② 另有其他案例为涉及宅基地使用权抵押，但并非债权人主张实现抵押权，比如婚姻纠纷案件、宅基地买卖案件及不当得利案件。

③ 比如张冲开与高谷友买卖合同纠纷案，云南省师宗县人民法院（2017）云0323民初1048号民事判决书。

④ 比如李岩与李树春追偿权纠纷案，松原市宁江区人民法院（2017）吉0702民初2732号民事判决书。

⑤ 比如李丽苇与石贵庆买卖合同纠纷案，青海省囊谦县人民法院（2017）青2725民初22号民事判决书。

⑥ 比如王长中与李纪安承揽合同纠纷案，河南省沈丘县人民法院（2017）豫1624民初3723号民事判决书；郑好彩、郑亚钦等与吴川市黄坡镇黄坡村民委员会坡尾村民小组承揽合同纠纷案，广东省吴川市人民法院（2017）粤0883民初1682号民事判决书。

际中两者的比例要远高于进入司法程序的案件所反映出的比例。金融借贷,一般债权主体为银行,有较强的合规意识与能力,此类借贷一般审查较为严格,形式比较规范,① 一旦违约,寻求以司法途径实现债权的比例也较高。② 相对的,民间借贷,债权主体较为广泛,但不是金融机构,此类借贷情况复杂,存在债权人法律意识不强的情况(比如不知宅基地使用权不能抵押,抵押需要登记等),借贷形式也非常多样,有协议,也有借条等,有主借贷合同与抵押合同分开的,也有合并的,甚至有些借贷根本没有签订书面合同。所以一旦违约,多数债权人不寻求以司法途径实现债权。

从判决结果来看,经过统计,在判决支持宅基地使用权抵押优先受偿权的19个案例中,只有一个属于民间借贷。原因有以下几点:其一,民间借贷中的宅基地使用权抵押极少登记。一方面,这是因为我国在试点地区之外,没有宅基地使用权抵押登记的配套制度,在试点地区建立此制度也不多。另一方面,民间借贷的债权人法律意识不强,宅基地使用权抵押设立时,并不知道只有通过登记才能使权利生效。在样本案例中,民间借贷仅有1件进行了登记,但在案件中也未对登记机关、登记程序与记录等进行进一步说明,③ 法院也未对此进行评论,所以并不能认为其已经进行了适当的宅基地使用权抵押权的登记。然而,民间借贷的债权人并非完全没有抵押权利外观(对抗性)的意识,在研究的民间借贷案例中,明确表示有文书抵押的有14件。这类似于城市住房抵押中,债务人向债权人交付房产证,是当事人对我们抵押登记制度不了解的一种民间抵押形态。而在宅基地使用权抵押中,因为债务人很少持有登记机关发放的房产证,抵押的文书种类更多,比如宅基地使用权证④、集体土地建设用地使用证(宅基地)⑤、宅基地手续(如住宅用地申请书、土地界线协议等)⑥。其中,抵押宅基地使用权证案件占多数。还有1个案例,债

---

① 在研究的金融借贷案例中,作为原告的金融机构大都可以提供出符合诉讼形式要求的借贷关系主合同、抵押合同、债务人身份证明、借贷手续(申请书、审批书等)、抵押财产权利证明(宅基地使用权证等),有些还可提供抵押登记证明、政府(或其机关)同意抵押证明、村委会同意抵押证明等。

② 在研究的金融借贷案例中,作为债权人的金融机构大都有比较规范的违约处理规程,债务人一旦违约,金融机构按规程处理,反映在裁判文书中,就形成了批量案件。比如中国建设银行股份有限公司平凉分行[甘肃省平凉市崆峒区人民法院(2018)甘0802民初938号、(2018)甘0802民初942号、(2018)甘0802民初934号、(2018)甘0802民初940号判决书等]、阜南中银富登村镇银行有限公司[安徽省阜南县人民法院(2020)皖1225民初362号、(2020)皖1225民初875号、(2020)皖1225民初361号、(2020)皖1225民初1066号判决书等]、滑县中银富登村镇银行有限公司[河南省滑县人民法院(2020)豫0526民初2000号、(2020)豫0526民初2003号、(2020)豫0526民初2017号判决书等]等。这些案件案由相似,判决理由、判决结果也大致相同。

③ 黑龙江省勃利县人民法院(2016)黑0921民初601号民事判决书。

④ 比如韩红芳与周国峰、周华明民间借贷纠纷案,上海市奉贤区人民法院(2016)沪0120民初8268号民事判决书;许俊兰与吴西云、吴如金等民间借贷纠纷案,新疆维吾尔自治区哈密市伊州区人民法院(2019)新2201民初4349号民事判决书等。

⑤ 比如王俊与王全敏民间借贷纠纷案,陕西省合阳县人民法院(2014)合民初字第00611号民事判决书;李勇与魏百库等民间借贷纠纷案,山东省济南市市中区人民法院(2013)市民初字第1105号民事判决书等。

⑥ 比如黄国然与古天贵、古天龙民间借贷纠纷案,贵州省安龙县人民法院(2020)黔2328民初386号民事判决书;黄国然与古天贵、陈荣华民间借贷纠纷案,贵州省安龙县人民法院(2020)黔2328民初384号民事判决书;杨金梅与田华、张进晨民间借贷纠纷案,山西省阳高县人民法院(2020)晋0221民初6号民事判决书等。

权人使用了公证的方法。① 而在我国现有的法律框架内,不管是文书抵押,还是公证,都无法取得具有法律效力的抵押权;其二,民间借贷中的宅基地使用权抵押协议形式多样。在研究的民间借贷案例中,原告提出优先受偿请求的共计 15 件,其中仅有 6 件签订了独立的抵押协议(其中 1 件形式为抵押承诺书),7 件抵押协议包含在借贷协议中,1 件仅有借据,1 件只有口头承诺。在未提出优先受偿请求的案件中,签订了规范的抵押协议或借贷协议的比例则更小。首先,抵押协议要求以书面形式签订,口头抵押无法取得法律效力;其次,不规范的抵押协议也会对其证据效力产生不良影响。如前所述,在民间语境下,"抵押"一词不仅有担保的含义,也有抵偿的含义。抵押协议或条款过于简单或形式不规范都有可能造成歧义;其三,在司法诉讼中,民间借贷的债权人维护自身权益的能力较弱。虽然案例显示,很多民间借贷的债权人也会聘请律师,反而一些金融借贷的债权人只有公司法务出庭代理,但从一般意义上看,民间借贷的债权人因为法律意识的欠缺,在诉讼证据搜集、整理和证明力上就多显不足,而聘请律师一方面是增加了诉讼能力,而从反面看,也增加了诉讼的成本,降低了诉讼意愿。

(三)宅基地使用权抵押权人主张优先受偿权,但判决极少予以支持

在样本案例中,判决宅基地使用权抵押有效的仅有 20 件,占比约 5.4%,判决抵押无效,并无其他安排的有 341 件,占比约 92.4%。所谓其他安排是指,虽然判决宅基地使用权抵押无效,但依然判决抵押人承担一定比例的赔偿责任。此类案例共有 6 件,其主要原因是债务人以外的人提供了宅基地使用权抵押的情形。在债务人与抵押人为一人时,抵押无效,使其承担赔偿责任没有意义,因为抵押本身就为了担保主债务,抵押无效,主债务效力并不受到影响。但是,在债务人以外的人提供抵押的情形下,就涉及赔偿责任的问题。《最高人民法院关于适用〈中华人民共和国担保法〉若干问题的解释》第 7 条规定:"主合同有效而担保合同无效,债权人无过错的,担保人与债务人对主合同债权人的经济损失,承担连带赔偿责任;债权人、担保人有过错的,担保人承担民事责任的部分,不应超过债务人不能清偿部分的二分之一。"在其中一个案例中,法官认为,"双方当事人在签订《房产抵押合同》时,都知道或者应当知道所抵押房产的宅基地为集体土地,对合同无效债权人和抵押人均有过错。"因此,结合双方当事人的过错程度,非债务人作为抵押人,应对上述债务的三分之一承担连带赔偿责任为宜。② 这种处理方式在实践中平衡了宅基地使用权抵押禁令实际的不公平。

在判决宅基地使用权抵押有效的 20 件案例中,法官给出的三个主要判决理由是"抵押物位于试点地区"(4 件)"房地分离"(2 件)以及"进行了登记"(1 件),其他案例

---

① 北京市石景山区人民法院(2017)京 0107 民初 2802 号民事判决书。
② 甘肃省秦安县人民法院(2020)甘 0522 民初 1300 号民事判决书。

对于抵押是否有效并没有进行特别说明。还有一个案例，法官认为宅基地使用权的问题"应在执行程序中予以解决"①，因为抵押优先受偿权是一种民事权利，在当事人明确提出请求的情况下，法院不予判决是不妥当的。

在"抵押物位于试点地区"的判决理由中，判决书主要引用了 2015 年国务院发布的《试点意见》和全国人大常委会通过的《全国人民代表大会常务委员会关于授权国务院在北京市大兴区等 232 个试点县（市、区）、天津市蓟县等 59 个试点县（市、区）行政区域分别暂时调整实施有关法律规定的决定》（下称"《试点决定》"）两个规范性文件。② 对于以上两文件的适用存在以下两个问题：

其一，涉案抵押并非都发生在两文件有效期内。《试点意见》自 2015 年 8 月 10 日发布，《试点决定》自 2015 年 12 月 28 日起施行，两者都在 2017 年 12 月 31 日前试行。从效力上看，只有全国人大常委会通过的文件才有暂时调整《物权法》实施的效力。2017 年 11 月，全国人大常委会的决定施行期限届满后，试点期限延长一年至 2018 年 12 月 31 日。③ 所以，宅基地使用权真有可能设定抵押的话，也只有可能发生在 2015 年 12 月 28 日到 2018 年 12 月 31 日之间。而以上 4 案中抵押合同签订的时间分别为 2011 年 12 月 28 日（荔波案）④、2017 年 2 月 6 日（古田案）⑤、2017 年 6 月 9 日（会昌案一）⑥、2018 年 5 月 26 日（会昌案二）⑦。有 3 件发生在试点期限之内，1 件发生在期限之前。在荔波案中，宅基地使用权不旦设定了抵押了，还进行了登记，其依据的是中国人民银行荔波支行下发的《荔波农村土地承包经营权和宅基地使用权抵押贷款指导意见》⑧，这显然不具有中止《物权法》实施的效力。此外，荔波县也不包含在 59 个试点县之中。古田案涉案抵押合同虽然签订于《试点决定》有效期内，但其登记机关为古田县食用菌产业管理局⑨，显然并非针对农民住房财产权抵押改革而进行的抵押登记制度安排。两会昌案涉案抵押的登记机关为会昌县不动产登记局，期限也试点期限以内。

其二，两文件中农民住房财产权抵押与宅基地使用权抵押存在差异。虽然 2016 年中国人民银行、中国银监会、中国保监会、财政部、国土资源部、住房和城乡建设部印发

---

① 四平市铁西区人民法院（2018）吉 0302 民初 411 号民事判决书。
② 古田县农村信用合作联社与古田县立诚食用菌专业合作社、林万羽金融借款合同纠纷案，福建省古田县人民法院（2019）闽 0922 民初 2370 号民事判决书。
③ 《全国人民代表大会常务委员会关于延长授权国务院在北京市大兴区等三十三个试点县（市、区）行政区域暂时调整实施有关法律规定期限的决定》（2017 年 11 月 4 日第十二届全国人民代表大会常务委员会第三十次会议通过）。
④ 贵州省荔波县人民法院（2019）黔 2722 民初 2044 号民事判决书。
⑤ 福建省古田县人民法院（2019）闽 0922 民初 2370 号民事判决书。
⑥ 江西会昌农村商业银行股份有限公司与陈群昌、吴秀春借款合同纠纷案，江西省会昌县人民法院（2020）赣 0733 民初 1214 号民事判决书。
⑦ 江西省会昌县人民法院（2020）赣 0733 民初 996 号民事判决书。
⑧ 贵州省荔波县人民法院（2019）黔 2722 民初 2044 号民事判决书。
⑨ 福建省古田县人民法院（2019）闽 0922 民初 2370 号民事判决书。

《农民住房财产权抵押贷款试点暂行办法》第 2 条明确了农民住房财产权抵押贷款的抵押物包括"农民住房所有权及所占宅基地使用权"。但是，2018 年《中共中央、国务院关于实施乡村振兴战略的意见》指出要"探索宅基地所有权、资格权、使用权'三权分置'，落实宅基地集体所有权，保障宅基地农户资格权和农民房屋财产权，适度放活宅基地和农民房屋使用权"，这里的"宅基地使用权"是三权分置前的宅基地使用权，还是三权分置后的宅基地使用权就变得不再清楚。宅基地三权分置总体方案是宅基地使用权可以流转，而资格权保留在农户手中，这一形态具体体现在宅基地使用权试点方案中，各有不同。例如，通过设定期限、缴纳费用的方式剥离宅基地使用权和资格权。① 2020 年 7 月，中央全面深化改革委员会第十四次会议《深化农村宅基地制度改革试点方案》指出"要积极探索落实宅基地集体所有权，保障宅基地农户资格权和农民房屋财产权，适度放活宅基地和农民房屋使用权的具体路径和办法"。所以，从宅基地制度改革的方向上看，作为抵押物的宅基地使用权也不太可能等同于包含了宅基地农户资格权的原"宅基地使用权"。这种差异可能并不会影响当事人在设定宅基地使用权抵押时的行为，但却会直接影响司法裁判的结果与执行。

在"房地分离"的判决理由中，法官认为"被告仅将房屋进行抵押，并没有抵押宅基地，房屋属于被告可以处置的财产"②；"以其宅基地上的房屋作为抵押物，并不等同于宅基地抵押，该抵押行为未违反我国法律关于禁止宅基地抵押的规定"③。尽管房地分离始终在观念上是一种可能性④，三权分置也在探索宅基地使用权与宅基地农户资格权的分离，但是，导致宅基地使用权抵押无效的法律障碍除了《物权法》第 184 条之外，还有登记的形式要求。而在一案例中，债权人仅有村民委员会的证明⑤，显然无法达到抵押生效要求；而在另一案例中，抵押经过玉溪市建设局及玉溪市房地产管理局登记，并形成了他项权证⑥，情形显然不同。（具体在判决宅基地使用权抵押无效的理由中讨论。）

在判决宅基地使用权抵押无效的 347 个案例中，占比例最高的是没有给予任何理由的判决，共 211 件，占比约 60.8%。但在这些未予说理的案件中，原告均未提出需要对宅基地使用权抵押是否有效进行判决的请求。而在原告提出相关请求的 265 件案例中，有 54 件法官对判决无效进行了说明，占比约 20%。在 136 个给予说理的案例中，法官给出的判决理由主要包括：

---

① 于霄：《"一户一宅"的规范异化》，载《中国农村观察》2020 年第 4 期，第 14 页。
② 云南省玉溪市红塔区人民法院（2018）云 0402 民初 2604 号民事判决书。
③ 甘肃省泾川县人民法院（2020）甘 0821 民初 517 号民事判决书。
④ 比如"江门市的半数受访者选择'宅基地及其上房屋一并转让、租赁、抵押'，37.50% 的受访者选择'宅基地可单独转让、租赁、抵押'；在珠三角其他受访乡村，更多农民认为可以实现房地分离，宅基地单独流转。"陈小君：《我国农地制度改革实践的法治思考》，载《中州学刊》2019 年第 1 期，第 59 页。再参见朱晓喆：《房地分离抵押的法律效果》，载《华东政法大学学报》2010 年第 1 期。
⑤ 甘肃省泾川县人民法院（2020）甘 0821 民初 517 号民事判决书。
⑥ 云南省玉溪市红塔区人民法院（2018）云 0402 民初 2604 号民事判决书。

第一,法律禁止宅基地使用权抵押。宅基地使用权不得抵押的法律依据主要是《物权法》第 184 条和《担保法》第 37 条,法律的表达是"下列财产不得抵押:……宅基地……但法律规定可以抵押的除外"(这一规定在《民法典》第 399 条没有改变)。在 136 个给予评论的案例中,有 93 件援引了上述法律,占比约 68%,其中绝大部分都援引了两个法条或其中一条。其中有 1 个案例没有援引《物权法》和《担保法》,而是援引了《土地管理法》①。而 2004 年的《土地管理法》并没有直接禁止宅基地使用权的抵押,2019 年《土地管理法》第 63 条只规定"通过出让等方式取得的集体经营性建设用地使用权可以转让、互换、出资、赠与或者抵押,但法律、行政法规另有规定或者土地所有权人、土地使用权人签订的书面合同另有约定的除外。"所以,援引《土地管理法》没有援引《物权法》和《担保法》明确直接。此外,在其中的 14 个案例中,判决书没有援引法律,直接宣告宅基地使用权抵押无效②、不能设立抵押③或不得抵押④。法律对宅基地使用权抵押的明文禁止是判决宅基地使用权抵押权无效的最可靠依据,在以上案例中有 83 件,判决书仅引用这一理由作为判决的依据。

第二,宅基地使用权抵押没有登记。在 136 个给予说理的案例中,裁判文书以"宅基地使用权抵押没有登记"作为判决宅基地使用权抵押无效理由的有 44 件,占比约 32%,另有 2 件抵押虽然进行了登记,但被宣告登记无效。在以上 44 个案例中,有 10 个也同时援引了法律禁止宅基地使用权抵押的规定,占比约 23%,单纯引用"抵押没有登记"作为判决宅基地使用权抵押无效理由的案例比例远没有单纯引用法律禁令的案例比例高。我国除极个别的试点地区外,宅基地使用权抵押没有配套的登记制度(包括机构、公示方式与程序等),在 7 个案例中,判决书直接指出宅基地使用权抵押"未办理抵押登记,且不具备办理抵押登记条件"⑤。所以,以未登记作为判决宅基地使用权抵押无效的理由,在实践中也是法官比较可靠的一种裁判方式。虽然在样本案例中,有 2 个抵押进行了"登记",但这种登记的具体形式在判决书中没有进一步描述,无法确定是否进行了符合《担保法》要求的抵押登记。

关于宅基地使用权抵押没有登记的法律后果,判决书有两个观点:抵押未设立和抵押未生效。共有 18 个案例对此进行了分析与解释,认为抵押未设立和抵押未生效的案例各占一半。认为抵押未设立的依据是《物权法》第 187 条建筑物和其他土地附着物……正在

---

① 江西省全南县人民法院(2017)赣 0729 民初 39 号民事判决书。
② 马建运与马建兴、李金安民间借贷纠纷案,河南省汝阳县人民法院(2017)豫 0326 民初 916 号民事判决书。
③ 高校平与邵史文、邵英杰民间借贷纠纷案,浙江省杭州市余杭区人民法院(2019)浙 0110 民初 19492 号民事判决书。
④ 邹宝鼎与王生俊、王生格民间借贷纠纷案,青海省西宁市城东区人民法院(2020)青 0102 民初 544 号民事判决书。
⑤ 阜南中银富登村镇银行有限公司与张照亮、王莉芳借款合同纠纷案,安徽省阜南县人民法院(2020)皖 1225 民初 362 号民事判决书。

建造的建筑物抵押的，"应当办理抵押登记，抵押权自登记时设立"；认为抵押未生效的依据是《担保法》第 42 条"当事人以本法第四十二条规定的财产抵押的，应当办理抵押物登记，抵押合同自登记之日起生效"。《民法典》颁布后，其第 402 条规定：建筑物和其他土地附着物……正在建造的建筑物，"应当办理抵押登记，抵押权自登记时设立"。虽然，《民法典》第 403 条规定："以动产抵押的，抵押权自抵押合同生效时设立；未经登记，不得对抗善意第三人。"但这一设立与生效的区分并没有贯彻到建筑物和其他土地附着物等不动产上。所以，所谓抵押未生效的观点来源于《担保法》，是指"抵押合同未生效"，而抵押未设立的观点来源于《物权法》（相应条款为《民法典》继承），是指"抵押权未设立"。这两种观点与抵押无效存在以下关系：其一，抵押合同未生效，但还存在生效的可能，虽然没有法律上的强制力，但当事人仍在有条件的情况下可以选择登记，以使合同生效。当然这与《民法典》的规定相左，已经不具解释力。其二，抵押权未设立，但抵押合同仍然有效，在一定的期限内，在满足一定登记条件的情况下，当事人仍有合同上的义务去履行登记程序。这与抵押合同无效或抵押权无效的民事权利义务关系具有实质性差异。

第三，除以上两个主要理由外，案例中还有抵押权人不是集体成员、宅基地使用权人无权处分①、双方未签订抵押合同②、无法律依据③等理由。有 2 个案例认为抵押权人不是集体成员，所以宅基地使用权抵押无效。判决说理认为，"本案中被告与两原告并非同村集体组织成员，被告依法不能取得涉案宅基地使用权，故双方签订的协议依法应属无效。"④ 其基本逻辑是，因为抵押权无法实现，所以抵押无效。法官当然可以依照《物权法》第 180 条（《民法典》第 395 条）债务人或者第三人只能抵押有权处分的财产的规定来判决抵押无效。但这种说理显然没有直接依据合同法第 184 条（《民法典》第 399 条）的禁令更为清晰和有说服力。另有一案例，认为"关于宅基地抵押，因涉及宅基证的取得及宅基地性质，本院不作处理。"⑤ 这一处理方式显然值得商榷。

房地关系也是宅基地使用权抵押无效判决说理的一个重要方面，因为宅基地使用权的抵押主要以农民住房抵押的形式存在。在 136 个给予说理的案例中，共有 13 个对房地关系进行了分析，其中 11 个认为地随房走，有 2 个认为房地分离。因为法律并没有禁止农民住房转让和抵押⑥，想要通过法律对宅基地使用权抵押的禁止来否认农房抵押（从而否定农房之下的土地抵押），必须援引地随房走的规定。在地随房走的说理中，部分案例引

---

① 湖北省通山县人民法院（2018）鄂 1224 民初 818 号民事判决书。
② 广东省徐闻县人民法院（2018）粤 0825 民初 1420 号民事判决书。
③ 安徽省五河县人民法院（2016）皖 0322 民初 108 号民事判决书。
④ 苏州市吴江区人民法院（2018）苏 0509 民初 11874 号民事判决书。
⑤ 河北省保定市满城区人民法院（2020）冀 0607 民初 395 号民事判决书。
⑥ 《农村人民公社工作条例（草案）》（人民公社六十条）第 21 条规定："生产队范围内的土地，都归生产队所有。生产队所有的土地，包括社员的自留、自留山、宅基地等等，一律不准出租和买卖。"这是我国宅基地收归集体的最早依据，但其第 45 条同时也规定："社员的房屋，永远归社员所有。社员有买卖或者租赁房屋的权利。"

用了《物权法》第 182 条"以建筑物抵押的,该建筑物占用范围内的建设用地使用权一并抵押"的规定,部分仅指出"农村住房是宅基地上的定着物,无法与宅基地相分割而独立存在"①;"地随房走、房随地走"②;"自建房是集体土地上的定着物,无法与集体土地相分割独立存在"③ 等。有认为房地分离的案例援引了《担保法》第 34 条关于抵押人所有的房屋可以抵押的规定,认为房屋抵押有效④;也有案例认为,宅基地上房产的抵押,法律未明确禁止⑤。首先,《物权法》第 182 条所指的"建设用地使用权"并不包括宅基地使用权。从体系解释上看,既然《物权法》明确禁止了宅基地使用权抵押(除法律另有规定外),至少在禁止范围内,"一并抵押"无法实现。此外,虽然从字面上,宅基地应当属于集体所有建设用地,但规范文件对于两者一直区分对待⑥。第 182 条第三句规定"抵押人未依照前款规定一并抵押的,未抵押的财产视为一并抵押",此"视为"条款,很难解释为如果"不能一并抵押",则前抵押无效。其次,虽然从物理上房地难以分离,但这并不能成为农民住房抵押无效的理由。因为在抵押权实现之前,并不涉及住房及其下面的宅基地的直接占有。最后,在抵押权实现时,房地分离的确会引发冲突。在涉及直接占有、使用时,地随房走是物理上的要求⑦,房地占有、使用权应当等长。但是,两者权利可以不同,有学者就提出以宅基地租赁的方式来解决这一冲突⑧。所以,总体上说,案例中对农民住房抵押效力的否定主要基于地随房走的立法理念与立法对宅基地使用权抵押的禁止,改革中的讨论与试点的新尝试并未进入法官考量的范围。

三、宅基地使用权抵押的民间行为逻辑

即使没有立法,社会上的民事活动也并不会停止。虽然并不能认为每个人在进行这些活动时,必然恪守理性,但应当注意到,越是理性的行动,越容易对相似的情况做出相似

---

① 河北省定兴县人民法院(2018)冀 0626 民初 750 号民事判决书。
② 建昌县人民法院(2019)辽 1422 民初 3081 号民事判决书。
③ 河南省沈丘县人民法院(2019)豫 1624 民初 6501 号民事判决书。
④ 河南省汝阳县人民法院(2015)汝民初字第 761 号民事判决书。
⑤ 甘肃省平凉市崆峒区人民法院(2018)甘 0802 民初 1447 号民事判决书。
⑥ 《国土资源部、财政部、住房和城乡建设部、农业部、国家林业局关于进一步加快推进宅基地和集体建设用地使用权确权登记发证工作的通知》(国土资发〔2014〕101 号)第 1 条第 1 项规定:"宅基地和集体建设用地使用权是农民及农民集体重要的财产权利,直接关系到每个农户的切身利益。"《国家土地管理局关于印发〈确定土地所有权和使用权的若干规定〉的通知》(〔1995〕国土〔籍〕字第 26 号)第 49 条规定:"继承房屋取得的宅基地,可确定集体土地建设用地使用权。"
⑦ "土地为房屋提供物理基础,建设用地使用权为房屋所有权提供正当权源。"彭诚信:《农村房屋抵押权实现的法律障碍之克服》,载《吉林大学社会科学学报》2014 年第 4 期,第 40 页。
⑧ 例如"我国因农村房屋抵押权实现而导致房地权利异主时亦可推定农村房屋新所有人对宅基地的租赁权利,即推定房屋新所有权人与宅基地使用权人之间形成租赁合同关系。"彭诚信:《农村房屋抵押权实现的法律障碍之克服》,载《吉林大学社会科学学报》2014 年第 4 期,第 44 页。在三权分置的方案中,这也可以通有偿使用来实现。

的反应，从而形成一系列相对一致和可持续复制的行为①，以影响社会上潜在的类似行为。这种系列行为并没有法律上的外在形式，也没有来自外部系统（主要是司法与行政系统）的约束与强制，但却因为其对行动方及相关方利益的关切②以及不断地复制，从而取得了甚至远超法律行为规范的稳定性，这就是民间行为逻辑。立法当然也可以在消耗一定社会资源的条件下对民间行为逻辑进行引导，但这种引导不能进行简单的因果联系解释。在立法与民间行为逻辑的作用关系中，有大量的独立因素共同作用，其数量之大，作用之复杂，可能根本无法进行穷尽式的观察，更不用说去操纵③。宅基地使用权抵押也存在民间行为逻辑，但这并非可以通过"宅基地使用权不得抵押"的成文规范简单观察，而更需要到司法纠纷中所涉及的事实中去寻找。

第一，宅基地使用权人对抵押的需求，本质上是对抵押所促进交易的需求。典型例证是，如果宅基地使用权人在借贷时难以达成交易，则可以通过提供抵押的方式提高成功的概率（如图一）。案例显示，96% 宅基地使用权抵押担保的是借贷关系中的债务。抵押，特别是不动产抵押，对借贷的促进作用是明显的，证据比如房贷的利息较信用贷的利息低。现有的宅基地抵押案件调查显示，"宅基地自身属性因素是能否抵押、抵押价格高低的最重要参考因素；在对 700 多户的农户调查中发现，闲置达到 2 年以上、破旧的房子，90% 农户都愿意抵押出去。"④ 这本质上反映了，宅基地使用权人绝大多数愿意在必要且可能时，通过抵押宅基地使用权的方式，获得基础交易的机会。

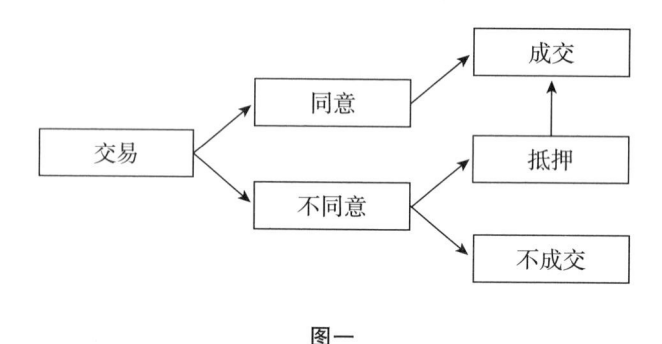

图一

第二，宅基地使用权抵押的当事人有明确的行为预期。事实上，社会中存在大量的农房抵押（也有宅基地使用权的单独抵押，但数量相对较少⑤）。这有两个原因：其一，农

---

① 参见［德］马克斯·韦伯：《经济与社会》（第1卷），阎克文译，上海人民出版社2010年版，第120页。
② 与单纯的利己主义所假想的不同，不充分考虑行动对方利益的行为会招来对抗，最终陷入预期落空的境地，更难以成为后续潜在行为者的理性选择。参见［德］马克斯·韦伯：《经济与社会》（第1卷），阎克文译，上海人民出版社2010年版，第121页。
③ 参见［英］F. A. 哈耶克：《致命的自负》，冯克利、胡晋华译，中国社会科学出版社2000年版，第170页。
④ 石永明等：《乡村振兴战略背景下农村宅基地抵押调查研究》，载《重庆工商大学学报（自然科学版）》2019年第6期，第77页。
⑤ 在研究的案例中，可以确定是宅基地使用权单独抵押的有14件。因为很多案件的裁判文书表述不明确或不具体，无法判断当事人具有的抵押宅基地使用权还是住房的意思。

房及其宅基地使用权本身就具有价值。在我国当前的法律框架内，宅基地使用权本身就可以在集体内部转让，很多地方在改革中还扩大了集体的范围①；其二，小产权房的交易现实存在。一方面，小产权房的交易，在没有拆迁或土地价值过多上涨的情况下，合同无效不会对当事人任何一方产生利益，所以少有交易因为纠纷进入司法或行政程序。另一方面，调研发现，目前在司法实践中，虽然部分法官仍然认为宅基地使用权交易无效（农房交易时，地随房走），但越来越多的法官，特别是一线城市的法官认为合同无效后应"维持现状"，即虽然不承认宅基地使用权转让合同的效力，但仍应保持受让人的居住状态。在这种司法实践下，受让人事实上取得了一定期限内的宅基地使用权。在这种司法判决的引导下，受让一方更逐步形成了新的基于宅基地使用权的财产预期。虽然有价值的财产不一定都可以抵押，但农民普遍法律知识欠缺，物债二分意识不强，为了促进交易，社会上形成了大量行为意义上（而非法律意义上）的抵押。

在这些事实抵押中，民间对于宅基地权使用权抵押、让与担保和作价抵偿没有明确区分。但就宅基地使用权抵押的基本民事行为逻辑来说，主要包括了三个部分：合法有效的债权—债权到期未得到清偿—基于抵押物优先受偿。（如图二）宅基地使用权抵押的当事人多数可以明确表达这一行为结构，比如："借条今借到……元期限为……如到期不还，本人自愿将房产及宅基地抵押给于某某……"②；"借款人于 2017 年 4 月 21 日前归还本金及利息 47600 元，于 2018 年 4 月 21 日还清剩余本金及利息，如不能按时还款，借款人愿将权力下的宅基地抵押给出借人作为借款保证"③；"经双方协商郭某某自愿把……住宅两层半楼房和宅基地抵押给郭某，到 2014 年 12 月 22 日不能归还郭燕拾陆万伍仟元整，郭燕有权处理抵押房屋宅基地"④。虽然当事人可能并未考虑到优先受偿需要公示的问题，但就物受偿的意思非常明确。而将抵押物变卖或拍卖，然后与其他债权平等受偿，也不是当事人明确表示意思的应有之意。

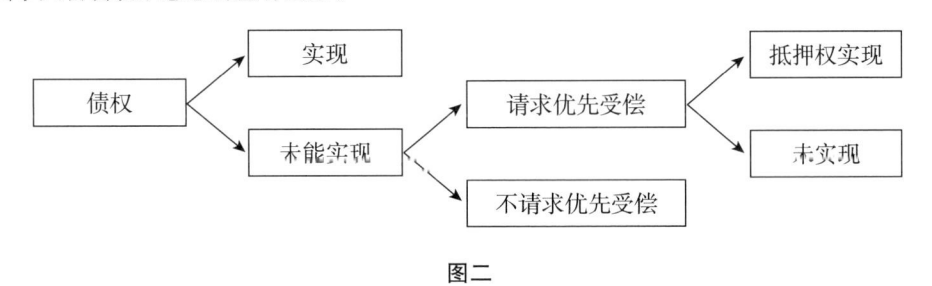

图二

第三，宅基地使用权抵押优先受偿权的未能实现，破坏了现实的民事行为预期，从而抑制了基础交易，也形成了大量不规范的抵押。

---

① 参见陈小君：《宅基地使用权的制度困局与破解之维》，载《法学研究》2019 年第 3 期，第 64 页。
② 山东省郯城县人民法院（2019）鲁 1322 民初 2879 号民事判决书。
③ 山东省巨野县人民法院（2019）鲁 1724 民初 3856 号民事判决书。
④ 江苏省句容市人民法院（2019）苏 1183 民初 975 号民事判决书。

宅基地使用权抵押的基本行为逻辑是：合法有效的债权—债权到期未得到清偿—基于抵押物优先受偿。而在现行的立法及司法的矫正下，这种行为逻辑发生了改变（如图三）。一是，因为优先受偿权未能实现，所以，抵押对于新交易的促进作用不复存在。抵押作为一种物权，它之于债权的差异就在于基于抵押物的优先受偿，而这一权利一旦未能实现，则与没有抵押的债无异。值得注意的是，在民间规范中，优先受偿权的未能实现是一种结果，而其原因是立法禁止还是没有登记，不会形成有意义的差异性。二是，基础交易的担保是一种现实的交易需求，即使法律上不允许宅基地使用权进行抵押，也会形成部分事实抵押。一种可能是，部分债权人知道抵押在现实上对债权没有好处，不能促进交易，但也没有坏处，所以不会要求设定。而这些抵押因为没有制度支撑，形式各异，显然更难以得到实现。研究案例反映，宅基地使用权抵押在民间借贷中最突出的问题是没有登记。这一方面是因为我国没有宅基地使用权抵押登记的制度安排，另一方面也反映出债权人可能也并未就权利实现而充分考虑登记的必要性。抵押没有规范，不规范的抵押无法实现。如此往复，形成了当下关于宅基地使用权抵押的循环图景。另一种可能是，在现实的需求下，不知道抵押权无法实现的债权人要求宅基地使用权人设定了抵押权。现实的需求在一定历史条件下是社会的客观存在，立法的压制在一定程度上可以限制其实现，比如宅基地使用权抵押禁令可以减少相关抵押及其基础交易，小产房交易限制可以减少小产房的交易等。但是这种可能只能指向第一种可能循环的开始，最终的结果是抵押无法促进交易，而大量不规范的抵押现实存在。

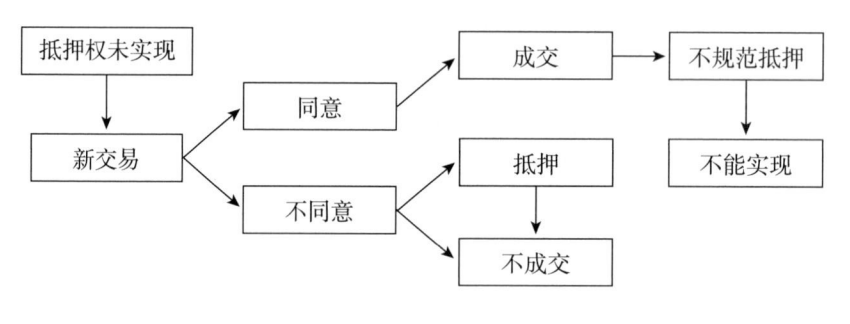

图三

不规范抵押循环反映在案例中就是，在现有的规范条件下，民间借贷是宅基地使用权抵押的主要基础交易。一方面，金融借贷的债权人总体上具有相对更高的法律意识与能力，知道抵押权无法实现的规范条件，所以对宅基地使用权作为抵押物的接受度不高，相应的部分金融借贷也受到了抑制。另一方面，民间借贷对于宅基地使用权抵押的接受度更多地取决于宅基地使用权的实际市场价值和基础交易的需求，具备"宅基地使用权不得抵押"知识与"抵押权无法实现"经验的人相对较少。加之，农民融资渠道又十分有限，可用于抵押的其他财产较少，所以，不管法律规范为何，宅基地使用权抵押的民间借贷都会长期大量存在。

五、宅基地使用权抵押改革对民间规则的因应

（一）宅基地使用权抵押立法规范改革的必要性

1."宅基地使用权不得抵押"不是当前的政策选择

农村土地制度是中国财产制度中最具政策性的部分之一，从土地承包经营权和宅基地使用权的年限到权利的分配与继承，甚至权利的结构（三权分置）在很多情况下是一个"政策"问题，而非"法律"问题。从形式上，农村土地制度并不是以宪法、法律的形式建构的，而是广泛地存在于部门规章、地方性法规，甚至会议公报、红头文件、批示、其他通知、意见等形式中。多样化的规范形式给人以"政策性强"的主观印象，而究其实质，我国农村土地制度更具有环境适应性。一方面，我国地域广大，农村情况差异巨大，从东部一线城郊农村到西部偏远农村适用完全一样的细化规范，可能会造成大量的实质不公平；另一方面，改革开放以来我国经济发展突飞猛进，农村面貌日新月异，用改革开放之初的规范来限制当前的交易也会造成很多社会问题。

我国正在进行的农村土地制度改革也是为了因应社会环境的变化。所谓"社会环境"不是抽象的语词表述，而是反映在具体的社会冲突中。从样本案例中可以看出，有关于宅基地使用权抵押的三个基本社会现实是存在宅基地使用权抵押、宅基地使用权抵押促进了交易、宅基地使用权抵押权实现比例小。继承坚持"宅基地使用权不得抵押"的字面规范不但削弱了宅基地使用权的财产权，更损害了大量的潜在交易，激生更多的不规范抵押权。

与表面印象相反，"宅基地使用权不得抵押"展现了更好的规范延续性，而非政策灵活性。"宅基地使用权不得抵押"源自1962年《人民公社六十条》对农村宅基地进行的社会主义改造，在规范性文件系统内部具有充分的历史正当性。这首先反映在宅基地使用权具有人身性，即权利不可以随意交易。在现有的规范性文件中，体现宅基地使用权人身性的制度不一而足，比如《土地管理法》第62条规定的一户一宅、2004年《国务院关于深化改革严格土地管理的决定》规定的"禁止城镇居民在农村购置宅基地"、《物权法》第184条规定的宅基地使用权不得抵押（在《民法典》中得到继承）等。宅基地二权分置改革也坚持了人身性，宅基地使用权之所以从资格权中剥离出来市场化，依然是为了维系宅基地的人身性。其次，宅基地使用权的人身性源自于其保障性。在社会主义改造的过程中，农民的宅基地所有权被收归集体所有，作为对农民的承诺，集体也需要保障农民的生活（这在当时包括保障吃饭、保障房屋、保障劳动等一系列措施）①。即使到了1978年家庭联产承包责任制改革开始之后，我国集体所有宅基地的分配也没有受到本质影响。虽然这种保障义务并没有明文记录在立法文件之中，但在我国尚未建立完善的农村社会保障

---

① 参见《农村人民公社工作条例（草案）》（人民公社六十条）第44、45条。

体系的条件下，失地农民的社会保障仍然是立法者的切实担忧。

经过几十年的发展，我国的社会环境发生巨大的变化。一是，我国农村社会保障不再单纯地依靠宅基地，集体经济组织的成员权实现形式也日益多样化（比如集体财产股份制改造）。中国现在已经建立起了以基本医疗保险、基本养老保险、工伤保险、失业保险、生育保险为主要内容的城市社会保障体系，随着进城务工人员的增加，可以享受到城市社会保障的农民也在增加。① 与此同时，2009年我国开始建立新型农村社会养老保险制度②、新型农村合作医疗制度③，农村五保供养制度和最低生活保障制度。④ 三权分置一方面是坚持了宅基地的部分人身性，但更多的是为了解放宅基地的财产功能。二是，部分地区宅基地使用权的价值快速增长。随着城市房地产市场的建立与发展，城市土地的价值快速增长，与此同时，城市周边的农村宅基地使用权的价值也得到相应提高。如果说20世纪60年代，宅基地使用权不得抵押的规范基础形成是因为宅基地使用权没有抵押的需求，那么现在同样的规范却远离了社会需求，进而引发了高昂的社会成本，不管是社会管理成本，还是潜在交易失败的成本。

2. 允许宅基地使用权抵押是更优的立法价值选择

立法改革反映的是当下相关问题的价值选择。从宅基地使用权抵押制度的角度分析，在立法上就面临着促进交易与农民保护的价值冲突。案例显示的社会对宅基地使用权抵押的需求以及现有立法对社会行为预期的改变是明确的，然而，以此证成改革的必要性还要解决价值冲突的问题。比如，赌博欠债与拖欠嫖资也都可能在司法案例中展现出民间的制度需求或制度对预期抑制，然而，这些所谓的"民间行为逻辑"不能为立法所承认，一方面赌博与嫖娼都违反了现有的法律，另一方面，即使不考虑立法，两行为也破坏了公序良俗。

我国立法对宅基地使用权流转的立法抑制事实上的主要原因是宅基地的保障性（从反面说就是避免农民失地）。然而，宅基地的保障性是否是民法介入宅基地使用权抵押规范的"必要"？宅基地的保障性在促进交易与农民保护的立法价值冲突中，是否能够证成农民保护的优先地位？

从宏观上，保障性并非我国宅基地制度追求的总体价值目标。保障性包含人身性⑤，不但要求被保障人不能处分使用权，更要求其切实利用其权利，不能闲置或他用。比如同

---

① 农民工"五险一金"的参保率分别为：工伤保险26.2%、医疗保险17.6%、养老保险16.7%、失业保险10.5%、生育保险7.8%、住房公积金5.5%。以上数据来源于国家统计局：《2014年全国农民工监测调查报告》，http://www.stats.gov.cn/tjsj/zxfb/201504/t20150429_797821.html。

② 参见《国务院关于开展新型农村社会养老保险试点的指导意见》（国发〔2009〕32号），第2条。

③ 参见民政部、财政部、卫生部、人力资源和社会保障部《关于进一步完善城乡医疗救助制度的意见》（民发〔2009〕81号），第1条第3款。

④ 参见于霄：《"一户一宅"的规范异化》，载《中国农村观察》2020年第4期，第19页。

⑤ 参见于霄：《宅基地使用权"福利性"法律解析》，载《清华法治论衡》2014年第1期，第330-331页。

样有保障性质的城市经济适用房在5年内就不得转让、出租、出借、赠与等①。而从规范层面上看，宅基地及其上建设的住房出租不受限制②，甚至出租得到鼓励③，空置也并不违法。而法律并没有要求在宅基地使用权人长时间出租房屋（比如实际出租10年）时，或者在城镇购置住房后，由集体收回宅基地使用权④。还允许城镇子女继承农村住房⑤，宅基地使用权的财产性正逐步增强，而保障性相应减弱。所以，我国的宅基地保障性单纯是从限制交易层面的表述，而非从实现保障性的视角的全面建构。

在具体语境下，宅基地使用权的抵押与转让不同，其可以在更广泛的意义上促进交易。一是，抵押不一定涉及促进交易与农民保护的价值冲突，只要主债权实现，抵押的设定并不会引发农民失地的问题。二是，抵押所促进的交易有可能在价值上远超农民失地的潜在风险。比如一个农民通过宅基地使用权抵押所可能借到的5万元医药费与所居住的住宅，哪个更具有保障性，哪个更对农民有好处，也许并非立法可以进行的选择。

所以，从总体上说，我国社会经历了多年的发展，在立法价值的选择上应当更加注重对交易的促进，让宅基地使用权发挥大的财产价值，从而更好地维护农民的财产性权益。背离民间行为逻辑的立法难以达到预期的社会效果。

政策与立法的选择会有诸多历史与现实的考量，价值的平衡也很难在短时期内作出评判。具体到宅基地使用权抵押禁止这个选择上，在当前条件下，对其必要性进行证成或证伪都有一定难度。上述对社会环境的变化与价值冲突的讨论，在宅基地使用权抵押改革必要性的证成上也并不是当然充分的。两者讨论了应然性的方向，而如果宅基地使用权抵押禁止现实中可以达到其所预期的保障农民生活、防止农民失地等制度目标，一切讨论只能在程度上进行，而"是与否"的问题甚至都难以切入。

"宅基地使用权不得抵押"与没有人抵押宅基地使用权存在现实的差异性。这可以从两个视角进行讨论：一是，纸面上的法转化为行动中的法需要消耗社会资源。立法当然可以改变社会行为，但假设要将纸面上的法转化为行动中的法，两者的差异越大，所消耗的

---

① 《经济适用住房管理办法》（建住房〔2007〕258号）第33条；《上海市经济适用住房管理试行办法》第28条第2款。
② 《农村人民公社工作条例（草案）》（人民公社六十条），第45条。
③ "在充分保障农户宅基地用益物权、防止外部资本侵占控制的前提下，落实宅基地集体所有权，维护农户依法取得的宅基地占有和使用权，探索农村集体组织以出租、合作等方式盘活利用空闲农房及宅基地，增加农民财产性收入。"《中共中央、国务院关于深入推进农业供给侧结构性改革加快培育农业农村发展新动能的若干意见》（2017年），第30条。
④ 宅基地的退出在试点运行中，也是改革的方向之一，但目前看有偿退出是原则。
⑤ 事实上我国农村住房一直都有地方可以继承。参见《海南省土地权属确定与争议处理条例》（2018年），第23条；《武汉市人民政府关于农村宅基地和集体建设用地及地上房屋确权登记发证有关问题的意见》（2020年），第3条；《河南省国土资源厅、河南省委农办、河南省财政厅等关于河南省农村宅基地使用权确权登记发证的指导意见》（2016年），第2条。到2020年9月9日，自然资源部答复表示"农民的宅基地使用权可以依法由城镇户籍的子女继承并办理不动产登记"。参见《自然资源部对十三届全国人大三次会议第3226号建议的答复》，第6条。

社会资源则越大。二是，在消耗社会资源一定的前提下，纸面上的法转化为行动中的法是一个概率，两者的差异越大，概率则越小。通常意义上的法律效力、约束力等，尽管消耗了社会资源，所保障的也只是"法律经验效力的概率"①。而社会资源不是无穷尽的，投入维护法律经验效力的概率的资源，从长远看尽管可能有所增加，但也是相对稳定的。所以，如果不希望使法律在经验上被认为是低概率有效的，就必定要考虑立法应更多地真实反映民间行为逻辑。两种分析是一个问题的两个解释进路，而后者更具现实性。

在立法的社会效果上，小产权房转让限制可以作为宅基地使用权抵押禁止的一个参照。一方面，小产权房转让是宅基地使用权财产性的更重要体现，对权利人来说更具现实意义。另一方面，小产权房转让的社会需求更早在社会上展现。小产权房的交易一直受到法律法规的限制。② 1999年，国务院办公厅《关于加强土地转让管理严禁炒卖土地的通知》（国办发〔1999〕39号）第2条规定，"农民的住宅不得向城市居民出售，也不得批准城市居民占用农民集体土地建住宅……" 2007年，国务院办公厅《关于严格执行有关农村集体建设用地法律和政策的通知》（国办发〔2007〕71号）第2条规定，"城镇居民不得到农村购买宅基地、农民住宅或'小产权房'"。2019年中央农村工作领导小组办公室、农业农村部《关于进一步加强农村宅基地管理的通知》第7条又强调"严禁城镇居民到农村购买宅基地"。

然而，宅基地使用权向非集体成员（城镇居民）转让，事实上却禁而不止。禁止小产权房交易后，各地都进行了相关的治理行动，虽然拆除了大量违章建筑、清理了很多违法交易，但小产权房的交易并没有停止，比如北京③。虽然为执行上述法律法规，政府会"加强治理"，但也不可能无限投入。北京存在的小产权房问题，其他地方更为严重。而在治理投入上，其他地方与北京却难以相比。从另一角度表述，其他地方小产房的合规交易概率就更小。④

宅基地使用权抵押的社会需求建立在宅基地使用权价值的基础上。只有具有了一定规模的宅基地使用权交易市场（不管是合法还是非法，只要现实中大概率地存在），宅基地使用权市场价格才能形成，抵押才具备了实现可能性。面对一个广泛存在的小产权房交易市场以及农村越来越大的金融需求，宅基地使用权抵押禁止很可能会走上小产权房限制过

---

① 参见〔德〕马克斯·韦伯：《经济与社会》（第1卷），阎克文译，上海人民出版社2010年版，第431页。

② 《物权法》《土地管理法》等法律法规都有关于限制小产权房转让的间接规定。参见肖大明：《"小产权房"司法裁判的困境与突围》，载《东方法学》2018年第4期，第43—46页。

③ 比如北京市昌平区"小产权房存量大"、房山区"小产权房管控不严"等。参见"北京市委巡视办发布对11个单位的规划自然资源领域专项巡视情况多区违法用地违法建设问题频发"，载《新京报》2019年12月11日。

④ 笔者在山东枣庄调研发现，近三年城市周边大量集体建设的小区出售，价格较一般商品房更低，而地理位置与条件却相差不大。比如在东湖居住区附近小区，商品房均价在4000～6000元，而小产权房在2公里以内，均价却只有2000～2500元。

去 20 多年的道路。

(二) 应推动宅基地使用权抵押改革, 做好改革衔接

尽管有以上对民间行为逻辑的讨论, 宅基地使用权抵押也有充分的必要性, 但一切的改革都应当在"认真对待法律规范"的前提下进行, 即以法律规范为讨论的依据、框架和基础, 在此前提下, 接纳经验知识和价值判断。① 事实上, 不管是我国立法还是现在正在进行和已经取得一定成果的农村土地改革, 都已经为宅基地使用权抵押改革提供了空间和经验。在目前这个阶段, 宅基地使用权的改革应当做好的是: 民间需求与立法教义之间的衔接、民事行为主体预期与改革成果的衔接、试点改革与未来改革的衔接。

第一, 正视宅基地使用权抵押的民间需求, 以改革促进交易。

宅基地使用权抵押在促进交易上存在巨大潜力。在中国裁判文书网, 以"国有土地使用权证""住房"和"抵押"作为关键词进行检索, 获得 8520 个民事一审案件,② 数量上远超宅基地使用权抵押纠纷案件。而城镇居民住房 (包括其国有土地使用权) 抵押所促进的交易规模更远超纠纷所反映出的规模。随着房地产的发展, 我国近 10 年房地产开发企业个人按揭贷款年总额从 9523.77 亿元 (2010 年) 增长到 27281.03 亿元 (2019 年)③, 而 2019 年房地产住宅投资为 97070.74 亿元, 当年个人按揭贷款已经占了投资总额的约 28% (这并不包括企业贷款)。从个人抵押贷款部门来看, 它还主要包括二手房交易的按揭贷款与房产抵押贷款等。根据国家统计局 2013 年调查数据, 2012 年我国农村居民人均住房面积已经达到 37.1 平方米, 农村居民家庭住房价值 681.9 元/平方米, 而当年的乡村人口有 6.4222 亿人,④ 所以, 那时我国农村住房粗略估算可能达到 162472 亿元的总量规模。2013 年到 2017 年, 农村住宅投资 36050.43 亿元,⑤ 所以, 到 2017 年底, 我国农村住房价值总额可能达到了近 20 万亿元。即使农村居民的住房抵押率无法达到城镇居民的比率, 也有可能推动数万亿规模的潜在交易。

面对这种需求, 宅基地使用权抵押解禁却不是一蹴而就的, 它可以是一个阶段性的过程。首先, 对于我国法律规定宅基地使用权可以转让的部分, 应当承认其可抵押性。宅基地使用权在集体内流转一直为法律所允许, 据此宅基地使用权在具体交易中, 可以形成一

---

① 参见雷磊:《法教义学的基本立场》, 载《中外法学》2015 年第 1 期, 第 222 页。
② 中国裁判文书网, https://wenshu.court.gov.cn/, 访问日期: 2020-11-2。
③ 国家统计局: https://data.stats.gov.cn/easyquery.htm?cn=C01&zb=A051G&sj=2019, 访问日期: 2010-11-2。
④ 国家统计局: https://data.stats.gov.cn/easyquery.htm?cn=C01&zb=A051K&sj=2019, 访问日期: 2010-11-2。
⑤ 国家统计局: https://data.stats.gov.cn/easyquery.htm?cn=C01&zb=A051K&sj=2019, 访问日期: 2010-11-2。

定的市场价值。概括的禁止所有宅基地使用权抵押,事实上存在规范上的冲突与不协调。① 其次,在宅基地使用权确权登记的过程中,应当建立抵押登记的相应制度。案例中,很多抵押权囿于没有登记而无法实现,甚至试点地区宅基地使用权抵押的登记制度也并非全部完善。在我国不动产登记改革过程中,建立抵押登记的相应制度也有利于整个改革的完备与合理。最后,要进行好三权分置改革与抵押解禁改革的衔接。因为三权分置中的宅基地使用权是一个可以市场化流转的权利,这个权利当然也具有财产性,可以抵押。但其权利属性、登记、抵押权实现等,目前仍是争议不断的问题。

第二,尊重民事行为主体正当预期,充分利用改革政策成果达成规范与预期的衔接。目前我国农村的土地改革正在逐步有序的推行,宅基地使用权流转改革形式主要有三种。一是农民之间的宅基地使用权流转范围扩大,部分试点将宅基地使用权受让主体范围拓展至同一乡(镇)、办事处辖区内符合宅基地申请资格条件的农村村民,如大理。二是将宅基地使用权转化成集体经营性建设用地使用权流转,并收取一定土地所有权收益金,加以期限限制,如浙江义乌、贵州湄潭。三是推行共享宅基地使用权,即由农户提供宅基地使用权,社会主体提供资本,两者共建共享,如四川泸县。② 虽然,在试点工作中,对宅基地使用权的抵押当有限制与条件,例如要征得集体经济组织的同意、抵押人书面承诺抵押的房屋在依法偿债后自行解决居住场所和提供有稳定生活来源的证明材料、将房屋所占用的范围内的宅基地使用权变更为集体建设用地使用权等③,但总体上改革为宅基地使用权抵押权的实现提供了更多的可能性。从规范的自恰来看,不管通过什么方式可以进行的宅基地使用权转让,都应当配套以相应的抵押解禁。在当前宅基地使用权本来就可以转让、可转让范围还在不停扩大的改革环境下,《民法典》对宅基地使用权抵押的概括禁止,应当有所突破。改革中所产生的规范文件极少可以满足"法律规定可以抵押的除外"的法定要求。从反面来说,在法律层面应当适时地作出宅基地使用权不得抵押的具体除外规定。

第三,总结并推进试点改革,建立稳定的改革预期。我国宅基地使用权改革试点进行了4年,在试点结束了两年之后,从司法案例分析,涉及改革试点的比例不高,效力得到司法认可的比例则更小。这部分是因为试点地区只有33个县,并没有广泛推行。而更为重要的是4、5年甚至10年对于在社会上建构一个物权体系并得到民众的接受并不是一个充足的时间。比如,权利人设定一个抵押权,为的是担保基础交易,这个交易可能是数月,也有可能是数年,而在交易发生纠纷之后,按照诉讼时效的规定,有3年的时间来选择如何处理,再加上诉讼本身也需要少则数月,多则数年的时间。司法裁判结果对民事行为的改变则需要更多时间,改革效果的传导十分缓慢。更不用说,相应的登记制度、集体

---

① 参见宋志红:《宅基地"三权分置":从产权配置目标到立法实现》,载《中国土地科学》2019年第6期,第29页。
② 参见陈小君:《宅基地使用权的制度困局与破解之维》,载《法学研究》2019年第3期,第64页。
③ 于霄:《"一户一宅"的规范异化》,载《中国农村观察》2020年第4期,第14页。

财产管理制度、集体财产分配制度改革都非一日之功。所以,宅基地使用权抵押的改革并不会随着试点的结束而结束,2018年底,试点工作结束后,2020年《乡村振兴促进法(草案)》又有改革新举措,宅基地使用权抵押改革需要阶段的总结与总体的再布局。

Judicial empirical study on the civil rules of mortgage of the right to use residential bases

Yu Xiao

Abstract: The mortgage of the right to use residential bases is generally prohibited by law, and after four years of reform pilot, there is a breakthrough in this situation in practice. Through the study of the existing judgments on the mortgage of the right to use residential bases, it can be found that most of the de facto mortgagees of the right to use residential bases did not claim the priority right of payment; the cases of mortgage of the right to use residential bases are dominated by private lending disputes; the mortgagees of the right to use residential bases claimed the priority right of payment, but the judgments rarely supported it. The demand for mortgage by the mortgagee of the right to use residential bases is essentially the demand for the transaction facilitated by the mortgage. The parties to the mortgage of the right to use residential bases have clear behavioral expectations, and the judicial reality undermines such expectations, thus inhibits the underlying transactions and creates a large number of unregulated mortgages. There is a practical necessity to reform the legislative regulation of the mortgage of the right to use residential bases. Therefore, it is necessary to face up to the civil demand of the mortgage of the right to use residential bases and promote the transaction by reform; respect the legitimate expectation of the civil subjects and make full use of the reform policy results to reach the convergence of norms and expectations; summarize and promote the pilot reform to establish.

Key words: Homestead use right; mortgage; Judgment document; Judicial demonstration

论我国农村基层治理及实现路径中的民间法作用及其限度[*]

钱继磊[**]

摘　要　党的十九大报告提出，要加强农村基层基础工作，健全自治、法治、德治相结合的乡村治理体系，其背后是国家法与民间法传统如何在农村基层治理中的协调与整合问题。经过过去几十年的实践，我国农村基层自治式治理取得了很大进步，然而也存在诸多问题，这些问题与人民对美好生活的向往的需求是不相符的。其存在由诸多因素造成，其深层原因应该还与中国数千年的社会传统、社会结构以及人们的思维和行为习惯不无密切关系。而民主自治及其与之相关的理念和制度设计是源于西方的传统和思维行为习惯，更深层原因可能是我国传统民间法与源于西方传统的民间法之间的不协调。一方面，我们应当以中国问题为导向，通过倡导和践行社会主义核心价值观，加强法治中国建设等，逐渐提高农村基层自治能力和水平。从长远视角看，我们需要长期而广泛的现代化教育，使得国民素质得到提升，与基层民主制相关理念和思维行为习惯成为民众的广泛共识并得到推崇，我国的基层民主治理制度才有可能成为广大民众的普遍习惯和传统。另一方面，从理论研究视角来看，这同时也给我们进一步反思与探讨民间法自身理论变迁及其在特定时空中国中的作用和限度提供了空间。

关键词　基层治理　民间法　实现路径；现代教育

---

[*] 山东省社科规划优势学科项目《新时代中国法理学范畴及其体系研究》（编号：19BYSJ04）；山东省2020年度社科规划研究项目《新土地管理法实施下农地征收案件裁执分离模式研究》（编号：20DFXJ01）。

[**] 钱继磊，法学博士、博士后，齐鲁工业大学政法学院副教授。

一、问题的提出

"人民依法直接行使民主权利,管理基层公共事务和公益事业,实行自我管理、自我服务、自我教育、自我监督",是党的十七大报告中发出的响亮声音。我国1982年颁行的新宪法就确定了村民委员会作为农村群众性自治组织的法律地位。迄今为止,这种以村民委员会为组织形式的我国基层民主自治制度已经运行了30余年。1982年宪法规定:城市和农村居民居住地区设立居民委员会或村民委员会是基层群众自治的自治性组织。村民委员会是农民自我管理、自我教育、自我服务的基层群众性自治组织,实行民主选举、民主决策、民主管理、民主监督,村民委员会的村委会主任、副主任均由村民直接选举产生。有论者将此制度称为我国的"一种直接民主,是最大的民主"①。农民通过直接投票选举村委会,这"为农民提供了实现选择自己领导的基本权利以及参与村庄公共事务的机会"②。

这种制度安排的直接背景是对新中国成立后至1978年前所实行的人民公社制的调整。在20世纪80年代初,中国一些地方基层组织体系处于瘫痪状态,农村社会面临公共产品供给的严重短缺。"为了填补人民公社体制废除后出现的农村公共组织和公共权力'真空'"③,国家在农村推动建立村民委员会制度。这种制度也是对中国长期存在的乡村自治传统的扬弃。如我们所知,中国传统乡村社会中,"'民生'而非'民主'"是历代中国政治思想的枢纽"④,以皇权为代表的国家权力的有效管辖是县级以上,而县级以下的广大乡村及乡民则是一种以乡绅为主体的自治体制,强调家族、地域的自治方式。尽管这种自治方式是以儒家宗法制度为依托建立起来的,不可能具有现代社会的平等的理念,但对于广大乡村的秩序的维序起到了至关重要的作用。这种制度也是与中国从计划经济体制逐渐到有计划的商品经济再到社会主义市场经济体制的一种适应的一种制度创新。到了1997年底,中国农村共建立起村委会90多万个,村委会干部达到378.8万余名,初步建立起了村民自治制度。⑤

这种村民自治式治理制度产生了很多积极效果,它不但有利于调动农民生产经营的积极性主动性,也对村干部的腐败具有防范和制裁作用,从而有利于干群之间关系融洽,协调和化解农民之间、农民与国家之间的利益矛盾,从而保持农村社会稳定,促进农村经济社会发展。有学者认为,这种制度安排促进了"家与社会权力的互强",加强了村民的民

---

① 高建、佟德志:《基层民主》,天津人民出版社2010年版,第101页。
② 孙昕、徐志刚、陶然、苏福兵:《政治信任、社会资本和农民选举参与——基于全国代表性样本的实证分析》,载《社会学研究》2007年第4期。
③ 胡永佳:《村民自治、农村民主与中国政治发展》,载《政治学研究》2000年第2期。
④ 戴玉琴:《改革开放以来农村民主政治发展研究——基于村民自治视角的思考》,载《人民论坛》2012年第2期。
⑤ 胡永佳:《村民自治、农村民主与中国政治发展》,载《政治学研究》2000年第2期。

主自治治理能力和国家在农村地区贯彻其政策的能力。① 尤其近年来，我国一些农村围绕"基层创新实践"对农村治理和基层民主进行了积极探索，积累了丰富的经验，形成了浙江温岭模式、河北青县模式、广东焦岭模式、河南邓州模式等。② 然而，不可否认的是，这种农村基层民主自治制度依然存在着一些现实问题。譬如，从农民的政治参与程度看，农民整体参与程度还不够高。尽管按照《村委会组织法》规定，村民自治强调民主选举、民主决策、民主管理和民主监督。然而在实际运行过程中，农民的参与度并不高，几乎无人问津，基本上是作为基层精英的村级领导按照自己的意愿来实施。这样导致村民们对决策的制定过程与内容等并不清楚，使村民们从知情权、到决策参与权以及监督权很难得到保障。③ 又如，从基层自治组织功能发挥的有效度看，村委会的各项功能并未得到有效发挥。当前农村少数地方还存在村党支部直接管理村庄事务的现象，有的则直接村支书与村主任"一肩挑"，使得村庄公共事务的决策可能被村庄领导们一手把持，其他任何人难以染指。④ 而且，有的地方的乡镇政府还通过各种手段干涉村委会的自治功能，比如，直接任命或变相任命村委会主任和委员，通过压力强制村委会实施某些地方性政策等。⑤ 还有，从基层民主选举的效果看，除了地方政府的干涉及党委与村委人员职能的混淆等影响性因素外，还可能受家族势力的影响。中国传统农村有些地方还是多由一姓或多姓为主的家族组成，从很多村庄的名称也可以看出这一点。这些大姓家族往往人多势力大，其家族成员在选举中往往选举其家族里的成员，可能排斥异姓家族的候选人。在一些地方，尤其是城市边缘的村庄，由于受到巨大利益的驱动，在村民的选举等过程中不能排除存在着钱权交易的贿选现象，有的还可能与地方恶势力有关。在一些个别地方，宗族势力、地方恶势力、贿选等现象往往可能会交织在一起。⑥ 由于村主任的选举受到上述因素影响，在管理村政过程中，就不可能做到民主自治，决策的形成及执行，村务、财务的公开透明性等不可能得到很好的遵守。这样，一些异姓的村民处于弱势的家族成员的权利和利益就不能得到公平的对待，而他们对于这种情况往往表现的无奈，有时甚至采取极端方式进行抗争，导致了农村秩序的不稳定因素的增加。

这与本制度的立法初衷及所期望的目标是不相符的。更是与党的十九大报告中提出的，要"加强农村基层基础工作，健全自治、法治、德治相结合的乡村治理体系"的目标不相称。尽管，经过几十年的实践，我国农村基层民主自治取得了很大进步，但与人民对美好生活的向往的需求还有很大差距。对于此类问题，学者们进行过大量研究，然对其背

---

① 王旭：《乡村中国的基层民主：国家与社会的权利互强》，载《二十一世纪》1997年4月号。
② 戴玉琴：《改革开放以来农村民主政治发展研究——基于村民自治视角的思考》，载《人民论坛》2012年第2期。
③ 章荣君：《从精英主政到协商治理：村民自治转型的路径选择》，载《中国行政管理》2015年第5期。
④ 章荣君：《实现村民自治中选举民主与协商民主协同治理的探究》，载《湖北社会科学》2016年第10期。
⑤ 胡永佳：《村民自治、农村民主与中国政治发展》，载《政治学研究》2000年第2期。
⑥ 何清涟：《农村基层社会地方恶势力的兴起——与王旭商榷》，载《二十一世纪》1997年6月号。

后的深层次分析依然不够。而法治、自治与德治相结合不仅应是一种新型农村基层治理原则和方式,更是一种治理的思维方式。这种思维要真正发挥作用,民间法的思维维度及其与国家法的关系考量就不可或缺。就既有文献而言,有学者就农村基层治理中的国家法与民间法如何互动问题进行了讨论①,但前提问题则需要对民间法自身的理论复杂性及其对作用与限度进行阐释和反思。也有学者试图通过乡规民约、乡贤文化建设,进行资源整合、法治评估,并结合"互联网+"等大数据时代国家战略,以构建起中国本土法治方略指引下的乡村基层社会治理模式和体系②,然而对于以法治为特征的国家法与以民间法为特征的自治如何在特定时空中国的农村基层治理中发挥更积极作用及其可能限度问题等,依然缺乏思考与讨论。

二、通过农村基层自治治理制度存在问题反思民间法作用与限度

正如哲学家黑格尔所言,"凡是合乎理性的东西都是现实的,凡是现实的东西都是合乎理性的"③。我国农村基层民主自治制度之所以存在上述诸多问题,也有其深层次原因,如果不对其进行深入剖析,就不可能将问题彻底解决。因此,认识到问题往往比解决问题更关键。如西方哲人苏格拉底所言,"认识你自己"。如果要想认识到这些问题的深层次根源,我们也应当认识我国的农村和农民。这种剖析就首先从中国传统说起,在很大意义上,这种传统影响并构成了当下中国特定时空的中国的民间传统和民间法,尽管在历史上曾经作为国家法长期存在。

中国经历了长达数千年的传统社会④,这种社会形态主要是农耕文明,自然其社会主体始终是以农村和农民为主体的社会。与这种文明相适应的是建立在以血缘关系为纽带,建立在宗法等级制度之上,以儒家传统为主导的一种文化传统和生活习惯。中国传统社会崇尚"忠"和"孝",不论是道德要求还是制度安排,无不体现了这一核心理念。至于对传宗接代、禁止"别籍异财""父母在不远游"等伦理和制度要求都是这种理念的具体化。在此基础上中国传统社会形成了有别于西方传统的"生于斯、长于斯、老于斯"的"熟人社会"⑤。这种"熟人社会"主体就是农村和农民社会。在数千年的历史进程中,尽管中国经过了多次的改朝换代,遭受过游牧民族的冲击,但这种传统社会的主体模式在一些地区并没有完全变化。这种社会是由一个个村落组成。而每个村落则由一个或数个家族

---

① 周铁涛:《农村基层治理中国家法与民间法的互动》,载《党政干部参考》2017年第10期。
② 南杰、隆英强:《基层社会治理与乡村建设的理性思考》,载《民间法》(第21卷),厦门大学出版社2018年版。
③ [德]黑格尔:《法哲学原理》,范扬、张企泰译,商务印书馆1961年版,1821年版序言,第11页。
④ 此处所说的传统社会,主要是指中国自生自发形成的具有中国特点的"乡土社会",一般是指在受到西方冲击前的中国社会。但即便是在费孝通《乡土中国》时代,在中国广大农村,中国的基层社会依然还是这种传统在发挥主导性作用,甚至在新中国成立后,这种影响在一些地方实质上起着重要作用。
⑤ 费孝通:《乡土中国》,江苏文艺出版社2007年版,第1页。

组成。每个家族都是以血缘关系为纽带建立起来的，通常所说的"五服"制度。如果说在国和皇权的层面上，对"忠"的强调更具有关键性意义的话，那么在作为过去中国传统社会的基层单位——村落层面上，"孝"则是维序家族秩序乃至村落秩序的最高理念。因此，中国传统社会赋予了家族长很多的权力，如对家族成员的惩戒等。一方面这种家族制有效地维持了基层秩序，另一方面也具有很强的不平等或称为非民主性。

在这种由熟人构成的乡村社会里，作为乡村秩序的主要维护者家族长或乡绅，与其成员间是一种不平等的关系。尤其是作为村落秩序的维护者家族长，他与本家族其他成员的地位是不平等的关系。其具有的家族权是基于血缘关系的身份而获得，并非由近现代社会的选举产生，不是建立在契约之上。因而，中国数千年的历史中，人们对于民主选举这种制度还是比较陌生的，我们的祖先没有很好地得到过这种训练，也没有形成一种普遍的民主选举传统和行为习惯。可见，"旧中国留给我们的，封建专制传统比较多，民主法制传统很少"①。

这一点与建立在商业交易基础之上，并由此形成"陌生人社会"的西方传统及其形成的民间法有很大不同。我们知道，交易的前提首先是对彼此双方平等地位的基本认同，否则就不需要交易了，直接就通过暴力抢夺了。因此建立在交易基础之上的思维有利于对平等意识和理念的培养和训练。据说，早在古希腊，我们今日所称的城邦，其实很多其地域和人口规模跟我国传统社会的村落相差无几，两者间最大的差异就是我们是以血缘关系为纽带，而古希腊很多城邦是以政治"公民"的契约为纽带建立起来的。当然那时的公民与我们今日所说的有很大差距，为数众多的奴隶并不属于"城邦公民"。在有些城邦中，城邦事务的决定和管理往往通过民主决定。在古希腊，从瑟秀斯，梭伦开始，经庇西特拉图最后至克里斯梯尼，雅典进行了一系列的政改。彻底完成了由氏族社会进入到以平民民主为核心的奴隶制民主社会。其基本结构是国家以乡为单位，各乡民选乡长，总管户籍，民选司库，总管税务，民选三十名审判员，总领案件。就连祭司也是选的。再高一层是以十乡为一部，每一乡部有军队，部帅为民选。而每一乡部选派五十人参加联邦元老院。而雅典作为一个国家就是由这些乡部组成的联邦。代表这一国家的就是元老院（五百人会），公民大会。执政官，法官即三军统领经选举产生。雅典的这种民主政治是当时的一个卓越创举，对促进希腊文明的发展起到了巨大的作用。

到了古罗马时期，西方的选举制得到了进一步发展和完善，古罗马的市民的民主选举、民主决策传统得到了进一步培养和训练。在王政时期，平民并不具有这些参政权力。而到了公元前六世纪时罗马平民人数已超过贵族人数，解决这一日益加剧的矛盾引发了一系列的改革，最终在塞维图里乌当政期间罗马对政治制度又进行了改革。这次改革则是以个人财产为基础进行阶层划分，不同阶层出不同数目的百人队（就如同数学里搞加权平均

---

① 邓小平：《邓小平文选》（第二卷），人民出版社1994年版，第332页。

一般，财力越大加权越大，义务也越大），共计有193个百人队里，富人有98队，在王政期间，罗马为了应付对外作战的需要，故称军事民主制。公元前509年，罗马王塔克文纽苏佩布由于不尊元老院和百人队大会权力，被暴动推翻，在共和初期，执政官由贵族中选举，而延续自图里乌时代的政体，平民在罗马政治生活中的地位仍远低于贵族。公元前326年彼特留法废除因债务破产沦为奴隶的规定，至此结束了两百多年的平民抗争。罗马公民大会真正成为代表全国公民的大会，民主制得以真正确立。

即便是在西方的神学世界里，契约理念也被推崇，在《圣经》中就记载了四次著名的契约："挪亚之约""亚伯拉罕之约""西奈之约"以及"大卫之约"①。以"西奈之约"为例。"西奈之约"是耶和华和出埃及的以色列先民通过摩西在西奈山上订立的契约，是六百年前他与亚伯拉罕及其子孙所立其契约的发展及其延伸，是旧约信仰的核心，也是延续至今的犹太教、天主教及基督教的奠基石。在古犹太文化中，"约"这一术语尤其是指上帝与以色列人在西奈的立约。②"西奈之约"中的"摩西十诫"则为最重要的契约，传说犹太民族"因为不屈服于奴役，他们选择了流浪"，摩西带领他的族人在西奈山下祈祷，请求耶和华为他的族人指引一条道路。于是上帝用他那神圣的手指，在西奈山的峭壁上写下戒律，此即《摩西十诫》。有人将其称为人类历史上的第二部成文法（第一部是古巴比伦的《汉谟拉比法典》）摩西十诫更是道德的典范，是精神上的体现人神平等理念的契约：谁要毁约谁就会受到上帝的惩罚；同时，人也有"神不佑我我即弃之"的权利。西方的这种契约精神、公民意识、民主选举制度在近代启蒙思想家那里得到了转化和升华，形成了系统的思想体系。

中国传统社会也存在交易和契约，但是这种交易的范围十分有限。从经济层面上讲，主要经济模式还是小农经济和自然半自然经济，而且对社会结构和民众理念的影响也十分有限。当这种交易遇到皇权或其他权力时就不得不让位于其他，它既不可能抗衡由皇权主导的等级权力体制，也不可能抗衡以家族长为首的以尊卑、长幼、男女等身份作为地位和权力分配尺度的家族制体制。在以儒家为主导的传统社会观念中，与交易有关的人、物均不为人所推崇，以交易为生的商人往往被称为奸商，在西方代表公平正义的天平，在中国传统社会则充当奸商谋取利益的工具，不具有任何神圣性可言。不论是中国的经典思想，还是留下来的历史文献，或者是至今仍流行于民间的神话传说、小说、戏曲等，就笔者有限阅读而言，与西方相比，关于契约精神、平等民主理念的表达甚少，更不可能有神圣推崇之意了。

可以说，建立在契约精神、平等理念基础之上民主自治制度本身就是源于西方的舶来品，来自于植根于西方传统社会的民间法。中国人对其了解仅仅始于清末的西学东渐，就

---

① 《圣经》（中英对照和合本）。南京：中国基督教协会，2000年。
② Jacob Neusner, Alan J. Avery-Peck, William Scott Green, *The Encyclopaedia of Judaism*, Netherlands, 2000.

连支撑这些理念和制度的诸多基本概念术语也多是经由日本转译到中国的。制度及体制可以通过变革等方式在短时间内得到改变，而长期形成的传统、思维习惯和行为习惯的改变则需要较长的时间。中国的这种长期形成的传统以及行为习惯不可能短时间内改变，由于农村的地域位置、农民的文化层次等因素，可以说这种传统在农村和农民那里，其影响更大、更深。另外，就连自生自发民主选举传统的西方社会，从12世纪的人文主义复兴到17、18世纪的长时间的思想启蒙，历经数个世纪，才从少数思想家那里成为了广大普通民众的普遍共识和推崇，并形成了无意识遵从的良好行为习惯和传统。

不过需强调指出的是，由于历史文化传统的不同，东西方走上了不同的道路，形成了彼此差异的民间法与国家法传统。西方的这种思维传统与制度模式只是其特定时空下的产物，是以陌生人社会为特征的"一种地方性知识"[①] 意义上的民间法和国家法传统，未必具有普适性意义，我们不应也不宜将其作为我们的目标和判准。因此，我们应当立足于中国特定的历史文化传统和现实国情，以解决当前我国所面临的现实问题为导向，吸收其优秀成分，为我所用，以社会主义核心价值观为根本指导原则，构建新时代中国特色社会主义法治体系和地方基层治理体系。然而，不可否认的是，随着我国中国特色社会主义市场经济体制及中国特色社会主义法治体系目标的确立和不断推进，在某种意义上，西方的那种与市场经济相一致的一些理念和原则还是值得我们适当学习与借鉴的。由此，对于传统与思维跟现代民主选举等系列理念和制度还有不少差距的我们，要把平等民主理念培养成我们的思维和行为习惯则更需要艰辛的付出，不仅需要倡导新时代社会主义核心价值观，全面推进依法治国和法治中国建设，尤其是农村基层法治中国建设等多方面的努力，但是若从更长远的角度看，还需要普遍的思想的进一步解放和长期、广泛的持续启蒙与教育，"从娃娃抓起"。尽管经过过去几十年的发展，我国的教育取得了巨大成就，受到现代高等教育的人数大大增加。然而，就农村地区而言，与城市居民相比，居住在农村的农民的文化程度还相对较低，受过现代教育的人数比例还相对较低，受教育年限与城市相比也相对较短。[②] 自然，农村居民接触源于与我国社会主义核心价值观相一致的现代民主选举相关的理念和制度的机会就少，也不能很好地理解，更难以被尊崇。尽管目前的村委会制度已经替代了过去的家族制或宗族制，村主任替代了过去的家族长或地方乡绅，然而目前有些农村居民的思维和行为习惯还不能完全摆脱过去传统的家族制的影响。可以说，从可实现的条件看，相对而言，在农村实行村民基层民主自治制度的条件和基础比较薄弱。因此，中国农村基层民主自治制度的实践更为艰难就不难理解了。

---

① 参见[美]克利福德·吉尔兹：《地方性知识：阐释人类学论文集》（第二版），王海龙、张家瑄译，中央编译出版社2004年版。
② 据国家教育科学"十五"规划课题——"我国高等教育公平问题的研究"课题组发布的研究结果表明，我国城市人口平均受教育年限已达13年，而农村人口平均受教育年限还不足7年，相差足足近一倍。低学历人口的比例农村远远高于城市，高学历人口的比例则是城市明显高于农村。在城市，高中、中专、大专、本科、研究生学历人口的比例分别是农村的3.5倍、16.5倍、55.5倍、281.55倍、323倍。

此外，由于近几十年经济的快速发展，过去的传统民间法所根植的土壤——"熟人社会"在许多地方已经不同程度地被打破，农民也越来越注重经济利益的获得。这种对经济利益的追逐，导致农村的基层民主治理的实现更加受到家族势力、地方势力等因素的影响，而与新时代农村基层治理需求相适应的民间传统和民间法尚未形成。还有，从制度层面，目前的制度设计尚缺乏对基层民主自治制度实施情况的有效监督和量化。目前的主要监督一是来自村民内部成员的内部监督，理论上讲，村民在一定条件下可以罢免村主任等领导成员。但是在大家族优势地位下，家族成员基于血缘关系而形成，不像陌生人社会的选民一样其倾向可能会发生改变，而家族成员处于本家族利益的考虑，而非处于公平的公共利益考虑进行选举、决策，这样使得处于弱势的家族成员是无法通过选举方式罢免村领导，在村务决策中也处于不利地位，甚至丧失了决策的话语权。由此，这种监督途径，可能是无效的。二是来自村民之外的外部监督，即来自乡镇、或县等地方政府的监督以及负责监察事务的专职机构。这种监督的效力比内部监督要好些，而且随着国家监察法的颁行和实施，为村级的监督得到明确系统解决提供制度保障。但在现实实践还可能存在如下问题与不足。一方面，由于目前我国依法行政的意识和习惯尚未真正普遍形成和确立，对村委的监督的范围、程序等缺乏系统的更为具体的可操作的制度性安排，可能导致地方政府或监察人员过多干预村委事务，使村委的自治性被弱化，甚至在监督中可能产生权力寻租现象，导致新的不公平结果出现。另一方面，由于地方政府或监察人员面对的村庄众多，即便是乡镇和有限的几位监察人员也要面临常常是十几个乃至更多的村委，乡镇主要完成上级的行政事务，不可能有太多精力对所有村委进行规范性、常规性监督。监察人员虽然是专职负责廉政教育、监督和调查处理的机关人员，如何通过可操作的制度设计切实有效的开展此方面的工作，依然需要逐渐探索和总结。因而，这种外在监督的有效性如何尚有待于时间检验。

由此，因当前世界结构的中国社会发生了巨大变化，我国传统社会长期存在的民间法传统在当下特定时空中国农村基层治理中的作用已经很难发挥积极作用，而与新时代农村基层治理相适应的民间法传统尚未形成，这导致我们在解决基层治理问题时面临诸多问题。其背后深层理论根源则是，中国传统社会的民间法与当时的国家法都共同根植于当时的中国乡土社会文化传统。而当下中国基层社会则面临着以根植于非传统中国土壤为主体的当下国家法与仍然受到根植于中国传统乡土社会和文化的民间法影响的基层农村之间的不协调、不一致乃至一定程度的断裂。对此问题，不论是实现农村基层治理的法治、自治与德治相结合，还是国家法与民间法的良性互动，从理论上作为一种理念性目标是不难的。但现实的难题可能是不得不在民间法与国家法之间进行以其中一种为主导的抉择。若从更长远看，解决问题的更为根本的可能途径则是与现代社会及新时代特定时空中国相适应的新型民间法传统的逐渐养成以及建立其上的以民主自治为主要特征的基层民间治理体制机制体系的型构。这是因为，一是，若从长历史观看，民间法之民本身就具有明显的特定时空性,即不同历史时期不同国家的民间法是不一样的,呈现出明显的区域性、乡土性等特征;二是,从功能和作用看,与国家法类似,民间法不应仅仅被动地适应和守护既有的一成不变的传统,还应发挥着对社会文明的积极指引功能和作用。①

三、从新型民间法视角看我国农村基层治理发展的可能途径

如果我们承认民间法传统并非意味着一成不变和固守过去而是可以被重新型塑和养成的,那么如何解决我国农村基层治理发展问题就会有更宽广的视野和路径。有从长远来看,我国农村基层民主发展的如何,更多取决于整个法治中国、法治政府和法治社会的进程和整个国民现代公民等对包括新型民间法在内法意识的养成和提高。如前所述,农村和农村居民是我国受教育程度相对较低的区域和群体,与其他区域和群体相比,践行基层民主自治不但没有多少优势,反而处于不利地位。

就是否有自治空间而言,只有做到各级政府的依法行政,各类公共权力的边界得到清晰界定并严格遵守,做到"法无授权不可为",才能给农村村委和农村村民留下自治的空间。否则,如果其自治空间时常受到来自上面的各种公共权力的侵入而又无法得到救济的话,那么所说的自治只能停留在文字上。

就是否能实现在民主基础之上的自治看,则主要取决于是否农村居民现代理念和意识的养成以及与时代相适应的新型民间法传统的养成。这需要长期而广泛的发达现代教育,尤其是现代人文教育。所谓现代教育,主要是指通过倡导和弘扬现代法意识、法理念、法思维,推进我国新农村法治建设,建立在人与人之间平等、尊重、包容等理念之上,崇尚契约精神,追求自由民主,权利得到尊重和保障、权力得到规制和约束,具有普遍现代公民意识和公共良知,遵从规则治理的教育。这种教育尽管主要是,但不仅仅限于学校教育、还应当包括家庭和社会教育。就现实而言,目前我国的学校教育中,尤其是中小学教育中,对体现社会主义核心价值的现代法治理念、现代契约精神、现代公民意识等的培养还多停留在理念上,在践行方面尚存不足②。因此,有学者倡议,"聚焦依法执教:合力促进法治教育'落地生根'"③。家庭中父母与子女关系,依然倡导传统"孝"理念而没有

---

① 详见钱继磊:《民间法之概念再思考——一种反思与回归的视角》,载《民间法》(第22卷),厦门大学出版社2019年版。

② 魏哲哲:《让法治精神浸润校园(教育视界:法治教育从青少年抓起)》,载《人民日报》2014年11月27日,http://theory.people.com.cn/n/2014/1127/c40531-26102800.html,访问日期:2019-06-9。

③ 唐琪、蔡继乐:《聚焦依法执教:合力促进法治教育"落地生根"》,载《中国教育报》2014年11月27日,第五版。

将其与现代中国社会很好地相结合，缺乏现代的家庭关系的养成。① 在社会层面，则存在倡导现代法治理念、现代契约精神、现代公民素养的影视作品、小说、戏曲等还不够，还远远未成为农村基层文化市场的主流和主角等问题，充斥人们头脑的多是反映传统生活和思维方式的历史剧。在这种教育及社会背景下，就连受过教育的民众社会主义新时代的现代公民素养和意识都难以养成，对于农村和农村居民而言，则更是难上加难了。

近年来，有论者从我国国情出发，提出了乡贤治理模式，试图通过乡规民约、乡贤文化建设，进行资源整合、法治评估，并结合"互联网+"等大数据时代国家战略，以构建起中国本土法治方略指引下的乡村基层社会治理模式和体系②，这种观点实质上的理论预设是，认为费孝通笔下的中国传统"乡土中国的特质"——"乡贤治理的根基"未发生根本性改变，即"社会主体的非流动性""社会空间的地方性"以及"社会关系的熟悉性"③。这种理论从中国本土出发，着眼于中国当前乡村治理的实际困境，具有一定的理论价值和借鉴意义。然而，需要强调指出的是，费孝通笔下的乡土中国是基于结构功能主义的视角，对所处时代的中国乡村社会的一种描述。即便如此，也有论者对此质疑，因为费老先生所描述的那个乡土中国仅仅取样于中国无数个乡村中的一个，是否具有普遍代表性值得思考。即便对此问题暂不讨论，与费老所生活的中国乡村相比，当前的中国社会乡村之变化、乡村之间的差异之大更是增加了许多。而且，对于法律制度的功能，除了尽量能够解决当前的纠纷，定分止争外，还应当具有引领的功能，正如美国著名的法社会学学家所言，在现代社会，法律还是维续、增进文明的一种最为重要的手段和方式了④。作为农村基层治理的制度安排，我们不能仅仅满足于当下邻里纠纷的解决，必须具有前瞻性和指引性，指引农村社会文明的不断推进。即便是所谓的乡贤治理，前提是乡贤的认定标准及程序依然需要一种公开的程序性制度安排。只有如此，才能最大可能地避免农村出现的宗族地方恶势力现象。

就目前来看，在制度构建方面，我们还未建立起来具体的农村基层民主自治制度安排。虽然既有法律制度规定了村民自治的大致范围，但村民自治范围与乡镇等地方基层政府之间的权限划分并不十分清晰。另外，在目前中国农村依然多是家族聚局的情况下，如

---

① 孝敬父母和长辈是中华民族的传统美德，也是我们要大力弘扬和倡导的优良传统。崇"孝"的文化传统在维续中国过去的家庭和谐、社会秩序等方面具有不可替代的积极意义，在当今中国也同样不可或缺。近年来，我国日益重视并研究国学，如何倡导和弘扬"孝"是其重要内容。不过，从学术角度，我们在倡导和弘扬"孝"的同时，也应当清醒地认识到，传统意义上的"孝"与今天的中国社会并不能也不宜无缝对接。我们应当着力思考并研究，"孝"作为道德正义在当下中国社会的合理性边界和限度问题，即深入思考如何对"孝"观念进行现代诠释、创造性转化，使我们既能够继承"孝"传统中的有益元素又能够与我国当前的社会主义核心价值观和法治建设相一致，更好地发挥其积极有益的功能。对于"孝"的合理限度的思考与讨论，参见钱继磊：《当下中国'孝'崇拜之省思》，载《北方法学》2018年第1期。

② 南杰、隆英强：《基层社会治理与乡村建设的理性思考》，载《民间法》（第21卷），厦门大学2018年版。

③ 李建兴：《乡村变革与乡村治理的回归》，载《浙江社会科学》2015年第7期。

④ ［美］庞德：《通过法律的社会控制》，沈宗灵译，商务印书馆2010年版，第11页。

何保证村民实现在民主基础之上的自治尚缺乏可行有效的制度安排。还有，如何监督出现类似于恶势力方式的自治，避免出现贿选现象等也缺乏可行的更为具体的制度设计。因此，如何在既有国家监察法等法律法规下，设计和完善系统的切实可行的制度安排和保障体系仍然较为紧迫。

总言之，一方面，这需要我们不懈的努力和坚持，需要开放式的集体的共同智慧性建设，需要在不断的质疑和反思中试错，在坚持和完善新时代中国特色社会主义民主政治制度的前提下，不断推进我国农村和农村居民法治建设的进程；另一方面，还需要我们对民间法自身的复杂性有更多的学术关注、更深入的学理探讨，对其特定时空下的中国社会的作用及其限度有更深入、更系统的反思与讨论，以为解决现实问题提供学理支撑和智慧支持。

On the Role of Folk Law & Its Limits in Rural Grass – roots Governance and Its Realization Path in China

Qian Jilei

Abstract: The report of the 19th National Congress of the Communist Party of China proposes that we should strengthen the basic work of rural grassroots, and improve the rural governance system combining autonomy, rule of law and rule of virtue. Behind it is the coordination and integration of the national law and the folk law tradition in rural grassroots governance. After decades of practice, China's rural grass – roots autonomous governance has made great progress, but there are also many problems. These problems are incompatible with the people's desire for a better life. Its existence is caused by many factors. Its deep reason should also be closely related to the social tradition, social structure and people's thinking and behavior habits of Thousands of years of China. Democratic autonomy and its related ideas and system design are derived from the western tradition and habits of thinking and behavior. The deeper reason may be the disharmony between Chinese traditional folk law and western traditional folk law. On the one hand, we should be guided by the Question of China, and gradually improve the capacity and level of rural community – level autonomy by advocating and implementing socialist core values and strengthening the construction of China under the rule of law. From a long – term perspective, we need a long – term and extensive modern education, so that the quality of the people can be improved, and the ideas and habits of thinking and behavior related to the grassroots democracy become the broad consensus and praised highly by the people. Only then can the grassroots democratic governance system of Our country become the common habits and traditions of the general public. On the other hand, from the perspective of theoretical research, it also provides space for us to further reflect and discuss the theoretical changes of folk law itself and its role and limits in a particular time and space in China.

Key words: grassroots governance; Folk law; implementation path; modern education

从"送法下乡"到"迎法下乡"

——乡村巨变时期纠纷解决的乡土逻辑*

马树同**

摘　要　在传统的"熟人社会""送法下乡"因乡村社会"地方性知识"作用的发生,在基层法治中出现了一些现实偏差。随着社会变迁,乡村社会形态发生了改变,对自然村"常驻"村民而言,日常交往虽然密切,相互熟悉度高,但熟悉中少了亲密,村民行为受理性计算、道德义务和情感联系因素的影响而显现出复杂性和弹性,这是"现代性"介入乡村社会所呈现出来的一种"现代熟人社会"形态。村民间相互熟悉是维持村庄正常生活的必要前提,但熟悉不等于亲密和信任,亲密与信任不再,村庄秩序仅靠内生权威越来越难以维持,"迎法下乡"有了现实需求。国家法律正在以积极的姿态参与到乡村纠纷解决之中,但自然村的乡土性并未完全消失,法律作用的发生还需符合村庄的地方知识,需要能融合"情、理、法"的制度供给,人民调解成了巨变中乡村纠纷解决的当然选择。

关键词　送法下乡　迎法下乡　熟人社会　半熟人社会　现代熟人社会　人民调解

问题的提出

费孝通先生曾言,在传统的"熟人社会",人们得到的是随心所欲而不逾矩的自由,

---

* 基金项目:宁夏师范学院校级重点科研项目《传承与超越:西海固地区乡村人民调解的实证研究》(项目编号:NXSFZDB1901)。
** 马树同,宁夏师范学院政治与历史学院讲师,固原历史文化研究中心研究员。

乡村秩序的维护，纠纷的解决依靠的是礼俗、传统，法律是无从发生的。① 他指出，在社会变迁过程中，现代法律制度要在乡村社会发生作用，必先在社会结构和思想观念上进行一番改革，否则可能会出现："法治秩序的好处未得，而破坏礼治秩序的弊病却已经先发生了。"② 今天的乡村社会和费孝通先生所描述的"熟人社会"已大为不同，但我们对乡村社会形态和法律实践的讨论，一直都未能绕开《乡土中国》中的相关论述。

苏力就曾以"熟人社会"为研究起点，论证了现代法律在乡村社会的实践。他认为现代法律的适用，应考虑具体的乡村社会背景、关注人们的物质生活方式，而不能仅仅从抽象的"正义"出发，否则法律的干预不仅会破坏熟人社会关系，还会使纠纷当事人因法律让他们处于尴尬的境地而产生对法律本能的抗拒。③ 他提出，在中国社会转型期的法制建设中，应关注"地方性知识"，尊重本土资源，"国家制定法和民间法之间必须尽力沟通、理解，在此基础上相互妥协、合作。"④ 以避免造成更大的伤害。苏力还从乡村"熟人社会"性质出发，考察了"送法下乡"过程中基层司法制度的运行。他发现，执行"送法下乡"任务的基层司法人员，拥有一套他们自己的"地方性知识"，⑤ 国家制定法需要以民众熟悉的面目才能发挥实际作用，基层司法的运行其实是一种"反司法理论"。⑥ 很显然，在苏力眼中，"送法下乡"过程中遭遇的种种困境，是源于对乡村社会性质的忽视，在这种情境下，现代法律与乡土社会的对立与紧张在所难免。问题是：处于巨变时期的中国乡村社会，还是"熟人社会"形态吗？"送法下乡"还仅仅是国家权力的自我推送吗？

乡村社会变迁必然引起乡村文化改变。在文化变迁过程中，因为存在"文化堕距"⑦，作为文化构成部分的法律制度、民俗、民德、价值观念的变迁并非同步发生，⑧ 现代法律在乡村性质未发生改变之前，直接进入乡村社会，必然会出现种种不适。朱晓阳以"法律的语言混乱"⑨ 来指代费孝通先生所思考的现代法律制度进入乡土社会出现的碰撞与混乱，是对乡村文化变迁的真实描绘。但董磊明等人认为，中国乡村社会正在经历空前的巨变，乡村社会已经陷入了一定程度的失序状态，这非"语言混乱"所能概括，而是一种"结构混乱"。⑩ 中国乡村社会已不是传统意义上的"熟人社会"，村庄共同体趋于瓦解，多种价值系统共存，现代法律在乡村社会实践的场景与逻辑已经发生变换，村庄源于自身

---

① 参见费孝通：《乡土中国　生育制度　乡土重建》，商务印书馆2015年版，第10页。
② 费孝通：《乡土中国　生育制度　乡土重建》，商务印书馆2015年版，第60页。
③ 参见苏力：《法治及其本土资源》（修订版），中国政法大学出版社2004年版，第34－36页。
④ 苏力：《法治及其本土资源》（修订版），中国政法大学出版社2004年版，第66页。
⑤ 参见苏力：《送法下乡——中国基层司法制度研究》（修订版），北京大学出版社2011年版，第31页。
⑥ 参见赵晓力：《基层司法的反司法理论？》，载《社会学研究》2005年第2期。
⑦ 参见[美]威廉·费尔丁·奥格本：《社会变迁——关于文化和先天的本质》，王晓毅、陈育国译，浙江人民出版社1989年版，第106页。
⑧ 参见郑杭生主编：《社会学概论新修》（第五版），中国人民大学出版社2019年版，第76页。
⑨ 参见朱晓阳：《"语言混乱"与法律人类学的整体论进路》，载《中国社会科学》2007年第2期。
⑩ 参见董磊明、陈柏峰、聂良波：《结构混乱与迎法下乡——河南宋村法律实践的解读》，载《中国社会科学》2008年第5期。

的需求，使"迎法下乡"具有了现实可能。①

从"送法下乡"到"迎法下乡"，不仅是现代法律在乡村社会实践范式的转变，也是在透视乡村社会性质中对法律在乡村社会实践的一种回应。"送法下乡"是"国家权力试图在其有效权力的边缘地带以司法方式建立或强化自己的权威，使国家权力意求的秩序得以贯彻落实的一种努力。"② 但笔者发现，在传统的乡土社会，国家推行"送法下乡"似乎有些一厢情愿，收效甚微。这一方面是国家权力在"送法"过程中，常常将"送法"作为一种例行工作来进行，缺少对乡村社会现实的关注，只负责"送法下乡"，对有没有实际用处，老百姓能不能接受，在所不问。另一方面，也是最为重要的是传统的乡土社会中有一套运行有效的社会规范，法律对老百姓来说，陌生而无效。

"迎法下乡"是在"社会变迁使得传统的地方性规范和内生权威力量式微，根本无法应对新出现的混乱状态，乡村社会内生出了对国家力量和法律的需求。"③ 背景下出现的。随着乡村地方性共识减弱，乡村价值取向多元，村民对村庄主体感逐步丧失，村庄进入了"半熟人社会"形态，④ 村庄生活面向不再局限于村庄内部，⑤ 村庄传统的社会规范越来越难以对村民产生约束力，村庄秩序维护需要借助国家力量完成，法律走进了乡村生活。

综上所述，今日中国乡村社会问题之研究，应当以乡村巨变为前提。⑥ 乡村社会法律实践的考察，应放置于乡村社会变迁这一宏大视角之下，在时间纵轴的维度下论证从"送法下乡"到"迎法下乡"两种不同范式转化的动因。需要注意的是：社会变迁是一个持续、动态的过程，"熟人社会"、"半熟人社会"只是我们认识乡村社会形态的一种概念界定，在概念之下，我们应更多地关注乡村社会现实，这是我们理解乡村法律实践的有效路径。另外，"送法下乡"是"熟人社会"之下的基层司法研究范式，在当下乡村法律实践中，"迎法下乡"体现了村民在法律适用方面的主动性，但法律究竟以什么样的形式参与乡村法律实践，"迎法下乡"是否改变了乡村纠纷解决方式，国家法律与乡村传统规范处于何种关系，这些问题尚需进一步的厘清。

近年来，笔者长期在宁夏南部乡村调研，对该区域乡村社会变迁和法律实践有了较深的了解。长期以来，学界对宁夏南部山区的关注，更多的是从贫困治理、西海固文学等角度展开（盖因该区域属于国家级贫苦地区，而西海固文学又像沙漠中的绿洲，为这个地区增色不少。），缺乏整体性认知。随着乡村社会变迁，越来越多年轻人选择外出务工，该区

---

① 董磊明、陈柏峰、聂良波：《结构混乱与迎法下乡——河南宋村法律实践的解读》，载《中国社会科学》2008年第5期。
② 苏力：《送法下乡——中国基层司法制度研究》（修订版），北京大学出版社2011年版，第23页。
③ 董磊明、陈柏峰、聂良波：《结构混乱与迎法下乡——河南宋村法律实践的解读》，载《中国社会科学》2008年第5期。
④ 参见贺雪峰：《新乡土中国》，北京大学出版社2015年版，第9页。
⑤ 参见贺雪峰：《新乡土中国》，北京大学出版社2015年版，第20页。
⑥ 董磊明、陈柏峰、聂良波：《结构混乱与迎法下乡——河南宋村法律实践的解读》，载《中国社会科学》2008年第5期。

域乡村社会出现了"以代际分工为基础的半工半耕结构",村民对土地的依附性越来越弱,"熟人社会"面临解体。"送法下乡"遭遇的尴尬,"迎法下乡"的内生需求,在这里同样经历,法律正在以积极的姿态参与乡村纠纷解决。① 乡村价值多元,却还未达到不可调和的状态,乡村秩序维护还处于地方知识的规范之下而未失序,乡村社会并未出现"结构混乱"。正是鉴于以上理论梳理与实践考察,笔者于2019年暑期再次深入宁夏南部山区Z村进行了为期一个月的跟踪调研。Z村是一个行政村,下辖三个自然村,共有353户1238人,是一个纯汉族村。Z村距离乡政府1公里、县城25公里,交通便利。调研中,笔者还重点对Z村村委会所在的M自然进行了调研。通过调研,笔者对社会变迁中的Z村有了更深刻的认识,并在此基础展开乡村纠纷解决的乡土逻辑论证。

一、"送法下乡":地方知识与法治偏差

20年前Z村村民对土地有很大的依赖性,这种依赖甚至到了一种固执的程度。这里的生态环境曾经很差,靠天吃饭,雨水好的年份,有收成,遇上大旱,一年的辛苦就付之东流,但村民一直坚守着自己的田地,流动性很低。村庄有共同的生产性活动,植树造林、农田大会战、修路挖渠等集体劳动很容易将村民聚集在一起,而且很多情况下是全家出战,稍有劳动力的孩子也会参与其中。时空条件为村民的熟悉提供了可能,"熟悉是从时间里、多方面、经常的接触中所发生的亲密的感觉。"② 这种因熟悉而产生的亲密感在自然村中更为明显,M村上了年纪的老人告诉笔者,以前的村子就是一个大家庭,谁家遇到红白喜事,大伙儿主动帮忙,村子里的"总管"也很有威望。每年春节时举办的"社火"活动,村民参与的积极性很高,"社火"在村子巡演的时候,不管大人小孩都跟着"社火"挨家挨户地去看,这既是娱乐活动匮乏的乡村最欢快的活动,也饱含了村民关系的内在逻辑。

这一时期的Z村无疑是一个"熟人社会"。源于乡土社会所形成的地方知识在村民日常生活、村庄秩序维护、纠纷解决等方面发挥着实际作用。地方知识作用的发挥实际上是"熟人社会"中村民关系的自然延伸,是乡村社会里从熟悉得到的信任,是一种规矩。③ 生活于此的村民,从小就熟悉这些业已被证明有效的规则,他们只需按规则行事而无需怀疑,这是经验,也是地方知识有效的乡土逻辑。因为村民对地方知识的普遍遵从,村民行为体现出"中庸、平和、不出头,不认死理、不走极端、不钻牛角尖,大家都这样做,自己就这么做了。"④ 正如费孝通先生所言"乡土社会秩序的维持,在很多方面和现代社会秩序的维持是不相同的。乡土社会可以说是一个'无法'的社会,因为乡土社会是一个

---

① 参见马树同:《基层治理视域下乡村人民调解的现代转型》,载《宁夏社会科学》2019年第1期。
② 费孝通:《乡土中国 生育制度 乡土重建》,商务印书馆2015年版,第10页。
③ 参见费孝通:《乡土中国 生育制度 乡土重建》,商务印书馆2015年版,第10页。
④ 贺雪峰:《新乡土中国》,北京大学出版社2015年版,第7页。

'礼治'的社会。"① 在这一社会形态中,"送法下乡"会面临什么样的遭遇?

"送法下乡"作为国家权力介入乡村社会的一种方式,一定程度上是为了避免"法外之地"的存在,但这仅仅是将乡村社会作为"立法和执法的对象"来考虑,村民还只是"国家司法权力规训的客体和法律知识的被动接受者"。② "送法下乡"的过程,更多地体现在国家法律法规的颁布、制度的跟进、机构的设置、司法人员的配备等方面,以政府普法、媒体宣传等方式让国家法律走进乡村社会,增强村民法律知识、培育村民法治思维,这是政府主导下"送法下乡"的单方行为,在"熟人社会"中,法律并没有内化为村庄的地方知识。需要注意的是:经过历代传承的地方知识在一定程度上与现代法律也是重合的,遵守传统(经验),即是遵守法律,但对乡土社会中的村民来说,他们是按照村庄的规矩行为,并不是依照国家法律的指引活动。国家法律对他们来说是抽象的、遥远的,身边的现实规矩才是具体的、有效的。就此而言,现代法律与地方知识不存在紧张与对立的关系。问题是作为乡土社会自发形成的地方知识在现代社会中不一定就是符合法律规范的要求,国家法律与地方知识之间的冲突与对立在所难免。根据笔者调研,这种冲突虽然现实的存在,但更多地发生在拥有"当事人自愿原则"的民事领域,③ 村民依照乡土规则行为,也并未触犯国家法律的强制性规定。所以,这种规范上的冲突只是一种理论认知,在实践中并未产生真正对立,"送法下乡"在遭遇地方知识后,发生了法治偏差。

在乡土社会中,"送法下乡"的遭遇并不是说村民对法律是抵触的,而是法律对村民产生不了实际用处,村庄的生活环境已为他们提供了一套行之有效的规则,而且这套"办法"是在法律允许的框架之内。④ 21世纪之前,Z村家庭结构以主干家庭或联合家庭为主,家事纠纷多发,但都很少外化为激烈的矛盾,联合家庭中婆媳矛盾、妯娌矛盾、兄弟矛盾如果难以调和,就以分家的方式来缓和,没有哪家哪户的矛盾达到需要法律介入的程度,父母在家庭中有权威,族长在家族中有威望,家庭矛盾都可在父母、族长的调停下解决。在"熟人社会"中,任何的个人行为都要顾及村庄舆论,⑤ 用法律来解决家庭矛盾,是对家人关系的破坏,是家庭不和形象的具体外化,是会被人耻笑的。

在Z村,家庭内部纠纷的解决途径,因为纠纷双方都极为重视家庭关系的维护、修复与重建,最温和的"家庭式"和解⑥符合村民纠纷解决策略选择的乡土逻辑。在家庭之

---

① 费孝通:《乡土中国 生育制度 乡土重建》,商务印书馆2015年版,第52页。
② 郭星华、邢朝国:《从送法下乡到理性选择——乡土社会的法律实践》,载《黑龙江社会科学》2010年第1期。
③ 笔者曾对Z村出嫁女性继承权的问题进行过深入调研,在本世纪之前,Z村从未发生过一起出嫁女性继承权纠纷案例,这实际就是国家法律与地方知识冲突之下的村民自我选择的问题。详见马树同:《西海固地区农村出嫁女性继承权的考察——以乡规民约与国家法律的冲突为视角》,载《宁夏师范学院学报》2017年第5期。
④ 笔者调研的Z村民风淳朴,所形成的地方知识体现了"熟人社会"中村民行为的乡土逻辑。村民矛盾鲜有上升为暴力行为的,肢体上推搡、扭打,也未达到国家法律规制的程度。
⑤ 参见吴重庆:《无主体熟人社会及社会重建》,社会科学文献出版社2014年版,第169页。
⑥ 参见栗峥:《面向村落:纠纷解决中的乡土逻辑与法治偏差》,载《学术探索》2010年第1期。

外，邻里之间、村民之间纠纷的解决也大都选择以和解或调解的方式进行。在"熟人社会"中，村民关系稳固，往来频繁而亲密，一旦因为生活中的琐碎纠纷而打破村民间的既有交往，可能会破坏"熟人社会"中密切的社会网络关系，对生活其中的每个个体都是一种损失。20年前的Z村，土地是村民的"衣食父母"。那个时候该区域生态环境恶劣，水土流失严重，每到雨季都会出现山洪，因为洪水流向的问题就会涉及土地纠纷。一般情况下，水渠都是历史上既定形成的，但总会出现意外，水势过大向外蔓延，就牵扯到水向改变的问题。村民向笔者讲述了这样一副场景：每当洪水暴发时，就会看见很多村民拿着铁锹守护在自家田地里，这个阵势不是对抗意图把水引向自家田里的其他村民，而是防范洪水淹入自家田里。即便如此，总也有冲突发生。有意思的是：村民们手拿铁锹，但据村民讲，没有发生过一起暴力冲突事件。冲突发生后，有争吵、有对骂，有的时候如果两家女当家的都出马，对骂会更激励，但吵归吵，骂归骂，矛盾都在一个可控的范围内。因为土地金贵，冒犯了村民收入的来源，必然要挣一番；因为邻里相连，今天洪水淹了自家，明天也可能会淹入邻家，况且，春播秋收，都得互相借道而过，这是一种斩不断的关系，不能过于伤了和气。冲突的最后，要么等双方气消了，自然和解，要么田地相邻的第三方或者村庄有威望的老人调解。这两种纠纷解决方式之下，双方都不失脸面，也不存在输赢之分。

处于"熟人社会"形态之下的Z村，不管是家庭内部矛盾还是村民纠纷的解决，都是村民从生活经验出发所采取的符合乡土逻辑的解决策略，这是地方知识给予他们的生活法则，保守而有效，历经传承而被坚守，没有人试图去打破既有的乡土规则，生前和让，死后才能在脚下的土地上安然。以外力的方式介入村民生活的"送法下乡"，不能产生既定的作用，这也就可以理解村民对法律之所以漠然的原因了。

二、"迎法下乡"：内生需求与制度供给

今天的Z村，村民间的熟悉可能也仅仅限于"认识"，这种"认识"更多的还是源于曾经在农业合作社一起从事生产活动而建立起来的。随着岁月流逝，社会变迁，这种共同的记忆也在慢慢模糊。曾经的亲密感不再，村民的流动性日益增大，源于血缘、地缘关系所形成的封闭性乡村社会趋于解体，Z村已不是曾经的"熟人社会"了。

贺雪峰在考察行政村村委会选举过程中，提出"半熟人社会"概念。就村委会的选举而言，确实存在因村民间的不熟悉，缺乏将他们不满意的村干部选下去的默契，但就某种意义上而言，村干部的选举取决于规则，当地政府在村委会的选举中具有重要的作用。[①]用村民的话说，有什么可选的，选来选去还是那几个人，出现这种认识并不是说，村民间

[①] 参见徐勇：《中国农村村民自治》（增订本），生活·读书·新知三联书店2018年版，第93页。

因为不熟悉而导致的票数分散,①而是在村民心中,"那几个人"都是乡政府确定的,投票就是走过场。同时,在 Z 村,由于整个区域经济落后,村集体能为村民提供的经济利益和社会利益有限,村委会对村民缺乏吸引力和凝聚力,在村民中威信不高。加之外出务工的年轻一代生活面向外倾,与村庄的关系疏远,对村庄的政治生活没有兴趣和积极性。②所以,村民间的熟悉程度并不是影响村委会选举的重要因素。今天的 Z 村,对于村民来说,更多的只是一种空间和政治意义上的存在。在村民日常生活中,交往的范围很少延伸到自然村之外的其他村庄,行政村村民关系日趋呈现出陌生人社会特性。

在 M 村,村民主要由两部分构成:一部分是村庄"常驻"村民,包括上了年纪的老人、留守的儿童还有就近务工的"半工半耕"青壮年村民;一部分是远赴他乡务工的村民。对于村庄"常驻"村民而言,他们日常交往依旧密切,相互熟悉度高,但熟悉中少了亲密,村民行为的理性色彩加重,村庄呈现出一种个体化趋向,③地方知识对村民的约束虽然有效,但呈减弱之势,即便那些对村庄有很强主体感的老人,思想观念也在慢慢转变,村民间熟悉而又陌生。外出务工的青壮年是村庄生活中"缺失"了的主体,他们与"常驻"村民是一种"半熟人"关系,认识但交流有限,他们仅仅是户口留在村庄的"他人",已不是真正意义上的"村民"了。这种村庄社会形态既不是"熟人社会",也不是"半熟人社会",这是乡村社会转型中出现的一种新的社会形态,是传统与现代碰撞的结果,笔者将其称为"现代熟人社会"。在这一社会形态下,村民行为受理性计算、道德义务和情感联系因素的影响而具有复杂性和弹性。④村民间相互熟悉依然是维持村庄正常生活的必要前提,但熟悉不等于亲密和相互信任,亲密与信任不再,村庄秩序仅靠地方知识越来越难以维持,"迎法下乡"有了内生需求。

今天,在 M 村村民纠纷解决中,法律的作用越来越重要,但法律参与村民纠纷解决的方式却具有独特性,村民借助法律解决纠纷,更多的是加大他们在纠纷解决中谈判的砝码,法律在村民纠纷解决中作用的发挥需要转化为村民自己的知识,这既包括对外来价值的取舍,也包括对传统智慧的化用。⑤人民调解是乡村社会变迁中,村民根据生活经验总结出来的适用于乡村社会纠纷解决的最佳方式。因为完全借助于传统的地方知识解决纠纷已无可能,但如果仅靠法律来说话,一方面乡村纠纷大都发生在熟人之间,琐碎而偶然,很难有确定的证据来佐证,法律适用存在"事实"上的困难;另一方面,乡村社会的性质虽变,但村庄依旧是村民生活的主要场域,大家抬头不见低头见,生活中难免有交集,相互的面子还是要给的,事情不能做绝了。所以,即便是在今天,村民纠纷的解决还是一个

---

① 参见贺雪峰:《新乡土中国》,北京大学出版社 2015 年版,第 4 页。
② 参见徐勇:《中国农村村民自治》(增订本),生活·读书·新知三联书店 2018 年版,第 150 页。
③ 参见[美]阎云翔:《中国社会的个体化》,陆洋等译,上海译文出版社 2016 年版,第 1-23 页。
④ 参见[美]阎云翔:《礼物的流动——一个中国村庄中的互惠原则与社会网络》,李放春、刘瑜译,上海人民出版社 2017 年版,第 158 页。
⑤ 参见王人博:《法的中国性》,广西师范大学出版社 2014 年版,第 243 页。

需要整体考虑的问题，而不是单纯的利益裁判。人民调解以其所特有的群众性、民间性、自治性在村民纠纷解决中具有天然优势，有效的融合了"情、理、法"于纠纷解决过程，为"现代熟人社会"中乡村纠纷解决提供了制度保障。

在M村，乡人民调解委员会在村民纠纷调解中扮演着重要角色。C乡司法所所长是一位基层司法经历丰富的老所长，他告诉笔者，C乡村民纠纷的有效调解与当地的民风淳朴有很大关系。所长的这个说法，正好印证了"现代熟人社会"村民纠纷解决方式选择的乡土逻辑。笔者在和C乡司法所所长交谈中，就遇到一起赡养纠纷。纠纷的当事人恰好是M村的村民，笔者也认识。在M村调研时，笔者也听其他村民谈过这起纠纷，纠纷一方为年龄已过七旬的父母，一方为大儿子。这对父母有两个儿子，但小儿子很多年前外出务工后就没有回来过，用村民的话说"是死是活都不知道"。大儿子婚后分家单过，其父母由于年龄已大，且身体都不是很好，大概十年前就没有从事农业生产活动，又没有其他收入，仅靠国家发放给农村老人的养老金生活难以为继，所以就要求大儿子进行赡养。大儿子也在村庄生活，做些小生意，生活过的还可以。这里面还有一个问题，这对父母年轻时虽说不上好吃懒做，但也不是很勤劳，对此，村民都有看法，觉得是他们自己不努力导致了现在的结果，至少其他村民经过努力，维持自己的生活不是问题。

另外，这户人家在村子是小姓，也没有其他亲属，矛盾在家庭内部解决不了，就转向了人民调解。年老的父亲在向司法所所长描述情况的过程中，说得最多的就是"人都说养儿防老，他不养我谁养我？共产党一个月还给我养老金！再说了，国家法律也规定了儿子要赡养父母。"养儿防老的说法用的是传统习俗，但在今天，这一曾经被普遍遵守的共识，越来越多的村民已经觉得只是一种自我安慰，养儿留后的观念尚在，但养儿防老，他们已经不怎么指望了。所以，这一说法在村庄已经得不到其他村民的普遍支持了，也就有了父子关系良好时，儿子给赡养费，关系不好时就不给的情况。既然依靠传统习俗已经不能获得"乡土正义"的支持，就转而寻求法律的帮助。但法律的适用得以最符合乡村社会关系维护的方式进行，"家丑不可外扬"的观念虽然对家庭纠纷外显的影响已经减弱，但在"现代熟人社会"，家庭关系的过分僵化，还是会成为村民茶余饭后的谈资。在村民眼中，人民调解和诉讼不同，其本质还是一种第三方的调解，不伤和气，讲法、讲理，也讲情，是一种比较缓和的纠纷解决方式。笔者后来得知，这起赡养纠纷经调解后，父子双方达成了协议，大儿子每月给父母五百块钱的赡养费。

我们可以看到：国家法律在乡村纠纷解决中作用的发挥，已经不仅仅是国家权力推送之下的法律下乡，更多地表现为乡村社会产生内在需求后的"迎法下乡"。[①] 这是乡村社会变迁中地方知识失范后，乡村纠纷解决对国家权威需求的当然结果，而现代科技在乡村

[①] 董磊明、陈柏峰、聂良波《结构混乱与迎法下乡——河南宋村法律实践的解读》，载《中国社会科学》2008年第5期。

的进入，也为村民"迎法下乡"输送了技术支持。特别是互联网的出现，智能手机的广泛使用，不仅改变了村民日常交往的方式，也为村民接收法律信息提供了方便。有文化的村民会关注当地一些有影响力的微信公众号，他们会将微信公众号上的法律案例与其他村民一起议论、分析，并根据村庄的风土民情，判断、取舍，形成自己使用法律的地方共识。在这一潜移默化的过程中，村民法律知识慢慢得以积累，法律意识得以养成。乡村社会的变迁使"迎法下乡"具有了内生需求，而现代科技的发展为满足村庄的内生需求提供了一种技术制度的保障，法律正在以越来越积极的姿态参与到乡村纠纷解决之中。

三、"变"与"不变"：乡村社会纠纷解决的乡土逻辑

随着乡村社会转型，行政村从"熟人社会"进入到陌生人社会，自然村由"熟人社会"进入到"现代熟人社会"。就乡村纠纷解决而言，行政村已不是重点关注的对象，村民互动少，缺乏纠纷产生的时空条件，即便偶有纠纷发生，纠纷双方也很少考虑乡村社会的地方知识，国家法律是最为当事人信任的纠纷解决规则。而处于"现代熟人社会"形态的自然村则不同，村庄"常驻"村民间一定程度还延续着传统的人际关系，村民日常交往依旧密切，熟悉程度高（虽然已不同昔日的亲密）。村庄依旧是村民安身立命的主要场域，村庄共同体还在维系，"常驻"村民生活面向还是向内的。村庄虽具有了"迎法下乡"的内生需求，但法律在纠纷解决中还是要内化为村民自己的地方知识，以法律化解村民纠纷方式的选择不能超越还在发生作用的地方知识。

有这样一则案例，很是能说明法律在"现代熟人社会"纠纷解决中作用发生的方式。同为M村村民的王志莲骑自行车和赵德全驾驶的三轮农用车在村庄附近的省道发生碰撞，王志莲腿部几处软组织损伤，交警认定赵德全负主要责任。后来双方因未能达成赔偿协议，到C乡人民调解委员会调解，C乡人民调解委员会调解赵德全除了担负医疗费用之外再赔偿王志莲800元的营养费，双方当时都接受了调解，赵德全当场赔偿了王志莲800元。大概过了一周，王志莲因对赔偿数额不满，将赵德全诉至法院，要求赔偿3000元。后来，王志莲在村庄舆论中撤销了起诉。

在这起纠纷中，王志莲是受害者，她有权依法维护自己的权益，但当她采用的方式超越了"现代熟人社会"中村庄共识时，村民便认为她这不是在用法律解决问题，而是在"折磨人"，村民觉得王志莲起诉到法院纯粹是为了钱。王志莲能否获得法律上的支持，暂且不论，就她迫于村庄舆论压力撤诉来看，法律的实践必须与村庄地方知识相吻合。在进入诉讼程序后，村民结合王志莲的先前行为对她的起诉行为做出了价值判断，用村民的话说"现在人是现实，但一个村子里，总还得讲个人情。""差不多就行了，不能不得够。"在村民看来，诉讼意味着对村民关系的破坏，不到万不得已不诉讼。我们看到：乡村社会的变迁，使得传统的纠纷解决方式已经很难有效化解村民纠纷，借助国家法律解决纠纷是村民人际关系理性化的表现，但在"现代熟人社会"中，纠纷解决方式的选择并不完全是

村民的个人行为，还必须符合变化中的乡土民情。人民调解的"法律性"符合变化中的乡村纠纷解决对外在权威的需求，人民调解的"乡土性"符合变化中的乡村纠纷解决内在的"保守性"，人民调解成了"现代熟人社会"中纠纷解决的自然选择。

另外，我们也要注意到：在"现代熟人社会"中，村庄"常驻"村民也无时无刻地受到外部环境的影响。他们坚守传统，却无力阻止年轻一代村民个体化意识增强下"无道德"的行为。在主干家庭中，父母权威逐渐丧失，年轻村民即使不常在家，话语权也在逐渐增大。而且在市场经济、现代科技等因素的影响下，他们自身的观念也在悄然发生变化，虽然他们还没有过多地将这种思想上的变化付之行动。[1] 同时，对于村庄外出务工的年轻人来说，他们在尽可能地适应、融入城市生活，乡土文化在他们身上正经历着"移植—解构—抽空"的过程，[2] 但年轻村民只要最终选择回到村庄生活，他们还是要遵循村庄传承的地方知识，陌生人社会的生活法则在乡村社会并不适用。在"现代熟人社会"中，传统与现代的冲突才刚刚开始，有融合、有割裂，时下的 M 村还保持着相对淳朴的民风，这也是人民调解成为乡村纠纷解决方式的乡土逻辑。

四、结语

随着乡村社会变迁，现代法律进入乡村社会经历了从"送法下乡"到"迎法下乡"两种不同范式的转化。在传统的乡土社会中，乡村所传承的地方知识足以应对村民纠纷解决，不需要国家权威介入，表现出来的就是虽有国家权力运输的"送法下乡"，但因乡村纠纷能够"内部消化"且乡村秩序稳固，法律只是一种"形式"上的输入，并未真正进入乡村生活，法律在乡村纠纷解决中与国家所预想的出现了现实偏差。

今天的行政村已处于一种陌生人社会形态，自然村村民之间虽然相互熟悉，但已然不同于"熟人社会"关系。村庄传统的内生权威已经很难化解村民纠纷，村庄有了"迎法下乡"的内生需求，法律开始在村民纠纷解决中发挥作用，但村庄地方知识并未完全失去作用，村民行为还具有一定的乡土逻辑。村民在选择纠纷解决策略时需要进行整体性考虑，既能借助国家法律化解纠纷，还不能破坏乡村社会关系网络，人民调解保障了这种制度供给。

巨变正在撕裂着乡村社会，生活于其中的村民都正在经历着这种变化，但社会变迁不是一蹴而就的，制度的建立，并不能即时改变乡土民情与村民的价值观念。处于社会变迁中的村民有自己的行为逻辑和处理问题的方式，这其中尚有村庄传统的深深印记，他们学习、接受新思想、新知识，但接受和吸纳的方式又是他们自己的；他们明白曾经因熟悉而产生的相互信任所衍生的纠纷解决传统已面临解体，寻求国家法律的介入是明智的选择，

---

[1] 参见马树同：《基层治理视域下乡村人民调解的现代转型》，载《宁夏社会科学》2019 年第 1 期。
[2] 参见汪国华：《移植、解构与抽空：新生代农民工对中国传统文化的实践逻辑》，载《人文杂志》2010 年第 3 期。

但这并不等于村庄生活法则的全然失效。乡村社会正在这"变"与"不变"中踌躇前行，这也将是乡村社会转型中长期存在的一种样态，人民调解制度在对变迁中的乡村纠纷解决做出回应的同时，我们也要思考如何才能更好地发挥这一制度在乡村社会中的多重功能，这应当成为当下乡村治理重点关注的问题。

From "Sending the Law to the Countryside" to "Receiving the Law to the Countryside"
——Rural Logic of Dispute Resolutions in the Period of Great Changes in Rural Areas

Ma Shutong

Abstract: In the traditional "acquaintance society", the reality deviations of "sending the law to the countryside" in the rule of law at the grassroots level has brought out due to the effect of "local knowledge" in rural society. With the changes in society, the social pattern in the countryside has changed. Although daily communication between "resident" villagers is close and mutual familiarity is high, intimacy is lacking in familiarity. Villagers' behavior influenced by rationally calculated self-interest, moral obligations and emotional connection shows complexity and flexibility, which is a form of "modern acquaintance society" presented by "modernity" in rural society. Mutual familiarity between the villagers is a necessary prerequisite for maintaining normal life in the village, but it does not mean intimacy and trust. Without intimacy and trust, the order of the village is more and more difficult to maintain only by endogenous authority, and thus there is a real need for "receiving the law to the countryside". The laws in our country are actively participating in the settlement of rural disputes, but the vernacular nature of villages has not completely disappeared, thus the legal effects still needs to conform to the villages' local knowledge, and requires a system that can integrate "worldly wisdom, local rules, national laws". People's mediation has become the natural choice for rural dispute resolution in the midst of great changes.

Key words: send the law to the countryside, receive the law to the countryside, acquaintance society, semi-acquaintance society, modern acquaintance society, people's mediation

《世界反兴奋剂条例》嗣后实践法律解释方法适用

——基于俄罗斯系统性兴奋剂违规案的思考

孔 蕊[*]

摘 要 国际奥委会是一个国际性、非政府、非盈利的组织，其批准通过的《世界反兴奋剂条例》成为目前世界上应用最广的反兴奋剂规则。《世界反兴奋剂条例》在性质上属于对承认它的国家和国际体育组织有约束力的国际规则，对它的解释可以参照适用条约嗣后实践法律解释方法。嗣后实践法律解释与其他法律解释方法不同，是其他法律解释方法的辅助证明。国际体育仲裁院实际上已经对反兴奋剂规则进行着嗣后实践法律解释，进而确立新的纠纷解决规范，开创了世界反兴奋剂规则独特的法律方法论。嗣后实践法律解释方法的适用前提是法律规范存在与现实不一致的空白或模糊之处，常用方法是进行类比推理，适用进路包括进行其他法律解释、寻找解释依据、进行法律论证三个步骤。如果结合嗣后实践法律解释方法给出俄罗斯系统性兴奋剂违规案的裁决理由，裁决会更令人信服。结合案例对嗣后实践法律解释方法进行论述，期望能对丰富我国法律解释方法理论和未来体育法学界关注体育裁判中的法律解释方法适用有所启迪。

关键词 兴奋剂 嗣后实践 漏洞补充 法律解释

越来越多的体育项目和体育比赛的国际化要求制定国际法约束全球体育活动，国际体育法应运而生。国际体育法研究分为传统国际法理论研究范式和体育自治法研究范式，也称为国际体育法和全球体育法两大分支。全球体育法是建立在合同基础上的一种跨国民间

---

[*] 孔蕊，山东大学法学院（威海）博士研究生。

法律秩序，是一套由民间合同秩序构建的制度体系，是国际体育组织创设的体育领域特有的原则和规则体系。由于国际体育的相对自治性，国际体育组织内部规则在国际体育运动中占有重要地位，某种程度上对国际体育法发展起着决定性影响。体育纠纷解决自治指发生在体育竞赛或与之相关的其他活动过程中的体育纠纷由国际体育组织或国际体育仲裁机构依据自身的规则、国际体育法或某些国内法处理的一种解决纠纷的活动。国际体育法的自治性主要体现在规则的自治和体育纠纷解决的自治。规则自治是体育组织进行自我管理、自我约束、自我发展的规范准则。《世界反兴奋剂条例》（简称 WADC）是目前世界应用最广的反兴奋剂规则。

2020 年 12 月 27 日，国际体育仲裁院（简称 CAS）公布了对世界反兴奋剂机构（简称 WADA）上诉俄罗斯反兴奋剂机构案（CAS 2020/O/6689）的仲裁结果，引起了公众对俄罗斯系统性兴奋剂违规案的再次关注。[1] 2014 年 12 月，德国媒体揭露俄罗斯田径界、反兴奋剂机构存在系统性使用兴奋剂行为，国际田联、WADA 展开调查证实属实。2015 年 11 月，国际田联取消了俄罗斯田径协会会籍资格，禁止俄罗斯运动员参加国际赛事。2016 年 6 月，俄罗斯 68 名田径运动员向 CAS 提出上诉，CAS 驳回上诉，表现出对各国际体育组织自治权的尊重。2016 年 7 月，国际奥委会宣布不全面禁止俄罗斯代表团参加里约奥运会，由各国际单项协会裁定运动员参加奥运会资格。2016 年 8 月，国际残奥会宣布暂停俄罗斯残奥会会员资格，俄罗斯运动员不能参加残奥会。2020 年 1 月，WADA 向 CAS 提出了上诉俄罗斯反兴奋剂机构的请求。WADC 没有将国家或者协会帮助或者教唆使用兴奋剂的行为纳入兴奋剂违规，如何处理国家主导的、系统性规避兴奋剂检查的行为成了一个难题。[2] 对国家反兴奋剂机构操纵的大规模使用兴奋剂现象，取消国家参赛资格意味着对其所属所有运动员禁赛，还是应当有区别地只针对那些服用兴奋剂的运动员？除了适用利益衡量、社会学解释等法律方法，是否可以借鉴条约法上的嗣后实践法律解释方法进行漏洞补充，保持国际体育法律规范现代的实用性和相关性，成为一个有意义的问题。

主要采用案例研究、文献研究和规范研究方法进行研究。在 CAS 仲裁案例库网 http：//jurisprudence.tas-cas.org/Help/Home.aspx、中国知网英文文献、Westlaw（法律全文数据库）、HeinOnline（法律全文数据库）均没有找到国外研究 WADC 嗣后实践法律解释方法的文献。WADC 法律解释方法研究上，国内有 1 篇文章对 CAS《体育仲裁规则》进行了文义解释，[3] 有 1 篇文章做了目的解释方法论述。[4] 目前，学界没有对 WADC 嗣后实践法律解释方法进行研究。对俄罗斯系统性兴奋剂违规案进行法律解释学视角的分析，

---

[1] World Anti-Doping Agency v. Russian Anti-Doping Agency，https：//www.wada-ama.org/sites/default/files/resources/files/cas_award_6689.pdf，最后访问日期：2021-04-20。

[2] 参见杨春然、董兴佩：《从政府、协会到个人：集体责任影响运动员比赛权的根据——兼论俄罗斯兴奋剂丑闻的处理》，载《武汉体育学院学报》2018 年第 4 期。

[3] 参见杨磊：《国际体育仲裁院〈体育仲裁规则〉第 58 条释义》，载《中国体育科技》2014 年第 4 期。

[4] 参见熊瑛子：《论国际体育仲裁中目的解释方法的适用》，载《武汉体育学院学报》2014 年第 6 期。

对反兴奋剂案件能否适用嗣后实践法律解释方法、该方法的内涵、解释主体、与其他法律解释方法关系以及适用前提、适用进路等进行论述，以期对 WADC 正确适用、修订完善提供建议，对丰富法律解释方法理论和未来体育法学界关注体育裁判中的法律解释方法适用有所启迪，对今后维护我国运动员、其他当事人和体育组织合法权益提供参考。

一、《世界反兴奋剂条例》是否可适用条约解释方法

现代国际法承认政府间国际组织的国际法主体地位，对国际奥委会等非政府间国际组织能否成为国际法主体存在争议。国际奥委会是一个国际性、非政府、非盈利的组织，其批准通过的 WADC 源于构建民间合同秩序的规章制度。WADC 所确定的原则是缔约国必须遵守的，这就使 WADC 实际上具有了约束各缔约国的效力。WADC 对于承认它的国际、国内体育组织而言，是具有反兴奋剂领域宪制性质的法律文件。一些国际法学研究认为，随着国际法不断发展，国际非政府组织在国际法形成中发挥着越来越重要作用，许多国际非政府组织也取得了联合国观察员地位，国际非政府组织正在取得国际法主体地位。不管法律上国际非政府组织能否成为国际法主体，就 WADC 而言，2004 年许多国家签署了《反对在体育运动中使用兴奋剂哥本哈根宣言》，WADC 已经被大多数国际体育组织采用，其调整对象涵盖国际奥委会、国际单项运动联合会、国家奥委会、各奥运会比赛组委会，以及隶属于这些组织的协会、俱乐部和个人。2005 年联合国教科文组织颁布了《关于在体育中反对使用兴奋剂的国际公约》，从严格的国际法意义上讲，WADC 不是国际公约组成部分，而是非政府性质的国际体育组织制定的规则，并不必然适用于公约缔约国。但是，我们有理由认为 WADC 解释可以借鉴条约解释原理和方法，理由有三：

首先，随着社会进步，非政府组织能在一定限度和一定条件下成为国际法主体。[1]非政府组织正在成为国际法律秩序中的"第三种力量"，对国际法带来冲击影响。[2] 从 1964 年东京奥运会首次检查兴奋剂开始，兴奋剂问题成为五环旗下难以抹去的阴影，屡禁不止且愈演愈烈。1998 年环法自行车赛大面积、有系统、有组织使用兴奋剂，促使国际奥委会成立世界反兴奋剂机构。为遏制兴奋剂使用不断恶化的势头，国际上相继出台反兴奋剂法规《反对在体育运动中使用兴奋剂奥林匹克宪章》《反对在体育运动中使用兴奋剂国际公约》《国际反兴奋剂协定》《欧洲反兴奋剂公约》《国际反兴奋剂协定质量规划》《世界反兴奋剂条例》等。兴奋剂问题已经进入法制化进程，将兴奋剂行为立法的国家有法国、比利时、德国等一系列国家，有的国家还将其列入了刑法。2021 年实行了新版《世界反兴奋剂条例》，审议通过的签约方合规国际标准、实验室国际标准、禁药清单国际标准、隐私与个人信息保护国际标准、检测和调查国际标准、治疗用药豁免国际标准以及新增加的

---

[1] 参见聂洪涛：《非政府组织的国际法主体资格问题研究》，载《学术论坛》2015 年第 5 期。
[2] 参见刘超：《非政府组织的勃兴与国际法律秩序的变塑》，载《现代法学》2004 年第 4 期。

教育国际标准和检测结果管理国际标准,目前已经全部生效。世界反兴奋剂工作不断发展进步,国际反兴奋剂机构今后或许会和国际红十字会一样,在一定限度和一定条件下成为政府间国际组织,可以借鉴适用嗣后实践法律解释方法。

其次,WADA 在国际反兴奋剂领域的影响力,使 WADC 成为实际上约束各国及其奥林匹克运动参与主体的"公约"。众所周知,无论是合同的解释,还是国家间条约的解释,都有一套原理趋同的法律解释规则,如基于意图的解释和基于文义的解释原则。具体解释方法有文义解释、目的解释、体系解释、历史解释等,这些解释方法有的被公约文本明确写入,有的没有写入。在未写入的情况下,《维也纳条约法公约》第 31-33 条所确立的解释规则成为了条约解释的习惯法。第 31 条第 3 款规定:解释应与上下文一并考虑者尚有嗣后在条约适用方面确定各当事国对条约解释之协定之任何惯例。嗣后实践是《维也纳条约法》公约所确立的解释方法,它是一种重要且常见的解释条约的非正式方法,联合国国际法委员会正在为这种方法的使用确立一套规范。这种解释方法由于是根据缔约方嗣后实践来解释其行为的效力,在理论和实际应用中都争议颇大,争议主要集中在:是反复一致的嗣后实践才能构成解释依据还是一次性嗣后实践也可以构成解释依据?嗣后实践能否修改条约?争议虽然很大,但无法改变在国际司法和仲裁实践中这种方法仍然得到多方使用。①

最后,《世界反兴奋剂条例》的立法漏洞需要得到补充。制定法、判例法和习惯法是三种最主要的国际法渊源。CAS 判例是成文法规则的重要补充,有些反兴奋剂规则就是在仲裁裁决的法律解释学分析过程中确定的,比如治疗用药豁免规则。依照习惯法进行漏洞补充是在法律体系外寻求相关规则以填补漏洞,嗣后实践就会起到这种补充作用。瑞士《民法》第 1 条规定:无法从本法得出相应规定时,法官应依据习惯法裁判;如无习惯法时依据自己如作为立法者应提出的规则裁判。法律文本一旦生成,其适用中的冲突解释、漏洞补充等就成为司法者的权利。这种权利不能滥用,需要依据法律方法的原理来完成。嗣后实践对法律文本的解释、漏洞补充的作用,无论是在国内法还是国际法上都得到充分肯定。《联合国国际贸易法委员会仲裁规则》就明确表述适用任何商业惯例,WADC 亦应如此。嗣后实践法律解释是一种无法律约束力但拥有较强"说服力"的解释方法,其发挥作用的空间往往是在既有文本无法涵盖文本形成后产生的新的法律问题时。世界反兴奋剂体系涵盖为确保国际和国家反兴奋剂的高度协调一致和最佳实施所必需的所有要素,反兴奋剂规则的"国际法"特征、人类对未来事物认知的有限性等使反兴奋剂规则不可避免地存在法律漏洞。俄罗斯系统性兴奋剂违规案如何认定违规、如何制裁也是这样,它可以和治疗用药豁免规则形成的 CAS2001/A/389 案一样成为嗣后实践。从这个角度说,用这种方法来补充 WADC 的立法漏洞无疑是必要且有意义的。

---

① 参见师华:《条约解释的嗣后实践研究》,载《理论探索》2018 年第 4 期。

二、嗣后实践法律解释方法的内涵和解释主体

嗣后实践,也叫嗣后惯例,是国际法上的一种条约解释方法,首次在 1969 年《维也纳条约法公约》中出现。该方法强调关注条约缔结后相关实践具体发展趋势,把握条约在当前环境中的解释,作为条约解释辅助手段证明其他方法得出的解释结论,在条约缺少明确规定情形下成为填补条约漏洞的方法。嗣后实践具有形式多样性,包括立法、司法、行政等多种形式,具有补缺性和灵活性。① 嗣后实践强调几个要素:嗣后实践是指条约形成后相关缔约方在适用条约时所作的实践;一般要求缔约方能形成协调的、共同的和一致的一系列行为或声明,即各缔约方在条约适用方面对条约解释达成合意,但广义的嗣后实践并不一定要求与其他缔约方达成协议;在《政府间海事咨询组织海事安全委员会章程》咨询意见中,国际法院表明国际组织及其机构可以成为条约嗣后实践的参加者或当事方;嗣后实践对条约具有解释作用,但不能修改条约,条约修改应当通过正式的条约修改程序,但也有学者认为嗣后实践具有修改条约的作用。②

WADC 是国际奥委会下属机构 WADA 制定的国际体育规则,经由承认它的国家和各国际体育组织认可而具有约束力,俄罗斯承认了 WADC 就成为 WADC 的"缔约方"。从概念上看,俄罗斯系统性兴奋剂违规在 WADC 生效后,在适用时出现国家反兴奋剂机构违规,属于嗣后实践。《维也纳条约法公约》第 31 条并没有明确规定嗣后实践主体一定是条约缔约国,国际法院认为国际组织可以作为解释国际条约的嗣后实践主体。WADA 并不要求所有国家必须认可 WADC,而是要求认可它的国家才适用 WADC,即使个别国家不同意 WADC,也不妨碍国际奥委会成为嗣后实践的主体,这一点符合广义的嗣后实践不一定要求与其他缔约方达成协议。因此,国际奥委会可以成为俄罗斯系统性兴奋剂违规案的嗣后实践主体,也就是说,国际奥委会适用 WADC 做出的决定本身就构成 WADC 适用的嗣后实践。CAS 作为国际奥委会为解决体育纠纷建立的国际性体育仲裁机构,是一种特殊的国际"司法"体系,它既不是纯粹的法院,也不是完全意义上的商事仲裁机构,它具有对不平等主体间纠纷的裁判权,如国际奥委会对国家奥委会、单项体育协会对运动员、俱乐部的处罚。作为国际体育仲裁机构,它做出的司法解释类似于国内法院的"司法解释",其法律解释可以构成 WADC 嗣后修改的司法渊源。也就是说,对 WADC 来说,CAS 是嗣后实践解释主体,其对俄罗斯系统性兴奋剂违规案的解释结论若被 WADA 或国际奥委会认可,可以构成广义的嗣后实践。

WADC 制定时未出现国家系统性兴奋剂违规这种情况、对这种情况也未规定。WADC 第 23.6 条签约方不遵守本条例的附加后果条款规定:签约方如不遵守本条例将无

---

① 参见韩燕煦:《条约解释的要素和结构》,北京大学出版社 2015 年版,第 96 - 109 页。
② 参见师华:《条约解释的嗣后实践研究》,载《理论探索》2018 年第 4 期。

权申办奥运会、世界锦标赛等赛事,可能导致的后果还有中止国际赛事,以及依照《奥林匹克宪章》的象征性后果和其他后果。但该条款未对中止国际赛事的具体期限、依照《奥林匹克宪章》的象征性后果和其他后果等涵义进行明确。WADC 第 20.1.8 条规定:仅受理政府已批准、承认、通过或加入 UNESCO 的反兴奋剂国际公约和国家奥委会、国家残疾人奥委会和国家反兴奋剂组织已执行本条例的国家申办奥运会的申请。也就是说,如果一个国家被 WADA 宣布不符合规定,该国家就没有资格举办奥运会,但同样没有规定具体期限。WADC 第 11.3 条款规定了"赛事管理机构可以对集体项目施加更严厉的处罚",但对集体项目的处罚是不是适用于国家反兴奋剂机构没有明确,对国家反兴奋剂机构如何处罚也不明确。即使适用了体系性解释方法,亦对国家系统性兴奋剂违规无法得出具体结论,在这种情况下,CAS 借鉴条约嗣后实践法律解释方法显得更有必要性和可行性。

三、国际体育仲裁院通过判例法创造嗣后实践经验

(一)国际体育仲裁院创造性解释反兴奋剂规则

面对反兴奋剂规则存在的漏洞、现实案例的仲裁需求以及有限的调查权力,CAS 不得不对反兴奋剂规则进行创造性解释,从而确立新的纠纷解决规范,开创了反兴奋剂仲裁独特的法律方法论,促进国际体育法的发展。CAS 实际上已经对反兴奋剂规则进行着创造性解释,以促进治疗用药豁免规则形成的 CAS2001/A/389 案为例分析。[①]

2002 年 2 月,盐湖城冬运会闭幕后工作人员在犹他州某房屋发现输血包装袋等,经查是教练员、运动员 A 和 B、队医 D 的输血用品,裁决相关人员兴奋剂违规。相关人员不服上诉至 CAS。教练员辩解,紫外线输血是治疗性行为并且是治疗 A 神经性皮炎唯一可行办法。输血行为导致了运动员成绩的提高,CAS 没有查到禁用物质。表面看来,该行为没有兴奋剂违规。但是,从禁用方法的角度看,教练员 A 给运动员 B、C 输血未通知管理机构;输血治疗是治疗运动员 B 神经性皮炎的方法,但并不是不可替代的方法;在小木屋由没有医疗资格的教练进行治疗,不符合相关要求。CAS 裁决教练员 A、运动员 B 和 C、队医 D 兴奋剂违规,取消教练员 A 参加 2010 年奥运会前任何赛事资格、取消运动员 B、C 当年冬奥会参赛资格、给队医 D 严重警告。CAS 解释该案时提出六条合法药物治疗原则:(1)一项药物治疗必须只能针对个别运动员的伤病;(2)已知条件下治疗只有违禁方法,没有任何其他可替代又不违禁的治疗方法;(3)该药物治疗不会提高运动员成绩;(4)该药物治疗必须在运动员诊断后进行;(5)药物治疗必须由适当且合格专业人士在必需设备辅助下进行;(6)必须做适当治疗记录以备查阅。根据这些原则,2004 年

[①] Arbitration CAS 2002/A/389, 390, 391, 392 & 393 A., B., C., D. & E. / International OlympicCommittee (IOC), award of 20 March 2003, http://jurisprudence.tas-cas.org/Shared%20Documents/389-393.pdf,最后访问日期:2021-04-20。

WADA颁布了治疗用药豁免国际标准，2009和2015年分别进行了修订，2015年WADC第4.4.1条规定：如果发现某种禁用物质或其代谢物或标记物，和/或使用或企图使用，持有或施用或企图施用某种禁用物质或方法，与获得的治疗用药豁免内容一致，且该治疗用药豁免符合豁免国际标准，则不作为兴奋剂违规。2019年世界反兴奋剂大会审议通过了新的《治疗用药豁免国际标准》。CAS对该案的创造性解释被承认WADC的国家和国际体育组织普遍接受，被WADA采纳形成新的治疗用药豁免规则，因而其裁决行为构成嗣后实践。

（二）类比推理是嗣后实践法律解释的常用方法

奥地利法官约翰·乔治·戈米林认为正义不能建立在冷酷的逻辑关系基础上，仅当法官混合了理性感情、冷冰冰的逻辑要求和法官对正义的感觉之后，司法才能导致正义的结果。① 此处理性感情可以指司法推理，要求裁判具有合法性、合理性、一般接受性，能为依法裁判提供正当理由。司法推理是法官适用法律过程中为其所做出的判决提供正当性理由或根据的过程，也是司法裁判过程关键环节之一，既是一种法律思维，也是一种法律行为。从个别就是一般意义上说，司法推理就是法律推理。法律推理是法律实践中必不可少的法律方法，类比推理则是法律推理的主要形式，也是漏洞补充的最重要方法，特别是在英美法系国家。类比推理是在法律体系内寻求规则来填补漏洞。嗣后实践法律解释适用关键是找到嗣后实践内容与被解释条文之间的特定联系，类比推理自然是一种首要选择。

类比推理在《世界反兴奋剂条例》应用中有所体现，WADC的明显漏洞是没有规定程序规则。《体育仲裁规则》第58条明确了体育规则适用的优先性，辅助适用双方当事人一致选定的法律，双方当事人没有达成一致或没有做出选择情况下适用仲裁地国家法律。CAS注册地在瑞士，双方当事人没有达成一致或没有做出选择的情况下，CAS仲裁的案件应该适用瑞士实体法，尽管案件实际发生地可能不在瑞士。以此类推，听证规则也应适用瑞士行政听证规则。除类比推理外，习惯法、目的性限缩、目的性扩张等也可以成为嗣后实践法律解释的应用方法。

（三）国际体育仲裁院嗣后实践法律解释的适用进路

嗣后实践法律解释方法适用前提是法律规范存在与现实不一致的空白或模糊之处。WADC对国家系统性兴奋剂违规没有规定，给嗣后实践法律解释方法适用提供了出场机会。俄罗斯系统性兴奋剂违规仲裁思维可以体现出嗣后实践法律解释方法的适用进路。

1. 进行其他法律解释

嗣后实践法律解释是其他法律解释方法的辅助证明方法，CAS不能直接适用嗣后实践

---

① Johann Georg Gmelim, Dialecticism and Technicality: The Need of Sociological, in *Science of Legal Method: Selected Essays by Various Authors*. Ernst Bruncken & Layton B. Register trans. 1917, p.85.

法律解释。文义解释是法律解释的最基本方法，具有适用上的优先性和不可替代性。WADC 对国家系统性兴奋剂违规处罚没有文本规定，CAS 可以对文义解释进行变通解释：对使用兴奋剂的定义进行扩张解释。WADC 无论是抽象的条文，还是具体的实验室标准、禁药清单等，都无法穷尽各种各样的兴奋剂违规行为。从反兴奋剂的历史看，这一领域历来是"道高一尺，魔高一丈"，要打击各种花样翻新的兴奋剂违规行为，就不得不对反兴奋剂规则进行扩张解释。扩张解释是在法律规范文义过于狭窄、不足以表示立法意图情况下，采取扩展内涵和外延的方法进行法律解释。在形式逻辑中，概念的内涵是其所反映的事物的本质属性的总和。CAS 认为，只要符合使用兴奋剂的定义本质属性"提高成绩""运动员或利害关系人""禁用药物（成分）或方法"就是兴奋剂违规，不必单纯以列举出的药物名称为准。俄罗斯系统性兴奋剂违规案中，"提高成绩"和"禁用药物（成分）或方法"属性已经符合，关键是国家反兴奋剂机构不是"运动员或利害关系人"，这可以通过第二步嗣后实践法律解释类比推理加以证明。

目的解释是通过探寻立法者目的、司法者目的、法规目的或法律本身的价值取向，寻找适合于个案的法条解释，是从逻辑上进行的一种非法律因素的解释方法。WADC 具有解释主体的特殊性，其解释主体主要是 WADA 和 CAS。WADC 的目的已经由最初打击兴奋剂违纪逐步向打击兴奋剂违纪、保护运动员权益并重的目的转变。国家系统性兴奋剂违规显然违反《奥林匹克宪章》公正、平等、正义精神；违反 WADC 旨在保障运动员参加无兴奋剂的体育运动基本权益的宗旨；在社会上造成了极坏影响，不符合实质正义，需要进行法律约束。裁决国家系统性兴奋剂违规并进行处罚就是一种法律约束，该裁决符合目的解释方法。

体系解释要求将法律规范放在整部法律中，乃至整个法律体系中，联系与其他规范的相互关系来解释法律。体系解释强调对法律文本的逻辑推理，反兴奋剂规则的体系解释可以结合上下文和规范的位阶进行。反兴奋剂规则的主要法源是 WADC 及其附件，补充法源包括《奥林匹克宪章》、可适用的规则、一般法律原则、适当的法律规范、程序法、CAS 仲裁判例。WADC 没有规定国家系统性兴奋剂违规情况下运动员是否可以个人身份参赛，CAS 根据《奥利匹克宪章》第 44 条附则 5 遵守相关国际联合会规则的人员可以参加奥运会的规定，决定由各国际联合会根据各自规则决定运动员是否参赛。在 WADA 上诉俄罗斯反兴奋剂机构案公布仲裁结果前，国际奥委会以特别决议方式授权各国际体育联合会根据各自反兴奋剂规则处理。国际田联中止了俄罗斯国家协会会籍。国际举联适用其《反兴奋剂政策》第 12.4 条：如果国际举联成员的行为与兴奋剂或兴奋剂违纪有联系，直接导致举重运动名誉受损，国际举联执行委员会可采取必要的保护举重运动名誉和诚信的措施，认为俄罗斯举重队存在严重使用兴奋剂问题，破坏了国际举联名誉，对俄罗斯举重队集体禁赛。国际残奥会则依据《国际残奥会宪章》第 9.6 条暂停了俄罗斯残奥会会员资格。

2. 寻找解释依据，进行漏洞补充

WADC漏洞补充面临依照哪个国家的法律进行漏洞补充才具有正当性的问题，一般首先依据准据法规定补充，类比推理、习惯法都是漏洞补充的常用方法。对俄罗斯国家系统性兴奋剂违规的处罚，可以把WADC作为准据法。（1）可以依据WADC关于运动员兴奋剂违规的定义第2.5条：篡改或企图篡改兴奋剂管制过程中的任何环节，把"运动员"与"国家反兴奋剂机构"进行类比推理，因为他们都是兴奋剂违规的主体，具有实施主体的共同属性。（2）可以从犯罪主体、犯罪主观方面、犯罪客体、犯罪客观方面与犯罪案件定性进行类比推理，尽管兴奋剂入刑尚待完善。俄罗斯反兴奋剂机构显然具有主观故意，结合索契冬奥会上使用"尿样交换方法"逃避检测等法律事实，具有违规客体、违规客观方面，可以类比推理俄罗斯反兴奋剂机构兴奋剂违规。（3）根据WADC第10条对个人的处罚10.2款规定：因被发现、使用或企图使用或持有某种禁用物质或禁用方法而被禁赛，俄罗斯使用禁用方法可以类比推理禁止俄罗斯参加奥运会（残奥会）。（4）WADC第10.2.1款规定：兴奋剂违规涉及非特定物质，除非运动员或其他当事人能够证实该兴奋剂违规不是故意行为；兴奋剂违规涉及特定物质，而且反兴奋剂组织能够证实改兴奋剂违规是故意行为，禁赛期为4年。第10.2.2款规定：如果不适用条款10.2.1，禁赛期应为2年，可以据此类比推理，禁止俄罗斯主办、申办奥运会（残奥会）两年，驳回WADA禁赛4年的诉求，这也符合2018年修订的《签约方合规国际标准》要求。

3. 进行法律论证，得出解释结论

国际法渊源的方法论意义主要体现在法律发现、法律解释和法律论证环节。俄罗斯系统性兴奋剂违规案的法律论证需要进行利益衡量，涉及两对利益衡量：（1）运动员个人利益与国际奥委会倡导的体育公共利益衡量。国际奥委会倡导的体育公共价值是净化体育比赛环境、保障运动员的健康、公平、平等。WADC实行严格责任原则，在不考虑运动员过错程度情况下取消比赛成绩、因服用兴奋剂强制运动员禁赛等，保护的是体育公共利益为主。目前，人权保护成为当代体育纠纷利益衡量的焦点，WADC修订不断表现出对运动员及其辅助人员合法权益的保护。2021年WADC就强调健康是体育的首要价值，把健康作为体育运动的首要价值与进条例应遵循的基本原理，将运动员权利纳入体育精神的范畴。① 俄罗斯反兴奋剂机构认为WADA的上诉涉嫌侵犯运动员的人格权，CAS认为，成为协会成员意味着同意该协会的规则和制度，没有非法侵犯运动员的人格权，但要维护无过错运动员的个人利益，应对涉嫌使用兴奋剂的运动员和无过错运动员区别对待。（2）体育行业利益与公共政策（公序良俗）的利益衡量。公共政策包括人权、公正、秩序三个基本价值。体育行业利益包括管理运动员和辅助人员的利益，但即便体育行业利益也不能高于普适性的人权、公正等基本价值。俄罗斯系统性兴奋剂违规，给其他国家和运动员带来

---

① 参见罗小霜：《〈世界反兴奋剂条例〉的最新发展与中国的应对》，载《体育科学》2020年第5期。

了不公平和非正义，不符合公共政策的要求，因此，不能维护所谓的俄罗斯国家"体育公共利益"。俄罗斯系统性兴奋剂违规案应该维护无过错运动员的个人利益，应该维护公共政策。

国家联合会会员或参赛资格被取消，所属运动员个人不再享有参赛资格。在没有规则依据情况下，CAS 决定由各国际联合会自行决定运动员是否参赛。国际田联第 22.1A 条规定：如果运动员能清楚而有说服力地证明并没有受到被暂停会员资格的国家田径联合会的影响，因为他一直在国外并接受国外有效反兴奋剂系统的检查，他就能申请参加国际比赛，但不能代表其国家，只能以中立运动员身份参加比赛。但俄罗斯田径运动员中符合 22.1A 条的只有跳远运动员达里娅·克里什娜。国际赛艇联合会规定俄罗斯运动员 2015 年 1 月到 2016 年 7 月间要接受至少 3 次莫斯科外的 WADA 授权实验室的检查，该规定导致 17 名运动员无法参加里约奥运会，引起相关运动员不满。国际田联第 22.1A 规定过于狭窄，国际赛艇联合会规定过宽，采取一概而论的方式，值得商榷。① CAS 认为，如果运动员能证明自己没有使用兴奋剂可以参加奥运会（残奥会），这既是保护运动员个人利益，也符合打击兴奋剂违纪、保护运动员权益并重的目的解释方法要求。

CAS2020/O/6689 案裁决的主要依据是 2018 年修改、2021 年实施的 WADC 和《签约方合规国际标准》，适用了 2015 年 WADC 第 23.6 条签约方不遵守本条例的附加后果条款。2021 年 WADC 新增了处罚规定：签署方可对其他体育机构进行制裁，当签约方意识到其管辖权范围内的一个成员组织或其他体育机构未能履行反兴奋剂义务时，应对该组织或机构采取适当行动，包括将该组织或机构的所有或某些成员排除在今后特定的比赛或在特定时期内比赛之外。②《签约方合规国际标准》第一次以标准的形式明确各反兴奋剂组织违反世界反兴奋剂规则需要承担的责任，核心内容是 WADA 监控签约方合规，实质上是要求各签约方将 WADC 纳入并应用到各自管辖范围，但存在 WADA 有时兼具规则制定者和监督者角色、合规范围尚待明确、没有规定国际奥委会（国际残奥委会）不遵守规则时如何处理等问题。③ 俄罗斯系统性兴奋剂违规案对集体禁赛规定的合理性存在争议、对处罚范围与禁赛期限存在争议。④ 俄罗斯对适用 WADA 修改的 WADC 和《签约方合规国际标准》表示质疑，认为只有在俄罗斯同意它们的情况下才具有约束力。

CAS 裁决俄罗斯反兴奋剂机构违反 WADC，禁止俄罗斯 2 年参加、主办、申办奥运会和残奥会（冬季和夏季）以及其他任何形式的世界锦标赛（自裁决生效之日开始计算），两年内允许俄罗斯运动员或其它当事人以中立运动员身份参加上述比赛，前提是运

---

① 参见熊英灼：《俄罗斯系统性使用兴奋剂事件述评》，载《体育学刊》2017 年第 4 期。
② 参见徐伟康：《2021 年版〈世界反兴奋剂条例〉（WADC）的修改评述》，载《西安体育学院学报》2020 年第 4 期。
③ 参见李真：《签约方遵守世界反兴奋剂条例之国际标准初探》，载《体育学刊》2018 年第 4 期。
④ 参见李智、蓝婕：《"俄罗斯兴奋剂事件"的法律争议研究》，载《首都体育学院学报》2021 年第 1 期。

动员或其它当事人过去、现在或将来不受停赛、禁赛等限制。如果 WADA 能够结合嗣后实践法律解释方法给出裁决理由，裁决会更令人信服。嗣后实践法律解释能够解释俄罗斯系统性兴奋剂违规案的仲裁结果，更重要的是，沿袭治疗用药豁免规则产生办法，或许可以促进 WADA 考虑增加国家反兴奋剂机构和团体兴奋剂违规个人参赛资格例外条款：运动员或其它当事人有权提供充分的证据证明自己没有违规，达到"舒适满意标准"可以个人名义参加国际赛事。但是，CAS 的解释结论需要得到 WADA 审查和国际奥委会认可后才能对 WADC 修改产生影响，相信 CAS 的裁决将会影响 WADC 的修订。

四、结语

总的来说，WADC 在性质上属于对承认它的国家和国际体育组织有约束力的国际规则，尽管不是国际条约，对它的解释可以参照适用条约嗣后实践法律解释方法。作为国际奥委会解决体育纠纷建立的特殊国际司法体系，CAS 拥有对 WADC 的"司法解释权"。嗣后实践法律解释方法是国际法体系特殊性质与结构的产物，其适用具有特殊性。该方法的适用前提是法律规范存在与现实不一致的空白或模糊之处，常用方法是进行类比推理，适用进路包括运用其它解释方法解释、寻找解释依据、进行法律论证三个步骤。WADA 实际上已经对反兴奋剂规则进行着嗣后实践法律解释，进而确立新的纠纷解决规范，开创了反兴奋剂规则独特的法律方法论。我国相关法律人员要掌握嗣后实践解释方法原理，关注 WADA 的判例，研究 CAS 的仲裁思维和法律解释方法，注重我国和国际体育司法的对比，帮助运动员、其他当事人和体育争端机构正确认识和应用国际体育规则。

俄罗斯系统性兴奋剂违规案启示我们：嗣后实践法律解释方法对 WADC 解释适用具有现实应用和研究价值，对我国国内法律解释方法亦具有丰富补充功能。嗣后实践法律解释能从法理上解释俄罗斯系统性兴奋剂违规案的仲裁结果，更能促进国家和团体兴奋剂违规个人参赛资格例外条款的形成。但是，嗣后实践法律解释只是其他法律解释方法的辅助证明，还不能成为一种单独的法律解释方法。考虑到国际法正式修订程序面临的诸多困难，嗣后实践提供了法律规范适用的一个重要方法，不仅能对法律规范进行解释，而且是国际法的构成方式之一。面对无法预见的国际反兴奋剂形势，嗣后实践法律解释方法今后有着很大适用空间。国际反兴奋剂机构今后或许会在一定限度和一定条件下成为政府间国际组织，进而适用嗣后实践法律解释方法。

Application of Subsequent Practice Legal Interpretation Method of the World Anti – Doping Code
——Reflections on systemic doping violations in Russia

Kong Rui

Abstract: The International Olympic Committee is an international, non – governmental and non – profit organization, and its WADC has become the most widely used anti – doping regulations in the world at present. WADC is, by nature, an international rule binding on states and international sports organizations that recognize it and can be interpreted in the light of treaties applying the method of subsequent practice. The method of subsequent practice is different from other methods of legal interpretation and is the auxiliary proof of other methods of legal interpretation. In fact, CAS has conducted subsequent practice on anti – doping rules, thus establishing new dispute settlement norms and creating a unique legal methodology for anti – doping rules. Subsequently, the applicable premise of the legal interpretation method is that there are gaps or ambiguities between the legal norms and the reality. The common method is analogy. The applicable approach mainly includes three steps: conventional legal interpretation, looking for the basis of interpretation, and conducting legal argumentation. If the rationale for Russia's systemic doping violations were given in conjunction with the method of subsequent practice, the verdict would be more convincing. Combined with case, this paper discusses the application of legal interpretation method in subsequent practice, hoping to enlighten the theory of legal interpretation method in China and the application of legal interpretation method in sports referee in the future.

Key words: Doping; Subsequent practice; Supplement; Legal interpretation

经验解释

从婚俗看民间法中女性的失落*

李 勇**

摘　要　随着社会的进步，作为民间法的婚俗已在形式上发生较大改变，但其背后的男权本质并未根除。高额彩礼的买卖性质会导致女性的物化，女性在男娶女嫁的婚嫁模式中仍处从属地位，从夫居婚居制度则将女性的土地、财产、居住等权益置于了危险的境地。国家法中性别平等的实现不代表民间法中女性歧视的破除，民间法中的女性歧视反过来会阻碍国家法中性别平等的实现。只有消除民间法中的女性歧视，女性地位在民间法和国家法中的落差才能真正消失。

关键词　民间法　婚俗　彩礼　男娶女嫁　从夫居

一、作为民间法形式之一的婚俗

尽管学界就"民间法"的内涵仍未达成共识，但既有的研究为其划定了大致的框架。梁治平较早使用民间法这一概念，他认为习惯法是在乡民长期的生活与劳作过程中逐渐形成的，被用来分配乡民之间的权利和义务，调整和解决他们之间冲突的地方性规范，习惯法就是民间法。① 苏力则把民间法解释为，在社会中衍生的、为社会所接受的规则。② 在郑永流看来，民间法多为自然长期演进生成的，是一种存在于国家之外的社会中，由一定权威提供外在强制力来保证实施的行为规则。③ 谢晖将主体日常生活中的规范性内容④或

---

*　中国人权研究会 2020 年度部级课题《中国消除对妇女歧视四十年：认识、实践与前瞻》（项目批准号 CSHRS2020 - 23YB）。
**　李勇，西南政法大学法学理论专业博士研究生。
①　参见梁治平：《清代习惯法：社会与国家》，中国政法大学出版社 1996 年版，导言第 1 页。
②　参见苏力：《法治及其本土资源》，中国政法大学出版社 1996 年版，第 44 - 45 页。
③　参见郑永流：《法的有效性与有效的法》，载《法制与社会发展》2002 年第 2 期。
④　参见谢晖：《民间法的视野》，法律出版社 2016 年版，第 142 - 143 页。

指引人们生活方式的规范性内容①定位为民间法，这种规范性内容不仅是日常交往、纠纷解决的法；推进市民社会生成、文明秩序建构的法；还是作为立法、司法、行政之规范渊源的法。②

综合上述观点可以发现，民间法主要包含三方面特性：一是民间法是对应于国家法的法。国家法的出台需要经过立法程序，民间法则是自发形成的社会行为规范。二是民间法是普遍作用于市民社会的法。它规范着百姓的生活起居、婚丧嫁娶、纠纷解决，有悖民间法的行为将受舆论乃至民间自发行为的约束。三是民间法和国家法存在互动关系。既包括张力，亦涵盖良性互动。依此审视婚俗：首先，婚俗自发形成于民间，是由民间婚嫁行为被约定成俗的社会文化心理和风尚；③其次，婚俗作为社会规范仍对民间婚嫁发挥约束作用；最后，婚俗与国家法存在互动关系。一方面，婚俗牵制着国家法的落实，在乡土社会这很可能造成国家法适用的"制度困境"；另一方面，婚俗的很多方面得到了国家法的承认或成为国家立法的参考。由此可得出结论，婚俗是一种民间法。

"婚俗的主体对象是两性，但婚俗实际上反映的是女性的社会习俗、家庭角色以及女性在婚前及婚后的角色转变和职能承担"，④故其是特定时期社会性别观念的直接体现。当下，我国有关婚俗的理论成果已非常丰富。既有研究表明，极具压迫性的旧婚俗已被改变，代之以适应现代社会的更趋文明的婚俗。⑤在这种更趋文明的婚俗中，女性获得了平等的地位甚至成为婚姻关系缔结的主导者。然而，基于性别视角来细致审视婚俗，则可看到不同景象。虽然婚俗的内容会随着时移世易，也会因空间不同而呈现出不同的面貌，形成不同时代、不同地方各自选择的习惯规范，⑥但传统婚俗中最核心、也最具性别偏见的三个方面——彩礼、男娶女嫁的婚嫁模式、从夫居的婚居制度依然普遍存在于当下社会。通过这三个核心婚俗的分析可以发现，它们的存在暗含着性别权力关系的极度不对等以及婚俗作为民间法形式，在造成婚姻中女性的失落方面发挥的"共谋"作用。

二、高额彩礼给付中女性的物化

在中国人婚姻关系的缔结中，彩礼是极为重要的组成部分。在古代，彩礼是结婚的必要条件，"特别是在没有写婚书习惯和不向官府作婚姻登记的地区，聘礼显得尤为重要，

---

① 参见谢晖：《大、小传统的沟通理性：民间法初论》，法律出版社2019年版，第139页。
② 参见谢晖：《民间法是个什么法：在第七届全国民间法/民族习惯法学术研讨会开幕式上的致辞》，http：//www.xhfm.com/2011/0815/2718.html，访问日期：2020-11-25。
③ 参见向仍旦：《中国古代婚俗文化》，中国书籍出版社2014年版，第1页。
④ 连芷平：《当代少数民族婚俗中的女性权益发展与分析》，载《贵州民族研究》2017年第6期。
⑤ 参见冯之余：《略论近代福建婚俗的变迁》，载《福建论坛（人文社会科学版）》；郎元智：《地域文化视野下的近代东北婚嫁习俗》，载《东北文化》2014年第5期；刘中一：《乡村社会变迁场景中的婚嫁习俗》，载《中国农村观察》2011年第5期，等等。
⑥ 参见谢晖：《民间法的视野》，法律出版社2016年版，第144页。

其是男子娶妻的凭证"①。即便在结婚以登记为要件的当下社会，彩礼也是结婚无法绕开的话题，它仍作为一种约定俗成社会规范指引着民间的嫁娶行为。

（一）彩礼的缘起、发展及异化

在中国文化中，彩礼"专指订婚时男方或男方家属送给女方或女方家属的财物"。② 作为礼仪文化的重要组成部分，彩礼更重要的是仪式功能，是一种表达感情的方式。中国自古就有男子在婚姻合意达成时向女子赠送聘礼的习俗。在春秋战国、先秦、西汉时期有关礼仪文化的史料中，载有许多关于彩礼的内容。自西周正式确立"六礼"程序后，彩礼（纳征）成为婚姻缔结中的必经阶段。尽管由纳征演化而来之彩礼的名称因为时代不同而有所差异，但彩礼婚俗依旧伴随着中华文明的发展和婚姻制度的演进得到推广和巩固，进而体现到了后世律法中。"礼法的结合使彩礼更深刻的融入民间，成为后世人们广为接受且普遍遵循的习俗"。③

"现代的彩礼被赋予了更多物质意义，甚至成为沉重的负担，进而失去其本意。"④ 在当下社会，彩礼的仪式性功能减弱，交易色彩凸显，进而呈现出一种异化状态，此种异化主要表现在数额上。近年来，有关"因婚致贫"的报道频频出现，动辄十万甚至几十万的"天价彩礼"已成为普通家庭难以承受的重负。一项针对全国9省的研究显示：彩礼从20世纪80年代初的1万上涨到目前的20-30万，各省上涨幅度达到了人均收入的10倍到50倍不等。⑤ 更多研究主要基于某个具体地方揭示高额彩礼的情况。如，黑龙江M村的必要彩礼项目总成本高达39万，相当于当地人均收入的28倍；⑥ 福建省大田县的彩礼集中在6到16万，相当于当地普通农民十年的收入；⑦ 山东省C村从十余年前的3.8万到当下的十几万，女方对男方的其他要求也在增加，这使农村家庭的生活变得更困难⑧。类似的例子不胜枚举，高额彩礼成了笼罩在中国（特别是乡村）婚嫁上的"雾霾"。

（二）高额彩礼产生与女性的商品化

到底是何原因导致高额彩礼的盛行？既有研究从多角度回答了此问题。比如，经济发

---

① 简洁编著：《中国婚俗》，黄山书社2013年版，第49页。
② 曲文勇、王慧：《彩礼对当代婚姻稳定性的影响》，载《黑龙江社会科学》2019年第4期。
③ 黄娅琴、黄梅：《民间彩礼的法律问题研究》，载谢晖、陈金钊、蒋传光主编：《民间法》（第17卷），厦门大学出版社2016年版，第191页。
④ 曲文勇、王慧：《彩礼对当代婚姻稳定性的影响》，载《黑龙江社会科学》2019年第4期。
⑤ 参见韦艳、姜全保：《代内剥削与代际剥削？——基于九省百村调查的中国农村彩礼研究》，载《人口与经济》2017年第5期。
⑥ 参见刘凡熙：《从代际关系角度看当前中国农村高额彩礼问题——基于黑龙江M村的调查研究》，载《学术交流》2018年第1期。
⑦ 参见田丰、陈振汴：《农村青年结婚高额彩礼问题探析——以福建省大田县为例》，载《中国青年社会科学》2016年第2期。
⑧ 参见程向仪：《近十年来农村彩礼的演变及其影响探析——基于山东省C村的考察》，载《社会科学动态》2019年第4期。

展、暴富和炫耀心理、代际剥削、代内剥削、性别比例失衡、女性婚姻迁徙的增加等。①事实上，高额彩礼产生的原因非常复杂，其在不同的区域存在差异，站在不同的立场得出的结论也各不相同。基于女性主义视角，从婚姻市场中女性的地位、女性本身、女方家庭三个角度可以看到高额彩礼商品化女性的逻辑。

首先，女性在婚嫁市场中的"优势"地位。中国的男女比例失衡由来已久。1982 年以来，新生儿性别比便处于在失调中攀升、攀升中加剧的状态。（图 1）如今，80、90 年代出生的人已达婚龄，男女比例失衡的直接后果——婚姻挤压问题逐渐凸显。这意味着当下及今后每年将新增数以百万的适龄男性在中国找不到配偶。故从绝对数量看，男性在婚姻市场中处于劣势地位。与女性受教育水平提高、经济条件改善而来的女性晚婚甚至独身现象的出现，加剧了男性的此种劣势。在此情况下，形成了有利于女性的婚嫁市场，彩礼要价随之增加。"从表面看，女性在婚姻市场中的主动性增加了甚至可以'挑三拣四'。"②但男方愿意支付高额彩礼不代表女性地位的真正提升。"天价彩礼不过在暂时失衡的婚姻市场上，男方的货币支付，这固然不同于明目张胆的女性买卖，仍是对女性社会地位的否定。"③ 在整个过程中，女性与商品无异。她们被挑选和定价，"购买者"则是男性。在这一"买"一"卖"中，无论她们得到多高额度的彩礼，都难逃脱被商品化的嫌疑。

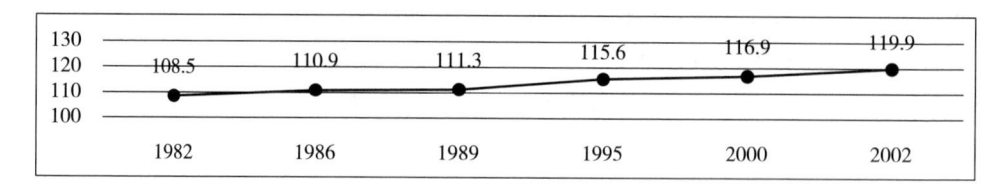

资料来源：国家统计局官网，stats. gov. cn，2020.11.29.

图 1 1982 – 2002 年中国新生人口的性别比

其次，女性对物质的看重、攀比之风盛行。由于女性在婚嫁市场上的优势地位，社会中出现了一些支持女性索要高额彩礼的声音，比如提出：彩礼多少代表自身"品质"和男方的态度、男方花"重价"后才懂得珍惜、高额彩礼使男方不敢轻易离婚等，以这些判断为由来证成索要高额彩礼的合理性。甚至有人将其归为女性意识觉醒的结果，认为这只是要求男方事先支付女性在婚后生养子女和付出更多家务劳动的经济补偿。④ 著名学者麦金

---

① 参见黄涛：《彩礼的经济动因》，载《中国统计》2018 年第 12 期；林胜、黄静雅：《农村天价彩礼对青年女性的负面影响——以莆田某村为例》，载《中国青年研究》2019 年第 2 期；韦艳、姜全保：《代内剥削与代际剥削？——基于九省百村调查的中国农村彩礼研究》，载《人口与经济》2017 年第 5 期；等等。
② 何绍辉：《货币下乡与价值错乱——兼论天价彩礼的形成及其社会基础》，载《中国青年研究》2017 年第 9 期。
③ 何绍辉：《货币下乡与价值错乱——兼论天价彩礼的形成及其社会基础》，载《中国青年研究》2017 年第 9 期。
④ 参见曲文勇、王慧：《彩礼对当代婚姻稳定性的影响》，载《黑龙江社会科学》2019 年第 4 期。

农曾提出"意识觉醒"以启发女性认识到家务和抚养劳动的剥削性,但她强调,此种剥削性的消除要通过"打破男女间社会关系之意义的结构"① 来实现。而抬高彩礼要价,无法掩盖部分女性看重物质这一实质。在此,女性的价值并非出于独立、有尊严的价值本身而依附于彩礼的多寡。她们追求的高额彩礼,不过是自我商品化的某种补偿或托辞。

最后,代内剥削。在高额彩礼给付中还存在着一种典型的剥削形式——代内剥削,其是一种"替代型剥削",也即"由于性别偏好,家中女儿数量的增加会增加家庭的彩礼收入,从而补贴到儿子的彩礼花费上"。② 一项关于彩礼流向的调查显示,有59%的人表示彩礼转化为了兄弟的结婚费用。③ 此种情况在农村并不少见,有的父母直接认为"要彩礼就是为儿子结婚时支付女方索要的彩礼"。④ 在代内剥削中,女性处于不利地位。一方面,在过于看重彩礼的情况下,难以保证与女性结婚对象的"品质",增加了她们婚姻幸福的偶然性;另一方面,为实现彩礼的流转,还可能限制女性的发展。具体表现为,父母为给儿子娶亲,急需女儿出嫁收取的彩礼,她们不得不在家庭和个人利益间做出选择。"受孝道、亲情、亲友舆论等各方面压力的影响,她们通常会屈从于家庭利益"。⑤ 整个过程中,占主导地位的是父母,目的在促成兄弟婚姻的缔结,女性的婚姻及其收取的彩礼只是一种工具,它可能导致女性决策权的丧失,女性也难逃被商品化的命运。

(三)高额彩礼的"波及效应"

隐藏于高额彩礼之后的是男权思维和女性的商品化,其结果往往影响到女性的婚姻家庭生活。

首先,给付高额彩礼会使丈夫及夫家成员对妻子产生一种偿还心理。男方及其父母辛苦积攒的财富在一夜间流走的不平衡心理,普遍存在于男方家庭中。因此,"他们更可能极力在媳妇身上榨取'价值',索取应得的'回报'"。⑥ 一种典型的婚姻偿付理论认为,彩礼是用以确认对女方繁衍后代和家务劳动之权利的转移,故这种"回报"主要体现在生育和家务劳动上。就前者而言,由于夫家给付了高额彩礼,他们将要求妻子完成传宗接代的"分内"任务,甚至干预妻子生育的数量和生育的间隔。就后者而言,在给付高额彩礼

---

① [美]麦金农:《迈向女性主义的国家理论》,曲广娣译,中国政法大学出版社2007年版,第132页。
② 韦艳、姜全保:《代内剥削与代际剥削?——基于九省百村调查的中国农村彩礼研究》,载《人口与经济》2017年第5期。
③ 参见田丰、陈振汴:《农村青年结婚高额彩礼问题探析——以福建省大田县为例》,载《中国青年社会科学》2016年第2期。
④ 田丰、陈振汴:《农村青年结婚高额彩礼问题探析——以福建省大田县为例》,载《中国青年社会科学》2016年第2期。
⑤ 林胜、黄静雅:《农村天价彩礼对青年女性的负面影响——以莆田某村为例》,载《中国青年研究》2019年第2期。
⑥ 林胜、黄静雅:《农村天价彩礼对青年女性的负面影响——以莆田某村为例》,载《中国青年研究》2019年第2期。

后，丈夫及其家庭会期待妻子扮演传统角色，故更可能将妻子承担家务劳动视作理所当然。无论是子女生育还是家务劳动，高额彩礼更可能使女性在婚后受到传统性别分工的影响，使她们更难走出家庭寻求自身的发展。

其次，高额彩礼可能加剧对女性的家庭暴力。高额彩礼将女性置于了夫妻关系的被动面，她们终身都可能受起初索要之高额彩礼的牵制，最极端的表现是家庭暴力。现实生活中，女性因彩礼遭受家庭暴力的示例屡见不鲜。于2017年发生的，新婚夫妻为11万彩礼发生激烈争吵，后丈夫将妻子砸死的悲剧已给我们沉痛的教训。① "高额彩礼不一定会提高女性的家庭地位，她们反而会受到男性的控制"。② 对有能力给付礼金的男性而言，"高额彩礼强化了物化的婚姻观，让新娘有了商品属性，加剧了丈夫实施控制的可能性"。③ 当他们花重金"换"来的妻子未从其意时，家庭暴力则可能出现；对为给付高额彩礼而倾全家积蓄甚至负债累累的男性而言，他们可能会因此积怨，当遇到"导火索"时，他们压抑心中的怒火便会爆发，受伤害的也多是妻子。此外，高额彩礼增加了男方的婚姻成本，还可能限制离婚对于家庭暴力之救济功能的发挥。

最后，高额彩礼无益于女性独立意识的形成。从个人的角度讲，彩礼会给女性造成一种寻求暴富和炫耀的心理。④ 现实中，人们谈及彩礼时常使用的是"要彩礼"的提法。"要彩礼"的多少成了可供攀比的事项。在彩礼金额高昂的时代，有女性将收彩礼作为改善自身及其家庭经济条件的途径。这条看似方便快捷的致富之路在无形中阻碍了女性寻求自我的充分发展，有悖于女性解放的现实要求。由于依赖和攀比，待到真正的性别意识觉醒时，她们将会发现，一笔可怕的总账已经落到了自己的头上。⑤ 从社会角度看，针对高额彩礼现象的谴责实际指向的是女性，即普遍认为女性是爱慕虚荣甚或是无理的。在主体上，此种对女性形象的否定预设的波及效应会延伸至所有女性，在领域上则可能辐射到政治、经济、教育、就业等各个领域，进而影响对女性整体的社会认同。从长远来看，这会牵制女性解放的脚步。

三、男娶女嫁婚嫁模式下女性的从属

与彩礼紧密相关的是男娶女嫁的婚嫁模式，集中表现在结婚的形式或仪式上。需要说明的是，很多时候男娶女嫁与从夫居被等同甚至混同了起来。本文认为此种做法有失妥

---

① 参见《新婚夜血案：不能承受的天价彩礼》，https://finance.sina.com.cn/roll/2017-02-13/doc-ifyamkqa5831162.shtml，访问日期：2020.11.29.
② 宋月萍、张婧文：《越少就会越好吗？——婚姻市场性别失衡对女性遭受家庭暴力的影响》，载《妇女研究论丛》2017年第3期。
③ 宋月萍、张婧文：《越少就会越好吗？——婚姻市场性别失衡对女性遭受家庭暴力的影响》，载《妇女研究论丛》2017年第3期。
④ 参见林胜、黄静雅：《农村天价彩礼对青年女性的负面影响——以莆田某村为例》，载《中国青年研究》2019年第2期。
⑤ 参见［英］玛丽·沃斯通克拉夫特：《女权辩护》，王蓁译，商务印书馆1994年版，第161页。

当。一方面，我们不能否认二者通常（特别在古代）存在紧密联系，就此而言，本文第三、四部分内容难免出现重叠的地方。另一方面，差异也是现实存在的。它们不仅有时间上的先后之分，即婚嫁模式的呈现先于婚居制度；体现的也是婚嫁的不同维度，男娶女嫁是一种婚嫁模式，从夫居是一种婚居制度。当下，二者联系的必然性已被打破。故本文将二者分开来讨论。

（一）当下社会中的男娶女嫁

在中国，男娶女嫁婚嫁模式依托的婚姻制度经过了从奴隶制时期的买卖婚，到封建社会的聘娶婚，再到近代改革后的嫁娶婚的转变。无论婚姻制度发生了何种改变，作为核心的男娶女嫁婚嫁模式始终存在于中国社会。目前，尽管婚礼形式发生了变化，但男娶女嫁仍是主流的婚嫁模式，具体可从正反两个方面表现出来：

从正面看，男娶女嫁是主流。虽然没有统计学意义上的数据呈现，但对周遭世界的观察和体验能够在一定程度上反映这一点。作为一种婚嫁形式，男娶女嫁主要体现在结婚仪式上，也即通过迎娶将新娘带至夫家。就具体的迎娶方式而言，当下社会中存在着直接和变相两种情况。直接迎娶是指传统意义上的结婚当天男方去女方家迎娶新娘，此种迎娶方式在农村还普遍存在。变相迎娶的出现有其特定的时代背景。由于路途遥远，迎娶地点不再绝对是女方家，而是同城的某个酒店。甚至有的婚礼将此环节也免了，代之以简单的新娘交托仪式。在此，形式确实发生了变化，但迎娶作为婚礼的必经程序从未被剪除。无论是从女方家迎娶新娘、在酒店迎娶新娘，还是婚礼现场的新娘交托，反映的都是男娶女嫁的婚嫁模式。男娶女嫁还体现在双方家庭举办的宴会名称上。通常而言，女方家举办的叫"出阁宴"，更隆重的婚宴则由男方家举办，亦可反映出"男娶""女嫁"的普遍心理。

从反面看，女娶男嫁是例外。事实上，早在20世纪90年代，有人便已在应然层面关注到了女娶男嫁的婚嫁模式。也即，为推动婚姻中男女平等的真正实现，而倡导女娶男嫁的婚嫁模式。[①] 在实然层面，真正采取女娶男嫁的方式成婚的情况非常少见，特别是在汉族地区。2018年，一则《陇南康县女娶男嫁成为中国婚嫁习俗的一朵奇葩》的报道流传开来，报道的措辞如"奇葩"，以及该报道之所以能够吸引公众眼球，也反映出汉族的婚嫁模式中女娶男嫁只是一种例外形式。即便有的少数民族还保留着女娶男嫁或不落夫家的婚俗，但随着经济的发展以及受汉族文化的影响，男娶女嫁的婚嫁模式逐渐延伸到了这些地区，女娶男嫁的传统婚嫁模式正在被男娶女嫁取代。[②] 尽管一种理想的状态是"女娶男嫁"和"男娶女嫁"处于同等地位以供男女双方自主选择，但从现实的角度来看，此目

---

① 参见刘书鹤：《婚嫁的变革：女娶男嫁》，载《社会》1995年第10期；刘书鹤：《值得大力倡导的婚嫁变革》，载《妇女学苑》1995年第4期。
② 参见黎金凤等：《基于文化地理视角的壮族婚嫁习俗变迁研究》，载《云南地理环境研究》2012年第3期。

标的实现还非常遥远。

(二) 男娶女嫁的文化蕴含

一方面,男娶女嫁是母权制被推翻、父权制建立以来形成之女性从属地位的必然结果。女性在母系氏族拥有崇高的地位,这使她们不必依赖于本族男性,也对婚盟氏族的男性配偶提出了更高的要求。母权社会"实行'女娶男嫁',即女性在氏族内继承家业,男性出嫁到女性氏族"。① "母权制被推翻,乃是女性的具有世界历史意义的失败。丈夫在家中也掌握了权柄,妻子则被贬低,被奴役,变成丈夫淫欲的奴隶,变成单纯生孩子的工具了"。② 相反,家长制家庭的出现使得家庭的绝对权威从女性转向男性,婚嫁模式也随之改变。"男子娶妻、女子脱离自己氏族出嫁的成婚形式开始形成。"③ 男娶女嫁的婚嫁模式确立了父权制,离开原生家庭嫁入夫家意味着女性需要放下自尊和骄傲,预示着对新统治者——男人的折服,也代表女性从属地位的正式开始。尽管当下的婚嫁在形式和实质上都有了较大改变,但根源仍在于此。

另一方面,男娶女嫁的婚嫁模式会进一步形成针对女性的刻板印象。在古代,一种普遍的观念认为,嫁人"等同于'把姑娘给别人家了',是'帮别人过日子'的"。④ 虽然时代的进步足以使男女平等成为理所当然,但由于文化的惰性,此种刻板印象不仅存在且在现实中依然发挥着作用。现代社会中,女性嫁人无需再割断与亲人的情感联系和娘家既有的关系网络。但无法否认的是,男女结婚时不舍和流泪的多为女方父母。因为他们清楚地知道:女儿嫁人后无法再像此前那样与父母共住同欢;她们要履行为夫家传宗接代的任务;她们要同丈夫一道履行赡养公婆的责任,而对父母的赡养多被搁置了。更何况,女性出嫁后,仅逢年过节(甚至多年未)回娘家看望父母的情况也不少见。在此情形下,父母确实很难用同样的态度对待女儿和儿子。故在当下,尽管不再那么绝对和极端,但"女儿终将成为别人家的人""嫁出去的女儿泼出去的水""女儿是赔钱货"等观念非凭空而起。长此以往,上述针对女性的否定性观念便形成了针对女性的刻板印象。

(三) 男娶女嫁中女性的困境

从结果层面看,无论是母权制被父权制取代所造成之女性从属地位的文化传统,还是基于男娶女嫁的婚嫁模式进一步形成的针对女性的刻板印象,都可能对女性造成不利影响,主要包含如下三方面:

---

① 彭胜宇:《论哭嫁习俗的起源》,载《贵州民族研究》1990 年第 2 期。
② [德] 恩格斯:《家庭、私有制和国家的起源》,中共中央马克思恩格斯列宁斯大林著作编译局译,人民出版社 1999 年版,第 57 页。
③ 张敏杰:《中国的婚姻与家庭》,东方出版社中心 2017 年版,第 11 页。
④ 吉国秀:《婚姻仪礼变迁与社会网络重建:以辽宁省东部山区清原镇为个案》,中国社会科学出版社 2005 年版,第 180–181 页。

首先，女性在原生家庭中更可能被忽视。从最极端的角度讲，它会降低女性生命的价值，在性别鉴定技术普及前，女婴更可能被溺杀或遗弃；在性别鉴定技术普及后，女性胚胎更可能被人工流产，这在新生儿性别比失衡中得到了证明。（图2）性别刻板印象还体现在教育上。正如英国女权先驱沃斯通克拉夫特所言，"我深信忽视对我同胞的教育是造成我为之悲叹的那种不幸状况的原因"，① 教育之于女性的发展非常重要，但在贫困家庭的利益衡量中，受损害的多是女性。第三期女性社会地位调查显示，除25-29岁城镇女性的平均受教育年限与男性相当外，其他年龄阶段的女性平均受教育年限均低于男性。② 这种观念还会损害女性的健康。它不仅会直接减少家庭对女孩的健康投入；头胎生女孩的家庭还可能继续生育，从而变相减少对女孩的健康投入。③ 甚有民间技艺以"传男不传女"的方式将女性排除在外。

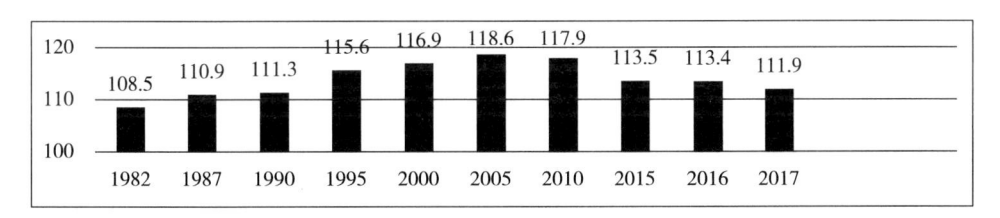

资料来源：根据国家统计局的相关资料整理而成。

图2 每100名活产女婴对应的活产男婴数（%）

其次，有违女性婚姻自主的实现。1980年修改的《婚姻法》赋予了男女选择婚嫁形式的自由，此乃女性婚嫁自主的题中之义。但现实中，影响婚嫁形式选择的还是婚俗，男娶女嫁仍被视作理所当然，这限制了女性婚姻自主权的行使。表现有二：一是青年结婚时都不约而同的选择男娶女嫁。除作为异化形式的入赘婚外，汉族中女娶男嫁罕见。即便康县流传着女娶男嫁的婚嫁形式，但公众多从非物质文化遗产而非婚姻自主的角度看待之。二是很少有女性敢突破现状采取女娶男嫁的婚嫁形式，重重无形的阻隔限制了她们行使婚嫁形式选择的权利，甚至不知有此项权利。凡此种种都表明了男娶女嫁是天经地义的事实。无论是符号化还是实质性的男娶女嫁，都是用婚俗对女性婚嫁模式选择的变相束缚。在此情形下，无论男娶女嫁是出于自愿还是被迫，都有违婚姻自主的要求。

最后，女性在夫家可能被边缘化。单从作为一种仪式的男娶女嫁看，并不会直接对女性嫁入夫家后的生活产生影响。但如上文所阐释的那样，作为富含文化蕴含和价值判断的男娶女嫁，则可能从文化或观念层面给女性造成不利影响。特别是在广大农村地区，民众

---

① ［英］玛丽·沃斯通克拉夫特：《女权辩护》，王蓁译，商务印书馆1996年版，第3页。
② 参见第三期中国妇女社会地位调查课题组：《第三期中国妇女社会地位调查主要数据报告》，载《妇女研究论丛》2011年第6期。
③ 参见廖丽萍、张呈磊：《"重男轻女"会损害女孩的健康状况吗？——来自中国家庭追踪调查的证据》，载《经济评论》2020年第2期。

延续的仍是传统意义上的男娶女嫁形式，女性依旧真实的嫁入夫家。女性只身来到夫家后，便进入了一张由夫家亲属组成的社会关系网络。① 在此关系网络中，女性很难作为独立的个体而存在。从女性心理的角度讲，来到陌生的关系和地理环境中，她们会产生本能的抵触感。受此影响，女性很难形成对新身份的认同，进而"使她们夫妻生活的开头变得更困难，甚至阻碍其从中找到幸福的平衡"。② 从夫家亲友的心理来看，对作为外来者的媳妇而言，他们是绝对的东道主，在这种特殊的外来者和东道主之间会形成一种隐秘且牢固的权力关系。女性作为外来者的观念还存在于民众潜意识里，这种潜意识在受外在因素刺激时便会凸显出来。

四、从夫居婚居制度下的女性权益受损

与男娶女嫁的婚嫁模式相关的是从夫居婚居制度，是指女性婚后随同夫家居住的形式，包括直接和变相两种。在古代，从夫居是法定婚居制度，当下社会中仍制约着人们的婚居选择。③ 与具有男尊女卑、女性从属等丰富文化蕴含的男娶女嫁婚嫁模式更可能从非物质层面导致对女性的贬损与边缘化不同；作为单纯居住形式的从夫居婚居制度，更可能从物质层面导致女性的权益损害。在很多时候，从夫居婚居制度只是一个引子，由此带来的婚房归属、土地归属、财产继承、子女姓氏选择、子女抚养等问题，则是造成女性权益困境的直接原因。

（一）从夫居的原初形式

古代女性入住夫家的形式相对简单，即指进入夫家与公婆叔/姑嫂等夫家成员共同居住，或进入丈夫家族但分户而住。在传统社会中，封建王朝的统治者提倡合灶而食的大家庭制度，④"婚姻关系的缔结通常并不能形成新的家庭。子辈乃至孙辈的婚姻，是旧有家庭存在和发展过程的重要环节"。⑤ 故家族同居出现的时间较早，时间跨度较长，同一时期则更可能出现在名门望族中。《红楼梦》中贾家正是这种婚姻形式的典型，王夫人、邢夫人婚后同住，王熙凤、李纨嫁入贾家后也与公婆姐妹同檐而居。从后者的角度看，此种既聚合又分立之居住形式的出现相对较晚，同一时期则更可能出现在劳动者或者庶民家中。由于物质资源等因素的限制或法律的规定使然，新婚夫妇与夫家其他家庭成员不得不分户而居。不管女性是否与公婆等夫家成员同住，古时女性均是在物理意义上从夫居住。

---

① 参见费涓洪：《农村社区组织、婚后居住制与妇女》，载《社会科学》1993 年第 6 期。
② ［法］西蒙娜·德·波伏娃：《第二性（II）》，郑克鲁译，上海译文出版社 2011 年版，第 211 页。
③ 参见蓝宇蕴：《传统婚居形式导致的社会问题》，载《社会》1991 年第 1 期。
④ 参见张敏杰：《中国的婚姻与家庭》，东方出版社中心 2017 年版，第 30 页。
⑤ 毛立平：《19 世纪中期中国家庭的社会经济透视》，中国人民大学出版社 2003 年版，第 8 页。

(二) 从夫居的现代体现

虽然社会变迁引起了传统居住安排的变化,但"要彻底改变传统婚居形式不是一件轻而易举的事情,传统婚居制度作为传统文化的组成部分,已内化到人们的社会心理,外化于人们的生活实践"。① 结果导致:"从夫居"的婚居模式没有随着经济社会的发展立即消失,而是经久不衰的存在于中国社会。2008 年,人口学家杨菊华针对 9 个省份的调查显示,"20 世纪 90 年代已婚女性的居住模式稳定大于变迁,且于 1993 - 2000 年呈上升趋势",从夫居婚居制度仍被恪守。② 20 年过去后,杨菊华教授得出的结论是否还适用? 本文认为答案是肯定的。尽管当下的从夫居已走向多元化,不再局限于物理意义上到夫家居住,但本质上仍是从夫居,主要表现为如下三方面:

首先,婚房置办的约定成俗。在当下的婚俗中,婚房是由男方准备。③ 第三期中国女性社会地位调查数据显示,已婚女性名下有房产的仅有 13.2%,与丈夫共有房产的也只有 28%。这是婚房购置习俗在数据上的直观反映。④ 婚房的准备存在城乡差异:在城市地区,男方需购买婚房;在农村地区,男方则要修建婚房。无论是购买还是修建,资金多由男方提供。婚房或是登记在夫家成员名下,或是建立在夫家宅基地上,他们对婚房享有绝对的权利。女方只享有一种有限度的使用权,"使用权"表明她们无法分享房屋的所有权;"有限度"预示着她们的使用也是有限度的,在时间上以婚姻关系的存续为限;内容上则以不做实质性处分为限。此外,由于婚房购置主要由男方进行或主导进行,故他们能够决定婚居地点;在异地的情况下,基本是根据男方的工作地点来确定夫妻婚后的住所。在此情形下,即便妻子未与公婆居住,仍然是从夫居。

其次,逢年过节和祖宗祭祀的去向。除传统的从夫居以外,随着城市化进程加快,夫妻单独居住的情况越发普遍。故有学者认为,此种情况形成了有别于从夫居和从妻居的第三种婚居模式。⑤ 本文不尽认同此观点,认为夫妻独立居住也分两种情况,即真正的独立婚居和形式上的独立婚居。本文着重探讨第二种情况。单从表面看,这是一种独立婚居模式。但当遇到某些节点时,从夫居的本相便会在这种婚居形式中表现出来。主要有二:一是逢年过节回哪儿? 尽管随着女性意识觉醒,很多年轻夫妻就"回哪儿过年"等事项作了事先约定,但更普遍的情况是回夫家。人们对团圆的期许指向的往往也是夫家。二是祭祀

---

① 蓝宇蕴:《传统婚居形式导致的社会问题》,载《社会》1991 年第 1 期。
② 参见杨菊华:《延续还是变迁? 社会经济发展与婚居模式关系研究》,载《人口与发展》2008 年第 5 期。
③ 参见罗萍:《从夫居婚居制下'婚房'与'嫁妆'的不同价值——对婚姻法解释(三)相关条款的质疑》,《中国妇女报》2014 年 6 月 24 日。
④ 参见第三期中国妇女社会地位调查课题组:《第三期中国妇女社会地位调查主要数据报告》,载《妇女研究论丛》2011 年第 6 期。
⑤ 参见王跃生:《社会变革与当代中国农村婚姻家庭变动——一个初步的理论分析框架》,载《中国人口学刊》2002 年第 4 期。

去哪儿？在古代，"拜宗庙"预示着婚姻得到男方祖先同意。当下社会中，面临祭祀祖宗时，女方通常也会跟随丈夫回夫家。即便她们有的也会回原生家庭参与祭祀，但时间上大多会推后。这在根本上反映的是女性对自身作为夫家成员的身份认同。

最后，子女姓氏选择和帮助抚育者的确定。同样是在看似独立的现代化居住形式下，从夫居婚居模式的根深蒂固还体现在子女姓氏的选择上。在中国传统家庭习俗里，男人延续香火，后代在夫家生养，承袭父姓是理所当然的。当下，尽管子女不在物理意义上的夫家出生和成长，但绝大多数子女仍随夫姓，依旧被认为是夫家香火的延续，这便是从夫居婚居制度在文化上的体现。此外，除父母作为子女的直接养育者外，习俗中还存在一个帮助养育者的角色，俗称"带孙子"，"奶奶"而非"外婆"是该"责任"的首要承担者。只有当奶奶生病、去世或存在其他无法承担帮助抚养责任的因素时，外婆才以替代的帮助抚育者角色出现。这也在一定程度上反映出，文化而非物理意义上的从夫居婚居制度仍普遍存在于当下社会。

（三）从夫居下女性的权益危机

从形式看，"'从夫居'是家庭婚姻关系中的一种居住安排，实际上却折射出家庭中男性的主导地位，女性的附属地位"。① 由此种居住安排所导致的不仅是观念和文化上的女性歧视和偏见，女性的现实利益也可能受侵害，主要表现为如下三方面：

首先，农村女性的土地权益。农村女性土地权益纠纷是农村土地问题中的突出矛盾之一，土地承包法出台之初便注意到了这一点，并就此作了特别规定。但"实践中有关女性土地权益的纠纷不断，进而形成了一种'制度迷宫'"。② 现实中，原生家庭和夫家都可能侵害女性的土地权益。就前者而言，外嫁女是典型。尽管法律规定在承包期内，女性在新居住地未取得承包地的，发包方不得收回原承包地。但"不少地方的村规民约默认女性会入住男方家，故强行收回出嫁女的土地、宅基地或征地补偿款等。"③ 就后者而言，"由于新增土地有限、土地调整难度大，新居住地一般不会给新嫁入的女性分配土地"。④ 离异女性在土地分配中处于更不利的地位。离婚后，她们的土地权益可能出现如下变化：对迁出户籍的女性，集体会收回她们的承包地；即便不收回，也是由原夫家继续使用或承包；对未迁户籍的女性，集体会强制收回全部或部分土地。

其次，外嫁女继承权。"在人类历史的发展进程中，女性的继承权经过了由与男性继

---

① 吴敏、彭青云：《中国家庭婚居模式、房屋产权归属与性别观念》，载《人口与社会》2017年第4期。
② 董昕、王小映：《弱保障而强影响：农村土地权益与女性农业人口迁移》，载《中国土地科学》2020年第6期。
③ 南储鑫：《寻找打破从夫居坚冰的多重力量》，载《中国妇女报》2014年5月13日。
④ 董昕、王小映：《弱保障而强影响：农村土地权益与女性农业人口迁移》，载《中国土地科学》2020年第6期。

承权的差别对待到平等保护的历程。"① 中国亦如此。"嫡长子继承制构成了继承制度的身份规制，导致了两性继承权的疏离"。② 随着历史的发展，此种情况逐渐发生改变。20 世纪 80 年代，新中国通过的首部继承法规定了继承权男女平等的基本原则。但外嫁女继承权问题在国家法和乡规民约之间的冲突并没有因为"法律下乡"而消退，现实的情况更多是：由于女性出嫁后常年在夫家生活，未履行或充分履行赡养父母的义务，故父母离世后，女性将主动放弃或被剥夺继承权。另有一种普遍观念认为，出嫁的女儿是别人家的人，家产不能"流"给"外姓人"，故外嫁女通常无法继承父母的遗产。

最后，离婚女性的居住权。从夫居对女性的不利影响在离婚时暴露得一览无余，集中体现在居住难上。由于在从夫居婚居制度下，婚房多由男方准备。根据现行法律规定，男方婚前购买的房屋或婚后由男方父母出资购买并登记于其子女名下的房屋，离婚时归男方所有，这会导致女方在离婚时对丈夫婚前购买的房屋不享有任何权利。尽管新近通过的《民法典》有关居住权的规定试图解决这一问题，但其在实践中到底能在多大程度上改善离婚女性的居住困境，仍然有待验证。在农村地区，宅基地以户为单位，故嫁入夫家的女性很难分享夫家的宅基地。在城市地区，绝大多数已婚女性名下没有房产，离婚时她们将陷入两难的境地：既无法在夫家继续居住，娘家也无义务为其提供住所，舆论的压力亦使其难以在娘家生活。

五、女性地位在国家法和民间法中的落差

基于上述有关婚俗三个核心内容的分析可以发现，当下的婚俗仍以不同的形式对女性的生存和发展造成不利影响。从本质上讲，这表明了当下的婚俗延续着男尊女卑的文化传统，代表着男性在婚姻性别权力关系中占绝对地位的同时，对女性偏见的根深蒂固。这与当下国家已形成的确保两性平等和女性权益保障的法律体系形成了鲜明的对比，其表明了女性地位在国家法和民间法中的落差。

（一）国家法中性别平等的基本实现

中国历史的较长时间里，占据绝对统治地位的是男性。法律与男权统治之间会形成一种特殊的"共谋"关系，也即男性的立场以客观标准的形式统治社会，这种统治往往会得到法律的认可。"于是，两件事情发生了：法律变成是具有合法性的，男性的社会统治变成无形"。③ 如要改变这种情况，需要借助国家出台消除对女性歧视的新法律。民国初期，国家立法中开始融入性别平等思想，并废除明显歧视女性的法律。新中国成立后，我国不仅否认了旧中国残余的歧视、迫害、残害女性的法律，亦颁布了坚持两性平等的新法

---

① 王歌雅：《梳理与回归：女性继承权的制度建构》，载《政法论丛》2015 年第 2 期。
② 王歌雅：《梳理与回归：女性继承权的制度建构》，载《政法论丛》2015 年第 2 期。
③ ［美］麦金农：《迈向女性主义的国家理论》，曲广娣译，中国政法大学出版社 2007 年版，第 350 页。

律。如今，我国已基本形成保护女性权益和促进两性平等的法律体系。

立法性别平等评估的展开也有助于国家法中性别平等的实现。随着1995年第四次世界妇女大会的召开而来的是立法性别平等评估的兴起。2011年，江苏省构建起中国首个政策法规性别平等咨询评估机制。2012年出台的《深圳经济特区性别平等促进条例》第一次就立法对性别平等的影响作了规定。"在江苏省和深圳市的模范带动以及"学习效应"的刺激下，截至2019年7月，据不完全统计，全国已有21个省建立起省级立法性别平等评估机制。"① 它们在清理地方立法中存在的性别歧视规定，纳入体现男女平等的新规定方面，具有重要作用。虽然地方立法性别评估机制的运用会受层级的限制，但地方法是国家立法的重要组成部分，地方法规政策中性别平等的实现同样是国家立法中性别平等的实现。而且，与位阶较高的宪法和基本法相比，地方法规政策更贴近民众的生活，确保它们都体现性别平等的要求具有更切实际的价值。

总体而言，我国已在内（在法律中坚持性别平等原则）、外（展开立法性别平等评估）两方面推动国家法律中性别平等的实现。就内容而言，无论是立法还是评估，都旨在从两方面实现国家法律性别平等的要求：一是贯彻性别平等的基本原则，在一些关键性问题上坚持男女无差异的原则；二是落实女性特殊保护原则，在涉及女性身心保护的特殊问题上需要坚持差异原则，从而使女性实现在实质上与男性的平等。它们在确认性别平等、保护女性人权方面功不可没。

（二）民间法中性别偏见的根深蒂固

但是，国家法中的两性平等不能与性别建构社会中女性的实际地位混为一谈。现实生活中，"中国女性的社会处境并未因法律条文详实而细致的规定得到彻底改观，甚至在某些方面变得更糟糕"。② 事实上，私领域中的性别歧视并不会因性别平等原则在公领域的确立而自动实现；相反，公领域中坚持两性平等之法律的实际效果会因私领域中存在的性别歧视而削减。本文试图从国家法和民间法在公/私两领域中博弈的角度来解释之。

一方面，私领域中存在的性别歧视不会因性别平等原则在公领域的确立自动实现。根据弗朗西斯·E. 奥尔森（Frances E. Olsen）的研究，公私领域可以作如下两种划分，即国家/市民社会和市场/家庭，③ 本文的探讨是建立在前者基础上的。依此，与国家对应的国家法应划入公领域，与市民社会对应的民间法应归入私领域。相较之国家法在公领域中发挥的主导作用，规制私领域中群众生活起居的是民间法。婚姻行为固然会受国家法的宏观保障，但婚嫁行为更多会受民间法的微观支配。民间法是更原始的社会规范，在性别权

---

① 李勇：《立法性别平等评估的地方经验和国家构建的着力点》，载《中华女子学院学报》2020年第2期。
② 马姝：《我国女性主义法学研究的回顾与展望》，载《河北法学》2012年第11期。
③ See Frances E. Olsen, The Family and The Market: A Study of Ideology and Legal Reform, 96 *Harvard Law Review*, 1497 (1983).

力分配上反映的是男性中心主义,这在高额彩礼、男娶女嫁的婚嫁模式、从夫居婚居制度中得到了直接体现,它们作为民间法律规范延续的是男尊女卑的文化传统。事实上,无论是国家法还是习惯法,古时所有的行为规范都是在此基础上设立的。但不同的是,国家法更可能因为外力的作用而改变,故当性别平等取代男尊女卑的思想时,法律能很快扭转过来;相反,民间法的改变必须以文化的转变为依托,故此种转变是缓慢的。结果则可能导致:国家法很难对民间法产生直接触动作用。

另一方面,公领域中两性平等之法律的效力可能会因为私领域中的性别歧视而自动削减。相较之国家法,在市民社会特别是农村地区,实际发挥作用的多是民间法。当下中国仍有为数不少民众生活在相对封闭的乡村体系中,[①] 在这种乡村体系中,对人情关系的看重使得群众很难跳出既有的社会规范网络,主动接受国家法的规训。在此,民间法和法治社会的主张之间形成了对立。结果导致,"民间法仍然我行我素,周行不息,一如既往地作用于人们的日常生活,国家对之徒叹奈何"。[②] 以本文探讨的婚俗为例,在今天依然盛行于城乡的婚嫁习惯中,充满对国家法傲慢的无情蔑视,也是人们按自身意愿选择规范和权利义务安排的自觉行动。[③] 表现为:尽管国家法明确规定了禁止借婚姻索取财物;男女可约定女方成为男方家庭成员,或男方成为女方家庭成员;保护外嫁女、离异女性、寡妇等弱势女性群体的土地权益;男女继承权平等;子女既可随父姓、亦可随母姓等内容。但现实中,民众的婚嫁行为依据的还是婚俗习惯,也即彩礼给付仍是结婚的重要条件、男娶女嫁的婚嫁模式依然盛行、从夫居婚居制度还是被恪守、外嫁女、离异女性的土地、财产、居住权利等照样受侵犯、随母姓的情况依旧罕见。凡此种种,都深刻体现着作为民间法的婚俗对国家法律实际效果的削弱。

六、结论:民间法中性别平等的实现是关键

"每个了解一点历史的人也都知道,没有妇女的酵素就不可能有伟大的社会变革。社会的进步可以用女性的社会地位来精确衡量……"[④] 马克思在此将女性的社会地位作为了社会进步的标尺。本文的结论是在此观点上的延伸,即从当下女性的整体处境看,中国女性的社会地位应由民间法而非国家法确定。相应地,实现中国女性解放之伟大目标的战略亦需作出调整。目前,女性在国家法层面已取得与男性平等的地位,但在民间法层面,歧视和压迫女性的社会行为规范仍普遍存在。它们不仅会对女性的生活产生直接或间接的消极影响,还会阻碍国家法律中性别平等目标的实现。

故首先要做的是协调好国家法与民间法的关系。此种协调一方面要求国家法律关注、

---

① 参见谢晖:《大、小传统的沟通理性:民间法初论》,法律出版社 2019 年版,第 81 页。
② 谢晖:《民间法的视野》,法律出版社 2016 年版,第 146 页。
③ 参见谢晖:《大、小传统的沟通理性:民间法初论》,法律出版社 2019 年版,第 147 页。
④ 《马克思恩格斯文集》第 10 卷,人民出版社 2009 年版,第 586 页。

包容和国民日常生活息息相关的民间法,另一方面,此种包容也不是一味地容忍,而应当充分发挥国家法的权威性等优势来引导民间法朝着性别平等的方向发展。其次,民间法更多是观念、文化、意识等非物质因素共同作用的结果,故民间法中性别歧视的消除也应注重从非物质层面展开。复次,在文化变革的基础上,还要多方引导以形成新婚俗。作为传统习惯的结果,婚俗非"天不变,道亦不变",转型社会是推陈出新的社会,这为改变婚俗中具有性别歧视的内容提供了契机,国家、知识精英、社会组织等主体应引导婚俗的改变,将社会性别纳入民间法的主流。最后,本文还呼吁中国女性主义法学研究者关注民间法,对民间法中性别歧视的根源、表现形式以及可能的解决之道等展开讨论。当然,民间法中性别歧视基调的转变非一日之功。故要有长远的眼光,集国家、社会、个人等多方力量以共同促成此种转变。

Viewing the Loss of Women in Folk – law from the Perspective of Marriage Customs

Li Yong

Abstract: With the progress of society, marriage customs as folk law have changed greatly in form, but the patriarchal nature behind it has not been eradicated. The buying and selling nature of high bride – price will lead to the materialization of women, women still have a subordinate position in the marriage mode of Men marry women, and the system of uxorilocal residence puts women's rights and interests in land, property, residence and so on in a dangerous situation. The realization of gender equality in national law does not represent the elimination of female discrimination in folk – law, which in turn hinders the realization of gender equality in national law. Only by eliminating discrimination against women in folk – law can the gap between women's status in folk – law and national law really disappear.

Key words: folk – law; marriage custom; bride – price; men marry women; uxorilocal residence

论 1940 年代太行革命根据地婚姻纠纷的产生及解决

——以《乡村法案——1940 年代太行区政府断案 63 例》为中心

胡现岭*

摘　要　太行地区异常困顿的生活导致许多家庭的婚姻关系紧张。中共在太行根据地一度以实现解放妇女、婚姻自由为切入点对广大女性开展动员，边区系列婚姻法规的颁布进一步给广大女性提供了维护自身利益的法律依据和实现路径，导致这一时期太行根据地内产生大量婚姻纠纷，进而影响到根据地的稳定和各项工作的开展。在司法实践中，各级组织、团体尽量保持婚姻家庭的稳定及维护为革命作出更多贡献者的利益，使大量婚姻纠纷采用调解的方式得以化解。就晋冀鲁豫边区相关婚姻法规的颁行以及"妇女解放"等理念的宣传而言，其象征意义远大于实际意义，根据地诸多女性"婚姻自由"的目标远未实现，但大量婚姻纠纷的出现却对根据地的传统男权提出了挑战，客观上提高了根据地女性的家庭、社会地位。

关键词　太行革命根据地　婚姻纠纷　《乡村法案》

近些年来，学界对 20 世纪 40 年代中国共产党领导的各根据地的婚姻问题的研究成果逐渐增多。这些成果中主要聚焦于革命法律与民间伦理、新旧婚姻观念以及解放妇女背景下两性关系的变化等，丛小平等人的研究更是把根据地的妇女解放置于现代国家建构的大

---

* 胡现岭，男，河南平舆人，历史学博士，周口师范学院马克思主义学院副教授，主要研究中共党史、中国近现代社会史。

背景下，① 这从侧面说明学界对这一问题的研究已经非常深入。这些研究大多把婚姻问题与妇女解放紧密联系起来，有助于我们从宏观角度对中共这一时期的婚姻政策变迁、婚姻法规的制定以及实施成效进行整体把握。不过，学界对各根据地基层干部处理婚姻纠纷的基本导向、工作方式等问题的微观研究尚有很多的研究空间。② 本文拟以《乡村法案——1940年代太行地区政府断案63例》（以下简称《乡村法案》）③ 一书所载之婚姻纠纷案例为基本史料，对这一时期太行根据地婚姻纠纷之解决机制、基本导向、影响因素等内容进行分析，冀以对太行根据地相关问题之研究有所裨益并收引玉之效。

一、太行革命根据地之家庭、婚姻生活状态

太行革命根据地是晋冀鲁豫边区的重要组成部分，因主体区域位于太行山脉而得名。太行根据地以其在军事地理上绝佳位置，成为晋冀鲁豫边区的核心区域。造就该区域优越的军事地理条件主要来自于交通不便，这也造就了太行根据地民众生活相对闭塞，经济条件较为落后的客观状态。

（一）大多数家庭生活困顿

一般而言，山区适耕土地较少，人地关系较为紧张，太行山也不例外。在《乡村法案》所收录之婚姻纠纷卷宗中，共详细记载了21个家庭的土地占有状况：这21个家庭共计87人，总计有地177.7亩，人均2.0亩。④ 这21个家庭人均地亩最高者4.5亩（刘金焕）；最低者0.6亩（黄春景），据陆精治在《中国民食论》一书中推算，民国时期一个农民大约保证1000斤原粮的产出方能维持基本生活。⑤ 在传统农业条件下，近代中国大约需3.5亩才能维持1000市斤左右的粮食产出。据此，有学者认为"以1∶3.5作为近代全国范围内人口与土地比例的参数是可行的"。⑥ 实际上，由于不同地区的土地肥沃程度、光照条件以及水资源是否充沛等条件不同，各地区单位面积产量相差较为悬殊。太行山地农业生产条件较为恶劣，据民国24年统计，涉县夏季主粮产量最高者为小麦，亩产72

---

① 丛小平：《左润诉王银锁：20世纪40年代陕甘宁边区的妇女、婚姻与国家建构》，载《开放时代》2009年第10期，第62-79页。
② 关于太行革命根据地婚姻纠纷的发生类型、调解依据等可参见胡谦：《20世纪40年代晋冀鲁豫边区离婚纠纷司法实践——以太行区为中心的考察》，载《石家庄学院学报》2019年第4期，第46-52页。
③ 《乡村法案——1940年代太行地区政府断案63例》一书所载案件均发生在以河北涉县为中心的太行革命根据地。据编者白潮在该书《自序》中描述，本书之材料的发现颇具传奇色彩：1948年太行革命根据地一个老八路军在奉命转移时，将一批文书资料存放于涉县一个老乡家中，半个多世纪后该老八路军重返故地，经多方寻找，终于在一所老石屋内找回了当年留下的文书资料（该批史料已被某博物馆收藏），这批资料即为本书所编选案卷的来源，这也是本书所收录的63个案件发生地几乎全部在涉县一带（偶有发生在周边县）的主要原因。见白潮编：《乡村法案》，大象出版社2011年版。
④ 据《乡村法案》一书相关内容统计，不再一一列举具体页码。
⑤ 陆精治：《中国民食论》，上海书店影印本《民国丛书》第5编第34册，第380-384页。
⑥ 彭南生：《传承与变动：近代转型时期的城乡经济与社会》，湖北人民出版社2008年版，第142-143页。

斤；秋季主粮产量最高者为小米，亩产84斤。① 依此计算，年亩产不足160斤，6亩地尚不能达到产原粮1000斤的标准。或许以单个年份的产量代表此地的土地产出证据尚嫌薄弱，可以与其他地区相比较。豫东商水县地处平原，除偶遭水患外，无论是土壤肥沃程度、光照、水资源等条件都远优于涉县，但在土改期间对该县土地划分等级时，年产200－230斤之土地即可划为头等地。② 以此看来，涉县土地年亩产量超出200斤的可能性不大。在太行根据地某些地区，人均地亩很难高于2亩，如黎城县秋树垣村农民杨松江，全家9口人有地18亩，人均不过区区2亩，却在土改中被划成"地主"（后来被没收12亩地）。③ 至于杨家为何被划成地主不得而知，但未被没收土地前杨家人均地亩高于本地一般家庭应该是比较可信的。

由于人均地亩远不足以维持基本生计，这21个家庭普遍生活困顿，如前文所述之"地主"杨松江自成年起不得不四处以扛活为生。军属樊稳静在丈夫参军之后因婆家无地，只得携子返回娘家投靠叔父生活；黄春景仅有6分地，"依夫劳工度日"，丈夫外出10年杳无音信，生活无着；另有妇女申某，欲离婚而为丈夫拒绝，干部试图给其"开上路条去赶嘴（指讨饭、找活路之意）"；妇女刘云地丈夫外出近五年，衣食无着，在二月份提出改嫁他人，其母劝阻时说"再等五月就有吃的了"，④ 数十年后读此史料仍令人不胜唏嘘。一些基层干部指责"许多妇女为家贫借故离婚"，⑤ 实际上，相当部分的妇女离婚的主要原因并非所谓的"巴高"（意指追求经济条件更好的生活），而是迫于生存压力。也许指责妇女离婚的这些干部们并未意识到，还有相当部分的妇女因暂无生存压力而选择了忍受家庭的苛刻待遇。

(二) 生育子嗣是婚姻的主要目的

夫妻双方关系不睦是引发婚姻纠纷主要因素。但在《乡村法案》卷宗中发现许多夫妻关系在严峻的生存压力面前异常冷漠与疏远，远非可以"不睦"来概括。妇女刘金焕，灾

---

① 该统计数字乃是上一年的数据，当时涉县归河南省管辖。载河南省政府秘书处统计室：载《河南统计月报》第2卷第8期，1936年版，第29页。
② 转引自胡现岭：《新解放区征粮运动中的农村基层干部行为选择》，载《党史研究与教学》2012年第3期，第77页。
③ 白潮编：《乡村法案——1940年代太行地区政府断案63例》，大象出版社2011年版，第128－132页。
④ 意指至农历五月时有农作物渐次成熟，可维持些时日。见白潮编：《乡村法案——1940年代太行地区政府断案63例》，大象出版社2011年版，第118页。
⑤ 白潮编：《乡村法案——1940年代太行地区政府断案63例》，大象出版社2011年版，第50页。这种现象并非为太行根据地所独有。在20世纪40年代，担任中共中央妇委书记的蔡畅发现"妇女工作做不动了"。(参见蔡畅：《革了封建的命，还要革生产的命（1947年9月2日）》，中华全国妇女联合会编：《蔡畅、邓颖超、康克清妇女解放问题文选（1938～1947）》，人民出版社1988年版，第127页) 究其原因，她说："我们犯了一个错误，把女权强调到不适当的程度，结果引起了农民的反感"。而且，用这种方法也并不能真正达到解放妇女和婚姻自由的目的。(参见[美]安娜·路易斯·斯特朗：《中国人征服中国》，刘维宁等译，北京出版社1984年版，第164页。)

荒时期其夫与其分家另过；① 农民屈鸟嘴因妻子杨怀玉"偷吃"食物而数次将其殴打；前文所述之申某，在逃荒途中产下一女婴，其夫弃妻女二人于荒野而不顾，独自前往山西逃荒（后该女夭折），申某无奈与一刘姓农民同居以图活路。即便这些男性认为自己妻子是"生活负担"，但仍不愿解除这种名存实亡的婚姻关系，如申某之夫在灾荒过后向政府请求将自己的妻子判归自己。有国外学者指出："在中国，婚姻被看作是整个家庭的事情——婚姻由家庭来决定，结婚也是为了家庭。对于新郎的家庭来说，缔结一桩婚姻的主要目的就是找一个能给家庭传宗接代的女性。"② 在一些经济较为发达的地区婚姻的这一主要目的可能表现得稍微隐晦一些，而在太行根据地内，婚姻的目的就是为了传宗接代表现得尤为突出。

在个别案例中，为男方存续烟火也成了一些基层干部解决婚姻危机的出发点。涉县农民房林江在灾荒时曾将妻子杨梅则售与他人（后返回），杨氏携子、女讨饭时与他人结婚。1948年房家生活状况好转，试图通过政府索回妻子（此时已改嫁5年余）。本村干部在向县司法科写介绍信时说房林江"弟兄五人惟林江成家，特邀求政府多方面考虑"，"要求政府最好将其妻判回为妙"。③ 介绍信中"弟兄五人惟林江成家"似乎是索回妻子"最有说服力"的理由了，其用意不言自明。

《乡村法案》一书显示，在极度贫困的环境下，太行根据地内许多女性在男女关系方面并不像传统社会里所宣扬的那么严谨，以生存为目的的临时同居或出轨现象较为常见。可见，在这个时期的太行根据地内许多婚姻、家庭处于极不稳定状态，随时都有解体或重组的可能，这也为后来大量婚姻纠纷的出现埋下了伏笔。

二、根据地建设与婚姻纠纷的大量出现

在华北乡村，虽然妇女地位低下、饱受虐待者为数不少，但一般而言，只要该妇女育有子嗣，其未来大体还是可期的：待自己的儿子娶妻生子之后，自己在家庭中的地位就可得到明显的改善，所谓"多年的媳妇熬成婆"即是如此。所以，在传统社会里，离婚者并不多，韩丁在《翻身》中说张庄"从来没有批准过离婚的事，自古以来没有一个女人得到社会的允许而离开她的男人"。④ 然而，中共的到来迅速改变了这一现象。

（一）中共的动员促进了广大根据地妇女的觉醒

在整个新民主主义革命时期，中共非常重视广大农村女性在革命中的作用。中共六大通过的《妇女运动决议》就提出：在农村进行革命，就要发动农村中的广大妇女参加革

---

① 白潮编：《乡村法案——1940年代太行地区政府断案63例》，大象出版社2011年版，第91-94页。
② 易劳逸：《家族、土地与祖先—近世中国四百年社会经济的常与变》，重庆出版社2019版，第62-63页。
③ 白潮编：《乡村法案——1940年代太行地区政府断案63例》，大象出版社2011年版，第103-107页。
④ 韩丁：《翻身——一个中国村庄的革命纪实》，北京出版社1980年版，第536页。

命。该《决议》还说,动员农村妇女是党在农村工作中的最大任务,一定要认清农村妇女是最积极的革命参加者,要尽量吸收到革命组织中。① 从妇女解放的角度来讲,中国革命不断深入广大乡村的过程,也是广大农村妇女不断深入动员的过程。在抗战中,中共更加认识到"动员占全体农村人口一般的农村妇女的工作,对于开展全国救亡运动,争取抗战最后胜利,是有异常重要的意义的"。②

这种动员一方面唤起了其投身革命的热忱;另一方面则唤起了她们追求男女平等及婚姻自由的要求。就前者而言,大量妇女参加革命或积极投入根据地建设就是明证。在《乡村法案》一书中即记载有部分女性成为干部,如涉县索堡村妇女韩珍加入妇救会,表现积极,并一度被派至偏城县工作,但韩珍本人因工作而数次招致公婆、丈夫的打骂,可见动员妇女难度之大。为进一步加大妇女动员力度,晋冀鲁豫边区还一度把"解决婚姻问题"当作团结妇女的有力"工具"而进行广泛宣传。事实证明,这个许诺对根据地广大农村妇女具有非常强烈的吸引力。经过广泛的宣传和动员,"男女平等""婚姻自由"等理念为许多妇女所接受,促进了她们的"觉醒",根据地内追求"婚姻自由"之女性日增,如黄春景在离婚诉状中云:"民守寡十年,现年民26岁,对己自己不能生男长女,古人云'不孝有三无后为大',对国家影响一部分生产,这真是不忠不孝。恳请钧府与民作主,解除民困,落一忠孝双全,以利抗战,以利生产"。③ 在这里黄春景借用了一些革命话语试图证明自己离婚的正当性,虽说略显生硬、牵强,但另一方面也透露出此人极有可能受过一定的革命动员和教育。

(二) 婚姻法的颁布给妇女追求"婚姻自由"提供了实现路径

1942年1月《晋冀鲁豫边区婚姻暂行条例》的颁行,给一些女性解决婚姻纠纷提供了法律依据和实现途径。可以认为,《晋冀鲁豫边区婚姻暂行条例》的颁布以及边区政府动员妇女的策略是导致晋冀鲁豫边区大量婚姻纠纷出现的重要原因。④ 如《乡村法案》收录之25例婚姻纠纷便有24例发生于该条例颁行之后。以涉县招岗村为例,几年间该村发生婚姻纠纷"不下十余件",⑤ 招岗乃一山村,村庄人口规模想来不至太大,依此推测,这一数字可谓相当惊人。

其实,不仅在太行根据地,其他根据地情况也大体相仿——根据陕甘宁边区高等法院的统计,"婚姻案件(包括离婚和解除婚约)构成了边区最大的两类民事案件之一(另一

---

① 全国妇联妇运史研究室:《中国妇女运动历史资料》(1927-1937),人民出版社1991年版,第17页。
② 河北省妇女联合会:《河北妇女运动史资料选辑》(第4辑),河北省妇女联合会编印(内部资料),1986年,第35页。
③ 白潮编:《乡村法案——1940年代太行地区政府断案63例》,大象出版社2011年版,第47页。
④ 参见张慧玲:《晋冀鲁豫根据地婚姻执行机构研究》,载《沧桑》2007年第4期,第64-66页。
⑤ 白潮编:《乡村法案——1940年代太行地区政府断案63例》,大象出版社2011年版,第29-33页。

类是土地案件)。1940 年婚姻案件占民事案件的 21%，而至 1941 年和 1942 年更是升至 28%"。① 1942 年 1 月《晋冀鲁豫边区婚姻暂行条例》颁布后，在太行根据地也引发了同样的现象。据报载，太行区 1941 年全年共发生离婚案共 971 件，并且许多地方因受压制未提出，② 这一现象在此后似乎还在呈迅速上升之势头。1945 年，"依据全太行区四十个县报告的统计，上半年共处理民事案件 1629 件，离婚案件共 536 件，占总数的 30%强"，③ 到了 1948 年下半年至 1949 年 1 月这段时间内，太行六专署全区共受理民事案件 456 起，其中婚姻案件 366 起，占全部民事案件的 80%。④ 这一现象同样能在以《乡村法案》一书中体现：本书共收录案例 63 个，其中婚姻纠纷 25 例，占比 39.7%。

此外，就《乡村法案》所载案例来看，太行根据地的婚姻纠纷实际发生数量可能更为庞大。如前文所述涉县招岗村的 10 余件婚姻纠纷，最终只有 1 例因诉至县司法科而被记录在案，这就说明尚有许多未经司法程序的纠纷因未能留下记录而不为我们所知。值得注意的是，本书所收录之 25 例婚姻纠纷中，18 例属于离婚案，其中 17 例由女方主动（其中 1 例乃是因男方多年冷落，无奈之下女方主动提出离婚）；另有 7 例属于男方要求复婚或撤销改嫁类的纠纷。可见，虽然女性在家庭中地位低下，但一旦提出离婚则男方迅速处于极大的恐慌和不安之中：如 1947 年更乐村男青年王花亭眼见婚姻难以为继而选择"自愿参军"，企图藉"军人"身份来保护自己的婚姻；⑤ 而农民冯子敬甚至不惜以容忍妻子与他人私通为让步以保全行将破裂的家庭。⑥

就以男女平等、妇女解放、婚姻自由等理念为主要宣传内容以达到动员妇女之目的而言，这一举措无疑是极具策略性的，也取得了良好的效果。但大量婚姻纠纷出现，又给根据地社会稳定带来一定的负面影响，一些基层干部据此反对过分"提高妇女"。⑦ 如何妥善处理根据地的婚姻纠纷已经成为摆在各级干部及政府面前的一道难题。

三、纠纷的解决以服务中心任务为基本原则

战争时期的根据地，如何为战争提供更大的支持是根据地建设的中心任务，根据地的一切工作都必须服从于这个中心任务，动员妇女、提倡男女平等也是如此，但大量婚姻纠纷的出现又给根据地带来了许多不稳定因素。比起实现妇女的婚姻自由，团结青壮年农民、维护根据地的稳定显然更重要。因此，太行根据地各级干部、机关在处理婚姻纠纷时

---

① 转引自杨柳：《婚姻、革命与法律——陕甘宁边区的离婚法实践》，载黄宗智等编著之《历史社会法学——中国的实践法史与法理》，法律出版社 2014 年版，第 106 页。
② 《太行区的婚姻制度》，载《新华日报》1942 年 8 月 20 日。
③ 《晋冀鲁豫边区政府高等法院通报》（1945 年 10 月 15 日），档案号 576-1-82-15，河北省档案馆藏。
④ 《太行第六专署司法科婚姻问题的综合报告》（1949 年 1 月 14 日），档案号 106-1-78-1，河北省档案馆藏。
⑤ 白潮编：《乡村法案——1940 年代太行地区政府断案 63 例》，大象出版社 2011 年版，第 84-90 页。
⑥ 白潮编：《乡村法案——1940 年代太行地区政府断案 63 例》，大象出版社 2011 年版，第 112-115 页。
⑦ 白潮：《乡村法案——1940 年代太行地区政府断案 63 例》，大象出版社 2011 年版，第 50 页。

显得尤为慎重。

（一）严格离婚程序，尽量维护婚姻家庭的稳定

大量婚姻纠纷的涌现导致根据地家庭、社会的不稳定显然背离了中共的初衷。事实上，中共也意识到了大量婚姻纠纷对根据地建设的不利影响。如陕甘宁边区提出，"目前边区主要还是个体经营的私有经济，为了大量发展生产，由夫妻所组成的家庭乃经济机构基础之重要成分，所以不应该轻易叫夫妻离异"。① 抗战时期的陕甘宁边区乃是中共政治中心所在地，其所提出的一些原则对其他边区相关问题的处理必然具有重要的指导意义，有些甚至带有一定的约束力。

中共加强对离婚现象的管控，首先在立法层面上对离婚行为严格限制。在1939年制订的《陕甘宁边区婚姻条例》中放弃了1934年中共颁布的《中华苏维埃共和国婚姻条例》中"男女一方坚决要求离婚"即可离婚的规定，列出了单方提出离婚的10个条件："有重婚行为者；感情意志根本不合，无法继续同居者；与他人通奸者；虐待他方者；以恶意遗弃他方者；图谋陷害他方者；不能人道者；患不治之恶疾者；生死不明过一年者，但在不能通信之地方以二年为期；有其他重大事由者"。② 这无疑加大了单方解除婚姻的难度，也意味着中共对离婚的态度"由土地革命时期的激进立场撤退"。③

《晋冀鲁豫边区婚姻暂行条例》也对单方提出离婚规定了9个条件，这9个条件在很大程度上秉承了《陕甘宁边区婚姻条例》的相关规定。分别为"未经离婚，即与他人有结婚或订婚行为者；虐待压迫或遗弃他方者；妻受夫之直系亲属虐待，至不能同居者；生死不明已逾三年者；患花柳病、神经病及不可医治之传染病等恶疾者；被处三年以上徒刑者；充当汉奸者；吸食毒品或有其他不良嗜好，经屡劝不改者；不能人道"。④ 与《陕甘宁边区婚姻条例》比较可见，"感情恶劣"、重婚、虐待对方、患不可治愈之"恶疾"、"不能人道"基本可涵盖《陕甘宁边区婚姻条例》中除"与他人通奸者"外的所有具体离婚条件；而新增之"妻受夫之直系亲属虐待，至不能同居者""被处三年以上徒刑者""充当汉奸者""吸食毒品或有其他不良嗜好，经屡劝不改者"则可视为《陕甘宁边区婚姻条例》之"有其他重大事由者"条文的具体化。

不过，《晋冀鲁豫边区婚姻暂行条例》把《陕甘宁边区婚姻条例》规定的"生死不明

---

① 转引自汪世荣：《陕甘宁边区高等法院推行婚姻自由原则的实践与经验》，载《中国法学》2007年第2期，第102页。
② 陕西省档案馆、陕西省社会科学院合编：《陕甘宁边区政府文件选编》（第1卷），档案出版社1988年版，第221-222页。
③ 杨柳：《婚姻、革命与法律——陕甘宁边区的离婚法实践》，见黄宗智等编著之《历史社会法学——中国的实践法史与法理》，法律出版社2014年版，第106页。
④ 韩延龙、常兆儒编：《革命根据地法制文献汇编》（下），中国社会科学出版社2013年版，第1565页。

过一年，但在不能通信之地方以二年为期"即可单方提出离婚改为"生死不明已逾三年"；① 同时要求"解除婚约时，须向区级以上政府申请备案"。② 对破坏他人家庭现象亦有严厉的处罚规定，1943 年 1 月 5 日颁布的《晋冀鲁豫边区妨害婚姻治罪暂行条例》规定"煽动抗战军人家属离婚或退婚，成为事实者""挑拨他人夫妇不和而鼓动离婚者"均要被处以徒刑，尤其是前者，最高刑期可达五年。③ 可以看出，晋冀鲁豫边区在立法层面对离婚（甚至退婚）的限制更加严格。

通过《乡村法案》之诸多案例，可以看出 1940 年代中共限制离婚的导向在实践中得到了较为彻底的贯彻。许多接受了"男女平等""婚姻自由"等理念的女性在实际进入离婚阶段时，却发现困难重重，原本以为一蹴而就的离婚对许多人来讲似乎遥不可及。有些离婚案件长期拖而不决，甚至有些已经再嫁却被宣布改嫁无效。许多当事人（主要是女性）面对繁琐的离婚程序、相对高昂的离婚成本、一轮又一轮的调解和来自乡村内部及其他方面的阻力，最终还是选择了回归家庭。

（二）对革命贡献较大者在婚姻纠纷中更为主动

根据地建设日益稳固的过程，实际上也是中共主导的"国家权力"不断下沉至根据地乡村基层的过程，根据地乡村原有的以财富、道德、文化等因素决定的阶层序列逐渐被以"为中共领导下的革命事业贡献大小"为评判标准的新的阶层序列所取代，在新的序列中，以军人、干部等为代表的"公家人"④ 无疑处于优势地位，他（她）们在婚姻纠纷中往往也占据了更为有利的位置。

1. 严格保护履行军人职责的军婚

军婚是所有"公家人"婚姻中受保护级别最高的一类。中共对军婚的保护始见于 1931 年颁行的《中华苏维埃共和国婚姻法》之"红军战士之妻要求离婚，须得其夫同意"条款，此后这种立法精神便一直延续下来。《晋冀鲁豫边区婚姻暂行条例》中明确规定"抗战军人之妻（或夫）除确知其夫（或妻）已经死亡外，未经抗战军人本人同意，不得离婚。数年以上毫无音讯者，自本条例施行之日起，一年内仍无音讯时，得另行嫁娶"。⑤ 不仅如此，抗战军人的婚约也在保护之列，"对抗战军人提出解除婚约时，须经抗战军人本人同意，倘音信毫无在二年以上者，不在此限"。⑥ 而陕甘宁边区在 1942 年 12 月颁布的

---

① 韩延龙、常兆儒编：《革命根据地法制文献汇编》（下），中国社会科学出版社 2013 年版，第 1565 页。
② 韩延龙、常兆儒编：《革命根据地法制文献汇编》（下），中国社会科学出版社 2013 年版，第 1564 页。
③ 卢鹤：《抗战时期晋冀鲁豫边区的婚姻法规》，载《档案天地》2018 年第 3 期，第 15 页。
④ 杨柳在《婚姻、革命与法律——陕甘宁边区的离婚法实践》一文中，将"党政干部、军人以及政府开办的工厂、商店和学校的人员"统称为陕北农民口中的"公家人"，本文借用这一概念并略有扩充，一些乡村干部因与中共政权接触紧密而享有一定的优待，虽未脱产，亦可被视为"公家人"，至少是"准公家人"。参见黄宗智等编：《历史社会法学——中国的实践法史与法理》，法律出版社 2014 年版，第 99-135 页。
⑤ 韩延龙、常兆儒编：《革命根据地法制文献汇编》（下），中国社会科学出版社 2013 年版，第 1536 页。
⑥ 卢鹤：《抗战时期晋冀鲁豫边区的婚姻法规》，载《档案天地》2018 年第 3 期，第 14 页。

《陕甘宁边区抗属离婚处理办法修正草案》方有类似规定:"该战士不论有无音讯,而女方已超出结婚年龄五年,仍不能结婚时,经查明属实,女方得以解除婚约,但须经当地政府登记之。"① 此项规定已落后晋冀鲁豫边区将近一年,且约束相对更宽松。可见,在保护军人婚约方面晋冀鲁豫根据地显然走在了陕甘宁边区的前面,即便是退伍伤残军人,晋冀鲁豫边区也规定除"不能人道者"外,"他方亦不能因残废提出离婚"。② 对军人婚姻的保护可谓相当彻底。

1941年,涉县响堂铺妇女樊稳静因丈夫入伍近4年,家贫生活无以为继,在征得婆家同意之后携子改嫁与神头村医生王秉公。此举遭到了"响堂铺村全体抗日村干部暨全体抗日民众"(实际上主要是村干部)的坚决反对,声称,"设此风(指军属改嫁)一长,前线军心能不即刻瓦解,尚抗战云何",要求政府"制止违法改嫁,使前方将士得安心抗建大业"。1948年涉县三区史家庄军属聂兴顺(女)其丈夫参军五年有余而无音信,多次要求离婚,该村荣退军人、退伍军人们对此集体反对,提出"参军走的时经村干部保证家庭一切"(意指保证妻子不离婚),导致"村干部不敢负责"(唯恐今后动员参军工作无法开展),最后虽经县政府批准其离婚,但聂氏再次结婚时仍然遇阻,区干部因"怕他男人回来给区要老婆"而拒绝予以登记。③ 可见,在一些涉及军人的婚姻纠纷中,当事人及其家族往往并不能左右事态的发展方向。就樊稳静的改嫁而言,对其本人及婆家均是有利的选择:其本人生活得以保障,其婆家亦减轻了很大的经济压力。

当然,一旦军人不能正常履行职责,其婚姻便不再受到保护。一个叫肖学生的军人"在军队屡次逃亡",肖妻以"男人不抗战"为由要求离婚,该诉求迅速得到了涉县政府的支持,肯定了肖妻"不要这种坏男人的观点",而且还指示区里要对这个"女子因为男人不抗战,要求政府允许离婚"的案例"扩大宣传"。④ 相似的例子还有1945年下半年涉县更乐村妇女刘文兰起诉王花亭离婚案,因王花亭时为军人,刘氏一直不能如愿。后来(1947年)前方传来消息,王花亭在部队"开了小差",刘氏得以顺利离婚。⑤

面对女性的离婚诉求,有些男方(家族)也会假借并不存在的"军婚"来挽救岌岌可危的婚姻。1942年涉县原曲村妇女黄春景亦因丈夫外出十余年音讯皆无要求离婚,婆家则试图托词其夫为八路军某部连长,并时有通信,希望能使婚姻得以延续,最终因无据可查而不为政府采信。⑥ 涉县石岗村农民刘振廷则因自己"军人"身份的得而复失,其婚姻保卫战也经历了冰火两重天。刘振廷自婚后,女方一直对这桩婚姻抵触强烈,分室而居。

---

① 陕西省档案馆、陕西省社会科学院合编:《陕甘宁边区政府文件选编》(第7卷),档案出版社1988年版,第36页。
② 卢鹤:《抗战时期晋冀鲁豫边区的婚姻法规》,载《档案天地》2018年第3期,第15页。
③ 白潮:《乡村法案——1940年代太行地区政府断案63例》,大象出版社2011年版,第110页。
④ 白潮:《乡村法案——1940年代太行地区政府断案63例》,大象出版社2011年版,第51页。
⑤ 白潮:《乡村法案——1940年代太行地区政府断案63例》,大象出版社2011年版,第84-90页。
⑥ 白潮:《乡村法案——1940年代太行地区政府断案63例》,大象出版社2011年版,第46-48页。

后来在当地干部的动员下，刘振廷自愿入伍。在这种情况下，女方放弃了抵触，刘振廷的婚姻似乎变得一片光明。然未几，刘因身体不合格而被部队退回，并未成为一位真正的军人。失去了"军人"身份的庇护，其很快也在这场婚姻保卫战中一败涂地。①

2. 支持地位较高的"公家人"在婚姻纠纷中的诉求

诚然，军婚是一种特殊的婚姻形式，以此来证明身份决定婚姻纠纷的走向似乎说服力略嫌不足，继续观察其他类型的"公家人"婚姻纠纷（这里包括一些军人向配偶提出离婚的案例），则可得出非常肯定的结论：地位较高的人在婚姻纠纷中的确更为有利。

军属主动提出离婚时自然适用"保护军婚"的特殊规定，若军人一方提出离婚，这种情况便不再适用"保护军婚"之规定，但在坚决支持军人诉求方面没有任何不同。某团政治处主任王德纯，多次提出与原籍务农之妻离婚，均为其妻贺某所拒。1945年8月，该团政治处写信给涉县政府，声称王某"与其妻贺氏情义不合，今双方请愿离婚"（实际情况恐怕并非如信中所言），请涉县政府"费神离婚"。在男方不在场的情况下，贺某被强行解除了婚姻。在涉县还有一个案件与此类似：该县城关居民李梅溪婚后参军，后迭经提拔，任某部团长（其妻郝佩兰亦为地方干部）。自李梅溪参军后对郝感情逐渐冷淡，郝佩兰在写给李梅溪的信中曾抱怨说"你整八载的孤影萧条竟连片纸只字的安慰也得不到"。② 苦等数年见毫无转机，郝佩兰于1942年提出离婚，但因军婚为当地政府劝阻。至1947年，当地政府得知李梅溪又与他人结婚，方判决双方离婚。涉县政府对李梅溪的行为表示强烈谴责，"男方竟不为女方着想，居然重行结婚实属违法"。但事情也就到此为止，没有任何证据表明李梅溪因此受到处分。本案中虽然郝佩兰也是"公家人"，但职务、地位显然远不及李梅溪，因而在本案中处处被动。从卷宗看，王德纯与李梅溪二人的行为似乎与一个革命者应有的品格似乎有很大差距，他们能够顺利离婚主要得益于男方的地位远高于女方。在当时的环境下，地位高也就意味着他们为革命付出的更多，支持他们的诉求，也就是在支持革命。

需要说明的是，这一倾向进入解放战争后有明显变化，在处理婚姻纠纷时开始强调当事人的阶级出身。如，一些村干部在介绍案情时即明确指出某当事人系"本阶层人"，③相对的自然是"非本阶层人"。可以认为，某些纠纷在未正式进入司法程序前已经有了一定的倾向。太行根据地是较早进行土改的地区，地主、富农等在乡村逐渐处于不利位置。在一些婚姻纠纷中，即便是"公家人"或者是为中共直接提供服务的"准公家人"因受阶级身份所累，在婚姻纠纷中已无任何优势可言。1948年，前文所提及之黎城县秋树垣村"地主"杨松江（时为北方大学马夫）之妻王氏，以"阶级不对"，男方家系"恶霸地主"、④

---

① 白潮：《乡村法案——1940年代太行地区政府断案63例》，大象出版社2011年版，第66–70页。
② 白潮：《乡村法案——1940年代太行地区政府断案63例》，大象出版社2011年版，第77页。
③ 白潮：《乡村法案——1940年代太行地区政府断案63例》，大象出版社2011年版，第304页。
④ 王贵花的说法或许有些夸大。实际上杨家9口人18亩耕地，其人均地亩在当地极有可能超过一般家庭，但其家庭收入并不足以维持基本生活，杨松江本人也不得不长期以为其他人扛长工为生。但从抗战结束后杨家被"斗争"且只"留地六亩"来看，杨家在村庄内部是被打击对象当属无疑。

自己饱受压迫为由,单方面要求离婚(其主要原因还是因为感情不好、家庭生活困难)。区政府简单调查后同意王氏离婚,并令杨松江之父代替杨松江前往区政府办理离婚手续。杨松江"准公家人"的身份对自己的婚姻没有提供任何帮助,即便是北方大学给予他一定的支持。① 前述之军属聂兴顺,当地政府之所以坚决支持其离婚,恐怕与其丈夫出身乃地主家庭不无关系。

四、把调解作为处理婚姻纠纷的主要方式

从前文所列举之部分数字可见,在整个1940年代里,太行根据地的婚姻纠纷日益增多,囿于根据地司法机构简陋、司法人员短缺,加上当时战事频仍,从节约司法成本的角度考虑,通过司法途径解决的纠纷只是其中极小部分,大部分纠纷只能以调解的方式来化解。

(一)边区政府倡导以调解处理民间纠纷

晋冀鲁豫边区有许多法律文件都涉及调解制度。有些内容是对调解制度的专门规定,如《晋冀鲁豫边区调解委员会组织大纲》、《区调解委员会办事细则》等;有些则是部分涉及调解制度,如《晋冀鲁豫边区村政权组织暂行条例》(1941)中规定,村公所要设立"民事委员会"以履行包括"调解"在内的诸多功能;②《晋冀鲁豫边区劳工保护暂行条例》规定"劳资双方发生纠纷时,得由工会或农会会同双方代表进行调解,调解无效时,得呈请政府处理之"。③ 这些都说明晋冀鲁豫边区政府对调解的倡导和重视。

在中国儒家文化里,把"无讼"社会视为一种理想的社会状态,主张以调解的方式化解民间纠纷。一般而言,诉讼侧重于法律正义,而调解则更侧重于当事人的和解,"使他们最终保留小的争议但达成'自愿的'一致意见"。④ 从实际效果上来看,调解更易于缓和当事人之间的矛盾,降低纠纷解决的成本。在民主革命时期,可"免去人民因讼争而伤财费时,能用更多力量从事于生产支前"⑤,在1949年2月华北人民政府⑥颁布的《关于民间纠纷调解的决定》中给出这样一个数字:"历年来,我华北解放区对于民事案件及轻微刑事案件,倡导调解,民间纠纷因调解而解决的,有的县占全部案件百分之七十以上,

---

① 北方大学艺术学院给黎城县政府司法科负责同志写信,要求重新审查"杨松江同志"离婚一案,并"给以该女人(指王贵花)以适当的教育批评,以保障人民的婚姻问题"。参见《乡村法案——1940年代太行地区政府断案63例》,大象出版社2011年版,第129页。
② 韩延龙、常兆儒编:《革命根据地法制文献汇编》(上),中国社会科学出版社2013年版,第469页。
③ 韩延龙、常兆儒编:《革命根据地法制文献汇编》(下),中国社会科学出版社2013年版,第1456页。
④ 强世功编:《调解、法制与现代性:中国调解制度研究》,中国法制出版社2001年版,第88-89页。
⑤ 中国法学会董必武法学思想研究会编:《华北人民政府法令选编》,第666页,2007年版(内部资料)。
⑥ 华北人民政府正式成立于1948年9月26日,它是根据中共中央的指示精神在原晋察冀边区政府和邯郸晋冀鲁豫边区政府的基础上建立起来的,由华北临时人民代表大会选举产生的华北人民政府是全国性联合政府——中央人民政府的前身。

有的村区甚至更多。"① 虽然《乡村法案》一书收录的离婚案均为诉讼案件，但也不难从这些案卷中看到调解几乎无处不在。

(二) 多方力量介入调解且过程曲折

《晋冀鲁豫边区婚姻暂行条例》规定："离婚时须向区级以上政府请求，经审批，得离婚证明书，始得离婚"。可见，能否通过政府的"审批"才是当事人离婚能否成功的关键。一旦婚姻纠纷当事人向政府提出离婚请求，也就给各级干部、组织介入调解提供了机会。

如1943年偏城县寺子岩村"陈苏英诉王年的离婚纠纷案"②之卷宗只有寥寥6份文件，属于内容较为单薄的卷宗，但涉及许多调解内容：该案当事人先后"久经村干部教育"、驻村"县干部"调解和偏城县第一科的调解，均无效后方才转入民事庭，民事庭干部在讯问中又分别对二人进行劝解，试图让他们二人"回去好好过"，但最终还是以离婚告终。诚然，这是一起不成功的调解案例，但参与调解者却先后有村公所干部、驻村县干部、县第一科干部、司法科干部，在整个离婚的过程中调解伴随始终，通过这个案件可以看出各级干部为调解婚姻纠纷付出的努力。

在其他一些案子中，也可见到非常规力量参与调解婚姻纠纷的现象。如前文之"任桂英诉张敬元请求离婚案"中，临时驻扎在该村的某师部工作队也积极参与了该案的调解，甚至在任桂英将张敬元诉至县司法科要求离婚后，该工作队依然通过一个叫袁翟的干部写信给县司法科长蒋某，请求"将这个问题让村上（工作队）来解决，如果解决不了，再到司法科。如果司法科能够派同志来共同解决，那当然更好了。"这段话给我们提供了两个信息：一是该工作队对调解婚姻纠纷非常耐心；二是为稳定婚姻家庭不计司法成本，甚至请求司法科派人到村调解，这似乎可以说明司法科干部有过入村调解纠纷的先例，如果推测属实的话，在当时司法干部严重短缺的情况下，难能可贵。这还只是一个普通农民婚姻纠纷的调解，如涉及双方身份较特殊的纠纷，调解更是繁杂，如"1942年韩珍诉解殿元请求离婚案"。由于当事人双方均为干部，仅卷宗中收录的干部表明态度的来信便有7份之多，虽有分歧，但多数还是倾向于和解，而且这些表明态度的干部们绝大多数参与了这个纠纷的调解。③

正是边区政府从立法层面对离婚严格限制和各级组织秉持"不应该轻易叫夫妻离异"的基本理念，加上各级干部不厌其烦地调解，使绝大多数婚姻纠纷尚未上升至司法层面即被化解在村庄内部。前述某师部工作队在驻招岗村期间"替群众解决了不少的问题，尤其

---

① 中国法学会董必武法学思想研究会编：《华北人民政府法令选编》（内部资料），第666页，2007。
② 白潮：《乡村法案——1940年代太行地区政府断案63例》，大象出版社2011年版，第56-58页。
③ 白潮：《乡村法案——1940年代太行地区政府断案63例》，大象出版社2011年版，第20-28页。

是婚姻问题，不下十余件"，"解决的方式大多都是和解"，① 依此推断，大多数婚姻纠纷以调解的方式得以妥善解决应该是比较可靠的结论。这种工作方式及效果，对消除根据地众多家庭因女性追求"婚姻自由"而带来的恐慌有极大的作用；但从另一方面来说，也给诸多追求"婚姻自由"的女性增加了莫大的阻力。

五、结语

从妇女解放的角度来看，中共在太行革命根据地开展的工作无疑是成功的。然而，大量婚姻纠纷（主要是离婚）的出现却在很大程度上影响了根据地一些青壮年男性。原本在家庭中处于强势地位的男性在婚姻市场上是处于绝对弱势，一些本地干部阻挠压制离婚"主要是离了婚怕男人说不上（老婆）"。② 对大量婚姻纠纷的出现这一现象，担任中共中央妇委书记的蔡畅反思说"我们犯了一个错误，把女权强调到不适当的程度，结果引起了农民的反感"，③ "我们过于强调妇女的权利使我们站在农民的对立面，这是一个错误。男女之间的冲突削弱了反对日寇和地主的联合斗争"，而且"用这种方法也并不能真正达到解放妇女和婚姻自由的目的"。④

在整个新民主主义革命时期（甚至包括新民主主义革命取得胜利后的相当长一段时期），中共各项政策、路线、方针的基调乃是革命取向，即一切行动以有利于革命事业为基本指向，妇女动员以及婚姻法规的制订是如此，根据地建设更是如此。对封闭、传统的太行根据地乡村而言，某些被革命者视作落后、封建的婚姻家庭习俗，恰恰包含着适应当地环境的生存策略。如被视为备受压迫典型的"童养媳"就是某些家庭为降低娶妻成本和难度而采取的一种变通方式，而这些自幼生活在婆家的妇女未必就如五四时期思想家们猜测的那样生活不堪，甚至她们与公婆等家庭成员可能相处得更为融洽。⑤ 而随着革命突然而至的女性解放、男女平等、婚姻自由等理念，无疑是对广大乡村社会传统习俗的巨大冲击。诚如一些研究者所言，中共在开展妇女动员及制订婚姻法规时"将革命观念凌驾于地方婚俗之上"，却忽视了"地方社会风俗往往具有为稳定家庭结构而设计的平衡机制"。⑥ 一旦这种"平衡机制"被打破，则会影响到根据地社会的稳定，进而对革命事业产生负面影响，而这恰恰是中共所不愿意看到的结果。正因为如此，在各根据地中共一方面积极开展妇女动员工作，另一方面又加强对婚姻纠纷的管控。就晋冀鲁豫边区相关婚姻法规的颁行以及"妇女解放"等理念的宣传而言，其象征意义远大于实际意义，根据地女性"婚

---

① 白潮：《乡村法案——1940年代太行地区政府断案63例》，大象出版社2011年版，第33页。
② 白潮：《乡村法案——1940年代太行地区政府断案63例》，大象出版社2011年版，第96页。
③ [美]安娜·路易斯·斯特朗：《中国人征服中国》，刘维宁等译，北京出版社1984年版，第164页。
④ [美]安娜·路易斯·斯特朗：《中国人征服中国》，刘维宁等译，北京出版社1984年版，第379页。
⑤ 费孝通：《费孝通文集》（第二卷），内蒙古人民出版社，2009年版，第108页。
⑥ 丛小平：《左润诉王银锁：20世纪40年代陕甘宁边区的妇女、婚姻与国家建构》，载《开放时代》2009年第10期，第66页。

姻自由"的目标远未实现。但大量婚姻纠纷的出现却对根据地传统的男权提出了挑战,客观上提高了根据地女性的家庭、社会地位,这一点是毋庸置疑的。

On theEmergence and Settlement of Marriage Disputes in Taihang Revolutionary Base in 1940s
——Focusing on the Village Act: 63 Lawsuits of Taihang District Government in 1940s

Hu Xianling

Abstract: With the extremely difficult and harsh life, many troubles rose in marriages in Taihang revolutionary base. The Communist Party of China once mobilized the majority of women in order to achieve the liberation of women and freedom of marriage. The promulgation of a series of marriage laws and regulations in the border region further provided the legal basis and approaches for women to secure their own interests, resulting in a large number of marriage disputes during this period, which interfered with the effective operation and the stability of the revolutionary base. In judicial practice, organizations at all levels tried their best to maintain the stability of marriages and ensure the interests of those who had made more contribution to the revolution, and a large number of marriage disputes were resolved by mediation. The significance lay much greater in symbolic sense than in practical sense in terms of the promulgation of the relevant marriage laws and regulations and the propaganda of the concept of "Woman Liberation" in the border region of Shanxi, Hebei, Shandong and Henan. Far from achieved was the goal of "freedom of marriage" of many women in the revolutionary base. However, the emergence of so many marriage disputes has challenged the traditional patriarchy and actually improved the domestic and social status of women in the revolutionary base.

Key words: Taihang revolutionary base, marriage disputes, village act

通过法律与情理的社会控制

——以南宋"名公"淫祠邪祀治理为视角的分析

吴运时[*]

摘 要 传统中国的社会控制模式有别于近现代西方通过法律的社会控制模式，这在南宋"名公"们治理淫祠邪祀的判书中得到了体现。从《名公书判清明集》记载的 13 件司法官员治理淫祠邪祀的判书中，可以得知当时南宋的淫祠邪祀泛滥带来了一系列社会危害，破坏了地方风俗。儒学出身的司法官员们总是背负着教化社会的使命，移风易俗就是社会教化的重要环节，治理淫祠邪祀以"美风俗"成了司法官员们使命性的责任。而儒家"德治""劝喻"式的教化理念也决定了他们轻视唯法是用的社会控制模式，在适用法律的基础上大量使用"情"与"理"是普遍的做法。

关键词 社会控制 淫祠邪祀 情与理 教谕式司法

1901 年美国社会学家罗斯在《社会控制》一书中提到了社会控制理论。他认为，人类的自然感情（同情心、正义感、互助等）不足以维持社会稳定，因此需要引入包括宗教、法律、舆论、道德、习俗等手段进行社会调节和管理。从这个意义上来说，社会控制指的是为了维护社会秩序，对社会成员的行为和观念加以约束、引导和管理的制度或手段。[1] 1942 年，庞德在《通过法律的社会控制》一书中发展了罗斯的社会控制理论。他提出，"文明是人类力量不断地更加完善的发展，是人类对外在的或物质自然界和对人类目前能加以控制的内在的或人类本性的最大限度地控制。"[2] 并且，当人类社会进入近代世

---

* 吴运时，中南财经政法大学法律史专业博士研究生。
[1] 赵孟营：《社会学基础》，高等教育出版社 2008 年版，第 279 - 280 页。
[2] ［美］罗斯科·庞德：《通过法律的社会控制》，沈宗灵、董世忠译，商务印书馆 2009 年版，第 10 页。

界,"法律成了社会控制的主要手段。"① 在庞德看来,通过法律控制的社会是处于较高发展阶段的社会,它超越了以往法律和宗教、道德相混淆的传统状态。而且在这一逻辑构建之下,法律的正义必须外化为可见的制度,"我们认为正义并不意味着个人的德行,它也并不意味着人们之间的理想关系。我们认为它意味着一种制度。"这样的法律制度,就好像一套精密设计的仪器,具备完善的程序,可以精确对应到某一种行为,法律适用也不需要太多的"释理",即使存在"释理",也是对于案件事实的还原。正如论者指出"现代司法实践中,法官判决的基本逻辑就是演绎法:以法律规范为大前提,以事实认知为小前提,由此得出判决结果。"②

在传统中国的社会控制中,也需要依靠法律的支撑,但是司法官员在适用法律条文时候,并非简单遵循从"大前提→小前提→结论"的路径,而是在法律文书中进行了大篇幅的释理。从《名公书判清明集》对淫祠邪祀的治理判书中可以看出,司法官员为了达到移风易俗的良好社会效果,在适用相关条文进行判案时,还大量运用情理进行论证。《名公书判清明集》一书中收集了关于淫祠邪祀治理的案例13件,③ 分布在卷十四惩恶门之中,有妖教、淫祠、淫祀、诳惑、巫觋五类。这13宗案件的审理者,有5件没有记录姓名,4件为胡石壁所审理,2件为范西堂所审理,蔡久轩和吴雨岩各审理1件。考稽史书,这四人都是饱读诗书,精通经义之人。有的还是职业司法官员,如胡石壁、范西堂。④ 通过对这4位"名公"司法官员治理淫祠邪祀的判书,可以解读出中国传统社会迥异于西方的社会控制理念。

一、传统中国"正祀"与"淫祀"之别

"淫"的本意为"浸淫、浸渍",指水过多而浸漫,后来引申为过多、多余之意。所

---

① [美]罗斯科·庞德:《通过法律的社会控制》,沈宗灵、董世忠译,商务印书馆2009年版,第13页。
② 陈景良、王小康:《宋代司法中的事实认知与法律推理》,载《学术月刊》2020年第2期。
③ 妖教有2件:莲堂传习妖教,痛治习事魔等人;淫祠一门有4件:不为刘舍人保奏加封,非勅额者并仰焚毁,先贤不当与妖神厉鬼错杂,计嘱勿毁淫祠以为奸利;淫祀一门有5件:宁乡段七八起立怪祠,行下本路禁约杀人祭鬼,刘良思占充庙祝,约束诸庙祝,说史路歧人作常挂榜县门;巫觋一门有2件:巫觋以左道疑众者当治士人惑于异者亦可责,提刑司押下安化曹万胜讼曹九师符禁事。
④ 四位司法官员的简介如下:
1. 元代陆文圭《墙东类稿》卷九《跋陆庄简公家传》记载:"盖浙以西杰出者,百年版前后,名监司如赵季仁、杨伯子、范西堂、胡石壁,指不多屈。"参见:王瑞来:《知人论世—宋代人物考述》,山西教育出版社,2015年版,第354页。
2. 胡石壁,字叔献,潭州湘潭人。绍定五年版,登进士第。历官知平江府兼浙西提点刑狱,移湖南兼提举常平,即家置司。《宋史》记其"性不喜邪佞,尤恶言神异,所至毁淫祠数千区,以正风俗。"
3. 蔡久轩,即蔡杭,南宋大臣、理学家。字仲节,号久轩,蔡沈次子,蔡元定孙。生于绍熙四年版(1193),南宋理宗绍定二年版(1229)进士,授浙江丽水县主簿。吴势卿在《挽蔡久轩》一诗中称赞蔡久轩"四书功用弥天地,惜不推行半鲁论。"
4. 赵希汰在《沁园春·寿处州吴雨岩》中称赞吴雨岩"看粟移七郡,功深到处,棠阴一道,民尚思之。心印亲传,雨岩来括,寅岁幸无庚子饥。仁同亲,更备存先具,仓积千斯。"

谓"淫祠"，即是多余的祠庙。《礼记·曲礼》载："非其所祭而祭之，名曰淫祀。"① 元代学者陈澔也提出，"淫，过也，以过事神，神弗享也，故无福。"② 出于抵制、否认的态度，历代官方文献将这些祀典之外的神祇和祠庙称为"淫祠邪祀。"也就是说，这些祠庙是在国家承认的正统祭祀之外的，一个正常的社会并不需要它们的存在，而"淫祠""淫祀"称谓本身也含有抗拒、非难的否定性评价。与"淫祀"相对，便是官方承认和造册登记的"正祀。"与"正祀"不同，这些"淫祠"祭祀供奉的是歪门邪道，足以带来不利的影响，历代政权都开展过取缔运动。

对中国历史上的"正祀"和"淫祀"的讨论，不可避免涉及到中国的传统政治哲学。首先，国家祭祀不仅是一种仪式，更是一种法权的象征。中国的政治构建在起源之初就与宗教、祭祀有着不可割断的联系。"夏道尊命，事鬼敬神而远之……殷人尊神，率民以事神，先鬼而后礼。"③ 乃至于打破了"君权神授"而"尊礼"的西周王朝也极其注重祭祀，于是逐渐形成了"国之大事，在祀与戎"的政治信仰。"祭天燔柴，祭山丘陵升，本乎天者亲上也；祭川沈，祭地瘗，本乎地者亲下也，"④ 进行天地山川祭祀仪式的只能是帝王。历朝历代都建立了详细的祭祀制度。以汉代为例，设置了专职国家祭祀实务的官员"太常"并将其位列"九卿"之首。太常之所以有如此高的地位，是因为其"掌礼仪祭祀。每祭祀，先奏其礼仪；及行事，常赞天子。"⑤ 对于祭祀什么样的神灵，据学者统计汉代祀典规定了十二种祭祀，即郊祀、封禅与明堂祭祀、六宗之祭、日月星辰之祭、雩祭、社稷祭祀、山川祭祀、五行官神之祭、老子之祭、孔子之祭、高禖之祭。此外，汉代还制定了《宗庙仪》《太乐律》《汉祠令》《斋令》《牺牲令》等专门的律令来规制国家祭祀典礼，对违反祭祀典章的行为也处于严厉的处罚。⑥

除了维护帝王祭祀的正统性、宣示法权外，民间宗教常常引发社会治理问题也是帝制王朝打压民间宗教的一大动机。因此，"扶正祀、毁淫祠"是中国历代王朝延续不衰的政策，各个朝代的主流法律都明令禁止淫祠。如《唐律疏议》就将与淫祠有紧密联系的"厌魅"写入了十恶之中并解释道，"厌魅，皆谓邪俗左道，若汉之巫蛊是也。"⑦ 唐代建立之初，唐高祖就曾下诏："民间不得妄立妖祠，自非卜筑正术，其余杂占，悉从禁绝。"⑧《宋刑统》几乎照搬了唐律这一规定。宋太宗太平兴国六年（981年），就曾"禁西川诸州白衣巫师。"⑨ 淳化三年（992年）诏："两浙诸州先有衣绊裙，执刀吹角称治病

---

① 陈戍国点校：《周礼·仪礼·礼记》，岳麓书社2006年版，第251页。
② [元] 陈澔：《礼记集说》，上海古籍出版社1987年版，第24页。
③ 王文锦：《礼记释解》，中华书局2001年版，第813页。
④ 陈戍国点校：《周礼·仪礼·礼记》，岳麓书社2006年版，第183页。
⑤ [南朝] 范晔：《二十五史·后汉书》，上海古籍出版社、上海书店1986年版，第839页。
⑥ 王柏中：《两汉国家祭祀制度研究》，吉林大学2004年博士学位论文，第30页。
⑦ [唐] 长孙无忌等撰，钱大群点校：《唐律疏义新注》，南京师范大学出版社2007年版，第28页。
⑧ [宋] 司马光撰，邬国义点校：《资治通鉴》，上海古籍出版社2017年版，第2118页。
⑨ [元] 脱脱：《宋史》，中华书局1999年版，第45页。

巫者，吏谨捕之。犯者以造妖惑众论，置于法。"①

二、"名公"笔下的淫祠邪祀之害

淫祠邪祀的危害是从中央到地方政府都严加治理的直接动因。从这 13 篇判词中，可以得知淫祠邪祀主要有以下几个方面的危害。

（一）威胁国家政权

正常合法的宗教活动与社会治安秩序并行不悖，甚至宗教中关于劝善戒恶的教义有利于社会稳定。但是变种失序的宗教与民间崇拜往往会成为威胁统治秩序的毒瘤。东汉末年的民间道士张角就是携《太平经》广播教义，集聚信徒，掀起了黄巾起义。清代的白莲教、小刀会等民间宗教组织曾经是让统治者时刻保持警惕的不稳定因素。南宋时期，统治者对威胁国家政权的民间宗教严加防范和处置。在"莲堂传习妖教"一案中，主犯张大用其中一宗罪就是"布置官属，掌簿掌印，出牒阶差，无异官府""假做御书，诳惑众听""假作军装，横行外地，公然管押入京，出没都下。""刘良思占充庙祝"一案中，刘良思本来是一罪犯，其趁机"破狱出囚"，并且编造谎言说是"神力所致。"无论是假冒国家印牒，私设公家机器还是越狱出逃，都是危害国家统治秩序的严重犯罪。

（二）危害性命安危

民间宗教和信仰往往和治病有莫大的关联，因为组织者会宣称某神祇的灵丹妙药可以救死扶伤。有学者指出，"中国医学的演进，始而巫，继而巫和医混合，再进而巫和医分立。"② 可以说，中国医学在发展之初就和巫觋的"祝由之术"有着密不可分的关系。所谓祝由之术，就是以符箓咒语治病，"上古神医，以菅为席，以刍为狗。人有疾求医，但北面而咒，十言即愈。古祝由科，此其由也。"③ 但是在历史的发展过程中，中国后世大部分医学家对祝由术虽然不能说是持否定态度，但至少是弃而不用。祝由术由巫祝人员保留了下来。吴雨岩就曾谴责淫祠邪祀蛊惑任性，使人"有病不得服药"，"有病求巫而不求医。"这往往会耽误病机，甚至服用有毒之物贻误性命。

如果说巫医对人命只是寻常威胁，那么杀人祭鬼就是罪大恶极的行径了。"行下本路禁约杀人祭鬼"一案中，该路所在乡村，多有杀人祭鬼之家，平时想方设法获取生人献祭。一般的做法是"贩卖生口，诱略平民"，甚至会"用亲生男女充代。"这样泯灭人性的恶俗是每一个政权和主政者都不能容忍的恶性犯罪，宋仁宗就是因此才恢复凌迟之刑。④

---

① 刘琳、刁忠民、舒大刚点校：《宋会要辑稿》，上海古籍出版社 2014 年版，第 8283 页。
② 陈邦贤：《中国医学史》，商务印书馆 2005 年版，第 9 页。
③ ［明］徐春甫：《古今医统大全》，人民卫生出版社 1991 年版，第 1 页。
④ 曾代伟主编：《中国法制史》，法律出版社 2010 年版，第 163 页。

（三）有悖人伦道德

根据《名公书判清明集》，淫祠邪祀对人伦的危害主要体现在扰乱男女关系，教人不孝，唆使他人生害人之心三个方面。首先，男女关系方面，传统中国历来讲求"男女之大防"，授受不亲是一条基本的社会准则，更不用说三更半夜，男女群聚一处。在"莲堂传习妖教"一案中，张大用其中一宗罪就是"诈作诵经，男女混杂。"其二，孝道上，淫祠邪祀为了树立对某一神祇的崇拜，往往会否定信众的家庭关系，企图在本信仰内部构建起新的尊卑长幼秩序。上文张大用的另外一宗罪就是使人"祖先不得奉祀，导人于不孝，陷人于罪戾。"在"痛治传习事魔等人"一案中，吴雨岩认为邪教如不扫除"则女不从父从夫而从妖，生男不拜父拜母而拜魔王，灭天理，绝人伦。"其三，淫祠邪祀的一大"业务"就是行巫蛊之术以害人。"宁乡段七八起立怪祠"一案中，段七八私自建造了一间"东沙文皇帝"之庙，专行巫蛊之事。虽然巫蛊之事在客观上并不能使人受到伤害，但从道德上来说，这毕竟是一种非常恶劣的居心。"巫觋以左道疑众者当治士人惑于异者亦可责"一案中，民人黄六师"执迷不悛，首犯约束……（建祠祭祀）所谓通天三娘，孟公使者，黄六郎，太白公。"对此，胡石壁指责道"若不诛锄一二，以警动其余，则异时传习日滋，妖讹者甚。埋桐人以造蛊……何所不至哉！"

（四）诈骗钱财

淫祠邪祀之所以难以根除，背后的经济利益驱动是一大因素。无论是扶乩占卜、巫蛊诅咒、贩卖灵丹妙药，都要收取费用，所求之人愈多，经济来源就愈广。所以，就使得一些贪财之人乐此不疲。在"莲堂传习妖教"一案中，张大用其中一宗罪就是"巧立名色，胁取钱米，假作献香，强人出售。""计嘱勿毁淫祠以为奸利"一案中，胡石壁发现了一个很严重的现象：每当他组织拆除淫祠之后，有一个叫卿二十二的人，自称神老，宣称拆毁祠庙之后会获怒于神明，于是"起集乡夫，望青采斫"，其不过是"恐失其所依，遂欲哀敛民财，计嘱官吏。"

二、律条之外："名公"书判中的情与理

在《名公书判清明集》这13宗案件中，司法官员们援引的律条只有三处："吃菜事魔，夜聚晓散，传习妖教者，绞；从者配三千里，不以赦降原减二等。又勑：诸夜聚晓散，以诵经行道为名，男女杂处者，徒三年；被诱之人杖一百。又勑：非僧道而结集经社，聚众行道，各杖一百。""执左道以乱政，杀；假于鬼神疑众，杀。""白佛载于法，已成者杀。"如果说只是在认定事实的基础上直接适用这三处律条进行裁判，也并没有违反国家规定，但"名公"们的着眼点似乎并不是简单的律条，而是在事实已经认定的基础上，大量运用"情"和"理"。

(一) 情：古圣先贤不可侮慢

中国古代法律中的"情"，既有案情、实情的含义，也有情感、习惯的含义，但主要是指"人之常情"，是社会公认的情感，而非个人的好恶需求。① 在祭祀一条上，最显著的情感就是对古圣先贤的崇敬之情，这一情感已经深深根植于儒家文化基因之中。它不仅存在于儒家知识分子的头脑中，更是泛化为一种普遍的社会情感。因此敬重先贤是社会之善良风俗，侮慢贤人往往被视为对社会情感的背离和冒犯。民间庙宇，由于缺乏国家组织的祭祀系统，很容易和民间信仰糅杂在一起，从而沦为地方长官眼中的"淫祠邪祀。"而治理这些侮慢先贤的淫祠邪祀就成了地方官员的重要任务。因此，地方官员在判书中就往往以古贤圣徒的态度，用饱蘸深情的语言批判不正之风，最后才以严厉而愤怒的口气颁布命令。

在"非勅额者并仰焚毁"一案中，湖湘之地多有大禹庙，大部分大禹庙虽然挂着禹庙的名号却讹变成了淫祠邪祀。胡石壁认为，"夏禹为古帝王，功被万世……载在祀典，冠于群神，齐明盛福，以承其祭祀，临之在上，质之在旁，谁敢侮之。"因此，以正神之名，阴行淫祀，是对先贤的侮慢，应该取缔。敬重先贤的思想同样体现在"先贤不当与妖神厉鬼错杂"一案中。该案的主要情节为：湖湘邵陵县有祭祀孔明的庙宇，但孔明的塑像和其他不在祀典的神祇混在一处，引起判书作者的不满。在判书中，作者先是满怀虔诚地论道"孔明盛德……千载之下，凡忠臣志士，孰不闻风而兴起也，"就连判书作者本人"每当读其出师两表，未尝不为之掩卷流涕。"接着陈述孔明和邵陵的历史联系。当时刘备收荆州之时，孔明以"军师中郎将驻临"，按照常理推测，孔明以及兵马极有可能到过邵陵。所以，孔明"于焉庙食，夫岂无因。"然后再痛陈孔明庙宇的不堪。一者，孔明的塑像"齷齪庸陋，绝无长啸之英气。"二者庙里除了孔明的塑像之外，还有"妖神厉鬼，错杂后先。"祭祀的时候，即使祭品"牲牷肥腯，粢盛丰洁"，各种妖神厉鬼也蜂拥抢食，孔明高洁的神明是不愿意享用的。为了使自己的结论更加周延，作者还"树靶子。"对于他的不满，县尉提出了反对意见"祀事不当在吴蜀之分。"作者反驳道，皇帝祭祀百神，而且国家承认的神祇都有祀典的规定，作为一县之长官，应该祭祀何种神祇也是有规定的。如果允许妖神厉鬼糅杂其中，则"名曰淫祀，无福。"最后，作者才以简短的言语发布命令"所有现存敝祠，合行拆毁。"

(二) 理：无功之人不足为神

在中国传统法文化中，"理"是比"情"更为抽象的概念，其"包括习惯、风俗在内

---

① 邓勇：《论中国古代法律生活中的"情理场"——从〈名公书判清明集〉出发》，载《法制与社会发展》2004年第5期。

的比如欠债还钱、父在子不得自专等就中国文明中不成文却为人们广泛承认的种种原理原则。"① 在儒家祭祀理论中，无功之人没有资格享受香火祭祀也即是一个"理。"一方面，这是一个公平意义上的道理，同时也是基于社会影响的考虑。儒家非常讲求圣贤的榜样效应，无功之人也可以享祀，将会带来不可估量的负面影响。

在"不为刘舍人保奏加封"一案中，司法官胡石壁在判书一开篇并没有陈述事实或者法律，而是花了较大的篇幅界定"什么是神"，也即具备何种条件才能称得上为神。首先，他引用了孔子对鬼神的态度，即"敬鬼神而远之。"其次，他认为，鬼神必须满足以下条件："阴阳不测之""圣而不可知之""聪明正直而一之"；真正的神灵"在天则为星辰，在地则为河岳，而在人则为圣帝，为明王，为大贤君子，为英雄豪杰""其大者足以参天地之化，其小者随世以就功名。"胡石壁以这样恢宏的辞藻对"神"进行界定是为了下文佐证刘舍人的渺小不足以为神做铺垫。接下来，他论述道，"蚩蚩之民，不过草木俱腐而已"，而刘舍人不过就是这样一个"蚩蚩之民。"他本来就是洞庭湖边的一个渡船之人，年老之后在洞庭祠内"供洒扫之责"，每当遇到祠内祈福的人，刘舍人就装神弄鬼，哄骗香客。久而久之，远近都以他为神。及至刘舍人死后，别有用心的巫祝之徒就为刘舍人塑像供奉。经过一番包装之后，就连王公大人也趋之若鹜，又为之请封号。

为了驳斥刘舍人的"神性"，胡石壁除了先前的铺垫，还列出了三大理由。其一，刘舍人生前"尚不能自给其口腹，而衣食于人"，这样的人死后反而能够为老百姓"捍大患、御大灾"，"万万无是理。"其二，按照孔子的说法，鬼神虽然存在于天地之间，但"实非如人果有形迹可见。"至于刘舍人，香客在祈祷之时，看到洞庭湖上"旗帜满空，上有刘字"显然是编造的谎言。如果是真是存在，那么就是孔子说了假话。自然，孔子的话语都是不刊之论，只能说是香客编造谎言。其三，退一步来说，即使刘舍人之神真实存在，他事后六七十年间，士农工商为其供奉了无数的祭品香火。按道理来说，刘舍人之神应该为广大信众"拘蚕龟，蛰蛟蜃，鞭逐鲸鲵，号令风伯，弹压水神。"然而事实上，"葬身江鱼腹中者，殆无虚日。"最后，胡石壁以自己为楚人的亲身经历点出了刘舍人信仰的本质。楚臣屈原作离骚，行文之中就充满了怪诞神话，这是楚俗信鬼好祀的滥觞，到南宋知识已历经千年，楚地这一习俗已经"沉酗入骨髓而不可解。"

为了释明淫祠邪祀的虚伪性，司法官员们也善于运用事实进行逻辑推理开释大众的质疑。如"计嘱勿毁淫祠以为奸利"一案中，每当胡石壁下令拆毁淫祠之时，"愚夫无知，口惑于鬼神之说，辄多端以沮挠之。"对此，胡石壁并非不管百姓的反对声音反对强行推行，而是进行了方向劝说。他提出，他到任以来，不知拆毁了多少淫祠邪祀，如果因此而得罪了神灵的话，神灵肯定会大发雷霆。但是近年来"阴阳和而风雨时，五谷熟而人民

---

① ［日］滋贺秀三等：《明清时期的民事审判与民间契约》，王亚新、梁治平编，法律出版社1998年版，第122页。

育，灾害不生，祸乱不作，降康降祥，反远过往年。"由此得知，毁淫祠而粗怒神灵的说法是无稽之谈。

(三) 用典：情理之中的穿插

南宋"名公"们在浓墨重彩的情理讲述中，也可以看到历史典故的来回穿插。对历史典故的运用即用典，其本来是一种文学修辞手法，指的是在诗文中引用古籍中的故事或者语句。判书本来是不是文学作品，但是从"名公"们的判书中可以看到大量的用典。这并不是他们故意铺成辞藻，炫耀文采，而是为了对自己的论证进行"补强"。① 如在"痛治传习事魔等人"一案中，司法官员吴雨岩援引了汉代黄巾起义的典故"黄巾载于史，其祸可鉴"，目的就是为了说明如果不从严追究本案罪犯的责任，则"究其极不至于黄巾不止。""不为刘舍人保奏加封"一案中，胡石壁一共引用了5处典故，"一牛之失"与"五羊之获得"，② 赤壁之战、淝水之战是为了说明洞庭湖边的凶吉和刘舍人没有丝毫联系，不能"以天之功为刘舍人之力。""石言于晋""神降于莘"③ 是为了说明楚地民风迷信鬼神，喜欢捕风捉影，将自然现象与鬼神相勾连。"宁乡段七八起立怪祠"一案，范西堂罗列了狄仁杰、伍伦、宋均等名臣毁淫祠以正风俗的历史典故，就是为了论证自己在宁乡取缔淫祠的正当性。用典以论证，这样的例子在胡石壁、范西堂等人的判书中不一而足，如同缺少了历史典故的背书，判书的情理说服力就大打折扣。

四、"名公"淫祠邪祀治理之深层理念

既然已经有明晰的律条，案件事实也不复杂，司法官员们为何还大费笔墨，甚至"苦口婆心"去阐述情理？这是值得进一步思考的问题，也是本文的问题意识之所在。本文认为，根本原因就在于儒家知识分子关于社会控制的理念问题。儒学出身的司法官员们总是背负着教化社会的使命，移风易俗是社会教化的重要环节，而淫祠邪祀就是善良风俗的一大阻碍。儒家"德治""劝喻"式的教化理念也决定了他们轻视唯法是用的社会控制方式。论者指出，这些厉行毁淫祠地方官员们，反对这些淫祠而尊崇国家祀典里的"正神"，是"带有浓重儒学理想色彩的行为，它反映了儒臣们企图将民间社会全部纳入儒学礼治社会秩序轨道的努力。"④ 古圣先贤是儒家精神的远古代表和历史证明，一定程度上是儒家

---

① 补强是诉讼法中的一个术语，是指单靠某一证据尚不能认定事实，需要别的证据进行补充，以增强其证明力。

② 此两个典故是苏轼用来反驳王安石变法所所举的例子。原文为："某人为其主畜牧，以一牛易五羊。一牛之失，则隐而不言；五羊之获，则指为劳绩。"参见：(宋) 苏轼著，李之亮笺注：《苏轼文集编年笺注》，巴蜀书社2011年版，第570页。

③ "石言于晋""神降于莘"这两个典故均出自《左传》。前者指昭公八年春，石言于晋国魏榆；后者指鲁庄公三十二年秋七月，有神降于西虢国之莘地。

④ 罗冬阳：《从明代淫祠之禁看儒臣、皇权与民间社会》，载《求是学刊》2006年第1期。

道德的内部证成。可以说，此类行动本质上是通过维护儒家道德共同体从而达到社会教化的目的。

(一) 教化者：儒家知识分子的自我定位

无论是处在江湖之远的读书人，还是居庙堂之高的官员，儒家知识分子都将赋予自身"教化社会"的使命。对于教化，梁漱溟从社会架构的角度进行了理解。他认为，周孔之教不是宗教，但是其"以道德代宗教之路"，"安排伦理名分以组织社会"，"设为礼乐揖让以涵养理性。"① 从儒家的理想社会"三代"以来，统治者无不讲求教化的作用。朱熹就曾赞美尧舜的美德教化，他在《四书章句集注》的序言中讲到，上天赋予了每个人仁义礼智信，但是由于每个人的气质之禀不同，所以并不是每个人都是君子，这时"故有聪明睿智能尽其性者出于其间，则天必命之以为亿兆之君师，使之治而教之，以复其性，"② 这个人就是尧帝。舜帝在位期间，同样"布五教于四方"。宣扬"以德配天"的周代统治者更是延续了这一作风，西周建立伊始，周公就制礼作乐，将一套完整的教化制度推向全国。迨至春秋，"祖述尧舜""宪章文武"成了孔子的信条。孔子开设私教，培养"弟子三千""贤者七十二"，一个重要的目标就是塑造一个合格的"为政者"——君子。孔子认为"君子之德风，小人之德草"，③ 道德高尚的君子有引领社会风尚的效应，小人即老百姓容易膺服于榜样。同时，孔子也认为"政者，正也。子帅以正，孰敢不正"，④ 同样是强调为政者的榜样效应。后世的儒生都坚守了先秦儒家的教化使命。当他们通过科举考试登上仕途成为地方长官后，就将这一使命落到实处。在己身的修为上，将"为天地立心，为生民立命，为往圣继绝学，为万世开太平"作为终极目标。在对待百姓上，秉持着"富之，教之"的理念。

(二) 淫祀邪祀：教化之阻碍

中国自古以来就是一个鬼神观念极其流行的国家，人在世间的善恶行为都有鬼神监视、去世之后灵魂不灭的说法在历史中已经深入了中国人的内心世界。即使是作为中国传统文化传承的中坚力量的儒家，也没有否认鬼神的存在，并且最初的儒者与二代制度也有着宗教性的关联。据《汉书·诸子略》记载："儒家者流，盖出于司徒之官，助人君顺阴阳，明教化者也。"⑤ 有论者指出，儒家在周代确乎是一种和宗教相关的职守。⑥ 到了后世，即使是中国传统知识分子的最高代表，孔子也没有否认鬼神的存在。他的学生季路曾

---

① 梁漱溟：《中国文化要义》，世纪出版集团、上海人民出版社2011年版，第99–115页。
② [宋] 朱熹：《四书章句集注》，中华书局2011年版，第2页。
③ 杨伯峻：《论语译注》，中华书局1980年版，第129页。
④ 杨伯峻：《论语译注》，中华书局1980年版，第129页。
⑤ [汉] 班固：《汉书艺文志》，中华书局2010年版，第333页。
⑥ 李天纲、金泽：《江南民间祭祀探源》，生活·读书·新知三联书店2017年版，第163页。

经向孔子请教如何侍奉鬼神,孔子批斥了季路的提问。但孔子批斥的理由不是鬼神并不存在,而是因为他认为比起鬼神,人和人事是更重要的事情,他反问道,"未能事人,焉能事鬼?"① 也就是说,一个以天下为己任的知识分子,应该关心的是天下苍生,而不是鬼神。因此,由鬼神而延伸出的淫祠邪祀自然就在儒家知识分子的反对之列。儒家虽然反对鬼神,但并不反对祭祀。只是儒家所主张的祭祀不带有功利性,祭祀不是为了"事神致福",而是为了表达对受祭者的情感。祭如在,祭神如神在。子曰:"吾不与祭,如不祭。"② 在孔子看来,祭祀的时候,就是要虔诚地想到受祭者就在面前。如果没有亲自参与祭祀,就无法表达对受祭者的思慕和敬仰。祭祀除了表达情感,同时也希望以先贤的品德感化人们。所以,荀子提出"祭者、志意思慕之情也……故人之欢欣和合之时,则夫忠臣孝子亦惝怳而有所至矣。"③

像胡石壁等人一样的饱读儒家经义之士,自然也像孔子一样把目光集中在眼前的世界而不是遥远的彼岸,他们想通过教化藉以构建一个连孔子也仰慕不已的"三代"社会。淫祠邪祀诡异而缥缈的说教自然不符合儒家现世的价值观,而且也如前文所述,淫祠邪祀危害社会治安,抛君弃父,是礼教的大防。对荆楚淫祀之风,范西堂曾忧心忡忡地感叹"昏淫之鬼,散在荆楚,习尚尤甚。礼已亡矣!"

(三) 法与情理兼重:社会控制理念

淫祠邪祀之所以成为社会之痼疾,最大的阻力是来自于普通民众对"迷信"的依赖。法律条文的作用是局限的,在与人们的心理需求相冲突时,法律至多只能在行为上规制人们的行为而无法控制人们的思想,甚至有时候也规制不了人们的行为。"为了使规则能够发挥有效的作用,行为规则的执行就需要从这些规则有效运行的社会中得到一定程度的合作与支持,"④ 但是,一旦这些规则与人们的需求相违背时,往往会因为普通大众的消极抵触而丧失权威性和执行力。风俗习惯产生于民众千百年来的生产生活,其蕴含的价值形态已经深深根植于民众的内心。如果没有正视根植于传统土壤的风俗,调和二者的矛盾,法律就难以得到民众的信仰和遵守。有学者指出:"法律的民俗基础被极度忽视,甚至以立法改造乃至摧毁民俗的情况也时有发生,一些通行数百年乃至上千年的民俗可以在不加严肃论证和立法辩论的前提下用一纸法令加以禁止,这是颇堪忧虑的事情。"⑤ 中国几千年来的鬼神观念已经在社会大众的心目中植下根深蒂固的偶像崇拜观念,成为日常生活不可缺乏的一部分,有的民众甚至把某一神祇视为心理上的保护神,一朝破除,会使当地的

---

① 杨伯峻:《论语译注》,中华书局1980年版,第113页。
② 杨伯峻:《论语译注》,中华书局1980年版,第27页。
③ 方达评注:《荀子》,商务印书馆2016年版,第352页。
④ [美] 博登海默:《法理学——法律哲学与法律方法》,邓正来译,中国政法大学出版社2010年版,第405页。
⑤ 本刊编者:《立法与风俗》,载《比较法研究》1995年第2期。

生活陷入无序的状态。

因此,推广礼教而"美风俗"的淫祠邪祀治理该如何推广是当政者必须考虑的问题。孔子尝言"道之以政,齐之以刑,民免而无耻;道之以德,齐之以礼,有耻且格。"① "德礼"之治要求不唯刑罚是用,而是讲求充满人性的仁政。这种过程,施政者的角色往往类似于父母长者一般"苦口婆心"地劝喻百姓。孟子也论及"善政,不如善教之得民也。善政民畏之,善教民爱之;善政得民财,善教得民心。"② 此处的"政"应当是指和刑罚同一范畴的强制性措施,而"教"就是刑罚之外动之以情、晓之以理的劝谕和教化。应该说,这是南宋"名公"们在治理淫祠邪祀的过程中所秉持的态度。法律适用是最简单不过的事情,案结事了不是最终目的,使百姓从心理上认识到淫祠邪祀的危害并主动拒绝才是善政。因此考验官员能力的地方在"释理"之上。所以,南宋"名公"们在判词的说理上花费了大量的笔墨,除了语言逻辑上力求做到周延严谨,还要引用经义典故。释理之外,最后还有殷殷嘱托。如在"莲堂传习妖教"一案中,对于被骗一般平民,蔡久轩在免除了他们的罪责的同时还教谕道"(他们应该)归事父母,供养祖先,以保身体,以保妻子,以保生理。"

五、结语

南宋"名公"们法律与情理并重的社会控制理念迥异于庞德所主张的"通过法律的社会控制",这是中国传统法文化的特质。清末法制变革以来,我国逐渐摒弃了传统的司法和社会控制模式。"以事实为依据、以法律为准绳"是现代司法理念,观诸现在的裁判文书,至少在行文上已经没有了融合国法、天理、人情的说辞。2016年,江苏泰兴市一份"诗意判决书"走红网络,一宗离婚纠纷中,法官以"众里寻他千百度,蓦然回首,那人却在灯火阑珊处""若没有各自性格的差异,怎能擦出如此美妙的火花"等极具诗意的语句劝说双方当事人应当珍惜夫妻情分,不要轻易离婚。这份判决书走红后,毁誉参半。专业的法律工作者一般持反对态度,认为判决书的权威性和严肃性决定了判决书的语言简练、准确和严谨,法官要使用"法言法语。"而广大网名和媒体则大家赞赏,认为这份判决书体现了人性关怀。这样的分歧背后其实是严谨理性的现代司法与传统情理化司法隐藏在民众内心的文化性格之间的矛盾,但这恰恰反映了人民群众对司法中情理论述的渴望。一份裁判文书,严谨不可或缺。笔者认为,"诗意判决书"的可非难之处并不在于法官对双方当事人的人性化劝喻,而是刻意堆砌文学化的辞藻。如果法官能够将"诗意"变成理性的"情理",既能符合严谨的现代司法理念,也符合传统法文化中注重情理的价值取向,同样也会提高社会接受性。

---

① 杨伯峻:《论语译注》,中华书局1980年版,第12页。
② 杨伯峻:《孟子译注》,中华书局1982年版,第205页。

Social Control through Law and Reason
—— An Analysis from the Perspective of "Ming gong" in the Southern Song Dynasty

Wu Yunshi

Abstract: The traditional Chinese way of social control is different from the modern western way of social control by law, which is reflected in the judgment book of "ming gong" in the Southern Song Dynasty on the regulation of prostitution, worship and worship. It can be seen from the records of 13 judicial officials' judgments on the worship of prostitution in the Qingming Dynasty that the epidemic of prostitution in the Southern Song Dynasty brought about a series of social harms and destroyed the local customs. The judicial officials from The Background of Confucianism always bear the mission of educating the society, and changing customs is an important link of social education. It has become the mission responsibility of judicial officials to control prostitution, worship and "beautiful customs". The Confucian educational concept of "rule by virtue" and "persuasion" also determined that they despised the social control mode based on the only law, and it was a common practice to make extensive use of "sentiment" and "reason" on the basis of the application of law.

Key Words: Social control; excess temple and evil realms; Emotion and reason; Didactic justice

我国基层解纷模式的古今差异：
正反"金字塔"架构*

——兼论"枫桥经验"启示下基层解纷机制重构

魏文超　范忠信**

> **摘　要**　古代中国基层社会解纷模式有三大主要特征：一是解纷依据主要为百姓熟知的情理和习惯；二是解纷主持者主要为深孚众望的乡贤群体；三是矛盾纠纷大多化解于民间而不需见官。这种模式，从依据、主持人、结果三方面看，其重心都在下面，在民间。这种解纷模式呈现一种"正金字塔"影像。今日中国基层解纷模式则似乎相反，解纷依据主要为国家制定法，解纷力量主要为官式法律职业群体，纠纷最终解决大多完成于国家司法或行政机关。这种解纷模式，三者重心皆在上面，在官方。这种模式呈现一种"倒金字塔"影像。这种解纷资源集中于官方或中心城镇的"重心在上"模式，使基层群众对制定法和官方解纷体制有疏离感，不利于基层矛盾纠纷的及时顺畅化解。这一情形亟待改变，"枫桥经验"已经为我们提供了有益的借鉴。
>
> **关键词**　纠纷　解纷　金字塔　法治　乡贤

引　论

清人崔述曾云："讼也者，事势之所必趋，人情之所断不能免者也。"① 传统中国社会虽崇尚"无讼"，但人们仍无法回避身边的许多争讼，并不得不竭力加以解决。在传统中

---

* 江西省社科"十三五"规划项目《明清徽州乡贤解纷机制研究》（项目编号：18FX07）。

** 魏文超，法学博士，上饶师范学院政法学院副教授；范忠信，上饶师范学院特聘教授，杭州师范大学法学院教授，博士生导师。

① 顾颉刚编订：《崔东壁遗书》，上海古籍出版社1983年版，第701页。

国,大多数争讼发生在乡村或市井之内,发生在寻常百姓日常生活中;其数量大、频率高,常常超出一般人想象。黄宗智先生对清代部分县衙受理诉讼数量的考察分析①,大致反映了古时基层社会争讼繁多的一般情形。这种讼繁情形,在发生革命性巨变后的今日中国乡村,不但没有发生显著改变,甚至还有扩大趋势。

　　基层社会的繁多纠纷需要及时解决,这是恢复秩序、维系和谐所必需。在传统中国,国家政权只延伸至州县,官府驻在中心城镇且机构简约,权力之臂难及辽阔乡村。这种"皇权不下县"、"山高皇帝远"的格局,决定了绝大部分纠纷不能不在乡村社会内部加以解决。以绅耆乡贤群体为代表的民间权威,担负了绝大部分基层纠纷的化解任务,弥补了国家权力在乡村地区的空缺。这种基层解纷模式,因其"大头在下"或"重心在下",大致呈现为一种"正金字塔"影像。在近现代中国,特别是上世纪初工农革命以来,乡村社会发生了根本变化,国家公权力无远弗届,传统民间社会权威式微,基层社会解纷逐渐呈现一种"大头在上"或"重心在上"的"倒金字塔"影像。古今基层解纷模式的这种正反金字塔形差异,是我们比较古今基层解纷理念及实践后得出的粗略印象。我们发现,从全人类民主法治文明的根本追求而言,从党和政府既定的基层社会自我管理、自我服务、自我教育、自我监督建设目标而言,今日中国基层解纷模式"倒金字塔"结构是值得反省的,是需要改变的。只有借鉴传统基层解纷模式的经验,努力避免官方包办式基层解纷模式,重建现代法治型"正金字塔"式基层解纷模式,才能真实、稳固、低成本地建成乡村法律秩序。浙江诸暨枫桥地区在基层解纷模式方面的探索,为我们建构法治型"正金字塔"式解纷模式积累了宝贵经验。本文谨就古今基层社会解纷模式差异的正反金字塔结构做一个初步分析阐述,并就借鉴"枫桥经验"重建法治型基层解纷模式之任务做一个粗略勾画。

一、传统中国基层解纷模式的"正金字塔"影像

　　中国古代社会"皇权不下县",广大的乡村空间为国家权力所不逮,帝制国家无法建立统一的公共财政制度与渗透到社会各个角落的统一的官僚制度,无法提供必要的公共产品,特别是无法建立涵盖帝国所有地方的统一的法律秩序。帝制国家所能提供的司法服务,理讼效率低下、民刑程序不分、贪腐横行加上交通困阻等因素,给民众造成了巨大的讼累。在官司讼累余悸之下,百姓自然形成了通过民间调处尽快了结纠纷的选择偏好。"贱讼"是官方的态度,"惧讼"则是普通民众的心态。民众以"无字纸入官府"、"无一人入公门"为自豪,体现了乡民对国家刑宪与府衙的陌生与恐惧,以及对"周知邻里"的乡贤亲和力的信任。

　　这种情形促使占据帝制国家主导地位的小农社会建立起自身发达的解纷机制。民间社

---

① 黄宗智:《清代的法律、社会与文化:民法的表达与实践》,上海书店出版社2007年版,第139-140页。

会解纷依据为百姓信奉的情理，作为主要解纷力量的乡贤大多生活于乡村社会。这种解纷资源贴近纠纷发生地的最佳配置模式，使大多民间纠纷并不经由国家而由民间社会自身予以化解。

这种解纷资源"重心在下"的布局，有利于国家权力所不达的乡村社会有序运转，否则广袤的乡村空间将会处于无序状态，帝制国家的根基也将不复存在。

（一）主要解纷依据为百姓人伦日用的情理及习惯

社会生活本身存在着"固有逻辑"，即社会常例、常规、常理和常情。既不是法学家也不是法律，而是生活本身创造了自己的规则、秩序及其意义。

滋贺秀三通过对中国古代文献的综合研究，认为中国古代诉讼中的民事法源为情（人情）理（天理）、法（国法），并且从三者的重要性来看，首先是情，其次是理，最后才是法。[①] 如果说在官府诉讼中制定法的地位尚且排在末次，那么在户婚田土等"细故"纠纷的民间调解中，国法则几乎没有存在的位置，民间解纷的依据为情理、习俗与乡规民约。

乡土社会尤重人伦情理，这种人伦情理在千百年间积淀成了丰富的乡土习俗，这些习俗内化为乡民们的信念与信仰，部分习俗转化为乡规民约，乡民内心的信仰与外在的乡规民约一起成为百姓日常行为的规范。不仅如此，这些人伦情理、乡土习惯、乡规民约还是乡土社会解纷的依据。乡贤依靠其个人的道德修养与智慧，运用融惯例、乡规民约、家规族训为一体的"礼义"进行裁决，情理则贯穿其中。

人伦情理是乡土社会秩序存在的基石，自然也是乡土解纷活动中首要考量的因素。清康熙年间徽州歙县谢、汪两家发生财产纠纷，在张用图、李焕章等四位乡贤主持下，纠纷调解成功，双方在诸乡贤见证下签订了《劝息合同》，合同载明"张、李与谢、汪两宅俱属姻戚，且有同学之谊，不忍坐视，近前劝释"，"以全友道，不使终讼"。[②] 可见乡土社会盘根错节的亲情与友情为乡贤介入各种纠纷的调解提供了契机，也促成了纠纷的化解。

翻检传世的解纷契约，其中"伯侄"、"兄弟"、"乡邻"、"亲谊"、"族谊"等字眼频现，无不体现了人伦情理在民间解纷中的基石功能。

乡土惯习是乡土社会解纷的重要依据。例如，乡民聚族而居形成了群体性伦理认知，使得乡民的不法行为被认为是对家族整体利益的侵害，这一认知惯习对乡土解纷有较大影响。传世解纷契约中不乏对违约当事人的惩罚约定，"如违可罚白银×两公用"，"罚戏×部"等，即所罚银两归全族人公用，并承担为全族人演若干台戏的费用等，这类惩罚方式正体现了乡民对家族整体利益的认同。

---

① ［日］滋贺秀三：《清代诉讼制度之民事法源之概括性考察——情、理、法》，载［日］滋贺秀三等：《明清时期的民事审判与民间契约》，法律出版社1998年版，第19-24页。
② 田涛：《徽州民间私约研究及徽州民间习惯调查》，法律出版社2014年版，第201-203页。

民间社会制定了丰富的乡规民约，这些规约被记载于纸张，或勒刻于木石，具有民间法效力，是民间解纷所适用的依据。如清道光年间婺源县洪村制定的《婺源县洪村光裕堂公议茶规碑》，即为茶叶买卖方面的乡规民约，其中约定，"凡买松萝茶客入村，任客投主入祠校秤，一字平称"，"如有背卖者，查出罚通宵戏一台、银伍两入祠，决不徇情轻贷。倘有强横不遵者，仍要倍罚无异"。① 这类规约规定了明确的处罚内容，无疑可作为直接适用的解纷准则。

（二）主要解纷力量为与基层百姓命运与共的乡贤

古代乡土社会具有尊祖、敬儒、精商、崇仕的文化传统，有作为的族长、儒士、儒商、甲正、致仕归养的官宦均可成为惠及一方的乡贤。乡贤不论其身份源于其曾经的"官"的身份，或是其半官半民的身份，或是其族长身份、文字水平与财力等，在思想上都是长期接受儒家教义的熏陶，是儒家礼义在乡村的践行者。乡贤秉持儒家"无讼"、"中庸"与和合理念，本着推行教化、劝善惩恶、互助互济、保护生态的宗旨，主持制定乡规民约，积极参与解纷活动，成为维系乡土社会秩序的中坚力量。

乡贤生活在民间，"与邻里人民，住居相接，田土相邻。平日是非善恶，无不周知"②。乡贤既能周知邻里，又在乡民中具有较高的道德影响力，"平日在乡有德行、有见知，众所敬服者"，凡"户婚、田土、斗殴、争占、失火、窃盗、骂言、钱债、赌博、擅食田园瓜果等、私宰耕牛、弃毁器物稼穑等、畜产咬杀人、卑幼私擅用财、亵渎神明、子孙违犯教令、师巫邪术、六畜践食禾稼等、均分水利等"各类纠纷，"俱令剖决事务，辨别是非"。③ 乡贤群体是传统乡村社会最主要的解纷力量。

（三）矛盾纠纷最终解决大多完成于民间而不必见官

聚族而居是中国乡村的常见形态，民众纠纷一般先经由族内贤者调解，族内调解为解纷的第一道防线。清代歙县许氏族规规定："凡遇族中有不平之事，（族长）悉为之处分排解，不致经官。"④ 明清徽州地区的族规多有类似规定。如果族内对纠纷难以化解，则由族间贤者进行调解。如徽州地区即由文会进行调处，"乡有争竞，始则鸣族，不能决，则诉于文会"⑤。徽州地区的文会是由乡贤组成的"以名教相砥砺"的民间组织，遍布徽州各村落，多以书院、祠堂、会馆为活动场所，有着严格的管理制度，其重要职能之一即

---

① 《清道光四年五月初一日婺源县洪村光裕堂公议茶规碑》，该碑现嵌于江西省婺源县清华镇洪村光裕堂外围墙上。
② ［明］张卤编：《明皇制书·教民榜文》，杨一凡点校，社会科学文献出版社2013年版，第725页。
③ ［明］张卤编：《明皇制书·教民榜文》，杨一凡点校，社会科学文献出版社2013年版，第725页。
④ 《清乾隆歙县东门许氏宗族家规》，见卞利编：《明清徽州族规家法选编》，黄山书社2014年版，第144页。
⑤ 许承尧：《歙事闲谭》卷十八《歙风俗礼教考》，李明回等校点，黄山书社2001年版，第602页。

为调解民间纠纷。

古代民间私约种类繁多,其中重要的一类是解纷类契约。这类契约是纠纷双方在乡贤促成与见证下为化解纠纷所达成的合约,内容主要包括对纠纷内容的大致描述,对双方权利义务的重新划分与安排,以及对违约方惩罚方式等,契约由双方当事人与乡贤等人签字画押。存世的这类契约名称常用"清单""劝息合同""劝议""劝议合墨""合墨""议据""遵劝和睦字""批字""截头文字"等。不仅名称繁多,且存世的这类契约数量众多,可见历史上乡贤解纷活动之盛,以及乡贤成功解纷数量之大。

寺田浩明对康熙年间安徽某地司法档案的统计结果显示,只有约六分之一的乡村纠纷后来发展到了"打官司"的阶段,其余纠纷都由民间调解化解。① 黄宗智对清代民事诉讼的研究结果表明,即便是发展至诉讼的少数纠纷,也大多通过民间力量庭外调解的方式予以化解,或通过官民结合即"第三领域"途径化解,真正经由官府审理结案的只占少数。② 民间解纷贯穿于诉讼之始终。争端初萌时,民间力量迅速介入以化解纠纷,避免告至官府;告至官府后,民间力量仍积极斡旋,力争撤诉免于官断;官判之后,民间力量仍力促"私了式"替代执行方案。

二、当代中国基层解纷模式的"倒金字塔"影像

新中国成立以来,国家通过"土改"、合作化直到人民公社化运动,不断加强对农村的控制与改造,广大乡村社会在国家的强力挤压下逐渐萎缩,不断地消融于"政治社会"之中。这虽然有利于国家动员全社会的人力、物力实现国家制定的目标,但从长期来看,国家对乡村控制过死,窒息了农村的发展活力。

党的十一届三中全会以来,国家对农村实行联产承包责任制,目的即为恢复广大乡村的活力。改革开放二十余年来,乡村社会与民间法有所恢复,但总的来说,民间社会解纷力量仍很弱小,整个社会解纷资源的人力与执业场所远离基层,上浮于城市中,具有浓厚的"官"方色彩,解纷依据为国家制定法,解纷力量为国家培养的法律职业群体,最终解纷场所为各种官方机构与途径。

这是一种"重心在上"的"倒金字塔"形的解纷资源布局模式,而社会纠纷主要产生于社会基层,呈"正金字塔"式的分布模式,这种正反相悖无疑会加重乡民对法律与司法的空间与心理的距离感,造成法意与人心脱节,因而不利于基层社会纠纷的化解。

(一)解纷依据主要为"上面来的"国家制定法

经过新中国成立以来数十年的努力,我国制定了包括宪法、法律、行政法规、地方性

---

① [日] 寺田浩明:《权利与冤抑——清代听讼和民众的民事法秩序》注 [33],载 [日] 滋贺秀三等:《明清时期的民事审判与民间契约》,法律出版社 1998 年版,第 256 页。
② 参见黄宗智:《民事审判与民间调解:清代的表达与实践》,中国社会科学出版社 1998 年版,第 108 - 132 页。

法规及规章等的法律体系。这一法律体系源于域外法制移植，通过官方途径制定，百姓习知不易。

从发生学意义来看，我国当前的法律是近代以来法律近代化的结果。无论是清末以来在"折冲樽俎、模范列强"冲动下的模范大陆法系，还是红色政权下对苏式法制的效仿，无不是官方上层政治抉择的结果，而非建立在基层民意与实践基础上的有机法治体制。

从框架设计来看，近代以来的法律完全按照上层城市工商业运作模式设计，彻底抛弃了乡土社会的民情民俗因素（如典卖、亲邻关系、家、家长权等）。

从立法流程来看，法律的制定是由"官"方培养的知识精英通过官方的立法机构并依据官方立法程序完成。虽然在立法过程中会吸收一些民意，但多流于象征性意义。

从推行方式来看，官方通过普法宣传、送法下乡等方式，向全社会灌输法律，试图以此彻底改造国民的心理与思维习惯。

以法律为准绳，是目前我国司法运作的准则之一，但官方法律体系不仅缺乏对民间伦理、道德、善良风俗的吸纳，甚至互相冲突，因此大量的地方性习惯与惯例，甚至是公序良俗，被排斥在司法机关适用范围之外。由于法律表意系统与百姓日常表意系统的隔离，法律难以为民众所接受，民众更乐于依据自己喜闻乐见的习惯法作为解纷依据，即在法律之外的灰色地带寻求解决之道，从而导致官方法制文本与社会生活实践呈"两张皮"，即官方"显性法制"与实用灰色的"隐性法制"并存的状态。

例如目前乡村实际存在彩礼、出嫁女没有继承权等现象，与法律规定相悖，但仍大行于基层社会。对这些问题，基层法律工作者只能因俗而治，难以依法处理，否则会导致基层解纷工作寸步难行。

（二）解纷力量主要为国家建置的法律职业群体

新中国成立以后，我国试图打造一个高度政治控制型社会，排除了法律在国家治理中的作用。随着二十世纪八十年代以来法律在国家治理中的重要性成为全社会共识，我国的法律职业群体开始发育并呈加速扩张趋势，当前我国已形成了一支庞大的法律职业群体。这一群体即通常所谓的法律界，包括法官、检察官、律师、法学教研人员、政府机构与各类单位中负责法律事务的官员。特别是其中蔚为壮观的律师队伍，更引世人瞩目。截至2019年底，全国共有执业律师47.3万余人，全国共有律师事务所3.2万多家。①

法律职业群体的突出特征是由"官"方培养并具有"官"方的身份。法律界人员从学习法律之日起便进入了官定的路径，在学习内容、考试科目、获得从业资格、实习、入职与执业等环节，无不由官方掌控。公检法司机关人员具有国家公务员身份，代表国家行

---

① 数据来自司法部网站。http：//www.moj.gov.cn/government_public/content/2020-06/22/634_3251200.html，2020年9月2日访问。

使公权力。律师虽不拿"官"俸,但律师与律师事务所仍受官方的严格管理,其执业范围主要限于城市,尤其是地市级以上的城市,县级及县级以下的乡镇地域很难见到律师事务所,更不用说广大的乡村了。律师的高收入来源于对诉讼当事人的收费,包括律师代理费在内的高额诉讼花费足以令诉讼当事人对诉讼望而生畏。律师队伍具有极强的逐利性,很难被归入"社会服务"型的解纷群体。法学教研人员、政府机构与各类单位中负责法律事务的官员,无不是拿着"官"俸。因此整个法律职业群体无疑具有较强的"官"方代理人的属性,而非民间社会的解纷力量。

法律职业群体的另一个特征是它所提供的专业性法律服务,而这一服务是经由一整套特殊的话语系统来实现的。在长期的法律实践中,法律界形成了自己独有的一整套法律术语与运作模式,形成高度专业化的话语体系,这是普通百姓无法懂得的专业言说。这一话语体系构成了一个行业垄断的屏障,成为法律界自身利益保护的栅栏,因此导致了法律、司法与民众生活的隔膜。

(三)纠纷最终解决主要完成于官方机构和途径

由于民间社会解纷力量的式微,当前我国化解基层纠纷任务主要由官方的人民法院(法庭)、司法行政机关(司法所)与公安机关(派出所)所承担。

仅在2015至2019年五年间,我国各级人民法院共受理案件12798.5万件,其中审结的案件数为11355.6万件。① 这些案件大多是普通民事案件,主要由基层法院受理与审结。如此巨量的基层民事案件,让人民法院尤其是基层法院不堪重负,法院"案多人少"的现状凸显。

在行政司法解纷方面,仅2019年全国乡镇、街道等基层法律服务工作者共办理诉讼案件77.1万多件,办理非诉讼法律事务19.4万多件,参与仲裁8.2万多件,共提供各类公益法律服务53万多件,其中办理法律援助案件17.34万多件,参与人民调解29.5万多件,参与接待和处理信访案件7万多件,为弱势群体提供免费法律服务51.4万多件。② 可见司法行政部门已成为重要的解纷力量。

此外,村(居)委会、基层派出所、仲裁机构与党政部门也履行一定的解纷职能。虽然村(居)委会不是严格意义上的国家机构,但享有国家财政的支持,村"官"也拿官俸,因此也具有浓厚的官方色彩。

即便如此,对官方途径解纷的实际效能,我们不能不存疑,因为自二十世纪九十年代至今,全国信访问题持续上升,甚至多次出现上访潮现象。尽管国家出台了诸多措施力图

---

① 数据来源于最高人民法院院长周强在第十三届全国人民代表大会第三次会议上的工作报告。《人民法院报》2020年6月2日。
② 数据来源于司法部网站。http://www.moj.gov.cn/government_public/content/2020 - 06/22/634_3251200.html,2020年9月2日访问。

扭转这种局面，并于 2005 年颁布《信访条例》，信访潮略有回落，但整体而言息访效果不甚理想，上访潮没有从根本上得到有效遏制。

信访问题的严重，至少说明基层社会仍存在大量的纠纷得不到解决，这与我国目前解纷资源的"倒金字塔"配置模式有关。地市级以上的城市集中了国家的主要解纷资源，县及县级以下的国家机关处于整个国家机器的末梢，机构与人员配置严重不足，解纷能力不足，但实际上处于解纷工作的第一线，面对大量的基层纠纷，早已不堪重负，尤其是中西部地区更是如此。

三、枫桥经验下的基层解纷机制重构

目前，为了更好地做好基层解纷工作，构建和谐社会，我们必须借鉴中国传统的基层解纷经验，在党委与政府的统一领导下，依托政法机关，大力培植民间解纷力量，分工合作，综合运用法律、政治、经济、行政、教育等多种手段，努力将纠纷解决在基层，维护社会秩序的平衡。

"枫桥经验"[①] 是基层社会治理的典型经验，其重要内容即为培植发达的新乡贤调解纷机制，这是古代"正金字塔"解纷模式在新时代的重生与延续。

（一）解纷依据的"向下寻求"

传统乡贤解纷的依据主要是族规乡约，新乡贤解纷的依据主要是村规民约。村规民约作为一种社会规范，是生活在一定区域内的村民通过民主协商而制定的共同遵守的行为规范，体现了农村社会的一种自我调适。

国家制定法的严格立法程序，及依靠国家强制力保证实施，生活于地缘与血缘中的民众所订立的村规民约具有先天的亲和力，其实施主要依靠村民自觉遵守。国家制定法是高度概括的规范，面对千姿百态的社会生活不可避免地出现规则真空，村规民约作为一种地方性知识，具有精细性与针对性，涵盖基层生活的各个方面，可以在解纷中作为直接适用的准则。例如《1999 年枫桥镇枫溪村村规民约实施细则》中就包括沙地养护、山林管理、村内道路修建与养护、丧葬、环境卫生等共计二十余项细致规定，基本涵盖了村民易发生纠纷的领域，在解纷中具有很强的可适用性。[②]

村规民约在制定过程中，既吸收国家法的精神，又尊重当地的公序良俗，兼顾当地实际情况，成为新时代法律与公序良俗嫁接的媒介。村规民约将与村民密切相关的人身权

---

① "枫桥经验"是中国农村基层社会成功治理的经验，其主要内容是在党的领导下，组织动员民众的力量，进行社会综合治理，维护社会稳定，其中重要的内容即为着眼于化解矛盾、解决问题，建立健全矛盾纠纷疏导化解机制。见平安浙江网，https://zjnews.zjol.com.cn/05zjnews/system/2011/06/13/017592795.shtml，访问日期：2021 - 3 - 30。

② 参见《枫桥镇枫溪村 2002 年度综合档案》，转引自汪世荣主编：《"枫桥经验"：基层社会治理的实践》，法律出版社 2018 年版，第 195 - 198 页。

利、经济权利与政治权利等纳入其中，包括婚姻家庭继承、土地使用权、物权、合同权利、选举权等，从而将国家法内化到村民实际生活中去。同时村规民约在不违背法律基本精神的前提下，可以对法律内容稍作调适，济之以公序良俗，使之更贴切农村生活实际。这就使解纷工作既符合法律的基本精神，又接地气，在基层社会能够顺利推进。

枫桥镇部分村庄制定的极富民间特色的《招赘协议书》，就是这方面的创造。以枫桥镇陈家村为例，该村制定了《枫桥镇新农村（即现在的陈家村）招赘协议书》①，其中规定了赘婿在家务承担与岳父母生养死葬方面的责任与义务，规定了赘婿户口迁出时须支付经济补偿，但同时规定赘婿享有继承权及平等的村民权。《协议书》明确规定，本协议"依照《中华人民共和国婚姻法》与《中华人民共和国继承法》的规定，以及传统习惯，结合我村实际"而制定。《协议书》既考虑到我国婚姻法中"男女平等"的精神，同时兼顾中国的农村婚姻以女入男家为主流及赘婿的地位较为低下的传统，以及陈家村较为富裕，福利较高，土地资源有限，"本村村民不愿离村，外村村民千方百计要进村"的现实，因此只能将赘婿村民权利与继承权利与其对家庭的忠诚度及对老人的赡养义务相捆绑，但这一创新符合国家法中权利与义务相统一的基本原则。

通过村规民约作为媒介，国家法减少了在乡村传播的难度，这有利推动农村社会法治化进程。因此法治下的新乡贤解纷工作是一个推行法治与促进教化的统一过程。

（二）解纷力量的"由下树育"

民间纠纷集中的乡村地区，却是国家法律力量管辖的最薄弱地带。囿于执业环境与财力不足的问题，国家法律力量下沉基层并不现实，因此这一薄弱地带只能由民间解纷力量来填充。

"枫桥经验"的最大特色之一就是新乡贤群体的兴起并成为基层社会解纷的中坚力量。新乡贤不再是单兵作战，而是获得了调解志愿者的身份，并由地方党政予以整合，形成一股解纷合力。2015年，枫桥镇人民调解委员会成立了调解志愿者联合会，由110名乡贤组成，分布于枫桥镇各个村企，展开了卓有成效的调解工作。② 闻名全国的枫桥镇老杨调解工作室（后改名为老杨调解中心），由退休民警杨光照负责，由社区民警参与，并由其他乡贤辅助，在解纷工作中取得了巨大的成就。

传统社会是男权一统天下，传统乡贤只能是男性，而新乡贤中的女性占较大比例。枫桥镇人民调解委员会于2016年将女乡贤队伍进行了整合，专门设置了枫桥大妈联合会。女性乡贤以其特有的细腻周到，在枫桥乡村解纷活动中极为活跃。享誉全国的枫桥娟子调解工作室，其负责人为女乡贤蔡娟，其主要工作为调解家庭纠纷，特别是涉及妇女权益的

---

① 参见《枫桥镇新农村（现为陈家村）1999年度档案》，转引自汪世荣主编：《"枫桥经验"：基层社会治理的实践》，法律出版社2018年版，第198-199页。
② 参见蔡娟主编：《枫桥经验之人民调解案例故事》，浙江工商大学出版社2018年版，第136页。

纠纷，调解成功率极高，在当地具有极高的声望。

与传统乡贤多为本地乡贤不同，当代乡贤活动范围广，流动性较大。诸暨市于2015年出台的《关于培育和发展乡贤参事会的指导意见》，按乡贤活动地域将乡贤分为三类，即本地乡贤、外来乡贤与在外乡贤，新乡贤的解纷活动具有了更广阔的空间。

与传统乡贤只读圣贤书不同，新乡贤除具备较高的思想素质外，大多掌握技术型知识，如水电修理、养殖等，能够为乡亲带来实实在在的经济效益。这更加深了乡亲对乡贤的信赖，这种依赖有利于乡贤顺利开展解纷工作。

随着新中国成立后农村宗法体制的坍塌，宗法型乡贤已经不存在，但在农村族居之地，家族势力仍然存在，尤其近几年，农村修族谱建祠堂之风盛行，因此乡村逐渐产生一类宗亲人伦型乡贤。这类乡贤往往在族人中拥有较高的威信，具有较强的解纷能力，但与传统的宗法型乡贤相比，其不再拥有族长的身份，也没有宗法执法权。

随着我党党员人数的增加，农民党员人数不断增多。乡村干部（包括居乡退休干部）大多具有党员身份。农村党员思想先进，热心于乡村发展，党员干部成为新乡贤队伍的重要组成成分，因此新乡贤解纷活动是党的群众路线在基层的生动实践。

（三）解纷结果的"在下完成"

传统社会解纷活动主要在民间祠堂、申明亭等场所进行，"枫桥经验"中的基层解纷主要在乡贤调解工作室进行，其次是村委会调解室、乡镇司法所调解室、派出所、基层人民法庭等场所，这些机构的解纷工作均由乡贤大力参与。

二十世纪八十年代以来，枫桥镇基本上做到了"小事不出村，大事不出乡，矛盾不上交"。仅在1986年由镇、村两级调处化解的各类纠纷和治安事件占比92.4%，就地教育挽救违法人员643人，其中113人成为各类专业户。① 从1993－1999年间，枫桥镇共发生各类纠纷2276起，调解处理成功2188起，成功率达96.15%。② 从1999－2003年间，枫桥镇共发生各类纠纷1554起，调解处理成功1511起，成功率达97.2%，其中80%的纠纷在村一级就得到解决。③ 枫桥镇人民调解委员会2007年度共调解288件民事纠纷，其中公民之间纠纷247件，公民与其他法人或组织纠纷41件，涵盖婚姻家庭纠纷、邻里纠纷、合同纠纷、赔偿纠纷、劳动纠纷、村务管理纠纷、土地承包纠纷、征地拆迁纠纷、施工扰民纠纷、宅基地纠纷等，其中成功调解283件，并且全部在调解后得以履行。④ 枫桥法庭对于案件的调解率多年来一直高达75%以上。⑤

---

① 参见汪世荣主编：《"枫桥经验"：基层社会治理的实践》，法律出版社2018年版，第5页。
② 参见范忠信等著：《"枫桥经验"与法治型新农村建设》，中国法制出版社2013年版，第227页。
③ 范忠信等：《"枫桥经验"与法治型新农村建设》，中国法制出版社2013年版，第232页。
④ 汪世荣主编：《"枫桥经验"：基层社会治理的实践》，法律出版社2018年版，第142页。
⑤ 范忠信等：《"枫桥经验"与法治型新农村建设》，中国法制出版社2013年版，第242页。

从上述数据来看，经由社会调解力量的有效工作，枫桥镇纠纷调解成功率不断上升，纠纷发生率则不断下降，近年来枫桥镇的民众上访现象极少。① 枫桥镇社会秩序的整体提升，使刑事案件的发生率大大降低，在过去的30年中，枫桥的刑事案件平均发案率和捕人率控制在总人口的0.08%和0.03%以下，大大低于诸暨市和浙江省的平均水平。②

余 论

法律与司法的本质，本为解决民众纠纷的世俗活动，应该贴近人们的生活，与百姓的生活紧密联系。中国的司法一开始就有追求简化程序、深入基层、不误农事、方便民众的倾向。③ 从黄帝时期的"李官"理讼到现代的"马锡五审判方式"，虽然迭经时代与法制变迁，但司法贴近民众生活却是一脉相承的优良传统。

随着近代以来的中国社会转型，城市工商业与近代法制相孪而生，官方司法机构与法律人才无不集中于城市，而乡土社会与民间法却逐渐衰落，基层社会最终失去了自身的解纷能力而沦入无序状态。民间解纷具有独特优势，而形式合理的高层法制设计在复杂的基层环境中无可避免地会陷入"内卷化"与边际衰弱，因而在基层解纷方面处于劣势。

为了解决这一问题，我们大力倡导"司法便民"、"能动司法"，企图以"折扣性司法"来缓解基层社会与法治体系之间的张力，但这又加重了"能动司法"与司法本身所具有的法定主义、去人性化等天然属性之间的张力，损害法制的权威，使制定法的价值大打折扣。

这一问题的正解只能是不再将解纷简单视为司法工作，直面广大的基层民众与广袤的基层空间，构建新时代法治下的"正金字塔"形的解纷模式，培植新乡贤群体，激发社会自身的解纷潜力，对于基层纠纷，尽量由基层社会自己化解，做到矛盾不上交。

从"枫桥经验"来看，新时代法治下的"正金字塔"形解纷模式，并不是传统乡土社会解纷模式的简单重复，而是对传统的借鉴与超越。

传统基层解纷机制是"皇权不下县"背景下乡土社会的自发产物，新时代基层解纷机制则是工商业与城市得到很大发展下的高层宏观设计的结果，是官民综治的产物。传统基层解纷带有浓厚的人治型色彩，在封闭的乡土环境下，民间调解主要以情理为依据，可以置王法于不顾。新时代基层解纷则属于法治型范畴，新乡贤大多具有人民调解员身份，隶属于各类调解组织，是"法律明白人"，解纷活动以村规民约与公序良俗为依据，不得违法。传统基层解纷是建立在乡村精英支配顺民这一逻辑之上，体现了乡绅治理。新乡贤解

---

① 范忠信等：《"枫桥经验"与法治型新农村建设》，中国法制出版社2013年版，第234页以下。
② 汪世荣主编：《"枫桥经验"：基层社会治理的实践》，法律出版社2018年版，第5页。
③ "李"这一概念本源于最早的部族中的理狱、解讼官吏，其尊重乡俗，喜欢在李树或甘棠树之类的果实丰硕的树底下，趁着农人休息喝水的时间，深入群众、调查研究，以最简易便民的程序来断决案件，解决纠纷。因此，理狱之官就自然与李树之类的象征物联系起来，就有了"李官"之谓。参见范忠信：《专职法司的起源与中国司法传统的特征》，载《中国法学》2009年第5期。

纷属于村民民主自治，新乡贤与普通村民在身份上并没有高低贵贱之分，其地位是平等的。广大群众是新时代基层社会治理的主体，而非治理的客体与治理的对象，因此新旧乡贤解纷的本质区别是民治与治民。从"枫桥经验"来看，新乡贤解纷是一个群众广泛参与的过程，乡贤的推选与解纷过程，都注重激发群众的主人翁精神与参与意识，群众的力量才是新乡贤群体活动的最终力量源泉。

The Differences of the Positive and Negative "Pyramid" Images Between the Ancient and Modern Grassroots Dispute Resolution Modes
——On the Reconstruction of Grass Roots Dispute Resolution Mechanism Under the Enlightenment of Fengqiao Experience

Wei Wenchao, Fan Zhongxin

Abstract: There are three main characteristics of the mode of resolving disputes in ancient China's grass – roots society: first, the basis of resolving disputes is mainly based on the common people's well – known feelings and habits; second, the leaders of the dispute resolution are mainly the well – known group of rural sages; third, most of the disputes are resolved among the rural area without a suit. This mode, from the three aspects of the basis, host, results, its focus is below, in the folk. This mode of resolving disputes presents a "positive pyramid" image. Today, the mode of resolving disputes at the grass – roots level in China seems to be on the contrary. The basis of resolving disputes is mainly the national enacted law, and the resources of resolving disputes is mainly the official legal professional group. The final settlement of disputes is mostly completed by the Judiciary or administrative organs. This mode of resolving disputes, the three focus is on the top, in the official. This pattern presents an "inverted pyramid" image. This kind of "focus on the top" mode, which focuses the resources of resolving disputes on the government or the town, makes the grass – roots people feel alienated from the law and the official dispute resolution system, which is not conducive to the timely and smoothly resolution of disputes at the grass – roots level. This situation needs to be changed, "Fengqiao Experience" has provided us with useful reference.

KeyWords: dispute; dispute resolution; pyramid; rule of law; Rural sage

新旧之间：诉讼档案中的民国基层女性权利意识[*]

刘楷悦[**]

摘　要　采取诉讼方式主动离婚常被作为民国时期女性权利意识觉醒的重要论据。但司法档案显示，民国时期的基层女性以返还嫁奁为主的财产诉求和依赖父兄作主的观念表达仍表露出传统的性别观念及思维方式。行使权利的事实状态与知晓其内容继而运用规则及自我意识觉醒并无直接关联。而贞节观念这一传统道德评价标准更迫使离婚女性进行自我审视。性别标准之变与社会权力结构之不变呼应了女性的新旧价值观织缠，提示我们对民国时期女性脱离国家民族语境、摆脱被塑造的形象抱持必要的性别关照。

关键词　诉讼　民国　女性

一、离家与归家：被塑造的女性形象

五四时期，易卜生的戏剧《玩偶之家》被搬上中国舞台，女主人公娜拉在认清丈夫海尔茂（或译为郝尔茂）的虚伪本色与对其的利用实质后，毅然离家，在知识界引起很大轰动与反响。胡适《新青年》杂志刊载了与罗家伦共译的《娜拉》剧本，[①]鲁迅也完成著名的《娜拉走后怎样》讲演。他认为，娜拉因金钱的限制，只有两种结局，不是堕落便是归家。这一时期的知识分子由娜拉的命运联想到广大中国妇女的境况，鼓励她们勇敢离家，或同鲁迅般担忧其离家后命运，支持她们寻求经济独立。娜拉因此成为女性独立的先声与妇女解放的符号，娜拉的离家更促进了婚姻自由的讨论。娜拉符号的出现，是"促进妇女

---

[*]　国家社会科学基金重大项目《民国时期荣县档案整理与研究》（编号：13&ZD152）。
[**]　刘楷悦，法学博士，四川大学学报编辑，四川大学近代法研究所研究员。
[①]　罗家伦、胡适：《娜拉（A Doll's House）》，载《新青年》1918年第4卷第6期。

们自觉的良药，破坏不自由意志，不双方负责的婚姻的悬剑，女子人格独立的宣言"。①

然而娜拉离家所引发的自由浪潮却导致了新的问题。在接受新思潮启蒙的妇女中，部分人耽于社会角色与家庭职能的冲突，无法负担双重压力。另一些人即使有心独立，也因终日奔忙家庭琐事而无暇顾及。更有甚者，"刚从旧礼教之下解放出来，误解平等，醉心自由，只知物质的享乐而不知其他，又完全被个人主义所支配"，成为"舞伴式的'甜心'"。② 何况这种解放只作用于受过教育的中上层都市妇女，而忽略了未受过教育的穷苦妇女。娜拉式离家所代表的个人主义与情感满足，与同甘共苦的传统美德相去甚远。被期望的女性究竟应是持家的贤良主妇还是追求自由平等的新女性，一时间引起很大讨论。

随着政治的干预和其对新女性形象的塑造，"女性性别角色的定位发生了不同于五四时期的转变，'新贤妻良母'形象得到了普遍的推崇。"③ 此间新生活运动也赋予女性改良家庭的责任，并将之上升为国家民族使命。新生活运动所推崇的儒家礼义一定程度上复辟了妇女在家庭中的秩序，于是社会舆论展开了从"娜拉离家"到"妇女回家"，从贤妻良母主义到新贤妻良母主义的探讨。新贤妻良母主义认为女性应在男女平等的前提下实践妻职与母职，扶助丈夫的事业而非服从丈夫，教育孩子成为有用国民。与纯粹的贤妻良母主义相比，新贤妻良母主义更强调男女人格平等，但归根结底还是着意于凸显女性的性别价值。

民国时期发生的话语转型，是精英阶层对女性角色定位的"破"与"立"，其态度的犹疑与反复，与国族语境紧密相连。至于女性如何认识自身，也仰赖精英阶层的引导，于是我们看到昔日主张妇女离婚、与家庭决裂的，几年后又开始鼓吹起女性的家庭责任。而被指引离了婚的女性，刚从传统婚姻的漩涡中走出，往往又陷入无家可归的境地。至于那些知识分子眼中未被解放的旧式妇女，命运看似更加凄苦。"大部分受着传统压迫的劳苦妇女，继续过着奴隶的生活，所谓解放自由与参政运动，不过是资产阶级妇女的装饰品而已"。④ 这不仅是民国舆论的普遍认识，也是早前学说的主要论调。

随着近年来研究的深入，研究者们逐渐认识到，民国言论著述只能"反映激进知识人对同时代基层社会的看法"⑤ 而并非其真实样貌。司法档案显示，大量底层的农村妇女也勇于走出家庭，作别婚姻，主动提出离婚。于是又有论断称："（鄂东的案例）表明并不是白凯所认为那样只有在大城市才能发现妇女能利用新婚姻法追求自己的权利。乡村妇女

---

① 芳信：《看了娜拉后的零碎感想（续）》，载《晨报副刊》1923年5月13日。
② 何景元：《新贤妻良母主义的探讨》，载《社会半月刊》1934年第1卷第3期。
③ 蔡洁：《性别解放与政治话语的双重变奏：1935年"娜拉事件"的多元关照》，载《妇女研究论丛》2017年第1期。
④ 何景元：《再论新贤妻良母主义——新贤妻良母主义的历史的意义》，载《社会半月刊》1934年第7期。
⑤ 桑兵：《近代中国女性史研究散论》，载《近代史研究》1996年第3期。

不仅能够主动提出解除婚约,而且在诉讼中也体现了坚强的意志。"① 较之于白凯先前的研究,付海晏将视野范围扩大至鄂东的乡村妇女,显然更进一步。然而二者的结论却有相似之处,即认为主动提出离婚意味着女性权利意识的觉醒,"妇女在诉讼中占据主动地位以及她们在诉讼中开始发声也反映了在法律保护下妇女不断渐增之权利意识"。② 将离婚的主动性与女性自主程度划等号成为当前研究的主要倾向,郑永福、陈可猛在考察20世纪二三十年代城市婚姻的发展趋势时,曾引民国萧鼎瑛《成都离婚案之分析》一文,萧文对1937年至1938年成都70起离婚案进行研究,发现由妻主动提出离婚者有56人,占全部案件的80%,萧鼎瑛称,"成都市正在向新都市化的方向发展,素染旧习俗的女子,初受新思潮的刺激,个人主义渐渐勃兴,凡遇有与个人利益相冲突的,如虐待、弃养、重婚、纳妾等时即易于提出离异",郑永福及陈可猛由此认为这是城市女性"自主婚姻意识大大加强"的结果。③

如果从制度史的角度检视近代婚姻法变迁赋予女性的权利意义,当然会得出司法实践中女性提出离婚案件数量的增加与其自身"觉醒"的内在关联,从而赞颂女性的"离家"、同情象征压迫的"归家"。因为男权社会下女性的失语,④ 基层女性如何认识自身及其被赋予的权利鲜见于各类研究。如同民国时期女性被引导着成为离家的娜拉与归家的主妇,今人对民国女性生活情况及意识形态的认知,也是通过同时代精英阶层的描述确立的,两种形象均有被塑造之嫌。作为权利主体的女性是否意识并了解她们所享有的权利,又是如何看待和行使权利,是完善女权研究应关注的必要问题。处于社会中下层的农村女性显然并不是同时代知识分子所认识的那样全然被动接受"被压迫"的命运,至少她们懂得积极运用法律保障自己的生活质量。但她们离家的动因是否如娜拉般是为实践自由主义,寻求个人价值的实现则尚需辨别。离婚是否是简单的"去而之他",女性在此过程中经历怎样的挣扎与道德困境,基层司法档案中的女性词状至少可以为深入了解以上问题提供多维视角。或者说,脱离被塑造的语境,呈现出民国女性如何看待及认识自己。

二、自主与依赖:新女性的旧意识

如果沿用既往的判断,那些主动提出离婚的是觉醒的"新女性",在婚姻中处于被动的是"旧女性"。下面的案例将展示,新旧女性在价值观上如何织缠。

民国21年,童张氏欲与自己的丈夫童怀兴(档案中有时也写作童怀鑫)离婚。虽然

---

① 付海晏:《变动社会中的法律秩序——1929-1949年鄂东民事诉讼案例研究》,华中师范大学2004年博士学位论文,第147页。
② 付海晏:《变动社会中的法律秩序——1929-1949年鄂东民事诉讼案例研究》,华中师范大学2004年博士学位论文,第183页。
③ 郑永福、陈可猛:《20世纪二三十年代中国城市中婚姻发展的新趋势》,载《浙江学刊》2011年第1期。
④ 罗志田:《新旧之间:近代中国的多个世界及"失语"群体》,载《四川大学学报(哲学社会科学版)》1999年第6期。

结婚的是童怀兴和童张氏两人，对簿公堂的却是他们的父母。童张氏的父亲张有义状告童怀兴的父母童秉章、童郝氏，指其"家贫不堪，兼之伊翁童秉章滥吸洋烟、嫖赌偷盗，无所不至"，① 以致"民女童张氏衣食无措，常由娘家养育。所有嫁妆被帐衣物各件概由伊翁当卖，伊姑童郝氏又常虐待，竟纵支其子童怀兴勒逼改醮，意图多卖价金"。女儿的悲惨境遇令张有义不忍，他因此请求判令其女与童怀兴离婚。张有义同时强调："民女既嫁童姓自应从一而终，奈伊夫妇不容生路断绝，又遭翁姑不贤，不得不另谋生活。"在张有义看来，"从一而终"是理想的至臻境界，是四川乡村社会对女性的普遍道德期许。只有在生路断绝的情况下，才不得不主动打破家庭平衡。对于张有义的指控，童怀兴的父亲童秉章从童张氏嫌贫爱富、意在另嫁的角度予以反击。童秉章称：

> 童怀鑫幼定张有义之女为偶，去岁九月完婚，过门一载和好无异。突于今冬月被同居黄大嫂主刁以民家寒微难以终身，现在法律可以脱离，何不逼退另嫁富豪，由是张氏变性即与主人黄树三常通往来，其中大有隐情。于是性情反常，每在民家寻祸生非。于冬月二十六日往有义家数日不归。……竟于初十日伊来白石铺投凭甲邻，擅称氏家寒微逼请离婚，众斥不合，伊即捏控在案。似此听刁逼退概由黄大嫂黄树三唆使，明明黄大嫂引线树三有接娶之意，不然过门一载毫无嫌疑何以至此？

童秉章认为，法律赋予女性的离婚权是儿媳离家的诱因之一。若法律不许脱离，儿媳也不会动离婚的心思。直至此时，婚姻当事人童怀兴与童张氏仍未现身，双方的父母以及涉及的第三人反而成为这桩离婚案的主要角色。不仅被指要接娶童张氏的黄树三为自己辩白，与本案毫无关系的黄树三之父黄三兴也递交了答辩状，称"童秉章虽佃民业，未上庄即盗人小菜，集理白石铺氏当公所嘱其另佃，该秉章不但他迁，反与民子结仇。"因而才肆意攀扯，诬告其子。

此案发生时，童张氏21岁，黄树三年32。民国民法第12、13条分别规定，满20岁为成年，未成年人已结婚者有行为能力。童怀兴的年龄虽没有在档案中体现，但从童张氏的诉状可知，童怀兴"与氏年龄亦不相若"。虽然比童张氏年龄小，但他因成婚具有民事行为能力。离婚案本应由婚姻当事人请求与应诉，童张二人的离婚案却始终有家长的参与和父权的渗透。如果黄树三的父亲黄三兴为其辩白姑且可以看作是作证行为，童张氏父亲张有义和童怀兴之父童秉章的参与则表明这对夫妻的结合仍延续着父母主婚这一传统。基于此，童张氏在庭讯时也屡屡表现出家长对她婚姻的决定性影响。她这样描述自

---

① 《张有义等诉童郝氏关于势迫离婚一案》，档案号：9-3-480，民国荣县档案，藏于四川省荣县档案馆，下略。

己的婚姻状况：

> 经父母许托童怀兴，于前年九月过门。至去年正月间，氏父前来接氏归宁，才向父哭诉童家日无度用，并求父为氏设□。殊父劝氏安心居住，殊后夫族叔童焕章支氏走人户去了，他们即暗将氏箱衣物完全拿尽，后即诬氏偷窃并常行苦打逼氏改进，氏无奈才哭求父兄替氏作主。今蒙审讯求恳作主就是。

尽管童张氏是率先产生离婚想法并付诸实践的一方，但是她的思维却与立法者想象的女性权利意识形态具有相当偏差。立法者预想中的新女性应基于自主、独立之态度，因对婚姻生活不满欲求脱离而主动提出离婚。既有的研究也假定女性的这一立场，并将提出离婚的女性数量作为考证民国女性权利意识程度进退的依据。在此逻辑下，女性离婚的主动性与其觉醒程度直接相关。若主动离婚的女性多，当地女性便进步些。若罕有自愿脱离婚姻关系的女性，当地妇女便蒙昧些。童张氏的言词说明，结束婚姻关系时处于主动还是被动的地位并不能作为考量女性意识程度及群体发展态势的全部依据。童张氏虽是主动的一方，却很难认为她是在觉醒的自我意识驱动下提出离婚的诉求，因为她仍在处处请求权力支配者"作主"。在家庭中充当这一角色的是家长，是娘家的父兄，在公堂上则是裁判者。如果以简单的逻辑来关联离婚的主动性与权利意识，童张氏无疑是"新女性"。但这样的新女性不以社会价值实现为目的，也并未依靠自己的力量掌控两性关系的走向。"哭求父兄替氏作主""今蒙审讯求恳作主就是"仍体现着童张氏服从强权的固有逻辑。只是由于丈夫年纪尚轻，夫无可从，便"从父""从官"。女子人格既未独立，自然与勇敢离家的娜拉形象不符。

童张氏的另一守旧之处表现在她对夫妻关系存续期间财产的处分要求中。民国民法详细规定了夫妻间的财产形式，包括法定财产制和约定财产制，约定财产制又分为共同财产制、统一财产制和分别财产制。这些财产制度虽然将大部分财产的管理处分权交由夫，但也规定了妻的监督、收益和知情权。法律明确了夫妻间如无约定采法定财产制，婚姻关系存续中夫妻所取得之财产为其联合财产。民国民法第1058条又规定，"夫妻离婚时，无论其原用何种夫妻财产制，各取回其固有财产，如有短少由夫负担"。① 假定女性清楚了解她们的权利内容与法律条文，那么童张氏们在离婚时应该合理请求分割婚姻存续期间夫妻的财产。但这一设想显然过于理想，因为她们的要求仅仅为返还妆奁。毛立平通过对清代四川巴县档案的研究发现，"夫家无权支配嫁妆或将其收为家庭共有，离异时妇女有权将嫁妆带走"。② 嫁妆的家庭属性显然弱于其个人财产属性。清代四川巴县的妇女希望在离

---

① 吴经熊：《袖珍六法全书》，上海法学编译社、会文堂新记书局1935年版，第190页。
② 毛立平：《清代妇女嫁妆支配权的考察》，载《史学月刊》2006年第6期。

异时带走嫁妆，民国时期主动离婚的童张氏也只要求返还妆奁。

和童张氏相似的还有胡龚氏及董王玉琼，她们提出的财产请求显现着这些民国新女性思维保守的一面。胡龚氏称，民国27年经人介绍，自己嫁与被告胡廷学为妻，"自过门以来，夫妻不和，时常打骂"。① 至民国34年8月，"被夫之虐待，有做无食，更加毒打，追回娘家"。令胡龚氏意外的是，丈夫竟觊觎自己的嫁妆，以致她回娘家时妆奁悉数被盗。"殊该被告，暗起毒心，将原告人之麻布一个，被条一床，夹袄二件，□裙一条，卧禅一床，灯台一把，完全盗去，乃原告人于次月返家，衣物等件，一切均无"。胡龚氏显然认为嫁妆应属于个人财产，她在诉状中写道："该被告口称，乃系别人，查被告之物完全均在，单单盗去原告人之所有物，殊非情理，试问该被告之屋，又未挖墙，毫无形迹，其盗从何而来，且原告人经保长理论饬伊不合，断令赔偿，俟不履行。"因此请求离婚并让胡廷学赔偿被盗去的嫁奁之资。与胡龚氏相同，另一起案件中的原告董王玉琼也以不堪同居为由提出离婚。她于民国31年与被告董用威结婚。

> 甫自入门，夫姑均不相容，每因细故辄打骂随之。至民三十二年度，虐待愈形剧烈，伤害撕毁衣服，判处有案。嗣乃诉请判准异居，仍经诉讼判决共同生活。殊同居未久，而被告母子旧性复发，于去阴五月份，伤害数次，且将胎打堕，仍经告诉有案，兼有两度刑事确定判决朗凭。②

董王玉琼声称，"原告与被告显有不堪共同生活之状态，援依民法第一千零五十二条第三第四两款之规定，应予离婚"，而她的奁物损失理应由对方赔偿，"被告董王氏董用威将原告之奁具毁损遗失，尤应责令赔偿，均无诿责之余地"。

显然，民国民法关于夫妻财产制的规定在基层实践中并没有得到完全落实。四川荣县的不少案例中，女方都详细载明了奁物清单，以期分割财产时男方予以返还。与现代婚姻对于婚内财产的平分方式不同，尽管法律支持她们依照家庭收入尽可能平均分配财产，现实中女方却只追还妆奁这一个人物品，如此低微的请求甚至也可能遭到拒绝。童张氏着人拿回衣物，她的公公童秉章不但未应允，还用"窃取"一词污蔑童张氏，称其"夜静时暗将张氏衣物及羊子窃取，复于本月初四又同张氏来家估取帐被，口称拿回娘家"。女性关于妆奁的态度与清代没有太大的差别，她们认可嫁妆的私人属性，只要求离婚时夫家返还，并不希图染指其他家庭财产，可见主导"新女性"财产请求的仍然是传统思维，女性意识之新，至少没有在离婚的财产分割方式中体现出来。

《大清律例》虽然也有"和离"的规定，但是对于妻提出离婚而夫未同意的，则有背

---

① 《胡龚氏诉胡廷学关于离婚一案》，档案号：9-21-503，民国荣县档案。
② 《董王玉琼诉董用威关于离婚一案》，档案号：9-24-076，民国荣县档案。

夫出逃的惩戒性条款。清律规定："若夫妻不相和谐，而两愿离者，不坐。若夫无愿离之情，妻背夫在逃者，杖一百，从夫嫁卖。"① 将婚姻的离合完全建立在两愿基础上，难免忽略女性受到压迫无处可逃的窘境。法律赋予女性在满足法定条件时可以主动提出离婚的权利于妇女解放层面显然是巨大的进步。从《大清民律草案》开始，立法者根据本国国情不断调适，于民国4年、15年、17年、19年五易其稿，逐步修订完善了婚姻法的相关内容。1922年，《妇女杂志》在组织关于自由离婚的讨论时，曾有人评论："但是法律上和社会习惯上，对于离婚的限制，向来非常厉害。最难堪的：就是在妇女方面，无论是主动被动，仿佛一经离婚，总像人格因此低降，所以大多数的女人，无论受男子怎样冷酷暴虐的待遇，情愿缄口不言，这是何等惨酷的事情啊！"② 然而到了1933年，根据司法部的相关统计，女方提出离婚的数量已远远大于男方。1933年全国司法机关受理离婚案件总数为3816件，其中男方提出1175件，女方提出2461件。1934年受理案件总数为3493件，男女提出离婚的数量则分别是1193和2147件。司法部认为，男女提出离婚比例的悬殊是因为女性终于可以从既往的苦痛中脱离，"就受理件数内起诉之当事人言，由于女方提起者，几占三分之二，其故当由于我国旧俗，男子行动，较为自由，而道德心又较薄弱，往往于结婚前后，发生特殊事故，使女子方面，感受痛苦，不得不诉诸法律也"。③

女性提出离婚比率的走高，肯定了法律的导向意义。只是细究离婚的动因，由男子行动自由道德心薄弱而发生特殊事故的在基层司法实践中并非主流。很难推断民国女性具有"现代性"思维及强烈的自我意识，因丈夫无法实现单一的两性关系期望便决定离婚。案件显示，更多女性耽于现实考虑，或为经济因素、或为情感纠葛结束婚姻关系。诸如童张氏之离家，也不外由夫家贫穷而她又与黄树三有暧昧关系驱动。追求物质或情感层面的优渥生活是人类的朴素愿望，出于利己目的，妇女在法律允许她们脱离婚姻时迅速与原有家庭分割，此种"趋新""向好"多发轫自生存本能，而非思想境界的提升。换言之，如若传统法律限制稍宽，女性同样可能因夫家贫穷及与人有私离家。据赵娓妮统计，清代南部县仅道光八年至宣统三年间"背夫出逃"的案卷就有173宗，其中多因家庭生计艰难所致，以致南部知县堂谕："查此地妇女动辄背夫逃走，几成风气，殊堪痛恨"。④ 此地乡民陈国宝与任氏成婚后，因陈家家境贫寒，任母唆使其女此地"非伊女终身之所"，令"久住娘家不回"，任氏遂背夫出逃。道光年间出逃的任氏与民国21年主动离婚的童张氏的离家原因并无不同，区别仅在于传统法律对于婚姻双方的约束更为严苛。事实上，在基层司法中，夫妻双方在财产分割时锱铢必较，屡屡因妻子陪嫁的细碎物件发生争执，标的小至

---

① 沈之奇：《大清律辑注》，法律出版社2000年版，第283页。
② O.N：《离婚的意义与技能》，载《妇女杂志》1922年第8卷第4期。
③ 转引自付海晏：《变动社会中的法律秩序——1929-1949年鄂东民事诉讼案例研究》，华中师范大学2004年博士学位论文，第200页。
④ 赵娓妮：《审断与矜恤——以晚清南部县婚姻类案件为中心》，法律出版社2013年版，第70页。

一件夹袄、一块抹布、一盏灯，可见底层人民的生活并不宽裕。夫家与娘家经济条件有落差时，女方更容易产生离家想法，民国法律恰好可以成为女子脱离家庭的道具。女方罗织法定离婚条件，控诉对方虐待、不堪同居，最终实现离婚目的的案件频见于档案中，因生计所迫之离家与权利意识觉醒并无实际关联。

三、欲望与贞节：新女性的旧道德

即使沿用既有的判断标准，即主动离婚的妇女是"新女性"，她们"运用法律保障权利"的过程也并非全无阻碍，其中欲望与贞节观念的矛盾构筑了"新女性"的道德困境。以童张氏为代表的固有印象中的"新女性"与下文将提及的关注自身价值的真正新女性张周氏均面临尊重愿望与维护名声的两难选择。社会对于女性再嫁的负面评价令她们顾虑重重，自幼形成的观念也使得她们在词状中不惜曲意粉饰，以夸张词汇完成道德的自我标榜。

首先仍以童张氏为例。童张氏的离婚案一开始并没有取得预想中的效果，因为保守的裁判官没有支持她的离婚请求，判谕如下：

> 此案童张氏着仍归夫家安分度日，黄树三不避嫌疑，断令认给童秉章案费五元，限五日交清，取保释回。以后永远不准干预童姓家事及与其媳言语，如违定予澈究。此谕。
>
> 民国二十一年二月廿九日

童张氏对此颇为不满，以自己的名义呈上诉状，申述其离婚的理由及决心：

> 缘氏生于张姓，虽不敢云人格志气不卑，素固知从一而终，岂能听其另卖。自祖若孙那有偷盗之行，且氏去阴九月过门，见翁重于嗜好、家亦贫窘，每日均有断炖时，夫与氏年亦不相等，何况偷人小菜、盗人粮食被获集理伏礼数次，邻众咸知尽可调查。其离婚之意先由翁姑簿（注：同薄）待逼夫毒打后云另卖。氏虽女辈何甘此贱，乃归求集理提出理由，而翁姑意在金钱为目的，故串黄大嫂庭供支吾污氏节誉，氏父有义责氏败毁家风已饱打氏身，欲投祠沉水杜人指责，幸遇叔母张曹氏等善言挽救，嘱氏暂住伊家待其案明，但有违钧谕，尤恐氏夫不顾氏命坚卖氏身，故不揣冒渎，再将氏冤情困苦缕呈。此后氏终老娘家不愿终于童姓。恳委员详查或仰团查覆。倘氏陈有虚，自甘反坐，并恳于原票再传依法判离，全氏残生永不忘再造之恩矣。谨呈。

童张氏称，"氏生于张姓，虽不敢云人格志气不卑，素固知从一而终"。夫家意图另卖的行为不符她从一而终的道德标准。因为翁姑与黄大嫂的构陷"污氏节誉",几欲投水自尽,着意塑造贞烈形象。对于贞节的反复强调恰恰凸显了童张氏做出离婚这一有悖"从一而终"传统的行为时所面临的欲望与观念间的复杂纠葛。结合本案各方人等证词,黄树三是否意在"接娶"虽无实据,但他的确搅扰了童怀兴与童张氏的婚姻,甚至可能与童张氏存在婚姻外的关系,毫无掩饰地离婚势必会招致非议。此外,夫家的穷苦贫寒也令童张氏无法忍受,童张氏不得不在苦守清贫或接受道德指摘中做出艰难选择。所以她只能率先提出自己实属无奈,以期求得同情与宽恕。

从当时的舆论环境看,离婚对于女性的负面影响似乎比女权主义者们鼓吹的积极意义大,"因为社会上轻视被她丈夫离弃了的妇人而不愿和她再结合;因为没有职业技能不能独立营生",① 所以许多女性都被离婚的后续问题困扰。揆度社会轻视离婚妇女的原因,与贞节观念深入人心不无关系。

"'贞'最初出现在商代甲骨文以及《易经》中,本意为'卜问'。从周易直到西汉的大多数文本中看,'贞'的意义已经有所扩大,涵盖了正直、合理、不屈、始终如一等道德特征。'贞'作为道德概念,可用于男性或女性,但'贞'的具体行为表现则带有社会性别特征……'贞'的核心就是坚决、顽强、始终如一地坚守道德准则,或者坚守根据这些准则而做的约定,或者用刘向的话说,是'以专一为贞'"。② 因为宋明理学的发展,儒家对于女性贞节的强调到了苛刻的程度,"当时的一些学者甚至认为,女子再婚之罪有甚于死"。③ 陈东原也说,"二程因崇之故,把古说看得太认真了,对于贞节的观念,遂严格起来"。④《近思录》中的这段对话记载了程颐对再嫁的看法。

> 或问:"孀妇于理,似不可取;如何?"伊川先生曰:"然!凡取,以配身也,若取失节者以配身,是已失节也。"又问:"人或居孀贫穷无托者,可再嫁否?"曰:"只是后世怕寒饿死,故有是说。然饿死事极小,失节事极大。"⑤

经明清两代的强化,士大夫对于贞节的要求更臻于极致。《张门才女》中记载了常州望族张门所娶的儿媳法氏因丈夫张珏孙成婚前早夭,不得不终身守望门寡的故事。除了儒家思想的影响,士族的自我约束与官方对节烈妇女的美化不无关系。此外,"社会网络与中央政府联手将贞女置于社会公众的关注之下。形形色色的社会和私人关系,再加上由带有各种目的和感情的地方官员、地方精英、家族家庭推出的关于贞女诗文的求请应酬、建

---

① 梦苇:《对于自由离婚的主张和反对:离婚问题》,载《妇女杂志(上海)》1922年第8卷第4期。
② [美]卢苇菁:《矢志不渝——明清时期的贞女现象》,秦立彦译,江苏人民出版社2012年版,第22-23页。
③ [美]卢苇菁:《矢志不渝——明清时期的贞女现象》,秦立彦译,江苏人民出版社2012年版,第31页。
④ 陈东原:《中国妇女生活史》,商务印书馆2015年版,第106页。
⑤ 陈东原:《中国妇女生活史》,商务印书馆2015年版,第106页。

祠修墓、兴立牌坊等种种活动，共同创造了一个推广贞女现象的巨大地方机制"。① 历代对于贞节的提倡往往奖惩并举。据考证，"民国纪元前一千九百六十年（神爵四年）诏赐贞妇顺女帛，是有史以来第一次褒奖贞顺"。② 其后还有贞节牌坊等多种对贞妇、节妇、烈妇的表彰形式。明代对于三十以前夫亡守志、五十以后不改节者不仅予以旌表，还会免除差役。至于《儒学与女性》一书中所称"第一个谴责再次婚嫁的成文法令出现在秦朝，秦始皇认为那些生育子女且再次婚嫁的帝国臣民应该为他们的不忠行为而接受惩罚"③ 则是惩罚再嫁的典型。清律"妇人夫亡无子守志者，合承夫分，须凭族长择昭穆相当之人继嗣。其改嫁者，夫家财产及原有妆奁，并听前夫之家为主"④ 的条款对女性再嫁提出了财产性约束。

关于贞节的奖惩行为助长了男权社会中男性的权力统治范围，剥夺了妇女的自由意志，实现了官方的管控目的，"国家对性行为很感兴趣，特别是对已婚妇女，国家管理性行为的法律规定有助于创建和强化父系结构。"⑤ 然而强化贞节客观上阻止了女性被变卖，也起到保护她们的作用。美国学者罗莎莉认为，"在传统社会，再嫁对于女性而言并无益处，因为寡妇的再嫁多半是由家族中的长辈来安排，而不顾及女性自己的意愿。实际上，寡妇再嫁表面上的'自由'仅仅反映了亲属体系中女性的从属地位以及作为妻子、母亲等性别角色的依赖性。的确，传统中国寡妇再嫁的共通性反映了女性既无法表达自我意志也无法获得性自由的处境"。⑥ 由前夫之家主持的再嫁与"卖休"难以区分，虽然法律规定卖休是前夫受财将妻子转卖，"本夫"是此罪主体，但司法实践中常有因丈夫外出，翁姑、族亲等所主持的嫁卖行为。《审断与矜恤》一书中收录了同治年间王玉川外出后，族中王宗贤、王宗俊二人欺骗其妻周氏玉川凶故而以财礼钱十千四百文将其嫁卖的案件。⑦ 此种"卖休"与"再嫁"实难区分。既然再嫁时妇女同样不具备自主权，那么从一而终的观念至少可以令部分妇女脱离被嫁卖的险境，对于旌表的向往也会阻止夫家轻易否定子媳的贞顺行为。因而现实层面的积极保护意义亦是贞节观念代代相传的原因。

无论出于儒家的宣扬、官方的提倡抑或客观的保障作用，贞节意识之深入人心，迫使离婚妇女反复剖析自身行为与道德观的一致性。尽管五四时期知识分子对传统节烈观展开了广泛的批判，认为贞节已失去存在必要，"这种由动物性嫉妒和原始人类的迷信合成的节烈贞操观不应当在有希望的社会中存在，是非常显明的，除非在残酷不进化的民族。我们并不是说人们应当毫无节操，非过狂欢生活不可，不过作者相信贞操观念中，应当把内

---

① [美]卢苇菁：《矢志不渝——明清时期的贞女现象》，秦立彦译，江苏人民出版社2012年版，第71页。
② 陈东原：《中国妇女生活史》，商务印书馆2015年版，第35页。
③ [美]罗莎莉：《儒学与女性》，丁佳伟、曹秀娟译，江苏人民出版社2015年版，第149页。
④ 沈之奇：《大清律辑注》，法律出版社2000年版，第199页。
⑤ [美]伊佩霞：《内闱：宋代妇女的婚姻和生活》，胡志宏译，江苏人民出版社2010年版，第228页。
⑥ [美]罗莎莉：《儒学与女性》，丁佳伟、曹秀娟译，江苏人民出版社2015年版，第150页。
⑦ 赵娓妮：《审断与矜恤——以晚清南部县婚姻类案件为中心》，法律出版社2013年版，第69页。

含的从野蛮时代遗留下来的嫉妒和迷信摒除，只认他是一己的志趣，决不能作为女子单方面的唯一的道德教条，而责以生命或苦痛来担保的"。① "节烈这事是：极难极苦，不愿身受，然而不利自他，无益社会国家，于人生将来又毫无意义的行为，现在已经失了存在的生命和价值"。② 但在道德英雄主义的鼓舞下，基层社会的女性还是以"从一"的价值观为荣。因而许多诉状中都有女性对贞节的格外强调。譬如张品尊与张周氏的离婚案中，张周氏称："氏生为被告张品尊之妻，死亦为其家之鬼。"③ 廖万国军在向丈夫提出离婚时，曾表示："氏只希冀从此和好如初不生枝节，企图终身可靠，生活不受困难，亦属妇女天职。"④ 王周氏诉王子渊关于离婚一案中，王周氏称："嫁夫靠夫，生死一路。"⑤ 新繁县的吕龙氏为维护贞节，离婚后宁愿出家。⑥

显然，标榜从一而终观念的同时强调现状之不堪是女性常用的诉讼手段。"吕龙氏试图告诉审判者的，却是一个对其他事情已无所求的妇女与痛苦生活一刀两断的单纯希望，而所谓'出家'也不过仅仅是这种道德纯洁性的一种指代而已"。⑦ 出于自发观念或者因畏人言而不断突出贞节的必要性恰恰说明离婚妇女需要强烈的心理暗示支撑自己摆脱道德束缚，以求得在脱离婚姻时心安理得。合乎情理的离婚动因尚且使女性如此纠结，由"性"引发的诉讼中，对于贞节的自我标榜是否尤甚呢？

如果将提出离婚视作女性自身诉求的表达或说欲望的外现，那么性欲的满足则是欲望更隐晦及直接的内涵。欲望不仅可以扩大解释为对自由生活的追求、对更高物质水平的向往，也可以回归到肉欲本身。欲在《说文解字》中被解释为"感于物而动"，在对贞节近乎变态的坚守与鼓吹氛围下，欲望的实现显然与存天理灭人欲的思想直接对立。部分近代女性在妇女解放的思潮中逐渐了解了贞操的非必要性及自由意志实现的途径，于是开始直面欲望。法律规定有不治之恶疾者为法定离婚条件，大理院解释例明示"实（石）女系属残疾，得请求离异"。⑧ 另据民国民法第995条之规定，"当事人之一方于结婚时不能人道而不能治者，他方得向法院请求撤销之，但自知悉其不能治之时起已逾三年者，不得请求撤销"。⑨ 最高法院在民国29年上字第1913号判例中则称："夫妻之一方有不治之恶疾者，依民法第一〇五二条第七款之规定，他方固得随时请求离婚，惟一方于结婚时不能人道而不能治者，非同条款所谓不治之恶疾，他方仅得依民法第九九五条于知悉其不能治之

---

① 周建人：《节烈的解剖》，载《妇女杂志（上海）》1925年第11卷第3期。
② 唐俟：《我之节烈观》，载《新青年》1918年第5卷第2期。
③ 《张品尊诉张周氏关于离婚不服判决一案》，档案号：9-14-056，民国荣县档案。
④ 《廖万国军诉廖策鸣关于扶养一案》，档案号：9-8-727，民国荣县档案。
⑤ 《董王玉琼诉董用威关于离婚一案》，档案号：9-24-076，民国荣县档案。
⑥ 《吕龙氏诉吕文祥案》，档案号：3-701，民国新繁县档案，藏于四川省新繁县档案馆。
⑦ 里赞、刘昕杰：《民国基层社会纠纷及其裁断——以新繁档案为依据》，四川大学出版社2009年版，第56-57页。
⑧ 吴经熊编：《中华民国六法理由判解汇编》第一册第三本，会文堂新记书局1939年版，第555页。
⑨ 吴经熊：《袖珍六法全书》，上海法学编译社、会文堂新记书局1935年版，第179页。

时起，三年内请求撤销结婚。"① 对于撤销之诉的时间限制乃因不能人道较为隐秘，若果有其事且明知不能治仍坚持三年才离婚者较为罕见。此举固然以维护婚姻的繁衍职责为主要目的，实际上也肯定夫妻间闺帷之事的合理性。付海晏在对鄂东地区 1929—1949 年的案例进行统计后发现，此地的陈冯氏、郭段氏、周秀英等三人皆以丈夫不能人道为由提出离婚，② 可见性欲满足亦是底层婚姻的需求。荣县缪树成在因妻不能人道提出离婚之诉时，曾明确表示："女子不能交媾我要另娶。"③ 但是对于女性而言，在贞节观念的影响下，是否可以如男子般堂而皇之地将性需求宣诸于口？张周氏与张文光的离婚案直接展示了道德英雄主义与女性追求欲望实现时的冲突。

民国 31 年，张周氏以张文光不能人道、兼受虐待难与同居为由诉请离婚。张周氏民国 20 年凭媒说与张文光为妻，谁料张文光"痴愚成性"，④ "过门后方悉伊身体成废不可医治"。加之邻居国扬的挑唆使得"姑媳不和"，"氏姑听其愚弄辄加打骂"，张周氏遂生离家之心。张周氏称："氏已不堪虐待生命殆危，况夫张文光□骏成废不能治愈，既无伉俪之欢又永无嗣续之望，适合民法一千零五十二条第四七两项离婚条件。"伉俪之欢是张周氏对于自身欲望的隐晦表达，而无嗣续之望则剥夺了她为母的权利，因此，张周氏坚定要求离婚，但她同时意识到，"氏一经离异生活即陷于困难，即应缴审判费亦苦无力，查被告人收租四十石值洋约十万元，只得起诉'目的'请求"。张周氏将自己的要求列于诉状后，"本案为请求救助（1）离婚（2）返还嫁奁约值洋一千元（3）给与（注：予）赡养费一万元"。而张周氏又因"家境清贫、日难一餐，对于应缴审判费用实苦无法措办"而请求司法救助。在审判官遣员调查后，确认"该张朱氏暂住伊母家、生活维艰，确无力缴纳诉讼费用"，"准予诉讼救助"。

从诉讼原因、目的及手段来看，张周氏无疑深谙法律，她将丈夫的情况与法律规定精准对应，着重指出其夫"不能人道"应适用民法第 1052 条之第 7 款"有不治之恶疾"，符合法定离婚条件。张文光则辩称，第一，张周氏知晓他的残疾情况，"原告母子未订婚前也曾来到民家住宿十余月，业经认定民原带残废，该原告一再要求德三等甘来民家为室……原告为此婚姻非同强迫而成，亦有刘德三等可质"。第二，张周氏自过门后"滥败家务，现已断炊"，同时"赖（注：懒）不炊爨，凡事都要民母自动，该氏坐享现成，又籍读书为名而暗中实去衣服火食耗用一千余元之多"。张周氏不善持家，与贤妻良母的传统

---

① 吴经熊：《中华民国六法理由判解汇编》第一册第三本，会文堂新记书局 1939 年版，第 555 页。
② 付海晏：《变动社会中的法律秩序——1929－1949 年鄂东民事诉讼案例研究》，华中师范大学博士学位论文，2004 年，第 157 页。
③ 《缪树成诉曹淑容关于离婚一案》，档案号：9－7－594，民国荣县档案。
④ 《张周氏诉张文光关于请求离婚给付赡养一案》，档案号：9－13－728，民国荣县档案，下同。此外，《张文光诉张周氏关于离婚一案》，档案号：9－16－601；《张文光诉张周氏关于异议一案》，档案号：9－16－667；《张文光诉张周氏关于离婚一案》，档案号：9－14－582；《张朱氏朱刘氏诉张文光关于执行返还奁物一案》，档案号：9－15－383 都有关于此案的案情记载。

形象相去甚远，另据张文光代理人张烈光所言，张周氏"不安于室，常时东走西"，显然也不合丈夫心意。至于张周氏前愿结婚复又请离，张文光揣测，"盖原告之甘愿来家为室者，窥民之有谷租而已。又视民母子贤良者，以其民等乡愚可欺而已"。尽管如此，张文光仍不愿离婚。在对二人讯问后，裁判官做出如下判决：

> 张文光与张朱氏婚姻关系准予脱离。张朱氏所有妆奁应由张文光返还。张文光给付张朱氏赡养费法币陆（注：六）千元。诉讼费用由被告承担。

判决中写道：张文光"系残废不能人道有何伉俪之可言"，而"原告系一弱女，一经脱离生活必陷于绝境"。裁判者这样叙述判决理由：

> 被告本日到庭系由其代理人扶持而入，而目既皆失明，且一再询问俱俯首木立无一语云陈述，原告谓其不能人道虽未经检定，但双方结婚有年迄无生育，于此已可概见。凡人生乐趣与伉俪和谐之希望，悉人皆不无此心。

虽然不能人道没有经过鉴定，但是他从二人多年未育的情状推断张文光没有生育能力，而伉俪和谐又是"人生乐趣"，因此裁判官格外同情张周氏，不仅判令二人离异、张文光返还妆奁、还要额外付给张周氏赡养费。至于张文光的答辩理由称张周氏知其残废甘为人妻，裁判官则认为："此种辩论极不近理，原告至愚，恐□不改眨眼而入陷阱。"

张周氏通过诉状成功塑造出备受压抑的女性形象。出于情欲及生育的愿望，她勇敢提出离婚，裁判者显然也认可其理由的正当性，并在判决中直接予以支持。然而他眼中"至愚"而误入陷阱的原告张周氏却与张文光描述的妻子大相径庭。一审宣判后，张文光不服，上诉至四川省高等法院第六分院。他这样驳斥张周氏：

> 被上诉人既知上诉人天良不能同居，即在同居之一二年撤销婚姻，如何又在五六年之外欺上诉人愚朴乃有此举。被上诉人来家讲穿讲食一层，又要读书一层，读书乃为人之正当事件，何以又不在校里开饭而要在街上馆子内开饭且不说了。距家不远上诉人指定屋里歇宿，伊又不在屋里歇宿，而学校里又无人，似此丧尽人格此又归咎于谁。①

张周氏不仅主动要求读书，且注重生活品质。在丈夫张文光看来，张周氏"讲穿讲食"，学校的食宿满足不了她的需求，要在校外住宿吃饭，每月还"耗费银钱上千"。张周氏注重个人价值的实现与自我意识的满足，具有接受教育的愿望，具有新女性的性格特征。但是面对张文光的指控，张周氏仍在诉状中不断强调"氏操守坚贞，安命无愧。"

二审围绕张周氏所述事实展开了法庭调查：

---

① 《张文光诉张周氏关于请求离婚一案》，档案号：9-13-598，民国荣县档案。

问：张文光究竟不能人道？
答：不能人道，他是œ1子，起居饮食都要人扶助。
问：他既是œ1子又不能人道离婚算了吗？
答：请法院判决。

四川省高等法院驳回了张文光的请求，仍判令二人离异，张文光给予张周氏赡养费六千元并返还衣物。张文光依旧不服，上诉至最高法院，最高法院以"上诉所得受之利益不逾五千元者不得上诉，此项利益额数在四川省决议以命令增至一万元"① 而案件标的明显不符为由裁定驳回上诉。张周氏最终得偿所愿。

四、总结：新旧女性价值观的时代织缠

罗志田曾以缠足女性为例，论述近代社会女性群体的失语。他认为，同时代趋新分子所控制的舆论及出版物，甚至专门倡导妇女解放的刊物，都没有赋予缠足女子话语权②。同样由于史料和固有认知的限制，精英阶层与现代学者对于女性离婚的想象也指向其自我意识的觉醒。娜拉与贤妻良母一定程度上分别象征新旧女性，离家和归家则代表她们对权利的认识程度。荣县司法档案中的词状展示了四川基层女性面临离婚这一生活重大改变时的观念与对策。

对于无从自立的"旧社会"广大女性而言，婚姻状态的改变意味着经济水平、生活模式的根本变动，离婚的决定往往具有深远意义。较之传统时代妻子的被动地位，民国民法对女性离婚权利的彰显赋予她们婚姻中的主动权。如果满足法定离婚条件，即便丈夫不愿离婚，妻子仍旧可能通过诉讼脱离家庭。而在清代，丈夫的拒绝将会直接限制女性的自由或让其触犯背夫出逃的律文。民国民法使得部分女性获得了解放的先决条件，其进步性当然值得肯定。但它同时也造成了男性抛弃妻子比例的上升，反而令受到"三不去"道德约束且在现实中鲜见的出妻现象更为常见。婚姻自由并不单是妇女的自由，法律近代化在保护女性的同时也牺牲了部分女性。

此外，将提出离婚等同于权利意识觉醒的研究结论则值得商榷。行使权利是事实状态，并不当然意味知悉权利的具体内容及运用规则。借由逻辑严密的民事法律体系，沿用传统社会利益保护方式是"新女性"们的普遍做法。童张氏等人的案例说明，无论诉讼请求或其内在思维皆保留帝制时代的特征。与离婚的法定条件相比，民法关于婚内及离婚时财产的处分规定还只流于文本。因此，尽管童张氏们主动提出离婚，是意识形态界分中的

---

① 《张文光诉张周氏关于离婚一案》，档案号：9-14-582，民国荣县档案。
② 罗志田：《新旧之间：近代中国的多个世界及"失语群体"》，载《四川大学学报（哲学社会科学版）》1999年第6期。

"新女性"，但她们仍按照旧有的财产分配习惯仅对妆奁提出要求。同时，"新女性"们还自愿居于权力关系中的被支配地位，依赖父兄或裁判者"作主"意味着很难将提出离婚的行为与女性对于权利的认识程度建立直接联系。

即便是在独立人格驱动下冲破家庭桎梏的新女性，提出离婚的过程也并非全无阻碍。其内心的挣扎主要来自"从一而终"的道德困境。贞节崇拜不仅具有历史传统，被儒家所提倡，也具有保护女性的现实意义，因为传统的再嫁常常是女性丧失性自由的结果，奖励贞顺的行为令部分女性再无被转卖之虞。男权社会的需要与实际功效使得"贞"之节烈观代代相传。法律对自由婚姻的保障令女性正视物质与精神需求，离婚被视作对欲望的追随。在欲望的诸多形式中，性欲因其隐秘性甚少被宣诸于口，淫与贞分别代表着女性品格的正反两极。当女性因性欲不能满足提出离婚时，如何拿捏平衡不致被冠以污名是首要问题，道德英雄主义让女性在离婚词状中着意强调忠贞意志，因两性生活无法相谐提出的离婚尤其如此。注重欲望满足、要求受教育、个性鲜明的张周氏因丈夫不能人道脱离家庭时尚且要强调自己操守坚贞，可见新女性亦无法摆脱旧观念的枷锁。欲望与忠贞的冲突也是新的个人主义与旧的道德观之间的冲突，所以即便人格趋新的女性精神上依然守旧。

在变革的时代，"各时各地新旧人物的社会分野与其思想观念并不完全成比例：社会分类上的旧派中人有颇具新意识者，而新派中人也有不少旧观念"。① 因婚姻所承载的精神及物质意义极其重大，甚至改变女子的命运，因而最能体现女性观念的迁衍。近代以来，妇女运动的蓬勃发展改变了女性的精神需求。在漫长的帝制时期，特别是儒家成为正统思想后，女性的评价标准与道德追求并未发生根本变化。妇德、妇容、妇言、妇工所代表的四德与从父、从夫、从子涵盖的三从是基本的礼义，《女则》《女训》是闺秀应读的书籍，《列女传》所载的节妇烈女是官方树立的典范。儒家的内外之别限制了女性的活动空间，由此发展的金莲崇拜不仅是审美的极端化产物，更将她们拘于内闱。但是妇女解放的思潮、女性独立的呼声改变了延续数千年的价值认同。妇女以相夫教子为终身职业、家庭闺阁为活动场域的导向转变为鼓励女子走出家庭、迈向社会，脱离男子的掌控，寻求人格之独立。贤妻良母不再是单一的正面评价标准，甚至纯粹的贤妻良母论反而遭到排斥。舆论提倡女性走出家庭，法律为此提供保障，女性的社会生活发生极大变化。

然而当家庭与社会对妇女投射双重期望时，女性面临着不同角色的冲突。既要践行妻职与母职，又要以己之力谋生，不同场域的责任带来比单一身份更为沉重的压力。传统社会操持家务相夫教子的妻子无疑会被称颂，民国时期则不尽然。她们会被持独立说的女权主义者认为庸碌、愚昧且毫无进取心。宋少鹏的观点是，当国家和社会把再生产职能即生

---

① 罗志田：《新旧之间：近代中国的多个世界及"失语群体"》，载《四川大学学报（哲学社会科学版）》1999年第6期。

育和照料的责任划归为女人的天职时,女性便陷入个体价值的实现与完成家庭角色的冲突。男性获得家庭的支持即所谓"无后顾之忧"后,可以更无碍地活跃于公共领域。"这是现代社会里女性的结构性困境。换言之,从传统儒家秩序转型到现代'文明'社会秩序后,仍是一种男性中心的有利于男性的性别化的社会结构"。① 尽管近代以来女性的精神追求与评价标准殊异,但是两性的权力配比却没有发生根本变化。性别标准之变与社会权力结构之不变呼应了新旧女性的价值观织缠。旧派中人受到新思想与新生活的感化颇具新意识,但其本质仍认同女性附属与服从地位。新派中人有旧观念的残余,却追求自由思想、独立精神。以身份、阶层或提出离婚的主动性划分新旧女性都失之偏颇,遑论因此归纳群体的权利意识。权利意识是否觉醒的标准应与其在男权社会中的自我定位直接相关。所以女性真正的"觉醒",理应脱离国家民族语境、摆脱男性塑造标准,掌控个人命运并对女性群体抱以"同理"的性别关照。

Betweenthe Old and the New:
grassroots women's rights in the republic of China in the litigation archives

Liu Kaiyue

Abstract: Divorce is often used as an important argument for the awakening of women's rights awareness in the republic of China. But can be seen from the judicial records, during the period of the republic of China's grassroots women filled with the traditional way of thinking in the process of litigation, mainly rely on the fathers of personal appeal and give priority to in order to return to marry casket property demands are traditional social expression of female consciousness in modern litigation, the traditional moral evaluation standard and chastity idea is in the divorce case restricts the women before and after the divorce. During the period of the republic of China, women presented complex rights demands and values in judicial proceedings under the era change between the old and the new.

Key words: litigation; The republic of China; women

---

① 宋少鹏:《西洋镜里的中国与妇女——文明的性别标准和晚清女权论述》,社会科学文献出版社 2016 年版,第 134 页。

制度分析

众包型纠纷解决中的民间规范及其运作机制分析[*]

——以淘宝大众评审制为例

尚海涛[**]

摘 要 网络经济的快速发展衍生了大量的线上交易纠纷,而这威胁着互联网经济的进一步繁荣。面对实体交易纠纷向虚拟线上纠纷的转型,现有纠纷解决机制无法满足公众对纠纷解决的需求,由此众包型纠纷解决——大众评审制应运而生。大众评审制的产生是第三方平台、平台商家和消费者三方博弈的结果,其通过裁定规则对交易纠纷进行处理,通过滞付机制保证判定的执行,用信用公示维护执行的效果,施以流量利益消除裁定产生的不公。众包型纠纷解决所适用的民间规范与现行立法、司法体制相互影响,互为补充,实现了公众对纠纷解决效率与公平正义价值的追求。

关键词 众包 民间规范 内生 ODR 大众评审制

借助于互联网的高效以及快递服务的普及,我国网络经济得到飞速发展。截至 2020 年 3 月,我国网络购物用户规模已达 7.1 亿,较 2018 年底增长 1 亿。2019 年,我国网络零售额达 10.63 万亿元,实物商品网络零售额 8.52 万亿元,占社会消费品零售总额的 20.7%。[①] 与网络经济发展相伴随的,是网络交易纠纷的大量增加,这掣肘了互联网经济的进一步繁荣。如 2015 年 1 月至 2017 年 12 月,全国各级人民法院共新收网络购物合同纠

---

[*] 国家社科基金重大项目《民间规范与地方立法研究》(项目编号 16ZDA070)。
[**] 尚海涛,法学院博士,天津师范大学法学院副教授,硕士生导师。
[①] 参见《第 45 次中国互联网络发展状况统计报告》,http://www.cac.gov.cn/2020-04/27/c_1589535470378587.htm.,访问日期:2020 年 8 月 30 日。

纷一审案件2.5万件，2016年较2015年新收案件增长达285.14%，2017年较2016年又增长41.93%。① 上述数据仅为进入诉讼阶段的纠纷，而实际产生的纠纷数量则要数倍于该数据。为适应互联网经济纠纷的解决需求，应对现实纠纷向虚拟纠纷的转型，我国纠纷的解决机制也逐渐网络化。以ADR为基础发展而来的ODR，被视为新式互联网化的纠纷解决机制，并逐渐受到重视。根据产生机制的不同，有学者将ODR分为外部设计给定于网络系统的外生ODR制度，和网络系统内部自发演化的内生ODR制度。② 内生ODR规范实质是线上交易纠纷解决的民间规范，且随着网络社会新的合作模式而不断地做出适应性改变。

所谓众包，主要是通过网络公开邀请和呼吁不特定的人，以提交信息和知识等方式，参与到开放式在线任务中的一种方式。作为一种用户互动的创造性模式，众包被视为是一种集合集体智慧的有效工具。③ 当前，以维基百科为代表的众包型合作模式逐渐向各个领域拓展，借助于移动互联网的便捷性，原先由小部分专职人员承担的任务，可以交由非特定的社会群众自愿完成。众包型合作模式的特性，恰恰触及了线上交易纠纷量大的痛点，网络交易系统内部积极吸纳该模式的成本低、效率高的优势，对交易纠纷解决机制进行试错性尝试，并取得了初步成效。国内最大的线上第三方平台——淘宝网，推出了大众评审制，并通过初期设计及平台参与者之间的内部博弈，形成了与以往的客服处理不尽相同的纠纷解决机制。在众包型合作模式下，纠纷解决的民间规范能否解决线上交易纠纷的痛点？这些民间规范是怎样运作的？新的民间规范将对线上纠纷解决的法律制定及实施产生何种影响？对此，本文就以淘宝网的大众评审制为例，对上述问题进行尝试回答。

一、众包型纠纷解决机制的社会背景及其技术基础

（一）众包型纠纷解决机制产生的社会背景

首先，大量网络交易纠纷影响了平台的正常运营。2019年我国网络零售市场交易额达10.32万亿元，较2018年增长2.57%，网络购物在社会消费品零售总额的占比继续提升。消费者对网络购物的消费习惯已经形成，对网络购物具有较强的依赖性。国内网络第三方平台中，淘宝平台基于其创立时间及交易模式的特点，在2019年占据了B2C电子商务市场份额的50.1%。④ 线上交易迥异于传统线下交易，消费者往往是在无法明确感知商品真

---

① 参见《网络购物合同纠纷司法大数据解读》，https：//www.chinacourt.org/article/detail/2018/03/id/3252255.shtml，访问日期：2020年4月30日。
② 参见高薇：《网络交易中的私人纠纷解决：类型与特性》，载《政法论坛》2013年第5期。
③ See Brabham D C, crowd sourcing as a model for problem solving an introduction and cases, 14（1），convergence the international journal of research in to new media Technologies, 75-90（2008），访问日期：2020年4月30日。
④ 参见《2019年中国网络零售市场现状及未来发展趋势分析：阿里、京东、拼多多电商三巨头形成》，http：//www.chyxx.com/industry/202007/884305.html，访问日期：2020年4月30日。

实情况的条件下,作出购买与否的判断,这种交易风险是互联网经济低成本优势的衍生产物。在庞大的交易量下,交易风险现实化而引发的纠纷在所难免。虽然在B2C模式下,电子商务平台只是提供第三方平台,以交易信息的高效率交换,促成消费者与销售方达成交易,但此种交易模式下,消费者第一感知的是平台而非直接的交易相对方。因而,在线上交易纠纷产生时,平台往往被理所当然地认为承担连带责任。在网络购物合同纠纷案件中,17.92%的案件以淘宝平台为被告。① 诉讼风险的上升加大了平台的运营成本,影响平台的商业存续。在平台交易运作模式固化,交易模式所形成的心理倾向无法被改变的情况下,通过防范和化解交易纠纷方能更高效便捷地维护平台的运营。电子商务平台的信任背书,是消费者实施购买行为的一个重要激励因素。纠纷发生时,消费者诉求得不到合理的对待时,负面情感将直接转嫁给平台。长此以往,消费者对平台负面情感的积聚将使得平台的存续受到影响。基于此,寻求纠纷的内部解决,提供附带性的纠纷解决机制,便成为平台持续经营的一个重要考量。

其次,传统线下纠纷解决机制存在不足。按照传统线下纠纷解决机制的处理方式,纠纷双方须到某个具有管辖权的仲裁机构或法院提起仲裁、诉讼,经过立案、开庭、审判、执行等程序后才得到最终的结果。其所带来的间接成本在互联网时代过于高昂。② 从经济理性的角度分析,一方面,用户的数量是促成全年10万亿线上销售额达成的重要基础。庞大的交易额是以7.1亿网络购物用户为基数的,其中频次高、数额小都是互联网经济的主要特点。争议发生时,涉及的单次交易额较小,诉讼利益过小,难以激励受害方积极维护自身权利。另一方面,与现实交易范围以一定空间距离为限的特点不同,线上交易利用互联网和现代化的物流体系,基本无视了距离的限制。但当交易纠纷发生时,促成交易达成的网络便利性转而成为了限制,被虚拟网络所无限缩短的距离再一次还原成现实的阻碍,以传统线下纠纷解决方式处理线上交易纠纷,付出的交通、时间等成本相当高昂。诉讼利益过小,而解决成本高昂,理性的当事人倾向于避免采取传统方式解决线上交易纠纷。

出于对公正价值的追求,传统的线下纠纷解决机制往往在程序设计及证据材料的形式上做出了诸多要求,单单是证据形式的识别分类,就需要一定程度的专业知识。漫长的诉讼程序是查清事实、给予当事人充分救济、维护公平的必要保证,同样也是传统纠纷解决机制适用于线上交易纠纷的掣肘之处。纠纷解决耗费的时间越长,处于纠纷之中的当事人的机会成本就越高。另外,线上交易全程通过网络进行,沟通与交易记录均由电子商务平台通过代码方式记录。消费者与销售方在发生纠纷时,通常并不能提供有足够效力的证据,而即便是提出了证据,也将面临证据形式不符合要求而被否认的危险。"官方型机制

---

① 参见《网络购物合同纠纷司法大数据解读》,https://www.chinacourt.org/article/detail/2018/03/id/3252255.shtml,访问日期:2020年4月30日。
② 具体数据和过程的分析参见丁艺:《诉讼成本的法经济学分析》,载《经济研究导刊》2018年第36期。

对网络交易纠纷并没有制度化的特殊安排"①,无论是从经济方面还是从传统纠纷解决机制设计来看,都不是维护网络交易双方正当利益最好的一道防线。线上交易纠纷需要解决,否则就是允许一方从另一方口袋里盗取小额的金钱,但是传统线下纠纷解决机制并不能有效解决线上交易纠纷,因而平台需要探索一条成本低、效率高的纠纷解决方式。

最后,平台客服介入纠纷成本高昂。在交易量相对较小的初期,电子商务平台采取客服介入的方式解决纠纷。这种模式的缺憾,一方面在于客服介入的方式无法应对线上增长的交易量而带来的大量纠纷,另一方面则使得客服的权力过大,对纠纷事实的独断裁决权易滋生腐败,而更为重要的是,其将纠纷结果与平台相挂钩,极易损害到平台的公信力。面对越来越多的纠纷,有些电子商务平台虽然通过智能机器人对交易咨询及纠纷处理进行分流,但交易纠纷实际产生时,争议双方都还是希望具有一定主观能动性的客服人员,而非机器 AI 来处理该纠纷。单以"双十一"当天 2135 亿元的成交额来看,为每起纠纷随机配置一名客服人员,这一人力成本无疑是过于高昂。

保证纠纷解决效率的一个重要条件,就是赋予客服人员对纠纷事实认定上的绝对决定权。然而,"每个有权力的人都趋于滥用权力,而且还趋于把权力用至极限,这是一条万古不易的经验。"② 借助于关联平台的协同操作,客服对纠纷事实的认定会被直接执行,该结果与纠纷双方的利益直接相关,却为了保证处理效率,未向争议双方提供关于客服人员事实认定方面的申诉程序,权力的行使并未受到监督,以致出现了销售方为了谋求不正当利益贿赂平台客服的情形。淘宝平台在 2012 年永久关停 9 家涉嫌该情形的店铺,2015 年则关停了 26 家。③ 客服作为平台的工作人员,其行为或决定都代表着平台的意志。在纠纷解决的过程中,客服人员听取双方当事人意见,并结合双方出示的证据作出纠纷处理决定,若纠纷的解决有失偏颇,那么因纠纷而生的不公平感及不满必然转嫁给平台。通常情况下,公众对网络交易虚拟性所导致的交易风险存有一定预期,对平台抱有信任,对平台处理纠纷不公正的不满,可能会因为先前信任的落空而超过对争议相对方的不满。平台若要维持用户的信任必须尽可能地保证交易纠纷得到正确处理,而这一点极难做到。由此,出于营利及公信力维持的需求,探索新的纠纷解决方式,调动大众的力量显得势在必行。

(二) 众包型纠纷解决机制产生的技术基础

一是线上交易形成的心理契约奠定了合意基础。平台、消费者与平台商家三方,在线上交易过程中,依据各自承担的分工,形成了身份认同,进而达成的心理契约是民间规范

---

① 罗秀兰:《网络交易的纠纷解决机制探析——基于民间法与国家法互补的视角》,载《河北法学》2010 年第 8 期。

② [美] E. 博登海默:《法理学——法律哲学与法律方法》,邓正来译,中国政法大学出版社 2017 年版,第 67 页。

③ 参见《阿里又反腐! 26 家网店因贿赂淘宝小二被关停》,http://tech.qq.com/a/20150325/026972.htm,访问日期: 2020 年 4 月 30 日。

的合意基础。身份是形成规范的行为模式的前提和基础,它是社会构件最基本的单位,社会互动、社会关系、社会群体和社会组织等都由它引发或构成。① 网络社会秩序在形成过程中,三方按一定的行为模式实施行为,在稳定的行为模式及信息传递过程中,通过三方的活动,该角色的身份特征得到了塑造,基于过去的经验,形成可预测的规范化行为方式,进而"出现了交往双方共同认可的、相互识别对方行为模式的内在行为规则——心理契约。"② 三方均对网络交易本身具备的特殊交易风险形成一致观念,借昔日的经验知晓他方可能的行为倾向,从而使线上纠纷解决互动行为得以为继,达到熨平社会关系织物上的褶皱的目的。"三者之间心理契约的建立,不仅取决于共同维持商务信息流动秩序的需求,更取决于建立在线纠纷解决规则必要性的认识。"③

二是精准的个人信用画像提供了信用基础。"在将来的商业竞争中,谁拥有了数据资源谁就占有商业先机。"④ 各个电子商务平台为维持自身产品的竞争力,形成竞争优势,致力于各种信息的收集。以自主平台为主、数据交易为辅的数据收集方式,能够为平台提供足够多的用户数据,平台借助大数据技术,对消费者与经营者双方进行信用"画像",实现个体特征描绘。消费者与经营者双方在使用平台过程中,以数据流的方式,向平台坦露了自我行为轨迹与个人喜好。与以往的问卷方式不同,这种无意识状态下所获得的数据信息真实性更高。真实的行为数据下,平台借助大数据分析技术描绘出来的用户信用"画像"更为真实,从而为众包型纠纷解决机制的主体适用提供了信用基础。

二、众包型纠纷解决的显性运作机制

(一)规范的形成机制提供了结果的可接受性

与中国国际经济贸易仲裁委员会的网上仲裁系统等外生制 ODR 不同,众包型纠纷解决所适用的规范是"从众多策略组合中脱颖而出的、稳定的、自我维持和自我实施的一组均衡的策略组合,是从参与者交往行为中互动内生的'自发秩序'"。⑤ 换言之,众包型纠纷解决机制是三方为了使得线上交易顺利实现而达致的博弈平衡,其产生之初就服务于第三方平台的维系。由此而观,民间规范制定的主导力量也仅来自线上交易的三方,而非利益无涉的第三人。

受到营利激励的而又占技术优势地位的平台,必然是民间规范制定的主导者。一方面,由于平台的主要营利来自平台流量,而在此情况下,大量线上交易纠纷如若得不到解

---

① 参见[英]弗里德利希·冯·哈耶克:《自由秩序原理》,邓正来译,三联书店1997年版,第190页。
② 孙佳音、高献忠:《虚拟社区的自组织特征及其规则生成问题》,载《学术交流》2008年第7期。
③ 李峰:《在线纠纷解决民间规则与程序法之互动——以〈淘宝争议处理规则〉为例》,载谢晖等主编:《民间法》,厦门大学出版社2017年版,第206页。
④ 金耀:《个人信息去身份的法理基础与规范重塑》,《法学评论》2017年第3期。
⑤ 高薇:《互联网争议解决的制度分析两种路径及其社会嵌入问题》,载《中外法学》2014年第4期。

决，平台收益会因此而减少。同时，每一笔交易纠纷在公众的理解中，都与平台相关联，而在法律上，第三方平台亦对上述纠纷承担着连带责任。由此，以某种内部机制高效率地消化纠纷就显得十分重要。在营利激励下，平台在促成纠纷解决民间规范的形成上具有了充分的积极性。

另一方面，在与平台商家、消费者所形成的三方关系中，第三方平台在技术上拥有绝对优势。第三方平台的主要作用是通过对代码的整体设计，实现交易双方信息的交换。信息交换模式的不同，是现实交易与虚拟交易最大的差异，交易双方获取与收集信息媒介是平台构建的代码，交易行为受到了平台限制。同时，与交易相伴而生的纠纷解决的民间规范，同样需要以第三方平台的代码设计为前提，平台由此在纠纷解决规范的形成过程中掌握着主导地位。然而，纠纷解决规范终归是为买卖双方的交易而设计的，适用于买卖双方的行为。第三方平台作为中介方，在纠纷解决规范的形成中，也必须考虑买卖双方的利益表达，因此平台也会以某种方式征求双方的意见。

交易纠纷解决的需要，激励了买卖两方充分参与第三方平台纠纷解决规范的制定。传统线下交易环境下，产生的交易纠纷可以通过实体争议途径解决，如消费者协会、工商行政或者司法保护等。线上交易的虚拟性等特点，使得传统线下救济途径丧失了其绝大部分适用的机会。消费者、平台商家迫切需要新的纠纷解决规范。在现行法律规则缺失的情况下，淘宝平台所提出并可以"自我执行"的纠纷解决规范，必然地得到了平台商家与消费者的响应。纠纷解决规范的利益相关性，使得双方对平台发布的纠纷解决机制征求意见通知有足够的重视，意见提供方式的便捷性，也使得双方能够以最小的成本表达自我诉求。淘宝平台在其网站中，专门开辟出"淘宝规则"页面，在进行《淘宝争议处理规则》修订，引入大众评审制时，亦进行了意见征集，并对结果进行了反馈。

淘宝平台为了保证该纠纷解决机制能够得到双方认可，不损伤平台信任，将纠纷解决机制规范进行公布并收集意见。买卖双方对公布的民间规范表达自身利益诉求，提出建议。淘宝平台在收集到反馈后，出于公众信任及制度维持的需要，也会对此建议予以慎重的考量。因而，大众评审制的制定实质上是三方博弈，其中淘宝平台处于优势地位，推动并发起了规范的制定，而基于制度公信力的需要，对来自交易双方意见也必须予以足够的考量。这种众包型纠纷解决机制民间规范的形成，具备了足够的合意基础，因而交易双方对该机制下的裁决结果也具有了充分的可接受性。

（二）人员遴选机制赋予裁定的合理性

与知识展示可修改的维基百科不同，纠纷解决机制的众包所出的裁定结果是不可变且合理的，否则该机制将无存在价值。因此，大众评审制的关键是识别出能够作出合理判断的特定人群。大众评审制从资格要求和知识要求两方面出发，对评审员进行遴选。

大众评审制在整体资格上要求，评审员必须通过实名认证、在淘宝平台使用满一年，且芝麻信用分在600分以上。① 其中，实名认证避免恶意注册人员进入评审队伍，从而影响评审机制的公信力。平台使用一年的限制，则确保了评审员对淘宝购物流程等已经清楚知晓，具有一定的交易经验。信用分的要求则是基于前提性假设，即诚实的人对他人纠纷所作出的判断，更接近事实原本的面貌。大数据及云计算技术的运用，关联平台的信息收集及处理，使得用户的信用能够以芝麻信用分的方式展示出来。600分的芝麻信用分，保证了评审员较为诚信，保证裁定结果与实际事实不会出现太大偏差。

在买卖双方进入评审员系统的条件上，大众评审制设置了不同的门槛。买卖双方均必须同时符合三个条件，总体来看，对卖方的要求要严于买方。对买方信用等级要求是三心以上，卖方的要求则是一钻以上，同时要求买方会员等级大于等于vip2、近90天要求淘宝介入的交易笔数小于等于3笔，要求卖方近30天纠纷退款低于行业平均值、申请成为评审员的当个自然年内，无严重违反《淘宝规则》相关规定（含出售假冒商品）被扣分。② 大众评审制吸收了国外eBay印度地区"社区法院"的经验，对买卖双方的要求尽管存在差异，但并不过分悬殊，以防止评审结果出现倾向过度的结论。

人类依其所掌握的"有关特定时空之情势的知识"③ 而行为，大众评审制根据评审任务不同，对大众评审员的知识背景要求也不同。加入大众评审以后，可以选择不同的任务包，对不同的评审任务分别设置了不同的要求。针对广告信息的鉴定，识别违规商品信息任务包，识别高质量买家秀任务包，不要求相关知识背景即可进行直接评审。在涉及平台商家的相关任务包上，附加了一些特殊的条件，在识别不合理评价任务包、鉴定商家违背承诺任务包、鉴定违规商品信息任务包上，均设计了限定时间及分数的资格认证考试。其中，鉴定违规商品信息任务包中的"滥发信息整顿计划"中，认证通过分数高达95分。资格认证的考试内容，主要以《广告法》等法律法规的内容为主，题目中对法律规定的相关知识进行了提示，评审员需要对提供的平台内真实截取的图片做出判断，未达相应分数，可以对错题进行检阅，查看相关解析。完成相应的资格认证，使得评审员具备了一定的知识背景，能够以一定的知识背景做出合法合理的判断。

（三）评议裁定机制增强处理高效性

众包型纠纷解决机制是为原有线上纠纷解决体制效率不足的问题而存在，利用"众智

---

① 芝麻信用以阿里巴巴集团旗下的淘宝、天猫、支付宝和蚂蚁金服等所构成的互联网生态圈作为数据来源与依托，以用户信用历史、行为偏好、履约能力、身份物质与人脉关系五个维度作为信用评价模型。并通过算法得出一个具体的分数，称为芝麻信用分。

② 参见《淘宝网大众评审公约（试行）》，https：//rule.taobao.com/detail-1871.htm? spm = a2177.7231205.0.0.41d917ea6OGvCh&tag = self&cId = 82，访问日期：2020年4月13日。

③ F. A. Hayek, The use of knowledge in society, 35 the American economic review, 521-522 (1945).

众力"对纠纷进行评定,实现纠纷任务的简单化快速处理。① 与传统仲裁机构主导建立的外生 ODR 不同,内生 ODR 为本质的大众评审制,不属于传统仲裁迎合时代变化而做出的线上化、电子化改变,"内生 ODR 从创生到形成稳定的结构,深深地嵌入在线交易域,它们之间的关联是一种制度化关联"。② 大众评审制的适用空间,仅以淘宝平台为基础所形成的交易空间为限,适用的范围也仅是有关线上交易纠纷的处理。从《淘宝网大众评审公约(试行)》相关规定及判定中心的实际情况来看,大众评审制的适用分为两类:一类关涉的是平台商家的违规行为,包括发布违规商品信息,广告信息的鉴定,识别违规商品信息等;另一类是商品交易款项纠纷的处理。③ 评议开始前,平台通过类型化处理,对纠纷进行分流,提供不同的入口和任务包,而并非是完全随机。陪审员可以对同一类型纠纷进行评定,增强其熟悉程度,提高裁定效率。

大众评审制的评定方式,类似于英美法系中的陪审团制度。英美法系的陪审团制度中,陪审团在一个私密空间进行评议,通常会以投票方式对案件事实进行争论,以全体一致或多数决定的方式,形成对一个人有罪或无罪的裁决(也可能形成一个无效陪审团)。④ 相比之下,适用于线上的大众评审制,在终端设备所形成独立的信息展示条件下直接实现了秘密评议,并且各个评审员之间独立地作出判断,以简单多数决来达成决议。根据《淘宝网大众评审公约(试行)》第九条,大众评审制下,评审员对随机分配到自身的在判定周期内,如支持任何一方的评审员达到取胜人数(含本数),则构成有效判定。判定支持率大于等于 50% 的一方获胜。判定支持率计算公式,为一方支持人数与判定参与人数的比例。当决议无法满足上述条件时,人工客服会介入纠纷处理,确保纠纷得到最终决议。⑤

纠纷处理的效率影响着用户体验,将大众之间产生的纠纷交由大众解决,利用大众的智慧,弥补了机器智能在事实判断上的不足。分散化处理的方式,保证了纠纷解决的效

---

① 参见方旭辉:《网上纠纷解决机制的新发展——从网络陪审团到大众评审制度》,载《江西社会科学》2014 年第 11 期。
② 高薇:《互联网争议解决的制度分析两种路径及其社会嵌入问题》,载《中外法学》2014 年第 4 期。
③ 参见《淘宝网大众评审公约(试行)》第一条【目的和依据】为使更多的会员参与平台共建和共治,保障淘宝会员违规行为及交易纠纷判定的公正性、合理性及及时性,淘宝网尝试由大众评审员(以下简称"评审员")对会员的违规行为及交易纠纷进行集体判定,特试行本公约。第二条【评审的范围】淘宝网将逐步开放不同的评审任务由大众评审员进行判定例如:(一)卖家违规行为类,包括但不限于淘宝主动排查发现或会员投诉/举报的卖家违规行为,卖家就其违规行为被违规处理后的申诉处理;(二)交易纠纷类,即买卖双方存在争议的交易款项归属或资金赔偿纠纷处理;(三)其他,根据大众评审员机制的发展而逐步放开的其他任务类型。具体开放范围详见判定中心。
④ 参见高通:《美国陪审团事实认知机制研究》,载《比较法研究》2018 年第 6 期。
⑤ 参见《淘宝网大众评审公约(试行)》第九条【评审裁决】(一)判定周期内,如支持任何一方的评审员达到取胜人数(含本数),则构成有效判定。判定支持率〉=50% 的一方获胜。判定支持率计算公式如下:判定支持率=一方支持人数/判定参与人数。(二)判定周期内,如支持任何一方的评审员均不足定性人数(如:交易纠纷 7 票取胜),则构成无效判定,淘宝网将人工介入判定处理。(三)评审员的评审裁决为一裁终局。

率。同时,大众评审制"一定程度上让买卖双方从对立面,走向彼此了解融合"①,从源头上减少了交易纠纷的产生。

三、众包型纠纷解决的隐性运作机制

除裁定作出的实质机制外,众包型纠纷解决还包含有隐性的运作机制,其中包括执行机制、声誉系统、流量利益机制等。这些隐性机制增加了纠纷解决的执行力度,同样维系着众包型纠纷解决的存续。

(一)滞付机制保证判定得以执行

判定结果能否被顺利执行,是决定一项纠纷解决制度有效与否的标准所在。大众评审制的裁决结果能够借助于关联平台予以执行,而不仅仅是靠规范的自我执行,这一特性保证了判定能够最终被实施,这是大众评审制能够得到有效运行的重要前提。

与以往传统熟人社会中的交易不同,线上交易是一个陌生人社会中的交易。"特定买家与卖家之间交易重复发生的概率非常小,接近于零,这导致标准重复博弈模型中的个人惩罚机制无法实施,仅依靠双边关系型契约不足以维持交易者的合作行为。"② 买卖双方在缺乏了解的情况下,欠缺达成交易所需要的信息,无法满足交易所需要的信任,网络空间的虚拟性和高度自由化特点更加剧了信任危机。在此种情况下,建立合理的交易制度就显得十分重要。平衡网络的便利性与虚拟感之间的矛盾,为交易双方建立信息流通机制,增进买卖双方的信任是新式网络交易制度所要实现的首要目标。

淘宝平台的繁荣,与其关联"支付宝"平台提供的"支付宝担保交易"实现了买卖双方的信任有着重要关系。买家通过淘宝平台提供的信息向卖家下单,买家需要将该笔款项打到支付宝平台上,在买家收到货物确认无误后,买家再向支付宝平台发出确认信号,支付宝平台将代为收取的款项转至卖家的账户之中。交易货款并不是现实交付中的一手交钱一手交货,而是通过关联平台进行"滞付"。③ 此种交易方式极大地依赖于淘宝平台的信任背书,《支付宝服务协议》中"三、支付宝为您提供的服务内容"约定,"除本协议另有规定外,发生交易纠纷时,您不可撤销授权我们根据证据裁定将争议款项的全部或者部分支付给交易一方或双方"。④ 在纠纷发生时,交易款项的"滞付"机制,使得淘宝平

---

① 方旭辉:《网上纠纷解决机制的新发展——从网络陪审团到大众评审制度》,载《江西社会科学》2014年第11期。
② 吴德胜:《网上交易中的私人秩序——社区、声誉与第三方中介》,载《经济学(季刊)》2007年第03期。
③ 参见甘晓晨:《互联网企业自治规则研究——以支付宝规则为例》,载《法律和社会科学》2010年第1期。
④ 《支付宝服务协议》,http://render.alipay.com/p/f/fd-iztow1fi/index.html,访问日期:2020年4月30日。

台利用关联平台掌握了对交易争议款项的决定权。大众评审制的结果能够通过关联平台得到迅速执行，极大地增加了大众评审制带给交易双方的安全感与可控性，降低了纠纷争议解决所带来的风险感知，进一步促使公众选择大众评审制作为解决纠纷的途径。

（二）信用公示维护执行的效果

大众评审制的裁决结果出来以后，淘宝平台利用其内部的信用机制，对结果进行展示，并将相应的结果纳入商户评价中，保证处理结果的后期效果及制裁力度。

平台利用自身的技术优势，在整个纠纷解决过程中居于主导地位，并通过信用评价系统为每一个平台商家建立了一个简介。这份简介是平台商家声誉的声明，也是线上交易博弈双方的历史信息。[①]"一切过往，皆为序幕"，大众评审制的裁决结果纳入信用评价系统考量的因素之中，平台商家过往被裁决认定的一切不正当事实，都将在信用评价系统中展示给潜在消费者。

信息不对称存在于任何交易之中，在网络环境下此种情况更为严峻，用户为了保护自身的利益，降低交易潜在的欺诈可能性，一个重要的途径就是参考平台信用系统的公示。消费者通过"过往"这面透镜，在网络环境下去感知平台商家，通过查看历史评价，使得信任从虚拟的想象中得以产生，进而实施交易行为。对于没有产生纠纷或纠纷较少的平台商家来说，信用系统起到了交易行为的激励作用；而对纠纷产生过多的平台商家而言，则对未来交易造成阻碍。直观信用的影响往往反映为交易量的大小。基于此，大众评审的裁判结果能得到最大程度的执行，制裁的力度也往往降低了行为再次发生的可能性。

（三）流量利益填补个案不公

"即使一个总体上说来是有用、有益的制度也不是万能的，不存在只有好处没有缺点的制度。一个制度并不仅仅因为它是制度，就不会在具体问题上，有时甚至是重大历史问题上出错。"[②] 基于大数定律，根据某项制度处理纠纷的结果是否公平，实际上呈现对半分的样态。[③] 任何一项纠纷解决制度，都不能保证对每个纠纷的结果是公正且满足社会成员对自身利益维护的期待。而在纠纷解决结果出现了偏差，不能达到制度设计的最初目的时，公众对该项制度是否采取包容态度并继续使用，将决定该项制度的生存空间，此即为制度的韧性。大众评审制作为一种新兴的纠纷解决制度，同样无法逃离这种困境，当大众评审制的裁判结果出现差错，不能维护诚信一方的正当利益诉求时，该制度产生的不利结果能否被其他因素消化将影响制度自身的生命力。

---

① 参见吴德胜：《网上交易中的私人秩序——社区、声誉与第三方中介》，载《经济学》2007年第3期。
② 朱苏力：《制度是如何形成的？——关于马歇尔诉麦迪逊案的故事》，载《比较法研究》1998年第1期。
③ 所谓大数定律，是指在试验不变的条件下，重复试验多次，随机事件的频率近似于它的概率，由此在偶然中包含着某种必然。

淘宝平台占据了整个电子商务平台50%以上的市场份额,能够为平台中的商家带来巨大的收益。大众评审制的裁判结果在个案上可能并非都尽如人意,但是由于平台经营流量的存在,产生的损失往往很快能被弥补。单独来看,平台设计的大众评审制对在个别案件中所产生的不利结果造成了经营者的损失,但综合大众评审制对平台流量的影响来看,经营者之所以在平台进行销售而不是其他,谋求的就是平台所带来的巨大流量。"淘宝通过有意营造的失衡,提升了客户的消费体验,增加订单数量和销售额,也为卖家提供了更好的经营平台。买家因为在小额的个别订单中得到了满意的结果,从而对淘宝保持了信心并扩大购买数量,平台该类目的整体交易额就得到了扩容,继而可以对售后环节表现优异的卖家提供更多的客流量。"① 在维系并增加平台流量这一点上,双方达成了统一的共识。大众评审制虽然在短期的个案上,对经营者产生了损失,影响了经营者的利润;但从长期来看,大众评审制所产生的个案不公结果往往维系了用户的忠诚度,增加了其对平台的信任与依赖性,由此平台的流量得以保证同时还存在增加的可能,借助于流量的维系与增加,个案的不公正所带来的损失很快能够借助流量弥补。制度对经营者所产生的不公正结果,能够借助于长期利益的增加而被消化。"评价一个制度无论如何不能仅仅以个别事件的实质性对错为标准,而是要对一个制度作出总体上的利害权衡,而这种权衡是公众在历史中选择的产物。"② 在平台流量利益的填补下,大众评审制的个别不公正结果可以被充分吸收,用以维持其存在。

四、国家法与众包型纠纷解决中民间规范的遮蔽与引入

在以制定法为主体的国家治理体系中,凭借网络技术而形成的众包型民间规范体系,依旧是在国家法的遮蔽下发挥其自身作用。考察这一民间规范体系与国家法之间的关系,将更好地认识众包型纠纷解决中民间规范体系的地位,以及其在推进国家治理体系和治理能力现代化中所起的独有作用。

(一)治理型平台规范与管理型平台规范

在互联网场域中,个人行为的调整受到法律、市场、技术架构、以及社会规范四方面因素的影响。③ 随着网络技术的进一步发展,在WEB3.0时代,需要进一步细分和认识平

---

① 周翔:《描述与解释:淘宝纠纷解决机制——ODR的中国经验观察》,载《上海交通大学学报(哲学社会科学版)》2018年第3期。
② 朱苏力:《制度是如何形成的?——关于马歇尔诉麦迪逊案的故事》,载《比较法研究》1998年第1期。
③ 参见[美]劳伦斯·莱斯格:《代码2.0:网络空间中的法律》,李旭、沈伟伟译,清华大学出版社2009年版,第120-137页。

台规范这一因素。由于市场对行为人的影响已为制度经济学深入分析[1],而技术架构对行为人的深刻规制作用亦已被众多学者所指出[2],因而不作赘述。在此基础上,借助于戴昕教授所提出的网络法、网络规范、平台规范三元分析框架,对大众评审制进行剖析。在该分析框架下,非法律的民间规范被分为了两种:一种是传统意义上自发形成的民间规范,在网络领域交往过程中所形成并获得普遍遵守的民间规范就是网络规范;另一种是平台规范,这是由于其在适用上借助了技术架构,中心化的程度较高,与传统民间规范的"自下而上"的特性不同,更具有类似法律的"自上而下"的特性。[3] 从这个角度来看,大众评审制是由淘宝平台制定的,属于平台规范的范畴[4]。由于不同的平台规范在制定目的上存在差异,因此,可以将平台规范细化为管理型平台规范与治理型平台规范。前者是以贯彻平台管理责任,实现用户行为规范化为目的的规范,形成了平台对用户的纵向关系,常见于社交平台。后者主要是以治理平台环境、平息用户交往之间的矛盾为目的的规范,集中于线上交易领域,适用上更类似于用户对用户的横向关系,众包型纠纷解决民间规范即属此类。

戴昕教授认为,网络法、平台规范通过对网络规范的取舍,在"平台自律"与"平台责任"两种不同的主张中形成一种博弈互动。[5] 不同类型的平台规范存有差异。在管理型平台规范中,平台制定规范的动力来自规避法律责任,规范的内容以国家法为主,兼顾用户之间所形成的网络规范而改变,如禁言词的范围随着谐音词演变而扩大。这类规范常是"平台责任"主张的作用对象,戴昕教授所提及的平台规范,主要以这类为主。而治理型平台规范有所不同,尽管传统线下纠纷解决方式存在不足,但是在不考虑其他因素的情况下,依旧可以通过此种途径加以解决。这类平台规范的制定,一方面是意图实现平台环境的治理优化,实现制度搭建,消除用户交往过程中所形成的内生矛盾;另一方面是受助于网络规范中平台对线上交易纠纷处理应当承担责任的推动,法律对具体规则形成的推动作用较小。简言之,治理型平台规范的建构动力主要来自网络规范,国家法对此并不作强制性要求。在规范的内容上,治理型平台规范也主要考虑用户对规范公正与否的心理判断,即注重寻求网络规范的支持,国家法对此处于超然地位,不作具体指导。由此而观,在线上交易场域中,大众评审制这类平台规范更多地支持了"平台自律"主张,即平台已

---

[1] 旧制度经济理论具体参见凡勃伦的《有闲阶级论》、康芒斯的《制度经济学》等;新制度经济学理论具体参见科斯等的《财产权利与制度变迁——产权学派与新制度学派译文集》、德姆塞茨《所有权、控制与企业》、诺思的《制度、制度变迁与经济绩效》等。

[2] 具体参见劳伦斯·莱斯格:《代码2.0:网络空间中的法律》、波尔克瓦格纳的《论软件规制》、奥林·S·克尔的《网络法中的视角问题》等。

[3] 参见戴昕:《重新发现社会规范:中国网络法的经济社会学视角》,载《学术月刊》2019年第2期。

[4] 具体参见《淘宝网大众评审公约(试行)》《淘宝平台争议处理规则》《淘宝平台特殊商品/交易争议处理规则》《淘宝网七天无理由退货规范》《〈淘宝网七天无理由退货规范〉实施细则》《淘宝网评价规范》《淘宝平台价格管理规则》《淘信用与经营保障服务规范》等。

[5] 参见戴昕:《重新发现社会规范:中国网络法的经济社会学视角》,载《学术月刊》2019年第2期。

经实现了交易纠纷的内部消化。

因此,对两种不同的平台规范,考察的方向有所不同。管理型平台规范上,需要分析是否真正贯彻了国家法赋予的管理责任,实现了国家法与网络规范张力的平衡。而在治理型平台规范上,侧重点主要在于平台在环境治理的实效、对正式治理体系建构的启示以及与国家法为基础的正式制度之间的衔接。

(二)众包型民间规范能否引入国家司法制度

"社会的构成在任何时候都不可能依赖某一个制度,而需要的是一套相互制约和补充的制度;这些制度不仅包括成文宪法和法律明确规定的,而且可能更重要的是包括了社会中不断形成、发展、变化的惯例、习惯、道德和风俗这样一些非正式的制度。"① 众包型纠纷解决中的民间规范是第三方平台在线上纠纷解决中引入"众智众力"的一次积极有益的尝试。纠纷解决机制的设计满足了高效解决线上交易纠纷的需求,在线上交易领域形成了良好的社会效果,实现了"无需法律的秩序(order without law)"。诚然,良好的社会效果是司法引入的前提。当前我国司法体制改革中智慧法院的提出及互联网法院的建立,所追求的高效治理效果与众包型纠纷解决机制的努力方向是一致的,但要通过模仿并完整复刻大众评审制并不能实现同样的效果。究其本源,前者属于内生ODR,结合了特定网络系统内的特点;而后者属于外生ODR,系统外第三方的设计会因缺乏足够的背景信息而无法实现同样的效果。②

但同时应当看到,现阶段网络带来的变化日新月异,出现了许多新情况和新问题。这些新情况和新问题是原有法律制度在立法时远远不能预见到的。互联网诞生之时,不会有人会预料到一天的线上交易额能达到2000多亿。国家司法制度为保证自身权威性所必须具备的稳定性,使得其并不能适应社会实际的快速变化。"当业已确定的法律同一些易变且重要的社会发展力量相冲突时,法律就必须对这种稳定政策付出代价。"③ 这种代价可能是法律制度失去实际效力,也可能是激发新的社会矛盾。由此,制度产生新的问题交由新的法律制度解决成为顺理成章的结果。然而,立法是作为权利义务配置的工具而运作的,法律的普遍适用性及社会稳定性的要求下,立法 定是审慎思考后的活动。立法所决定的权利配置模式是否顺应社会的需要,是否能够促进社会生产力的发展,都必须以社会实践为考量的基础,借助其他社会制度观察度量,吸引有益因素不失为一个明智而便捷的途径。

一方面,大众评审制是在互联网平台经济发展下,平台经营者根据自身纠纷解决经验,结合技术发展需求而创制的。其制度的设计满足了高效解决线上交易纠纷的需求,亦

---

① 朱苏力:《制度是如何形成的?——关于马歇尔诉麦迪逊案的故事》,载《比较法研究》1998年第1期。
② 参见高薇:《互联网争议解决的制度分析两种路径及其社会嵌入问题》,载《中外法学》2014年第4期。
③ [美] E. 博登海默:《法理学:法律哲学与法律方法》,邓正来译,中国政法大学出版社2017年版,第420页。

得到了公众的认可,为国家法律规范改进提供了良性模板。互联网法院在杭州等地的建立,其运作模式、举证机制及远程独立评判均可以从大众评审制等民间纠纷解决中得到相应的启发。当这些民间规范影响到立法时,即发生所谓的"非正式规则的正式化进程"①,提高程序制度建设因网络技术迅速普及的能力。另一方面,众包型纠纷解决民间规范体系在交易纠纷的分流处理上的经验,对高效纠纷解决司法制度的建立同样具有示范意义。

(三) 众包型纠纷解决中民间规范与国家司法制度的互补

"司法作为纠纷解决的方式,是代表国家行使纠纷解决职能的。"② 仲裁、诉讼等程序,作为以国家公信力为背书的纠纷解决机制,其从设计之初就定位于纠纷的"最终解决"。有鉴于此,该机制对裁判公平正义的需求大于对纠纷解决效率的需要。而因网络的高效率所产生的网络经济体量大、节奏快,交易纠纷也因之大量出现,催生了对纠纷解决效率的需求。因国家司法体制无法满足需求而出现的大众评审制,以纠纷解决的民间规范的身份,在国家司法的遮蔽下满足了公众的对效率价值的需求。

在注册为淘宝平台的会员用户时,平台商家和消费者所签订的《淘宝平台服务协议》中的"4.4 交易争议处理"规定,交易过程所发生的纠纷,可以通过包括协商、选择淘宝提供的争议调处服务、调解、投诉、仲裁、诉讼六种方式进行解决,但解决争议方式的选择并不是相互排他的。为规避与国家司法的正面对抗,同时维护淘宝争议解决规则自身的效力,其同样规定"如您对调处决定不满意,您仍有权采取其他争议处理途径解决争议,但通过其他争议处理途径未取得终局决定前,您仍应先履行调处决定。"大众评审制作为淘宝争议解决规则的一种,在适用上同样不排斥国家司法程序的适用,并在用户选择诉讼维护自身权益时,中止自身的适用。大众评审制并未正面对抗国家司法权威,而是以用户的个人选择为基础,仅在当事人排除寻求司法途径时才予以适用,保全了司法权威性的同时,无缝填补了司法在满足效率需求上的不足。

依据大众评审而得出的裁定结果,以当事人的合意为适用基础,以公众的合意为正当性根基,司法程序不应回避这种合意的达成。究其本源,合意性是民间规范的本质,同样也是纠纷得到实质性解决的必然要求。只要国家试图真正解决民众在社会交往过程中所产生的纠纷,那么这种合意就不能被忽视,而必须予以某种程度的认可。易言之,司法也需要向民间规范进行一定倾斜。事实上,人民法院对人民调解协议的认定正是这种倾斜的产物。根据《民事诉讼法》,人民法院对达成的调解协议可以制作调解书,对民众之间的合意进行认可。同样,在大众评审制下得出的裁决结果,若没有重大的瑕疵及问题,这种合意应当得到国家司法机关的默许与肯定。

---

① 李峰:《在线纠纷解决民间规则与程序法之互动——以〈淘宝争议处理规则〉为例》,载谢晖等主编:《民间法》,厦门大学出版社 2017 年版,第 208 页。
② 谢晖:《论民间法与纠纷解决》,载《法律科学(西北政法大学学报)》2011 年第 6 期。

另外，线上交易纠纷解决规范体系在话语体系上亦深受法律影响，大量使用了专业法律术语，其受众的广泛性使得其成为一个良好的普法平台。公众在使用大众评审制等线上纠纷解决民间规范的过程中，对平台提供的线上纠纷解决过程有了充足的了解，而且在此过程中，线上平台为消除术语的专业性，让用户广泛知晓，也会进行通俗化的解释。这个过程，加深了公众对法律的理解，提高了公众的法律意识。

五、结语

众包型纠纷解决机制是网络系统内部对众包合作模式的积极尝试，高效率和低成本的优势将更好地服务于互联网经济的发展。以大众评审制为代表的这类纠纷解决机制的运作有其自身的特点，显性与隐性机制的配合，无疑是现阶段网络经济"平台中心"的真实写照。作为三方博弈的制度产物，这类规范体系与国家司法制度有着极大不同，相互之间以互补的方式发挥着作用。这种民间规范所形成的秩序更好地促进了互联网经济的发展，广泛的适用弥合了国家法在某些方面的不足。国家法对这种民间规范的出现，应当持更大的包容态度，积极吸收民间规范中的有益因素，与民间规范一道更好地治理整个网络社会，实现治理体系的优化和治理能力的提升。

Analysis of folk norms and operation mechanism in crowdsourcing dispute resolution

Shang Haitao

Abstract: the rapid development of network economy leads to a large number of online transaction disputes, which threaten the further prosperity of Internet economy. In the face of the transformation from entity transaction disputes to virtual online disputes, the existing dispute resolution mechanism cannot meet the needs of the public for dispute resolution, so the crowdsourcing dispute resolution public review system emerges as the times require. The emergence of the public review system is the result of the game among the third party platform, platform merchants and consumers. It deals with the transaction disputes through the ruling rules, guarantees the execution of the judgment through the mechanism of delayed payment, maintains the effect of the implementation with the credit publicity, and eliminates the unfairness of the ruling by imposing flow benefits. The folk norms applicable to crowdsourcing dispute resolution interact with the current legislation and judicial system, and complement each other, realizing the public's pursuit of the efficiency of dispute resolution and the value of fairness and justice.

Key words: crowdsourcing; folk norms; endogenous ODR; public evaluation system

西部民族习惯与认罪认罚从宽制度的互动研究

——以藏区"董嘉哇"习惯为例*

马连龙　马晓萍[**]

> **摘　要**　在我国遗存的西部民族习惯（法）中，以"董嘉哇"为代表的习惯（法）与认罪认罚从宽制度存在目的与逻辑上的互动。认罪认罚从宽制度的核心在于当事人自愿性与真实性保障，而在"董嘉哇"习惯驱动下的认罪认罚人具有"从宽"的心理预期，与认罪认罚从宽制度相融。实践经验表明，在青海藏区为代表的西部民族地区，无论认罪认罚从宽制度推行与否，以习惯促进刑事和解已经在广泛运用。而在认罪认罚从宽制度推行背景下，加大"1+1"中国法律援助志愿者行动等缓解西部民族地区的律师资源匮乏，从证据法层面将带有自愿认罪、积极和解的"董嘉哇"习惯（法）转化为书证，从而增强认罪认罚导向，促进认罪认罚制度在西部地区适用更加完善。
>
> **关键词**　认罪认罚从宽制度　"董嘉哇"习惯　刑事和解　书证

正如陈卫东教授所说："认罪认罚从宽制度是建立在控诉机关指控被追诉人有罪的基础上的一种制度延伸，适用于任何案件性质、诉讼程序类型，广泛存在于刑事诉讼过程中。认罪认罚制度的改革探索，契合当前我国刑事司法稳健运行的需要，具有特定的时代背景"[①]。与刑事和解制度类似，认罪认罚从宽制度的确立，为包括少数民族集聚区在内

---

* 国家社会科学基金项目《改革开放40年藏区生态环境立法实践研究》（项目编号：19CMZ012）。
** 马连龙，法学博士，西南大学历史文化学院博士后。
　　马晓萍，法学硕士，青海恩泽律师事务所律师。
① 陈卫东：《认罪认罚从宽制度研究》，载《中国检察官》2016年第6期。

的广大西部地区办理相关刑事案件提供了新的规则指引。研究表明，西部民族习惯中的部分认罪、认罚、从宽要素与认罪认罚从宽制度在思想理念、实践效果等方面相契合，这为促进西部民族习惯助力认罪认罚制度运行、增强本土法律资源与刑事司法规范互动提供了制度性的平台。本文以此为出发点，以在藏区依旧广泛存在的"董嘉哇"① 习惯为例展开初步探索。

一、我国认罪认罚从宽制度的现状

（一）认罪认罚的概念与政策渊源

虽然认罪认罚从宽制度最早由十八届四中全会的《中共中央关于全面推进依法治国若干重大问题的决定》（以下简称《决定》）提出，但是体现其精神的刑事政策、制度及实践早已存在。一贯奉行的"坦白从宽"和"宽严相济"的刑事政策就是认罪认罚从宽制度的依据，如我国1979年首部刑法典中的"自首"相关规定即是认罪认罚从宽精神的典型体现。② 从刑事一体化的视角观察，由于刑事政策的先导，我国很早便催生有认罪认罚从宽相关的制度安排，如将自首、立功甚至坦白交代、退赃退赔等作为法定或酌定从轻情节，并运用于实践，由此在某种意义上形成了认罪认罚从宽制度雏形。这一初级形态的制度在宽严相济刑事政策的语境中受到重视，因此才诞生了《决定》中"要完善刑事诉讼中的认罪认罚从宽制度"的表述。③ 对于"认罪认罚"的概念研究，陈卫东认为："只要犯罪嫌疑人、被告人如实供述被指控的行为事实，并达成了承认罪行指控的协议，就符合认罪的要求；认罚是接受检察机关的量刑建议、认可简化的诉讼程序以及退赃退赔的履行。"④ 陈光中认为："认罪是被追诉人如实供述自己的罪行，既要承认行为也要承认犯罪，但不包括对行为性质的认识；认罚是对可能刑罚的概括意思表示，只要同意可能的刑罚结果即可。"⑤

（二）认罪认罚从宽制度规定与功能价值

从制度与功能层面，认罪认罚从宽制度改革是在《决定》中提出的、契合"以审判

---

① "董嘉哇"的称呼是西北政法大学民族法学研究院院长穆兴天教授在其发表在《民间法》第十二辑《"活法"密码——藏族习惯法"董嘉哇"制度生命力探究》提出的概念，他认为"董嘉哇"又音译为"董""什董""呢董"等，是藏语ढुब་ཁག་འ་的音译，在现有研究中常被大多数学者翻译或解读为"赔命价"。依据藏区的实践，本笔者也赞成西北政法大学穆兴天教授认为的将"董嘉哇"制度翻译为"赔命价"是非常荒谬的见解——这一翻译不仅没有反映出"董嘉哇"制度的本来面目，而且"赔命价"一词容易将这一制度与"赔偿生命之价值""花钱买命"等违背人类普世价值的言行联系在一起，从而对这一藏族传统的法律文化和法律制度造成误解、误读。也造成部分藏区外学者对该制度盲从字面理解后批判的现象。
② 顾永忠：《关于"完善认罪认罚从宽制度"的几个理论问题》，载《当代法学》2016年第6期。
③ 卢建平：《刑事政策视野中的认罪认罚从宽》，载《中外法学》2017年第4期。
④ 陈卫东：《认罪认罚从宽制度研究》，载《中国法学》2016年第2期。
⑤ 陈光中、马康：《认罪认罚从宽制度若干重要问题探讨》，载《法学》2016年第8期。

为中心"的诉讼制度改革的具体措施之一。在 2018 年 10 月 26 日通过的《中华人民共和国刑事诉讼法（修正案）》（以下简称"《刑事诉讼法》"）中，更是明确了认罪认罚可以依法从宽处理的原则，完善了刑事案件认罪认罚从宽的程序规定，为今后认罪认罚案件的司法处理提供了坚实的法律基础。在适用范围上，认罪认罚从宽制度的主要依据为《刑事诉讼法》第 15、174、176、201、226 条等和 2016 年 9 月 3 日第十二届全国人民代表大会常务委员会第二十二次会议通过的《关于授权最高人民法院、最高人民检察院在部分地区开展刑事案件认罪认罚从宽制度试点工作的决定》部分内容，以及若干地区自主制定的"适用认罪认罚从宽案件工作实施细则"。在案件范围上，目前并无特定限制，① 但明确规定了若干不适用情形。部分细化规定中也明确，应当听取被害人与其诉讼代理人的意见，及将犯罪嫌疑人、被告人是否与被害人达成和解或赔偿损失取得谅解、退赔赃物作为认罪认罚中及其后的量刑考虑条件。最后需要说明的是，从制度规范层面，认罪认罚中实质有决定权的是检察机关、审判机关，而侦查机关只有建议权、没有实体处分权。

正如最高检孙谦副检察长的解读，目前在认罪认罚从宽制度中发挥最大作用的是检察机关。在认罪认罚从宽程序下的审查起诉核心环节，构建绿色通道，充分发挥公诉机关的主导作用，需要公诉机关不仅考虑定罪，还要确定量刑，从而在进入审判程序后便于法院的判断。为保障被告人的合法权益，使犯罪嫌疑人获得有效的法律帮助，可以借助值班律师，由法律援助机构指派律师就其所享有的诉讼权利和认罪认罚后果进行告知和提供必要辩护，检察机关同时应对其关于犯罪事实、罪名、处罚及处理适用的程序听取相应意见。②

总体上，认罪认罚从宽制度是宽严相济刑事政策的制度化成果，犯罪嫌疑人、被告人的认罪认罚情况作为衡量其是否具有社会危险性的重要参考因素，真正给予其实体、程序上的双重从宽，助力其真诚悔罪、改过自新、尽早回归社会，从而彰显司法宽容、和平与理性的精神。认罪认罚从宽处理适用于刑事诉讼程序，其繁简分离，繁其繁、简其简，实现快速流转和精准量刑，快速办理轻微案件，实现司法效益的最大化。

（三）与相关制度的比较

1. 认罪认罚制度与刑事和解

刑事和解意在为认罪案件提供一种非刑罚化处罚的公诉替代程序，体现宽和化的诉讼

---

① 只要犯罪嫌疑人、被告人自愿如实供述自己的罪行，对指控的犯罪事实没有异议，同意量刑建议，签署具结书的，可以依法从宽处理。犯罪嫌疑人、被告人承认指控的主要犯罪事实，仅对个别细节提出异议，但不影响定罪量刑的，或者对犯罪事实没有异议，仅对罪名提出异议的，不影响认罪认罚从宽制度的适用。犯罪嫌疑人、被告人同意量刑建议，是指对检察机关建议判处的刑罚种类、刑期幅度或确定的刑期、刑罚执行方式没有异议。

② 孙谦：《认罪认罚从宽贯穿整个刑诉程序严格依法保障当事人权益》，https://baijiahao.baidu.com/s?id=1619694217873070838&wfr=spider&for=pc，访问日期：2019-06-06。

理念。刑事和解的双方不必经过法庭审理，即可快速化解矛盾。认罪认罚案件中，被追诉人主动认罪，取得被害人谅解，且征得双方同意的，无论是在侦查、审查起诉还是审判阶段均可选择适用刑事和解程序。总体而言，我国的刑事和解制度有以下特点：第一，刑事和解的主体为加害人、被害人及双方亲友。双方当事人就之间的矛盾争议、损害赔偿等内容进行协商。第二，刑事和解遵循平等、自愿原则。任何机构或个人都不得干涉双方的真实意愿表达。第三，适用刑事和解的案件需要满足相应的条件（加害人的主观恶性不强、犯罪行为侵害了特定被害人的权益，加害人通过积极赔偿及时弥补被害人遭受的经济、精神损害，修复社会关系等）。

认罪认罚制度与刑事和解程序存在相似内核，二者均是通过非对抗的诉讼模式解决纠纷，提高司法效率，但差异明显：其一，认罪认罚程序主要由被追诉人与职权部门协商，被害人基本"被忽略"，如其无需经被害人的同意即可启动；而刑事和解程序强调被追诉人和被害人的和解，其得以顺利启动必须获得被害人的同意。这实质指向了二者侧重保护的利益不同。认罪认罚制度侧重于从宽处罚被告人，强调基于被告人的认罪认罚，程序上可采取非强制性的羁押措施，实体上尽量从轻或者减轻处罚，即尽可能实现对被告人刑罚的轻缓化；而刑事和解侧重保护被害人利益，强调及时、有效弥补被害人所受之损害，同时恢复已遭破坏的社会关系，偏重发挥恢复性司法的效用。其二，二者与"从宽"结果的关系不同。在刑事和解程序中，只要犯罪嫌疑人、被告人通过自己一系列的补救行为获得了被害人及其家属的谅解，达成和解协议并及时履行，最终一定能获得相对减轻或从轻的处罚。而认罪认罚从宽制度中，犯罪嫌疑人、被告人认罪认罚并不代表必然获得从宽处罚，法官还要综合考量被告人的主观恶性、案件类型、造成的危害等多方面因素得出结论。①

刑事和解程序作为认罪认罚从宽制度的衔接机制之一，与后者同样是"宽严相济"刑事政策在诉讼中的具体化，都体现了刑事程序的谦抑性。当前我国法学界对于"习惯或习惯（法）"的刑事研究中，论及"习惯（法）与国家法的衔接"时经常提及刑事和解程序。特别是本文论述的"董嘉哇"习惯更是在百度学术搜索上可以搜索到151篇相关文献。由此，笔者认为，西部民族习惯在认罪认罚制度运作中，也具有相应的与认罪认罚从宽制度的相融之处。

2. 认罪认罚制度与辩诉交易

辩诉交易是控辩双方根据案件证据情况考量并结合自身利益，通过协商，就起诉的罪名、罪数、量刑达成一致或"交易"。法官审查协商结果后，根据案件情况不再进行审判而只是进行量刑的诉讼制度。② "辩诉交易可以分为指控交易与量刑交易，前者指检控官

---

① 王亚红：《认罪协商制度中刑事和解与认罪认罚从宽的关系》，载《湖南科技学院学报》2018年第11期。
② 顾永忠：《关于"完善认罪认罚从宽制度"的几个理论问题》，载《当代法学》2016年第6期。

仅指控数罪中的部分罪行，其余罪行不予指控，或者将较重罪名降为较轻罪名；后者是指在被告人做出有罪答辩的情况下，检控官请求法官判处相对较轻的刑罚。"① 美国的辩诉交易制度之所以被采用，关键在于其是建立在被追诉人自愿认罪基础上进行的公正高效的协商诉讼模式，使得拥有足够证据证明犯罪但无法形成证据链条的案件，通过被追诉人的自愿认罪可以不经事实审理，直接定罪量刑，从而减少控辩对抗，大大缩短诉讼时间。可见，在司法实践中，我国的认罪认罚从宽制度与美国的辩诉交易制度均是为保障快速审判而设立，启动的前提均是被告人自愿，法院均是量刑决定权的主体。不同之处在于，辩诉交易可以降低证明标准，可以商榷罪名，对于认罪时间、认罪内容、认罪心态进行了明确区分，并有明显的合同效力，而这些在认罪认罚制度中均不存在。② 高伟翻译的美国人麦·切斯特·米尔斯基撰写的《陪审制度与辩诉交易》一书以真实可靠的历史资料为基础，以实证研究的手段，讲述辩诉交易在美国历史上的演变过程中，我们发现其中辩诉交易刚开始就是美国早期一些地方实践中的白人纠纷解决习惯，后在美国变成了联邦司法制度。由于辩诉交易是在美国的司法环境下形成的制度，如果照搬照抄会"水土不服"，因此应当以审慎的态度合理吸收借鉴，而本文认为借鉴本土资源的相关民族习惯是一种出路，例如借鉴本文论述的"董嘉哇"习惯。

二、西部民族习惯与认罪认罚从宽制度的契合

从法文化的视角，习惯——尤其是延伸出来的习惯法，依旧调整着少数民族的生产、生活的方方面面。研究表明，习惯在实体法中主要涉及刑事、民事、环境保护三方面，而在程序法中存在神判、权威人士调解、裁决等纠纷解决机制，均涉及证据使用、证据规则适用的问题。而这些西部民族习惯在刑事方面，就存在与认罪认罚从宽制度相契合的情形。

（一）思想基础上的契合

有关学者称，西部民族习惯中有"以和为贵""人本主义""效率优先""定纷止争"等思想融合于各类纠纷解决机制中③。本质上，这些思想与认罪认罚从宽制度的理念同样相融：第一，从"以和为贵"的角度，西部民族习惯、特别是公知的刑事习惯（法），均追求通过双方自愿和解达成"和解协议"，由加害方认罪、赔偿等方式来解决部分纠纷，尽管存在部分做法与国家法不相容的情形，但加害方展现的认罪、赔偿的"自愿性"与当

---

① 周伟：《解读美国辩诉交易制度》，载《政法论坛》2002年第2期。
② 樊崇义、徐歌旋：《认罪认罚从宽制度与辩诉交易制度的异同及其启示》，载《中州学刊》2017年第3期。
③ 顾梁莎、耿海宸：《刑事和解制度与少数民族纠纷处置领域习惯》，载《云南警官学院学报》2017年第4期。

前认罪认罚从宽制度中的"认罪"部分追求的理念是一致的。第二，从"人本主义"的角度，通常这些刑事习惯（法），也都充分顾及双方的利益，例如在藏区故意伤害案件中存在的"民间和解"制度，本身对被害人权益考虑周全——案发后，存在及时救护和慰问被害人的当地习惯，不管是加害方及其近亲属委托还是民间自主发起，均促进了被害人就医，从而使得在后期的公诉人、法官听取被害人意见时，往往容易促成被害人谅解。在认罪认罚从宽制度实施前，促成谅解往往归入酌定量刑情节中，但实质效果却是有利于被告人认罪、认罚，从而有利于法官作出从宽判决。而现有认罪认罚从宽制度中也蕴含有"人本主义"思想——听取被害人与其诉讼代理人的意见，将达成和解或者赔偿被害人损失取得谅解作为量刑重要根据便是最集中的体现。可以说，保障被害人权益是认罪认罚制度追求的潜在价值之一，而藏区习惯往往能够在诉讼外增强人权保障，给予被害人充分的心理关怀和经济补偿，有利于刑事附带民事诉讼判决的执行。第三，西部民族习惯中的刑事部分大多追求快速恢复秩序，从而被部分学者形象地称为"效率优先"思想，而这与认罪认罚从宽制度在兼顾公平的基础上追求效率的价值取向趋同。第四，西部民族习惯作为一种融合的多元纠纷解决机制，定纷止争是其自古以来不变的目标。而认罪认罚制度的确立，依然将快速定纷止争作为其最终目的。证据法视野下，认罪认罚案件往往在庭审中省去大量的举证、质证环节，实质在于追求司法效率的同时快速定纷止争，而在西部民族习惯中通过"神示证据"、特别是"誓言审"一次性定纷止争的历史，便是价值趋同的力证。

（二）现实案例中的契合

西部民族习惯中，有大量的庭前适用认罪认罚从宽习惯的案例有待我们重新审视。通过分析若干"董嘉哇"案例，我们发现，无论是历史中的"董嘉哇"习惯（法）还是现在的"刑事和解"，均是认罪认罚从宽制度的"翻版"。历史上，习惯（法）被当作法律使用，有完整的诉讼程序，剖析开来就是一种"认罪认罚从宽"。而现实的"董嘉哇"由于受到国家法制统一原则的制约，审判环节消失，从而成为"刑事和解"的隐存习惯，仅作用于法庭外，却依然有认罪认罚从宽的体现。由于历史的"董嘉哇"习惯（法）对现今司法制度影响甚微，故而在此仅讨论现代的"董嘉哇"习惯。以下为现实例证：

[案例1] 2017年11月24日9时许，被告人仁某某与被害人李某杰分别驾驶车辆在位于同仁县双朋西乡双朋西村惠农金融服务点商铺的同夏公路对向行驶时相遇，因被告人具有道路运输经营许可证（县内班车客运）资质，被告人怀疑被害人无证经营而发生冲突，过程中被告人挥拳击打被害人的脸部，致使被害人鼻骨骨折，后经青海警官职业学院司法鉴定中心鉴定：被害人的损伤构成轻伤二级。另查明，2018年1月14日，同仁县公安局双朋西派出所将被告人传唤到案；2018年1月5日，双方达成民事赔偿协议，被告人取得了被害人谅解。上述事实，由下列证据予以证实：1. 报案材料；2. 户籍证明；3. 到案经过；4. 受理案件登记、立案决定书、拘留证、不批准逮捕决定书、取保候审决定书；

5. 道路运输经营许可证；6. 证人证言；7. 被害人陈述；8. 被告人供述与辩解；9. 鉴定中心鉴定意见书；10. 勘验、检查、辨认、侦查实验等笔录及照片；11. 赔偿协议、谅解书等。法院认为，被告人故意伤害他人身体，致人轻伤，构成故意伤害罪。公诉机关指控的罪名成立，鉴于被告人当庭自愿认罪，积极赔偿被害人经济损失并取得其谅解，可酌情从轻处罚。公诉机关建议判处被告人缓刑，本院认为恰当，予以采纳。依照《中华人民共和国刑法》第二百三十四条第一款、第七十二条、第七十三条之规定，判决被告人仁某某犯故意伤害罪，判处有期徒刑六个月，缓刑一年。

据笔者调研，该案中提到的"赔偿协议""谅解书"等书证用藏文书写时明确提及"依据本地习惯……"。可以确定，当地有关民间组织与双方家属运用了"董嘉哇"习惯后达成和解协议。本案缺乏辩护人、值班律师参与，且庭审时认罪认罚程序尚未入法，但是显然该案在"董嘉哇"习惯的影响下已经具备认罪认罚从宽制度的主要特征，且该案判决后取得了良好的法律效果与社会效果，被告人也未上诉，符合当前司法机关持有的认罪认罚从宽后被告人不能反悔的立场。这便是一个虽未使用认罪认罚从宽程序，但是已经具备除值班律师（或辩护律师）外所有认罪认罚从宽制度特征的案例。

[案例2] 彭某某盗窃案①：被告人彭某某，男，2001年9月22日出生，藏族，初中，户籍所在地青海省黄南藏族自治州尖扎县，初中文化程度，农民，住尖扎县某地，辩护人德某某，尖扎县法律援助中心律师。尖扎县人民检察院指控，2018年1月6日上午10时许，被告人从尖扎县申宝路BOS网吧出门准备下楼时，发现神箭大酒店412房间门未关窗户，并从窗户看见该房间内有两部手机放置于床上，遂产生盗窃念头，从窗户进入该房间，将两部手机窃取后逃离现场，销赃后所得赃款全部挥霍。经物价部门作价，被盗两部oppoR9PLUS手机价值4963.2元。被告人作案时未满十八周岁，其到案后自愿如实供述自己的罪行，且与被害人达成和解协议，赔偿被害人损失，取得了被害人谅解。公诉机关指控称：被告人彭某某秘密窃取他人财物，价值人民币4963.2元，数额较大，其行为已触犯《中华人民共和国刑法》第二百六十四条，犯罪事实清楚，证据确实、充分，应当以盗窃罪追究其刑事责任。被告人彭某某到案后如实供述自己的罪行，根据《中华人民共和国刑法》第六十七条第三款之规定，可以从轻处罚，建议判处被告人彭某某缓刑，并处罚金1000元。在开庭审理过程中，被告人对公诉机关的指控无异议，并有书证（受案登记表、立案决定书、抓获经过、取保候审决定书、和解协议书、认罪认罚具结书、被害人谅解书等）、被害人报案材料及陈述、被告人供述与辩解、现场勘验笔录及照片现场辨认笔录与照片、价格认定结论书等证据证实。法院认为，被告人彭某某以非法占有为目的，窃取他人财物，价值人民币4963.2元，数额较大，被告人的行为已构成盗窃罪，公诉机关指控的犯罪事实及罪名成立，应予支持。对于其辩护人提出对被告人免予刑事处罚的辩护，被

---

① 青海省尖扎县人民法院刑事判决书（2019）青2322刑初6号。

告人虽然犯罪时未成年,但盗窃数额较大,应当承担刑事责任。公诉机关及辩护人提出被告人在案发时系未成年人依法应当从轻、减轻处罚的意见,因被告人在案发时未满十八周岁,故对此意见予以采纳;公诉机关及被告人的辩护人提出被告人归案后认罪态度较好,具有悔罪表现,其家属积极向被害人退赔,并得到了被害人谅解,均可酌定从轻处罚的意见,予以采纳;鉴于被告人系未成年人,本着对未成年人犯罪惩罚、教育、挽救相结合的原则,决定对被告人减轻处罚。依据《中华人民共和国刑法》第二百六十四条、第十七条第三款、第五十二条、第五十三条第一款、第六十七条第三款、第七十二条及《最高人民法院关于审理未成年人刑事案件具体应用法律若干问题的解释》第十六条之规定,判决:被告人彭某某犯盗窃罪,判处拘役五个月,宣告缓刑十个月,并处罚金人民币一千元(缓刑考验期限从判决确定之日起计算,罚金已交纳)。

该案就是青海省黄南地区自新《刑事诉讼法》正式确立认罪认罚从宽程序后适用于刑事案件的第一案。该案判决书也载明有认罪认罚具结书、谅解书等书证证明该案适用了认罪认罚从宽程序。且从该案相关承办人了解到,其中的谅解书、和解协议书等均由当事人主动提供,由承办人审查合法后予以认定、适用。

据承办人介绍,该案从开庭到判决仅持续30分钟,相较于以往同类案件极大提升了司法效率。从特征上看,此类案件往往在案发后由当地民间自觉启动"董嘉哇"习惯,在案发第一时间让犯罪嫌疑人认罪并至侦查机关投案,犯罪嫌疑人家属通过"董嘉哇""刑事和解",后将"和解协议"或"谅解书"作为书证提交至检察机关。公诉人启动认罪认罚程序后,由辩护律师或者值班律师介入签订具结书,由法院认可后适用速裁程序从宽处罚。这类案件往往在侦查过后的起诉、审判环节大大提升司法效率。这也说明,"董嘉哇"这个具体的习惯与认罪认罚从宽制度在刑事和解上是相融的。

通过上述两个典型案例,我们发现,西部民族习惯在认罪认罚领域的最大贡献在于促成犯罪嫌疑人的自愿认罪。正如最高人民检察院副检察长孙谦所说:"认罪认罚从宽制度保障犯罪嫌疑人、被告人在自愿的前提下认罪认罚,是认罪认罚从宽制度能否取得实效的关键"。相比于律师介入等外在保障,习惯作为内生规则,在西部民族地区恰能弥补刑事诉讼自愿认罪方面可能存在的缺失,这也是本文的立论基础之一。

三、以证据形式引入习惯以完善西部民族地区认罪认罚从宽制度的必要性与可行性

我国属于典型的成文法国家,成文法在我国的法律适用体系中占据唯一位置。但学界研究与司法实践证明,这并不意味着我国法律适用中没有习惯及其衍生出来的习惯(法)适用存在的空间,而且恰恰习惯(法)和指导性判例一样在我国司法实践中有着发挥潜力的巨大空间。习惯(法)在当今法律体系中,主要通过民事活动与刑事附带民事活动进入诉讼中。法理上,习惯(法)是连接事实与法律的纽带之一。而从证据法的角度,可以将

"习惯（法）"总结为一种带有免证事实形态的事实。将习惯引入认罪认罚从宽案件中，微观上可以解决具体案件中习惯（法）与国家法的潜在冲突、均衡问题，修补和调整证明责任，提高认罪认罚的自愿性；宏观上为习惯（法）与国家法关系冲突与博弈的解决提供法律途径，有助于提高诉讼效率，提升增加司法公信力。

（一）将习惯（法）以证据形式引入认罪认罚从宽领域的必要性

当前习惯（法）研究学者对实践中的法律适用、遗存形式等方面研究已有较为充分的论述①，但是关于习惯（法）在证据法实践中可能发挥的独特功能却很少被学者关注，这可能与习惯（法）理论研究界主要以法理学者为主的群体知识构造相关，但更多是因为我国的证据法理论不承认习惯（法）对诉讼程序的影响。此外，我国的司法工作人员长期受大陆法系法制统一的思想影响，即便在实践中遇到少数民族习惯（法）司法适应时证据相关问题也予以回避，在司法文书中缺乏对这一问题的积极分析和适用意见。但是，若能解决诉讼法律制度方面的问题，证据法将是最适合引入习惯（法）的领域。

首先，习惯（法）既是事实也是法律，还是事实和法律连接的纽带②。将习惯（法）以证据的形式引入诉讼，既有利于节省诉讼资源，也有利于规范法官自由心证，增强审判结果的接受性。这与认罪认罚从宽制度在刑事诉讼中的需求不谋而合。在经典的三段论法律推理中，事实和法律是前提之所在，而在习惯（法）适用的场合，将习惯（法）作为事实还是法律，需要在具体案件中加以区分。而在西部民族地区，习惯（法）作为"事实"在法律推理中被引用。例如，我国藏区在认罪认罚程序出台前的刑事司法实践中，"董嘉哇"习惯（法）已经实质在诉讼中被认可，而认可的阶段主要在刑事附带民事的法庭调查中———一般被告人或其辩护律师会提出刑事附带民事部分已经当地"习惯（法）"调解的自认，请求量刑时予以考虑，形式上会在庭前或当庭提交一份当地藏文调解书，以证明该"事实（习惯（法））"的存在，而法官在采信时确实也是当作事实给予认定采纳，从而有效地提升了诉讼的效率。在涉及习惯（法）在诉讼中适用的案件时，往往要求法官对习惯（法）有一个明确的认知，而这个认知即受到现有法律的约束，也主要依赖法官的自由心证。在这种诉讼中法官一方面要对案件本身的事实给予判断，另一方面要对法律适用具有明确认知，而这一过程中，习惯（法）往往作为纽带，若以司法认知或推定形式出现于诉讼中，则是将习惯（法）当事实，这就需要法官基于认知水平与裁判经验进行自由心证。而认罪认罚从宽制度对具结书、谅解书、和解协议等书证的要求，为习惯以证据的形式融入诉讼开辟了渠道。

其次，证据既有实体法成分，也有程序法成分，故而在认罪认罚案件中以证据形式引

---

① 参见谢晖、高其才等人主编系列民间法、习惯（法）丛书。
② ［瑞士］沃尔夫冈·魏甘德：《习惯（法）的程序意义：是事实还是法？——历史传统及其在19世纪的变化》，樊文译，北京大学出版社2012年版，第33页。

入习惯（法）有助于破解当前习惯（法）进入司法环节时面临的实体上违反合法性立法原则、程序上违反法制统一原则的窘境，有利于提升立法和司法的逻辑与科学性。还是以当前习惯（法）研究领域最热的藏区"董嘉哇"习惯（法）为例，有学者认为其违反罪刑法定原则，且破坏了国家追诉原则。① 而将习惯（法）作为司法认知证据部分便可以有效化解上述问题——其一，按照普通法系国家证据法成文化后的经验，司法认知一般包含习惯（法），而习惯（法）作为一种混合性民间法，便不存在实体法上的合法与否的判断。其二，习惯（法）引入司法认知后，出现于法庭调查和举证、质证环节，所以从国家公诉的角度也可以通过对该"习惯（法）"的举证、质证实现国家公诉职能，而这个举证质证在认罪认罚领域可以具体落实到具结书、谅解书、和解协议等书证上。

最后，在认罪认罚案件中引入习惯（法）有利于弥补现有证据规则的不足，有利于诉讼中法官发挥司法能动作用。通过对证据法法制史的考察，我们很容易发现在证据法较为发达的国家，证据法都是沿着神明裁判、法定证据主义、自由心证的脉络发展②，而这一过程中，习惯（法）也经历了从直接渊源到参考、补充渊源的演进。当前我国证据法学界认为，我国证据法正处于法定证据主义到自由心证的转变过程中，而对于其中如法定证据种类制度、证人出庭制度等立法方面出现的问题和漏洞，除法律移植外，民族习惯（法）中的部分做法（如宣誓制度）也具有借鉴、补充意义。从另一个层次而言，习惯（法）存在的地区的法官在诉讼中以司法认知等方式认可习惯（法）本身，便符合法官司法能动性的要求。接受具有证据法意义上的习惯（法）更有可能催生新的证据法规则，如认罪认罚案件在西部民族地区就可以在判断其自愿性时加入习惯中的"誓言"，以此判断认罪认罚的真实性、自愿性。习惯之所以经久不衰，主要是因为其为犯罪嫌疑人、被告人提供着"从宽"的可期待价值，所以西部民族地区自然将习惯转为合法的证据后，依法作出"从宽"的处理，这既符合法律效果，也符合当地的社会效果。

（二）将习惯（法）以证据形式引入认罪认罚从宽领域的可行性

将习惯（法）作为一种证据形式引入认罪认罚从宽制度领域，尚需论证其可行性。讨论习惯（法）引入认罪认罚从宽制度的实践问题，也即是习惯（法）引入司法中存在的普遍问题，主要概括为三个方面：其一，与我国成文法国家的传统不符；其二，与当前欧美国家证据法规则成文化的趋势不符；其三，习惯（法）可能与我国现行法的部分证据规则存在冲突。但从习惯（法）与成文法关系及结合当下欧美证据法中对习惯（法）的态度，笔者认为：

首先，国外相关实践提供了可循经验。我国包括证据法等成文法诸多法律大都来源于

---

① 张济民：《诸说求真——藏族部落习惯（法）专论》，青海人民出版社2002年版，第164页。
② 张保生：《证据法学》，中国政法大学出版社2014年版，第48-68页。

法律移植，而法律移植的本源国大都先前以成文法为主，所以我国在法系划分上有时被划入大陆法系国家，这也被大多数的我国学者所默认。但是考察大陆法系主要代表国家，法、德等在证据规则中并不排除习惯（法），以德国《民事诉讼法》291条、293①条为例，其直接认可习惯（法）在司法认知证据规则方面的作用与效力。这里需要说明的是，学界关于习惯（法）进入立法和司法的各种解读有一种先天的成文法化的倾向，这才是当前大部分学者认为习惯（法）在我国司法化与成文法国家的传统不符之原因所在。如上所述，笔者讨论的习惯（法）引入证据法更多意义上是将习惯（法）当作一个事实、作为免证事实类的证据去处理。对于习惯（法）与国家成文法关系处理，笔者赞同："只有重新解读法制统一原则，将法制统一原则拆解为实体法制统一与程序法制统一两个层次，以程序法制统一先行实体法制紧跟的策略，对现有司法程序进行局部适当调整，才能在保障国家法律与政治上的控制权的前提下，最大限度地满足国家法制统一与民族习惯（法）均衡有序演化的双重需要，进而真正从制度层面以极小成本解决民族习惯（法）的问题"②的见解，这本身对于解决习惯（法）以证据形式引入认罪认罚程序具有方法论上的指导意义。

其次，证据法成文化并不妨碍习惯（法）以证据形式引入诉讼法。从证据法的历史中，恰恰英美法系国家才是习惯（法）的主要适用地。其中，澳大利亚、印度、南非等后起英美法系国家的证据法中都还专门有关于习惯（法）适用等问题的程序规定。南非《证据法修正案》明确将该国部分地区的习惯（法）作为诉讼证据使用。在印度民事诉讼的家庭法与继承方面，承认当地习惯（法）有着悠久历史，因此，当地习惯（法）的证明是一个非常重要的问题。习惯（法）的证明得到了詹姆斯·菲茨詹姆斯·斯蒂芬（James Fitzjames Stephen）起草的《1872年印度证据法》的规定，并仍然有效。它旨在简化和改进适用于当地需要的普通法证明。澳大利亚甚至有专门针对土著人证据法的立法③和判例。最为国内学者所推崇的美国《联邦证据规则》中的④201条也对习惯（法）等司法管辖区内泛知的事实、或者通过诉诸某种其准确性不受合理质疑的来源而能够准确而迅速核实的事实等司法认知程序做了明确的理论指引。另从英美法系证据法成文化背后的动因论，其目的在于避免历史上形成的浩繁判例中存在的证据法过于分散，导致法官引用不便、制约其自由裁量权。而我国现今证据法面临的局面一方面是尚未形成统一的证据法体系，另一方面现有证据法存在一定的缺陷导致在司法实务中问题突出，其中就包括了习惯（法）在诉讼尤其是证据环节上定性的问题。将习惯（法）引入证据法，可以让现有证据

---

① ［德］莱奥·罗森贝克等：《德国民事诉讼法》，李大雪译，中国法制出版社2007年版，第356页，。
② 涂少彬：《民族习惯（法）的双向困境及其程序破解——基于博弈论的分析》，载《河南工程学院学报（社会科学版）》2013年第1期。
③ 王进喜：《澳大利亚联邦证据法》，中国法制出版社2013年版，第79页。
④ 王进喜：《美国〈联邦证据规则〉（2011年重塑版）条解》，中国法制出版社2012年版，第36–42页。

法在存在习惯（法）的地区案件中适用性大幅提升；同时，如上文所述将习惯（法）引入证据法可以弥补现有证据法成文规则的不足。因此，无论从英美法系国家经验还是从我国的司法实践需求上讲，将民族习惯引入证据法领域都具有一定的可行性。

第三，我国的程序性法律并不排斥习惯（法）引入证据法中。我国的部分学者从法理上认定习惯（法）和制定法天生对立，"脱离了习惯（法）研究本应立基的文化和社会背景"①。其实有关法律推理中习惯（法）的适用问题也是如此，当前我国的大部分的习惯（法）二手资料式研究缺乏调研，不仅对于我国现存的习惯（法）存在认知空白，在对习惯（法）进入司法实践的实际运作也了解不足。例如，很多国内研究习惯（法）的学者关注"藏族赔命价"习惯（法），但其实对当地司法机关的态度知之甚少，也少有学者真正体验过"赔命价"的习惯（法）范式，研究的资料和案例都源于二十世纪青海省检察院组织的一系列调研材料的汇编②。殊不知"赔命价"习惯（法）在这二十年间已经发生变化，刑事案件全部汇入国家司法机关的诉讼活动中，当地居民已经基本认可"藏汉双语诉讼"制度下法院对于案件的判决。当地司法机关已经通过刑事附带民事及刑事和解等程序化解了该问题在诉讼中和现有法律冲突的问题，而"赔命价"习惯（法）也被当作"免证事实"证据（书证）提交公诉人、辩护人、法官手中给予举证、质证、认证。此外，"藏族盟誓习惯（法）"也被部分司法机关尝试引入诉讼中，而这种习惯（法）更多带来的是当事人、证人宣誓等证据法上的启示意义。因此，认为习惯（法）可能与我国现行法的部分证据规则冲突本身，便映射出当下对习惯（法）实践、对习惯（法）的三段论的误解。认罪认罚从宽制度出现后相当于鼓励了当事人达成和解协议、取得被害人谅解，认罪认罚从宽制度实施时要听取被害人等的意见又为习惯进入诉讼程序进一步留下猜想，所以笔者认为只要认可西部民族习惯中的"董嘉哇"习惯在实践中已经转化为证据形式（如和解协议、谅解书），那么在认罪认罚从宽制度中用习惯解决被告人自愿认罪的问题便水到渠成。因为知道藏区"董嘉哇"习惯（法）的人基本都认可"董嘉哇"的适用前提是被告人或嫌疑人一方往往是自愿认罪，而自愿认罪恰恰是现有认罪认罚中最难解决的问题。

四、西部民族习惯以证据形式引入认罪认罚从宽制度中的制度途径和需要解决的附属问题

（一）西部民族习惯以证据形式引入认罪认罚从宽制度的路径

正如张文显教授指出，目前的习惯（法）研究对于"习惯（法）"如何在国家法中被

---

① 张文显：《我们需要怎样的习惯法研究？——评高其才著〈瑶族习惯（法）〉》，载《法制与社会发展》2011年第3期。

② 张济民：《诸说求真——藏族部落习惯（法）专论》等系列丛书，青海人民出版社2002年版。

吸收？怎样在国家法的框架内寻得实施和保障的可能"等基本问题没有得到较好的回答。原因在于，"记录整理型中很少有对某一具体习惯（法）进行长期深入的记录和整理的成果。这从根本上制约了人们对习惯（法）的正确认识。而其带来的后果即是人们在并不了解习惯（法）的基础上就匆匆提出自己所谓的建议，使对策建议最后流于形式而不具有根本性的学术价值。"① 也在于研究者们大多数虽然能认清习惯（法）是个不稳定的发展中的法形态，如高其才教授提到"瑶族习惯（法）在人们生活、生产方式变迁的大潮中，在瑶族社群与国家政权及其他民族的互动中总是变动不居的，即使是在文化冲击相对较小的古代也是如此"，但却在研究中忽略了对国家法从实体法角度吸纳、认可、保障习惯（法）带来的困难。因为我国有深厚的成文法传统，而习惯（法）的不稳定性决定了其将随时代发展而不断变动。不可否认，其在立法上有法律渊源的意义，但是在实践中的统一适用便会出现与现有成文法冲突的问题，而国家法（成文法）吸纳无疑又会回到有违"法制统一"、破坏法的稳定性的原命题上。笔者认为，解决习惯（法）与国家法在实践中的"冲突"问题，将习惯（法）引入证据规则、以免证事实的形态进入法律推理是一个可能且必须接受的实践与思路：

目前我们证据法的实践中可以先将"董嘉哇"之类的民族习惯转化为诉讼中免证事实的自认。自认在证据法上是当事人陈述的一部分，属于当事人承认事实的一种证据规则。"所谓自认，是指一方当事人对于不利于己的案件事实的承认。"② 自认从理论上可以划分为诉讼中与诉讼外的自认，证据法上的自认只认可诉讼中的自认；自认有一定的合法性程序，必须在诉讼中向审理人员作出，也必须与所涉及的事实有关或本身就是事实。自认一旦作出即对当事人和法院有效，从当事人的角度意味着自认一方要承担相应带来的后果，而对对立方而言则免去了对自认事实的举证责任；从法院的角度而言一旦当事人对某事实或相关事实作出自认就必须认可该事实为真。但是我们要注意的是由于自认本身存在一定的权利处分，所以对于自认在实践中有一定的限制，在我国主要限制在有关公序良俗、司法认知、法院职权方面的问题时不能自认。③ 在欧洲国家，自认要生效必须符合一定条件，如在英国自认必要以宣誓的形式提交至法庭，而德国等必须要提交书面形式的自认材料才能被法庭所认可。当然目前我国法学界公认的自认只存在于民事诉讼领域，这也与习惯（法）大部分存于民商事领域也是相一致的。就自认和习惯（法）的关系而言，自认是我国诉讼法认可的证据规则之一，最高人民法院《关于民事诉讼证据的若干规定》中关于自认的规定是其直接法律渊源，而习惯（法）如何通过自认进入诉讼活动？首先参见

---

① 张文显：《我们需要怎样的习惯法研究？——评高其才著〈瑶族习惯（法）〉》，载《法制与社会发展》2011年第3期。
② 樊崇义：《证据学》，中国人民公安大学出版社2015年版，第133页。
③ 相关规定参见最高人民法院《关于民事诉讼证据的若干规定》第9、13、15条。

案例：①

[案例3] 2016年3月1日22时许，被告人娘加与被害人拉某某酒后因琐事在尖扎县马克唐镇文化一巷藏式餐馆内发生口角，并相互撕扯，被他人劝开走出餐馆，后两人又在尖扎县马克唐镇文化一巷巷道内发生厮打，在厮打过程中被告人娘加用随身携带的刀子向被害人拉某某前胸处捅了一刀，随后被告人娘加离开现场，被害人拉某某在送往尖扎县人民医院救治途中死亡。经鉴定死者拉某某被锐器刺在右胸部致右肺破裂、急性失血性休克死亡。2016年3月1日23时50分被告人娘加向尖扎县公安局投案。

笔者曾参加该案庭审，在庭审中，被告人的辩护人提出，协议书（赔命价习惯（法）的载体）证实，被告人亲属及被害人亲属对赔偿部分已达成协议（按"董嘉哇"习惯（法）调解），被告人主动投案，如实供述所犯罪行，并积极赔偿被害人亲属的经济损失（被告人认识到赔命价习惯（法）存在不会被判处较重刑罚，所以主动投案认罪认罚，其家属找当地活佛等启动"董嘉哇"习惯（法）进行调解，并达成赔偿协议）。法院在查证辩护人的刑事附带民事代理权限后认定其有特别代理权，经询问被告人，认定与事实相符，给予了采纳并依据依照《中华人民共和国刑法》第二百三十四条第二款、第六十七条第一款、第六十四条的规定，在判决书中认定被告人娘加犯故意伤害罪，鉴于被告人娘加有自首情节，并积极赔偿被害人亲属的经济损失，可从轻处罚，最终判处被告人娘加有期徒刑十年。本案是由辩护律师主动提及习惯（法）自认，进而经过被告人认定才被法院采纳。笔者发现，习惯（法）在证据认定、采纳方面发挥作用的途径之一是被告人当庭自认，本案中"董嘉哇"习惯（法）通过"协议书"的形式对民事部分完成调解，在法庭上辩护律师和被告人就民事部分的事实（包括事实本身和赔命价习惯（法））给予自认，而刑事方面"赔命价"习惯（法）促使被告人有某种的内心确信（会不被判处重刑）进而认罪认罚，虽然这种认罪认罚在法院的判决书中难以反映，但在被告人自首、公安机关讯问、检察机关讯问、法院询问各个环节笔录类证据中反映出来。所以，由于刑事相关的习惯（法）适用群体长期具有内心确信等心理要素，故而即便进入诉讼，也常常通过自认发挥作用，结合实践经验，自认是习惯（法）作为一种"证据事实"引入证据规则的途径之一。从规范层面，美国《联邦证据规则》801条（d）（2）②认可了辩护人等授权人代为作出认可的可能性。当然，自认也可以被推翻，其规则自然适用于包含习惯（法）事实的自认。而置于认罪认罚体系下，在审查起诉环节，承办的检察官将承载有"董嘉哇"习惯的谅解书、协议书在调查刑事和解部分、被害人意见部分时直接采纳为有效书证，作为评估被告人认罚的重要标准，在制作具结状、法庭调查时询问被告人是否启动当地习

---

① 中国裁判文书网：《被告人娘加故意伤害一案一审刑事判决书》，http://wenshu.court.gov.cn/content/content? DocID = c6e8b458 - 8a7c - 45e1 - be4a - 58c37ad50510&KeyWord = % E6% 95% 85% E6% 84% 8F% E4% BC% A4% E5% AE% B3% E7% BD% AA，访问日期：2017 - 11 - 01。

② 王进喜：《美国〈联邦证据规则〉（2011年重塑版）条解》，中国法制出版社2012年版。

惯，并以此作为认定被告人是否真实认罪认罚的重要依据。

总结而言，西部民族习惯适用在认罪认罚从宽制度中的路径为：对于未采用认罪认罚从宽制度的案件，自认是将藏区的"董嘉哇"习惯引入诉讼的有效路径；对于认罪认罚从宽案件，则可以直接由公诉人收集承载有"董嘉哇"习惯的谅解书、协议书等书证作为被告人是否认罪、认罚的主要依据，在签署具结状时将是否应用该习惯作为审查认罪自愿性的依据。

（二）西部民族习惯以证据形式引入认罪认罚从宽制度需要解决的问题

将西部民族习惯作为一种证据形式（一般是书证）纳入于诉讼中，服务于认罪认罚从宽制度，尚需讨论与现有认罪认罚从宽程序的相关问题，这些问题主要有：

第一，律师介入的问题。我国的认罪认罚从宽程序要求在签订具结书、具结状时必须有值班律师或辩护律师参与，以保障犯罪嫌疑人、被告人认罪认罚的真实性，但在我国西部民族地区却一直缺乏律师群体，甚至在个别县没有律师的存在。但与此同时，正是在这些地区，习惯（法）的适用最发达、最常见，如"董嘉哇"习惯在青海青南地区被适用的概率远远高于青海东部，但东部地区律师参与诉讼的概率却大于青南地区。项目组调研的青海黄南地区的案件往往适用"董嘉哇"习惯，而在案件后期就没有辩护律师的参与。这是因为在某种意义上，侦查起诉环节的承办检察官与犯罪嫌疑人因有"和解协议""谅解协议"等书证的存在而达成了"辩诉交易"默契，检察官会自觉在量刑建议中将"和解协议""谅解协议"等书证作为酌定情节进行特意的描述，也会在法庭中极力履行客观公正义务，在被告人认罪认罚的前提下向法庭争取最大限度的"从宽"。以青海黄南地区为例，只要起诉前被告人及其家属和被害人一方利用当地习惯进行了和解，并向承办检察官提交了不违法的相关书证（可以是书写的和解协议、谅解书、发誓词、和解相关照片），检察官通过询问被害人及其家属核实真实性后，在提出量刑建议时往往给予考虑，且在公诉笔录中也明确记载当事人的认罪、坦白情形，由此，当地的"董嘉哇"习惯已经从干涉刑事部分转而变向重点关注"刑事和解"。而由于自侦查阶段始，犯罪嫌疑人便具有从宽的心理预期，故而不会故意隐瞒或歪曲相关事实，因此发生刑讯逼供、威胁引诱等概率也很低，认罪认罚不真实问题便迎刃而解。综上，笔者认为，在有"董嘉哇"习惯的地区，只要该习惯不干涉案件的正常程序和刑事实体部分审判机关的裁量权，检察官便可以在查证时适用"董嘉哇"习惯，并提交合法的"和解协议""谅解协议"等作为书证，在律师在场或律师视频双向见证等监督机制下签订具结书，启动认罪认罚从宽机制，快诉起诉该案。据此，笔者提出的建议是：在适用的"董嘉哇"习惯但没有律师现场参与的地区，只要能够确定具结书的真实性，邀请律师等远程视频见证并全程录音录像、或政府购买异地律师服务、充分利用司法部"1+1"中国法律援助志愿者行动等，依旧可以依照现有制度启动认罪认罚从宽程序。

第二，习惯适用后如何从宽的问题。首先要明确，"董嘉哇"习惯自身带有认罪认罚后从宽的倾向，才会使得被告人具有从宽的心理预期。但在认罪认罚从宽程序中将"习惯（法）"作为证据形式依旧不能突破"罪刑法定原则"，因为认罪认罚从宽程序不是"辩诉交易"，而是检察机关主导的类职权主义司法行为。应当具体地判断作为习惯之载体的量刑证据是属于法定抑或酌定的减轻或从轻证据。笔者认为，如果一个案件适用"董嘉哇"习惯后启动认罪认罚程序，被告人在该习惯的驱动下已经主动投案，那么检察官可以在量刑建议中载明法定的投案情节，提出精准量刑建议以便法院在审判时作为法定减轻或从轻证据作出从宽判决。如果被告人通过被拘传或抓获归案，其后家属通过启动"董嘉哇"习惯促成与被害人的"和解"，并具备被害人出具的"谅解书"、达成"和解协议"，那么检察官可将其作为证据载入卷宗，作为"酌定减轻情节"写入量刑建议书依据涉嫌罪名的量刑规范指导意见提出精准量刑建议，以供合议庭或独任法官认证、裁判。当然，目前藏区在解决律师参与问题后认罪认罚总体数据高于全国平均水平，甚至青海省黄南藏族自治州尖扎县认罪认罚案件在刑事案件中达到100%，这与当地相关民族习惯的运用是分不开的，也充分说明民族习惯可以很好地融入到认罪认罚从宽制度中，积极为藏区社会综合治理发挥着重要作用。

总之，经过笔者在典型的西部民族地区——青海青南藏区展开的调研，发现在刑事领域适用"董嘉哇"习惯的案件依旧有很大占比，因为该部分案件并不违反"罪刑法定原则"与"法制统一原则"，从而属于刑事和解程序的适用范围。如果在当今的认罪认罚从宽制度下，对于某些地区通过远程视频参与、政府购买异地服务解决无律师县律师参与认罪认罚具结的问题，那么青南地区刑事案件中适用认罪认罚从宽制度的案件比例可能预期达到90%，甚至能和青海省黄南州尖扎县一样达到100%。正如前文所述，西部民族习惯中含有丰富的认罪认罚从宽因素，而这些习惯通过合理转化为书证等量刑证据，便足以引入当前的认罪认罚从宽制度中。这将在及时惩治犯罪、强化人权保障、优化司法资源配置、推动繁简分流、提升诉讼效率与质量、完善多层次刑事诉讼程序体系等方面发挥重要作用。

A Study on the Interaction Between Ethnic Customs and the System of Plea for Leniency in Western China
——Based on the Custom of "Dong Jiawa" in Tibetan Areas

Ma Lianlong, Ma Xiaoping

Abstract: Among the remaining national customs (laws) in western China, the customs (laws) represented by "Dong Jiawa" interact with the system of plea for leniency in terms of purpose and logic. The essence of the system of plea for leniency lies in the guarantee for voluntary and authentic nature of the parties concerned, and such parties who are driven by this the custom of "Dong Jiawa" also expect a lenient punishment, which integrates with the system of plea for leniency. Experience has indicated that promoting criminal reconciliation by means of customs is widely applicable in the western minority areas represented by Tibetan areas in Qinghai, no matter whether the system of plea for leniency is carried out or not. Under the background of the application of the system of plea for leniency, intensifying the action of "1 + 1" China's legal aid volunteers so as to alleviate the deficiency of lawyers in western minority areas, converting the custom (law) of "Dong Jiawa" into documentary evidence at the evidence law level will help to improve the application of this system of plea for leniency in the western minority regions.

Key words: the system of plea for leniency; custom of "Dong Jiawa"; criminal reconciliation; documentary evidence

重拾被遗忘的传统：
晚近百年刑事和解的变迁*
——以龙泉司法档案为样本

张 健 吕嘉成**

摘 要 刑事和解作为我国刑事纠纷解决过程中一项历史悠久的制度在晚近百年发生了数次转型。要理解刑事和解制度的变化，既需要从微观层面讨论制度本身变化的内容，更需要从宏观层面分析该制度演进的原动力。晚近百年的刑事和解可以划分为四个阶段，对四个阶段的刑事和解进行分析，可以观察不同历史时期刑事和解的特征与发展轨迹。这不仅为了解基层司法真实面貌提供一个窗口，而且为反思与预测该制度未来发展提供了思路。

关键词 刑事和解 变迁 基层司法 龙泉档案

为了解决日益增多的刑事纠纷，2012 年《刑事诉讼法》修改将"当事人和解的公诉案件诉讼程序"写入立法，然而，刑事和解实施数年来一直饱受质疑，有观点认为它属于制度的"重复建设"，并没有解决"案多人少"问题。① 尤其是 2018 年《刑事诉讼法》修改，将"认罪认罚从宽"作为原则条款写入立法，以打造"公力合作模式"。② 这一情形下，刑事和解这一利用民间力量解决纠纷的"私力合作模式"如何完善值得深思。晚近百年来，刑事和解的历史变迁也呈现出诸多阶段性特征，表现为不同的模式。当然，这些模式以及时间阶段的划分并非断然分割，泾渭分明，而是存在一定程度的交叉与重叠。不

---

* 本文系笔者主持的中国博士后科学基金第 65 批面上资助项目（2019M651224）的阶段性成果之一。
** 张健，江苏大学法学院副教授，硕士生导师；吉林大学法学院在站博士后。
吕嘉成，男，江苏大学法学院硕士研究生。
① 孙远：《当事人和解的公诉案件诉讼程序之立法论批判》，载《政治与法律》2016 年第 6 期。
② 陈瑞华：《刑事诉讼的公力合作模式——量刑协商制度在中国的兴起》，载《法学论坛》2019 年第 3 期。

过，通过理想类型的研究方法，我们大体可以把握其变迁的轨迹。

一、晚清民国时期：刑事和解的转型与承续

传统中国，由于帝国版图的幅员辽阔与环境的复杂多样，使得帝国在基层社会公共生活的管理方面呈现出有限自治的特征。国家行政权力一般只到达县一级。基层社会的治理主要依靠宗族、乡里组织、士绅阶层，呈现出"官绅共治"的特征，国家对民间纠纷的介入有限。清代龙泉司法档案中大量的案件通过民间调解或者"官批民调"形式结案了。这一利用准官员与民间力量解决纠纷，进行地方治理的策略被称作国家治理的"简约主义"。①

翻阅龙泉司法档案，我们发现大量的刑事案件最终以不起诉的方式结案了。在已经研究的300份司法档案中发现，通过法院审理结案的只有80起，比重不到三成。② 正如档案显示的，对严重的刑事纠纷以及难以调解的案件，检察官会果断地提起公诉，然后法院判决结案。对于轻微的刑事案件，检察官要么自己主动调解，要么委托民间力量调解。这说明，刑事和解在民国基层社会刑事纠纷的处理过程依旧占据了相当的位置。

（一）调解的主体：检察官与家族宗族亲友

民国时期的刑事和解依旧存在着官方调解、民间调解和"官批民调"三种类型。具体到了刑事和解的调解主体上，则包括了宗族家族亲友、检察官、法官、保甲长与当事人等。在司法实践中，这几种调处的分类并非绝对，一起案件和解成立可能是诸多主体参与的结果，所以在100起刑事和解案件中，涉及的刑事和解主体有115个。其中，经过检察官当庭劝谕和解的有33个，比例为28.7%。虽然检察官的出现本身就彰显了民国时期司法现代化的特征。然而，此时的检察官还没有脱离传统中国州县官员教谕式调停的模式。③ 检察官解决纠纷更多考虑的是社会关系的恢复，而非当事人之间的是非曲直，所以，在案件处理过程中他们一般将儒家情理与国家法律相结合，此时的检察官不是国家追诉的代理人，而更像传统中国的司法官员。我们从下面的一起和解案件中就可以看出来。

> 检察官问：现在你的肾囊好了没有？
> 答：现在好了，看不出来了。
> 问：你是没有受过伤的呢。
> 答：受伤的，我倒床上肿起来了。

---

① 宗智：《集权的简约治理——中国以准官员和纠纷解决为主的半正式基层行政》，载《开放时代》2008年第2期。
② 细展开可以参见张健：《晚清民国刑事和解的第三领域》，载《中国刑事法杂志》2013年第4期。
③ 宗智：《清代的法律、社会与文化：民法的表达与实践》，上海书店出版社2001年版，第12页。

>问：也用不了八元的医药费呀。八元医药费太多，还点出来给他，叫他不告你。
>
>答：我愿意还他三元好不好？
>
>又问沈忠邦：他还你三元你息讼掉好不好？
>
>答：好的，请求撤回案子就好了。①

在此案的调解过程中，检察官更像一个调停子女争吵的慈爱父母，是一位居中调停者，而非专业的司法人员，他们认为轻微的刑事纠纷最好通过民间力量调解来解决，而并非诉诸司法机关。所以，对于轻微的刑事案件，检察官在受理案件后，一般会讯问当事人该案件此前有没有调解过，此后，检察官要么自己主动调解要么委托民间力量参与调解。检察官委托民间调解类似于"官批民调"，在民国的刑事和解中，委托调处并不多，多数是在案件的进程中，民间力量主动介入，即亲友或者一宗族内部长者主动参与案件进行调处。100起刑事和解案件中，经过家族亲友和解的案件有47个，占据的比例为40.9%。案件调解成功以后，当事人提出撤诉的申请，检察官或者法官往往予以批准结案。比如金可宝诉金可忠伤害一案，当事人和解后，提出撤诉申请："前诉金可忠等伤害一案，业经亲友在外和解，不愿讼终，祈准撤回自诉，实为德便。"检察官批词是"状息，准予此批"。②

（二）调解的依据：情理法交融

有清一代的中国司法，是"情理调处"还是"依法审判"，学术界一直存有争议。③及至民国时期，反映到刑事和解中，则是情理与法律并用。我们从法院调处的这起案件就可以看出来。④

>司法官问李维进：你兄弟虽死，这毛竹还是属于他老婆的。
>
>答：是的。

---

① 《潘明芝曹老二伤害案》，载《龙泉司法档案》，龙泉市档案馆藏，M003/01/7051。
② 《金可宝金可忠伤害案》，载《龙泉司法档案》，龙泉市档案馆藏，M003/01/0441。
③ 相关争论见日美学者论争见：[日] 滋贺秀三：《清代诉讼制度之民事法源的概括性考察——情、理、法》和《清代诉讼制度之法源的考察——作为法源的习惯》，载梁治平、王亚新编《明清时期的民事审判与民间契约》，法律出版社1998年版，第19-96页；黄宗智：《民事审判与民间调处：清代的表达与实践》，中国政法大学出版社1998年版；易平：《日美学者关于清代民事审判制度的论争》，载《中外法学》1999年第3期；何勤华：《清代法律渊源考》，载《中国社会科学》2001年第2期；王志强：《清代刑部的法律推理》，载《中国社会科学》2003年第6期；徐忠明：《明清刑事诉讼'依法判决'之辨正》，载《法商研究》2005年第4期；2006年张伟仁、贺卫方、高鸿钧等人就传统司法的确定性再次发生争论。参见张伟仁：《中国传统的司法和法学》，载《现代法学》2006年第5期；高鸿钧：《无话可说与有话可说之间——评张伟仁先生的〈中国传统的司法和法学〉》，载《政法论坛》2006年第5期。
④ 《李刘氏诉李维进窃盗案》，载《龙泉司法档案》，龙泉市档案馆藏，M003/01/07065/0052。

问：你还她九角就是了。
答：好的。
问李刘氏：叫他还你九角，你歇讼了吧。
答：是的，我撤诉。

我们看到，此案调解过程中，法官首先依据民法规则，对被告李维进阐明李刘氏是因为继承而获得了山林的所有权，他的窃盗行为构成了犯罪，此后，法官对二人做出调解，让李维进赔礼赔偿，就此结案。与传统中国相比，民国时期的刑事和解更加强调法律的适用，从性质上区别于传统调解。民国的司法官大多秉持了实用主义的策略，情理法并用，这体现了国家权力深入基层社会并建立现代秩序规范的努力。

民国时期的龙泉县尽管一定程度受到了现代化的冲击，但依旧保持了相对封闭的熟人社会模式。这100份刑事和解案件涉及了112个罪。其中，伤害罪36个，窃盗罪29个，占总量的近六成，案件当事人大多数是熟人。所以，即使诉诸司法机关，如果对方认罪态度良好或者赔偿到位，当事人也会因为"系属亲属，无心涉讼""不忍操同室之戈""情关叔侄""亲房兄弟""民因与被告同祖亲属不愿诉追""告诉人亦觉事属微，故不宜琐细寻常之事妄起讼端，既耗钱财，又伤情感"等原因而和解撤回起诉。和解案件的档案一般记录了当事人"当庭表示悔悟，并征得告诉人之同意，命被告出悔过书附卷，显可悯恕"；"蒙恩庭谕息讼，民亦知悔过自新，嗣后不敢再生事端"，如此等等。而之后的检察官的不起诉书也写道"情节轻微，既据被告等当庭述称不敢再有同样情事发生。愿据悔过书一纸附卷，明明已有悔过之表示，且征得告诉人之同意，显堪悯恕。处分不起诉。"

（三）社会治理的简约化

民国时期龙泉地方的司法官认为单独依靠自身力量难以处理所有的刑事纠纷。因此，在刑事诉讼过程中，如何充分发挥民间力量参与解决纠纷，成为司法官员的一项重要工作。由此，宗族、乡邻、家族等民间力量在诉讼中发挥了重要作用。这说明了尽管民国承接了晚清以来基层政权建设下沉的这一趋势，也尽管新式刑事立法已经确立了国家追诉主义原则，然而，基层的社会结构并没有发生根本性的变化，基层社会的自治性力量依然有相当程度的影响力。传统中国依赖准官员和民间力量解决纠纷的简约治理方法依旧被沿袭下来。

二、新中国成立至改革开放前30年："两类矛盾"下的斗争与改造

一般认为，共产党的法律传统形成于陕甘宁边区政府时期，建国初期的刑事和解制度也脱胎于陕甘宁时期，共产党所推行的刑事和解与民国时期的和解存有重大区别。这一时期的刑事和解也并非只是单纯的纠纷解决制度，而是重要的基层治理方式。这表现在组织

形式、人员构成与发挥的功能等方面。调解人由政治上的积极分子代替了宗族、家族、乡绅，调解的依据也由党的政策法令代替了儒家理论，其目的在于减少民间讼累，增强人民内部团结，改造旧社会，树立社会主义新风尚，促进生产。新中国成立之后，伴随着土地改革等运动的开展，传统中国基层社会存在的乡绅阶层、宗族、家族等非正式制度被摧毁。① 传统中国的"双轨政治"彻底终结。城市人口被纳入单位，农村人口被纳入人民公社。国家对社会结构彻底整合，集体户替代了传统的家户生产模式。学者们通常将这种国家全面控制下的社会结构称为"总体性社会"。② 建国初期的法院的根本任务是镇压敌人，解决敌我之间的矛盾。然而，与此同时，它同时还负有解决人民内部矛盾、教育人民群众的任务。司法的一项重要的政治功能就是改造社会与政治动员，动员广大群众投身于社会主义建设中，并在内心里产生对党的认同。面对这样的政治任务，司法机关应当严格区分"两类矛盾"，并针对不同矛盾采取不同的处理方式。对于人民内部矛盾，主要采用"团结—批评—团结"的方式。

龙泉法院建立之初，就重视建立人民调解，并发展出法庭调解与调解组织调解两种模式。在调解组织方面，1951年10月，龙泉县法院开始进行司法改革运动时，即着手准备建立调解委员会，并选择调解人员进行培训。龙泉法院在1950年到1952年审理的案件以刑事案件为主，而刑事案件中涉及到政治因素的犯罪也大大超过社会性犯罪，比如地主、特务、反革命等案件相对较多。建国初期的司法系统所关注的问题是如何集中精力、准确、及时、有效地打击奸特反革命等政治性犯罪，而对于人民内部的纠纷、轻微的刑事案件则不在司法系统关心范围之内。此后不久，1957年，"两类矛盾"的提出深深地影响了此后龙泉法院20年的审判工作。取而代之的是教育与劳动改造的出现。"人是可以改造的"构成了无产阶级罪犯改造观的理论体系。

（一）调解的依据：政策法令

传统社会所推崇的理想社会是"息事宁人"、和谐相处，所以传统和解的思想基础是"无讼观"，然而，改革开放前30年带有共产主义意识形态的和解与传统中国以及民国时期的和解有了根本区别，调解政治化色彩浓厚，调解成了共产党动员群众改造旧社会的工具，也构成了党领导司法落实群众路线重要组成部分。改革开放前30年刑事和解的一个重要原则就是遵循国家的政策法令，"无原则的和事佬"是被反对的，调解人必须遵循党的政策法令，结合案件事实调解纠纷，以增进团结。以龙泉1957年发生的徐显君徐礼和盗窃杉木案件为例，该案经过法官批评之后，被告人徐××写下了保证书。

---

① 周雪光：《从"黄宗羲定律"到帝国的逻辑：中国国家治理逻辑的历史线索》，载《开放时代》2014年第4期。

② 孙立平：《社会转型：发展社会学的新议题》，载《社会学研究》2005年第1期。

保证书

近因自私自利，造房砍了人家的坟树十三株。经教育后，认识到这是损人利己的自私而非法的不道德之行为，除今后保证改正外，并赔偿价人民币八十元，以上如有做不到或再犯，愿受政府从严惩处。

具保证人：徐显君①

建国初期的刑事和解是解决人民内部矛盾的一种方式，通过批评也促使被告人抛弃反动立场与旧的思想。在本案中，被告人徐显君认识到盗窃行为是"损人利己、不法与自私"，立志脱胎换骨重新做人。于是，调解成为了改造旧思想、教育新人的工具。它既是"教育团结"的重要手段，又是承担政治任务的"斗争利器"，用以破除"旧思想"，扫除"不良政治立场"，进而改造成对新中国有用的人。新中国成立后，土地改革、公私合营、农业集体化等一系列改革在龙泉地方展开，和解组织也被要求支持这些"中心任务"，强调为了国家与集体，为了提高生产相互协助，而双方当事人的争议则被淹没其中。

（二）调解的主体：法院与政治上的积极分子

建国初期的刑事和解分为法庭和解与人民调解两部分，相应的，调解的主体分为法官与政治上的积极分子两大类。如果说民国时期的刑事和解是由基层社会中拥有声望或者家族亲友来担任调解者，那么改革开放前30年的刑事和解主体则主要是政治身份、地位较高者的政治积极分子或者干部，他们基于共产主义信仰而更重视政治教化。在制度上，经历了新中国成立初期的司法改革运动之后，地方对旧司法人做了处理，一批政治上可靠、立场坚定的干部被选调出来担任调解人，在这里，强调了调解人身份的政治纯洁性与立场坚定性。政治上的积极分子与公社单位干部占据了调解队伍的大部分。在龙泉的人民调解组织的成员中，"多数是由工人、贫下中农老党员及一部分热心调解工作，并在群众中有较高威信的青年组成，其中有相当部分是妇女。绝大多数立场坚定，爱憎分明，关心国家和集体利益，热心为群众服务，遇到纠纷，能认真负责耐心细致地做好化解工作。"② 在农村公社与城镇的单位中，干部作为国家政策、法令代言人，拥有制度权威性，集说服与制裁为一身，也往往进行和解工作。

（三）调解的功能：动员民众，改造社会

改革开放前30的基层司法在批判旧法统、改变旧作风的同时，也在群众心中设立新形象，即打击敌人，保护人民。在和解过程中，干部同群众产生互动，在弄清案件事实与

---

① 《徐××盗窃杉木案》，(1957) 龙八刑字第00034号，龙泉市法院藏。
② 浙江省龙泉市人民法院编：《龙泉法院志》，汉语大词典出版社1999年版，第123页。

群众观点的同时,也在向群众传递了共产党的意识形态,教育民众。所以,刑事和解工作的一个目的就是教育群众,改造旧人,剔除旧思想,引导人民自觉遵守国家政策,增进群众内部团结,巩固发展集体经济,建设社会主义新社会。

改革开放前30年,龙泉法院参与社会治理的关键任务就是充分利用稀缺的治理资源,将正规的国家力量调配到反革命案件中,对人民内部矛盾采取了和解的方式结案。1964年8月至10月,根据浙江省第12次司法会议关于依靠群众,依靠调解组织处理一般刑民案件的精神,将案件尝试下放给群众调解,多次调解不成,再提交法院。1965年下半年,伴随着"枫桥经验"的学习,依靠群众解决内部矛盾的局面开始形成。不过,伴随着运动的进行,"敌我矛盾"与"人民内部矛盾"的混淆,致使两类矛盾指导的刑事司法认为,对敌要"狠",对内要"和",使刑法能够狠狠地打击敌人和惩罚犯罪。然而,在刑事案件中究竟应当怎样区分两类不同性质的矛盾呢?区分的标准是什么?在实践中,严格区分两类矛盾和两种处理矛盾的方法在政法工作中是一个"相当复杂的问题",因为阶级斗争的形势变化复杂,围绕中心工作的刑事司法也在判断"两类矛盾"时变得困难起来。正如刘少奇曾批评的"……混我为敌,打击面过宽……随随便便,没有清楚的、严格的、细致的区分两类不同性质的矛盾,而是马马虎虎……"① 加上矛盾的相互转化理论,"敌我斗争"的形势变化,人民与敌人的相互转化使得通过教育改造的案件在实践中变化起伏巨大,有关于两类矛盾的辩论使得这一时期龙泉地区的和解案件波动特别大(见图)。

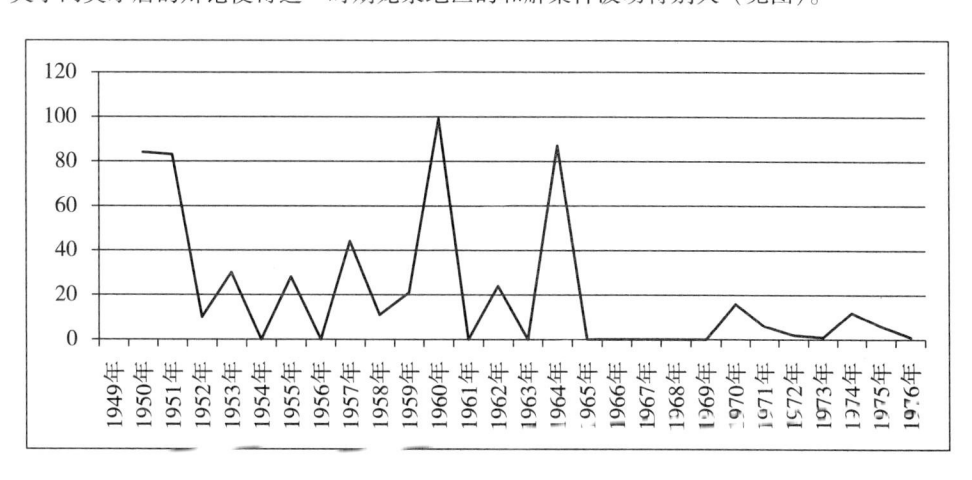

改革开放前30年龙泉刑事和解案件数量变化图

三、刑事和解入法之后的转型与重构

改革开放前30年,由于法律规范的缺乏,司法机关不具备可操作性的裁判标准。在法律缺失的情况下,法官难以做出符合形式逻辑的司法判决。改革开放后,我国建设社会

---

① 申端锋:《将人民内部矛盾带回分析的中心》,载《开放时代》2012年第7期。

主义法制国家,法律的功能被强调,法律体系开始逐渐形成,尤其是《刑法》与《刑事诉讼法》的颁布,使得日常生活与司法活动基本能做到有法可依。体系完备的法律规范为法院审判提供了前提。而实行依法治国的方针与贯彻法治原则逐步深入人心。与此法治原则相应的是,国家对犯罪采取了积极追诉的态度,恢复完善公诉机关,并且,伴随着"严打"的展开,刑事和解遭到质疑并被排斥。1979年刑事诉讼法只规定了自诉案件进行调解。

对龙泉法院1979至1993年的刑事司法档案统计发现,通过和解撤诉结案的案件占案件总数的比例1%—2%。[1] 除了"公诉转自诉"这一类案件,大部分自诉案件的当事人是熟人,当事人之间有着较大缓和的空间与余地,真正将刑事自诉审判程序走下去的依旧是少数。从档案来看,刑事自诉案件的撤诉一般是当事人双方私下和解或者经过法官调解后,被告人积极赔礼道歉,提供物质赔偿等,双方签订调解协议书,然后,被害人提起撤诉。多数的刑事自诉案件通过法院的调解或者私下的协商都能够得到妥善解决,最后由原告撤诉进而终止了诉讼程序。

21世纪以来,经济社会变革加深,随着经济社会转型、城镇化、市场化与人口流动,龙泉地方快速变迁面临着诸多新矛盾,与此相应的是,诉讼爆炸式增长,城乡纠纷解决机制呈现多元与乱象的局面。对法治改革困境的反思,唤起了对调解制度的尊重。刑事和解作为重要的替代性纠纷解决方式开始受到重视,为了"提高诉讼效率和有效解决纠纷,促进社会的和谐安全",[2] 2012年《刑事诉讼法》修改将当事人和解的公诉案件诉讼程序写入立法。

(一)调解主体:公安机关、法院与社团

2012年修法后,龙泉地方适用刑事和解的案件比较集中,主要集中于交通肇事罪、故意伤害罪、盗窃罪等罪名。其中,交通肇事案件约占52%,轻伤害案件约占30%,而抢劫、抢夺犯罪适用很少。交通肇事案件作为在基层常发的案件,如果肇事者经济能力较强,并且能够积极认错、赔偿,往往容易得到被害人及其家属的谅解。刑事和解的阶段与主体相对集中。关于刑事和解的主体,龙泉地方实践显示,在侦查阶段,以公安机关为主体办理的刑事和解案件占全部案件总量的52%,审判阶段,审判机关为调解主体的占比为22%,民间力量为调解主体的占25%,检察机关为主体的占比约为1%。

这说明和解主要集中在侦查和审判两个阶段。尤其是相对集中在公安机关,这就无形中给侦查机关增加了工作量。另外,和解结案方式多样化。对于和解的案件,龙泉市司法机关基本上采取以下方式结案:公安机关撤销案件,检察院不起诉或者免予刑事责任,法

---

[1] 浙江省龙泉市人民法院:《龙泉法院志》,汉语大词典出版社1996年版,第81页。
[2] 陈光中:《中华人民共和国刑事诉讼法修改条文释义与点评》,人民法院出版社2012年版,第418页。

院从宽处理。在侦查阶段，公安机关对案件做出调解以后，一般撤销案件；① 移送检察机关审查起诉的案件，检察院要么作不起诉处理、要么建议法院从宽处理；在审判阶段，法院适用刑事和解要么从轻判决，要么不再追究被告人的刑事责任。

对于民间力量来说，伴随着国家权力迅速撤退，传统的家族宗族力量又在社会运动中被解体，改革开放后，基层社会自治能力并没有得到充分发展，不过，这一时期刑事和解的主体产生了变化，德高望重型的传统调解人员开始减少了，具备专业优势的知识权威型调解人员开始出现。随着农村结构的变化与城市单位社会的解体，龙泉地方的人际关系开始呈现陌生化，依附于熟人社会的德高望重者或者基层干部愈发少见，依赖个人威望介入民间纠纷的调解人员正减少。所以，2012年至今的民间调解力量可以看作是社团体制，因为这些调解组织具有社团的一些特征：调解组织既有正式组织，比如居委会、村委会，也有非正式组织，如行业协会、专业组织；调解员既有专职的，比如人民调解员，也有兼职的，比如亲友；经费来源既有由政府购买公共服务支出，比如政府购买律师参与调解，也有会员交费自筹，也有收费的调解。以交通事故纠纷为例，龙泉设立了专门的交通事故调解委员会负责交通肇事罪的调解工作。在其中，当事人对调解人要求显然并不是其个人威望，而是在于其对事故责任划分、维修费用以及赔偿标准的专业知识与调解经验。在这里，真正说服当事人是其在特定领域的专业知识，至于医疗纠纷，在因果关系方面严重依赖于专业人士亦是如此。

（二）调解的依据：实体法与行业规则

从实践看来，刑事和解的结果将越发接近于实体法律规范，而并非简单的人情世故的包容性。一直以来，调解之所以受到当事人的偏爱，一个重要原因就是调解可以根据当事人的合意，对一些法律上并不重视的方面赋予更多的考量。在传统的熟人关系中，纠纷当事人之间通常不仅仅牵涉利益之争，还往往涉及历史恩怨或者家族颜面等复杂的法律以外的因素，所以，这就更需要借助灵活的调解机制处理。然而，在陌生人之间的纠纷中，更多的是金钱利益之争，而这一般能够在既有法律规范或者行业规则中找到较为明确的规定。一旦当事人明白自己在法律上的处境，愿意接受的调解方案与法院的最后判决结果在实体上的区分并不会太大。既然如此，促使当事人放弃诉讼的最重要原因就在于调解机制的程序性优势，比如成本更低、效率更高、操作灵活。

（三）调解的效果：司法效率与社会和谐

从刑事和解的实践来看，一是一定程度上缓解了"案多人少"的矛盾，节省了司法资

---

① 这里必要要指出的是，我国《刑事诉讼法》第279条规定，对于达成和解协议的案件，公安机关可以向人民检察院提出从宽处理的建议。所以，公安机关在侦查阶段无权作出撤销案件的决定。参见陈光中主编：《〈中华人民共和国刑事诉讼法修改条文释义与点评〉，人民法院出版社2012年版，第423页。

源。刑事和解不仅是被害人和犯罪人之间的事,还关乎社会公共秩序,通过刑事和解能直接实现个案的司法效率,节约司法成本。对一些轻微的刑事案件和部分过失犯罪案件实行刑事和解制度,将会节约出更多的司法资源用于处理重大、疑难、复杂案件上,对于犯罪情节轻微的案件,根据犯罪嫌疑人的悔罪表现、偿付情况以及被害人的谅解程度等进行综合考量作不起诉处理,节约司法成本。二是刑事和解制度的确立,将刑事司法的关注角度从强调对犯罪人的惩罚,转变为最大限度补偿被害人的损失,将被害人的利益保护放到重要位置。被害人对案件有了一定的自主权,可以决定是否与犯罪人和解,和解的形式以及内容,这能更好地实现被害人的利益,也大大提升了被害人的诉讼地位。三是经过和解后,犯罪人有可能获得从轻处罚甚至免予刑事处罚的结果,一定程度上使因犯罪造成的矛盾免于激化,促进了社会和谐。

四、讨论

考察1912至今百余年刑事和解制度实践发现,调解经历了这样一个百年嬗变的过程(见表1)。①

表1　刑事和解的内容变迁

时间形态	1912－1949	1949－1976	1976－2012	2012至今
民间主体	宗族家族亲友	政治积极分子	亲友	社团
规则	情理法	政策法规	法律与情理	法律与行业规则
组织	宗族、家族	单位、人民公社	民间力量	独立机构、民间力量

民国时期,尽管国家政权试图强力进入基层,但是基层的自治性力量并未由此而断裂。刑事和解情理法交融,法律色彩开始呈现,不过乡土礼俗调解依旧是主体。1949—1976年为"总体性社会"下的"两类矛盾"的斗争与改造,其表现为意识形态化调解,服务于政权建设与社会改造。1978—2012年,刑事和解被压缩,仅有自诉案件允许和解,和解的主体基本上依靠民间力量。2012年以来为刑事和解的重构阶段,多元纠纷化解机制的不断探索与建立,以应对"诉讼爆炸"与社会的发展与转型。刑事和解的百年历史流变表明,国家治理的变迁、经济社会分工形塑了不同的社会结构,并最终决定了每一阶段调解的特质。

(一)刑事和解制度变化:从家族到公社再到体制与社区

百年以来,基层社会处于急剧动荡的变革中。作为基层社会治理制度之一的刑事和解,其调解的主体、内容总体而言经历了从家族宗族到公社单位再到社区与社团的转变。

---

① 当然,这些阶段并非泾渭分明,而是存在一定程度的交叉与重叠。不过,理想类型的研究方法可以使我们更好地把握刑事和解的变迁轨迹。

理解百年以来基层社会刑事和解制度构成了反思与预测该制度未来发展的重要任务。要理解刑事和解制度的变迁与演进，既需要从微观层面讨论制度本身变化的内容，更需要从宏观层面分析该制度变化的原动力。在国家治理模式变迁的驱动下，刑事和解制度发生了意识、规则和组织的变化，实现了和解制度的三次变迁（见表2）。

表2　国家治理转型中的刑事和解变迁

时间阶段	1912–1949	1949–1976	1976–2012	2012至今
社会矛盾	熟人社会	半熟人社会	半熟人社会	陌生人社会转型
治理思想	礼治与人治	人治	社会综合治理	法治、德治与自治
社会形态	基层社会自治	总体性社会	总体性社会解体	向自治与共治转型
作用与效力	道德效力	政治效力	法律效力	法律与专业效力

晚清民国时期中国的基层司法，强调家族、士绅、村落等自治性力量的参与。国家公权力在基层社会治理中发挥主导作用的同时，也对民间力量参与犯罪治理予以认可，这补充了正式制度因治理资源限制而留下的空白，国家的治理成本得以降低。新中国成立以后，国家完全下沉，垄断基层，社会只是其中依附性的角色。刑事和解中的教育改造成为刑事司法的替代性、弥补性的手段。尽管群众在运动中广泛参与，但是被动的意味更浓厚。建国初期之所以采取"两类矛盾"下的斗争与改造，是因为此时大规模开展运动与革命式的治理犯罪资源的有限，人民内部矛盾并不是国家关注的重点，并且刑事和解也被赋予了改造旧人，建设新社会的功能。改革开放以后，经济与社会的巨大发展由此引发社会结构整体性与深层次的变化。社会的自由空间日益加大，自由、平等与自主性意识开始出现。国家之外的社会力量开始以新的方式塑造我国法律。尤其伴随着学界与实务界对八十年代"严打"运动反思的展开。在基层，原来由国家作为单一治理主体的局面产生改变。国家治理越来越基于社会和市场的发展逻辑，逐步让利于市场，放权给社会，建立政府、市场和社区三者有机协调配合的新型治理结构。刑事和解的复苏、社区矫正的发展等等都代表了中国刑事司法的多元化、民主化趋势。

（二）国家治理理念与国家治理能力影响了刑事和解的变迁

传统中国，儒家治理理念"不生事扰民"遏制了国家对基层事务的过多介入。国家不仅"不能"而且也"不愿"铲除这些非正式制度，这种治理模式在很大程度上出自国家的治理理念与治理能力。这种依靠非正式制度介入犯罪治理的方式就是上文提到的"简约治理"。并且，农业为主的经济的有限税收很难支撑起庞大的国家组织运转，更难以将政权组织下沉到郡县以下，国家依赖非正式制度来完成庞杂的犯罪治理等事务。晚清民国时期，国家开始推动政权建设，然而，组织机构的增加需要足够的财政供给做支撑，当财政不足以支撑国家机构运作的时候，就会转而依赖非正式制度，所以，民国时期，尽管国家政权试图强力进入基层社会，但是基层的自治性力量并未由此而断裂，刑事和解依旧存在。至新中国成立，全能主义治理模式建立，民国时期存留的非正式制度彻底被铲除，国家在组织架构、资源供给以及社会动员等方面拥有其他主体难以比拟的优势，国家依靠"两类矛盾"下的斗争与改造，广泛发动群众来解决基层社会一般的犯罪纠纷，"政法机关斗争的锋芒始终指向革命事业的最凶恶的敌人"[①]，对于政治色彩浓重的反革命等重要刑事案件则依法判决，这不仅是出于意识形态的考虑，更是由于治理资源的限制。至今，财政供给依旧是国家犯罪治理的限制性因素，面对"案多人少"的问题，不能仅寄希望于大量扩充编制与增加法官人数等制度资源的简单化扩张。多元化犯罪治理模式主张社会、市场多元共治，可以有效克服传统治理模式的缺陷，是当前犯罪治理模式转型的必经之路。

（三）基层司法的治理型特征

从刑事和解的变迁中我们看到，基层司法作为国家治理的末端，其实质是以问题为导向的，秉持实用主义，经验地解决问题，而非坚持法条主义。它始终是以解决现实纠纷，提升治理水平与效率为导向的。在法理学经典概念中，规范性是司法权的基本属性。司法权更是法院与法官根据宪法与法律权作出裁判的理性判断权。然而，通过刑事和解我们看到，基层司法的运行往往是规范性与非规范性并行，因为基层社会产生的大量矛盾并不全部符合法律的规范性要求，这就要求基层司法采用多种策略来化解纠纷。这是由其身处基层社会的境况，其要承担的治理职业所决定的。[②] 从这种意义上来说，基层司法权是国家对基层社会进行治理重要组成部分，是国家治理在基层社会中的延伸。它不仅维护了基层社会稳定，而且服务于各个时期的"中心任务"，如改造社会、社会动员、推动地方经济发展等功能。

（四）刑事和解未来发展的自治性与专业性

当今，经济体制转型、城市化进程、社会的陌生人化、城市社区改革与农村社会结构变革使得社区的治理更加复杂与灵活，基层治理自由程度开始增强。推动政社合作在国家高层形成共识，国家权能的强化与社会力量的发展应视为当今时代两个齐头并进的过程，但肯定国家重要性并不必然说明国家权力范围就可以不适当地扩大。国家干预事务过多且效果不佳时可能反而会削弱国家权能。推动政社合作，是促使社会组织为政府分忧的前提和基础，鼓励社会组织发展，而并非取缔社会组织，限制社会组织的发展。当下，刑事和

[①] 郝晋卿，吴建璠：《在政法工作中如何严格区分两类矛盾和两种处理矛盾的方法》，载《政法研究》1964年第2期。

[②] 郑智航：《乡村司法与国家治理——以乡村微观权力的整合为线索》，载《法学研究》2016年第1期。

解民间力量薄弱的直接原因是刑事和解制度本身存在一定缺陷。① 根本原因在于基层社会的民间自治力量发育不良，国家对基层社会掌控与自治之间存在的矛盾与紧张是刑事和解制度运作不良、绩效不高的根源。当前的刑事和解民间力量是不足的，尽管转型正在发生，但其实质上依旧是一种"国家控制的民间调解"。未来的刑事和解的方向发展应该是高度社会化与完全自治性的。

另外就刑事和解本身而言，有两个需要完善的地方。第一，社会转型，社区将毫无疑问地成为容纳与聚集社会成员的基本场域。从实践来看，刑事和解功能发挥不佳的重要约束因素在于基层社区改革的缺位，刑事和解并没有真正置于新式社会结构转型中，并与之适应。长期以来，人民调解组织主要集中于熟人社会，而忽略了新型分散社区的组织建设。刑事和解组织在这些地方处于真空地带，即便存在，也往往是空有其表。这意味着未来应加强社区的刑事和解建设，从而国家政权与社会之间能够建构起"合作式治理"的治理模式。第二，目前基层社会调解委员会组织形式单一，缺少专门专业的调解人员，很难应对新型专业性的刑事纠纷。也可以说，刑事和解民间组织在这些领域内发挥的作用十分有限。未来应充分利用行业专家知识的专业性调解组织，利用行业协会的行业调解组织，利用政企合作的商事调解组织，政府购买律师服务，鼓励律师成为刑事和解员，分门别类地化解矛盾。

（五）强调犯罪治理的民间参与

我们认为，尽管 2018 年刑事速裁程序入法能有效地解决"案多人少"的关键问题，但并没有彻底解决所有问题，刑事和解仍有大量的工作要做，刑事司法的多元化问题仍需我们给予更多的关注。"案多人少"并非新问题，以龙泉司法档案为例，从有清一代至今，地方司法机关都面临"案多人少"的挑战。② 对"刑事和解"的历史考察可以使我们更为清晰地认识到基层犯罪治理的现实图景，其所面临的挑战与变革路径。当代中国若要务实有效地应对"案多人少"的问题，并不能仅寄希望于诉诸公权力，大量扩充编制等制度资源的简单化扩张，而是需要妥善地利用包括"刑事和解"在内的多种资源来弥补现有治理资源之不足。并且，现在的西方，刑事和解制度的初衷也是最大限度地调动和发展社会的犯罪应对能力，"其中绝对的主流，仍是中立的社区组织来承担"。③ 刑事和解的一个至关重要的制度功能是案件的分流作用，部分地分担刑事司法的压力，从而提升刑事司法的效率。如果刑事和解中，社会参与力量薄弱，这就动摇了刑事和解的社会基础。

---

① 张健，易长川：《检察机关适用刑事和解制度的实证研究——基于认罪认罚从宽背景》，载《福建警察学院学报》2019 年第 2 期。
② 龙泉司法档案时间自咸丰八年（1858）始，是目前所知民国时期保存最为完整、数量最大的地方司法档案。2015 年入选中国档案文献遗产。2019 年 9 月，《龙泉司法档案选编》第四、第五辑出版。文章使用的司法档案则包括晚清民国以及新中国成立后两部分。
③ 杜宇：《理解"刑事和解"》，法律出版社 2010 年版，第 14 页。

五、结语

作为一种承袭了传统文化,肩负国家治理社会功能的重要纠纷解决方式,刑事和解制度在近现代以来面临现代化挑战中展现出了独特的姿态。国家治理的变革与国家权力的参与使得刑事和解在社会治理场域中处于微妙的位置。它并非民间的自治力量,也并非完全依附于国家。所以,对刑事和解制度的理解不应仅将其看作是一种纠纷解决机制,而应当将其置于国家转型的纵向历史过程中,作为一个视窗来理解现代性问题在中国基层社会展开实践过程中所面临的种种特殊问题。

Regaining the forgotten tradition: the changes of criminal reconciliation in the last hundred years
——Taking Longquan judicial archives as samples

Zhang Jian, Lv Jiacheng

Abstract: As a system with a long history in the process of solving criminal disputes, criminal reconciliation has undergone several transformations in the last hundred years. To understand the change of the criminal reconciliation system, we need to discuss the content of the change of the system itself from the micro level, and also need to analyze the motive force of the evolution of the system from the macro level. The criminal reconciliation in the last hundred years can be divided into four stages. By analyzing the four stages, we can observe the characteristics and development track of criminal reconciliation in different historical periods. This not only provides a window to understand the real face of the grass-roots judicial system, but also provides ideas for reflection and prediction of the future development of the system.

Key words: criminal reconciliation; change; grassroots justice; Longquan archives

员额动态管理制度的构建逻辑与实施优化*

龙婧婧**

>**内容摘要** 员额动态管理制度是司法责任制综合配套改革的重要内容。在各级法院检察院员额遴选到位，员额制改革成效初显的当下，员额动态管理却仍处于模糊状态，对员额动态管理制度的基本内涵、目标功能认识不清，具体实施很不到位。为此，有必要清晰界定员额动态管理制度的内涵、目标及功能，澄清认识误区，明确员额动态管理制度的构建逻辑。在具体实施中，应注重从员额职责界定、员额业绩考核和员额退出等主要方面予以完善优化、协同配合、同步推进。
>
>**关键词** 员额动态管理 员额职责 业绩考核 员额退出 司法责任制

随着司法体制改革的推进，全国各级法院、检察院均已遴选出员额，员额制改革逐步落地。遴选出的员额能否有效发挥作用、能否达成员额制度的预定目标，这就涉及如何管理好员额、用好用活员额。最高人民法院印发的《人民法院第五个五年改革纲要（2019—2023)》中明确要求，"完善编制动态调整机制""完善法官交流和退出机制"；最高人民检察院印发的《2018－2022检察改革工作规划》中明确要求"建立检察官员额动态管理机制"。上述改革文件表明，员额动态管理制度是司法责任制综合配套改革的重要内容，是完善员额制，做好司法改革"精装修"的内在要求，是推动司法改革向系统性、整体性和协同性发展的关键所在。本文以如何优化员额动态管理实施为问题导向，在考察现行司法实践的现状基础上，梳理员额动态管理制度的主要问题，反思深层原因，进而提出制度构建的基本逻辑以及优化实施的对策建议，以期能够提供参考，指导实践。

---

* 本文系中国法学会2018年度部级法学研究青年调研项目《员额动态管理实施的实证研究》（项目编号：CLS［2018］Y5）的阶段性成果；2019年度湖南省社会科学成果评审委员会课题《员额检察官动态管理研究》（项目编号：XSP19YBC046）的阶段性成果。

** 龙婧婧，法学博士，中共湖南省委党校副教授。

一、现实图景：员额动态管理制度的主要问题

本文以湖南省的员额制改革以及其动态管理为例。湖南省是本轮司法改革试点第三批，也是最后全面推开试点的省份。2016年开始了第一次员额遴选，2018年完成第二次员额遴选，2019年完成第三次员额遴选。在三次员额遴选中，法院、检察院坚持按照以案定额、省级统筹原则分配员额数量，确保员额分配向基层和案多人少地区倾斜。目前，全省共有员额法官5667名，员额配置比例是37%；员额检察官2973名，员额配置比例是35%。实行员额制改革以来，湖南省法院、检察院员额的主体地位不断凸显，基本形成了"法官（检察官）-院长、检察长（副院长、副检察长）、审委会（检委会）"的扁平化办案模式，员额的办案权限大幅提升[1]，办案效率大幅提升[2]。同时，入额领导带头办理疑难复杂案件稳步增长[3]。在员额制改革成效初步显现的同时，如何实施员额动态管理仍处于模糊状态。主要表现为：

（一）对员额动态管理制度的基本内涵认识不清

员额遴选是员额制改革的首要环节，最受关注，导致实践中重遴选、轻遴选后的管理，大有"员额一入，万事无忧"的感觉。学界对员额动态管理制度缺乏关注研究，在中国知网以"员额动态管理"为主题搜索到文章仅一篇[4]，且该文并非学术论文而是宣传报道；其他相关文章则是"员额动态调整"，其实质内容均专指员额退出。理论成果进一步影响实务界的认识，普遍将员额动态管理制度等同于员额退出制度，视为员额退出制度的另一种表达方式；普遍认为"动态管理"，即是指员额"有进有出"，保持员额比例限定在39%的规定幅度内的动态平衡。这种理解极大限缩了员额动态管理制度的应有内涵，导致员额动态管理在制度构建、具体实施中产生严重偏差。

（二）对员额动态管理制度的目标功能认识不清

在调研中，绝大部分员额认为实行员额动态管理是为了控制员额数量，达到中央司改精神对员额比例不超过39%的要求，是实现司法精英化的措施之一。对这单一目标功能的认识导致各级法院、检察院对员额动态管理不够重视，为了应付上级机关对司改任务的检

---

[1] 如湖南省检察院将由检察长或检委会行使的权力由原来的47项减到约17项，比改革前下降了约63.8%，检察官的办案权力平均扩大了50%以上。

[2] 如2018年，湖南省法院新收案件79.22万件，结案88.74万件，同比分别增长8.68%、23.83%，结案率达92.1%，在全国结案数80万件以上的省份中排名第二；2019年，湖南法院员额法官年均结案157件，399名员额法官结案超过300件，审判质效呈现良好态势。

[3] 如2018年，湖南省高院院领导主审案件280件，全省各级法院入额院领导承办案件7.14万件，办案数量同比增加1.3倍；全省各级检察院入额院领导办理30853件。2019年全省各级法院入额院庭长带头办案7.1万件；全省各级检察院入额院领导办理32897件。

[4] 黄灵：《实现员额动态管理》，载《检察风云》2017年第7期。

查而仅在文件上落实。员额动态管理浮于表面、流于形式的局面使得制度构建、具体实施缺乏内生动力，缺乏应有生命力、持续力。

（三）对员额动态管理制度的具体实施不到位

从调研情况来看，目前基本上没有构建起完整的、真正意义上的员额动态管理制度；即使有所谓的"员额动态管理制度"，在实施中也存在诸多问题，主要有：

（1）对员额工作职责的界定不明晰。当前员额法官、检察官在办案中有如下困惑：一是"放权"不彻底。这主要表现为两种形式，一种形式是员额在权力清单中仅获得了有限的"放权"，即简化了部分程序性地审批事项，赋予非终局性的决定权，而其他关涉案件实质性的决定仍不能自主。另一种形式是员额虽在权力清单中具有某项决定权，但在实践操作中却仍搞行政审批，线上线下两张皮，"放权"仅停留在文本上。二是员额有名无实。改革后，具有司法办案权限的员额相比过去大幅减少，在案件总量相对持平的情况下，员额的人均办案量显著增加，又加之员额助理、书记员等司法辅助人员迟迟难以到位，导致员额工作内容同改革之前相差不大，"案多人少"的问题更为突出。三是员额权责边界不清。员额与员额助理、书记员的职权职责划分不清，有的地方员额助理接受员额指令工作，成为员额秘书；有的地方员额助理挂员额名独立办案，成为有实无名的幕后员额。此外，作为院领导、部门负责人的员额在办案中组建办案团队时，院领导、部门负责人的员额与普通员额之间的职责如何划分、关系如何也没有厘清。实践中，仍然多是按照行政化的领导模式操作，导致普通员额的独立办案权在此沦陷。

（2）对员额工作业绩的考核不明晰。实践中，员额工作业绩考核主要存在以下问题：一是考核内容粗放化。在我国，法官检察官是广义上的国家公务员，其与普通公务员在招录、管理、考核、培训、任免方面几乎没有差别性，实行的是同一套管理体系。对法官检察官的考核也一直沿用对公务员的评价模式，以"德能勤绩廉"为主要考核内容，而这五项内容不能反映法官检察官的司法属性、职业特性，不利于体现员额的真实工作业绩。二是考核等次单一化。考核的等次一般设置为"优秀、称职、一般称职、不称职"四种。优秀的比例按部门人数给予相应的百分比指标。在实际的考核中，一般不会出现"不称职"的情况，评优并非"论功行赏"而是领导基于平衡思想往往经常"轮流坐庄"。这种考核等次的设置使得员额办案质量优劣、水平高低难以体现，"吃大锅饭"的心理仍然存在，严重挫伤员额办案主动性和积极性。三是考核过程行政化。目前员额业绩考核一般集中在年终的一段时间内完成，按照自评、部门领导审核评价确定等级、院考核领导小组终审的程序，这就表明确定等级的话语权在部门领导、院领导手中。而同时作为员额的院领导又该如何考核？实践中，院领导入额挂名办案的现象难以禁止，院领导又往往是员额考核组的领导，其自身既是运动员，又是裁判员，因此入额的院领导实际上游离于对员额的管理规则之外，仍集中体现着行政化管理色彩。四是考核结果纸面化。根据绩效管理理论，

"只有将绩效评价的结果与人们所获得的回报挂钩,才能真正使绩效管理发挥应有的作用"①。当前对员额的考核还没有与工资待遇、选拔调配、奖励惩罚、教育培训、等级晋升等结合起来,与员额的自身利益没有形成紧密联系,考核结果未能有效地利用和转化,还仅仅停留在纸面上,其应有的约束、鞭策、激励、引导等管理功效难以发挥②。

(3)员额的退出机制尚未完全建立。目前员额退出还仅限于辞职、退休、调动、离岗、违法违纪处罚等显性的情形,因"不适合司法办案岗位"而退出的实例非常少,如广东省法院截至2018年7月底"共有277名入额法官退出员额,其中因个人能力不够、身体健康等原因的31人,轮岗到院内行政部门的31人,违法违纪的9人,退休、调离法院系统的206人"③。湖南省检察机关截至2019年6月底退出员额279人,尚无因办案数量质量不达标等"不适合司法办案岗位"而退出的;湖南省法院截至2019年底退出员额239名。这就表明现实中或者该种情形尚未明确细化,不便于参照适用,或者囿于员额考核不到位、不明晰,无法体现不适合司法办案岗位,或者是囿于传统人情难以严格执行。此外,对员额退出的诸多程序性问题还没有定论。

二、溯源反思:员额动态管理制度的构建逻辑

员额动态管理是司法责任配套制度改革中高层重视、基层难以落实的一项制度。从调研中反映的种种困难来看,员额动态管理实施举步维艰,需要进一步深化研究。而展开研究的前提在于,必须要对该制度在司法结构与司法改革中的内涵、目标、功能等加以清晰把握,明确制度构建逻辑和完善方向。为此,有必要从员额制的发展历程、价值目标、预设功能方面进行反思,以澄清误区,形成共识,为员额动态管理的有效实施清除障碍。

(一)员额动态管理制度的内涵确定

"员额"这个提法最早酝酿于法院。1999年10月,最高人民法院发布《人民法院五年改革纲要》计划"选择不同地域、不同级别的部分法院进行法官定编工作的试点"。2013年《中共中央关于全面深化改革若干重大问题的决定》出台,要求完善司法人员分类管理制度,重新掀起了员额制改革的浪潮,并将法官员额扩大到检察官员额。2014年《中共中央关于全面推进依法治国若干重大问题的决定》出台后,最高人民法院和最高人民检察院纷纷制定有关贯彻落实的规定并逐步开始改革试点,员额由此落地实践。

从这些文件规定来看,员额的缘起发展有三个特点:其一,员额的出现是伴随着司法

---

① 孙柏英、祁光华:《公共部门人力资源开发与管理》,中国人民大学出版社2004年版,第164页。
② 郎永生、来涛、张永银:《司法责任制背景下检察官业绩评价体系研究》,载《依法治国与检察监督体系的发展完善》,中国检察出版社2018年版,第788页。
③ 广东省高级人民法院:《严选严管严控严要求实现员额动态管控良性运转》,载《人民法院报》2018年7月18日。

人员分类而开始的，对法官定编、建立书记员单独职务序列、试点法官助理制度，这是当下将司法人员分为员额、司法辅助人员、司法行政人员的雏形；其二，员额制是作为加强法官队伍职业化建设的重要组成部分；其三，员额从文本表达到制度实践的过程，是经济社会发展的产物，是公众对司法需求不断增加①的体现。而满足这些司法需求就必须投入相应的司法资源，而人的投入是最为重要的资源，如何对司法人力资源进行合理、经济、便民的配置成为人民群众司法需求中的应有之义，而由此衍生的员额制则是对此需求的有效呼应②。

根据中央司改办的要求，员额制是指综合考虑全国法院和检察院的具体情况，依据具体工作量、辖区面积和人口、经济发展水平及队伍素质等因素，在现有编制内对各级法院、检察院合理确定法官、检察官的额度，其中我国法官检察官员额比例不超过法院检察院中央政法专项编制的39%，具体遴选由各省组织开展。由此，员额制应当涵盖了三方面的含义：其一，员额人数应当是相对固定的，这既包括全国范围内员额不得随意增减，也包括每一特定司法区域内的员额人数应保持基本稳定；其二，对员额实行总量控制、定额管理，并不单纯是对法官检察官的编制调整问题，而必须通过法律的形式来加以明确和推进；其三，员额的确定应科学、合理，既不能人数太多，又不能人数太少③。

通过上述的梳理分析可知，员额制并不是一个孤立的制度，而是一个整体性的制度框架。在这个框架中，员额是原点④。不管是司法人员分类、司法责任制，还是司法人员职业保障都必须由员额展开，离不开员额遴选以及对员额的动态管理。比如，员额遴选是司法人员分类的开始；明确员额的工作职责，使得员额与助理、书记员之间权责清晰，这是司法责任制的基础；合理考核员额的工作绩效，这是司法人员职业保障的前提；规范员额退出，这是司法责任制的落实体现。而后三者均属于员额动态管理范畴。

由此，员额动态管理制度是指根据工作需要、岗位需要对遴选入额的法官、检察官确定工作职责，实施考核、奖惩，以此确保司法责任制的切实落地和司法人员的良性流动，包含员额工作职责、员额业绩考核以及员额退出等主要内容。其中界定员额的工作职责是动态管理的基本前提；员额业绩考核是动态管理的手段方式；员额退出是动态管理的结果体现。

---

① 有数据显示，1998年至2017年20年间，最高人民法院、地方各级人民法院受理案件数分别增长了4.6倍、3.1倍，审结案件数分别增长了5.7倍、4.2倍，结案诉讼标的额更是增长了10.8倍。尤其是2014年至2015年，最高人民法院、地方各级人民法院受理案件数分别增长了42.6%、24.7%，审结案件数分别增长了43%、21.1%，增长速度迅猛。由此可见，随着经济社会发展，公众对司法的需求也不断增加。

② 参见屈向东：《法官员额制度变迁的"需求—供给"分析及其影响因素》，载《河北青年管理干部学院学报》2019年第4期。

③ 参见郭毅敏、闻长智、袁银平：《法官员额：理论逻辑、现实背景及制度构建》，载《湖北行政学院学报》2007年第1期。

④ 参见潘铭方、李清伟：《论法官员额制的制度构建》，载《法学杂志》2018年第1期。

(二) 员额动态管理制度的主要目标

员额动态管理制度被认为是控制员额数量，服务于实现精英化司法。将这一宏伟高端目标与现实情况相对照，调研中许多处于一线的员额普遍感到"理想很美好、现实很骨感"。为什么会出现这种现象？精英化司法目标的设定问题何在？又该如何理解重置员额动态管理制度的目标？

1. 员额动态管理制度的精英化司法目标在当前司法实践中存在一定"水土不服"

精英化司法目标实质上借鉴引入西方的"精英化"司法，这与现代依法治国的司法发展趋势相契合，但是在我国存在消化不够，中国化严重不足的问题。这主要表现为：一是与中国国情融合不足。当前我国仍然处于社会转型期，矛盾多、案件多是这一时期的鲜明特色。司法机关忙于办案，案多人少的矛盾十分突出。精英化的制度设计不但不能解决这一矛盾或是使这一矛盾缓和，反而客观上还加剧了这一矛盾。面对繁重的办案任务，我们不得不讲究结案率、办案率，但西方"精英化"司法没有类似的概念。当前我国法学教育不断发展壮大，据教育部统计，2017年全国共有652所高校开设了法学专业，法学本科毕业生达到139048人，法学专业以1.97的就业难度指数在全国13个基本学科门类中排名第一。"精英化"司法通过员额控制大幅削减办案主体数量，势必导致国家花了大量资源培养出来的人员却不能从事司法办案工作，不但对法学教育事业带来冲击，而且在客观上还会造成更大的浪费。二是与实际需求对应不够。在调研中一个较为普遍的感受，实行人员分类管理之后，本来处于平等身份的司法人员陡然间被划分为"三六九等"，心理上、情感上落差很大，尤其是一些本具有办案资格但因某些原因未能入额而丧失办案资格的人失落感更强。各级法院检察院为此花了很大时间精力试图做好思想工作。在思想能否做通还不好评价时，由员额与助理、书记员组成的办案团队就要上马组建。而员额权力清单尚不明晰，员额与助理、书记员权责界定还不明确的情形下，"法官－法官助理"模式演变成"庭长－审判员"模式的变体，法官与法官助理之间由以前的平行关系演变成科层制权力结构，极易产生内耗。如果这一问题不能有效解决，那么办案团队的办案效率堪忧，改革目标将落空。三是配套制度供给不足。与西方"精英化"司法相配套的一项重要制度是法官责任豁免制度，其包含的意旨是，"基于精英法官或专业法官的司法技艺或者司法伦理水准，应当具有更大的自由裁量权，亦有权体现更高的司法裁判创造性"①。但在我国司改中，却将司法责任终身追究制与员额制配套使用，本身就属于一种悖论。同时，与西方"精英化"司法中充足的薪酬保障制度相比，我国员额工资还有较大差距，增幅有限，对面向社会遴选法官、检察官对象的律师、法学专家等没有吸引力。

---

① 宋远升：《精英化与专业化的迷失——法官员额制的困境与出路》，载《政法论坛》2017年第2期。

2. 员额动态管理制度的目标重置

目标是制度设计的指挥棒。诚然，司法队伍的正规化、专业化、职业化是法治发展的必然趋势，但精英化司法在实践中产生的不适感也同样值得关注，不可回避。笔者认为，改革不是一蹴而就的，员额动态管理制度的改革目标应该是多层次的，有长远目标与近期目标之分，对目标的区分是为了体现改革的渐进过程，便于明确阶段性任务。就近期目标而言必须关注中国国情和社会的现实需求，长远目标就必须符合法治国家的发展趋势。具体来说：

（1）员额动态管理制度的近期目标应设定为破除司法的行政化，解决的是内部管理的行政化问题，旨在减少行政对办案活动的干扰，以确保员额依法独立行使司法权。根据员额的缘起发展和设计理念，其实质上是选拔出一批高素质的专门办案的人员。比如员额法官的任务就是主持法庭审理，直接涉及到案件的争讼的事实的实质和核心部分，专注于案件的审判，作出准确、公正的判决，将一些非审判业务从法官工作中剥离出来由专人负责，以突出法院以审判为核心的职能，突出法官的主体地位。正如奥地利司法大臣克拉因所说，"应当把法官从杂务中解放出来，让其专心于法官本来的审判事务，审判以外的事务可以委诸法官以外的职员。"以此为目标，在员额动态管理中才能便于厘清员额与司法行政人员的职责，让办案的归办案、行政的归行政。一方面可以使以资深法官检察官为主体的部门负责人、院领导回归直接办案，另一方面通过人员分类管理使综合部门的优秀办案资源回归办案一线，压缩与办案无关的综合部门人员。改革目标一旦清晰，就必须坚持"以岗定员"，而非"以人定员"，不在业务部门就不应占用员额。这样就便于理解并督促领导办案，便于将对员额工作业绩的考核与司法行政人员的考核相区别，建立健全对员额工作业绩考核机制。同时，在破除司法行政化目标的指引下，便于明确员额的权力清单，赋予其更多的自主决定权，实现司法的扁平化管理，减少不必要的案件审批环节。在达成近期目标的过程中，配套完善对员额的有关激励保障制度，员额退出制度，在控制限量员额人数的情形下，不断促使员额提升司法能力水平，提升办案的质效，增强对职业认同感、职业荣誉感。

（2）员额动态管理制度的远期目标是实现司法精英化，确保司法公正。"司法本质上是个严重依赖于决定者独立判断权的职业，司法所必须具有的终局性使得这种独立裁断的后果和风险非常严重，因此这个职业注定要由职业良知、职业操守和专业水平都值得信服的精英来担任，事后监督或责任追究都只是一种外部和底线的保障"[①]。在"案多人少"的司法现状下，随着案件内容复杂化、诉讼严重迟延与员额人数限定、工作压力负担之间的矛盾，必须进一步明确办案事务与辅助事务的分类标准，调整员额与员额助理、书记员的关系和权限。同时，以司法精英化为目标的员额制必须完善对员额工作业绩的考核，要

---

① 傅郁林：《以职能权责界定为基础的审判人员分类管理》，载《现代法学》2015年第4期。

将业绩考核的设置标准符合司法规律、符合职业特点，使之能够促进员额工作，实现司法公正。

综上，明确员额动态管理制度目标的层次性、阶段性，便可以根据现实的人员思想状况、司法改革推进情况等因素有侧重性地构建制度、实施运行，尽量避免因目标不切实际而带来的实施障碍或无法实施的现状。

（三）员额动态管理制度的价值功能

如果简单地认为员额动态管理的价值功能为保持员额比例、限定员额人数的话，那么将矮化该项制度存在的意义，使得制度实施缺乏内生动力，也必将失去持续力、生命力。正确认识员额动态管理制度的价值意义直接关系到制度构建和有效实施。综合上述员额动态管理制度的基本内涵和目标来看，员额动态管理制度的价值功能主要体现为两个层面：

1. 员额动态管理是促进员额队伍自我革新的内在要求

长期以来，我国法官检察官与一般国家公务员处于同一管理体系，部分司法人员自认为端着"铁饭碗"不思进取，而现有的管理体制又无法对其进行有效约束。虽然我国的法官检察官并非终身任职，但实际上原有管理体制对于产生职业懈怠、又在政治上没有进取心的人员是无法实现有效的制约和激励的。终身任职或任职缺乏必要的监督和制约对于司法职业存在诸多消极影响，波斯纳法官非常客观地指出："无论是在学界还是在司法部门，终身职任都保证了其独立性，但也会引发滥权，因为它消除了对任何卸职行为的惩罚。"[①] 无论是从世界范围内法官管理的发展趋势来看，还是从我国目前法官队伍的整体状况来看，不可能再继续沿用法官一经任命，除非有违法犯罪事项，都不会被免去法官资格的制度。员额队伍自我更新意味着对于员额法官检察官不再沿用传统国家公务人员行政化的管理方式，而应改为用专业化、专门化的管理方式[②]来评定员额的岗位、职责和资格，促使员额队伍的优胜劣汰和更新换代，保持员额活力和一定的危机感。由此，员额动态管理的模式应运而生。

2. 对员额动态管理是完善公正司法的制度性引导

司法活动是专门化程度极高的活动，司法改革的根本目标在于实现司法公正，而法官、检察官的业务素质、能力水平是实现司法公正的题中之义。员额动态管理制度则是提升员额素能的有效方式，既以业绩考核产生的经济奖励、行政升迁等措施正向激励勤勉工作人员，又以员额退出等措施约束不作为、不能胜任的人员，形成反向激励的制度。这种制度能够促进员额不断提高司法能力，作出让人信服的司法决定，确保司法公正。

---

① [美] 理查德·波斯纳：《法官如何思考》，苏力译，北京大学出版社 2009 年版，第 147 页。
② 参见李鑫：《员额法官退出的理论检视与制度构建》，载《社会科学家》2018 年第 1 期。

三、改革路径：员额动态管理制度的实施优化

员额动态管理制度是一项内涵丰富的系统工程，具有分阶段有层次的目标、功能，其实施牵一发而动全身。在制度实施中特别需要从员额职责界定、员额业绩考核和员额退出等主要方面予以完善优化、协同配合、同步推进。

（一）正确处理三方关系，合理划分员额职责

员额是员额动态管理的对象。让员额更像员额，合理划分员额职责是员额动态管理实施的基本前提，需要处理好三方面的关系。

1. 处理好放权与收权的关系

把握好放权与收权的界限是员额动态管理实施的关键，是让员额更像员额的核心要素。在把握"放"、"收"的时候既要遵循权力适当，又要确保权力合理规范。在权力分配时，要做到办案主体与责任主体的统一，做到有权即有责；要充分考虑司法业务的属性差异，实现权力配置科学合理。根据2015年9月，最高人民检察院印发《关于完善人民检察院司法责任制的若干意见》以及综合各地实践情况来看，基层检察机关大多数案件均可由员额检察官自主决定处理，如退查、补正、定性、认定犯罪情节起诉等，但对于不起诉案件，重大复杂疑难案件，改变强制措施、签发检察建议、启动精神病鉴定、提请提出抗诉等特殊程序案件仍需按程序层报审批决定。根据2015年9月，最高人民法院印发《最高人民法院关于完善人民法院司法责任制的若干意见》和《最高人民法院关于进一步全面落实司法责任制的实施意见》的规定，法官对大多数案件均可独立自主决定，但对涉及群体性纠纷，可能影响社会稳定的；疑难、复杂且在社会上有重大影响的；与本院或者上级法院的类案判决可能发生冲突的；有关单位或者个人反映法官有违法审判行为的"四类案件"应当主动向院长、副院长、庭长报告案件情况及结果，并接受其监督。

2. 处理好办案职责与辅助事务的关系

为确保员额集中精力履行办案职责，做到精准办案，使其从繁杂的事务性工作解脱出来，真正名副其实，亟需从内外两个方面着力。一是外在配套要想办法到位。加大员额助理或辅助人员配套力度，即使不能完全按照中央改革方案的设定比例配备到位，也应至少确保每个员额有1名辅助人员。同时，各地还可以根据各自情况对办案的事务性工作实行集约化管理，如将通知送达、材料扫描、卷宗归档等辅助事务外包给第三方机构，大力提升办案效率。二是内在权限划分要清晰。全面完整地梳理并明确员额、助理、书记员的职责范围和工作任务，避免职责不清引发的人力内耗、责任承担不明，防止员额在有办案辅助的情况下当"甩手掌柜"。以员额检察官为例，结合各地实践探索经验，笔者认为检察官、助理、书记员的职责范围和工作任务可以基本划定为：（1）检察官：详细阅卷，讯问犯罪嫌疑人和询问关键证人和对诉讼活动具有重要影响的其他诉讼参与人，组织收集、调

取、审核证据,主持公开审查、宣布处理决定,代表检察机关当面提出监督意见,出席法庭。(2)检察官助理:根据检察官的安排审查案件材料,参与讯问犯罪嫌疑人、被告人、询问证人和其他诉讼参与人,收集、调取、核实证据,草拟审查报告、退查提纲、起诉书等涉及实体性内容的法律文书,协助出庭等。(3)书记员:负责收案、做好登记,制作委托辩护人告知书、委托诉讼代理人告知书、制作换押证、适用简易程序建议书等程序性法律文书,移交案件管理中心,归档整卷等。同时,为了既确保员额"亲自"办案,发挥其办案的指挥作用,又注重培养提升助理的办案能力,还便于划分职责范围,明确分工内容,员额检察官在阅卷后应制作《阅卷情况表》,表格内容包括对案件程序性问题、证据、定性、情节等全方位的指引,检察官根据阅卷情况,指引助理采信、排除、完善证据;重点审查的证据情况、审查证据时需要注意的问题、重点分析论证的情况;分析案件定性;认定影响量刑的情节等等。

3. 处理好司法权与行政权的关系

司法权来源于国家宪法和法律规定,由司法机关和司法人员行使。行政权来源于上级对下级的授权,是运用特定手段对社会组织进行管理的权力。在办案组织中处理好司法权与行政权的关系,关键在于最大限度扁平化管理,准确定位部门负责人。因此,在办案组织的设置上可采取以下方式:一是由政工部门派驻行政事务官专门负责各业务部门的行政、党务、纪律、管理等方面的事务,专门行使部门行政管理权;原业务部门的领导仅统筹协调司法权运行中的问题,如组织召开专业法官会议、检察官联席会议,履行法律规定的程序性事项审批权限,监督评查案件质量,业务指导等,不再对不属于其权限范围内案件进行审批、非法干预,确保员额办案的独立自主。同时,减少的行政管理事务,可以使原业务部门的领导有更多的时间精力投入办案,全面推进领导办案常态化。二是组建灵活多样的办案组织。根据案件数量、案件类型、难易程度和人员结构等因素,统筹考虑繁简分流和专业化分工,因地制宜地灵活组建办案团队。办案团队中员额与辅助人员实行双向选择与组织调配相结合,完善团队内部分工,强化办案团队作为办案单元和自我管理单元的功能,切实增强团队合力。对于人员编制较少的基层人民法院、检察院可以设置综合业务部门或者不设业务部门,实行"院—综合业务部门"或者"院—办案团队"管理模式;人员编制较多的基层人民法院、检察院一般实行"院—业务部门—办案团队"的管理模式。

(二)科学划定考核框架,细化落实考核举措

员额工作业绩考核是员额动态管理实施的根本依据。对员额业绩考核应借鉴短板理论来构建,明确对员额业绩考核不是评优,而是评差;注重岗位适格性,具体在以下三方面细化:

(1)综合设定业绩考核范围。员额不同于普通公务员,对其工作业绩考核要突出员额

的职业特点、符合司法规律，应以司法办案为重点，考核办案数量、办案质量和办案实效，兼顾研修成果、职业操守及承担工作总体情况。其中值得注意的是，相对于员额法官以审判为中心的主要办案职责，员额检察官因检察业务类型的多样性而对"办案"界定比较复杂，需重点关注两方面的区分。一是检察业务性质的差异。根据最高人民检察院印发的《关于开展检察官业绩考评工作的若干规定》应将"四大检察""十大业务"纳入考评范围。即从检察部门的角度而言，考核范围应覆盖刑事检察、刑事执行检察、检察院直接受理侦查、民事检察、行政检察、公益诉讼检察、未成年人检察、控告申诉、法律政策研究、案件管理业务；从业务性质而言，考核范围应具体包括审查决定案件、办理书面请示案件或请示其他业务案件、实体性办理控告申诉案件、公开审查和公开听证案件、社会治理或其他检察建议案件、移送涉嫌犯罪和公益诉讼案件等诉讼监督线索、司法救助案件、业务指导工作、案件质量评查、业务分析研判、检答网答疑工作、法治宣传、归档工作等。将部门与业务属性相结合，才能全面综合体现检察职业，指标体系才能反映检察属性。二是检察机关层级和职能的差异。基层检察机关案件基数大，相对比较简单；市级和省级检察机关案件基数少，相对比较复杂，大多是重大疑难案件。基层检察机关诉讼类案件多，市级和省级检察机关诉讼监督类案件多。这些差异决定了对不同层级检察机关员额的业绩考核标准应有区别。

（2）合理设置考核程序。程序公正可以最大限度地保障实体公正。在员额工作业绩考核中合理设置考核程序，以程序保障结果公正至关重要。一是坚持行政主导与民主参与相结合的考核模式。这是法官法、检察官法所要求的"领导与群众相结合"的考评原则①。在行政主导的同时注重员额的主体性，比如在考核委员会或考核组中应有一定的员额代表；在考核时应注意尊重员额自评，将自评与他评相结合；注意听取同事意见，尊重同事评价；积极推进社会因素介入，听取社会意见。尽管外部介入在操作实施中较为困难且效率较低，但亦应克服困难，通过问卷调查、回访、抽查等方式听取民众意见，并吸收社会人士，尤其是关心司法、与司法有关的代表性人士介入考评，以增强绩效考核的民主性、全面性和正当性。二是坚持差别化的考核方式。绝对的公平是不公平。在员额业绩考核中应对不同情形作出区别，如"从司法机构性质的不同，对员额法官的考核与员额检察官应差别设置，区别侧重点；从地区性差异因地制宜设置考核模式；从机构层级差别设置考核标准，区分基层、市级和省级司法单位；从员额职级差别设置考核方式，区分普通员额与担任一定职务员额的考核方法和等次评定"。三是坚持简洁易行的考核方法。考核是员额工作的指挥棒。在业绩考核时要坚持简捷易行的考核方法，避免考核成为员额的负累。考核时应定量与定性相结合，避免唯办案"数据论"的定量法，还应考虑全面综合评价的定

---

① 参见龙宗智：《试论建立健全司法绩效考核制度》，载《政法论坛》2018年第4期。

性评价法，可以借鉴台湾地区对检察官的"职务评定与全面评定方法"①。提高信息化含量，使员额考核的客观资料随案生成，减少因考核而专门准备资料的额外工作负担。合理安排考核频度，慎重设置月考、季考、半年考或各类单项考，尽量减少临时考核、变相考核，以年度考核或任期考核为主，保障员额专心办案。充分利用大数据，合理设置考核指标、权重系数、计量方法，使不同业务类型间具有融通与可比性，使考核操作力求简洁易行。

(3) 充分运用考核结果。手段要服务于目的。员额工作业绩考核是员额动态管理的手段，要充分运用考核结果，提高考核结果利用率。借鉴英国、台湾地区的法官、检察官绩效考评制度，将考评结果与检察官的待遇和晋升紧密联系②；日本则将考评结果通过设置比例分级，直接作用于法官、检察官的职级晋升和奖惩③；美国根据联邦政府规定，考评结果虽不直接与晋升挂钩，但与法官、检察官的奖金、荣誉、表彰、休假挂钩④。在综合考虑员额业绩考核制度的目标功能定位，以及实践做法的基础上，设置一定比例的"不合格"、"不称职"，避免员额检察官职业惰性，倒逼不断提升素质能力，提升司法办案质效。同时，对考核结果的运用应注意把握一定先后层次：第一，将考核结果作为员额动态调整的直接依据。动态调整包括退出一些不能胜任司法办案的员额，晋升一些绩效优秀的员额。第二，将考核结果与员额能力提升相结合。在考核中发现的问题要及时反馈给员额，便于其日后改进提高。根据考核结果有针对性地安排员额参加相应的培训，以提升员额司法办案能力和水平。第三，将考核结果充分体现在绩效奖金分配上。要达到"奖到心动"，拉开各等次间的奖金差距，激活员额办案动力，发挥制度功能。

(三) 注重退出三个维度，完善员额退出机制

员额退出是员额动态管理的直接体现。有进有出才能体现员额的动态流转，确保员额比例的相对稳定，实现员额动态管理。实施员额退出应注重从以下方面细化具体措施。

1. 注重员额退出有度

"有度"，即适度，要求员额退出必须依法而行，依法而定。只有因为法定事由并经过法定程序，才可以免除员额职务，即指员额退出的各种事由以及程序均必须由既定的规范或规则加以明确规定。这既有助于增强员额退出机制的严肃性和公正性，又是员额动态管理的必然要求。

根据《法官法》《检察官法》《保护司法人员依法履行法定职责规定》等法律法规，可以将员额退出情形分为主动退出和被动退出两大类。主动退出是指根据员额个人意愿或

---

① 徐细州：《动态调整视域中员额检察官增补退出机制完善》，载《中国检察官》2019年第3期（上）。
② 参见万毅：《两岸检察官法律地位之比较》，载《东方法学》2011年第2期。
③ 参见姜海如：《中外公务员制度比较》，商务印书馆出版社2013年版，第106页。
④ 参见吴国庆、袁东：《美国公务员的工作考评》，载《中国行政管理》2003年第1期。

者自然客观情形发生而退出员额的,主要包括如下情形:自愿辞去员额职务的;丧失中华人民共和国国籍;调出本单位的;辞职或被辞退的;被撤销法律职务;达到退休年龄界限的;死亡的;其他应当自动退出员额的情形。被动退出,即强制退出,指员额不适合司法办案岗位而需退出的,主要包括如下情形①:(1)存在严重的司法过错行为。(2)受到严重的纪律处分或者行政处分。(3)考核评价不达标。(4)应当单方退出,且经过提醒、教育后仍不改正。(5)因自身原因不能正常履行职务。(6)其他不宜或不能继续担任员额职务的情形。值得注意的是,被动退出是对员额最为严厉的惩戒措施,应当谨慎适用,加强对退出必要性审查,做到员额退出有理有据,经得起推敲检验。

2. 注重员额退出有量

有量,要求员额退出的实施可量化、可操作。员额退出程序应设置启动、审查、决定、告知、批准、执行、救济等环节,每个环节必须明确操作流程、切实可行,力求公开公正。②

3. 退出有衡

有衡,要求员额进出平衡,确保员额比例动态平衡。这就要求有一系列相关配套制度确保员额平稳有序退出。一是妥善分流安置退出后的员额。这主要有两个方向:一个是法院、检察院内部重新调配和安排,转任为司法辅助人员、司法行政人员等;另一个是交流到法院、检察院外部,流动到党政机关、事业单位、社会团体等其他单位工作。二是建立员额增补机制。对因员额退出而有空缺的单位因及时增补员额,以满足一线办案的人员需求。具体可以根据各地实际情况,探索建立"梯次增补、遴选增补、强制增补或直接增补"等方式。③

The construction logic and implementation optimization of the post dynamic management system

Long Jingjing

Abstract:The post dynamic management system is an important part of the comprehensive reform of the judicial responsibility system. Although the selection of posts for courts and procuratorates at all levels are in place, and the post system reform has achieved initial results, the dy-

---

① 参见曾翀、裴钊:《员额检察官退出机制的制度设计——以省级以下检察官为视角》,载《人民检察》2017年第22期;单姣姣:《论法官员额退出机制的理性构建》,载《福建警察学院学报》2018年第1期。
② 参见章琛、苟先涛:《员额检察官退出机制的构建及运行问题》,载《检察调研与指导》2019年第2辑。
③ 肖志飞、吴德明、秦岭:《员额检察官动态调整及退出、增补机制研究》,载《学习月刊》2018年第9期。

namic management of posts is still in a state of vagueness. The basic connotation and objective functions of the post dynamic management system are still unclear, and the specific implementation is not in place. So, it is necessary to clearly define the connotation, objectives and functions of the post dynamic management system, clarify the misunderstandings, and clarify the construction logic of the post dynamic management system. In the specific implementation, attention should be paid to the main aspects such as the definition of post responsibilities, post performance evaluation and post withdrawal, etc. we should improve and optimize the post dynamic management, coordinate and advance simultaneously.

Keywords: post dynamic management; post responsibilities; performance appraisal; post withdrawal; judicial responsibility system

论公益诉讼案件范围拓展的民间法调适*

余 彦 苏 雁**

摘 要 公共利益的法律定义困境和公共利益保护的实践困境，使得公益诉讼案件范围拓展必然面临着法律合法性缺陷的困境。作为法律合法性缺陷的外部救济资源的民间法可以通过价值衡量、利益衡量、法律发现等方式对公益诉讼案件范围拓展的合法性缺陷进行调适。从我国的公益诉讼实践情况来看，公益诉讼"等"内领域的案件范围拓展是民间法通过司法实现调适的重要场域，"等"外领域的公益诉讼案件范围的拓展是民间法通过立法实现调适的重要场域。

关键词 公益诉讼 法律合法性缺陷 民间法 外部救济

囿于法律合法性缺陷以及公共利益的特殊性、复杂性、模糊性，[①]导致亟待受到保护的公共利益存在着无法诉诸司法的可能性，即便已经得到明文确认的公益诉讼类型，假若在司法中片面地遵循存在着缺陷与不足的法律的字面意义，对民众、社会的声音与诉求缺乏回应，则公益诉讼的制度价值也必将大打折扣。究其原因，主要在于社会生活的无限性、高变动性与法律的局限性、相对稳定性之间的张力，[②]使得在运用法律识别与界定已经确立的公益诉讼制度"等"内领域时的公共利益纠纷是否可以进入公益诉讼时显得捉襟

---

* 国家社科基金后期资助项目《中国公益诉讼法典化研究》"（项目编号：19FFXB012）。
** 余彦，法学博士，广东外语外贸大学法学院副研究员。
    苏雁，广东外语外贸大学环境与资源保护法学硕士研究生。
① 法律的合法性包括法律的效力合法性、价值（道德）合法性、技术（工具、程序）合法性。法律合法性瑕疵既来源于不符合德性规范判断，又源于在纯粹事实与技术层面产生的包括法律意义倒错、法律意义空缺、法律意义冲突和法律意义模糊等大体四种合法性缺陷。参见谢晖：《论民间法对法律合法性缺陷外部救济之范围》，载《西北民族大学学报（哲学社会科学版）》2020年第4期，第71页。
② 法律的局限在于其调整范围的有限，对程序的过分重视，以及其所具有的原则性、普遍性的特征，而法的相对稳定性又导致了其供给不能满足高速变化的社会生活对法律的需求。参见高其才：《当代中国法治建设的两难》，载《法学》1999年第2期。

见肘；在公益诉讼"等"外领域的探索之中，判断某一诉讼请求是否公共利益也成为公益诉讼案件范围拓展的一大难题。

作为非正式法源中具有规范意义的民间法是司法实践中法律合法性缺陷的重要外部救济手段。在近年的国家重大战略部署中，民间规范均作为社会治理重要力量被提及，如中共十八届四中全会《全面推进依法治国若干重大问题的决定》（以下简称《决定》）强调，要"深层组织和部门、行业依法治理，支持各类社会主体自我约束管理。发挥市民公约、乡规民约、行业规章、团体章程等社会规范在社会治理中的积极作用"。这一表述说明了民间规范对于国家治理体系和治理能力现代化建设的重要地位。为此，在面对人民群众日益增长的公共利益保护需求的现实之下，《决定》及《法治中国建设规划（2020－2025年）》进一步明确积极稳妥"拓展公益诉讼案件范围"。现代社会治理必然是国家法与民间法多元规范的交融，① 民间规范与公共利益更是存在着天然的勾连。民间规范对于公共利益和公益诉讼制度的助益已不容忽视。有基于此，笔者拟从民间规范中挖掘有益资源，并对这些资源如何对公益诉讼案件范围拓展进行调适做出探讨。

一、公益诉讼案件范围拓展的困境及其产生根源

（一）公益诉讼案件范围拓展的困境

1. 公益诉讼"等"内案件范围拓展的困境

通过对既有公益诉讼相关立法进行梳理，可以发现公益诉讼"等"内领域的表述主要有"破坏生态环境和资源保护""食品药品安全领域侵害众多消费者合法权益""国有财产保护""国有土地使用权出让等领域""侵害英雄烈士的姓名、肖像、名誉、荣誉，损害社会公共利益的行为"等。就"等"内的公益诉讼而言，囿于法律合法性瑕疵与司法能动性不足，即便属于我国公益诉讼的"等"内仍然存在诸多困境：（1）法律意义缺漏，法律无法事无巨细地把一切生活事实和交往关系都纳入法律调整之中，且对未来作出准确无误的判断和规范，公益诉讼作为新生制度更是如此。就如各法律文本虽言之环境公益诉讼、消费者公益诉讼，但在公益诉讼法律明文之中，又只限于"破坏生态环境和资源保护""食品药品安全领域"。当然，在司法实践中公益诉讼"等"内领域已然出现且已存在着丰富的超越这一限制的案件，例如浙江省宁波市"骚扰电话"整治消费公益诉讼案、首例针对潜在的风险以及可能发生的破坏而提起的"预防性"环境公益诉讼——绿色发展基金会诉雅砻江流域水电开发有限公司保护五小叶槭种群环境民事公益诉讼案件。法律意义空缺所导致的公益诉讼"等"内领域案件范围模糊暧昧，在扩大与限缩之间反复摇摆以致案件范围的拓展存在着"于法无据"的诘难，这一问题存而不论亦成为司法常态。（2）法律意义的倒错，司法实践中公益诉讼的存在意义即运用司法手段保护无法运用传统

---

① 参见江必新、王红霞：《法治社会论纲》，载《中国社会科学》2014年第1期。

私益诉讼保护的公共利益,然而现行的公益诉讼运行逻辑则可能与现实相脱节。以"破坏生态环境与资源保护"为例,环境本身所具有的公共物品属性,其公益和私益相互交织,并不可能截然分离的。然而现行的环境民事公私益诉讼离式模式下,提起环境侵权诉讼的受害人往往只主张自身的人身财产损失,而环境公益诉讼存在着在原告的诉请之中公益私益相混淆或者诉请不全面的情形。这将会导致法院以公益为名将兼具公私益性内容拒之门外或者在诉请之外的社会公共利益无法得到救济,有损公益诉讼保护公共利益立法初衷。① (3) 法律意义的冲突,包括公益诉讼法律体系内部的不融贯的状态以及公益诉讼所调整对象之间的"不对应"状态或者矛盾状态。公益诉讼制度尚在建构过程中,部分涉及公共利益保护的法律也尚未添加公益诉讼条款,运用效力层级原则来调整内部体系冲突仍显局促。例如《民事诉讼法》规定的消费公益诉讼的案件范围受制于两个条件:一是侵害众多消费者合法权益,二是达到损害社会公共利益的程度,二者缺一不可。而最高法《关于审理消费民事公益诉讼案件适用法律若干问题的解释》中则认为,损害社会公共利益为侵害众多不特定消费者合法权益,或者具有危及消费者人身、财产安全危险等的行为。众多就是数量多,与消费者是否特定无关。此时仅以效力层级来确定适用规范以判断纠纷是否损害公共利益明显是凌空蹈步。而生长于社会的公共利益,其凝聚着的是公众共同需求,涉及生存与发展等最根本的利益,亦存在着法律的一些规定与案件纠纷地通行的习惯规范有出入,地方抑或行业自身所认识的公共利益亦可能与法律认定的社会的公共利益相左。

2. 公益诉讼"等"外案件范围拓展的困境

公益诉讼案件范围"列举 + 兜底"的立法模式,必然导致公益诉讼"等"外案件的范围难以界定,这也是公益诉讼"等"外领域案件范围拓展所必须面对的"法律意义模糊"与"法律意义缺漏"困境。这源于公益诉讼案件范围拓展过程中,在一些新兴公益领域既缺乏国外成熟制度实践的借鉴,也对既有理论造成一定冲击,为了保持案件范围拓展必要的谦抑性,导致公益诉讼案件范围拓展无论在试点工作中还是后续的立法修改过程中都只在极为有限的范围内推进,最终限制了"等"外领域应有拓展的可能。另外,立法过程冗杂拖沓以及耗费巨大的经济成本和时间,相较于解决公共利益案件纠纷的迫切程度,立法并不算是一项经济方案,而且匆忙立法也易导致法律本身的权威性受损,也容易导致法律之间出现新的"法律意义冲突"。

近年来在公益诉讼"等"外领域的司法保护也多有尝试,各地检察机关办理了多起新型公共利益的公益诉讼案件,例如甘肃省敦煌检察院督促保护敦煌莫高窟行政公益诉讼案、广东省消费者委员会诉广州长隆集团未成年人消费者权益保护公益诉讼案等。当然,事物具有两面性,背面也存在着人民法院限制门槛将公共利益的纷争拒之门外的现象。最

---

① 参见张旭东:《环境民事公私益诉讼并行审理的困境与出路》,载《中国法学》2018 年第 5 期。

高法《关于印发修改后的〈民事案件案由规定〉的通知（2020）》（以下简称《案由规定》）中，重申各级人民法院应当依法保障当事人依照法律规定享有的起诉权利，不得将修改后的《案由规定》等同于民事诉讼法第一百一十九条规定的起诉条件，不得以没有相应案由可以适用为由，裁定不予受理或者驳回起诉，损害当事人的诉讼权利。而法官"不得拒绝裁判"原则的存在致使部分法院为了政绩只能从入口拦截可能成为疑难案件的公共利益纷争。当事人"起诉难"，法院立案受理难，公共利益寻求司法保护被人为地卡在了公益诉讼的门口。

（二）公益诉讼案件范围困境的产生根源

1. 公共利益的概念界定不清

公共利益一词是我国现行法律体系中一个频繁使用且具有重要法律意义的不确定法律概念。不仅如此，在法律文本中还使用了许多与公共利益含义相近的词汇，如"公益""社会公共利益""人民利益""国家利益""群众利益""集体利益"，这些词汇的采用，使得公共利益的内涵更加难以厘清。而"何谓公共利益，因非常抽象，可能言人人殊。"① 德国学者洛厚德立足于空间提出了公共利益判断的"地域基础标准"。依此标准，公共利益是一定空间内涉及大多数人的利益。而德国学者纽曼基于公共利益提出了"不确定多数人标准"，只要大多数的不确定数目的利益人存在，即属公益。② 梁慧星教授认为公共利益是一个抽象的范畴，包括我国社会生活的基础、条件、环境、秩序、目标、道德准则及良好风俗习惯等，既包括物质文明建设方面的利益，也包括精神文明建设方面的利益；既包括国家、集体的利益，也包括公民个人的合法利益。③ 又有学者提及公共利益不仅指以社会公众为利益主体的，涉及整个社会最根本的法律原则、道德的一般原则还包括隐藏于它们之后的与时代相适应的公平正义观念。④

但在我国法律上关乎公共利益的界定明显与法学界的公共利益界定存在着差异。且在不同领域内、不同情形下，公共利益是不同的，情况相当复杂，在法律上难以对公共利益作出统一的具体界定。梳理我国现行法律对于"公共利益"界定，表述不一，有的规定于整部法律立法宗旨中，有的规定法律行为的法定条件限制，有的规定相应领域公共利益内涵。

公共利益概念难以界定清晰，其内在的复杂性、多重性致使在公益诉讼的案件范围上采用"列举+兜底"的立法模式也是无奈之举。尽管加有"等损害社会公共利益的行为"这样的限定词，说明立法者并不认为事关公益的诉讼仅限于此。但在实践中，我国法院不

---

① 陈锐雄：《民法总则新论》，三民书局1982年版，第913页。
② 参见陈新民：《德国公法学基础理论》，山东人民出版社2001年版，第184–186页。
③ 参见梁慧星：《民法》，四川人民出版社1988年版，第134页。
④ 金彭年、蒋奋：《再论社会公共利益的法律保护》，载《时代法学》2007年第1期。

敢突破明文规定的思维定式往往使法院的司法能动性大打折扣。① 近几年涌现了关于公共安全、互联网公益保护、文化遗产这些公益诉讼"等"外领域的积极探索，但毕竟只是凤毛麟角。公共利益概念难以界定清晰，即使法律浩如烟海也无法给纷繁变换的社会生活给出一个"何为公共利益"的准确答案。

2. 公益与私益的内在紧张关系

公共利益定义的模糊必然导致其与私人利益存在紧张关系。公共利益是一个与私人利益、国家利益相区别的概念，是全体社会成员所共享的社会价值，在现代社会中集中表现为"公共产品""公共服务"和"公共权利"。以救济公共利益为目的的公益诉讼，是为了维护客观的法律秩序或抽象的公共利益，其是否应该进行原告与诉争案件之间利害关联的切断成为判断该案件是否为公益诉讼必须考虑的问题。

瑞典法学家佩·亨利克·林得贝鲁认为，公共利益和个人利益同时存在并且在许多方面是交织在一起的，它们的边界通常是一致的。实现了其中的一个目的往往也对另一目的有利，发展的趋势是私人利益和公共利益的融合。随着公共利益和私人利益的融合，诉讼程序的公共目的和私人目的也相互作用、相互依存。② 德国公法学者莱斯纳指出，基于现代社会生活现象的多样性，不能将公益与私益视为相反的概念，两者应是相辅相成、并行不悖的概念。③

公益诉讼的最典型特征在于其为了维护社会公共利益，在公益诉讼制度设计之初就有别于传统私益诉讼。与私益诉讼相比，在适格原告资格上，公益诉讼原告不同于私益诉讼原告，其与诉讼标的并无直接利害关系，而所涉及的损害具有广泛性、严重性和长期性；私益诉讼主要调整民事主体间利益冲突，损害范围一般较易确定。但在司法实践中公益与私益难以做到泾渭分明。例如掀开中国公益诉讼序幕的丘建东诉龙岩市邮电局"一块二"案，这"一块二"既是原告丘建东作为消费者未获得邮电局承诺的夜间半价服务的消费者权益，也是所有邮电局提供的通信服务消费者的权益。同样为原告的诉请中公共利益与私人利益相混杂，既请求个人损失又请求拆除烟具并禁止在列车内吸烟以保障公共利益的"国内无烟诉讼第一案"，法院却最终认定该案不属于公益诉讼。可见，公益与私益的内在紧张关系是公益诉讼案件范围拓展遭遇困境的又一根源。

3. 公益诉讼的社会资源支撑不力

肇端于西方国家的公益诉讼制度夹带着舶来品印记，在我国无论是在制度设计或是司法实践中均隐约地疏离我国本土法律语境之外。要使其得以在我国落地生根，必须着眼于

---

① 颜运秋、余彦：《公益诉讼司法解释的建议及理由——对我国〈民事诉讼法〉第 55 条的理解》，载《法学杂志》2013 年第 7 期。

② 参见［瑞典］佩·亨利克·林得贝鲁：《个体诉讼和群体争议：以瑞典为视角对民事诉讼程序之群体诉讼的建议》，奉晓政译，载《民事程序法研究》2008 年第 4 辑，第 362 页。

③ 参见陈新民：《德国公法学基础理论》，山东人民出版社 2001 年版，第 200 页。

中国的现实,以我国特定的文化、历史,多元共存的规范资源促使公益诉讼制度在流变中不断生成,使其更加贴合中国方案。

公益诉讼制度这一"法律刺激"(legal irritant)促进了我国法律对其产生刺激和反应,并从根本上重构公益诉讼制度这一外来法,其内在在适用运行中进行着不可控的演进运动。而任何法律和政令的贯彻,如果没有习惯的支持,就必然需要更强大的国家强制力。① 借助本土资源是一种制度获得认可和合法性并得以有效运行的可行途径。② 社会资源是法律制度在融贯变迁中辅助国家力量而获得以实现社会安定的重要支撑。于公益诉讼制度,社会资源既包括公众内在的公益精神、人们共同的价值取向、人们生活习惯中确信的规范、公益性社团的组织发展以及行业规章关乎公共利益等等。然而目前我国公益诉讼实践中的某些现象不过是源于社会激励而蜂拥而上"集团行动"(collective action)从而导致的"理性冷漠"(rational apathy)现象。③ 例如地方政府在生态文明建设背景下大力推动环境公益诉讼,在社会舆论的压力下以消费公益诉讼追责侵害消费者人身或者财产的违法行为等等,实际仍是地方政府作为一个食利者以自身利益最大化的理性经济人角度在成本效益核算之下"搭便车"的结果。可以看出,在公益诉讼的实践中呈现着国家力量强势推进与民间孱弱运转之间的失衡局面。在根据我国文化去理解去内化公益诉讼制度的这一过程中,很大程度是依靠国家、政府的推动,社会资源的支撑不力无疑成了其案件范围拓展不足的短板所在。

二、民间法对公益诉讼案件范围拓展调适的可能性及途径

法律知识是有局限性的,现实生活中确实存在着许多活生生的问题。人们长期积累起来的行为规范、行为模式和纠纷解决方式,这些东西尽管从某种特定的法律定义出发可以否认它是一种法律,然而无法否认的是与这种制度和文化有联系的观念和行为方式仍深刻地存在于中国社会中,规范着我国社会生活的许多方面,影响着我国制定法的实际运行及其有效性。因此,为公益诉讼的案件范围拓展寻找新的资源支撑,需要高度重视民间法资源。

(一)民间法对公益诉讼案件范围拓展调适的可能性

1. 治理意义上的民间法有助于公共利益的识别

对公共利益的范围和边界之所以很难达成一致,重要原因之一就是社会中实际存在着

---

① 参见[英]哈耶克:《个人主义与经济秩序》,贾湛、文跃然等译,北京经贸学院出版社1991年版,第23页。
② 参见苏力:《法治及其本土资源》(第三版),北京大学出版社2010年版,第49页。
③ 参见[美]曼瑟尔·奥尔森:《集体行动的逻辑》,陈郁等译,上海人民出版社1995年版,第56-59页。

多元规范、秩序。作为民间法的习惯通常被理解为"一种稳定的行为偏好或习以为常的行为模式"①，这一种稳定的偏好与模式是在时间的流转中，经人们的共同选择而沉淀在人们的意识之中，以共同的道德原则规范约束着全社会成员，保护个人、集体和社会的利益。

作为发育公众公益力量的民间规则基础，民间规范具有天然的优越性。在公益诉讼区域公共利益的认定中发挥了比国家法更为切实有效的作用。尽管生长在荒野僻壤，新生城镇，其久居一地，语言、习俗和文化的分享形成了心理上的相互认同，利益关切也逐渐统一。例如在西部少数民族地区，为了守护繁衍生息的山山水水，苗族以"榔规"制自律村民。生态环境资源以及延伸的生产资料药材、菌类等由民众认可为其内在的公共利益。这一范围在一定程度上更宽泛于国家法，但又限缩了生态环境保护范围，认可了民众合理范围内的环境公共利益开发；"责任山"与"公山"互补，确保生态环境的可持续发展②。十里不同风，百里不同俗，不同区域生产生活习俗也会逐渐产生分歧，难以保持一致的心理默契和认同，在一些问题上还会产生利益分歧和认知冲突，故而在演化中不断形成了各有关切的、区域内民众认可的公共利益。部分地区和民族也保有对自然权威的崇敬，其公共利益也由自然生态拓展到内在精神信仰之中，例如藏族对于"神山""神湖"的禁忌、纳西族的《东巴经》中对于"水源"的禁律等。③

民间法作为区域内重要地方性资源，其在积极贡献于公共利益界定的实践的同时，也在缓慢地影响和渗入包括公众参与机制、城市社群治理模式、乡村农业保护等在内的诸多现代法治领域。相较于国家法推动路径，民间法潜移默化的推动路径更能凸显习惯、民间规范与公众参与机制、社群治理等社会治理对于公共利益的集中。民间法治理内涵与公共利益的共通形成了独特的民间法解纷智慧，促进了社会结构的稳固、社会生产的稳步前行。

2. 社会资源意义上的民间法有助于拓展公共利益面

随着社会流动性加强，多元的法律、社会规则、民间规范等总是同时混缠于社会微观的同一运行过程中。生活中呈现出的数之不尽的关于社会性权利和责任的伦理规范也渐成民间法的社会资源，逐渐形成了习惯法、民间规范、村规民约、组织章程、行业规章、职业道德等丰富的社会资源，其对于社会群体的发展来讲是至关重要的。在社群之中，社会群体一起生活的争议，其公共利益的享有以及分割，个人私益与公共利益之间的交叉冲

---

① 张文显：《法理学》，高等教育出版社2003年版，第469页。
② 苗族"榔规"制，以"榔规"的社会组织议定民间规范"榔规"或"榔约"自律村民对森林资源的利用，在规定期限内可以砍伐"公林"内以竹竿丈量的薪柴，其余时间进行"封山"管理，在此期间村民可以修剪"责任山"的树枝作为燃料。
③ 藏族中存在的种种自然禁忌多与宗教相联系，自然物（神山、神湖、神兽、神树等）是神圣不可侵犯的，禁止在神圣地上挖掘、打猎、伤害兽禽鱼虫，禁止将任何物种带离神圣地，禁止于附近打闹喧哗，其公共利益自然包括民众的内在精神信仰。虽然可能未对生态环境造成损害，但却对当地民众的信仰造成了不可磨灭的刺痛。纳西人通过《东巴经》规范制约着人们对待自然界的行为，东巴经常见的禁律有：不得在生活用水区洗涤污物、不得在水源地宰杀牲畜污染水源，等等。

突，增加了社会生活下情感和道德成本的风险。社会生活发展与市场经济的现代化语境下，作为社会微观的一个切片，社会群体等的发展都以配备规则的方式来规范群体行动，以避免生活在一起的面临冲突的群体成员因争端和受到的不敬行为而诉诸诉讼。依靠着对冲突的预见，社群成员把公共利益的划分的处理设置为预设规范，从而和平、开放地解决群体之中无需采用法律或者法律所不及的争论。通过这种方式不仅能够节约成本和提高行为的预测性，也可以促进社群中尊重规则、共享共护公共利益的伦理形成。在诉诸诉讼时，也可以辅以社群内的社会规则、民间规范、章程中人们认可的公共利益来拓展司法上公共利益的认定与救济，从而扩大其保护面。

例如在现代化浪潮下，基于村民从传统农业转向特色经济、特色产业，社会生活发生变更时，规则也发生了相应的变化。村民的利益与责任也不再局限于其生活的小小村落。如特色乡村旅游产业的开展也使得本身属于村民个人利益的房屋等成为村庄共同需要维护的公共景观。而在城市生活之中，当代人的社会实践已经形成或正在萌芽发展的各种非正式的习惯成为人们生活中更重要的本土资源。快递、外卖、共享单车等人们生活消费习惯的变化衍生出一系列人们内心认可的公共利益与约束。而"上海丰巢收费风波"的持续升级也正是小区物业规范以及经社会中公众内心认可确信的丰巢存放快递是其购买、租赁房屋时就已配备的服务，应属于公共服务设施的这一习惯与商业经济的冲突而引发的。规矩不是法律，规矩是"习"出来的礼俗。换句话就是，社会和个人在这里通了家。① 在各种便利侵入人们的生活之时，熟人社会走向陌生人社会的过程中，愈发多样的公共利益得以在成文或不成文的民间规范中得以窥见。

3. 规范价值意义上的民间法与国家法公益保护具有契合性

国家法代表着社会的整体利益、整体价值追求和道德方向，而民间法的既有价值内容于地方利益更具有经济性、更有利于地方公共利益维护，其具有独特性。但是这并不意味着民间规范价值与国家法矛盾，在很多情况下，民间规范价值与国家法具有契合性。

对于公共利益的保护，民间规范价值所追求的正义与国家法并不矛盾。民间法作为社会公众日常交往中自发生成的秩序，其价值的生成正是社会主体在社会规范与社会生活之间互动的进行不断的调适，因而民间法凝聚了社会主体的广泛共识，包含着社会普遍的公平正义价值。就如哈贝马斯所言公民通过对"私人生活领域中形成共鸣的那些问题加以感受、选择、浓缩，并经过放大后引入公共领域。"② 社会普遍的公平正义观点往往就凝聚在民间规范当中，在纷争中更愿意援引民间法也正因为在他们日常生活中积累下来的规范体系并更能体现他们的真正需求与公共意识的认可。

在《关于林木盗窃法案的辩论》一文中马克思就明确指出了维护民间规范中正义的重

---

① 费孝通：《乡土中国》，生活·读书·新知三联书店 1985 年版，第 5 页。
② [德] 哈贝马斯：《在事实与规范之间：关于法律与民主法治国的商谈理论》，童世骏译，生活·读书·新知三联书店 2003 年版，第 97 页。

要意义。在马克思看来，盗窃罪的确立应当考察地方民间规范，在盗窃林木案中，捡拾树枝的民间规范代表了人民基本生存权利这一最为基础的公共利益，民间规范构筑了民间正义、民间秩序，此时的人权保障所依靠的不是别的，正是民间规范的正义。例如苗族侗族地区的用水习惯法、防火习惯法、环境保护方面的习惯法等是有利于社会秩序的、在价值上与国家法一致的。再到国际法之中，民间规范对于社会、国家、世界的公共利益——可持续发展，也是有所助益的。1992年《里约环境与发展宣言》第22项原则"原著民、他们的社区及其他当地社区，由于他们的知识和传统习惯，在环境管理和发展中起着极其重要的作用。各国应认同并合理支持他们的特性、文化和利益，并使他们能有效参加能实现可持续发展的活动中"。①

在国家法之外，民间规范等自生自发规则虽然逐渐式微，但仍在与国家法的相互交错中或外围边缘领域继续生长。民间规范价值并不会因为国家法的凸显而消失。恰恰相反，两者之间追求公共利益保护的内在的契合性是运用民间规范这一被公众一致赞同的规范将会极大地增强和补足国家法对于公共利益保护的功能和缺陷。

(二) 公益诉讼案件范围民间法调适的具体方式

在一般意义上，民间法是在历史的流传中得以稳定在人们内心的规范，社会章程与规范则是在广泛的民主协商和公共参与中形成的，体现了一定程度上的公共意志，多数为"良善"之法，但是现实并非总是如此，由于时间的迁徙与现实情境的改变，又或是公共意志的形成是被其他利益所挟裹的，民间法在现实中也有可能异化为"恶"法。故而对民间法的援引和运用，更需严格按照法律原则和精神，在有助于公共利益保护与统一法律整体价值的基础上展开。

1. 价值衡量

价值衡量是法官在司法活动中根据案情对法律、对适用于个案的规则的处理方式之一。在该处理方式中，法官进行价值衡量的根据既可以是国家法律的原则精神，也可以来自民间规范。② 社会公众总是自觉或不自觉的援引民间规范对社会事务进行大致的价值评判。换言之，民间法可以以价值衡量实现社会公共利益的判断。从民间法中判断社会主体广泛认可的道德信念及价值观的社会主流价值取向，从而判断社会行为选择方向以及行为模式，判断社会事务的性质所在。同时，生成于地方的文化符码的民间规范同样会伴随着

---

① Laksbman D. Guruswamy, Sir Geoffrey W. R. Palmer, Burns H. Weston, Jonathan C. Carlson, *International Environmental Law and World Order* (Second Edition), WEST GROUP, p. 185.

② 谢晖：《初论民间规范对法律方法的可能贡献》，载《现代法学》2006年第5期。

迅速演变的社会生活不断更新、自我调适自我发展,① 民间规范价值也是如此,与现代法治价值相互动,不断吸纳时代的价值因素。法官借助价值衡量的方式,把"情理因素"和"相关利益因素"和引入司法活动的结果,参酌民情民意,做出受民众欢迎的判决也是如此。至此,我们就可以回答一下上文提及的"国内无烟诉讼第一案"是否为公益诉讼这一问题。原告的诉请中公共利益与私人利益相混杂,既请求个人损失又请求拆除烟具并禁止在列车内吸烟以保障公共利益。虽然北京铁路运输法院认定该案不属于公益诉讼,原告不属于公益诉讼的法定起诉主体,公共利益与私人利益在本案中只是相互包含的关系。但明显我们可以看出在此案中,放任被告上述行为的持续会对以后所有乘坐该次列车甚至于全国范围内列车的乘客的出行环境甚至身体健康产生或将会产生不利影响,在人们约定俗成的民间心理、民间规范文化之中"吸烟有害健康""二手烟危害人体健康"的情理民情与社会价值取向与"密闭空间、室内禁止吸烟"的规范意识均指向在列车吸烟区的设置以及吸烟会导致侵害到不特定人群的共同利益。原告的请求铁路集团公司拆除烟具与吸烟区的设置具有广泛的社会影响效果,有助于达到维护公共利益的社会效果。维护这一权益的"国内无烟诉讼第一案"作为公益诉讼案件是毫无问题的,一个案件是否为公益诉讼案件的判断局限于是否法律明文规定的公益诉讼构成要件更是因噎废食。

在价值衡量的过程中,民间规范作为法律的合法性缺陷的外部救济途径,能够有效填补国家法与社会实践产生距离的空间。在公共利益保护理念日益盛行的今天,民间规范价值对于公益诉讼制度法律制度的发展与完善有着重要的补充作用,实现两者之间的良性互动具有重大意义。

2. 利益衡量

利益衡量是在权利交叉重叠甚至冲突,当权利发生冲突时需要考虑权利在法律价值位阶中的地位,限制个体自由和权利来实现社会利益的平衡,保障大多数人的权益。② 对于不可避免出现的法律合法性缺陷,利益法学主张应就现行法探求立法者所欲促成或协调的利益,并对待决案件所显现的利益冲突为利益衡量,以补充漏洞,缓解冲突,尽可能在不损及法的安定性的前提下谋求具体裁判的妥当性。③ 公益诉讼之中,公益与私益之间的互相诘难,致使公益诉讼案件范围拓展免不了陷入私益裹挟公益,公益啃噬私益的困境之中,究竟何种公共利益纠纷得以进入公益诉讼制度就需要借助利益衡量来进行判断。

利益衡量需要对利益状态作详细调查,需要把各种利益充分地展示出来,对各种利益的强弱大小进行充分地比对,做出谨慎取舍,从而获得最为合理的结论。人民内部出现利

---

① 民间规范的运行提供了主体互相批判的平台和空间,允许不同声音的出现,为民间规范适应实践需求、吸收新的价值元素提供了路径,民间规范的这种特性决定了其在价值构建上可以吸纳不同主体的价值取向,并不断反思整合。当实践不断发生变化时,民间规范就会不断被修正、完善,吸收现代的价值因素。参见李杰:《民间规范价值论》,法律出版社2019年版,第64-80页。
② 梁慧星:《民法解释学》,中国政法大学出版社1995年版,第316页。
③ 梁慧星:《民法解释学》,中国政法大学出版社1995年版,第72页。

益分化、利益群体多元化的格局,社会各种利益要求也处于不断变动之中。人民大众的利益和需要并不是纯主观的产物,它导源于人民大众在特定时代和社会所处的社会物质生活条件。因此,我们基于凝练了公众共同意向、在社会生活中曾长期有效、且在可预见的未来人们仍将依赖的民间规范得以评价判断某一纠纷是否侵害公共利益要看该案件是否有利于破坏阻碍社会经济的发展,是否影响与触及人民大众在社会的政治生活和整个精神生活中的自由和权利,是否影响社会稳定和社会进步,即要看该纠纷是否可能减损社会的发展。结合国家法同时也参照运用法律之外的民间法予以综合创造,重新构建裁判规范以判断案件是否侵害公共利益,才能更加切合案件,既维护案件当事人的利益,又保护社会公共利益。

3. 法律发现

法律发现是指在某一特定的制度内用来发现与解决具体问题或在具体问题上确定与案件相关的法律原则、规则的意义而使用的方法。[①] 法律发现在法律内部总有穷尽的情况发生,同时在司法救济中,外部救济(民间法的救济)乃是在穷尽了内部救济基础上迫不得已的一种救济资源发现和救济方式。[②] 然而,目前发展不健全的公益诉讼制度以及公共利益的保护紧迫性,在穷尽公益诉讼制度内部,甚于所有法律法规之时,将目光投向法律外部,寻求外部规范对法律合法性缺陷的救济也是维护公共利益的应有之义。

法律发现最为根本的方法乃是通过不断调适事实与规范之间的关系,使得二者在"目光来回往返"的过程中得到基本适应。法律适用者必须准确认识他面临的案件及其与社会相关因素的联系。只有在此基础上,他才能发现合适的法律规范并正确地适用。"[③] 于公益诉讼而言,则是法官在发现法律的过程中将本案置于当地的民间规范、情理风俗之中,基于个案的具体情境以整体性思维来判断是否侵害了公共利益,以便能够发现适合本案的更为恰当的规范并将其纳入公益诉讼保护范畴之中。例如疫情防控期间,以村规民约为代表的民间规范,在很大程度上担当起了疫情期间基层治理的基础规范。面对公共安全这一公共利益,村规民约的灵活性和便捷性能更好地实现国家的疫情防控法律政策取效于社会。

司法视角的民间法,则是基于司法渊源的立场而言的,其司法识别即司法所引用、采纳为裁判的根据或参照。因此,其是司法根据现行国家法的精神和原则予以筛选的产物,或者是司法识别的产物。[④] 这一过程中两者之间的契合不言而喻。遵循法律精神,在法律外部寻求判断公共利益的具体规范,从而把更多的公共利益纠纷纳入到法律秩序体系中,

---

[①] 谢晖、陈金钊:《法律:诠释与应用》,上海译文出版社2002年版,第81页。

[②] 参见谢晖:《论民间法对法律合法性缺陷外部救济之范围》,载《西北民族大学学报(哲学社会科学版)》2020年第4期。

[③] 参见[德]魏德士:《法理学》,丁晓春等译,法律出版社2005年版,第177页。

[④] 参见王林敏:《民间习惯的司法识别》,中国政法大学出版社2011年版,第68页。

通过司法圆润、补救、维护并最终拓展公益诉讼案件范围。

三、民间法对公益诉讼案件范围拓展调适的具体场域

在公益诉讼推进的前期，限制受案范围是公益诉讼制度发展不健全与检察机关的自我谦抑性的必然样态。若一次性放开公益诉讼的进入门槛会导致案件井喷，而司法资源紧缺无法应对这一情形。但是，随着公益诉讼的发展与推进，狭窄的受案范围将无法应对现实中不断增加的公益保护需求，亦不能满足人民群众对公益保护日益增长的期待。因此，逐步拓展受案范围是公益诉讼发展的必然趋势。从我国的公益诉讼实践情况来看，民间法对案件范围拓展的调适主要有两个场域，"等"内领域的案件范围拓展主要通过司法实现，"等"外领域的案件范围拓展主要通过立法实现。

（一）民间法对公益诉讼"等"内领域案件范围拓展的司法调适

现代维护公共利益法律的兴起与发展更多地需要现代文明的积极供养，以适时地应对各类新型的突发社会问题以及公众需求。司法机关是社会纠纷的正式处理机构，而从具体细节看，司法是国家法合法性缺陷之日常且正式的救济者。在法律体系内找不到救济方案时，司法可寻求民间法的力量和具体规范，从而在细节上保持国家法运行过程中的总体有效，补救国家法之于公共利益保护的价值不足、救济不足。而民间法作为判断公共利益的重要辅助，其在运行中本质上仍需遵从法律价值的一般规律，于国家法与民间法的互动中彰显法律应当秉持的理性精神，并符合社会正义追寻的根本指向。

1. 公益诉讼"等"内领域案件于案件范围拓展中原告诉请的民间法调适

"自理词讼，原不必事事照例。但本案情节，应用何律何例，必须考究明白。再就本地风俗，准情酌理而变通之。"① 在公益诉讼"等"内领域之中，部分原告将公益与私益混淆，于诉请之中，既请求维护公共利益，又请求赔偿自身损失，致使该案件在法院立案阶段存在着被拒于门外的可能。民间规范的存在亦是完善规范诉讼请求，维护公共权益的重要助益。相较于国家法，民间规范对于协调社会个体相互之间以及个体与集体、社会之间在公共利益与个人利益利用中的各类关系，不仅具有国家法的平衡公共正义的基本功能，而且具有针对性以及更为显著的灵活性。

民间规范表现为源于并建构自身自发秩序的规则，于动态视野下不断生成发展的地方规范、行业自律、职业道德等均是基于社会事实性秩序的构成。在"公共池塘资源"理论框架下，作为国家正式规则的国家法需要在大量非正式规则的"协助"与"补给"下才能更好地发挥有效管理社会公共利益的作用。另外，从创制和实施过程来看，民间规范既是凝聚了社群之中在公共利益中共治和自主选择的民主愿望价值，是比国家法更为有效的

---

① 方大湜：《平平言》卷2，"本案用何例须考究明白"，资州官廨光绪十八年刊本。

地方社会规则。原告的诉请亦可以借助民间规范在判断纠纷是否为公共利益之时通过不断调适事实与规范之间的关系,使得公共利益得以在法律发现的"目光来回往返"的过程中得到确认从而拓展其范围。

2. 公益诉讼"等"内领域案件于案件范围拓展中诉前程序的民间法调适

诉讼作为争端解决的重要路径,其程序设计必须考虑到诉讼成本和对社会秩序的有效维护。寻求更为简化的诉讼程序和更为低廉的诉讼成本,① 公益诉讼的制度设计中也是如此,通过前置程序的设计,以检察建议的方式履行法律监督职能,在很大程度上能够减少提起诉讼的数量,减少因为诉讼而产生的经济耗费。

大量的公益诉讼案例显示,侵犯公共利益的原因和行为虽然多种多样,但行政机关的违法行为,特别是行政机关的不作为违法是导致公共利益不能得到有效维护的重要因素。在行政公益诉讼的诉前程序中,有的检察机关提出的检察建议内容比较空洞、针对性不强,被告时常抗辩检察建议难以执行。民间规范历经各方利益的来回,无论在技术性还是繁复性上都无能出其右,且其作为社会自治的规范功能价值依然显见。例如众多民族习惯法对于环境的保护更优于国家法,于此地的环境公益纠纷若仅限于国家规定的生态环境与资源,忽视本地特有的环境规范,容易伤害民族情感,不足以保护维护当地所认可的社会公共利益。

诉前实现维护公益目的是为公益诉讼制度的最佳方案。检察机关可参照民间规范丰富完善其检察建议,督促其停止违法行为或督促履职。对于经过诉前程序,行政机关依然没有及时整改,或没有社会组织提起诉讼的,检察机关才提起公益诉讼,坚决维护司法权威。

3. 公益诉讼"等"内领域案件于案件范围拓展中案件线索的民间法调适

公益违法是很典型的公地悲剧现象,公益诉讼缺乏正向激励机制,是否提起公益诉讼存在很大的搭便车现象,这就造成公益违法现象很多而公益诉讼案件很少的怪现象。所以拓展公益诉讼案件线索是将拓展的公益诉讼案件落到实处的重要前提。②

根据《民事诉讼法》和《行政诉讼法》的规定,公益诉讼案件的现有线索来源限定于检察机关在履行职责中发现的公共利益案件。"检察机关履行职责"的这一表述,排除了其他主体自行收集线索的可能性。然而落眼于民间规范,可以从中发现众多鼓励社团成员参与社会治理,以激励手段推进成员举报、告发破坏社会公共利益行为的民间规范。例如珠海斗门村村规规定"为奖励村民踊跃举报,对敢于揭露和举报在霸占或破坏公物、破坏生态环境、破坏公共安全、损害公共(集体)利益等问题的村民,经查证属实的,村委会将给予 200 - 2000 元的奖励。"疫情防控的村规民约中也有多提及"村民应自觉遵守村

---

① 顾培东:《诉讼经济简论》,载《现代法学》1987 年第 3 期。
② 颜运秋:《中国特色公益诉讼案件范围拓展的理由与方法》,载《深圳社会科学》2021 年第 1 期。

规疫情防疫措施,相互监督,发现线索,及时向镇、村举报。"民间规范中成员披露有害国家利益和社会公共利益行为甚至非法行为的权力,既是其作为社会治理主人翁意思的体现,也是拓展公益诉讼案件线索的来源,从而调适公益诉讼制度。

(二)公益诉讼"等"外领域案件范围拓展的民间法立法调适

1. 公益诉讼"等"外领域的"重要领域"案件范围拓展的民间法调适

当前我国社会主要矛盾已经转化为人民日益增长的美好生活需求和不平衡不充分的发展之间的矛盾,因此,要抓住人民群众最关心最直接最现实的问题,让人民群众有更多获得感、幸福感、安全感。群众在维护公共利益方面的痛点、难点和热点领域,就是公益诉讼发挥作用的重点领域,也是探索"等"外领域公益诉讼的发力方向。[①] 在各省的实践探索之中,主要围绕着安全生产、公民信息保护、历史文化古迹和文物保护、应急管理、公共安全等目前社会所急需的公共利益维护。但"在探索'等'外公益诉讼时,既要积极推进,也要坚持'稳妥'原则,准确界定公共利益范围。"对于凝结了人们情感、心理认同以及共同的价值取向的民间法则有助于分辨判断是否为公共利益,准确界定公共利益范围,防止其随意外延,为新型公共利益保护进入公益诉讼提供理论与实践保障。法律合法性缺陷给民间法留下一定的解释空间,让民间规范来发挥解释作用。通过这样的规范模式,就可以对其大致的规范框架和价值取向予以引导和规制。例如文物保护是否能够进入公益诉讼之中,虽然已经有文物保护的相关法律法规,但地方民居等具有时代纪念意义与地方特殊经济的尚未被法律所关注,而相关村庄村规等社会自理规范亦规范了其属于地方共有财产,是地方公共利益,需要予以保护。疏于管理或者破坏地方历史遗迹,有损国家利益和社会公共利益。

在办理"等"外领域案件中,还需要注重"办理一案、教育一片、影响社会面"的效果导向。在当前法治政府建设中,政府简政放权的力度不断增大,大量政府管理事务将转移到社会自我治理中,这要求大量科学合理的民间规范与立法相结合,以提供规范支撑作用。民间法作为维持了一定范围内的社会秩序,形成一定的自律机制以维护公共利益,有助于促进地方建立长效维护公共利益的机制,完善地域和行业治理,使得公共利益的保护不应止于公益诉讼。

2. 公益诉讼"等"外领域的"边缘领域"案件范围的民间法调适

公益跟私益的紧张关系永远不可能被完全克服,两者之间的界限也不甚明晰,甚至论及上文提到的公益诉讼"等"外领域中的"重要领域",其中公共利益中亦夹杂着个人利益。举例而言,关乎个人信息的公共利益,从私益角度所看见的是"个人信息泄露",而

---

① 李春薇:《"等"外探索:更好地保护公益》,http://news.jcrb.com/jxsw/201910/t20191023_2067561.html,访问时间 2021 年 3 月 4 日。

从社会公益角度出发,所看见的则是"个人信息泄露所导致的扰乱市场秩序,可能严重危害社会公众的生命健康安全,致使社会公共利益与国家利益受到侵害。"一言以蔽之,则是"重要领域"中的利益包含了更重要与现实保护可能性的公共利益。相反,"边缘领域"的公共利益其中蕴含的公共利益因其特殊性,目前甚至很长一段时间都很难进入公益诉讼案件范围内。有基于此,民间法对"边缘领域"案件范围调适的途径就在于通过前文提到的调适路径更多是为"边缘领域"不能进入公益诉讼案件范围进行证成,抑或对某一领域可能推出"边缘领域"进入"重点领域"的可能性提供资源支援,使其能够在条件成熟时进入公益诉讼的案件受理范围。

On the Adjustment of Folk Law on the Scope of Public Interest Litigation

Yu Yan, Su Yan

Abstract: The dilemma of legal definition of public interest and the practical dilemma of public interest protection make the scope of public interest litigation cases inevitably face the dilemma of legal legitimacy defects. As the external justification's resource of legal legitimacy defect, folk law can adjust the legitimacy defect of public interest litigation cases by means of value assessment, interests consideration legal observation and so on. According to the practice of public interest litigation in our country, the expansion of the scope of cases in the field of public interest litigation is an important field for folk law to participate in judicial adjustment. The expansion of the scope of public interest litigation cases is an important field to realize the adjustment of folk law legislation.

Keywords: public interest litigation; defects in legal legality; folk law; external justification

社会调研

扁担山地区布依族婚姻习惯法田野调查与研究*

周相卿**

> **摘　要**　扁担山地区是贵州省境内重要的布依族聚居地，位于贵州省西部安顺市、六盘水市两个市的交界地带，分属于三个县管辖。贵州境内的各少数民族习惯法中，保留最完好的当属婚姻习惯法制度。依据布依族婚姻习惯法，其婚姻成立是一个过程。扁担山地区婚姻习惯法内容主要有娃娃亲制度、赶表制度、公开的仪式婚制度、不落夫家制度、偷婚制度、抢婚制度和离婚制度等。这些制度在当代都发生了变迁。
>
> **关键词**　布依族　婚姻习惯法　田野调查　文化变迁

本文作者在 2007 年至 2019 年期间，长期在扁担山地区布依族聚居的地方进行习惯法田野调查。贵州境内的各少数民族习惯法中，保留最完好的当属婚姻习惯法制度。由于历史传统和地理环境等因素的作用，一直到 20 世纪末期，扁担山地区的布依族婚姻习惯法还是能够自成体系。无论是结婚制度还是离婚制度都与国家法中的婚姻法内容形成多元关系，但是对社会秩序并不构成威胁。对布依族的婚姻习惯法，不能按照国家法的思维，采用简单的结婚、离婚制度进行分类描述，其婚姻成立是一个过程。我们下面对布依族婚姻习惯法的多种制度进行描述。

一、调查地点的一般情况介绍

布依族在贵州境内有着悠久的居住历史。根据 2010 年第六次人口普查的数据，排在

---

* 国家哲学社会科学基金项目《黔西南北盘江上游流域布依族习惯法田野调查与研究》（项目编号：13BMZ036）。

** 周相卿，法律人类学博士，贵州民族大学教授，博士研究生导师。

贵州少数民族常住人口数量前3位的分别是苗族、布依族和土家族，其中布依族人口是251万人，而全国的布依族人口也只有287万人。也就是说87%以上的布依族都居住在贵州境内。贵州的布依族主要聚居在自然条件比较好的黔南和黔西南地区，特别是临近江河两岸相对平坦适合种植水稻的地方。

扁担山地区是贵州境内重要的布依族聚居地。在贵州的民族学界，扁担山地区是很有名气的，如果不到实地进行查看，仅仅根据资料的记载进行想象，有可能偏离实际情况很远。本文第一作者2008年12月第二次到扁担山地区调查时，步行到"扁担山"下，第一次实地查看了这个"山"。从东面上去以后，用步量的方法测量了长度。如果从东面看是一个很矮的小山头，上去以后可以看到很笔直和平坦的小山岗，长度大概只有900米。全部都是乡级公路的组成部分，第一次看到时还是沙土路，到现在已经修成柏油路，呈东南与西北走向。由于这个所谓"山"的上部是县级公路，这一带又是扁担山地区的最核心地带，后来经常坐车或者步行于"扁担山"上。

所谓的扁担山地区，并不是说人们都居住在高山上，实际上当地的布依族都是居住在平坝中。平坝周边的山都是无法长出树木的石山，也很少能够找到一小点可以种庄稼的地方。扁担山地区的核心地带从地理环境和居住的情况看，可以分为西部、中部和东部三个部分，西部、中部两个部分当地人习惯称为两个"槽子"。所谓"槽子"是指并列的两个山中间河水冲积成的窄长坪坝。当地是典型的喀斯特地貌，除了小坪坝的稻田以外，多数的山上连草木都长不高，甚至一些地方连草都不能生长，不可能种植农作物。这三个部分就是这样的山隔开的。

现在的扁担山地区的绝大多数地域范围属于安顺市镇宁布依族苗族自治县管辖。南部一部分属于安顺市关岭布依族苗族自治县管辖。西部有一部分属于六盘水市六枝特区管辖。这一地区在1950、1960年代土匪都没有绝迹，抢劫、抢婚的现象一直延续至1990年代，自然寨之间的人发生群体冲突的现象非常多。

由于扁担山地区的核心地域基本上都是布依族居住，当地村民日常的交流语言都是布依语，但是50岁以下的村民基本上都会说汉语。一直到本世纪初，这里都比较好地传承了远古的布依族文化。近十多年来随着国家经济的发展，受交通条件改善，村民生活水平提高以及青年人都外出打工等因素的影响，传统的布依族文化逐渐成为历史。本文的内容实际上是对布依族婚姻习惯法文化的抢救性发掘。

二、娃娃亲制度

娃娃亲制度是指在子女非常小的时候，父母就给确定了长大后的结婚对象，并且对男女双方都有习惯法的约束力。采用这种娃娃亲的一半左右是姑表婚和姨表婚，往往是背带背着的小孩就开始订亲，也被称为"背带亲"，也有一些双方的家长关系特别好而采用"背带亲"的。"背带亲"以外的娃娃亲一般都是在女孩8、9岁的时候才订亲，订亲的仪式比较简单,例如扁担山地区在1980年代以前的订亲是男方家找两个女的带约5斤装的米酒两壶,两只鸡,两包一斤的糖,到女方家吃一顿饭即可。一旦订下娃娃亲,逢年过节时,男方都要带礼品到女方家走动。

娃娃亲是父母包办婚姻的一种形式。在我们调查过的扁担山地区的布依族村寨中,村民们都说,1970年代以前通过赶表自由恋爱偷婚的情况是不存在的。也就是双方满意的情况下也必须父母同意才行。1966年的调查资料这样写到,扁担山地区在人们的记忆中的若干代以来,都盛行包办婚姻,例如在凹子寨的45对夫妇中,父母包办的有38对,自由结婚的只有3对,抢来的有3对,兄死娶嫂的1对。按照当时的统计,娃娃亲的比例达到85%。新中国成立以前"中农以上的人家,当儿子长到七、八岁至十一、二岁,甚至有的还在襁褓中,父母就为他订下了婚约。贫、雇农多长到成年,再设法去找。"[①] 其他的布依族地方也有类似的情况,这与新中国成立后的情况有所不同。新中国成立以前,贫、雇农多,长到成年以后再设法去找的人就多。新中国成立以后,通过土地平均分配和后来的人民公社化,人们的财富差距不大,娃娃亲现象就更多了。

在贵州的其他布依族聚居地方调查时,发现新中国成立以后,多数地方都存在过娃娃亲现象。特别是在1970年代以前,父母为子女定了娃娃亲以后,即使子女长大不同意亲事,也只有服从父母的意志。虽然绝大多数的布依族地方,1980年代以后娃娃亲的现象越来越少,父母基本上都不再为子女找娃娃亲,但一直到现在,一些地方还是存在着娃娃亲现象,不过小孩长大后外出打工,娃娃亲的约束力已经非常小了。

在贵州的苗族和侗族居住地方,有些受到汉族文化影响较大,也存在少量的娃娃亲现象,不过总体上看,父母包办婚姻情况没有布依族地方严重。

如果从习惯法强制力的角度看娃娃亲现象,在历史上,很多布依族地方的娃娃亲有非常强的习惯法约束力。在1970年代以前,小的时候定的娃娃亲,后来悔婚的情况很少见,结婚以后也很少有离婚的。1980年代中期以后,受到国家婚姻法规定的婚姻自由的影响,娃娃亲的约束力越来越小,多数地方长大后合不来的就分手。

在扁担山地区,长大后出现悔婚的,如果是男方悔婚,还比较好办,如果是女方悔婚就比较麻烦。一旦男方坚决不同意,女方找其他男人的,可能会遭遇男方复仇的危险。1980年代以后,通过调解方式解决悔婚纠纷的越来越多。在扁担山地区的黄土寨,我们采访的一位五十多岁的男子说,他小的时候其父母给他订下娃娃亲,比他大几岁,后来这个女的偷偷跟其他人结婚了,他当时不知道是在什么地方,如果知道就会去将那个男的整死。当时我们问他,把别人整死你也犯法,他说不管那么多。在新中国成立以前,这种报复方式从习惯法角度是不禁止的。

---

① 杨通儒:《镇宁布依族社会历史调查》,载贵州省编辑组:《布依族社会历史调查》,贵州民族出版社1986年版,第77页。

从田野调查的情况和其他文献资料的记载看，贵州各地布依族聚居地方的娃娃亲现象不是布依族的远古传统，是受到汉族文化影响的结果，在居住地离汉族比较近的布依族地方，订娃娃亲的比较多。赵旭东对华北农村调查时就发现汉族地区比较典型的娃娃亲现象。① 2019年3月10日在黔南布依族苗族自治州平塘县克度镇大满口布依族寨调查时，当地一位年近80岁的寨老说，娃娃亲在当地也称为"背带亲"，是汉族的做法，布依族自古在当地就没有这种习俗。2017年8月在位于北盘江中游流域的贞丰县金井寨调查时发现当地有不落夫家制度，但是没有娃娃亲现象。2007年在册亨县南部者述村调查时，发现当地也极少有娃娃亲的现象。册亨县位于北盘江与南盘江之间，与广西乐业县、田林县以及隆林县相邻。民国时期陈国钧在《北盘江苗夷的分布》一文中讲到当时册亨县的少数民族人口特别多，一出县城即有非说夷语不通行之势，"全县人口约六万余，其中夷族实占最大多数，约有五万余，苗族惟有青苗，占绝少数。"② 明永乐四年以前无论是当时的国家势力还是有高度自主权力的得到国家承认的地方势力，都没有实际控制册亨地方，受到汉族地区儒家文化的影响比较少。在相对封闭，受汉文化影响比较少的苗族和侗族聚居地方，也很少存在娃娃亲现象。

三、赶表制度

布依族地区的"赶表"制度，在当代民族学资料中有很多记载，含义相同，但是翻译成汉语时称呼上差别很大，例如"赶表"、"玩表"、"闹梭锐"等等，这与各地布依族方言有差别以及表达方式不同有关。当代布依族文化中的赶表制度，是历史上布依族婚姻习惯法中赶表制度的传承，汉文资料中对清代和民国年间布依族地方的赶表现象有记载，但是记述比较简略，而且都具有儒家文化中心主义的歧视现象。通过对现代赶表制度进行分析，可以形成对这一制度的更进一步的理解。

扁担山地区赶表的时间主要有以下几种情况：第一，在赶场时或者是节日，如三月三、六月六、春节等传统布依族节日期间赶表；第二，婚庆等场合赶表；第三，农闲的时候，多个布依族男青年到相对远的地方赶表。在传统上赶表的时候，男女各在一方相向对唱情歌，例如晴隆东北与关岭交界处的布依族聚居地方就有翻译成汉语后的歌词："唱首山歌兜一兜，看妹抬头不抬头，妹不抬头是害羞……"，这是男青年唱的，女子对唱的也是类似情歌。男女互有情意的就开始单独约会。1980年代以后，女方没有定娃娃亲或者没有确定结婚对象的，有的男生直接将女的带回家，过一段时间后补办习惯法结婚程序。

布依族青年男女自由交往的同时也必须遵守严格的行为规范，男女唱歌时，要保持一

---

① 参见赵旭东：《权力与公正——乡土社会的纠纷解决与权威多元》，天津古籍出版社2003年版，第84页。
② 陈国钧：《北盘江苗夷的分布》，原文发表在1942年1月15日《贵州日报·社会学研究》，载《贵州苗夷社会研究》，民族出版社2004年版。

定的距离，有长辈在场的对歌，只能是娱乐性的内容，不能是情歌。同姓同宗的人不能在一起唱歌。赶表过程中绝对禁止婚前性行为，历史上有的地方发现婚前怀孕的情况，按照族规进行处罚，之所以这样做，是因为人们认为出现这种情况会给村寨或者家族带来神秘的灾难或者使家族蒙羞。在调查的过程中，有人就对课题主持人讲，现在也有女的做出有伤风化的事情，被其家族的人偷偷处罚。

按照惯例，经过了结婚酒程序的女子在常住夫家之前都可以赶表，否则人家都看不起你，被认为是憨包。正常的赶表是被认可的，有些地方也由此引发大的事端。1990年代以前，在扁担山地区因为婚后未常住夫家赶表引发的伤害等案件非常多。老年人为了防止出事，要组织人到集市上巡守。一些年轻人发现自己的结婚对象与其他人进入状态太深，就会给与"提醒"，打架、动刀子是经常的事。

布依族地区的赶表制度与贵州典型苗族聚居地区的游方①制度有很大的区别，在主要是苗族聚居的雷公山地区和月亮山地区，男女在游方过程中可以私定终身，由于存在偷婚制度，男女两厢情愿的一般都能够最终结为夫妻。在布依族地区，由于受到汉族儒家文化的影响比较大，父母最终有对子女婚姻的决定权，赶表制度往往与早婚及父母决定权冲突。另外，苗族地方即使是男女一方或者双方都有了结婚对象或者按照习惯法结婚未坐家，一方通过游方又认识了新的结婚对象，解决矛盾的方式也比较简单，只要赔偿另一方财物即可。但是在布依族地区，出现这种情况往往会引起比较大的冲突。

田汝成在《炎徼纪闻》卷四中讲到：在陈蒙烂土司为黑苗，又为冘苗，"女子过十岁，即构竹楼野外处之，以号淫者"②，这里讲的陈蒙烂土司的驻地位于现在的三都水族自治县境内，当地有水族、布依族、侗族、苗族等多民族，呈现小聚居状态，古代汉文献记载的"苗"与现在的苗族不同，泛指现在的多种少数民族，究竟是指哪一种少数民族，现在很难考证了。

2017年2月在海南黎族地区调查时，发现当地很多黎族聚居的地方，人们在1980年代以前都是居住在比较小的茅草房中，子女在15岁以上都要与父母分开居住。男孩子找一帮兄弟帮自己建造一个小茅草房，女孩子的父母给自己的女儿建造小茅草房，都比较小，仅仅能够放一张床和一个桌子，吃饭时回到父母身边。这和当地特殊的婚姻制度有关。男孩子和女孩子在这种小房子里面谈情说爱，不会影响到父母。这种制度比贵州的布依族地区要原始得多。女子结婚前生子的情况不会受到人们的歧视，当地没有怀孕或者生育的女子不会有人去娶。可能存在女子在结婚时，在不落夫家制度存在的情况下，生有一个，怀有一个。现在黎族地区男女生小的时候在外读书时住校，读书结束以后，又到外地上学或打工，没有必要和父母分开居住。还有，现在人们也不再居住在很小的茅草房里，

---

① 游方与布依族的赶表含义相同，是青年男女自由接触异性选择恋爱对象的方式，是贵州苗族聚居规模最大的黔东南雷公山地区的苗语音译。
② 田汝成：《炎徼纪闻》，转引尤中：《中国西南的少数民族》，云南人民出版社1989年版，473页。

手机的广泛使用，交通越来越便捷，传统的茅草房的功能不存在了。

在 1980 年代和 1990 年代初期，人们依照传统的进化论研究模式，有的人将赶表推论为母权制和对偶婚制的残余，有的人将赶表推论为普那路亚婚的产物。在西方，进入二十世纪以后，文化人类学与其他社会科学学科的最大区别之一就是用事实说话，而不是在推论的概念中绕圈子。用现代语言来讲，赶表是具备娱乐功能的自由接触异性选择恋爱对象的方式。父母包办是儒家伦理观在婚姻制度中的体现。

四、公开的仪式婚制度

贵州多数少数民族最远古的婚姻形式是通过赶表自由恋爱，双方自主决定婚姻，女方怀孕以后常住夫家。由于布依族聚居的多数地方自然条件相对较好，是国家重点关注的地方，受到儒家文化影响比较大，1970 年代以前，子女已经没有自主选择配偶的权利，娃娃亲、双方赶表后相识相恋双方父母同意的婚姻，都要经过结婚酒的仪式确定半婚姻关系，女方怀孕常住夫家以后才算完成婚姻的最后程序。1980 年代以后出现一部分偷婚的，有的不再走结婚酒程序。现在男女在外面打工相识结婚的，一般回家补办结婚酒，但是这种结婚酒已经没有习惯法的意义了，演变成了普通的习俗。结婚酒一般包括要八字和结婚仪式两个密切相关的程序。1980 年代以前，男女结婚不是以打结婚证为标志，也基本上没有人打结婚证。结婚实际上是一个过程。

（一）要八字

结婚时看双方的八字是汉族的婚姻文化传统，布依族接受并传承了这一传统，并成为仪式婚的必要程序，在扁担山地区的布依族，取八字之前双方父母都要了解对方的八字，并请先生按照书上内容核实是否相克，根据计算的结果，确定婚姻能否成立。正式要八字只是一个程序而已。

以前男方家的人去要女方的八字时要带安顺地方的特产波波糖，一壶能内装 2 斤左右的当地土酒和一只五官长得好的公鸡。女方家找当地有文化的人把女方的八字写在红纸上交给男方家取八字的人，男方家根据双方的八字请老魔先生通过计算确定举行仪式的时间。在举行仪式时，男方要带财礼钱、4 壶酒、4 封糖、4 只鸡、6 斤左右的猪肉到女方家。财礼钱后面的数字是 2，象征两个人。以前数额很少，是 62 元、82 元、120 元等，到后来数额不断增加。

（二）结婚限制

第一，是同宗不通婚，主要是同一祖先的后代之间不能开亲。在调查中，没有发现当代有人打破同一祖先的通婚先例。第二，祖先为结拜兄弟的也不通婚。1966 年的调查资料记载异姓也有不通婚的，扁担山地区分别属于三个乡的的鲁姓、马姓和卢姓互不开亲，根据传说这三个姓的祖先从远处来这里的时候,"原不相识,因在中途相遇一起过河,恰遇天雨,山洪暴发,三人互相牵手而能平安过河,于是互通姓名,就结拜为弟兄,并发誓以后不许开亲。因此,他们的后代,直到现在,仍然遵守这个誓愿。"① 出现这种限制情况,一般与当地的祖先崇拜有关,人们认为违背祖先定下的禁忌,会受到祖先的惩罚。第三,不与被认为有"读永鬼"的人家开亲,认为有"读永鬼"的人家会能生成一种会伤人的虫子。有的地方传的还很神秘。第四,不与外族通婚。传统上当地的布依族只是与布依族通婚,不与苗族通婚,很少与汉族通婚。第五,属相相克不通婚,例如一方属鸡或者属猪,另一方属虎就不能通婚等等。

(三)结婚酒

传统上扁担山地区一般是女方12岁到15岁左右开始办结婚酒的程序,男方家这时送给女方手工制作的布依族服装,2000年左右价值人民币两千多元,对于男方家庭而言,是很重的负担。以前只是送一套即可,后来都是要送两套。这种服装并不适合在平时穿戴,一般都是在特定的仪式上才穿,之所以没有多少实用价值还必须送,是受传统文化的影响和束缚。后来逐渐开始送汉族时装、首饰等。扁担山地区和贵州很多少数民族地方一样,在晚上迎娶新娘。男方家的人组织本寨子的很多男女青年人到女方家接亲。一般要详细计算走路的时间,保证在特定的时间到达。女方家人在本寨子选择两个平时与新娘关系好的年轻姑娘陪新娘到男方家。在男方家举行的结婚仪式比较简单,在堂屋摆一桌菜,请本寨子中的长辈围坐在桌子周围,新娘给男方家祖先的牌位和长辈分别磕头以后,结婚仪式就完成了。传统的做法是新郎并不参加结婚酒仪式,连个照面都不打,新郎新娘也不相互说话。新娘在两个伴娘形影不离的陪伴下在男方家住三个晚上,这期间新郎新娘并不相聚。扁担山地区结婚这一天除了程序必须的送姑娘的两个伴娘以外,男方家没有外家客,也就是没有女方寨子中的其他人,其他的人送时不能送出本寨子的地界。等到三天后,男方家两个年轻的小伙子挑着制作好的20斤左右一个的两个糯米糍粑和送给女方的衣服,送新娘回娘家。这些东西在以前是用两丈白布包着。这次男方家还要找一个与新娘年龄相当的姑娘陪伴新娘回去。男方家的人到女方家吃一顿早饭就回去,结束仪式。年龄小的也不知道最终能否真正成为夫妻,能成婚的也要等多年以后才能坐家。到后来也有的等到二十多岁才办结婚酒,年龄大的可能很快就坐家了。1995年以后基本上都没有伴娘了,同居过的新娘也不好意思找伴娘,也没有小姑娘愿意为同居过的新娘当伴娘。现在的结婚酒已经失去原来的习惯法意义,由于现在双方都是年龄大,要八字订婚和结婚酒一般不再分开,而是一起办。以前是女方在伴娘的陪伴下住3天,现在也不存在住多少天的问题了。

---

① 杨通儒:《镇宁布依族社会历史调查》,载贵州省编辑组:《布依族社会历史调查》,贵州民族出版社1986年版,第77页。

(四) 扁担山地方结婚酒过程中的"抱谷"仪式

关于"抱谷"的意义,我们在调查的过程中曾经问过一些年龄比较大的人,他们说自己也不清楚是何含义。现在所称的"抱谷"从布依语的词义上讲是指接亲活动的两个年轻的小伙子,由于没有确切的语言表现这种仪式活动,就称为"抱谷"。关于"抱谷"的具体程序,1966年的扁担山地方调查资料是这样记载的:"新娘出阁时,他家以四升、六升或八升(每升重约五斤)糯米做一对大的和四个小的糍粑,装在一对竹篮里。接亲的小伙子如到女家,即相机把糍粑挑了悄悄溜出村外等待新娘。如不进家而在村外等候时,糍粑则由新娘的兄弟或堂兄弟挑出,放在村外,由接亲人自己相机去取。因为当把糍粑挑出时,成群的七八岁至十二三岁的小孩就尾追而来。挑糍粑的和小孩一起,都要向接亲人投掷稀泥、抹黑脸,接亲人如不机警,不仅衣服被弄脏,而且很难把糍粑挑走。接亲人无论进村与否,小孩追来,只能回避,不能还手。他们挑了糍粑即逃,但小孩们并不罢休,还要紧紧追赶。追了一程,接亲人即把小的糍粑向他们扔去。并说:'送你们粑粑,你们回去吧。'小孩们追累了,得了粑粑,就不追赶了。"①

现在的这种仪式与1966年调查时记载的也相似。在办结婚酒的前一天,男方家请两男一女三个年轻人带一壶酒、一只鸡到女方家接新娘。在仪式过程中,男方家派去的女青年在女方家宴请时,在没有倒完酒以前要将酒壶抢回。比如说装5斤的一壶酒在剩下一斤左右时就不让用了,剩下的酒要带回男方家。女方家制作每个20斤米或者25斤米的糯米糍粑两个,每天都有人守着这两个糯米糍粑,男方家的两个男人在夜间去"偷"拿女方家打好的两个糯米糍粑时,女方家的人假装保护不让拿,采用的"武器"是水,用水泼或者用水枪攻击"偷"拿糯米糍粑的人,男方家的人"偷"到后要赶紧逃跑。有的女方家的人对男方家不满意,"攻击"过火,导致婚姻关系无法形成。

(五) 结婚酒的习惯法后果

在扁担山地区,如果男女双方已经喝了结婚酒,而其中一方又在赶表或其他情况下重新找到结婚对象,男方反悔的,喝结婚酒的所有费用自己承担,给女方的彩礼钱和其他礼品不再返还;女方反悔的,就要请人去和已经订亲的那家商谈,一般是请寨子中德高望重的长辈去谈,退回彩礼钱和其他礼品以外,还要赔偿男方家喝结婚酒的所有费用。有的男方家不愿意退婚,就会漫天要价,使女方无法承担,这时就可能出现逃婚的情况。如果女的在没有谈好的情况下跑到新结识的男方家生活。就可能招致报复,报复的对象是女的新认识的男方。报复人可能是原来男方个人,也可能是男方找亲族或者同寨子的多人。这种

---

① 杨通儒:《镇宁布依族社会历史调查》,载贵州省编辑组:《布依族社会历史调查》,贵州民族出版社1986年版,第80页。

报复性打架经常造成死伤，而这种报复方式是习惯法认可的。在和扁担山地区距离相对比较近的一个布依族地方调查时，有一位1980年代经常参加赶表的男人讲："在扁担山地区赶表时要特别注意，女方的丈夫可能偷偷跟着，可能会打架，动刀子"。①

五、不落夫家制度

（一）不落夫家制度的含义

不落夫家制度主要是指举行结婚仪式以后，新娘并不是马上常住在婆家，还是与伴娘一起回到娘家居住，如果没有特殊的习惯法制度限制，男方可以找一些理由将新娘请到婆家同居，如农忙时节请新娘干农活，遇节日或者喜庆事请新娘到婆家等等。女方怀孕以后就会长期住在婆家。不落夫家主要是娃娃亲或者其他父母决定的仪式婚情况。有些情况下女方对男的不满意，就会不择手段拖延在娘家常住的时间。

在1990年代以前的扁担山地区，由于女方结婚的年龄都比较小，普遍存在不落夫家制度。结婚后的一段时间内女方不在婆家住，一般是白天到男方家，晚上天黑以前就回娘家。现在有的女方没有进行结婚酒程序的都在男方家了，有的有了小孩以后才办酒。在马口洞寨，父母决定订婚的，长大后有好的，也有不好的，有的结婚十多年都不去男方家，以前没有怀孕的不会到夫家去，一直不怀孕就会结束半婚姻关系。

现在由于经济社会的发展，父母无法决定子女的婚姻，贵州的布依族聚居地方，都已经不存在不落夫家制度了。

（二）坐家程序

在贵州的多数布依族聚居地方，夫妇何时同居没有特别的仪式，但是一般都要双方的父母商量后决定。贵州的布依族地方，结婚的男女方正式同居往往都有其他的限制条件。

1. 扁担山地区的戴假壳制度

所谓假壳是妇女头上的一种装饰，用竹条和布做成，形状似特殊的帽子。扁担山地区的妇女戴假壳是一种已经结婚的标志，而没有结婚的姑娘头上是戴一块经过刺绣的帕子作为装饰。结婚的女子戴了假壳以后，就开始长期居住在夫家，不能再参加赶表活动。

男方父母认为双方应该常住在一起了，就选择一个好的日子，找两个人，都是女的，事前也不告诉女方家里的任何人。要找人偷偷调查女方是否在家，晚上看到女方在家，第二天早晨去戴假壳。去女方家时，1980年代时带的礼品是1只鸡，一壶5斤的米酒。现在是2只鸡，4瓶布依老窖酒。一般情况下是男方家派出的两个女的带礼品到女方家，采用偷袭的方式趁女方不注意时抱住女方，强行将女方的姑娘头型改成媳妇头型，并戴上假

---

① 是在属于六盘水市六枝特区的布依族聚居地方月亮河流域调查时村民讲的，这里的村民也到扁担山地区赶表。

壳。第一次不行，就需要二次、三次，一旦戴上，女方头饰发生变化由姑娘发型变成媳妇发型，就不能参加赶表了。扁担山地区戴假壳的年龄一般是20岁以上。

在父母包办婚姻的时代，如果不是女方已经怀孕或者女方对男方特别满意的情况下，女方都会想尽各种办法不戴假壳，而且即使是愿意也要装做要逃跑，如果老老实实让男方家的人戴上，被认为不懂规矩。在调查过程中得知，在新中国成立以前，曾经出现过女方不想戴假壳，男方家的人拼命追撵，女方跳河自尽的事情。

1995年左右，都基本上不用强行戴假壳了，但是礼数还是要走的。当地已婚妇女发型与未婚妇女还是明显不同。

2. 其他布依族地方的特殊规定

在扁担山地区西部六盘水市六枝特区境内的月亮河流域，1980年代以前有不落夫家制度，从1990年代中期以后没有了。不落夫家时期，结婚时仅仅是女方到男方家坐一下，第二天就走了，当时多数都是娃娃亲，节日或农忙时去叫。男方家叫女方到家里住，需要经过请三次的程序，第一次女的看到男方的家就回去，不会进家门；第二次进家喝一口水就走回娘家；第三次吃过饭就走了。第四次以后才会在男方家小住一天或者几天，女方怀孕后才长住夫家，包办婚姻时期到了三年还没有怀孕的，大人要强逼着女的去男方家。在要长住男方家之前，男方家要送东西到女方家，多数是送一头猪。

在贵州黔西南的册亨县者述村，如果男方希望女方常住夫家，需要事先与女方家商量，女方家长同意以后，男方家找人带一头猪的猪肉和一只鸡去女方家，将各种应该给的彩礼钱和其他的礼品付清。女方的父母陪送一台织布机，男方家的人对织布机举行祭祀仪式后带回男方家。男方家请新娘时，不再带女伴一起去，双方同居，女方怀孕后长住夫家。

贵州其他的一些布依族地方也有一些特殊的坐家限制条件，限于篇幅不再全部叙述。贵州黔东南典型的苗族聚居地方一般没有这些不落夫家期间的同居限制条件。

（三）不落夫家制度形成的原因分析

在扁担山地区的婚姻程序中有吃月米酒的制度。男方家在新娘生第一个小孩还没有满月的时候，举办婚姻成立的最后一道程序，称为月米酒。按照传统，当地姑娘出嫁时女方的父母都要陪嫁被褥、家具等。没有办月米酒之前，女方家不会将这些陪嫁送到男方家，说明没有生小孩之前结婚程序并没有完全终结。扁担山地区布依族聚居地方的这种月米酒制度与贵州其他地方布依族婚姻制度相比，是一个重要特征。我们在田野调查中也发现有的布依族地方是结婚酒后，没有小孩就离婚。村民们讲不落夫家期间，长时间女生不怀孕的肯定会离婚。类似的情况在贵州东部苗族地方调查时也发现过很多案例。

在贵州西北部与云南邻近的西部苗族地方现在还保留有一种女方不常住夫家，只有生了小孩以后，才能带着小孩结婚的一种"奉子成婚制度"制度。具体是婚姻关系的确立需要走两次程序。虽然男女的婚姻关系不是口头确立,而是需要男方到女方家下过聘礼并被女方家认可。但是男女双方确定婚姻关系后,还不算完成结婚的所有程序,不会确定最终结婚程序的日期,这期间采取不落夫家的制度,一般要持续很长时间,等女方生下小孩之后才确定日期,举办更为隆重的婚礼,完成整个程序。到时男方要带上猪肉、鸡鸭及一些粮食去女方家迎娶新娘,同时将孩子接回家里。当地的人们普遍认为,男女确定男女婚姻关系的结婚酒程序不是很重要的,女方生小孩以后的第二次结婚仪式才更重要。①

贵州的布依族聚居地方与贵州其他一些少数民族地方一样,认为男女双方完成结婚酒程序以后,没有小孩以前,没有完成结婚的全部程序,有了小孩以后才标志结婚程序圆满完成。

六、偷婚制度

所谓偷婚,是指青年男女通过赶表或者其他形式互相了解,准备结婚以后,女方为了防止父母的干涉,在夜晚偷偷到男方家里举行结婚仪式。在贵州的很多少数民族地方,1990年代以后偷婚曾经一度成为非常普遍的结婚方式。这种偷婚的方式是既简便又省钱,省去很多麻烦,还可以节省很大一笔费用。

赶表与偷婚制度本来是从远古时期布依族婚姻习惯法中传承下来的结婚制度内容,之所以布依族聚居地方在1990年代才开始大规模出现偷婚式的结婚方式,与传统上汉文化的影响有关。父母包办婚姻是中国封建婚姻法的特征,国家组织的1966年调查后来出版的扁担山地区《布依族社会历史调查》资料中记述:扁担山地区的"凹子寨两个生产队的四十五对夫妇中,……自由结婚的只有三对。"② 而且这种所谓自由结婚的实际上也是双方通过赶表等形式男女双方互相满意以后各自经过父母同意才能结婚,前提还是双方以前没有婚约。

赶表是布依族的传统,与父母包办婚姻是矛盾的。在赶表的过程中有很多年轻人找到了自己的意中人,但是由于儿时定下的娃娃亲无法退掉或者父母不同意而无法完成心愿。心里产生怨恨又没有办法,很多的青年人只能是将无奈与痛苦藏在心里。从根源上而言,赶表自由而婚姻不能做主的社会现实是社会文化的产物,青年男女们把内心的不满与怨恨归之于父母也不是非常公平的。因为这种婚姻习惯法文化有强制力保证实施,其父母的做法也是源于社会事实而已。

在传统上的扁担山地区,娃娃亲或者其他父母作主的婚姻是有习惯法上的约束力的,如果一方悔婚,要承担相应的习惯法后果。对于男方而言,仅仅是付出经济上的代价即

---

① 参见周相卿、张鲜《威宁县论河村苗族婚姻习惯法制度的调查与思考》,载周相卿主编:《黔东南黎从榕地区侗族文化研究·附录》,中央民族大学出版社2016年版。
② 杨通儒:《镇宁布依族社会历史调查》,载贵州省编辑组:《布依族社会历史调查》,贵州民族出版社1986年版,第77页。

可。一旦女方反悔，男方可能以后很难找到合适的对象，跑了老婆被认为是窝囊，让人看不起。对于女方而言，高额的经济索赔会使女方的家庭难以承担。按照习惯法，没有到男方家坐家的，女子逃婚后与他人偷婚的，其父母要承担责任，男方家会组织本家族或者本寨的人到女方家讨说法，由此引发了很多群体性事件。女方父母或者其他成员有维护习惯法确认的婚姻的义务。这样女子摆脱这种婚姻的方法只能是逃婚后与他人结婚。在扁担山地区，如果是在赶表时男女自愿结合，女方到男方家结婚，就不能回娘家。因为需要等到按照习惯法结婚的原夫家、自己的娘家与新偷婚的婆家谈判好，偷婚的婆家赔偿到位，否则娘家无法承担责任。有婚约的女子如果通过赶表跟其他的男子以偷婚的形式结婚，就可能遭到报复。新中国成立以前发生过女子原夫将偷婚的男方杀死的案例。在1970年代以前的土地制度下，男女双方想偷婚也无处可去。

七、抢婚制度

我国少数民族婚姻习惯法中的抢婚有真抢婚和假抢婚之分，我们这里描述分析的贵州少数民族抢婚问题都是指真抢。本文第一作者在贵州进行习惯法田野调查的经历已经有近20年，还没有发现关于抢婚问题的国家法刑事处罚案例。

在扁担山地区调查时发现，几乎是每个寨子都有两个以上在1990年代以前抢过来的媳妇。1966年调查的资料中讲到："凹子寨两个生产队的四十五对夫妇中，……抢来的有三对。"① 在调查过程中我们发现1990年代，黄土寨的一个年轻人从红运寨抢了一个姑娘，两个人互相认识，喊姑娘到黄土寨成亲，姑娘不去，男方就带了五、六个人去红运寨把她抢到黄土寨，抢的时候女方的父母知道，但是两三天后才来黄土寨问姑娘愿不愿意，姑娘没说什么也就算了，两个寨子相聚仅仅2公里左右。在上硐寨，寨子里有两个1980年代强行从普定县抢的媳妇。布依郎寨1980年代从外地抢回两个媳妇，最终也都变成了事实婚姻。

从抢婚的情况看，主要有以下几种情况：第一种是男女赶表，女的可能与其他多个人关系密切，如果其中的一个赶表对象想找这个女的，找人讲不同意，而这个女的心中另有他人，估计会跟其他人走，就可能会打这个女的歪主意，想办法搞清楚下一次这个女的在哪里出现，找几个男的，在女的无力反抗的地方，将女的强行带到男方家同居。第二种是，女的订有娃娃亲或者父母决定的婚姻，在赶表的过程中，认识其他合意的男人，采用逃婚式偷婚方式到新认识的男方家，其原夫家组织人抢回。调查中发现，1990年代坡贡镇的一个姑娘嫁到黄土寨，男的比姑娘大五、六岁，姑娘就不喜欢，又跑到白水镇坡怀寨跟另一个男的好了，黄土寨的人就用土枪土炮到坡怀去要人，和坡怀寨打架用武力把姑娘给

---

① 杨通儒：《镇宁布依族社会历史调查》，载贵州省编辑组：《布依族社会历史调查》，贵州民族出版社1986年版，第77页。

抢了回来。第三种情况是，女的并不认识男的，被男的盯上后，找机会抢回家。

抢婚者抢来后马上请寨子中的人喝酒，让大家都知道抢了个媳妇，就是破坏被抢者的名誉，使之以后跑回家也找不到好男人了。每天看管，强行生米煮成熟饭，按照现在的国家法构成强奸罪。女的一般不告状，因为被抢过的即使回去，好的男人也不会再找这个女的，重新找只能找更差的，女的就认了。当地说姑娘是菜籽命，落到哪里算哪里。女方家默认抢婚的，男方要去赔罪。女方家的人如果知道被抢者在哪里也会组织人去男方家问罪，但是抢婚的人往往会把被抢者藏起来，对于其他村民而言，提供方便不是习惯法上的犯罪而是义务。抢婚成功的多数都是从远处抢来，原来道路不好，基本上都是走乡间小路，抢和被抢的之间一般都要走一天多时间的路。当时大人一般都不允许女孩子到远地方赶场。

在贵州北盘江流域上游晴隆县与关岭布依族苗族自治县交界地带的几个布依族自然寨调查时，当地村民说，在1980年代以前，也存在抢婚，属于关岭布依族苗族自治县管辖的小盘江寨就有5个是抢过来的。调查的这两个地方以外的其他贵州布依族地方没有发现近些年抢婚的案例。

贵州很多布依族地方历史上都存在过抢婚制度，在新中国成立以后由于政府的干预，现在都发生了变迁。在与镇宁布依族苗族自治县相邻的六枝特区的布依族在新中国成立以前也存在比较严重的抢婚现象。最近一些年在这个地区的月亮河流域调查时，他们说，我们跟扁担山地区不一样，最近几十年没有明目张胆地抢婚的。

八、离婚制度

（一）两种离婚姻状态下的离婚

扁担山地区夫妻离婚可以分为两种婚姻状态下的离婚，一种是没有坐家时的离婚；另外一种是常住夫家以后的离婚。按照传统的习惯法，无论是哪一种情况下的离婚，都必须按照习惯法调解到双方满意，否则会引发严重的后果。

1. 传统上喝结婚酒以后没有坐家时的离婚

关于没有坐家时的离婚，在上面不落夫家制度中有所说明，上面讲的重点是与新认识的对象结婚问题，这里我们重点分析与原来的习惯法上的丈夫离婚问题。1990年代以前，没有常住婆家的女子可以参加赶表，如果女的跟着新认识的对象逃跑后结婚，那么男方就会组织本家族或者本村寨的人强行把人拉回来，同时对带女子逃跑的男人进行惩罚。2000年以后不落夫家制度逐步消失，这种情况的离婚也就成为历史了。

不仅仅是扁担山地区，类似的案例在贵州的很多少数民族地方都出现过，出现最多的是保留有自己的原始文化，同时又受到汉族儒家文化影响的布依族地方。在原始文化保留更好，受到儒家文化影响较少的苗族地方，遇到此种情况时，男方及其家庭的反应没有如此激烈。一般是女方家赔偿结婚时产生的费用即可。

2. 女子坐家以后的离婚

从我们调查过的北盘江上游流域布依族聚居地方的情况看，女子一旦常住婆家，特别是有小孩以后就很少离婚了。女子一旦常住婆家，在离婚时，习惯法上的后果就会与未坐家前不同。女子的父母不再承担任何责任，有时女子家的父母还要带人到男方家要人，质问男方家是否虐待其女儿。为了给父母摆脱麻烦，在扁担山地区，女方逃婚时通常是在赶表的时候遇到自己中意的人以后，保持秘密，原来的夫家强行戴"假壳"时假装不愿意，实际上还配合，戴了以后跟新的情人逃跑后，其父母就不用承担责任了。由于我们选择调查的地方都是保留布依族原始文化比较好的地方，1990年代以前，结婚都不到国家登记机关打结婚证，离婚时一般也都是民间调解的方式解决。

（二）离婚不离家

离婚不离家在国家法意义上属于离婚，实际上是一夫多妻。在贵州的少数民族地方，对是否有小孩或者是否有儿子看得非常重，一个男人如果家里没有小孩或者没有儿子都会被社会公开歧视，在乡村的重大仪式活动中，只能从事"低等"的事，如在别人家有婚宴时，只能帮忙做饭，不能坐在主桌上等等。在扁担山地方调查时，发现一位在编教师在有几个姑娘的情况下，为了生儿子而超生，后来被按照计划生育政策开除。我们调查时曾经问这位教师是否后悔，他说不后悔，现在在寨子里有地位。在新中国成立以前没有小孩的或者女方不常住夫家最后导致离婚或者纳妾，没有儿子的如果女方不能再生育也可以纳妾，现在按照国家法律多妻又构成犯罪。

国家法不允许重婚，有人就"变通"。在调查时，发现与关岭布依族苗族自治县和镇宁布依族苗族自治县相邻的扁担山地区西部隶属于六枝特区的一个布依族家庭里事实上一个男人有两个妻子，这个男人大的妻子没有儿子，两个人到国家的婚姻登记机关办理了离婚手续，又与一个女子结婚，但是原来的妻子离婚不离家，实际上这个男人与原来国家法上离婚的妻子和依照国家法结婚的妻子共同生活，这样做规避了国家法。与传统上布依族地区的纳妾性质类似。

（三）离婚的程序

布依族与汉族及其它少数民族杂居的地方、距离国家政权中心比较近的地方以及其他布依族文化保留的程度较低的地方，基本上与汉族地区一样，离婚通过国家法程序，在田野调查初期选调查点时，就将这种地方排除在外了。

我们选择的重点调查地方，都是布依族聚居程度比较高、比较偏远或者如扁担山地区那样原来国家管理较薄弱的地方，从田野调查的情况看。一直到1990年代，离婚案件都是由民间解决，有些地方由于结婚时没有打结婚证，进入21世纪以后，离婚案件仍然是寨老和村干部一起调解。达成离婚协议的，双方签订书面协议即可。

在扁担山地区，由于1980年代以前，当地的布依族青年结婚的方式是习惯法确定的仪式婚，不到国家机关打结婚证，离婚时也采取寨老调解离婚，不去法院起诉离婚或到民政部门协议离婚。在扁担山地区隶属于扁担山乡的布依郎寨调查时，发现坐家后离婚的案件很少，调查时一位时任村民委员会主任说，1980年代以来仅仅发生一起女子坐家后离婚的案件。女子没有坐家解除习惯法确认的婚姻关系的有多起，从1970年代末到1990年代，女的不愿意要男的有两三个，男的不愿意要女的有10个左右，本寨的都是通过中间人协商解决，基本上都是原来定的娃娃亲。

Field Investigation and Research on the Customary Law of Marriage for Bouyei Nationality in Biandanshan Area

Zhou Xiangqing

Abstract: The Biandanshan area is an important place where bouyei people live in Guizhou Province. It is located at the junction of two cities in the western part of Guizhou Province and belongs to the jurisdiction of three counties. Among the customary laws of the minority nationalities in Guizhou, the customary law of marriage system is preserved best. According to the customary law of marriage for Bouyei nationality, the establishment of marriage is a process. The main contents of the customary law of marriage in Biandanshan area are as follows: arranged betrothal of minors system; Ganbiao system (For the local youth groups, Ganbiao provides an opportunity to "gather"); The public ceremony marriage system (the marriage of young men and women is not carried out in accordance with the procedure established by the national law, but is carried out in accordance with the procedure established by the local minority law); No settled family system (bride does not sleep with the groom as usual, but stay at the husband's house for three or five days, and in the meantime, the groom does not live in the new house. After the bride returned home, she does not live in her husband's house until she gives birth to a child, which is called "no sitting at home"); Steal marriage system (It means a man and a woman met in love, with the consent of the family of the man, the woman secretly married with the man); The system of forced marriage and divorce. These systems have changed in contemporary times.

Keywords: the Bouyei nationality; Customary law of marriage; Field investigation; Culture change

中部乡村治理现代化的逻辑
——以新冠疫情防控中的江西省 L 市农村为分析样本

唐东楚 高松琼[*]

> **摘 要** 中部乡村疫情防控受到组织断裂、公共平台权威失落、正式规范与非正式规范冲突的挑战。为应对防控挑战，江西省 L 市农村嵌入封闭式管理、广泛化参与和网格式防控措施，取得了高质量的疫情防控效果。L 市农村由常规式管理到运动式治理的转换，也得益于以地缘文化、公众参与和平台体系为基础的内生秩序。以公共卫生事件为契机，运用地缘文化，动员群众参与，融合公共平台，落脚于规则之治，对推动中部乡村治理的稳健性与持续性具有重要意义。
>
> **关键词** 疫情防控 乡土文化 群众参与 公共平台 规则之治

《国家乡村振兴战略规划（2018－2022）》（以下简称《规划》）及中央农办等五部门于 2019 年 1 月发布《关于统筹推进村庄规划工作的意见》（以下简称《意见》），基本明确了集聚提升类、城乡融合类、特色保护类、搬迁撤并类四类村庄类型及其发展策略。作为一种治理路径，乡村治理现代化一定层面上需要结合村庄类型的多元性。[①] 就中部欠发达、分散型乡村而言，其各类人口的快速流动，农业文明、工业文明和信息文明的交融正在改变中部乡村的治理格局，重塑乡村的公共秩序基础。2020 年新冠疫情是新中国成立以来传播速度最快、影响范围最广、防控难度最大的公共卫生事件，对基层治理效能提出了新的课题，也为观察中部乡村治理机制提供了新视角。2020 年 12 月中共中央颁布《法治

---

[*] 唐东楚，中南大学法学院教授。
高松琼，中南大学法学院硕士研究生。
[①] 中央农办、农业农村部、自然资源部、国家发展改革委、财政部：《关于统筹推进村庄规划工作的意见》，载《中华人民共和国农业农村部公报》2019 年第 2 期。

社会建设实施纲要（2020－2025）》（以下简称《纲要》），将推进包括乡村在内的多层次多领域依法治理作为提升社会治理现代化水平的重要组成部分。① 学术界对中部乡村治理现代化的研究层出不穷，但是，研究宏观、一般性较强，微观、区域性且结合公共卫生危机的应用研究较少。② 本文以江西省 L 市农村为分析样本，分析疫情防控期间的乡村治理机制。L 市（县级市）位于江西省东北部的 J 市，J 市北部毗邻的九江市与湖北省接壤。2020 年 2 月 6 日开始，围绕农村疫情防控工作，本研究随机选取该市 10 个镇的 10 个行政村进行电话调研、实地调研，在实地调研期间参与观察，③ 并以 100 个行政村的部分村干部、普通农户为主要对象开展深度访谈。④ 在这 100 个行政村中，平均每村 200 户，800 人，平均各村外出务工、求学等人数占村成员的 60% 左右。2020 年 2 月 20 日、27 日，研究分别对这 100 个行政村进行跟踪回访，3 月 30 日对村干部普通农户进行微信回访。L 市农村属于典型的欠发达地区集聚提升类乡村，L 市乡村新冠疫情的防控及治理资源可以成为同类型村庄的缩影。为推动乡村振兴战略行稳致远，⑤ 以公共卫生危机为切入点探究乡村公共秩序的建构，有助于为乡村之治寻求实际出路。

一、中部乡村疫情防控的挑战

市场经济发展掀起的务工潮，城镇化进程催生的离乡潮，传统性与现代性思想的交融冲击着中部欠发达、分散型乡村自然封闭的小农经济，加快了乡村人口的快速流动，推动了乡村社会结构的分化。中部欠发达、分散型乡村组织的断裂、公共平台的权威失落和正式规范与非正式规范的冲突使得乡村疫情防控难度提升。

（一）乡村组织的断裂

L 市农村为长江流域典型的中部地区分散型农村，与团结型村庄（浙东南农村较为典型）相对应，贺雪峰认为分散型村庄的特点是"村庄内缺少以血缘为基础、强有力的行动结构，村庄空间内异质性强，原子化程度很高。"农民往往以户为单位，分家后的亲兄弟也缺乏信息沟通、共同行动。新冠疫情防控期间，L 市乡村组织的基础信息模糊、干群疏

---

① 中共中央印发法治社会建设实施纲要（二○二○—二○二五年），载《人民日报》2020 年 12 月 8 日，第 1 版。
② 陈洋庚、胡军华：《通往"乡村之治"：挑战与出路——以"新冠"疫情防控中的江西为样本》，载《农林经济管理学报》2020 年第 4 期；陈寒非：《网格化简约治理——基于湘北 L 县农村新冠肺炎疫情防控实践的考察》，载《学术交流》2020 年第 5 期；刘涛：《风险社会下农村重大疫情防控策略及其治理逻辑—基于河南省 H 村新冠肺炎疫情的防控分析》，载《天津行政学院学报》2020 年第 3 期。
③ 2020 年 2 月 10 日，L 市市委疫情防控指挥部下派 20 个支援工作组到各乡、镇（街道），笔者于 2020 年 2 月 10 日－2020 年 2 月 29 日担任 L 市市委疫情防控指挥部支援工作组大学生志愿者组成员。参见乐平在线、乐平之窗公众号相关记载。
④ 黄祖辉：《准确把握中国乡村振兴战略》，载《中国农村经济》2018 年第 4 期。
⑤ 深度访谈主要包括圈定式访谈、推荐式访谈和追溯式访谈。

离凸显了组织断裂的问题。一方面,乡村组织基础信息非清晰化,L市城镇化进程中,农村居民家户信息有所变动,并未被组织了解,基础信息内容不准确、更新不及时。部分农村在开展地毯式一户一册登记排查的过程中,由于外嫁女、农转非户口迁出等信息模糊导致公共危机防控成本提升。①①另一方面,组织松弛、干群关系疏离。随着科层制的国家权力逐渐在乡村生长,乡村社会从总体性向多元化转变,具体而言,驻村年轻干部(住在县城)不了解农村的实际情况,干群关系疏离明显。"老杨家儿子现在到城里教书去了,听隔壁说一家人都转过去了。不是发生这个事情我根本无从晓得,这个村子里好多户,碰到要紧上报更是烦人。"(访谈编码:20200220ZHJ)面对重大突发公共卫生事件,组织断裂提升了疫情防控基础信息的交流成本和防控成本。

(二)公共平台的权威失落

自新中国成立以来,乡村党组织及党组织管理的基础设施发挥着基层治理核心作用。中部欠发达乡村政治权威模糊、人才流失的问题凸显,使得基层党组织在乡村治理中陷入了边缘化,突出表现为村党组织中存在的角色异化,动摇了基层党组织的权威。② 欠发达集聚型乡村公共基础设施发展滞后,极大地冲击了公共权威的治理基础。具体而言,一方面,基层党组织成员老龄化严重,思想行动落后于年轻的群众,群众对党组织的认同感大幅度降低,异端文化却"茁壮成长"。尤其是部分村庄内的"村霸"运筹帷幄,把村庄牢牢地"握在手心里"。春节后新冠疫情被线上线下的舆论放大,传统权威辟谣能力不足。"那大岁数了,他(村支部书记)就没走出我们村,他晓得么子话,是真是假。"(访谈编码:202002020ZHL)"大根儿子在外面混得有模有样,看他发了个紧急通知还蛮像真的。"(访谈编码:20200220ZHY)另一方面,2006年初,L市农村正式废除了农业税,乡镇政府控制农村的能力减弱,后税费时代村民自治面临着动力衰竭、财力匮乏和能力不足的问题,③ 在突发性重大公共卫生危机面前,公共设施的落后暴露无遗。"疫情开始,书记叫我们每家派个代表去开会,去的去的,坐的地方都没有,④ 老屋顶透风冷得很,开么子会。"(访谈编码:20200206ZYH)公共平台权威失落,重大疫情一旦发生,容易出现群众恐慌、社会纠纷,错过疫情防控的最佳时机。

(三)正式规范与非正式规范的冲突

乡村社会治理是一项系统工程,任何社会系统运行过程产生的敌对情绪都可能会破坏

---

① 以上问题来自新冠疫情期间笔者的志愿者经历。
② 姚锐敏:《全面推行村级组织负责人"一肩挑"的障碍与路径》,载《中州学刊》2020年第1期。
③ 吴蓉,施国庆:《后税费时代乡村治理问题与治理措施——基于文献的讨论》,载《农业经济问题》2018年第6期。
④ 公共设施破败的严重性在L市部分行政村有过之而无不及。

系统的压力进而导致系统瓦解。① 国家正式规范具有移植性，而作为村民实践基础的非正式规范具有地方性。正式规范以法律法规的形式存在，是国家宏观权力的延伸，非正式规范是乡村治理的直接来源，在乡村社会中为人耳熟能详。一方面，现代化的治理模式要求村民把具体的、与己相关的集团内的价值观延展至更大范围的公共空间，"地方性"的村规民约在约束村集体作用上大打折扣。另一方面，村民根深蒂固的价值规范或许已经远远落后于社会治理，但村民依然按照传统习惯坚守，这加剧了农村社会关系的紧张，不利于农村公共秩序的建构。L 市 H 镇 HY、HS、HW 等村实施封闭式管理期间，发布临时公告，集体设置路障禁止村民与外来人员的任何流动，对交通运输部应时发布的一断三不断（阻断病毒传播渠道、保障公路交通、应急通道、必要的群众物资运输）"置之不理"。②"我是去年新建的蔬菜合作社管事的，今年倒霉碰到了这个病，订了一些设备从市中心运过来，司机讲没路走，我这几天子都着急。"（访谈编码：20200220YHT）"昨天到镇上去，路口上班的硬是要给我口罩，我讲都到了这个时候了，我们村子没人戴口罩。"（访谈编码：20200330SHJ）如何缓解正式规范与非正式规范的冲突，成为疫情防控常态化阶段的主要挑战。

二、L 市农村新冠疫情防控措施及防控效果

与落实精细化管理、公共服务体系完备的城市相比，乡村疫情防控资源供给严重不足，中部欠发达、分散型乡村以风险最小化原则开展新冠疫情防控，应对乡村组织断裂、传统权威不足及规范冲突的防控挑战，通过临时措施的嵌入，约束村民的选择行为，L 市农村以扎实的行动晒出了优秀的成绩单，是公共卫生危机低成本、高效率的社会实践。

（一）L 市农村疫情防控措施

L 市各村属于欠发达农村，农村基础医疗条件薄弱，环境卫生条件差。③ 农务繁忙，村民日常的防卫意识很低。疫情防控期间 L 市各村层层布控、严密布防，嵌入封闭村庄的硬措施、疫情宣传的软措施和网格式管理措施，赢得了乡村疫情防控阻击战的胜利。

硬核式封闭管理

2020 年 2 月 4 日，L 市所在的 J 市新型冠状病毒感染的肺炎疫情防控应急指挥部发布通告（第 3 号）称，该市新型冠状病毒感染的肺炎疫情防控工作进入关键时期，为打赢这场阻击战，该指挥部决定实施加强防控 10 条措施。全市所有村庄、小区（含开放式小区）、单位实行封闭式管理，人员进出一律测温，并出具有效证件。外来人员和车辆一律

---

① [美] 刘易斯·科赛：《社会冲突的功能》，孙立平译，华夏出版社 1989 年版，第 120 页。
② 以上案例来自笔者的亲历，笔者还作为法学专业的大学生被推荐参与劝说群众。
③ 以上概括来自笔者多年的亲历。

严控，由管理人员做好登记备案。① L 市 100 个行政村采用封闭村庄的"粗暴模式"落实相关措施。通过排他性阻断方式，L 市农村防止本村人员外出，禁止外来人员进入，确保零接触阻断疫情传播途径，形成了一个个以村为单元的隔离管理系统。在调查的 100 个行政村中，有 90 个地理位置封闭性强的村庄于 2020 年 2 月 4 日至 2 月 27 日以风险最小化的原则完全封村，10 个封闭性较弱的村设置卡点，镇政府工作人员和本村疫情防控人员排查登记、测温存档、防止遗漏。②

织密疫情防控宣传网

2020 年 1 月 25 日（农历正月初一）晚，100 个村的村民党组织委员会和村民委员会（以下简称两委）人员加紧落实乡政府的规定，采用打铜锣、放喇叭的形式明令禁止置办红白喜事等各类宴席，发动群众建设家庭的"铜墙铁壁"，传递了新冠疫情防控的最强音。H 镇赣剧演员将相关新冠疫情防控指南录制成视频，通过微信、抖音平台加大宣传。M 镇把疫情防控知识编成老少皆懂的地方话，采用宣传标语、宣传车拉好疫情防控网。疫情防控第一线，防控小组模范带头，用乡土语言编织疫情防控知识网，成为乡村独特的风景。S 村村干部（兼老年乐队主角）因往年常在村内的红白喜事上露面，因此在宣传疫情防控方面具有很强的引导和示范效应。

网格化联防联控

L 市农村落实国家肺炎机制发［2020］5 号文件实施"网格化、地毯式管理"要求，采用网格化管理强化联防联控机制。各村从 1 月 28 日在全村范围内启动对有湖北省居旅史的人员及密切接触的人员进行横到边、纵到底的地毯式摸底大排查，要紧盯外防、内控和重点人群不放松，严格落实"点对点"随访措施和"一对一"跟踪管理，以村为网格，每个网格相对独立，最大限度地减少人员流动；网格员是网格化管理队伍中的重要组成部分，以网格中的被隔离对象和帮扶服务小组为单元，对每位居家隔离人员安排一名指导员、一名责任医师和一名志愿者确保防控到位；98 个村均成立临时党支部疫情防控组，党员干部和驻村网格员下沉，网格员落实查、防、备、稳、治各项措施，网格员当好疫情防控的宣传员、战斗员和维稳员，村小组长、妇女组长、党员和平安志愿者担任网格员，老年人协会成员、返乡大学生志愿者承担了一定的疫情防控工作，助力形成了上下联动、群防群控的格局。③

（二）L 市农村疫情防控效果

根据所处位置来看，L 市疫情防控形势严峻，人员和交通管制压力大。全市摸排登记

---

① 《景德镇市新型冠状病毒感染的肺炎疫情防控应急指挥部通告（第 3 号）》，http：//wgxl. jdz. gov. cn/xwzx/002001/20200204/9f2d4db3 - 3674 - 4395 - 849e - 1fada7bd725d. html。访问日期：2020 年 9 月 30 日。
② 数据均来自笔者对家乡疫情防控亲身地参与、电话调研、田野调查。
③ 乐平在线：《景德镇市乐平市建立网格化管理模式防控疫情》，https：//m. jxnews. com. cn/jxjdz/system/2020/01/27/018736030. shtml，访问日期 2020 年 9 月 30 日。

湖北返乡人员 3130 人；出入境监测点检测人数近 12 万人（次）。① 江西省决定从 2020 年 1 月 24 日起启动重大突发公共卫生事件一级响应，2020 年 3 月 5 日，江西省发布新型冠状病毒肺炎疫情县（市、区）风险等级评估情况，L 市继续处在低风险行列。② 从 1 月 30 日全市唯一一名确诊患者治愈出院后，L 市的确诊病例数一直是 0；L 市 296 个行政村的疑似病例、确诊病例数一直为 0。③

在 L 市农村封闭式管理、日常疫情防控宣传和网格式治理期间，100 个行政村内没有出现一例群众排斥性事件，"你感觉自家与世隔绝了，但你们并不寂寞，我们整个村都是孤单的，大家要及时看群里消息。"（某村微信群公告）被调查的 100 个行政村中，所有村庄村民积极配合疫情登记、测温工作，部分村庄的年轻村民主动加入疫情防控工作队伍中。仅有一例湖北黄冈返乡人员违反规定隐藏身份"潜逃"到 L 市 T 镇 Y 村（仅有 30 户左右），该村村民介于"人情、面子"并未举报，集体采取封户的措施，主动理性回避，后该村民被强制隔离，该事件最终也并未发展成干群冲突。100 个行政村村内没有出现一例群体性传谣性事件，"刚开始的时候，我看莫不是要灭世界不，后来持续关注手机报道不怕，不怕了。"（访谈编码：20200220ZSH）"刚开始确实非常害怕，邻居家闺女在武汉上大学，1 月 20 日回来的。全家出门都是怕子嘞。"（访谈编码：20200227ZSH）随着疫情防控措施的常态化呈现，民众恐惧感不断降低，自我防范风险意识和集体共识不断提升。

三、L 市农村新冠疫情防控的内生秩序

中部传统乡村社会，既不是受国家支配的非自立性存在，也不是自立于国家之外的秩序空间。④ 贺雪峰认为内生秩序建立在地缘内部人与人的联系，联系产生行动能力为乡村治理提供秩序基础，⑤ L 市农村新冠疫情防控由常规式管理步入运动式治理离不开内生秩序的作用。在村庄公共空间的互动场景中，任何村民不是孤立个体的存在，而是始终内嵌于乡村集体、受到乡村内生秩序作用的社会动物，村民的社会性也会反作用于内生秩序。地缘文化、群众动员和自媒体运行的内生秩序，既避免了米格代尔所阐发的"标准化的理性主义和国家统一行动的意志"遭遇村庄亚文化的排斥，⑥ 又降低了临时措施嵌入的成

---

① 人民网·江西频道：《数字背后的力量－数说乐平疫情防控一线见闻》，http：//jx.people.com.cn/n2/2020/0210/c186330-33782752.html。访问日期：2020 年 9 月 30 日。
② 中国新闻网·江西：《江西 90 个县市区疫情风险低》：http：//www.jx.chinanews.com/news/2020/0306/34858.html。访问日期：2020 年 9 月 30 日。
③ 以上数据来自笔者的调研。
④ 日本学者沟口雄三的论述，转引自梁治平：《清代习惯法：社会与国家》，中国政法大学出版社 2000 年版，第 96 页。
⑤ 贺雪峰、仝志辉：《论村庄社会关联——兼论村庄秩序的社会基础》，载《中国社会科学》2002 年第 3 期。
⑥ [英] 乔尔·S. 米格代尔：《社会中的国家：国家与社会如何让相互改变与相互构成》，李杨、郭一聪译，江苏人民出版社 2013 年版，第 94 页。

本，成为疫情防控的源泉和润滑剂，灾害情境下乡村风险治理增量显著增强。

（一）疫情防控的地方资源：地缘文化

乡村社会以地缘关系为基础建构的"熟人社会"，其联系强度逐渐弱化，许多村民是单家独户的，原子化程度很高，尤其是市场经济的发展过程中，村民逐渐培养其契约精神。虽然常年漂泊求学、求职的村民，身心和精神都与地缘文化发生了断层，但是地缘文化是隐形的、富有弹性的，在熟人社会，乡村社会结构分化和资源流动释放了社会的空间活力，供养的故乡又成为个体理性和集体行动的根基。

作为 L 市乡村文化的组成部分，地缘文化依托 L 市乡村公共空间形成的群体参与和分享的文化综合形式，具有根植于 L 市乡村地域的当代感，① 也具有生长在 L 市乡村集体记忆的独特感。村民不可能成为一个利己动机最大化的原子，而更可能是一种以地缘文化为基础的关系性存在。虽然 L 市村民外出务工常态化，但在公共卫生危机面前，村民克服了狭隘的个体理性认识，改变了他们几十年如一日的"模板"。"现在外面也抓得紧，村子里大家怎么做就怎么做，保命最重要。"（访谈编码：20200227ZHY）各村地缘文化基础上形成的公众舆论会对村民的行为产生潜移默化的影响，在疫情防控期间，乡舍邻居的监督显然成了最好的警察制度，尤其是对破坏乡村疫情防控公共秩序的行为人进行制裁时，集体公众舆论发挥了优势。② "就是 15 号呗，邻居家有个 P 县的亲戚逃过来了，③ 我和屋前屋后打干部电话马上举报一下子，那可是要命的事。"（访谈编码：20200227YSY）

（二）疫情防控的权威重塑：动员群众

基层党组织等传统权威失落，新冠疫情期间村民的反向调适能力增强。"上面下来通知要封村，我作为村主任并没有马上搞起来，我和几个干部征集了全村人的意见的。因为通知一下来好几个年轻后生唏嘘的。"（访谈编码：20200220BYG）新冠疫情防控期间，L 市农村村民自发参与本村疫情防控治理，利害关系人充分表达意见，提出自己的利益诉求。L 市乡村治理越来越具有公众利益认同和情感基础。④ L 市多个乡镇许多村建立的农村事务综合平台和临时互助群，在疫情防控中后期就特殊事务外出报备、开展娱乐活动、定点倒垃圾、村妇洗衣等典型聚集性问题交流沟通、讨价还价。"借这个的事情，大家的事大家商量。以后这样挺好的。"（访谈编码：20200227GTK）疫情防控期间的 L 市各村

---

① 严火其、刘畅：《乡村文化振兴：基层软治理与公共性建构的契合逻辑》，载《河南师范大学学报（哲学社会科学版）》2019 年第 2 期。

② ［奥地利］尤根·埃利希：《法律社会学基本原理》，叶名怡、袁贵译，中国社会科学出版社 2009 年版，第 95 页。

③ P 县位于江西省 S 市，与 L 市毗邻，2020 年 2 月 5 日被江西省疫情防控指挥部列为高风险地区，3 月 3 日由高风险降为低风险。

④ 贺雪峰：《大国之基：中国乡村振兴诸问题》，东方出版社 2019 年版，第 101 页。

通过公众参与高效地实施疫情防控各项举措，攻坚克难，在公共卫生危机面前找到了全村意愿和要求的最大公约数，更加深入地凝聚集体共识，将乡村自治程序的法定要求纳入可操作化的轨道。村民民主意识和法治意识得到提高，乡村自治能力显著提升。

（三）疫情防控的平台体系：自媒体保障

新冠疫情防控期间，自媒体成为乡村对外联系的重要媒介，为乡村治理提供了有力的启示。自媒体的广泛普及和自由传播的属性打破了村庄地理封闭的桎梏，囿于经济成本、文化水平等障碍的村民话语权苏醒。"过去村里投个票哪个回得来，老板不放人的。现在搞个群投票我会做哦。"（访谈编码：20200227JWT）在电话调查、走访调查的100个样本中，绝大部分适龄村民在自媒体平台上通过群投票、群回复参与村务管理咨询、讨论决策，部分村民甚至通过自媒体平台向乡政府、市政府反映个人意见，适龄村民在自媒体平台上积极学习《传染病防治法》《野生动物保护法》、《网络安全法》。新冠疫情防控期间，L市乡村村民重新认识了他们的权利和义务，并积极实践。

四、公共卫生事件契机下中部乡村治理现代化转型

真正具有人文关怀的社会学研究超脱了传统"头痛医头、脚痛医脚"的怀抱，映射了公共空间秩序的纹理。新冠疫情可以视为时空压缩背景下风险社会的公共事件，[1] 受众范围十分广泛。农村治理是社会治理功效的放大器，农村自治在社会治理中的角色定位和担当，必须放在百年未有之大变局中考量，成为国家治理体系的有机体。当前中部乡村治理的问题一定程度上是国家权力对乡村社会的侵蚀，工具理性主义对乡村自治的冲击使得国家权力与乡村自治之间的缓冲带不复存在，国家宏观权力与公民微观权利的公共平台权威失落。[2] 2020年不仅是全面建成小康社会、脱贫攻坚的决胜之年，而且是乡村振兴取得重要进展、制度框架和政策体系基本形成的决胜之年。L市农村新冠疫情防控的治理优势应当从运动式治理转化到乡村治理现代化的担当上来。新冠疫情防控期间，村庄内的各类功能如同有机体的免疫系统，调动抗原生成抗体细胞，[3] 促使内生秩序动态运行，乡村"人民战争"取得了显著成就。

（一）运用地缘文化

十八大以来，党中央明确将德治作为乡村治理的基本方式之一，体现了乡村治理对传

---

[1] ［德］乌尔里希·贝克：《风险社会：新的现代性之路》，何博闻译，译林出版社2018年版，第3页。
[2] 吴毅：《小镇喧嚣——一个乡镇政治运作的演绎与阐释》，生活·读书·新知三联书店2007年版，第150页。
[3] 许源源、左代华：《乡村治理中的内生秩序：演进逻辑、运行机制与制度嵌入》，载《农业经济问题》2019年第8期。

统文化资源的现代化运用,也紧紧抓住了乡村治理现代化浪潮中去"乡村化"的现实挑战。① 在地缘文化为基础的传统乡村社会转型背景下,组织断裂滋生的乡村衰败问题要求乡村必须运用地缘文化。作为民族的根魂,我国优秀传统文化是治国理政的思想文化资源。乡村优秀传统文化中的人文精神、价值理念和道德规范蕴含着解决当代乡村治理难题的重要资源。② 原子化倾向、异质性强的社会地缘文化生长的社会土壤日益贫瘠,但作为组织形式的地缘文化仍然具有存在的意义,并且能够成为乡村治理的载体。中部乡村社会在经历转型,地缘文化的价值结构并没有与传统渊源一刀两断,地缘文化并不是单维度的,并且随着乡村社会的转型,地缘文化在不断获得新的诠释和重构。因此,《规划》要求以村庄为本位开展内生型建设,本质上在于运用地缘文化激活乡村活力。

作为城市的对立面,乡村不仅是一个地理概念,更是一个时间概念,一个文化概念,传统的某些因素在现代乡村的运作中继续显性或者隐形地发挥作用。例如传统农村的社会资本能够促进政府公共产品的有限供给,提升政府公共支出的效率。③ 在化解公共危机面前,乡村邻舍之间的畅通具有等同甚至超越城市间各种资源、制度和组织的协同效能。在传统小农思维充斥的乡村,推动地缘文化的融合与传统文化的浸润一样,在当下历史阶段会对乡村治理乃至国家治理产生影响,并构成乡村治理现代化无形的力量,在社会转型期能够确保乡村治理现代化的道路更具稳健性和持续性。

(二)动员广大群众

乡村治理的现代化,其现代性在于提升乡村村民经济生活水平,提高基层民主自治水平,提高村民乡土文化获得感和归属感。乡村治理的现代化是国家治理体系和治理能力现代化的组成部分,每个村民都有参与改善和提高生活水平的权利和能力。④

不管是乡村治理现代化,还是乡村公共卫生危机的应对,都需要动员广大群众积极参与。中国传统的乡村社会,以集体主义为核心的传统礼治秩序使得普通村民对参与公共事务兴趣尚少,协商民主具有形式主义的特征,"被民主""被参与""被现代化"的情况十分普遍。作为我国独到的民主形式,协商民主丰富了我国的治理方式,挖掘了现代化治理的新内涵。

乡村治理现代化是乡村社会主体通过合作、对话和协商处理乡村事务的过程,也是基层自治越来越具有公众利益认同和情感基础的过程。作为正式权力末梢连接基层政权的纽带,掌握地方性知识的两委成员不仅是制度的解释者和执行者,也是贯彻中国共产党群众

---

① 高晓琴:《乡村文化的双重逻辑与振兴路径》,载《南京农业大学学报(社会科学版)》2020年第6期。
② 《中共中央国务院关于实施乡村振兴战略的意见》,载《人民日报》2018年2月5日,第1版。
③ 王爱群,闫盼盼:《评〈社会资本与中国农村经济发展〉》,载《经济地理》2020年第8期。
④ 张成岗:《灾害情境下的风险治理:问题、挑战及趋向——关于后疫情时代社会治理的探索》,载《武汉大学学报(哲学社会科学版)》2020年第5期。

路线的直接力量,是执政党推进乡村治理现代化的缩影。两委可以进一步扩大乡村治理机制中的精英容纳力,① 吸纳致富能手、退休干部、返乡青年加入"两委+"的队伍中来,扩大治理权威的覆盖面,强化村庄的内部关联。两委要积极利用自媒体公众平台引导广大群众参与到乡村治理的进程中来,提升村民的自治、平等和协商意识,采取多种形式广泛听取群众意见,畅通公众参与公共决策的渠道,正确对待村民通过自媒体平台表达意见、监督村务管理。从而推动乡村治理参与主体和支持系统的良性循环。

(三)融合公共平台

后现代哲学家米歇尔·福柯认为话语即权力,话语意味着行政主体或者社会团体按照一定的规则传播至公共空间。② 话语特征、话语行为和话语结果往往透露出政治的变动轨迹和趋向。③ 自媒体时代之前,村民话语权的实现往往是空洞的。随着数字革命掀起的自媒体的迅速发展,自媒体平台成为村民参与自治最低成本的法治实践。乡村治理现代化的平等对话、协商与互联网治理的内在精神具有高度的统一性。新媒体平台的迅速发展尤其是其互动性、低成本性为乡村治理现代化提供了技术支撑,为增加乡村治理主体之间的互动提供了动力基础,为建立乡村治理共同体提供了平台保障。

传统社会参与资源匮乏,公众参与被动性明显,自媒体平台可以将分散的、单个的公民权利集合成社会力量融合到乡村自治中,不仅可以规范两委的管理活动,还可以推动服务性、公益性的农村社会组织平台建设,形成监督新模式。自媒体平台在推进村级事务精细化管理、打造阳光村务等方面,具有得天独厚的优势,④ 村民通过微信、微博、短视频传播的言论、信息,对行政权力的影响也越来越大。总体而言,自媒体在为公众生活提供便利的同时,丰富并拓展了村民参与乡村治理的范围,自媒体的公共场域内信息的汇集、交流形成了更大的公共场域,公众的合作意识不断提升,参与乡村治理的能力也不断提高。

(四)落脚于规则之治

2018年《关于全面推进乡村振兴的意见》明确提出"法治乡村"建设,⑤ 2019年党的十九届四中全会明确提出推进国家治理体系和治理能力现代化,法律是重要的制度形式,也是制度的最高形态,把法律规则体系转化为治理效能对推动乡村治理现代化有着重

---

① 张英魁、曲翠洁:《当前中国乡村精英社会流动的内在机制分析》,载《当代世界与社会主义》,2014年第3期。
② [法]米歇尔·福柯:《福柯说权力与话语》,陈怡含编译,华中科技大学出版社2017年版,第5页。
③ 杨善华、谢利中:《西方社会学理论(下卷)》,北京大学出版社2015年版,第100页。
④ 这一优势为公众认可,为实践验证,截止到2020年12月1日,以媒体+乡村治理为主题,在中国知网上共搜索到相关文献28篇,西部、中部、东部区域都有相关典型,中部、东部区域最多。
⑤ 中共中央国务院:《乡村振兴战略规划》,人民出版社2018年版,第10页。

要意义。随着乡村各项改革措施不断推进，乡村社会经济活动和村民利益不断调整，乡村家庭纠纷、邻里纠纷、干群纠纷等复杂利益的协调和矛盾的处理都离不开法律规范实施。2020年5月28日公布，2021年1月1日实施的《中华人民共和国民法典》是新时代我国社会主义法治建设的重大成果，其中的《总则编》、《物权编》、《婚姻家庭编》许多条文为乡村振兴战略的实施提供了重要的法律保障。① 实践中，乡村社会许多村民不尊重事实、也不尊重法律、情理和公权力权威，抬尸闹丧、寻死觅活等聚集性案例时有发生，部分村民利用自媒体发泄私愤、越轨违法、表达极化的问题也常常存在。这表明在乡村用跨越式的现代化发展模式逐步替代常规型的治理模式进程中，乡村治理的风险也日益呈现出多样性、不确定性的特征。

推进乡村治理中的规则之治，助力乡村治理现代化，使得乡村扶贫政策的制定与落实，教育、医疗和社会保障政策的实施必须于法有据，使得规范成为建构乡村村民生活的基础，促进村民利用自媒体参与乡村治理过程法治化、规则化和理性化。要健全乡村基本公共服务法律体系，深入推进综合行政执法改革向基层延伸，创新监管方式。与此同时，县级、乡级执法队伍资源必须整合，执法力量下沉。② 基层人民法庭应充分发挥组织和协调功能，对农村内的非诉纠纷机制予以监督。这其中的实质在于，以公权力改造乡村治理会加剧乡村天然共同体的冲突，导致乡村治理官僚主义、形式主义作风，为腐败提供温床，提高制度嵌入的成本。权威主体的制度安排嵌入乡村这一天然共同体场域内必须与乡村的内生秩序达致适配，实现乡村治理的动态平衡。

The Logic of Modernization of Rural Governance in Central China
——Taking the rural area of L City, Jiangxi Province in the prevention and control of the COVID – 19 as analysis sample

Tang Dongchu, Gao Songqiong

Abstract: The prevention and control of COVID – 19 in central rural areas were challenged by organizational fractures, loss of authority on public platforms, and conflicts between formal and informal norms. In response to the challenges of prevention and control, rural areas of L City, Jiangxi Province embedded closed management, extensive participation and control measures of network format, it achieved high – quality epidemic prevention and control effects. The transi-

---

① 张全收：《用民法典为乡村振兴保驾护航》，载《中国人大》2020年第15期。
② 中共中央办公厅：《国务院办公厅印发关于推进基层整合审批服务执法力量的实施意见》，载《中华人民共和国国务院公报》2019年第5期。

tion from conventional management to sport governance in the rural areas of L City also benefited from the endogenous order based on rural culture , public participation and platform systems. Taking public health events as an opportunity, using rural culture, mobilizing the masses to participate, integrating public platforms, and staying on the rule of rules are of great significance to promote the stability and sustainability of rural governance in the central region.

Keywords: epidemic prevention and control; rural culture; mass participation; public platform; rule ofrules

人民法庭巡回审判如何回应农牧区司法需求[*]

——对新疆阿勒泰 AH 法庭日常个案的考察

肖建飞[**]

摘　要　在当下学术语境中，人民法庭及其巡回审判职能面临着被解构的可能，但其常规运行状况却缺乏民族志调查。新疆阿勒泰 AH 人民法庭是少见的延续巡回审判传统的法庭之一。该法庭的巡回办案区域在戈壁与群山之间，巡回办案工作延伸至立案与执行阶段，二十余年间一位法官承担着巡回办案工作。将办案工作嵌入游牧社会，地域性的司法需求给予巡回审判以生命力。近年来最高人民法院再度重视人民法庭及其巡回审判工作，但其面临着三个层面的无所适从，即软硬件发展不同步，因乡土性淡化而隔阂互动，传统司法技能日渐消失。在维护职业声誉、稳定法庭值守、积累双重知识方面，AH 法庭这一日常个案的经验富有启发意义。

关键词　人民法庭巡回审判　社会嵌入性　农牧区司法需求　AH 法庭　日常个案

> 到水草丰美的地方住定，转场的人才能安定；
> 待审理案情的法官公断，官司纠纷才能平定。
>
> ——哈萨克谚语

---

[*]　国家社会科学基金一般项目《我国农村法治进程中法律资源配置的现实困境及应对机制研究》（项目编号：20BFX015）。

[**]　肖建飞，黑龙江省海伦人，法学博士，江苏大学法学院教授；研究方向：法学理论。

一、研究缘起：从质疑法庭功能到回归社会情境

自中华人民共和国成立后至改革开放初期，人民法庭一度承担着大部分审判工作任务。① 基层法院及其所属人民法庭均在司法辖区内巡回流动，依据审判需要选择开庭地点，② 巡回审判是主导性的工作模式。但自20世纪90年代以来，人民法庭的地位不断边缘化，巡回审判逐渐退出司法工作中心。近年来人民法庭及其巡回审判工作再度被最高人民法院重视。"四五"改革开局之年，最高人民法院强调，人民法庭作为法院系统"基层的基层"，是深化司法体制改革、全面推进依法治国的"重要一环"；同时要求，"边远民族地区以及其他群众诉讼不便地区"，应确立"以巡回审判为主"的工作机制，继承和弘扬"马锡五审判方式"。"五五改革"纲要再次强调，坚持和完善人民法庭巡回审判制度，不断提高巡回审判的效果和水平。但二十年间人民法庭经历了先撤并后复建，有固定值守的工作人员不足，加之缺乏稳定的工作机制，上述情况严重制约着人民法庭审判工作的正常开展。人民法庭建设及其巡回审判工作，在经验总结、理论反思与制度设计层面都应予关注。

（一）边缘化与被质疑的人民法庭

近三十年来，人民法庭研究始终被置于基层司法或乡村司法这一研究主题之下，期间人民法庭的职能定位与作用评价也经历了明显变化。20世纪90年代基层司法研究发端之际，便极为关注乡村社会的内生秩序，反思依赖于"变法"、移植进行法治建设的局限，呼吁从社会生活的非正式规则中寻找本土资源。③ 作为基层司法研究的重要开启者，苏力敏锐地发现，基层司法人员即便不被视为实践智慧的秉承者，但其"有限的创造力"及司法经验也被视为提炼法学理论"最重要"的资源。④ 至少基于描述（而非评价）角度，这一群体被视为"日常权力技术"习得者。⑤

二十一世纪以来，社会学、政治学以及跨学科的"三农"研究，尤以农村社会学之诠释路径研究为主体，高度关注乡村社会结构、社会关系变化而引发的治理难题，例如"灰色势力"渗透、"乡村混混"大量出现，⑥ 乡村呈现"结构混乱"，⑦ 乃至成为"分裂

---

① 有研究者统计，1993－1997五年间全国人民法庭共受理一审案件10074984件，占全国法院受理一审案件总数的50.27％。参见任鸣：《我国人民法庭工作面临新的挑战》，载《法律适用》1999年第1期。
② 江平：《中国司法大辞典》，吉林人民出版社2004年版，第542页。
③ 苏力：《法治及其本土资源》，中国政法大学出版社1996年版，第3－22页。
④ 苏力：《送法下乡：中国基层司法制度研究》，中国政法大学出版社2000年版，第36－53、295页。
⑤ 强世功：《乡村社会的司法实践：知识、技术与权力——一起乡村民事调解案》，载《战略与管理》1997年第4期。
⑥ 贺雪峰：《私人生活与乡村治理研究》，《读书》2006年第11期；陈柏峰、董磊明：《乡村治理的软肋：灰色势力》，载《经济社会体制比较》2009年第4期。
⑦ 董磊明、陈柏峰、聂良波：《结构混乱与迎法下乡——河南宋村法律实践的解读》，载《中国社会科学》2008年第4期。

的整体"。① 乡村治理研究开阔了学界的研究视野，有诸多经验洞察与理论提炼。但人民法庭通常与很难视为有司法职能的基层治理机构（司法所、派出所、村"两委"、人民调解委员会等）捆绑、打包在一起，一并被分析、讨论。

十余年来，法律社会学研究者对基层（或乡村）司法问题的研究，聚焦于定位偏移与操作谬误等问题。例如有研究者认为，作为"被整合"的治理力量和"补充性"的社会治理资源，基层司法已转向确保社会稳定的"安抚型司法"；② 司法程序作用于生活事件，形式化要求是无奈之举；③ 人民法庭审判工作重利害而轻公正，导致司法立场摇摆；④ 巡回审判工作存在诸多弊端，包括旨在自我宣传、追求社会效果、⑤ 不重实际效果、任务指标化等。⑥

有部分著述总结基层司法经验，探索可行路径。但鉴于对基层司法工作的前提、定位、目标等方面的认识分歧，形成了"法治论"和"治理论"两种基本的理论倾向。两派认识分歧大体包括如下内容，人民法庭与其他基层机构应进行更为彻底的分离，抑或相互整合；人民法庭如何兼顾司法性、专业性与人民性、社会性；人民法庭工作目标应着眼于确立规则、实现系统性司法结果（司法形式主义），抑或案结事了、平息纠纷（司法实用主义）。⑦

在当下研究语境中，人民法庭作为法院系统"基层的基层"，这一司法职能即便不是被解构的命题，也是面临着被解构的可能。回顾即有研究，当下值得追问的一个问题是，作为面向基层、面向群众的司法机构，人民法庭数量过万，其如何应对体制内边缘化、体制外被质疑的尴尬境遇？碍于司法统计数据不足、研究文献记述的案例有限，笔者无法归

---

① 王启梁：《乡村社会中的多元社会控制："分裂的整体"》，载《云南民族大学学报（哲学社会科学版）》2011 年第 1 期。
② 栗峥：《国家治理中的司法策略：以转型乡村为背景》，载《中国法学》2012 年第 1 期。
③ 刘正强：《"甩干"机制：中国乡村司法的运行逻辑》，载《社会》2014 年第 5 期。
④ 张青：《乡村司法的社会结构与诉讼构造——基于锦镇人民法庭的实证分析》，载《华中科技大学学报（社会科学版）》2012 年第 3 期。
⑤ 梁桂平、蔚琼琼：《迈向回应型司法：巡回审判制度的反思与突破——人民法庭便民审判方式探索》，载唐力编：《依法治国与人民法庭建设》，厦门大学出版社 2017 年版，第 157 页。
⑥ 侯文等：《完善巡回审判制度依法重构巡回进程——河南商丘中院关于巡回审判的调研报告》，载《人民法院报》2016 年 5 月 26 日。
⑦ 赵晓力较早提出基层司法遵循实用主义治理逻辑。参见赵晓力：《基层司法的反司法理论？—评苏力〈送法下乡〉》，载《社会学研究》2005 年第 2 期。关于"法治论"和"治理论"之争，参见姚建宗：《乡村社会的司法治理》，载《人民法院报》2012 年 1 月 12 日；郑智航：《乡村司法与国家治理——以乡村微观权力的整合为线索》，载《法学研究》2016 年第 1 期。张青认为，乡村司法研究存在着国家政权建设理论、社会治理理论与司法法治论这三种典型路径，前两种理论可视为"治理论"的两个分支。参见张青：《中国乡村司法研究范式之理论检讨》，载《中国农业大学学报（社会科学版）》2018 年第 2 期。也有学者肯定基层司法，尤其是人民法庭的政治治理化功能定位。陈卯轩、张丽丽等就认为，人民法庭参与社会治理，包括开展乡土巡回审判，合理融入政务型司法文化，承担起能动司法职能，从而有助于产生更多政治、社会溢出效应。参见陈卯轩、管艳萍：《中国式能动司法的关键拼图——以云南祥云巡回法庭"便民司法经验"为中心的分析》，载《西南民族大学学报（人文社会科学版）》2017 年第 1 期；张丽丽：《新时代人民法庭参与乡村治理的理论逻辑与反思》，载《西北大学学报（哲学社会科学版）》2019 年第 2 期。

纳概括出人民法庭及其巡回审判的普遍规律，故试图通过记录个案的完整样态，发掘司法经验，反思人民法庭工作的困局。

（二）法庭研究不可忽略社会情境

在当下"三农"研究与基层治理研究中，乡村的政治社会意义被高度关注，但乡村不仅是政治社会概念，其还是人文地理概念。人类学与人文地理学更关注人地关系，研究"人的群体的迁徙、来源、历史，他们的产业、经济结构、物流、信息流……"。① 人地关系及其流变恰恰构成了乡村社会情境中的核心要素。情境（context），最初含义就是"交织在一起"。"社会情境"（social context）研究更偏向于实践知识、人文知识，包括语言、心理、情感、文化、习俗、政治、经济和法律等，即与人作为社会性存在整体相关的环境因素。社会情境可指代与人的实践活动密切关联的"微观"社会结构。② 基层司法研究如不能植根于社会情境，其理论研究尝试或是肤浅的，或是片面的。

在分析正式权力机构（立法、行政与司法机构）行为与社会情境的关系时，"社会嵌入性"（social embeddedness）可用以确定解释框架的适用边界。这一概念可追溯至卡尔·波兰尼（Karl Polanyl）最初使用"嵌含"（embeddedness concept）一词，用以概括19世纪前人类的经济活动嵌含在社会之中，而此后自律性的市场信念背离了社会现实，试图从社会中脱嵌（disembedded），并主导社会。③ 波兰尼在极为广泛的层面使用"嵌入性"概念，也因此使得这一概念在多领域均具有解释力。斯科特（James C. Scott）则使用"米提斯"（mētis，古希腊语中的混成词）一词，推进了社会嵌入性理论在国家治理研究领域中的应用。"米提斯"指代实践知识、实际知识的特征，即因时代积累经验而具有高度共识，从而有助于维系良好的社会秩序，其对立面则是独断、极端的现代主义项目可能产生的潜在破坏力。④ 在当下中国政治学、社会学、公共管理等研究领域中，社会嵌入性是一个被广泛使用但又存在争议的概念，其常被用以分析国家项目渗入社会后如何应对充斥着张力的两大目标——国家主导逻辑的现代化改造与回应真实民意的公共产品提供。⑤

在法律如何适应政治社会环境这一议题上，始终存在着与"开放性"与"完整性"的两难选择。诺内特（Philippe Nonet）、塞尔兹尼克（Philip Selznick）以三种法律类型的划分来整体概括西方法律秩序的演进：压制型法的核心特征在于，法律机构（尤其是司法

---

① 单之蔷：《额尔齐斯河，一条游牧的河》，载《中国国家地理》2019年第8期。
② 李福：《人工物的社会性存在与生成及其四种社会情境》，载《科学技术哲学研究》2019年第2期。
③ ［美］卡尔·波兰尼：《巨变：当代政治与经济的起源》，黄树民译，社会科学文献出版社2017年版，第21－23页。
④ ［美］詹姆斯·C.斯科特：《国家的视角：那些试图改善人类状况的项目是如何失败的》，王晓毅译，社会科学文献出版社2004年版，第7、425－433页。
⑤ 史普原：《项目制治理的边界变迁与异质性——四个农业农村项目的多案例比较》，载《社会学研究》2019年第5期。

机构）被动地、机会主义地适应政治社会环境（政法合一）；自治型法则是对前者的"反动"，为保证机构"完整性"，"狭窄"地界定自身责任（政法分离）；回应型法意味着"负责任"的、"有选择"的适应能力，致力于构建一种"更有目的""更开放"的法律秩序（协商秩序）。① 诺内特、塞尔兹尼克将压制型法、自治型法和回应型法视为法律与政治社会秩序关系的三个"进化阶段"，这种线性进化理论无法解释中国百年的法律变迁。但中国法学研究也面临着类似的问题，法律与现实之间的差距，司法行为与民众认同之间的紧张关系，舶来的教条与"在地"的信念、知识之间难以实现"视野融合"。这些问题始终困扰着"费孝通先生式"的知识分子，② 故成为70年间中国几代学人间薪火相传的研究主题，更是当下法律人类学研究的重心。法律人类学有关司法主题的研究不同于法律教义学与社科法学研究，前者试图超越诉讼活动、法律程序、法律结果，将案件置于更多维度、更为复杂的社会情境中，通过对司法行为的深层阐释，来达到对案件背后特定人群生活社区的整体理解。③

在法院系统的审判层级结构中，基层法院的社会触及面最广，对人民法庭与基层社会的融入程度要求更高，人民法庭巡回审判工作运行情况更适宜分析"迎法下乡"（辖区司法需求）与"送法下乡"（司法服务供给）是否契合。质言之，人民法庭及其巡回审判工作对辖区社会情境的依赖性更为明显。作为理论分析工具，"社会嵌入性"有宽广的对话空间，可详细描述并深入挖掘人民法庭巡回审判的深层意义，丰富现有的司法经验，不断积累对中国的司法制度运作情况的理解，从而有助于发展基层司法特征的一般性理论认识。

（三）AH 法庭研究试图回答的问题

写一个完整的巡回审判故事并不是法学家的长项。有记录能力的电影人把《马背上的法庭》呈现给观众，此后法学家也把这个电影故事作为法律与文学研究的素材，来加以分析、诠释。但电影故事终归是"故事"，电影本身不需要客观记录与理性分析。以电影故事为分析素材的法学写作，既不能系统地勾勒出人民法庭巡回审判工作的全貌，也不能客观地深瞄法庭工作的细节。在基层司法研究中，"回归活态法律的问题意识"，需要超越机构与规则自身，考察司法行为在社会情境中的存在形态，从而实现对"真实"法律处境的回归。④

---

① ［美］诺内特、塞尔兹尼克：《转变中的法律与社会：迈向回应型法》，张志铭译，中国政法大学出版社2004年版，第21、81-87页。
② 朱晓阳：《语言混乱与法律人类学的整体论进路》，载《中国社会科学》2007年第2期。
③ 侯猛：《迈向以当事人为中心的法院研究——司法活动中人类学方法的运用》，载《学术与探索》2012年第10期。
④ 赵旭东：《作为文化的法律与法律人类学的问题回归》，载《甘肃政法学院学报》2017年第2期。

在新疆，乃至在全国范围内，阿勒泰 AH 人民法庭是少见的始终延续巡回办案①传统的法庭之一。笔者考察 AH 法庭巡回审判工作这一个案，但其不是"问题个案"，即以一起案件的解决过程为研究对象；也不是"扩展个案"，即以"问题个案"为基础，加入历时性维度，考察纠纷的前因后果、背景及影响；而更近于"日常个案"②，即不以某一起纠纷为关注重点，而以法庭巡回审判工作的日常实践为研究对象。故在本文中，笔者不适用"案例研究法"，转而侧重考查法庭辖区内人文地理、经济社会因素所构成的社会情境，在此情境中三十年间三代法官的职业履历，并聚焦于巡回审判的常规运行状态。

笔者试图阐释如下问题，即 AH 法庭司法辖区的自然地理、社会关系与纠纷特征，前者对司法人员的知识、经验与工作方式提出了怎样的要求？而后者又怎样作用于前者，从而形成富有成效的基层司法治理？换言之，通过记录游牧地区司法需求与法庭工作、司法人员技能之间如何进行互动，思考 AH 法庭的巡回审判如何成为维系游牧生计与塑造游牧社会秩序的力量？通过考察 AH 法庭巡回审判工作的特征，揭示或挖掘出一度被忽视的影响人民法庭审判工作成效的因素、机制，在更广泛的意义上实现对基层司法工作的反思。另需强调，增加"社会嵌入性"这一分析性概念的理论内涵，以便在后续研究中国基层司法问题时，即便遭遇到各异的"日常个案"，也有一定的分析基础，这是笔者写作本文的另一重要诉求。正因如此，本文写作的应然性意味较淡，分析性意味更浓。

二、巡回办案区域：在戈壁与群山之间

在 AH 人民法庭三十五年的司法工作实践中，巡回办案一直是其主要的工作模式。尽管在此期间司法辖区的行政区划发生过重大变动，但该法庭巡回办案区域却未曾改变。法庭大体遵循着游牧生计的四季迁徙规律，在戈壁冬牧场与高山夏牧场之间开展巡回办案工作。

（一）变动的行政区划与未变的司法辖区

"法官下乡，就地审判"是从工农政权初创时期延续至改革开放初期的司法传统。20世纪50年代全国各地设立的人民法庭均以巡回法庭为基础，即便巡回法庭被逐步改建为有固定办公场所的人民法庭，但其仍延续着巡回审判工作方式，直至20世纪90年代。③

---

① 遵循学术伦理与研究惯例，本文中访谈所涉地名与人名均做了技术处理，后文不再说明。笔者未使用《民事诉讼法》与最高人民法院规范性文件中的概念——"巡回审理"、"巡回审判"，更多使用"巡回办案"一词，原因在于 AH 法庭巡回办案工作不限于庭审阶段，还涵盖了立案与执行环节，此外法庭还参与处理了大量非诉纠纷。

② 王伟臣认为，约一个世纪以来，个案研究方法经历了从"问题个案""扩展个案"到"日常个案"的发展演进，实现自方法论、认识论上的迭代。参见王伟臣：《法律人类学个案研究的历史困境与突破》，载《民族研究》2017年第1期。

③ 胡夏冰、陈春梅《我国人民法庭制度的发展历程》，载《法学杂志》2011年第2期；张青：《人民法庭政法传统之形成及其迭嬗》，载《甘肃政法学院学报》2014年5期。

巡回审判工作的实质在于，最多限度地遵循"法院就当事人"的原则，根据需要选择开庭地点，既可以是案件发生地、当事人所在地，也可以是其他方便周边群众旁听的地点。①

1985年7月AH人民法庭获批设立，目的是解决当地农牧民的各类民商事纠纷。AH法庭所在地东距城区法院约60公里。法庭司法辖区大体包括AH镇与Kl乡，两地是距离城区最远的乡镇。AH镇面积为2095平方公里，辖11个村。AH镇原为游牧区，1954年此地设立第三区人民政府；1958年撤销乡建制，成立人民公社；1976年一牧场从该地析出另立；1978年改名为AH人民公社；1984年改称AH乡；2014年撤乡建AH镇。Kl乡东连AH镇，全乡面积695平方公里，辖4个村。1976年前Kl乡与AH镇同属一个人民公社；1976年一牧场从该公社分出后位；1978年一牧场更名为Kl牧场；1984年建立Kl乡。

约定俗成的规则是AH法庭受理AH镇、Kl乡发生的简单案件，司法辖区没有严格划分（受访人LGT书记）②。不精确地讲，法庭辖区内共有15个村，大部分村均集中分布在AH河、Kl河与额尔齐斯河三河交汇的河谷平原；而众多牧业点则零星分布于阿尔泰山海拔2500米以上的深山夏牧场，以及古尔班通古特沙漠腹地。

法庭司法辖区内生活着汉、哈、回、维、蒙等8个民族，人口约1.6万人（2010年第六次人口普查数据），其中哈萨克族群众占当地人口的80%以上。尽管自20世纪80年代起，牧民定居工程实施力度不断加大，但直到现在，饲养牲畜仍是阿勒泰地区定居哈萨克族群众主要的收入来源。大量定居者并未完全定居，而是以暖季放牧、冷季舍饲或补饲的方式延续着畜牧业。定居村落大规模种植青储饲料（主要是玉米），种植结构也明显有别于其他地区。在AH镇与Kl乡，传统畜牧业依然在当地农牧民收入中占据半壁江山，法庭司法辖区经济结构是畜牧业与种植业的相互结合。

（二）巡回办案路线与牧业四季迁徙方向

阿尔泰山脉是中国与哈、俄、蒙三国的界山，全长达2000余公里，中段约500公里分布在新疆北部。因地处高纬度地带，雪线偏低，海拔3200米以上就是现代冰川作用带。积雪山峰都迎着北大西洋水汽而立，形成相对丰富的降水，高山区夏季降雨可达600毫米以上，冬季中高山区积雪长达6—8个月（见图1）。

阿尔泰山脉冰川融水与山区降水成为额尔齐斯河的水源补给，所有大小支流都来自右岸山脉，构成典型的"梳状水系"③（见图2）。因众多支流像迎着西北风猎猎飘扬的旗帜，每一条支流又都是牧民的四季转场路线，地理学家也称这条河为"旗河"、"游牧的

---

① 王德玲：《我国巡回审判的实践反思与制度构建》，载《政法论丛》2012年第2期。
② 受访人，LGT，AH人民法庭所属法院原党组书记，副院长，男，中年，访谈时间：2015年7月17日。后文对此次访谈情况不再做标注。
③ 戴新强：《水的奔腾没终点——阿勒泰水的开发》，载中共阿勒泰地委宣传部编：《金色阿勒泰》，学习出版社2006年版，第110页。

河"。阿勒泰地区草原面积占总面积的61%。按照地形条件和气候特征，可分为沙漠（盆地）冬牧场、低山春秋牧场和高山夏牧场。当年3月出生的小羊羔，5月初便跟随母羊蹄跚踏上转场之路，直至9月末下山。从山前春秋牧场到深山夏牧场绝大部分牧道长过500公里。以每日15公里的"羔羊程"（一只羊一天可以行走的路程）计算，畜群每年约有70天的时间行走在路上。牧人驱赶畜群四季行走、长途迁移的动机在于，最大限度地利用有限的植物资源，维持畜群的规模以稳定生计。①

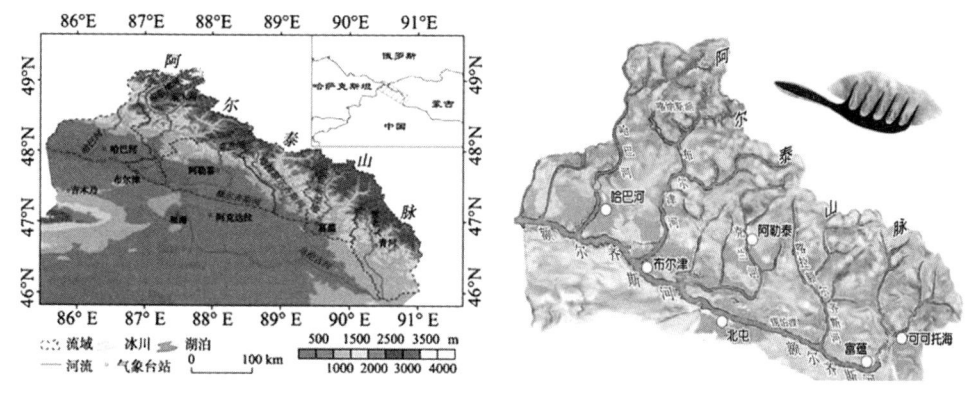

图1　阿勒泰地形　　　　　　　图2　额尔齐斯河梳状水系

注：图1、图2原图来自于百度地图，https：//image.baidu.com，访问日期：2020年2月1日。

与阿勒泰全区地形一致，AH法庭整个司法辖区具有典型的山麓地貌特征，自北向南呈明显的梯降式垂直分布，自上而下、由高及低可分为北部山区（3200米以上是永久的积雪带）、中部丘陵区、中南部河谷沼泽区、南部戈壁荒漠地带。法庭司法辖区占基层法院司法辖区总面积（11353.5平方公里）的24.57%，人口密度是5.79人/平方公里。由于地域辽阔、人口居住分散且人口密度较低，各个牧民居住点与AH镇距离较远，最远的牧业点距离AH法庭所在地约300公里，法庭坐堂办案难以发挥聚集诉讼的功能，巡回办案恰恰适应司法区情之需。

AH法庭巡回审判区大体在四条河流之间：上至SM河上游，沿着AH河流域，下至KL河与额尔齐斯河交汇地。所谓巡回审判路线只是牧民与畜群四季迁徙的大致方向，即春夏两季向北方阿尔泰高山牧场方面走，秋冬向KL河、额尔齐斯河、古尔班通古特沙漠边缘的"冬窝子"方向走。牧民和畜群循着草情，在四条河流间迁徙往复。AH法庭工作人员也循着牧民与牲畜的足迹，开展巡回审判工作。前任庭长TBS自1985年便开始在AH法庭工作，他介绍八九十年代巡回办案区域更广，外出办案时间更长。"6月份我们要到中牧场（初夏牧场），大约60多公里，巡回办案大约20天。呆了20天以后，牧业还搬，以后（往）夏牧场（仲夏牧场）上去。从夏牧场到法庭，距离大约300公里。有当

---

① 单之蔷：《额尔齐斯河，一条游牧的河》，载《中国国家地理》2019年第8期。

事人的地方我们都去，有时候放牧点就是一家人。"（受访人TBS法官）① 因最远的夏牧场TEGT位于西北邻县境内，最远的冬牧场SWE位于西南邻县境内，巡回办案区域甚至超出了行政区划。当事人有多个居留地时，依照其户籍所在地确定管辖法院，附条件地优先遵循属人原则。换言之，AH法庭法官发现或利用了巡回审判的额外功能和效用，巡回审判区域以游牧地理范围为准，可能超出行政区域限制。

近年来AH法庭每年审理的案件数约100件，其中一半以上通过巡回审判处理。因法庭同时承担上门立案、主动执行的职能，就此而言，几乎所有的案件都需要巡回办理。通常春初（5月中下旬）、秋末（9月末10月初）两季是牧民迁徙转场的时段，最容易发生纠纷，AH法庭会在春牧场和秋牧场分别进行为期约1个月的巡回办案，期间同时进行普法宣传。除了这两个巡回办案的固定时段以外，针对其他时间发生的案件，法庭也会及时巡回办理。

三、巡回办案工作：延至立案与执行阶段

1991年《民事诉讼法》第一百二十一条、2013年修订后的《民事诉讼法》第一百三十五条有一致性的规定，即"人民法院审理民事案件，根据需要进行巡回审理，就地办案。"就现行法规定看，是否走出法庭、巡回办案并非是一项强制性规定，可以根据需要斟酌取舍、变通执行；巡回审理主要针对庭审阶段，没有巡回立案、巡回执行的明确表述。在司法工作实践中，立审执合一是全国大部分人民法庭司法工作的常态，审判法官既是立案法官，又是执行法官。这也意味着，相对于法院机关的业务审判庭，

（一）设立之初延续至今的巡回办案传统

最高人民法院要求基层法院，尤其是人民法庭，正确处理坐堂问案和巡回审判之间的关系，认真落实《关于大力推广巡回审判方便人民群众诉讼的意见》（法发〔2010〕59号），合理设置巡回办案点与诉讼服务点，提高巡回审判的针对性和实效性。边远民族地区以及其他群众诉讼不便地区，应当确立以巡回审判为主的工作机制，继承和弘扬"马锡五审判方式"，推广"车载法庭"等巡回审判模式。这一指导意见出台的依据在于，基层法院与人民法庭多年的工作实践。

地广人稀、交通不便是阿勒泰的"历史遗产"。以人民法庭为点、马背法庭为线、基层法院整个司法辖区为面，是延续长达五十年的工作模式。当年的哈萨克族老法官们对马

---

① 受访人，TBS，AH人民法庭前庭长，男，哈萨克族，1967年出生。笔者与调研助手在五个时段多次访谈TBS法官：即2015年7月下旬、2016年1月末、2016年3月末至4月初、2018年5月初、2019年12月中旬。TBS法官从哈萨克语学校中学毕业后，招干到法院，学生时代所受的汉语教育极为有限。多年来在从事司法工作期间自学汉语，TBS法官可以进行日常交流。为了不曲解他的原意，笔者多次直接援引他的原话。后文对TBS法官的访谈情况不再做标注。

锡五这位在共和国司法史上留下煊赫声名人物的生平事迹所知有限，对其司法理念却十分熟悉。老法官 NYM 介绍，"南到沙漠，北到夏牧场，一出去就是一个月，有时一个半月，通常两个月出去一次。"退休老法官的汉语能力有限，只能用汉语进行简单交流，稍微复杂的事件及工作细节，则只能转用哈萨克语讲述，但他们却可以用汉语词汇表述"马锡五审判方式"的精要，"那时我们巡回办案、亲自调查、公开审理。我们的好处就是调查。"（受访人 NYM 法官）① 依靠群众、亲赴实地、就地办案自然要耗费大量时间和精力，"当时当事人不懂法，起诉状也送达了，被告就是不来开庭。有时我们找被告要找一个月。牧业上发生的案件多数是和牲畜有关的，我们亲自调查、就地处理，看牲口的标记、牙齿、品种、颜色……"（受访人 SBL 法官）②

直至改革开放初期，巡回办案经常吃住在当地群众家里，老法官们对自己与群众的良好关系深以为傲，"都靠当地群众，随便到哪一户哈族人家，认识、不认识的，都会给一壶茶、一个饭，哈族、蒙古就是这样的，给钱哈萨克不拿，没办法我们就给孩子塞一点儿钱，走的时候。一直到退休都是这样的。"（NYM 法官）"回不来就吃住在牧民家，哈萨克人家不要住宿费和饭费。这些人家也知道，我们是公事，有困难，回不了家。"（SBL 法官）

在 TBS 法官三十年余年的职业生涯中，马匹一度是巡回办案最重要的交通工具。直至 20 世纪 90 年代末，马匹才被自行车、摩托车、越野车逐步替代，但也非绝对取代，在车辆无法通行的地方仍要借助马匹。因 TBS 法官与书记员 HL 都是本镇人，近年来即便需要住在夏牧场，两人会选择借住在牧业办或亲戚朋友家，避免住在当事人家中。但到任何一家，都不可能是办完案件立即离开，一定要喝茶，顺便和牧民拉拉家常，聊聊镇里的事。按礼节行事，既满足了牧民们的信息需要，同时也拉近了法庭与辖区群众的社会距离和心理距离。"在当事人家不宰羊，不吃肉就行了。没办法，这是礼性（礼节）。不喝茶不行，牧民会觉得，'为啥，怎么回事，看不起我吗？再坐一会儿不行吗？不就是半个小时的事儿吗?!'我们去的时候，他们高兴呀！山上电话没有，电视没有，手机没信号，什么都没有，发生啥事儿了，我们家怎么样，亲戚家怎么样？他们都问得呢！"（TBS 法官）

（二）巡回办案向前、向后、向外延伸

外出巡回办案的周期长，期间 AH 法庭可以直接立案。简单案件由法庭直接办理，复杂案件移交给法院民事审判庭办理。"我们先把诉状收下，一般有三五个案子后，五天内，我们到法院立案庭，案号拿上，立案费交掉，不需要当事人跑。只要被告在阿勒泰，我们

---

① 受访人，NYM，退休法官，男，哈萨克族，1933 年出生，访谈时间：2015 年 7 月 23 日。后文对此次访谈情况不再做标注。
② 受访人，SBL，退休法官，女，哈萨克族，1949 年出生，访谈时间：2015 年 7 月 21 日。后文对此次访谈情况不再做标注。

基本上不在《阿勒泰日报》公告，都是直接送达的。"（TBS 法官）

最高人民法院对于人民法庭审结的案件，没有"审执分离"的刚性规定。AH 法庭巡回办案向后延伸至执行阶段，某种程度上继承了传统司法理念——亲自调查、调解为主、就地解决，不仅适用于婚姻家庭纠纷，也适用于债权债务纠纷。尽管法庭司法档案中没有执行案件卷宗，但所有未当庭支付的案件（大部分的合同纠纷和侵权纠纷）都存在着执行问题，法庭人员会催促债务人及时履行。没有胜诉当事人到法庭正式提交执行申请书，不是出于对执行成本的考虑，而是多年来法庭的工作惯例让他们对执行到位率有稳定预期。

AH 法庭近年来受案量稳定在 100 件左右，案件以传统民事纠纷为主，与农牧民的生产生活直接相关。针对草场使用合同纠纷、代牧合同①纠纷（各年度占比不等，在 40%—70% 之间）、婚姻家庭继承纠纷（约 30%—40%）、动物侵权纠纷（约 10%），巡回办案比坐堂问案更有利于彻底解决问题、化解争议（详见表 1）。另需说明，正因为每一年都有部分执行案件由法庭直接解决，未正式启动执行程序；部分案件甚至未立案，即由法庭当场解决；加之，协助 AH 镇司法所与 KI 乡司法所解决的纠纷，均不纳入办案量统计，AH 法庭实际处理的纠纷数量（超过 200 件）明显超过司法统计报表中的案件量。

表 1　AH 人民法庭受案情况（2006—2019 年）

	婚姻家庭继承纠纷		侵权纠纷		合同纠纷		其他		合计
	数量（件）	占比（%）	数量（件）	占比（%）	数量（件）	占比（%）	数量（件）	占比（%）	
2006	29	56.86	0	0	20	39.22	2	3.92	51
2007	16	28.07	5	8.77	30	52.63	6	10.53	57
2008	29	30.21	16	16.67	42	43.75	9	9.37	96
2009	42	41.17	18	17.65	40	39.22	2	1.96	102
2010	34	37.78	17	18.89	33	36.67	6	6.66	90
2011	24	35.29	9	13.24	31	45.59	4	5.88	68
2012	38	44.71	10	11.76	31	36.47	6	7.06	85
2013	34	32.38	9	8.57	55	52.38	7	6.67	105
2014	40	33.61	8	6.72	67	56.30	4	3.36	119
2015	36	35.64	9	8.91	56	55.45	0	0	101
2016	20	19.05	7	6.67	78	74.28	0	0	105

---

① "代牧"，即代为放牧牲畜，是游牧地区一种历史悠久的复合合同，既涉及劳务提供，也涉及草场使用。

续表

	婚姻家庭继承纠纷		侵权纠纷		合同纠纷		其他		合计
	数量（件）	占比（%）	数量（件）	占比（%）	数量（件）	占比（%）	数量（件）	占比（%）	
2017	24	25.00	1	1.04	71	73.96	0	0	96
2018	33	34.38	7	7.29	56	58.33	0	0	96
2019	21	25.30	1	1.20	61	73.50	0	0	83

注：2006－2014年、2016－2019数据，由笔者于2015年暑期、2019年末调研期间统计完成，2019年案件统计截至日期为12月12日，并非全年受案量。2015年数据，由恰德克（新疆大学法学院2014级法学硕士、新疆高院民事审判二庭法官助理）于2016年寒假调研期间统计完成。基础资料由AH人民法庭提供。

法庭调解的吸引力在于其低成本、高预期。离婚案件诉讼费为300元，如调解结案诉讼费为150元；诉讼标的在1.2万元以下的案件，可通过小额速裁程序处理，诉讼费仅为25元。家门口的法庭、较高的执行到位率、低廉的诉讼成本，使得附近农牧民倾向于来法庭解决纠纷。这里的诉讼成本不仅是经济成本，还有时间成本。农牧民不愿意在诉讼上耗去大块儿时间。他们要保障牧业生产顺利进行，每日放牧看管牛羊，以及接羔、转场、打草样样都耽误不得（TBS法官）。

考察AH法庭的巡回办案工作内容，笔者思考如下问题时获得了超出规范意义的理解：什么是"巡回审判"，是否巡回式的司法工作仅限于庭审环节，不涉及立案与执行环节？诉讼调解能否延伸至立案前，没有执行申请能否对被执行人进行履行催告？人民法庭如何坚持立足于审判工作，同时积极参与社会治理？中国法治及基层司法的实践形态和经验是"驳杂"的，对于上述问题，没有一个"标准"答案和"经典"理论解释。如苏力先生所言，"与书本上的标准答案无关，只能从创造性的具体法治实践中重新构建出来。"[1]

四、巡回办案承担：二十余年的一人法庭

人民法庭是司法体系中末梢的结构性设置，其审理案件、参与基层社会治理的功能发挥依赖于法庭工作人员。换言之，法官的审判工作是联接司法体系末端结构与纠纷当事人的桥梁。在阿勒泰调研期间，笔者发现，无论是法院书记、院长、普通干警，还是政府工作人员、法庭辖区居民，提到AH人民法庭都在说一个人——TBS法官。言下之意是，TBS等于AH法庭，AH法庭是TBS的法庭。一个法庭和一位法官有如此密切的关联，在当代中国基层司法史中绝非个案。

---

[1] 苏力：《崇山峻岭中的中国法治——从电影〈马背上的法庭〉透视》，载《清华法学》2008年第3期。

(一) 从法庭到办案点的值守

AH 法庭第一任庭长是 MHS，至 20 世纪 90 年代中期退休；第二任庭长是 SHM，工作至 1997 年，现任阿勒泰地区一个基层法院的书记；协助第一任、第二任庭长工作的书记员一直是 TBS，此后 TBS 法官继任该法庭庭长。二十余年来，法庭再无其他审判员（SBL 法官）。

TBS 法官回忆，自己是 1985 年被招干到了法院，机缘巧合这一年也是他长达三十四年法庭工作履历的第一页。"1985 年我 18 岁高中毕业参加高考，当时有预考，12 分不够了，不能参加高考，也上不了大学。当时各个单位都缺干部，法院、检察院、公安局、税务局好多部门招干部。"对于自己未来的职业，TBS 法官几乎没有规划和设想，"那个时候我没想那么多，有个上班的地方就行了。"（TBS 法官）

1993 年法庭第一任庭长 MHS 退休以后，TBS 法官开始承担审判工作。至 2001 年法庭被撤销，仅在 AH 镇保留办案点，TBS 法官在此留守，继续从事审判工作。仅在 2002 下半年至 2003 年初约半年左右的时间被调回法院业务庭，期间 AH 镇和 Kl 乡两地发生的案件仍由他审理，但办案点工作停了下来。

没有住房、与家人分居两地是难以解决的现实问题，另一个让 TBS 法官不忍舍弃 AH 法庭的重要原因是名誉，如他所言，"（撤销法庭）我心里不能接受，工作了二十来年，老法官不在了，法庭没有了，我也没有面子。当地老百姓会说，TBS 那个法庭没有了，他自己也走了。"回到法院机关工作大约半年后，法院组织预防"非典"工作组，TBS 法官被派回 AH 镇，他决意久守此地，最后院领导同意了他的请求。AH 办案点仍在原法庭所在地办公，乡镇政府和附近群众没听说法庭可能被撤销的消息，也均不知道法庭已经被撤销。他们一直以为，"法庭还在，因为 TBS 还在那儿。"（TBS 法官）

(二) 法庭复建后的职能附加

20 世纪 90 年代初，全国人民法庭建制最多（一万八千余个）。自 90 年代中后期至新世纪初，人民法庭大量撤并，撤并数量略少于（但接近）保留数量（不足一万一千个）。换言之，接近半数的人民法庭从司法体系中消失。① 同时期新疆也撤并了一百余个人民法庭。有受访人介绍，当时撤并法庭时，很多人大代表反对，"（人民）法庭不能撤，法庭代表国家权威和司法权威，不能保证一个乡镇设一个法庭，至少也得几个乡镇设一个。只要法庭在哪儿，老百姓就知道，有什么纠纷到法庭去解决。不设法庭，老百姓有纠纷就得

---

① 1991 年底全国共有约 18000 个人民法庭，至 2009 年 10 月底全国仅保留了 9835 个人民法庭。参见胡夏冰、陈春梅：《我国人民法庭制度的发展历程》，载《法学杂志》2011 年第 2 期。至 2017 年末，全国法院系统人民法庭数量恢复为 1,0759 个。参见《"三个面向"办案 "两便原则"利民——人民法院推进人民法庭改革综述》，载《人民法院报》2018 年 3 月 19 日。

到县法院。诉讼成本一高，有人就不走法律途径了。"（受访人 ZZH 法官）①

自 2010 年起新疆全区陆续复建了 110 个人民法庭，到 2015 年末新疆共有人民法庭 319 个。对 TBS 法官来说，AH 法庭复建以后好消息不断，"2001 年法庭撤了，我一直就是每年去汇报、要求。我们法院向高级法院写报告了，要求恢复法庭。2010 年高院批了，我高兴。后面钱来了，楼盖得呢，车也配了，我还高兴。为啥，我一直在这儿干着呢！现在不可能撤掉了呀！费了这么大力气，花了这么多钱！"（TBS 法官）

目前各地基层法院普遍重视院机关各个审判业务庭，人民法庭的地位相对边缘化；加之，各地人民法庭绝大部分审判员都在 40~50 岁之间，很少有年轻法官在法庭长期工作，人民法庭审判工作面临后继无人的困局。说到法庭发展问题，TBS 法官既不解又担忧。"法庭除了我，20 来年没有别的审判员。我跟院里好几次说，我老了、累了，审判员再派一个。我们法庭这么好的工作条件，年轻人就是不愿意来。现在院领导也头痛着呢！"（TBS 法官）

尽管 AH 法庭办案量不高，但审判延伸工作与其他事务性工作颇多，除了审理，还有送达、执行、法治宣传、法庭建设，乃至修车、种菜。2014 年随着新疆维吾尔自治区党委政府"访聚惠"（"访民情、聚民心、惠民生"的简称）政策的出台，如 AH 法庭一样，很多基层法院的人民法庭工作与驻村工作合一，肩负着基层维稳、民生建设、脱贫攻坚的任务。直到 2017 年以来，阿勒泰地区党委行署重新调整各单位驻村安排，AH 法庭此后不再分担驻村工作。

无可否认，自然地理、畜牧业生计方式、当地社会文化以及居民思想观念等因素构成了 AH 法庭辖区的社会情境，农牧民对巡回审判有强烈需要。在全国各地巡回审判已成明日黄花之际，这里的巡回审判却一以贯之，司法信息、功能和价值得以有效建构和不断表达，一定程度上取决于 TBS 法官本人的个体因素。

苏力先生认为，"送法下乡"是建立起局部支配性权力关系的可行方式，在既定制约条件下甚至是唯一可行的方式，但其并不必然"稳操胜券"。原因在于基层司法权力"孱弱"，"强龙压不过地头蛇"，法官与当事人近距离接触"必定"会降低司法权威。② 通过分析 AH 法庭巡回审判的日常个案，笔者认为，这一结论并不适用于长期以巡回办案为载体的人民法庭"送法下乡"工作。原因有三．第 ，巡回办案工作启动是由于当事人起诉，巡回办案工作是被动（相对于当事人的诉求）后的主动（非坐堂办案，而是就地办案）；第二，就长期保留巡回办案工作传统的法庭而言，不仅是法庭，包括法官都是本地"内在"权力（非"外在力量"）进入"熟悉"的司法辖区（非"陌生"社区），在"熟人社会"环境中，法官对当事人并非是"单向度"权威，同时当事人与辖区群众也"潜

---

① 受访人，ZZH，原新疆维吾尔自治区高级人民法院工作人员，男，汉族，1968 年出生，访谈时间：2015 年 6 月 15 日。
② 苏力：《为什么"送法上门"？》，载《社会学研究》1998 年第 2 期。

在"制约着法官的职业操守;① 第三,以巡回办案为载体,"送法上门"让裁判者与当事人近在咫尺。反观审判方式改革的二十余年间,法院安保力量不断加强,办公大楼更新换代,但并未对提升司法权威与司法公信力有直接帮助。从媒体到法院系统更倾向于认为,中国的司法权威有待提高。

五、困境与辩正:司法保障、情境融入、知识技能

在人民法庭改革与乡村司法模式定位方面,当下司法政策面临的最大困局在目标摇摆、改革反复。二十一世纪以来,以人民法庭"自治化"为改革目标,实现司法权行使的中立性、被动性、事后性,实施当事人主义审判方式、司法职业专业化、人民法庭撤并等改革措施。上述改革措施在基层实践中受挫,一方面,受制于乡村政治社会文化环境、基层社会发育成长状况,以及当事人特征、纠纷性质,人民法庭的自治性司法无法实现;另一方面,地不分东西、人不分城乡,导致基层司法脱离基层、乡村司法脱离乡村。此后最高决策层提出"为民、便民、利民"的司法服务方针,要求服务群众"最后一公里",于是再次恢复人民法庭建设,强调加强巡回审判工作。

转型时期的我国乡村社会呈现出传统与现代并存的社会格局,故乡村司法制度改革很难局限于封闭性程序层面,而需兼顾乡村司法的"适度"开放性需求。② 作为基层法院的派出机构,整体看当下人民法庭及其巡回审判工作存在三重困境,即人民法庭硬件设施不断改善,但软件建设却明显滞后;设置于乡村社会中的人民法庭,乡土性却不断减弱;年轻干警忽略传统司法技能,地方性司法知识不断消失。在建立维护声誉、植根辖区情境、利用双重知识方面,AH法庭的经验富有启发意义。

(一)软硬件发展不同步/建立维护司法声誉

人民法庭巡回审判工作需要软硬件双重保障:硬件指司法资源配置情况,涉及经费保障、基础设施、业务装备、人员配备等内容;软件则指法庭工作机制建设情况,涉及队伍建设、监督管理、司法责任落实等内容。就目前建设情况看,全国人民法庭硬件设施改善明显,办公条件趋于一致,但软件建设明显滞后于硬件建设,人民法庭存在着职能不清、权责不明、队伍不强等深层次问题。

"四五"改革以来,人民法庭试点改革在两个方面有所突破:第一,东部地区人民法庭受案范围不再仅限于简易民事案件,扩大到新型、复杂案件;第二,最高人民法院不再强调,人民法庭是"派出机构",言下之意是人民法庭不是可有可无,随时可能被撤并或设立。人民法庭不是简单地代表基层法院,而是国家司法体系的一部分,是"基层的基

---

① 顾培东:《人民法庭地位与功能的重构》,载《法学研究》2014年第1期。
② 张青:《中国乡村司法研究范式之理论检讨》,载《中国农业大学学报(社会科学版)》2018年第2期。

层",法院系统力量要逐步下潜,人民法庭司法资源配置相应增加。但人民法庭工作机制建设不宜也不可能由最高人民法院制订一致性方案。而应由各地方法院根据本地实际,因地制宜制定方案并逐一落实,其中也涉及巡回审判工作机制。

尽管巡回审判新闻报道不时见之于法制媒体,但无论是在全国范围内,还是在省(区)范围内,巡回审判均无稳定的工作机制。即便是在延续了三十余年巡回审判传统的AH法庭,巡回审判工作机制也仅仅是不成文的工作习惯,这一不成文习惯也有因TBS法官退休而废止的可能。考虑到健康状况不佳且工龄已满三十年,TBS法官于2017年6月提交退休申请,2017年末获批。法院难以任命合适的审判员接替TBS法官,故其被返聘,驻守AH法庭从事司法调解工作。TBS法官退休后不再保留审判资格,巡回法庭及巡回审判工作暂时停止(TBS法官)。直至2018年6月,法院任命RYZ法官为AH法庭庭长,巡回审判工作得以再度开展(受访人RYZ法官)。①

社会情境赋予人民法庭以存在场所,同时也赋予其社会意义。人民法庭能否嵌入并与辖区良好社会秩序共生,这是一个功能认同与价值接受问题,很大程度上取决于法庭与辖区、法官与群众之间能否积极互动。如下事实值得关注,近二十年间至少在两个特殊时段,AH法庭审判工作都有中断的可能,即2001-2010年法庭被撤销期间、2017-2018法庭审判员缺席期间。2001-2010年TBS法官留守在审判点,2018任命RYZ法官接替TBS法官之职,巡回审判工作并没有长期中断,法庭工作也未受到实质性影响。对法院来说,决定AH法庭存留与人事变动时,首要的考虑是如何回应辖区司法需求;对法官来说,到AH法庭任职,不仅仅是接受工作安排,还有非常强烈的建立维系声誉的需求,这种声誉是法官自身职业荣誉感与社会评价的混合体。AH法庭之所以能够"撤而不消""更而不止",法官之所以能够"退而不离""孤而不息",重视声誉是不可忽视的因素。法官维护自身声誉的同时,也维护着法庭声誉。声誉是最珍贵的资源。就此而言,加强人民法庭软件建设,不能仅仅仰仗于建立健全规章制度以解决职能不清、权责不明问题,也不能仅仅依赖于行政命令来解决队伍不强、队伍不稳之困。提职晋升与声誉肯定是人民法庭软件建设中不可忽视的内容。

(二)人民法庭乡土化淡化/植根辖区社会情境

除了法庭撤并、频繁的人事变更、内部机构改革因素以外,如下两种因素也严重妨碍了人民法庭工作的有效开展:第一,尽管人民法庭设置于农村地区,但随着人事权逐步回归司法系统,司法经费保障逐步加强,法庭运行保障、管理考核有赖于基层法院,越发唯基层法院机关马首是瞻;第二,法庭干警虽在位于乡村的法庭工作,却绝大多数安家在城

---

① 受访人,RYZ,AH人民法庭现任庭长,女,哈萨克族,1983年出生于城区,在乡下伯伯家长大。2009年大学毕业后通过公务员招考,进入法院工作。2017年3月至2018年3月在AH镇驻村一年。访谈日期:2019年12月12日、12月24日,2020年5月1日。后文对此次访谈情况不再做标注。

里,已经脱离乡村环境,这在全国是普遍趋势。

"人民法庭留人难"是十几年来频繁见之于报端的说法。为缓解人才流失问题,中央政法委、最高人民法院设计了一系列制度安排,包括树立榜样、定期轮岗、优先提职等。在确保人民法庭干警队伍稳定的基础上,最高人民法院力图将人民法庭建设成"审判骨干的成长基地"、"领导干部的选拔基地"与"新进人员的培训基地"。① 但就"两便原则"(便于当事人诉讼、便于人民法院依法独立、公正和高效行使审判权)与"三个面向"(面向农村、面向群众、面向基层)功能预设②而言,人民法庭的运作情况不尽人意。轮岗派下来的审判员与书记员对司法辖区不熟悉,很少接触本地群众。甚至不乏有一些年轻干警认为,工作中接触的群体及服务对象(农牧区当事人)社会地位低,不利于建立起对己有利的人脉关系,下派法庭有被"流放"之感,故极为不屑接受本地知识。轮岗人员尽量压缩在人民法庭的工作时间,轮岗一经结束便急速返城,其与法庭当地原本就脆弱的社会关系自此便彻底中断。

在审判工作中,法官和当事人共同编织着"意义之网"。对于法庭工作意义的理解,需要从具体社会情境出发了解法官行为的"真正动机",表述当事人对法律和法庭的"理解"和"感受"。③ TBS 法官在 AH 镇出生、长大,凭借其二十五年的独任审判工作经历,巡回审判工作与辖区社会情境有较高的契合度。现任庭长 RYZ 自小在农村长大,对农牧区有亲和性;加之一年的驻村工作经验,驻村地点就在 AH 镇,期间深得群众认可,RYZ 也实现了再次乡土化。AH 法庭干警均为本地少数民族、审判员相对固定,巡回办案工作才得以延续。这一个案也说明,中西部广大农牧区需要人民法庭,尤其是需要扎根基层、融入本地的司法人员。

(三)传统司法技能不断消失/积累利用双重知识

法官各自身处于"千差万别的社会情景系统"与"各类错综复杂的权力场域"中,④在法律知识、司法技能相对一致的同时,法官在社会认知、知识结构、价值取向以及其他诸多方面也存在着个体差异,这是可贵的司法"人力资源"。原法院党委书记 LGT 将 TBS 法官在 AH 法庭工作三十年的原因归结为,"单位和个人都不愿意动"。"他个人拥有丰富的审判经验,熟悉当地的环境,在当地群众中有威信,和乡镇政府的关系处理得妥当,乡镇书记、镇长三五年一换,TBS 一工作就是三十年,有非常厚重扎实的社会根基。派别人

---

① 丁卫:《秦窑法庭》,生活·读书·新知三联书店 2014 年版,第 108 – 109 页。
② 《关于全面加强人民法庭工作的决定》(法发〔2005〕16 号)提出人民法庭"两便原则"与"三个面向"的司法工作原则。《五五改革纲要》提出进一步优化城乡法庭布局,以及"两个面向"(面向群众、面向基层)。
③ 侯猛:《迈向以当事人为中心的法院研究——司法活动中人类学方法的运用》,载《学术与探索》2012 年第 10 期。
④ 陈洪杰:《从程序正义到摆平"正义":法官的多重角色分析》,载《法制与社会发展》2011 年第 2 期。

去的话，派一个人撑不下来；派两个人，单位人员不足。"（LGT 书记）尽管现任庭长 RYZ 法官自称，"地方没变、案子没变，就是人变了"。言下之意是，只是年青女法官 RYZ 代替了资深老法官 TBS。但笔者却发现，新庭长的到来给 AH 法庭带来的变化。RYZ 法官受过完整、系统的法学专业教育，其既不是传统的经验型法官，也不是自我身份意识极强（乃至有些"清高"）的学院派法官，而是介于经验派与学院派之间。2018 年以前，一旦发生稍复杂一些的案件，当事人就倾向于到基层法院立案审理，法院业务庭室的权威性和信服力明显高于 AH 法庭。过去的求学工作经历和当下的身份让 RYZ 不满足于处理简单民事纠纷。她正在争取到法院民事审判庭的配合，以便组成合议庭，在 AH 法庭承办相对复杂的案件（RYZ 法官）。

有学者注意到，过去人民法庭法官的法律专业知识较少，办案主要靠人生阅历、社会经验，来洞察当事人心理。"以经验处理类型化案件，法庭人员在审判活动中'人人上阵'"。① 当下全国人民法庭人员配备呈现两个倾向——年轻化、专业化。法庭工作人员变化的表面光环下隐藏着深层矛盾：第一，较强专业技能与社会经验欠缺相互矛盾，导致基层司法的纠纷解决功能有所削弱；第二，个人期望较高与现实回报不足相互矛盾，有碍于法庭工作人员稳定和年轻人成长。②

近年来，最高人民法院强调，基层司法工作应重视行业惯例、村规民约、社区公约和当地善良风俗等地方性知识。实践中，没有司法人员可以依靠单一、有限的知识较好地完成司法工作，学院知识与经验知识同样重要。而当前人民法庭工作人员的知识结构却是此消彼长，传统司法技能消失殆尽，专业司法知识要经历各地复杂司法区情的检验、修正及补充。如下非此即彼的选择应当摒弃，即内生秩序难以自我维系，便毅然决然地采取"迎法下乡"策略；外生秩序难以落地生根，于是又沉浸于对内生权威的"怀念"之中。质言之，以人民法庭为典型，乡村司法合法性建构是一个"实践面向"的问题，"司法形态与社会互动的有效性和合法性"成为乡村司法机制建构的基础。③

AH 法庭巡回审判的另一则经验在于，法庭人员的本地身份使之有能力娴熟地运用地方性知识。其在审判工作中倾向于依法裁判，并适当考虑社会情理。正是因为此类本地化、融入性的折衷法律实践，使得部分基层司法人员成为"次生型"权威的代表。④ 就此而言，社会情境既是人民法庭获得自我功能认识的来源，也为法庭提供了矫正自我功能偏

---

① 高其才等：《法官：基层司法的主体——全国 32 个先进人民法庭法官的实证分析》，载《金陵法律评论》2007 年春季卷。
② 姚明平：《关于人民法庭队伍年轻化与专业化的衡平思考——以渝东地区某基层法院为样本》，载《法律适用》2011 年第 10 期。
③ 张剑源：《管辖权竞争与当代中国乡村司法的合法性建构》，载《当代法学》2014 年第 4 期。
④ 贺雪峰、董磊明将村庄的权威与秩序划分为原生型、次生型与外生型三类。参见贺雪峰、董磊明：《中国乡村治理：结构与类型》，载《经济社会体制比较》2005 年第 3 期。三类划分应被视为渐进的连续统，而非三级跳。

离的机会。社会嵌入性的高低最终决定着人民法庭的生命力，社会嵌入性的载体自然是法官的审判工作。巡回审判承载的是特定司法理念——面向群众、面向基层，提供便民司法服务，并将上述理念塑造成形。

余论　AH法庭巡回审判日常个案的价值

只有当一个事物成熟时，才能够细致、周详地描述它，并对其进行客观全面的评价。巡回审判始于共和国成立前的解放区，大发展于20世纪50~60年代，经历了"文革"特殊时期，并广泛适用于改革开放初期，90年代晚期以来呈现大范围萎缩趋势，但在广大中西部农牧区依然被保留。巡回审判在当代中国司法实践中运行了六十余年，但当笔者试着通过AH法庭个案描述巡回审判工作时，却发现其业已衰落，乃至有凋零之趋。这种衰落并非因为不符合基层实际，不符合社会需要，而是因为一系列制度机制改革，以及改革受阻后的反复。

司法改革争议颇多，以人民法庭司法工作为轴心，乡村司法走向何处亦不可知。以纠纷审理为中心，兼顾（适度参与）基层社会治理，最高人民法院对人民法庭的功能定位无疑给巡回审判留下了广阔的适用空间。反观人民法庭以巡回审判方式的"送法下乡"工作会发现，乡村对于司法的需求由来已久，且有增无减。文中笔者仅仅是通过分析AH法庭巡回审判日常个案，来揭开中国复杂"司法国情"的一角。恰恰是复杂性，而非单一性，才是当下中国最大的"司法国情"。

在多样复杂的"司法国情"背景下，AH法庭巡回审判工作未必具有代表性，笔者无法从这一日常个案中总结普遍经验，并汲取足够教训；继而能为处于"十字街头"的基层司法改革作出整体判断，推导出单一的决策选择；笔者也无法通过考察AH法庭巡回审判这一日常个案，验证宏大的司法理论。此文写作更旨在阐释巡回审判与社会情境融入、社会秩序维系间的关系，以AH法庭个案见证巡回审判历程的生命景象，而这些问题是以往学界没有阐释或没有详尽阐释的。于笔者而言，AH法庭如一个固定的锚点，可完成对司法国情一角的观测。

尽管如此，AH法庭巡回审判研究仍有进行理论抽象的可能，即在游牧社会具体社会情境中，最大限度地集中呈现人民法庭巡回审判能得以有效运行的重要属性，发现司法工作与游牧地区政治、经济、社会、文化因素之间的复杂关联。"小细胞装载着大世界"，个案可作为"考察社会整体构型和变迁的显微切片"。[①] 正如格尔茨（Clifford Geertz）对文化分析价值的定位，"不是一种寻求规律的自然科学，而是一种探究意义的解释科学"。理论建设的根本任务在于，"使深描成为可能"，"在个案中进行概括"。[②] 换言之，个案研究

[①] 渠敬东：《迈向社会全体的个案研究》，载《社会》2019年第1期。
[②] [美]克利福德·吉尔茨：《文化的解释》，韩莉译，译林出版社1999年版，第5、33页。

理论建构的任务不在于编纂（codify）抽象的规律，而在于阐释象征性行动的文化意义。通过个案研究积累知识、集结成果，在此过程中深化对社会普遍机制的理解，同时优化学界的认知图式。① "个案究竟能够扩展到多远多久多深，要靠它自身的属性和容量来决定"。② 故在阐释AH法庭巡回审判工作的个案意义与价值时，笔者需要自我提醒，评价务必节制。

（一）法庭作为功能性存在始于有效回应司法需求

人民法庭是国家司法权力配置的末梢，其职能定位与核心工作就是解决辖区内发生的争议，这源于辖区内部的纠纷处理需求和秩序维持需要。在国家司法权力体系中，设置人民法庭这一级的组织结构，正是基于这种功能性需求。质言之，人民法庭作为功能性的存在，不是始于法庭设立之处，设立仅仅是结构性的存在；而是始于法庭的纠纷解决职能被司法辖区的居民认同、接受之时。需要说明的是，法庭功能性存在始终处于动态的社会建构之中。20年来人民法庭从撤并到重建，可以说是人民法庭改革的自我否定。

（二）法官是将司法知识与价值进行情境转化的载体

人民法庭司法服务的供给与扩散均发生在辖区社会情境内，法官的主体地位和作用不容忽视。相对于法庭建筑、办公设施，法官才是法庭最不可或缺的部分。经由法官，司法知识、价值、伦理才能经历情境化的转化。在人民法庭审判工作中，无论是当事人，还是法官本人，都无法将人与事截然区分。坚持司法的绝对"中立性"、"专业化"，则会蜕变成刻板的教条主义。当事人认同法庭裁决，很大程度上是因为认同法官本人；而法官要处理的也并非全无人格、匿名化的案件，而是特定当事人之间的重大争议事件。

（三）具备高度"社会嵌入性"是巡回审判正当性的基础

法庭辖区自然地理与社会经济状况，决定了纠纷的数量与种类，对审判方式与审判人员知识、经验也提出了相关要求。亲自送达与执行，就地调解纠纷，集纠纷预防与纠纷解决于一身，地域性的司法需求给了巡回审判制度以生命力。同时具备高度的"社会嵌入性"不仅给予人民法庭巡回审判工作以正当性，同时也给予人民法庭更多的功能附加。针对高度"社会嵌入性"的司法服务，司法体系的决策部门与实践部门应保证这一司法服务的有效供给，而不是仅仅做一些宣传、展示工作。而就基层司法研究而言，法律人类学研究应发挥专长——叙述经验、阐释意义，从事更多长时段、连续性的司法民族志调查，以更加充分、深刻地展示基层法院、人民法庭及其巡回审判对于辖区社会生活的作用与影响。

---

① 王晓晖：《个案研究中的外推和概括：一个新的阐释》，载《学习与探索》2019年第9期。
② 渠敬东：《迈向社会全体的个案研究》，载《社会》2019年第1期。

How Does Circuit Trial of The People's Tribunal Respond to Justice Demands in Agricultural and Pastoral Areas
——Based on Trouble-less Cases Study of Xinjiang Aletai AH People's Tribunal

Xiao Jianfei

Abstract: In the current terminology, the people's tribunal and its circuit trial functions are likely to be deconstructed, but their regular operating conditions lack ethnographic investigations. While AH people's tribunal in Xinjiang Aletai is one of the several tribunals that keep the tradition of circuit trial. The circuit trial area of this tribunal is between the Gobi Desert and the mountains, and the period runs through filing phase and execution phase. One judge has undertaken the task of circuit trial more than 20 years. Embedding casework into a nomadic society, regional judicial demands give vitality to the circuit trial. In recent years, the Supreme People's Court has re-emphasized the work of the People's Tribunal and its circuit trials, yet it's still at a loss in three aspects, which is the asynchronism of software and hardware development, rural locality fades due to interaction blocks, and the vanishing of traditional judicial skills. In terms of maintaining professional reputation, stabilizing court attendance, and accumulating dual knowledge, the daily experience of the AH tribunal is instructive.

Key words: Circuit Trial of People's Tribunal, Social Embeddedness, Justice Demands in Agricultural and Pastoral Areas, AH Tribunal, Trouble-less Case

职业放贷人的识别及其现代化治理
——基于演化博弈分析

赵 勇 任建坤[*]

摘 要 《全国法院民商事审判工作会议纪要》（［2019］254号）第53条对职业放贷人的认定标准和法律后果进行了明确规定。司法实践中职业放贷人概念被滥用引发道德风险和识别标准不够明确可能影响深化金融体系改革的效果等问题不容忽视。职业放贷人的识别应当坚持实质解释原则，把握司法政策所保护的法益，借鉴商行为核心要义，坚持两个核心标准、三个辅助标准和一个反规避识别方案的具体规则。从治理能力现代化的要求和演化博弈分析来看，既要继续坚持重拳打击职业放贷人主旋律，还应遵循金融市场的内生适应性要求，尽快颁布《非存款类放贷组织条例》，培育"新型职业放贷人"，努力实现职业放贷人治理的帕累托最优，进而推动深化金融体系改革。

关键词 职业放贷人 认定标准 现代化治理 演化博弈

主要创新点：

（1）通过实质解释明确司法政策重点保护的法益，再结合商行为的核心要义，确定识别职业放贷人的两个核心、三个辅助标准及一个反规避方案；

（2）通过政策与职业放贷人的演化博弈分析，论证了未来职业放贷人治理的最优策略，即职业放贷人的治理应与深化金融改革相协调；

（3）对待职业放贷人，不仅应坚持重拳打击的主旋律，还应注意抢占民间金融市场的"空椅子"，积极回应民间金融市场需求的同时，铲除职业放贷人的生存土壤。

---

[*] 赵勇，福建江夏学院讲师，中国社会科学院法学所和贵州省社会科学院联合培养博士后研究人员。
任建坤，福州市鼓楼区人民法院法官。

正文：

党的十九大报告明确提出："健全金融监管体系，守住不发生系统性金融风险的底线"。民间借贷治理是金融监管体系的重要一环，当前由民间借贷领域市场失灵和政府规制失灵引发的众多社会问题和金融风险问题凸显。而职业放贷人的治理作为民间借贷风险治理的核心，其不仅关系到当下扫黑除恶的进程，而且还直接影响不发生系统性金融风险目标的实现。如何识别职业放贷人，明确职业放贷人所涉民间借贷与一般性民间借贷的边界，并有效防范和化解职业放贷人可能引发的金融风险，已成为实现现代化治理亟待解决的课题。

一、职业放贷人司法政策运行样态分析

2019年11月份，最高人民法院公布的《全国法院民商事审判工作会议纪要》（以下简称"《九民纪要》"）第53条首次以司法政策的形式正式确认了职业放贷人概念。该条不仅明确了职业放贷人的认定标准和法律后果，同时还考虑到地域差异，授权部分法院可根据当地实际情况制定具体认定标准，在肃清社会环境、控制金融风险、避免宏观经济脱实向虚等方面存在着积极的时代价值，标志着学者们长期呼吁的民间借贷法律规制民商二元区分的规则在司法领域得到了正式确立。① 职业放贷人这一概念正式确认一年多来的运行样态如何，有必要进行梳理。

（一）职业放贷人概念被滥用或引发道德风险

近年来，涉及职业放贷人的案件呈现指数级增长。根据无讼案例的统计，2016年75件，2017年是2016年的2.68倍达到201件，2018年是2017年的2.87倍达到578件，2019年是2018年的10.8倍达到6250件。② 涉及职业放贷人的案件总数在2019年激增主要存在两个方面的原因，一方面是2017年最高人民法院公布了认定职业放贷行为所涉民间借贷合同无效的判例，这一判例直接将职业放贷人作为认定民间借贷相关事实的参考因素上升为抗辩合同无效的事由，在事实认定和法律适用上为被告抗辩创设了一项新的权利；另一方面是从2018年开始的全国扫黑除恶专项斗争，发现实践中较多职业放贷行为与套路贷、黑社会性质组织犯罪存在关联，这将导致民间借贷案件由民事案件转化为刑事案件的可能性大大增加。这就使得民间借贷被告以原告系职业放贷人进行抗辩的情形快速增加，一旦抗辩成立，借款人的还款义务将得到较大减轻，即使抗辩不成立，也不会增加

---

① 相关文章参见岳彩申：《民间借贷规制的重点及立法建议》，载《中国法学》2011年第5期；北京市房山区人民法院、北京市第一中级人民法院联合课题组：《借贷行为法律治理的二元化区分》，载《法律适用》2019年9月期，第93页；刘道云：《民间借贷的法律类型及其区分意义》，载《金融监管》2013年第287期，第30页；李俊：《论商事性与民事性民间金融之区分及其政府监管》，载《制度建设》2016年第5期，第91页等。

② 该数据是笔者2021年1月20日从无讼案例（https://www.itslaw.com/home）中输入"职业放贷人"搜索得到，因2020年的数据具有滞后性，尚未纳入对比统计中，推测2020年的数量不会低于2019年。

借款人的额外责任。

在职业放贷人的案件快速增长的同时，一个值得警惕的现象开始出现，即"职业放贷人"这一概念被滥用的现象愈演愈烈。主要存在三种类型：一是民间借贷案件被告在一审中并未提出职业放贷人抗辩，在二审甚至再审申请中才提出，试图据此否定借款合同效力；二是被告在被诉时，直接向公安机关举报原告系职业放贷人或本案属于套路贷，同时向法院申请将案件移送公安，拖延诉讼进程，迫使原告撤诉或接受调解；三是被告明知或者有证据证明原告不属于职业放贷的情形，被告依然主张职业放贷抗辩。借款人以职业放贷人进行抗辩看似属于正当行使抗辩权，但是实践中滥用职业放贷人这一概念所凸显的道德风险问题不容忽视。绝大多数民间借贷系借款人因工作、生活或生意上资金周转困难，无法向银行等金融机构获得贷款，转而向亲朋好友或者其介绍的人借款。出借人出于好心救人于危难，因未按期还款向法院起诉时，借款人却站在道德的至高点，理直气壮地控诉出借人为职业放贷人、套路贷，① 以致"欠钱有理，讨债有罪"的戏份不断上演。这种现象的出现一方面会导致一些出借人不敢诉讼维权，被迫接受对其不利的调解方案或放弃债权；另一方面会严重抑制民间熟人间互济性借贷的发生，以致出于善意出借资金的人不敢借款给别人，真正需要资金应急的人却借钱无门，该结果肯定不是和谐社会应有的状态。因此，如何避免民间借贷领域越来越凸显的道德风险，如何维护民间借贷市场稳定，成为人民法官在适用职业放贷人司法政策时值得深思的问题。

（二）职业放贷人的识别标准亟需进一步明确

《九民纪要》第53条规定："同一出借人在一定期间内多次反复从事有偿民间借贷行为的，一般可以认定为是职业放贷人"。结合职业放贷人的法律适用之规定："未依法取得放贷资格的以民间借贷为业的法人，以及以民间借贷为业的非法人组织或者自然人从事的民间借贷行为，应当依法认定无效"。职业放贷人的认定标准主要包括是否有放贷资质、是否有偿、放贷次数、放贷人从事的职业四个方面。尽管这四方面的标准通俗易懂，但不代表在实践中不存在适用的困境。"多次反复"是否可以文义解释为"三次以上"？有偿放贷是否包括"低利率放贷"？有固定的职业，却经常性有偿放贷的人是否属于职业放贷人？认定职业放贷人的核心标准是什么？涉及职业放贷人的民间借贷是否应一律认定合同无效。这些问题正困扰着审判实践，亟需理顺。通过对无讼案例库中的判例分析可知，上述

---

① 笔者从无讼案例搜到相关案例较多，列举一例：2018年11月30日，L县人民法院受理了××刚与漯河某某置业有限公司（以下简称"置业公司"）民间借贷纠纷一案。经一审审理，L县人民法院判决支持了原告的全部诉讼请求。漯河某某置业有限公司不服一审判决，向L市中级人民法院提起上诉。在二审中，漯河某某置业有限公司的主要上诉理由为××刚为职业放贷人，案涉民间借贷应属无效，××刚主张的利息不应得到支持。××刚则声称，经朋友的介绍认识了漯河某某置业有限公司原法定代表人，在其无数次的苦苦哀求下才帮他从亲戚、朋友处筹措款项并借给了漯河某某置业有限公司。况且，漯河某某置业有限公司无任何证据证明其主张。此后，L市中级人民法院做出二审判决，认定现有证据不足以证明××刚为职业放贷人，案涉民间借贷合法有效。

司法政策施行以来,绝大多数法官在认定是否构成职业放贷人时,基本上都采取直接复制《九民纪要》第53条进行说理,而职业放贷人的核心标准是什么,基本没有判例系统分析过。

(三) 职业放贷人的识别或影响深化金融体系改革

长期以来,我国规模庞大的民间资本投资渠道不畅。但与此相伴随的是,市场主体融资难融资贵成为制约我国营商环境的一大顽疾。如表1所示,十八大以来,党中央、国务院不断着力推动深化金融体系改革。

表1 十八大以来国家深化金融体系改革的相关文件及其内容

相关文件	深化金融体系改革的相关内容
十八大报告	深化金融体制改革,健全促进宏观经济稳定、支持实体经济发展的现代金融体系,发展多层次资本市场。加快发展民营金融机构。完善金融监管,推进金融创新,维护金融稳定
《关于金融支持经济结构调整和转型升级的指导意见》	尝试由民间资本发起设立自担风险的民营银行
十九大报告	深化金融体制改革,增强金融服务实体经济能力,提高直接融资比重,促进多层次资本市场健康发展。健全金融监管体系,守住不发生系统性金融风险的底线
2018年中央经济工作会议	要以金融体系结构调整优化为重点深化金融体制改革,发展民营银行和社区银行,推动城商行、农商行、农信社业务逐步回归本源。要完善金融基础设施,强化监管和服务能力
十九届四中全会	加强资本市场基础制度建设,健全具有高度适应性、竞争力、普惠性的现代金融体系,有效防范化解金融风险
2019年中央经济工作会议	要深化金融供给侧结构性改革,疏通货币政策传导机制,增加制造业中长期融资,更好缓解民营和中小微企业融资难融资贵问题
2020年政府工作报告	支持大中小企业融通发展。健全市场化投融资机制,支持民营企业平等参与。一定要让中小微企业贷款可获得性明显提高,一定要让综合融资成本明显下降

尽管,党的十八大、十九大分别要求"完善金融监管,维护金融稳定""健全金融监管体系,守住不发生系统性金融风险的底线"。但是,这并不意味着深化金融体系改革应让步于控制金融风险。党的十八大、十九大实际上运用了底线思维对待金融,即要求在确保不发生

系统性金融风险的同时,应当深化金融体制改革。畅通民间资本投资渠道,构建包容性金融①,增强金融市场竞争,降低企业融资成本,不仅是国家的顶层设计,更是大势所趋。长期以来,我国在民间借贷治理方面本身就存在着被众多学者诟病的"泛刑法化"②现象,如果在民事领域再对职业放贷人进行过于严苛的规制,那么"深化金融体制改革,促进多层次资本市场健康发展"之路可能会走得更加艰难。如何把握认定职业放贷人的标准及其尺度,从而在控制金融风险的同时,推动金融深化,是未来制定相关职业放贷人司法政策必须考虑的问题。

《九民纪要》第53条在法律适用方面进行了明确的规定,即相关民间借贷合同一律无效。因此,职业放贷人的识别显得尤为重要,其已成为能否在确保控制金融风险的同时避免道德风险及运动式治理的极端化倾向,助力国家金融体系改革,优化职业放贷人治理的关键一环。

二、职业放贷人的识别路径

职业放贷人所涉民间借贷的裁判标准已统一,那么职业放贷人的识别标准、尺度就成为当下职业放贷人治理的关键。必须运用实质解释明确该司法政策所要保护的法益,进而对职业放贷人的标准进行厘定,以期科学地识别职业放贷人。

(一)职业放贷人司法政策之实质解释

周光权教授曾指出,中国是一个惩罚泛化的社会,惩罚的气息到处弥漫,惩罚的权力深深地嵌入我们的传统以及日常生活中。有的惩罚是必要的,但是惩罚的权力需要证明和重新组织论证。③ 震慑并惩罚非法放贷确有必要,但如若司法触角过度扩张,可能会对合法的民间借贷造成"误伤"。因此,必须明确基于强人际关系④、差序格局的乡土中国⑤的一般性民间借贷与职业放贷人所涉借贷的边界,避免运动式治理的极端化。

当前,对于职业放贷人的解释首先要遵从司法政策的实质合理内涵。然后,还要重点关注限制解释等具体解释方法的运用,特别是实质解释。实质解释虽然不是具体的解释方法,但却在解释论中属于限缩解释的上位概念,从价值层面来看具有统领全局的功用。⑥ 对于实质解释,张明楷教授认为,实质的解释论对构成要件的解释不是停留在法条的字面

---

① 包容性金融指为每一个人提供可支付得起的并能及时获取的金融服务。详见,湛泳、徐乐:《"互联网+"下的包容性金融与家庭创业决策》,载《财经研究》2017年第9期,第63页。
② 徐海波、童伟华:《民间借贷泛刑法化的危机及其化解路径》,载《学术论坛》2017年第5期,第31页;岳彩申:《民间借贷的激励性法律规制》,载《中国社会科学》2013年第10期,第121页。
③ 周光权:《刑法学的向度——行为无价值论的深层追问》,法律出版社2014年版。
④ Granovetter M., The strength of Weak Ties, 78 (6), *American journal of sociology.*, 1360 – 1380 (1973).
⑤ 费孝通:《乡土中国》,人民出版社2013年版,第28–34页。
⑥ 徐海波、童伟华:《民间借贷泛刑法化的危机及其化解路径》,载《学术论坛》2017年第5期,第34页。

含义上，而是以保护法益为指导，从实质上判断是否存在值得科处刑罚的违法性与有责性。① 具体到避免职业放贷人规制极端化的这一问题，应当通过实质解释对职业放贷人的范围进行合理限缩。这既是司法谦抑理念的要求，亦是维护民间借贷市场活力的重要保证。申言之，除了要坚持法律、司法解释、司法政策中的形式标准外，还应重点分析职业放贷人存在哪些实质上的社会危害，而其中哪部分是《九民纪要》第53条宣告无效并欲重点规制的对象。

对于上述问题，我们不难知晓，职业放贷人除了经常存在涉黑涉恶的违法行为外，还存在着扰乱金融秩序、扩大金融风险的危害。但是，《九民纪要》第53条所欲规制的对象系后者，理由有两方面：一方面，职业放贷人涉黑恶的违法犯罪行为早已有相关法律予以规制，而且《最高人民法院关于审理民间借贷案件适用法律若干问题的规定》（以下简称"《民间借贷司法解释》"）对民间借贷涉及犯罪的情形已有科学体系的安排；另一方面，《民间借贷司法解释》明显扩大了合法民间借贷的范围，除了依据合同法第五十二条及该司法解释第十四条规定的情形，其他的民间借贷合同均为有效合同。如果单纯依据《民间借贷司法解释》，尚无法寻找到职业放贷人所涉民间借贷合同无效的法律依据。但如果回到《九民纪要》第53条的条文上，我们不难发现，该司法政策认定合同无效的立足点在于"未依法取得放贷资格却以民间借贷为常业"，即认为职业放贷人所涉的贷款业务实质上是商事放贷，属于《最高人民法院关于适用〈中华人民共和国合同法〉若干问题的解释（一）》第十条规定的需要特许经营的专属于金融机构的金融业务，而非《民间借贷司法解释》规定的民事民间借贷。由此可见，《九民纪要》第53条除了扫黑除恶特殊历史使命外，其所重点保护的法益是金融机构贷款业务专营权以及金融秩序，重点规制的是职业放贷人的商事放贷行为。

（二）借鉴商行为核心要义识别职业放贷

在明确职业放贷人司法政策规制对象为商事放贷行为之后，如何识别职业放贷人还需进一步探讨商事放贷行为与民事放贷行为的界分。长期以来，我国实施的是民商法即分立又混合的立法模式。② 从域外经验来看，虽然各个国家对于商行为的规定不尽相同，但各国商法基本上均将"营利性"作为商行为的核心属性。同样的，尽管我国学术界与实务部门尚未在商行为的界定上形成共识，但可以肯定的是，二者基本上都认可"营利性"系商行为的核心属性。③ 因此，商事民间借贷或者职业放贷人的核心属性应为"营利性"。

（三）职业放贷人之具体识别

一是要明确两个核心标准。通过对职业放贷人"营利性"这一核心属性的文义解释，

---

① 张明楷：《实质解释论的再提倡》，载《中国法学》2010年第4期，第49页。
② 参见王利明著：《民法典体系研究》，中国人民大学出版社2008年版，第284页。
③ 参见王建文：《论我国民间借贷合同法律适用的民商区分》，《现代法学》2020年第1期，第138页。

不难解构出两方面的识别标准：其一，以盈利为主要目的；其二，存在向社会不特定对象放贷的经营行为。以"盈利为主要目的"要求我们必须避免一个极端，即只要多次放贷行为均有约定借款利率即认定为职业放贷人。如公司以低息的标准向员工出借款项，以便员工购房、购车，这些放贷行为虽然约定了利率，且面向多人，但因其主要目的并非盈利，不宜认定为职业放贷人。至于"存在向社会不特定对象放贷的经营行为"这一标准的判断，首先应当判定出借行为是否是面向社会不特定的对象。其次，各个法院可结合本地的经济发展水平，参照浙江、江苏等省关于职业放贷人的相关文件，根据现有裁判文书（含诉请调解等）以及能够查明的事实，判断其放贷次数是否构成经常性的经营行为。

二是要参考三个辅助标准。除了上述两个核心标准外，还有三个识别职业放贷人的辅助标准：其一，职业；其二，行为隐蔽性、违法性；其三，资金来源。经营商事放贷并非必须事事亲力亲为，有固定职业的人并不代表着无法经营商事放贷。放贷行为的违法性与职业放贷人没有必然联系。出借的款项源于自有资金也不足以排除系职业放贷人的可能。可见，即便满足上述三个标准，也不能据此推定放贷人为职业放贷人。虽然该三个标准不能独立作为认定职业放贷人的依据，但该三个标准对识别职业放贷人具有较好的辅助作用。如果出借人未能合理解释其职业或者其放贷的款项均系自有资金，却同时经常地从事放贷行为，出借人属于职业放贷人的概率显然相对更高。此外，职业放贷人趋利性强、行为隐蔽、如若经审查发现，放贷人恶意制造已支付本金的记录，实际出借的本金与约定偏差较大，协同第三方隐蔽地收取中介费、调查费、担保费等利息之外的其他费用，恶意宣告借款人违约等行为，鉴于这些行为与平常的民间借贷有较大偏差，可以适当降低对出借人构成职业放贷人的证明标准。

三是要借助一个反规避识别方案。在明确完识别职业放贷人的核心标准及辅助标准之后，还应考虑实践中很可能面临的"规避识别"的现象。如职业放贷人通过债权转让的方式主张权利，或者职业放贷人躲至幕后，改由其近亲属作为出借人。故，在存在合理怀疑的情况下，还应适当审查资金的来源，原告与职业放贷人的身份关系。

三、治理能力现代化对职业放贷人司法政策的要求

党的十九届四中全会做出了"坚持和完善中国特色社会主义制度、推进国家治理体系和治理能力现代化"的重要部署。治理体系和治理能力现代化直接关系到"两个一百年"奋斗目标的实现。[①] 当前，应当以十九届四中全会的精神为指引，探索职业放贷人治理的方向及其最优方案。

---

① 张文显：《国家制度建设和国家治理现代化的五个核心命题》，载《法制与社会发展》2020年第1期，第5页。

(一) 处理好运动式治理与常态式治理的关系

当下,民间借贷是黑恶势力活跃的重点领域。职业放贷人时常与黑恶势力存在交集。在地方性常规治理已难以震慑黑恶势力的情况下,亟需一场自上而下、调动所有资源、集中各方力量的运动式治理。① 职业放贷人司法政策显然应积极主动地协同配合这种运动式治理。

但是,在协同配合的同时,还应注意把握以下两方面。一是确保依法治理之前提。习近平总书记对于依法治国与国家治理的关联性作过一系列深刻论述。习近平总书记指出,"建设中国特色社会主义法治体系、建设社会主义法治国家是实现国家治理体系和治理能力现代化的必然要求"。②"全面依法治国是国家治理的一场深刻革命"。③ 针对职业放贷人的运动式治理,必须在法律的框架内进行,司法政策不可随意扩大打击范围,要避免运动式执行之极端化现象。二是确保治理模式的有机融合。当官僚体制的常规机制在运行中出现问题、导致交易成本急剧上升时,就会诱发运动型治理机制的产生,而运动型治理机制在经过高速运转阶段之后,科层制的常规机制又占据了主导地位。④ 尽管运动式执法在解决某一领域突出问题上有启动便利、短期效果明显的特殊作用,但不可否认,运动式执法方式的反复适用是对法治一次又一次的破坏。⑤ 当前,对于职业放贷人的治理需要结合两种治理模式,在对职业放贷人进行重拳打击的同时,还应尽量将尺度控制得恰到好处。

(二) 从全面执行金融抑制转向推动金融深化

过渡抑制民间借贷可能迫使职业放贷人逆向选择。长期以来,"麦克米伦融资缺口"⑥是困扰中国乃至全世界的一个难题。但相伴随的是,我国长期以来采取以压制为主的民间金融风险治理机制。即便金融抑制思想长期占据主导,抑制民间金融的文件、政策也是推陈出新,但民间金融依旧历久弥新。国内外的经验告诉我们,仅仅依靠金融抑制来规制民间金融风险显然存在着规制的失灵。过度的金融抑制不仅无法有效规制金融风险,反而存在规制成本过高,边际效应递减的趋势。一律禁止的司法政策会给民间金融带来"破窗效

---

① 周雪光教授认为,运动式治理的突出特点是(暂时)打断、叫停官僚体制中各就各位、按部就班的常规运作过程,意在替代、突破或整治原有的官僚体制及其常规机制,代以自上而下、政治动员的方式来调动资源、集中各方力量和注意力来完成某一特定任务。详见,周雪光:《运动型治理机制:中国国家治理的制度逻辑再思考》,载《开放时代》2012年第9期。
② 参见习近平:《关于〈中共中央关于全面推进依法治国若干重大问题的决定〉的说明》,载《〈中共中央关于全面推进依法治国若干重大问题的决定〉辅导读本》,人民出版社2014年版,第62页。
③ 习近平:《决胜全面建成小康社会夺取新时代中国特色社会主义伟大胜利—在中国共产党第十九次全国代表大会上的报告》,载《党的十九大报告辅导读本》,人民出版社2017年版,第21页。
④ 周雪光:《运动型治理机制:中国国家治理的制度逻辑再思考》,载《开放时代》2012年第9期。
⑤ 程琥:《运动式执法的司法规制与政法有效治理》,载《行政法研究》2015年第1期,第76页。
⑥ 参见张建伟:《法律、民间金融与麦克米伦"融资缺口"治理—中国经验及其法律与金融含义》,载《北京大学学报》2013年第1期,第127页。

应"——职业放贷人被迫转入地下,也会迫使职业放贷人进行逆向选择,即他们将更加倾向于短期经营或不规范经营,在自身利益保护和风险控制上,其更加倾向于采取私力救济,甚至是非法手段。[①] 而这个结果恰好又是现有司法政策所欲规制的问题。

民间金融风险治理必须遵循其内生适应性规律。对于当前民间金融规制的失灵,张建伟教授的观点值得我们进一步研究。张建伟教授认为,对金融的治理必须符合金融有机体本身的内生适应性要求,如果因一些局部危机而贸然对金融有机体"动手术",则有可能会伤及其本身成长的元气与活力,甚至有可能将民间金融扼杀在摇篮之中。[②] 为此,下文运用演化博弈理论探寻何种政策才是规制职业放贷最优化方案。

(三)政府政策与职业放贷的演化博弈分析

1. 模型基本假设

假设:博弈中只有政府和职业放贷人两个参与者,且博弈主体都是有限理性的经济人。政府对于规范民间借贷的策略有两个,即引导和禁止,假设政府引导的概率为 X 且 $0<X<1$,则禁止概率为 $1-X$。职业放贷人的策略有放贷和不放贷两策略,假设其放贷的概率为 Y 且 $0<Y<1$,则不放贷的概率为 $1-Y$。

政府引导职业放贷,可以激活市场活力,设其总收益为 A_1,引导总成本为 C_1,而政府禁止民间借贷可以维持一定的稳定和控制一定的金融风险,设其总收益为 A_2,执法总成本为 C_2。职业放贷人的放贷金额为 P_0,因鉴别借款人的成本为 C_0,当政府实施引导策略时的预期收回金额为 P_1,实施禁止策略时的预期收回金额为 P_2。假设职业放贷人持有资金不放贷时的利息收入为 b_1。

双方博弈矩阵如下:

		职业放贷人		不放贷 ($1-y$)	
		放贷 y			
政府	引导 x	$A_1 - C_1$	$P_1 - P_0 - C_0$	C_1	b_1
	禁止 ($1-x$)	$A_2 - C_2$	$P_2 - P_0 - C_0$	A_2	b_1

2. 博弈模型的复制动态方程及局部平衡点

根据模型假设和博弈收益矩阵可知,当政府引导民间借贷时,政府的期望收益为:

$E_{X1} = Y^* (A_1 - C_1) - (1 - Y) C_1$

当政府禁止民间借贷时,政府的期望收益为:

---

① 熊进光、王奕刚:《金融发展理论下民间金融的市场准入路径优化》,载《社会科学家》2016 年第 7 期,第 73 页。
② 张建伟:《法律、民间金融与麦克米伦"融资缺口"治理—中国经验及其法律与金融含义》,载《北京大学学报》2013 年第 1 期,第 130 – 131 页。

$E_{X2} = Y^*(A_2 - C_2) + (1 - Y)A_2$

则政府选择引导和禁止的混合策略期望收益为：

$\bar{E}_X = XE_{X1} + (1 - X)E_{X2}$

同理可得，职业放贷人放贷、不放贷和混合策略的期望收益为：

$E_{Y1} = X^*(P_1 - P_0 - C_0) + (1 - X)(P_2 - P_0 - C_0)$

$E_{Y2} = X^* b_1 + (1 - X) b_1$

$E_Y = Y^* E_{Y1} + (1 - Y) E_{Y2}$

由此可以得到政府引导、职业放贷人放贷时的复制动态方程为：

(1) $F(y) = \dfrac{dy}{dt} = y(E_{y1} - \bar{E}_y) = y(1-y)((P_1 - P_2)x + P_2 - P_0 - C_0 - b_1)$，

(2) $F(x) = \dfrac{dx}{dt} = x(E_{x1} - \bar{E}_x) = x(1-x)((A_1 + C_2)y - A_2 - C_1)$，

欲使得博弈参与者有演化稳定策略，必须同时满足：

$\begin{cases} F(x) = \dfrac{dx}{dt} = 0 \\ F(y) = \dfrac{dy}{dt} = 0 \end{cases} \qquad x^* = \dfrac{P_2 - P_0 - C_0 - b_1}{P_2 - P_1}$

求解得到：

$x_1 = 0, \quad x_2 = 1, \qquad y^* = \dfrac{A_2 + C_1}{A_1 + C_2}$
$y_1 = 0, \quad y_2 = 1,$

因此，可以求出政府引导和职业放贷人放贷的 5 个局部均衡点：

$O(0, 0)$、$A(0, 1)$、$B(1, 0)$、$C(1, 1)$、$D\left(\dfrac{P_2 - P_0 - C_0 - b_1}{P_2 - P_1}, \dfrac{A_2 + C_1}{A_1 + C_2}\right)$。

3. 模型均衡点稳定性分析

根据 Friedman（1991）提出的雅克比矩阵的局部分析法可分析系统均衡点的稳定性，由式（1）和式（2）可求得该系统的雅克比矩阵为：

$J = \begin{bmatrix} \dfrac{\partial F(x)}{\partial x}, & \dfrac{\partial F(x)}{\partial y} \\ \dfrac{\partial F(y)}{\partial x}, & \dfrac{\partial F(y)}{\partial y} \end{bmatrix}$

$= \begin{bmatrix} (1-2x)((A_1 + C_2)y - A_2 - C_1), & x(1-x)(A_1 + C_2), \\ y(1-y)(P_1 - P_2), & (1-2y)((P_1 - P_2)x + P_2 - P_0 - C_0 - b_1) \end{bmatrix}$

将 5 个局部均衡点，代入上述雅可比矩阵，求出雅可比矩阵的行列式和迹，结果整理如表 2。当同时满足 $\det(J) > 0$，$tr(J) < 0$ 两个条件的均衡点为系统演化的稳定点 ESS。

表2　政策与职业放贷人博弈雅可比矩阵的 det（J）和 tr（J）

均衡点	det(J)	tr(J)
O(0,0)	$(-A_2-C_1)(P_2-P_0-C_0-b_1)$	$-A_2-C_1+P_2-P_0-C_0-b_1$
A(0,1)	$(A_1+C_2-A_2-C_1)(P_0+C_0+b_1-P_2)$	$A_1+C_2-A_2-C_1+P_0+C_0+b_1-P_2$
B(1,0)	$(A_2+C_1)(P_1-P_0-C_0-b_1)$	$A_2+C_1+P_1-P_0-C_0-b_1$
C(1,1)	$(A_2+C_1-A_1-C_2)(P_0+C_0+b_1-P_1)$	$A_2+C_1-A_1-C_2+P_0+C_0+b_1-P_1$
D(x^*,y^*)	$\dfrac{(P_2-P_0-C_0-b_1)(P_0+C_0+b_1-P_1)(A_2+C_1)(A_1+C_2-A_2-C_1)}{(P_2-P_1)(A_1+C_2)}$	0

显然在 D（x^*，y^*）处不符合稳定均衡的条件，因此 D 点肯定不是系统演化的稳定点。所以只需判断其余四个平衡点的稳定即可。因为 $A_2+C_1>0$，所以只需要分析 $P_2-P_0-C_0-b_1$，$P_1-P_0-C_0-b_1$ 和 $A_1+C_2-A_2-C_1$ 的正负，具体分析结果见附录表3所示。

当 $P_2-P_0-C_0-b_1<0$ 时，无论 $P_1-P_0-C_0-b_1>0$ 和 $A_1+C_2-A_2-C_1$ 的正负如何，系统均向着（0，0）点演化。即当政府实施禁止策略时，职业放贷人的预期收益小于放贷资金在基准利率下的利息时，职业放贷人才会选择不放贷。然后从贷款供需层面来看，当需求高于供给时，放贷的利率会相应提高，职业放贷人的预期回收金额会增加，因此职业放贷人不会不放贷，反而会因为政府的禁止而产生逆向选择，导致政府失灵，使得系统向（0，1）演化。

当 $P_2-P_0-C_0-b_1>0$ 且 $A_1+C_2-A_2-C_1<0$ 时，无论 $P_1-P_0-C_0-b_1>0$ 正负如何，都只有（0，1）一种演化稳定策略，即当放贷利率够高，预期回收金额 P_2 足够大时，即使政府实施禁止策略，职业放贷人仍会选择放贷。显然，这是政府不想看到的。加上政府禁止职业放贷人放贷的执法成本也较高，为实现帕累托最优，政府应该引导符合条件的职业放贷人规范放贷，减少鉴别借款人的成本，增加预期回收金额，使系统向（1，1）演化。

当 $P_1-P_0-C_0-b_1>0$ 且 $A_1+C_2-A_2-C_1>0$ 时，无论 $P_2-P_0-C_0-b_1<0$ 正负如何，都只有（1，1）一种演化稳定策略，即政府引导的总收益大于禁止的总收益，职业放贷人的预期收回金额 P_1 大于放贷资金 P_0，鉴别借款人的成本 C_0 和不放贷时资金在基准利率下的利息 b_1 之和时，系统会向（1，1）策略演化。因此，从长期来看，政府可以通过引导并征税来提高总收益，同时降低职业放贷人的鉴别成本 C_0，当其被征税的支出小于或等于下降的鉴别成本时，系统会向（引导，放贷）策略演化。

综上，全面执行金融抑制的司法政策会出现规制的失灵，其将迫使职业放贷人进行逆向选择。而遵循金融治理的内生规律，依照政策与职业放贷人的演化博弈，在确保控制金融风险的同时，应当推动金融深化，即坚持打击职业放贷人主旋律的同时，应探索允许并引导部分职业放贷人规范经营。从而在将职业放贷人的负外部性降至最低的同时,强化金融市场竞争,降低融资成本,回应民间金融市场的需求,确保司法政策更加契合金融市场规律、更具生命力。

四、职业放贷人之现代化治理

要实现职业放贷人治理能力现代化,仅仅依靠法院恐难实现,必须加强系统治理、依法治理、综合治理、源头治理。在确保控制金融风险的前提下,不仅应尊重金融市场的内生规律,积极回应市场的需求,还应注重推动金融深化,强化金融市场竞争。

(一)坚持打击职业放贷人的主旋律

一要严格审查职业放贷人所涉案件的事实及证据。马克思在《资本论》第一卷中引用托·约·登宁的那句话告诉我们,资本天然具有逐利性。为了100%的利润,它就敢践踏一切法律。为了300%的利润,它就敢犯任何罪行。① 职业放贷人趋利性强,行为隐蔽。人民法院应加大对相关事实及证据的审查。经审查可以认定出借人系职业放贷人的案件,应当坚决宣告相关民间借贷无效。对于职业放贷人所主张的部分事实,应当适当提高其证明标准,如"已通过现金方式出借款项""未要求借款人出具借条"。此外,对于审理过程中发现的"套路贷"、暴力讨债等违法犯罪行为,应当坚决移送有关机关处理,避免黑恶势力在民间借贷领域死灰复燃。

二要构建职业放贷人联防联控机制。各地法院应当依托党委,构建与公安、检察院、银监会等部门的协调治理机制。充分利用司法大数据等现代科技技术,做好信息的通报共享以及风险的预警研判,进一步挤压职业放贷人的生存空间。

三要避免打击范围的扩大化。一方面,人民法院应当严格执行认定职业放贷人的两大核心标准。对于非以盈利为主要目的以及非面向不特定社会对象放贷的行为予以容忍,保持司法的谦抑性,避免打击范围的扩大化,防止对正常的借贷市场活力造成误伤。另一方面,原则上借款人应就出借人系职业放贷人承担举证责任,人民法院在借款人提交相对充分证据的基础上,可以通过审判系统予以核实。除此之外,年利率低于6%的低息放贷,不仅是金融机构不大情愿食用的蛋糕,甚至是被国家定性为金融机构社会责任。该部分的放贷类似于普惠金融,对社会具有明显的积极效应,应当予以豁免。

(二)抢占民间金融市场的空椅子

一是加快颁布《非存款类放贷组织条例》。城市化进程及熟人社会结构的打破,造就了既无法从传统民间借贷借款,又无法从现代金融处融资的庞大社会群体。而职业放贷人

---

① 转引自《马克思恩格斯全集》(第23卷),人民出版社1972年版,第829页。

恰好填补了该社会群体的资金需求，职业放贷人有着生存的社会机理。对于职业放贷人，学者们基本上都持有辩证对待，甚至鼓励倡导的态度。如韩宝认为，法律不应该将大部分职业放贷人"清洗"掉，而应将现有职业放贷人"收编"，以金融监管的形式预防和制止职业放贷的乱象。① 岳彩申教授认为，宽松的准入制度对民间借贷接受法律规制具有正向激励作用，提高了民间借贷接受法律规制的积极性。② 黎洋博士认为对职业放贷人的规制理念应当是将放贷人作为一种重要的民间金融活动，是正规金融的有益补充，不应当压抑民间放贷活动，而是为符合法律准入条件的放贷活动提供安全保障。③ 沈伟教授认为，应建立包容的民间金融体系，使民间资本合法化，去影子化。对民间金融活动逐步采取鼓励性的司法取向。④ 很显然，职业放贷人的治理必须要正视该群体积极的一面，并积极遵循金融市场的内在规律。结合前述演化博弈分析，学者们的观点确实是政府与职业放贷人博弈较为理想的稳定点。但我们不应忽视，现阶段的职业放贷人基本上都带有高利放贷、暴力讨债等属性，其具有明显的负外部性。当前，将职业放贷人一律合法化，或者设置较低的准入门槛尚不具有可行性。2020年12月31日，司法部对十三届全国人大三次会议第9323号建议的答复中提到，司法部正会同人民银行、银保监会制定《非存款类放贷组织条例》，我们应该推动《非存款类放贷组织条例》尽快颁布实施，并借此培育"新型职业放贷人"，在打击职业放贷人的同时，积极抢占民间金融市场的空椅子。

二是引导非存款类放贷组织正向竞争。我们应当认识到，《非存款类放贷组织条例》的颁布并非一劳永逸地解决职业放贷人治理难题的终点。非存款类放贷组织作为市场主体，其与职业放贷人一样具有明显的趋利性。即便从立法层面赋予其合法地位，其依然可能在恶性竞争中退化为当下的职业放贷人。如若没有相应的配套制度，我们很可能会面临钱穆陷阱的尴尬局面。要使非存款类放贷组织去职业放贷人之糟粕，取之精华，既要引导其规范经营，又要为其打通向上竞争的通道。

引导非存款类放贷组织规范化经营。一方面要引入商事规则审理相关案件。非存款类放贷组织所涉的借贷属于商行为。非存款类放贷组织应被视为经营者，而借款人相应地应被理解为金融消费者。应当引用部分商事规则规范其放贷行为。可以对其设定适当性义务、信息披露、禁止捆绑销售、保护借款人信息、禁止掠夺性放贷、禁止等义务。从而，更好地规范其放贷行为，更好地保护借款人的合法权益，进一步规范金融市场。另一方面要加强府院联动，规范借贷市场。依托政府的领导，借鉴温州、鄂尔多斯等地的经验，建立民间借贷备案中心。推广适用政府指导的格式合同文本，规制借贷过程中经常适用的

---

① 韩宝、徐畅行：《多层次借贷市场中职业放贷人法律监管的不足与完善》，载《合肥工业大学学报》2019年6月第3期，第34页。
② 岳彩申：《民间借贷风险治理的转型及法律机制的创新》，载《政法论丛》2018年第1期，第8-9页。
③ 黎洋：《职业放贷人法律规制研究——兼评〈非存款类放贷组织条例（征求意见稿）〉》，载《北京建筑大学学报》2017年6月第2期，第75页。
④ 沈伟：《中国的影子银行风险及规制工具选择》，载《中国法学》2014年第4期，第177页。

"砍头息"、以收取调查费、管理费等名义变相收取高额利息等乱象。

非存款类放贷组织与职业放贷人一样,其在竞争方式上有两种选择,一是以相对于竞争者更低的成本识别和跟踪判断客户还款能力,并以相对于竞争者更低的利息放贷;二是放弃识别和跟踪判断客户还款能力,以高利息放贷,以高收益覆盖高风险。① 前种方式通过自身能力规避风险,并以更低的利率取得竞争优势。而后种策略系放弃对借款人的判断,一律以高利率来覆盖高风险。显然,前一种竞争方式为政府所倡导。但鉴于条件限制,即便非存款类放贷组织被确认了合法性也难以通过前种方式实现良性竞争,其只能转向第二种策略。高利放贷的局面同样难以扭转。对此,张建伟教授还有一个深刻的认识,即"当前中小企业等存在的不是资金缺口,实质上是信任缺口"。② 韩宝、张建伟教授的观点都提到了制约民间借贷市场良性发展的核心因素,即信息不对称。对此,笔者认为,可以考虑在温州、鄂尔多斯的政策基础上再往前迈进一步,即在民间借贷备案中心的基础上,在双方都同意并主动申请的前提下,向借贷双方提供对方的信用状况,打破双方的信息不对称,引导非存款类放贷组织向良性竞争的方向发展。

五、结语

职业放贷人的风险治理不仅关系到扫黑除恶专项斗争向常态化治理的纵深推进,而且与国家深化金融体系改革,发展多层次的资本市场,确保不发生系统性的金融风险等战略部署息息相关。人民法院的司法政策应当立足当下,着眼长远,在确保配合扫黑除恶专项斗争、控制金融风险的同时,还应遵循金融市场的内生适应性要求,以推动金融深化为方向。结合现阶段国情,推动《非存款类放贷组织条例》的颁布,培育"新型职业放贷人",努力实现职业放贷人治理的帕累托最优。

附　录

表3　政府与职业放贷人博弈系统局部稳定性分析结果

条件	均衡点	det（J）符号	tr（J）符号	结果
$P_2 - P_0 - C_0 - b_1 > 0$ $P_1 - P_0 - C_0 - b_1 > 0$ $A_1 + C_2 - A_2 - C_1 > 0$	O（0, 0）	−	+/−	不稳定
	A（0, 1）	−	+/−	不稳定
	B（1, 0）	+	+	不稳定
	C（1, 1）	+	−	稳定

---

① 韩宝、徐畅行:《多层次借贷市场中职业放贷人法律监管的不足与完善》,载《合肥工业大学学报》2019年第3期,第33页。

② 张建伟:《法律、民间金融与麦克米伦"融资缺口"治理——中国经验及其法律与金融含义》,载《北京大学学报》2013年第1期,第128页。

续表

条件	均衡点	det（J）符号	tr（J）符号	结果
$P_2 - P_0 - C_0 - b_1 > 0$ $P_1 - P_0 - C_0 - b_1 < 0$ $A_1 + C_2 - A_2 - C_1 > 0$	O (0, 0)	−	+/−	不稳定
	A (0, 1)	−	+/−	不稳定
	B (1, 0)	−	+/−	不稳定
	C (1, 1)	−	+/−	不稳定
$P_2 - P_0 - C_0 - b_1 > 0$ $P_1 - P_0 - C_0 - b_1 < 0$ $A_1 + C_2 - A_2 - C_1 < 0$	O (0, 0)	−	+/−	不稳定
	A (0, 1)	+	−	稳定
	B (1, 0)	−	+/−	不稳定
	C (1, 1)	+	+	不稳定
$P_2 - P_0 - C_0 - b_1 < 0$ $P_1 - P_0 - C_0 - b_1 > 0$ $A_1 + C_2 - A_2 - C_1 > 0$	O (0, 0)	+	+	不稳定
	A (0, 1)	+	+	稳定
	B (1, 0)	+	+	不稳定
	C (1, 1)	+	−	稳定
$P_2 - P_0 - C_0 - b_1 < 0$ $P_1 - P_0 - C_0 - b_1 < 0$ $A_1 + C_2 - A_2 - C_1 > 0$	O (0, 0)	+	−	稳定
	A (0, 1)	+	+	不稳定
	B (1, 0)	−	+/−	不稳定
	C (1, 1)	−	+/−	不稳定
$P_2 - P_0 - C_0 - b_1 < 0$ $P_1 - P_0 - C_0 - b_1 < 0$ $A_1 + C_2 - A_2 - C_1 < 0$	O (0, 0)	+	−	稳定
	A (0, 1)	−	+/−	不稳定
	B (1, 0)	−	+/−	不稳定
	C (1, 1)	+	+	不稳定
$P_2 - P_0 - C_0 - b_1 < 0$ $P_1 - P_0 - C_0 - b_1 > 0$ $A_1 + C_2 - A_2 - C_1 < 0$	O (0, 0)	+	−	稳定
	A (0, 1)	−	+/−	不稳定
	B (1, 0)	+	+	不稳定
	C (1, 1)	−	+/−	不稳定
$P_2 - P_0 - C_0 - b_1 > 0$ $P_1 - P_0 - C_0 - b_1 > 0$ $A_1 + C_2 - A_2 - C_1 < 0$	O (0, 0)	−	+/−	不稳定
	A (0, 1)	+	−	稳定
	B (1, 0)	+	+	不稳定
	C (1, 1)	−	+/−	不稳定

The Identification and Modern Governance of Professional Lender
——Base On the Evolutionary Game Analysis

Zhao Yong, Ren Jiankun

Abstract: Article 53 of the Minutes of the National Conference on Civil and Commercial Judgement of the Courts (2019 No. 254) clearly stipulates the identification standards and legal consequences of professional lenders. In judicial practice, it cannot be ignored that the misuse of the concept of professional lenders causes moral hazard and the lack of clear identification standards may affect the effect of the financial system reforms. The identification of professional lenders should adhere to the principle of substantive interpretation, grasp the legal benefits protected by judicial policies, and learn from the core connotation of business conduct, Implement specific rules of two core standards, three auxiliary standards and an anti – circumvention identification program. Judging from the requirements for modernization of governance capabilities and evolutionary game analysis, we must adhere to the main theme of severely cracking down on professional lenders, but also follow the endogenous adaptability requirements of the financial market. Promulgate the "Regulations on Non – deposit Lending Organizations" as soon as possible to cultivate "new professional lenders", efforts to achieve the Pareto optimum of professional lenders' governance, and promote the deepening of financial system reforms.

Keyword: professional lender; identification standard; modernization management; evolutionary game; financial reform

民族自治地方变通立法实证研究

——以变通、补充规定为考察对象*

张 印**

摘 要 自 20 世纪 80 年代以来，我国总共出台变通规定 52 部（现行有效 42 部）、补充规定 44 部（现行有效 31 部）。变通、补充规定是民族自治地方开展自治立法的有益探索，为协调国家制定法与民族习惯之间的冲突作出显著贡献。但其立法实践也存在一些困境，例如法律中的授权性规定混乱；部分变通立法陈旧，缺乏清理；部分变通立法名称选择混乱；部分变通立法体现民族特点不够；部分变通立法质量欠佳。有必要全面统计分析变通、补充规定，据此提出民族自治地方变通立法的优化路径。具体可在如下方面着力：重视民族习惯与国家法的良性互动；明确"变通、补充规定"的法律位阶；全面清理法律中的授权性规定；系统评估现行变通、补充规定；规范完善变通、补充规定的立法程序。

关键词 民族自治地方 变通立法 变通 补充规定

我国宪法、民族区域自治法以及立法法都授予民族自治地方变通立法权，此外十余部其他法律也有相关授权性规定。自 20 世纪 80 年代以来，我国总共出台了 52 部变通规定、44 部补充规定，现行有效的变通规定有 42 部，补充规定有 31 部。这些变通、补充规定是我国开展自治立法的有益实践，为民族自治地方运用自治权作出显著贡献。但其立法实践也存在一些困境，部分属于我国地方立法的通病，部分属于民族自治立法的特殊问题。有

---

* 司法部国家法治与法学理论研究项目《民族区域自治与公民国家观研究》（项目编号：16SFB3009）、国家社会科学基金青年项目《法治评估体系的中国应用研究》（项目编号：15CFX001）、重庆市社科规划项目《重庆市地方性法规实施效果实证研究》（项目编号：2017QNFX43）、西南政法大学校级项目《自治条例立法问题实证研究》阶段性成果。

** 张印，西南政法大学行政法学院讲师，重庆市地方立法研究协同创新中心研究人员。

必要对变通、补充规定进行全面统计分析，据此提出民族自治地方变通立法的优化路径。

除了变通规定和补充规定涉及民族自治地方变通立法之外，一些地方的单行条例其名称虽无"变通""补充"字样，但存在少许实质性变通条款，该类条款对上位法作出一定程度变通，其亦属民族自治地方重要的变通立法实践，值得重视和研究，篇幅所限只得另行探讨。

一、民族自治地方变通立法的授权性规定梳理

现有法律对"变通立法"的规定主要分为两类：宪法及宪法性法律的授权性规定，例如立法法第 75 条；其他法律的授权性规定，例如妇女权益保障法第 60 条。有必要将上述两类授权性规定进行分类讨论。另外，刑法中的授权性规定较为特殊，有必要单独展开探讨。

（一）宪法及宪法性法律中授权性规定之分析

民族自治地方的变通立法应当在保持我国法制统一的前提之下展开，宪法对民族区域自治制度的规定应当是自治立法始终坚持的最高准则。对于具体的立法活动而言，宪法中的原则性规定并不足够。宪法中的相关规定需要在立法法中得到进一步细化，一切立法活动都应当符合立法法的规定。宪法上的民族区域自治制度有赖于民族区域自治法的实施，而民族自治地方立法权的运作又是民族区域自治制度的重要内容。因此，自治立法的主体、形式、内容等方面应当与民族区域自治法的规定相协调。

民族自治地方的变通立法源自新中国成立以来数十年的立法实践，立足于民族自治地方的实际。自 20 世纪五十年代以来，除五个自治区尚无自治条例外，其他民族自治地方陆续出台了各自的自治条例和单行条例。而 1984 年中华人民共和国民族区域自治法（以下简称"民族区域自治法"）出台，在序言中提出"国家充分尊重和保障少数民族管理本民族内部事务权利""必须切实保障民族自治地方根据本地实际情况贯彻执行国家的法律和政策"。具体条文中出现"根据本地方的实际情况贯彻执行国家的法律、政策""有权采取特殊政策和灵活措施""自主安排地方基本建设项目""自主地管理隶属于本地方的企业、事业"等措辞。特别地，该法第 20 条①明确规定，对于不符合实际的决议、决定等经特定程序可以"变通执行或停止执行"；第 34 条②规定，对于民族自治地方的各项开支，满足一定条件可以由自治机关制定"补充规定和具体办法"。从上述规定中可以看出，

---

① 中华人民共和国民族区域自治法（1984 年）第 20 条：上级国家机关的决议、决定、命令和指示，如有不适合民族自治地方实际情况的，自治机关可以报经该上级国家机关批准，变通执行或者停止执行。

② 中华人民共和国民族区域自治法（1984 年）第 34 条：民族自治地方的自治机关对本地方的各项开支标准、定员、定额，根据国家规定的原则，结合本地方的实际情况，可以制定补充规定和具体办法。自治区制定的补充规定和具体办法，报国务院备案；自治州、自治县制定的补充规定和具体办法，须报省或者自治区人民政府批准。

民族自治地方确实被赋予较多自主权限，满足一定条件便可"变通"执行上级国家机关的决议，也可以制定"补充规定"。

明确提出民族自治地方可制定"变通规定"的说法最早出自 2000 年《中华人民共和国立法法》（以下简称"立法法"）第 66 条①，2015 年修改后的《立法法》沿袭了上述规定，条文顺序由第 66 变为第 75，内容方面并无任何改动。但在《立法法》出台前，我国已经展开变通、补充规定的立法。现行宪法和《民族区域自治法》对民族地方的自治立法权作出原则性规定，《立法法》又进行了一些细化。宪法第 116 条②、民族区域自治法第 19 条③规定民族自治地方人民代表大会拥有制定自治条例和单行条例的权力，这是民族自治地方行使自治权力的方式之一。由上述规定可知，拥有民族区域自治立法权的主体是民族区域自治地方的人民代表大会。宪法、民族区域自治法并未授予自治区、自治州、自治县的人民代表大会常务委员会自治立法权，也未授予地方各级人民政府自治立法权。

即使有了宪法和民族区域自治法的相关规定，民族自治地方的自治立法权究竟应当如何行使，仍缺少赖以操作的细则。因此，立法法有必要就自治立法的主体、程序、范围等事项作出细化规定。现行立法法第 75 条第 1 款④的内容与宪法第 116 条和民族区域自治法第 19 条的内容一致，就自治条例和单行条例的立法主体、事项和程序作出规定，而立法法第 75 条第 2 款⑤的内容便涉及民族自治地方的"变通规定"。具体而言，在不同法律、行政法规的基本原则相违背的前提下，自治条例和单行条例可以作出变通规定。但是其变通的范围不包括宪法、民族区域自治法以及其他法律和行政法规专门针对民族区域自治事务作出的规定。如上规定可以概括为民族区域自治地方的变通立法。

自治条例和单行条例的变通立法有三个禁止性原则：不得与宪法的规定相违背；不得与法律、行政法规的原则相违背；不得与专门规定民族自治地方事务的法律、行政法规相

---

① 《中华人民共和国立法法》（2000 年）第 66 条第 2 款：自治条例和单行条例可以依照当地民族的特点，对法律和行政法规的规定作出变通规定，但不得违背法律或者行政法规的基本原则，不得对宪法和民族区域自治法的规定以及其他有关法律、行政法规专门就民族自治地方所作的规定作出变通规定。

② 现行宪法第 116 条：民族自治地方的人民代表大会有权依照当地民族的政治、经济和文化的特点，制定自治条例和单行条例。自治区的自治条例和单行条例，报全国人民代表大会常务委员会批准后生效。自治州、自治县的自治条例和单行条例，报省或者自治区的人民代表大会常务委员会批准后生效，并报全国人民代表大会常务委员会备案。

③ 现行《中华人民共和国民族区域自治法》第 19 条：民族自治地方的人民代表大会有权依照当地民族的政治、经济和文化的特点，制定自治条例和单行条例。自治区的自治条例和单行条例，报全国人民代表大会常务委员会批准后生效。自治州、自治县的自治条例和单行条例，报省或者自治区的人民代表大会常务委员会批准后生效，并报全国人民代表大会常务委员会备案。

④ 现行立法法第 75 条第 1 款：民族自治地方的人民代表大会有权依照当地民族的政治、经济和文化的特点，制定自治条例和单行条例。自治区的自治条例和单行条例，报全国人民代表大会常务委员会批准后生效。自治州、自治县的自治条例和单行条例，报省、自治区、直辖市的人民代表大会常务委员会批准后生效。

⑤ 现行立法法第 75 条第 2 款：自治条例和单行条例可以依照当地民族的特点，对法律和行政法规的规定作出变通规定，但不得违背法律或者行政法规的基本原则，不得对宪法和民族区域自治法的规定以及其他有关法律、行政法规专门就民族自治地方所作出的规定作出变通规定。

违背。对民族地方事务，其他的法律和行政法规也会作出相应的专门规定，而在其立法过程中，少数民族本身的权利、利益都已经过相当程度的考虑，因此，民族地方的自治立法不得对上述规定作出变通。此外，民族自治地方的变通立法不得违背宪法和立法法对中央专属立法权的规定，专属立法权涉及国家主权、公民基本权利等最为重要的事项，不属于民族自治地方可以变通的范围。最后，还有一些规定不可以变通，即《行政强制法》《行政处罚法》和《行政许可法》对立法权限的规定亦不得变通。根据上述三部法律的精神，没有上位法根据，变通立法不得设定行政强制、行政处罚和行政许可，当然非变通立法更不得设定。

民族自治地方（自治区、自治州和自治县）的人民代表大会拥有一定的自治立法权，有权根据当地民族的特点制定自治条例和单行条例，对此《宪法》第116条、《民族区域自治法》第19条和《立法法》第75条都有所规定。特别地，《立法法》第75条则规定了民族地方自治立法的两种情形：非变通立法和变通立法，该条第2款试图解决"变通立法"如何落实的问题。从逻辑上来说，存在"变通规定"，必然存在"非变通规定"，那么，自治条例和单行条例"非变通"的情形是什么？《立法法》并未作出明确界定。但是"非变通"的情形可以在立法法第75条第1款的的基础上进行概括。该类立法主要涉及两个方面：宪法、民族区域自治法等上位法作出原则性规定，但缺乏实施细节的情形；现有上位法尚未作出相关规定，民族自治地方作出不违背上位法（强行性规定）规定的情形。对于前者，自治条例、单行条例并无变通必要，属于贯彻实施方面的立法；对于后者，自治立法也不属于变通立法，更应该称之为原创性立法。

即使《立法法》第75条的规定并未解决所有问题，但其仍然意义非凡。自此，民族自治地方以"变通和补充规定"的形式开展变通立法具有专门的法律依据。"变通和补充规定"在"自治条例和单行条例"的框架之下存在，"变通规定"和"补充规定"并非我国独立的法律渊源，不论其特殊性有多大，从法律渊源角度来看，其只能归为"自治条例和单行条例"。民族自治地方的变通立法必须遵守自治条例和单行条例的相关规定，立法主体、权限、程序都应当符合自治条例和单行条例的要求。

（二）其他法律中授权性规定之分析

在立法法出台之前，制定变通规定和补充规定属于授权立法，授权形式为法条授权，变通立法的范围只及于法律的授权性规定所列范围。我国立法法对民族区域自治地方行使立法变通权作出原则性规定，此外一些部门法对此作出具体授权，变通规定大多依据上述部门法的授权而制定。自1979年以来，除《立法法》外规定民族自治地方进行变通立法的法律总共10部。随着相关法律的修改，授权性规定有所修改甚至废止。具体情况如下：

表1　1979年以来授权民族自治地方进行变通立法的法律

法律名称	制定时间	改动时间	立法主体、立法程序的变动情况
刑法	1979	1997（修订）	立法主体由"自治区或者省的国家权力机关"改为"自治区或者省的人民代表大会"
婚姻法	1980	2001（修正）	立法主体由"民族自治地方人民代表大会和它的常务委员会"改为"民族自治地方的人民代表大会"
			自治县立法的批准主体增加了"直辖市人大常委会"
		2020民法典	取消授权
民事诉讼法（试行）	1982	1991（废止） 新法1991（制定）	立法主体由"民族自治地方人民代表大会和它的常务委员会"改为"人民代表大会"
			自治区立法由"全国人大常委会备案"改为"全国人大常委会批准"
		2007、2012、2017（修正）	自治县立法的批准主体有必要变动，但未改动
森林法	1984	1998（修正）	立法主体、批准主体有必要变动，但未改动
		2009（修正）	
		2019（修订）	取消授权
继承法	1985	未修改	立法程序、批准主体有必要变动，但未改动
		2020民法典	取消授权
民法通则	1986	2017（废止）	取消授权
传染病防治法	1989	2004（修订）	取消授权
收养法	1991	1998（修正）	立法主体、程序有必要变动，但未改动
		2020民法典	取消授权
妇女权益保障法	1992	2005（修正）	自治区立法由"全国人大常委会备案"改为"全国人大常委会批准"
			自治县立法的批准主体增加了"直辖市人大常委会"
		2018（修正）	立法主体、程序不需要改动
老年人权益保障法	1996	2009（修正） 2012（修订） 2015（修正） 2018（修正）	立法主体、程序不需要改动

在分析上述法律中的授权性规定前,需要对 1978 年宪法中的规定有所了解。其中该宪法第 39 条第 2 款①规定"民族自治地方的自治机关"有权制定自治条例和单行条例,同时第 38 条第 1 款②规定自治机关为人民代表大会和革命委员会(即政府),因此,根据 1978 年宪法,有权制定自治条例和单行条例的主体是自治区、自治州、自治县的人民代表大会和革命委员会。上述规定在一些法律中得以贯彻,并且其影响较为持久,2019 年修订前的森林法对民族自治地方变通立法的授权便沿袭该规定。

1982 年,全国人民代表大会对宪法进行修改,其中第 116 条的规定取代了 1978 年宪法第 39 条第 2 款的规定,自治条例和单行条例的立法主体由"民族自治地方的自治机关"变成"民族自治地方的人民代表大会",并沿用至今。1982 年之后,一些法律虽经修改却未对 1982 年宪法第 116 条的规定作出回应。

从表 1 的统计可知,历经多次修改,法律中的授权性规定与宪法和立法法的规定趋向一致,即变通、补充规定的立法主体成为"民族区域自治地方人民代表大会",自治区层面的变通规定由"全国人大常委会批准后生效"。但仍有一些法律中的授权性规定与立法法的规定不一致,例如刑法。

同时,一些法律的修改时间在 2000 年 3 月 15 日之后,即立法法出台之后,但其中的授权性规定并未与立法法保持一致。例如自治州、自治县变通规定的批准主体应当改为"省、自治区、直辖市的人民代表大会常务委员会",仍有不少法律并未将"直辖市"加进法律条文中。上述规定的来源是 1982 年宪法第 116 条第 1 款,该款规定自治州、自治县自治条例和单行条例的批准主体为"省、自治区的人民代表大会常务委员会",截至 2018 年修宪结束,该规定并未改变。但是,2000 年立法法已经将"直辖市的人民代表大会常务委员会"加入自治州、自治县自治条例和单行条例的批准主体。在重庆直辖以前,我国的直辖市尚未设立自治州或者自治县,便不存在直辖市的人民代表大会常务委员会行使自治条例和单行条例批准权的必要。但是,1997 年 3 月 14 日第八届全国人民代表大会五次会议批准设立重庆直辖市,下辖四个自治县,即石柱土家族自治县(1984 年建立)、彭水苗族土家族自治县(1983 年建立)、酉阳土家族苗族自治县(1983 年建立)、秀山土家族苗族自治县(1983 年建立)。因此,这四个自治县制定的自治条例和单行条例应当经由重庆市人民代表大会常务委员会批准后生效。2000 年立法法第 66 条反映了上述事实,其他法律也应当作出相应修改,我国宪法更应当率先作出相关修改。可惜的是,现行宪法和民族区域自治法并未针对上述事实作出改动,而现行民事诉讼法、森林法也未作出上述修改。

---

① 1978 年宪法第 39 条第 2 款规定:民族自治地方的自治机关可以依照当地民族的政治、经济和文化的特点,制定自治条例和单行条例,报请全国人民代表大会常务委员会批准。
② 1978 年宪法第 38 条第 1 款规定:自治区、自治州、自治县的自治机关是人民代表大会和革命委员会。

(三) 刑法授权性规定的专门探讨

现行《中华人民共和国刑法》（以下简称"刑法"）第90条①授权自治区、省的人民代表大会针对自治地方的民族实际进行变通或补充立法，但迄今为止尚无任何一部关于变通执行刑法的规定。究其原因，可能在于刑法的授权性规定是否违背宪法存在较大争议。

民族自治地方存在一些特殊风俗和社会状况，无差别地适用国家立法可能有违地方实际，因此进行一定变通便成为必要，这便是刑法第90条的立法目的。少数民族有其特定的文化传统以及与之相适应的行为规则，上述规则有其深厚的历史和文化根源，深深地影响着社会成员的价值观念和行为选择。一旦上述规则与制定法发生冲突，民族自治地方往往不会选择机械地、排他性地适用制定法。实践中，虽然不存在针对刑法的变通立法，但是针对刑法的变通司法却不是个例。正如苏力所言："尽管当代中国制定法对于习惯采取了某种贬抑、有时甚至是明确予以拒绝的态度，但在司法实践中，习惯还是会顽强地在法律中体现出来，对司法的结果产生重大影响，实际上置换了或改写了制定法。"②

实质上曾经在一些偏远的民族自治地方，即使没有刑事变通立法，基层司法机关在刑事案件中也变通适用了国家制定法。③ 其实际运作模式如下：谨慎精明而富有经验的法官，将民族习惯、刑事政策隐蔽地包裹于国家制定法的框架之下，进行一番合乎形式逻辑的说理论证，最终得出一种能够被少数民族民众认可但又不会过度偏离制定法轨道的结论。

我国民族自治地方曾经存在一些民族习惯以及纠纷解决方式，例如早婚（广西瑶族、云南傣族、瑶族、苗族）、特定条件下的一夫二妻（西双版纳哈尼族、藏族）、溺婴弃婴（勐海哈尼族杀死双胞胎和畸形儿）、采伐珍贵林木（景颇族、布朗族、独龙族）、狩猎、佩带枪支刀具、赔命价（藏族）、赔血价（藏族）。这些民族习惯不外乎两种情形：刑法典规定为犯罪，但民族习惯并不认定为犯罪的情形；两种规定都禁止，但民族习惯处罚较轻，甚至用剥夺财产来代替刑法典中剥夺人身自由或生命的刑罚。从上述概括中可以看出，其实刑事习惯的核心内容仍然是关于"罪与非罪""罪轻罪重""此罚与彼罚"的规定。

1983年7月《中共中央关于严厉打击严重刑事犯罪活动的决定》提出对少数民族中的犯罪分子要少捕或少杀，在定罪和量刑时要从宽。上述决定属于刑事政策，虽然在刑事司法中发挥了一定的积极作用，对于解决民族自治地方的纠纷意义重大。但是，刑事政策终究不是罪刑法定中的"法"，广泛适用可能引发新的问题。刑事司法适用刑事政策相当

---

① 《中华人民共和国刑法》（2017修正）第90条规定：民族自治地方不能全部适用本法规定的，可以由自治区或者省的人民代表大会根据当地民族的政治、经济、文化的特点和本法规定的基本原则，制定变通或者补充的规定，报请全国人民代表大会常务委员会批准施行。

② 苏力：《送法下乡——中国基层司法制度研究》，中国政法大学出版社2000年版，第240页。

③ 参见张殿军：《我国民族自治地方刑法变通的反思与重构》，载《民族研究》2009年第1期；也可参见杜宇：《当代刑法实践中的习惯法：一种真实而有力的存在》，载《中外法学》2005年第1期。

于在法律体系外部通行另外一种规则，这可能会破坏法治。另外，可能导致权力滥用，缺乏监督。

我国长期以来，对刑法功能的认识存在一种不合理的信任，认为解决刑事纠纷必须依靠国家出面，刑罚是唯一正解。但是，刑法（包括所有法律）本身有其局限性，而且在个案中完成定罪量刑并非解决刑事纠纷的唯一目标。一些民族自治地方有其通行已久的刑事习惯，若无一例外地适用刑法的规定，可能无法高效地解决刑事纠纷，甚至可能引起不必要的官民对抗。治理社会问题，类似医病，不在乎使用西医方法还是中医方法，只要能够实现良好的社会效果即可，争论何为正宗何为旁门都无甚必要。但是，不管社会治理的效果如何良好，都不能否认以下事实：依据少数民族习惯和刑事政策作出裁判都有违罪刑法定原则，或者说涉嫌在统一的法制体系之外寻找新的规则。如果发现少数民族习惯具有法治价值，完全可以将该类习惯进行确认，以国家立法的形式确立下来。当然，社会治理的前提必然是依法治理，民族习惯也应当在宪法、立法法的统辖之下发挥作用。

对犯罪和刑罚事项进行立法系全国人大及其常委会的专属立法权，并不属于民族自治地方自治立法权的当然范围。由现行宪法第62条第3项①、第67条第2项②、第3项③以及立法法第7条第2款④、第3款⑤的规定可知，关于犯罪和刑罚的事项，由全国人大制定基本法律（刑法），也就是说除全国人民代表大会之外，其他主体无权进行刑法典立法。在全国人民代表大会闭会期间，其常委会有权对刑法进行部分补充和修改。而现行立法法第8条第4项⑥则直接规定犯罪和刑罚的事项只能制定法律，也就是说除了全国人大及其常委会之外，针对"犯罪和刑罚"，其他主体皆无立法权限。

若将刑法第90条的规定理解为一个授权规则（法条授权），即全国人大将属于自己的立法权限授予省、自治区人大。发生授权之后，原本不具备相应立法权的主体即可进行授权范围内的立法，从结果来看，扩大了被授权对象的权力范围。对刑法进行变通立法的权力是否涉及"犯罪和刑罚"的事项，如果从逻辑上包含于全国人大及其常委会的专属立法权，如此将会排斥刑法的法条授权。从上文的分析可知，对于刑法，全国人大拥有专属立法权，全国人大常委会可以在全国人大闭会期间对刑法进行修改、补充和解释。个别条文

---

① 宪法第62条第3项规定：全国人民代表大会行使下列职权：……（三）制定和修改刑事、民事、国家机构的和其他的基本法律。

② 宪法第67条第2项规定：全国人民代表大会常务委员会行使下列职权：……（二）制定和修改除应当由全国人民代表大会制定的法律以外的其他法律。

③ 宪法第67条第3项规定：全国人民代表大会常务委员会行使下列职权：……（三）在全国人民代表大会闭会期间，对全国人民代表大会制定的法律进行部分补充和修改，但是不得同该法律的基本原则相抵触。

④ 立法法第7条第2款规定：全国人民代表大会制定和修改刑事、民事、国家机构和其他的基本法律。

⑤ 立法法第7条第3款规定：全国人民代表大会常务委员会制定和修改除应当由全国人民代表大会制定的法律以外的其他法律；在全国人民代表大会闭会期间，对全国人民代表大会制定的法律进行部分补充和修改，但是不得同该法律的基本原则相抵触。

⑥ 立法法第8条第4项规定：下列事项只能制定法律：……犯罪和刑罚。

的立法可以由其他主体（全国人大常委会）进行，但是此处的其他主体能不能扩展到全国人大常委会之外呢？答案是不能。

立法法第9条规定："本法第八条规定的事项尚未制定法律的，全国人民代表大会及其常务委员会有权作出决定，授权国务院可以根据实际需要，对其中的部分事项先制定行政法规，但是有关犯罪和刑罚、对公民政治权利的剥夺和限制人身自由的强制措施和处罚、司法制度等事项除外。"该规定表达如下逻辑：并非所有专属立法权都不能授权，但是有关犯罪和刑罚的事项则属于绝对保留的范围。该规定禁止将此项权力授予国务院，当然也禁止将此项权力授予其他立法主体。上述规定的逻辑前提便是：犯罪和刑罚非同小可，关涉公民人身权利、财产权利甚至生命权利，不得轻易限制和剥夺。其实质乃是罪刑法定原则在立法领域的确认，归根结底也是为了保障人权。的确，立法法第9条只提到了国务院，没有直接涉及其他主体，便无法直接认定刑法第90条违宪。但是，此处应当采用当然解释来理解，国务院无权就犯罪与刑罚的事项进行立法，其他地方立法主体当然无权立法。

从宪法中可知，我国对中央与地方立法权限的划分采取列举方式，关于犯罪与刑罚事项的立法只能由全国人大进行立法，全国人大闭会期间由其常委会针对部分条款修改、补充、解释。立法法第8条规定"犯罪和刑罚"的事项只能制定"法律"。对刑法的规定进行变通自然属于犯罪和刑罚的事项，除了全国人大及其常委会之外，其他主体无权立法，可见刑法第90条的规定确实不妥甚至违背宪法和立法法。如果将刑法第90条理解为授权立法，那么全国人大不应当将其专属立法权授予自治区、省人大，只能将修改、补充、解释的权力授予全国人大常委会。在该思路之下，应当将刑法第90条废除。

若将刑法第90条的规定理解为民族自治地方的变通立法，那么其必须遵守宪法、民族区域自治和立法法中关于变通立法的规定。宪法并未授权省人民代表大会进行变通立法，如此刑法第90条的规定则不合宪。该规定涉嫌剥夺自治州和自治县人大的自治立法权，同时不适当地赋予省人大立法权。假如省人大对刑法作出一定变通，应当以地方性法规的形式作出，结果便是：该地方性法规将成为我国法律体系的一个矛盾集合点。根据《立法法》有权进行民族变通立法的只有民族自治地方的人大，形式为自治条例和单行条例，地方性法规无权进行变通立法。由此可见，刑法第90条的授权性规定与宪法和立法法的规定相冲突。

综上，解决刑法与少数民族习惯的冲突不必依赖立法手段，应当着眼于司法手段。刑事领域的变通立法不甚妥当，应当废止刑法第90条的授权性规定。对于民族自治地方的个别疑难案件，可援引刑法和刑事诉讼法的相关规定采用司法手段达到治理目的。具体而言包括以下几种情形：刑法第13条①规定的虽已符合构成要件但不认为是犯罪的但书内

---

① 《中华人民共和国刑法》第13条：……但是情节显著轻微危害不大的，不认为是犯罪。

容；刑法第 37 条①规定的非刑罚性处置措施；刑法第 63 条第 2 款②规定的由最高人民法院核准减轻处罚的特殊量刑方式；刑事诉讼法第 177 条第 2 款③规定的情节轻微检察院酌定不起诉的情形；刑事诉讼法第 290 条④规定的符合条件的刑事案件当事人已达成和解可不起诉的情形。此外，刑事和解制度的建构以及合法运用也能起到协调民族习惯与制定法间的冲突，最终达成变通实施刑法的效果。⑤

二、变通、补充规定的实证分析

截至 2020 年 4 月，民族自治地方的变通立法除了刑事领域仍然为零之外，在婚姻、家庭、继承等领域已有不少。从不同角度展开统计分析可能获得一些有益信息。

（一）从有效与否的角度对变通、补充规定进行统计

表 2 　根据现行有效与否对变通规定和补充规定的统计　　　　（单位：部）

有效或失效分类	变通规定	补充规定
现行有效	42	31
失效	10	13
合计	52	44

自 1981 年 6 月 9 日第一部变通规定《云南省宁蒗彝族自治县对〈婚姻法〉的变通规定》出台以来，共有 52 部变通规定出台，其中 10 部已经失效，占比 19.2%；自 1981 年 1 月 1 日第一部补充规定《新疆维吾尔自治区执行中华人民共和国〈婚姻法〉的补充规定》出台以来，共有 44 部补充规定出台，其中 13 部已经失效，占比 29.5%。截至目前，已经失效的变通规定和补充规定占全部规定的 24.0%。可见随着时间推移，变通、补充规定的历史使命可能已经完成，抑或本身违背上位法的强行性规定，已被废止。

有必要详细讨论 9 部变通规定和 11 部补充规定的废止原因，经过归纳和抽象后便可获得废止该类规定的一般标准。如果该标准合法合理，则可用来指导变通规定和补充规定

---

① 《中华人民共和国刑法》第 37 条：对于犯罪情节轻微不需要判处刑罚的，可以免予刑事处罚，但是可以根据案件的不同情况，予以训诫或者责令具结悔过、赔礼道歉、赔偿损失，或者由主管部门予以行政处罚或者行政处分。

② 《中华人民共和国刑法》第 63 条第 2 款：犯罪分子虽然不具有本法规定的减轻处罚情节，但是根据案件的特殊情况，经最高人民法院核准，也可以在法定刑以下判处刑罚。

③ 《中华人民共和国刑事诉讼法》第 177 条第 2 款：对于犯罪情节轻微，依照刑法规定不需要判处刑罚或者免除刑罚的，人民检察院可以作出不起诉决定。

④ 《中华人民共和国刑事诉讼法》第 290 条：对于达成和解协议的案件，公安机关可以向人民检察院提出从宽处理的建议。人民检察院可以向人民法院提出从宽处罚的建议；对于犯罪情节轻微，不需要判处刑罚的，可以作出不起诉的决定。人民法院可以依法对被告人从宽处罚。

⑤ 具体可参见刘之雄：《我国民族自治地方变通施行刑法的路径转换——从实体法到程序法》，载《法商研究》，2017 年第 2 期。

的立法。变通和补充规定的废止原因主要为如下几项:

（1）其所依据的上位法发生修改、废止，变通依据已不存在，或者与已有上位法存在矛盾冲突，不适宜继续保留。举例而言，1984年通过的《广西壮族自治区人民代表大会常务委员会关于乡、镇人民代表大会代表名额的补充规定》与现行《中华人民共和国全国人民代表大会和地方各级人民代表大会选举法》《广西壮族自治区各级人民代表大会选举实施细则》的规定不一致，故2001年广西壮族自治区人大常委会将该补充规定废止。《甘孜藏族自治州施行〈四川省义务教育实施条例〉的变通规定》的废止也属上述情形。

（2）民族自治地方的实际情况发生改变，原先的变通已无必要。举例而言，随着时代变迁，婚育观念发生改变，晚婚晚育、优生优育已经成为当地社会风尚，对于法定结婚年龄的变通已无必要，故1985年通过的《松桃苗族自治县执行〈中华人民共和国婚姻法〉变通规定》已于2002年报请贵州省人大常委会审批废止。

（3）新的立法已经出台，且从功能上已经取代旧有的变通、补充规定。举例而言，1995年内蒙古自治区人大依照《中华人民共和国妇女权益保障法》（1992年）的授权制定了《内蒙古自治区实施〈中华人民共和国妇女权益保障法〉的补充规定》，但是2008年内蒙古自治区人大常委会依据修正后的上位法制定了《内蒙古自治区实施〈中华人民共和国妇女权益保障法〉办法》，在功能上该办法能够覆盖原有补充规定，于是2010年将该补充规定废止。

（4）旧有变通、补充规定本身存在不妥之处，应当依法废止。例如，《凉山彝族自治州施行〈四川省禁毒条例〉的补充规定》其立法内容更多属于上位法的实施细则，并无太多变通内容，不属于"补充规定"的立法范围，故应适时废止。

若现行有效规定的状况足以触发废止条件，则其应当被废止。一旦变通立法出现上述情形，就应当由民族自治地方及时组织评估，若其仍具备社会效果则应对其进行修改，若其不能适应社会发展的需要则应当适时启动程序进行废止。

（二）以制定时间为标准对变通、补充规定进行分类

之于公民个体而言，10年时间很可能令其角色和境遇发生大幅转变；同样之于社会而言，10年时间会不断出现新要素、发生新变化，大到司法、政务、文化、教育、医疗、科技都已呈现新面貌，小到观念、思维、习俗业已作出新应对。社会变迁又对制度供应提出新需求，对此，立法也应适时作出回应。

变通、补充规定的立法始于20世纪80年代初，至今已有40年时间，以10年左右的时间为单位将全部变通、补充规定进行分类统计，或将有效揭示民族自治地方变通立法的现状及规律。第一阶段约10年时间，自1980年1月1日开始至1990年3月15日止；第二阶段约10年时间，自1990年3月16日至2000年7月1日《立法法》出台；第三阶段

约16年时间,从《立法法》颁布至2015年3月15日《立法法》修改;第四个阶段约5年时间,自《立法法》修改之后至2020年4月15日为止。

每个阶段的"制定"数据指该阶段新制定的变通、补充规定,时间以通过时间为准。"修改""废止""有效"都以该阶段新制定的变通、补充规定为讨论对象,用以描述统计范围内的特定立法是否经历修改(狭义上的修改不包括废止)、是否已经废止。每个阶段"废止"与"有效"的总和等于该阶段变通规定或补充规定的"制定"总量,该阶段"现行有效"的数量为"修改"数量与未修改数量的总和。

表3 根据制定时间对变通规定的统计　　　　　(单位:部)

全部的变通规定(包括失效)根据立法时间分类				
立法时间	制定	修改	废止	现行有效
1980.1.1 – 1990.3.15	24	6	9	15
1990.3.16 – 2000.7.1	12	2	1	11
2000.7.2 – 2015.3.15	16	3	0	15
2015.3.16 – 2020.4.15	1	0	0	1
合计	52	11	10	42

表4 根据制定时间对补充规定的统计　　　　　(单位:部)

全部的补充规定(包括失效)根据立法时间分类				
立法时间	制定	修改	废止	现行有效
1980.1.1 – 1990.3.15	19	11	4	15
1990.3.16 – 2000.7.1	12	1	6	6
2000.7.2 – 2015.3.15	10	1	3	7
2015.3.16 – 2020.4.15	3	0	0	3
合计	44	13	13	31

采用上述标准统计补充规定,能够看出补充规定与变通规定具有大致相同的统计趋势。在四个阶段里,变通规定、补充规定的立法高峰都在第一阶段,分别占比46.2%、43.2%;第二、第三阶段的立法数量基本持平,且明显少于第一阶段;第四阶段的立法数量较小,新制定变通规定1部、补充规定3部。

表5 第一阶段变通规定的立、改、废情况　　　　　（单位：部）

1980.1.1–1990.3.15制定的变通规定				
省份	制定	修改（最新时间）	废止（时间）	现行有效
云南	6	0	1（1991）	5
青海	5	5：1（2002）；4（2011）	0	5
贵州	8	0	7：1（1992）；1（2002）；1（2003）；4（1990）	1
四川	3	0	1（2012）	2
甘肃	1	0	0	1
西藏	1	1（2010）	0	1
合计	24	6	9	15

表6 第一阶段补充规定的立、改、废情况　　　　　（单位：部）

1980.1.1–1990.3.15制定的补充规定				
省份	制定	修改（最新时间）	废止（时间）	现行有效
云南	1	0	0	1
青海	8	7（2011）	1（2019）	7
四川	5	1（1988）	2	3
新疆	2	2：1（1988）；1（2005）	0	2
宁夏	1	0	0	1
内蒙古	1	1（2003）	0	1
广西	1	0	1（2001）	0
合计	19	11	4	15

党的十一届三中全会以来，我国法治建设进入新时期，健全社会主义法制提上日程。同时，1982年宪法的通过要求一切活动都应当有法可依。① 当时我国法律很不完备，立法任务较重，《婚姻法》（1980年）、《森林法》（1984年）、《继承法》（1985年）、《草原法》（1985年）等重要法律相继出台。同时，1984年《民族区域自治法》的通过又为民族自治地方变通规定、补充规定的出台提供了契机。

具体而言，第一阶段制定的变通、补充规定较多，同时作出修改和废止的也多。就

---

① 参见卓泽渊：《"40年改革开放与社会主义法治国家建设"》，载《学习时报》2018年11月21日，第001版。

变通规定而言，第一阶段制定的变通规定中修改和废止的比例占到该阶段变通规定的62.5%；而该阶段补充规定的修改和废止比例则更高，占到该阶段补充规定的79.0%。另外，贵州辖区内民族自治地方制定了8部变通规定，是该阶段变通规定立法最多的省份，但其中7部已经废止，废止原因有以下两类：新修改的上位法已充分考虑民族自治地方的实际，不需要民族自治地方再做变通；民族实际已经发生改变，既有变通规定不适合继续存在。此外，青海辖区内民族自治地方制定了5部变通规定、8部补充规定，是该阶段变通立法最多的省份，且仍有5部变通规定、7部补充规定现行有效，上述立法有1部在2002年修改过、11部在2011年修改过。值得一提的是，2011年的这次修改以2001年修正后的《婚姻法》为根据，将变通立法中的"根据《中华人民共和国婚姻法》第三十六条"改为"根据《中华人民共和国婚姻法》的相关规定"。因为新《婚姻法》中的授权性规定已由第36条变为第50条，民族自治地方的变通立法理应及时修改。

特别地，1987年生效的《玉树藏族自治州施行〈中华人民共和国婚姻法〉的补充规定》废止后又以变通规定的形式重新出台（2019）。就内容而言，相较于补充规定，该变通规定只保留三条：援引新《婚姻法》的授权性规定；变通法定婚龄；废止补充规定，上述内容与其他变通规定的内容无异。旧有的补充规定其内容还包括：计划生育；禁止干涉婚姻自由；一夫一妻制；尊重婚嫁仪式；结婚离婚的法定形式；非婚生子女的权利保障；规定的适用主体。分析如上内容可见，计划生育并非狭义的婚姻问题，不应当在此规定中出现。曾经的藏族婚姻深受骨系等级制度影响，现在的玉树普通藏族民众一般都可实现自由婚恋，但是仍有部分民众受到一定干预甚至婚姻包办。此处的立法目的在于进一步强调上位法中规定的婚姻自主原则，进而作出重复规定，可见"补充规定"第2条本身的立法必要性值得商榷。与其照搬上位法的规定，不如探索能够切实保障婚姻自由的具体举措。玉树曾经存在着"一夫多妻"或"一妻多夫"，故"补充规定"第3条作出禁止性规定，随着时间推移这种婚姻形式已不存在，故可以考虑废止该条。由于不具备登记条件，故"补充规定"实施之时仍有一些婚姻未经登记，一段时间后，结婚离婚登记已成常态，故"补充规定"第6条可适时废止。婚嫁仪式一般不会进入法律调整的范围，除非当地民族在观念中认为婚嫁仪式是婚姻得以成立生效的条件，才会对法律实施产生影响。"补充规定"第5条的立法目的在于明确婚嫁仪式并非结婚的法定程序，若其不违反婚姻法的强行性规定则应予以尊重。此外，玉树的非婚生子女问题伴随着婚姻形式问题而生，若已实现一夫一妻制，则非婚生子女问题并不需要专门作出规定，因此，条件成熟后关于非婚生子女权益保障的规定也可废止，只需遵守婚姻法的相关规定即可处理。如今，如上规定针对的民族实际已经发生改变，自然应当废止该类条款。另外，实践中，为了强调上位法的个别规定，将待强调规定在变通立法中予以重复，上述做法完全没有必要。从守法层面而言，法律位阶更高可能获得的认可度更高，下位法的重复规定很可能达不到预期目的。

故，不论变通规定还是补充规定，只要存在重复照搬上位法的条款，应该将相关条款及时废止。

相较而言，新出台的变通规定较为妥当，已将旧有补充规定中的非必要内容全部去掉。此处需要考虑一个问题：民族自治地方变通立法何种情形之下采用"变通规定"的名称，何种情况下又应采用"补充规定"的形式？

该阶段处在我国民族自治地方变通立法的起始探索阶段，法制统一程度较为不足，部分变通、补充规定的立法不够规范，也未做到适时修改。当然，《立法法》的出台却是距此二十年之后的事件，以《立法法》的标准去要求当时的变通、补充规定有失公允。但是，距今长达 39 年的时间里，自然有不少机会去纠正其中的不规范之处。

自 1980 年第一部补充规定出台至今已逾 40 年，社会状况已然发生天翻地覆的改变，立法之初的民族实际已非当下之情形，立法满足社会需求的能力需要重新评估。但是，该阶段仍有 9 部变通规定、4 部补充规定未经任何修改，可以合理怀疑上述规定的社会效果。变通、补充规定的第一条往往援引法律中的授权性规定，该条文用以阐述变通立法的上位法依据。但是，一段时间之后上位法中的授权性规定会发生改变，那么变通立法也应适时作出回应。现实中不少变通、补充规定却未能及时修改，导致变通、补充规定中的此类条款与上位法的授权性规定无法一一对应，可能影响变通立法的准确性与权威性。

此外，部分现行变通立法可能有违上位法精神，却并未适时清理。例如《新疆维吾尔自治区执行〈中华人民共和国婚姻法〉的补充规定》（1988 年）第 9 条规定："在少数民族中不提倡计划生育。个人是否实行计划生育，听从自愿。"虽然该规定针对婚姻法作出，但其结果却又违背计划生育法的精神。同一部补充规定依然现行有效，其中还授权自治州、自治县人大及其常委会制定某些变通、补充规定，报自治区人大常委会批准后施行。上述授权显然违背立法法的规定，应当及时废止。新疆维吾尔自治区人大无权再次授权自治州、自治县人大制定变通、补充规定，更不得对自治州、自治县人大常委会进行授权。

在第一阶段中，有多部关于《婚姻法》的变通、补充规定，例如《宁蒗彝族自治县对〈婚姻法〉的变通规定》《新疆维吾尔自治区执行〈中华人民共和国婚姻法〉的补充规定》都以"《婚姻法》（1980 年 9 月 10 日通过）第 36 条"作为立法依据，但此后《婚姻法》又经历 2001 年修正，关于民族自治地方变通规定的授权性规定已经从第 36 条变为第 50 条。在《婚姻法》修正后的很多年里，上述变通规定、补充规定并未紧跟上位法的步伐作出修改。可见，部分民族自治地方对变通、补充规定的清理评估工作较为落后，导致我国民族自治法律体系内部出现不协调现象。

表7　第二阶段变通规定的立、改、废情况　　　　　　　　　（单位：部）

1990.3.15－2000.7.1制定的变通规定				
省份	制定	修改（最新时间）	废止（时间）	现行有效
贵州	2	1（1999）	0	2
四川	5	1（1997）	1（1991）	4
甘肃	5	0	0	5
合计	12	2	1	11

表8　第二阶段补充规定的立、改、废情况　　　　　　　　　（单位：部）

1990.3.15－2000.7.1制定的补充规定				
省份	制定	修改（最新时间）	废止（时间）	现行有效
四川	8	0	4：1（2010）；1（2010）；1（2004）；1（2013）	4
新疆	1	1（1999）	0	1
吉林	1	0	0	1
内蒙古	1	0	1（2010）	0
广东	1	0	1（2004）	0
合计	12	1	6	6

在第二阶段里，四川辖区内民族自治地方的变通、补充规定立法数量最多，废止数量和现行有效数量也最多。值得一提的是，1994年制定的《阿坝藏族羌族自治州施行〈四川省《中华人民共和国草原法》实施细则〉的补充规定》被《阿坝藏族羌族自治州实施〈四川省《中华人民共和国草原法》实施办法〉的变通规定》（2010年生效）所废止。《阿坝藏族羌族自治州施行〈四川省《中华人民共和国草原法》实施细则〉的补充规定》第1条便存在明显问题，该条援引了《四川省〈中华人民共和国草原法〉实施细则》（1990年）第39条作为变通依据，即"民族自治地方的人民代表大会及其常务委员会，可根据本实施细则，结合当地实际情况制定补充规定"。四川省行政区域内有二部补充规定都是依据该实施细则第39条作出，该规定本来就有违宪法（1982年）第116条的规定，授权民族自治地方的人大常委会制定补充规定，立法法出台后，该实施细则第39条又与立法法第66条存在抵触，应当被废止，上述针对"实施细则"的补充规定应当适时作出修改。

《阿坝藏族羌族自治州实施〈四川省《中华人民共和国草原法》实施办法〉的变通规定》对上位法的个别规定进行了变通，具体而言：变通了《中华人民共和国草原法》第2和74条对草原的概念界定，将草原的范围扩展到"牧草种子地"；变通了农业部规章《草原征占用审核审批管理办法》（2006年）第6条，将草原征用、占用审批权限下放。其他内容更多属于细化上位法的规定，若不存在上述两条变通条款，则该自治立法只能以普通单行条例的形式出台，而不能冠以"变通规定"四字。

与此不同的是，《甘孜藏族自治州实施〈四川省《中华人民共和国草原法》实施细则〉的补充规定》（1994年生效，2001年批准修改），于2010年被《甘孜藏族自治州草原管理条例》所废止。同样都是针对《四川省〈中华人民共和国草原法〉实施细则》的补充规定，为何前者（阿坝）被变通规定所废止，后者（甘孜）则被普通单行条例废止？其实，立法实践中法规标题的选用一直较为混乱，缺乏统一的规范和标准。

表9　第三阶段变通规定的立、改、废情况　　　（单位：部）

2000.7.2–2015.3.15制定的变通规定				
省份	制定	修改	废止	现行有效
四川	11	3：1（2019）；1（2018）；1（2018）	0	11
甘肃	1	0	0	1
西藏	1	0	0	1
辽宁	2	0	0	2
合计	15	3	0	15

表10　第三阶段补充规定的立、改、废情况　　　（单位：部）

2000.7.2–2015.3.15制定的补充规定				
省份	制定	修改（最新时间）	废止（时间）	现行有效
四川	7	1（2019）	3：1（2009）；1（2010）；1（2019）	4
广西	2	0	0	2
湖北	1	0	0	1
合计	10	1	3	7

第三阶段里，变通、补充规定的现行有效比例颇高，占到88%，可能原因在于该阶段《立法法》已经开始实施，变通立法活动在《立法法》的指导下展开，不论法规立项、起草、还是论证都更为规范和科学。共有3部补充规定废止，其废止原因在于：第一，上位法废止，补充规定已无立法依据，例如《四川省义务教育条例》废止后，《马边彝族自治县实施〈四川省义务教育条例〉的补充规定》（2002年）已无上位法依据，自然应该被废止。第二，旧有立法不应以"补充规定"作为法规名称，应该及时修改，例如《凉山彝族自治州施行〈四川省禁毒条例〉补充规定》（2001年）被《凉山彝族自治州禁毒条例》

（2019 年）废止，立法形式由"补充规定"变为普通的单行条例。上述改变十分恰当，原补充规定其内容十分全面，诸多条款属于细化实施上位法的规定，并非变通、补充立法。第三，上位法《四川省〈中华人民共和国草原法〉实施细则》被新法《四川省〈中华人民共和国草原法〉实施办法》所废止，针对旧法的变通立法也具有修改的必要性。因此，《木里藏族自治县实施〈四川省〈中华人民共和国草原法〉实施细则〉的补充规定》被废止，取而代之的则是《木里藏族自治县实施〈四川省〈中华人民共和国草原法〉实施办法〉的变通规定》（2009 年）。

为何上述单行条例的名称最终采用"变通规定"而非之前的"补充规定"？"关于制定《木里藏族自治县实施〈四川省〈中华人民共和国草原法〉实施办法〉的变通规定》的说明"并未阐明该问题。第二阶段的立法中亦存在类似情形，故有必要在下文中探讨"变通规定"和"补充规定"的适用场景，以便在未来立法中选用适当的法规名称。

表 11 第四阶段变通规定的立、改、废情况　　　　　　　　（单位：部）

2015.3.16 – 2020.4.15 制定的变通规定				
省份	制定	修改	废止	现行有效
青海	1	0	0	1
合计	1	0	0	1

表 12 第四阶段补充规定的立、改、废情况　　　　　　　　（单位：部）

2015.3.16 – 2020.4.15 制定的补充规定				
省份	制定	修改	废止	现行有效
四川	3	0	0	3
合计	3	0	0	3

第四阶段只有四川、青海出台变通、补充规定，共计 4 部，且未有修改、废止情形。此外，2015 年以来，针对既存变通、补充规定作出的修改、废止较少。其原因可能如下：少数民族地方发展较快，其经济、社会、文化状况与非少数民族自治地区的差别在不断缩小，变通、补充规定的立法必要性在不断降低；已有变通、补充规定已经较为全面地囊括了适合变通立法的全部领域，未来的立法重点在于修改现行规定；另外，可能变通立法已经较为成熟，真正存在难度的却在于变通执法；还有可能在于民族自治地方对"当地民族的特点"挖掘不够，应当立法的事项却未立法。

因此，有必要探讨变通、补充规定的未来向何处去？一些民族自治地方的生产生活方式、条件、思想观念、历史传统、地理气候与其他地区存在较大差异，在这些区域实施国家法律是一项难题。与其照搬照抄上位法，不如仔细研究上位法的立法目的和原则以及蕴于其中的精神，以此为基础进行变通立法方面的探索显得更有价值。如果一味强调《中华人民共和国义务教育法》的严格贯彻实施，可能社会效果不佳。因此，在理解上位法精神的前提下，认识和把握少数民族实际，探寻可以在民族自治地方有效施行的变通规范可能更为务实。当然，解决社会问题也可退而求其次，探索合理执法也可能获得殊途同归之效。

举例而言，一些高原藏区海拔超过4000米，生活条件较为艰难，民众主要的生产方式便是放牧，牧场之间距离较远，原先学生每天步行到学校集中读书难以实现。而如今这些地区已经落实寄宿制度，为学生免费提供住宿和三餐，调整课程安排，有的学校每上课两周放假五天。曾经牧区民众文化普及程度较低，而且个别民众对上学读书持怀疑和抗拒态度，认为读书过程无法与未来生活相衔接，可能有些民众还会认为上学便是在学习汉人的东西，汉人的知识不一定适用于牧区，孩子未来不读书也能养活自己。还有一些家庭确实需要未成年子女承担较大程度的农牧劳动，一旦其入校读书，农牧活动可能面临暂停状态。过去在牧区一些手艺颇受青睐，该类知识则需要学徒式教育来获得，只有积累足够的直接经验才能出师，而学校教育则无法提供这种服务。牧区绝大多数人信仰藏传佛教，过去很长一段时间民众的文化教育水平往往依赖于寺院、喇嘛等人的言传身教。于是，九年义务教育制度的实施不甚理想。但是，现在"读书有用"的观念基本能够得到认可，九年义务教育的完成情况已经较为乐观。在现代化洪流的驱动之下，少数民族群众的生活方式越来越趋近于城镇生活，民族特有的规范、习惯、观念越来越少，进行立法变通的领域亦在压缩。在少数民族社会、经济、文化等状况普遍发生改变之前，民族自治地方变通立法仍有必要存在，但是，未来针对法律和行政法规进行变通立法的必要场域将会越来越小。

诚然，观念与现实之间总会互相影响、互相转化。少数民族群众的教育观念也会随着时间推移而发生改变，人口的受教育比例会不断提升。受过学校教育的人在社会中往往具有示范作用，他们的谈吐、形象、财富、地位、能力受到认可和推崇，人们对学校教育愈发重视，越来越多的人不再倾向于送孩子进入寺庙。在宗教领域的投资被不断压缩，消费和自我投资的比例增加。社会流动程度提升，以牛羊、草原、田地为基础的生产方式逐渐被新的谋生手段所挤压。新知识和新技能的社会竞争力不断提升，传统分工和文化习俗也在悄然发生改变。

倘若民族自治地方的社会发展水平不断提升，人口数量和结构发生改变，少数民族与非少数民族之间的文化差异逐渐缩小，政策和立法的民族特征减弱，少数民族与多数民族在法律上的区分可能逐渐消弭。倘若公民观念不断强调，各族民众实现更高程度的国家认同，所有人只有一个共同的法律身份——公民，此时，很可能变通、补充规定已完成其历史使命。

(三) 以立法内容为标准进行分析

表 13　现行有效变通规定的立法事项统计（单位：部）

现行有效的变通规定统计（以省份为单位）		
省份	数量	变通事项及数量分布
云南	5	婚姻（5）
青海	6	婚姻（6）
贵州	3	婚姻（2）森林（1）
四川	17	婚姻（1）人口与计划生育（5）土地管理（4）草原（2）继承（1）水（1）兽药（1）旅游（2）
甘肃	7	婚姻（3）人口与计划生育（4）
西藏	2	婚姻（1）收养（1）
辽宁	2	人口与计划生育（2）
合计	42	婚姻（18）收养（1）继承（2）人口与计划生育（11）土地管理（4）草原（2）旅游（2）森林（1）水（1）兽药（1）

表 14　现行有效补充规定的立法事项统计　（单位：部）

现行有效的补充规定统计（以省份为单位）		
省份	数量	变通事项
云南	1	婚姻（1）
青海	7	婚姻（7）
四川	14	婚姻（4）继承（2）土地管理（1）人口与计划生育（1）野生动物保护（1）防疫（1）城乡环境治理（2）城乡规划（1）世界遗产保护（1）
吉林	1	土地管理（1）
湖北	1	水土保持（1）
广西	2	森林（2）
内蒙古	1	婚姻（1）
宁夏	1	婚姻（1）
新疆	3	婚姻（2）收养（1）
合计	31	婚姻（16）收养（1）继承（2）森林（2）土地管理（2）人口与计划生育（1）野生动物保护（1）防疫（1）城乡环境治理（2）水土保持（1）城乡规划（1）世界遗产保护（1）

从内容方面来看，共计18部变通规定、16部补充规定对《婚姻法》作出变通、补充，占到全部变通、补充规定的46.6%。再加上以收养（2部）和继承（4部）为内容的规定，所有涉及亲属、身份关系的规定占到全部规定的54.8%。涉及亲属、身份关系的规范最能体现少数民族特点，未来立法应当在该领域继续着力。此外，变通立法集中在上述领域，原因之一在于该领域具有上位法的明确授权。可见，民族地方对变通立法权的行使较为被动，缺乏授权性规定的立法领域则较少或不愿主动尝试。

此外，涉及计划生育的规定共计12部，占全部规定的16.4%，其中大多规定特定少数民族符合一定条件可以放宽执行"独生子女"政策。自新中国成立以来，直到1982年，我国少数民族的生育政策经历从鼓励增加人口到提倡计划生育再到全面实行计划生育的过程。1982年宪法第25条明确规定"国家推行计划生育"，少数民族也须实行计划生育。2015年修正后的《中华人民共和国计划生育法》终结了实行30余年的"独生子女"政策，其中第18条规定"国家提倡一对夫妻生育两个子女"。由于现行有效变通、补充规定的立法背景是"独生子女"政策，而当下社会已实行"二孩"政策，因此，有必要对既存变通、补充规定进行清理修改。另外，值得注意的是：社会治理是一个系统工程，全面着力方有可能取得些许进步。民族自治地方实施计划生育政策、提高人口素质的路径并不单纯在于制定并落实高质量的变通规定，可能还需要其他社会举措发挥合力。提高女性的受教育程度、社会地位、收入水平，完善农村养老制度、提高养老服务待遇很有可能对优生优育起到推进作用。

许多同类型的变通、补充规定，其条款内容较为同质化。一些变通、补充规定的民族特征不够明显，并未体现少数民族经济、社会、文化现状，更多属于假借变通立法的名义开展地方性法规立法之实质。部分关于旅游、草原、水资源的变通立法几乎没有体现多少民族特点，主要以实施上位法为核心内容。个别变通、补充规定沦为了宣传上位法的工具，大量条款都是对上位法的重复和照搬。以婚姻为主要内容的变通立法，其内容往往包括法定婚龄变通、处理一夫多妻和一妻多夫婚姻形式、保障婚姻自由、变通婚姻登记程序、禁止血亲婚姻等，对民族自治地方其他婚育习惯的挖掘非常有限。此外，为了强调上位法的精神，变通立法往往选择重复上位法的规定，此种做法显然并非变通立法的当然之义。

现有立法在婚姻家庭继承等领域较为集中，除上述领域外，还有一些领域也可开展立法调研，例如教育、财政税收、治安管理、人才培养、语言宗教、殡葬、体育推广、文化交流传承、卫生防疫、基础设施建设、环境保护、资源开发、边境贸易、旅游等方向，如果具备必要性则可进行变通立法。

（四）以立法主体为标准进行统计分析

下表15、16中的"通过时间"指变通、补充规定的首次通过时间，此后，该规定可能经过修改（包括修正、修订），"主体变动"描述修改后的规定其通过主体由"人大常委会"变为"人大"，"人大常委会通过"是"主体变动"与"主体未变动"之和，"主体未变动"指该阶段由人大常委会通过的变通、补充规定要么未经修改，要么修改之后仍由人大常委会通过。

表 15　现行有效变通规定立法主体统计　　　　　　　（单位：部）

通过时间	人大常委会通过	人大通过	主体变动	主体未变动	合计
1980.1.1 – 1990.3.15	10	3	2	8	13
1990.3.16 – 2000.7.1	4	7	0	4	11
2000.7.2 – 2015.3.15	3	12	0	3	15
2015.3.16 – 2020.4.15	0	1	0	0	1
合计	17	23	2	15	40

表 16　现行有效补充规定立法主体统计　　　　　　　（单位：部）

通过时间	人大常委会通过	人大通过	主体变动	主体未变动	合计
1980.1.1 – 1990.3.15	9	5	5	4	14
1990.3.16 – 2000.7.1	3	3	0	3	6
2000.7.2 – 2015.3.15	0	7	0	0	7
2015.3.16 – 2020.4.15	0	3	0	0	3
合计	12	18	5	7	30

第一阶段有 2 部变通规定、1 部补充规定未能查明制定主体，但并不影响整体统计趋势，故未将上述 3 部规定列入表格。[①] 最初由民族自治地方人大制定的 23 部变通规定和 17 部补充规定在后续的修改中立法主体仍然是人大。[②] 就表 15 中的变通规定而言，在四个阶段中，人大通过的数量分别占该阶段制定总数（现行有效）的比例如下：23.1%、63.6%、80%、100%；就表 16 的补充规定而言，由人大通过的数量分别占该阶段制定总数（现行有效）的比例如下：35.7%、50%、100%、100%。特别在第一阶段，一些变通规定（2 部）和补充规定（5 部）的初次立法主体为人大常委会，经过后续修改之后，则

[①] 2 部变通规定如下：云南省西盟佤族自治县变通执行《婚姻法》意见、青海省海西蒙古族藏族自治州关于施行〈中华人民共和国婚姻法〉结婚年龄的变通规定，1 部补充规定为《黄南藏族自治州关于施行〈中华人民共和国婚姻法〉的补充规定》。

[②] 在第一阶段中，《新疆维吾尔自治区执行〈中华人民共和国婚姻法〉的补充规定》的情况给较为特殊，其通过主体为新疆维吾尔自治区人民代表大会，后经 1983、1988 年两次修正，其修正主体原本应是新疆维吾尔自治区人民代表大会，但事实上的修正主体却是新疆维吾尔自治区人民代表大会常务委员会。其修改时间较早，当时尚无《立法法》，故不必以其不符合《立法法》的规定而苛责，若未来存在修改必要时，应当符合《立法法》的程序规定，由人大通过其修改决定。

由人大通过。第四阶段制定的变通、补充规定全部都由民族自治地方的人大通过，且通过主体未经改变。

就几个阶段相较而言，随着时间推移，变通、补充规定的立法主体趋于统一，即由民族自治地方人大通过。而上述趋势则与宪法、《立法法》以及《民族区域自治法》的规定相吻合。如此，为了保持法制统一，若修法时机成熟应当将民族自治地方人大常委会通过的变通、补充规定进行修正或者修订，修正案、修订案应当由民族自治地方人大通过并依法报批。

（五）以变通对象为标准进行统计分析

此处的统计只及于变通、补充规定的标题，个别变通、补充规定虽对部门规章作出变通，但未在标题中体现，故不在下述统计之列。

表17 现行有效规定变通对象统计 （单位：部）

变通对象的效力级别分类	变通规定	补充规定	合计
法律	21	22	43
行政法规	1	1	2
地方性法规	20	8	28
合计	42	31	73

从表17的统计可见，在现行有效的变通、补充规定中，有43部立法针对法律作出变通，占到全部规定的58.9%，只有2部立法针对行政法规作出。

值得一提的是，有28部变通、补充规定针对地方性法规作出，占到全部规定的38.4%。我国现行《立法法》授权民族自治地方制定变通、补充规定，可对"法律""行政法规"进行变通，而现实中却有接近一半的规定针对省级人大及其常委会制定的地方性法规作出，这种做法是否有其法律根据？上述情形可采用当然解释方法进行理解。地方性法规的效力位阶低于法律和行政法规，变通、补充规定有权就效力位阶更高的法律和行政法规作出变通，自然有权对地方性法规进行变通。而且立法法第98条第（三）项对此也有间接规定，"自治条例、单行条例报送备案时，应当说明对法律、行政法规、地方性法规作出变通的情况"。

上述论证仅回答了变通地方性法规的合法性问题，但是否具备变通的必要性尚需进一步考量。与其他行政区域相比，我国5个自治区、30个自治州、120个自治县确有其民族特点，法律和行政法规的个别规定可能无法在民族自治地方普遍适用，故作变通、补充规定。但是，自治州、自治县的民族实际与所属省、自治区、直辖市实际之间的差别是否足够大？是否差别之大以至于必须变通地方性法规也值得细究。省级人大制定的地方性法规本已关照省级行政区域内的实际情况（自然包括辖区内自治州、自治县的少数民族实际），以自治州、自治县的民族特点为根据的变通立法则只能在非常有限的范围内作出规定。简言之，与法律、行政法规的规定事项相比，自治区、自治州、自治县的民族实际颇为突出；与省级人大及其常委会制定的地方性法规相比，自治州、自治县的民族实际便显得不甚突出。如此，则针对地方性法规进行变通立法的必要性便值得更为谨慎地评估。

因此，有必要对上述 28 部以地方性法规为变通对象的变通、补充规定进行评估，以论证其立法的必要性和合理性。虽然同一省级行政区域内不同民族区域自治地方之间存在不少差别，但过度拔高这种差别却并无必要。毕竟人类生活（特别是有法律参与的秩序）的延续需要人们形成一定共识，在此基础上促进个性的发展。特别是同一省级行政区域内，共识和普适属于底色，而差异和个性则属配色。

三、民族自治地方变通立法的困境及其分析

一些法律的授权性规定与宪法、《民族区域自治法》《立法法》之间存在矛盾冲突，另外，现行变通、补充规定也存在一些问题，具体包括：法律中的授权性规定混乱；部分变通规定陈旧，缺乏清理；部分变通立法名称选择混乱；部分变通立法体现民族特点不够；部分变通立法质量欠佳。

（一）法律中的授权性规定混乱

现行法律中的一些授权性规定对变通立法主体的设定不够规范，与宪法和《立法法》的规定不一致。现行法律的授权性规定对民族自治地方变通立法设定了二类立法主体：民族自治地方的人民代表大会，如民事诉讼法①、妇女权益保障法②、老年人权益保障法③的授权；自治区或者省人民代表大会，如刑法④的授权。此处提到的授权对象总共二类，有一类不需要进一步分析，即以民族自治地方的人民代表大会为授权对象的情形，这种授权与宪法及《立法法》的规定并无冲突。因此，只需对另一类对象即刑法的授权性规定进行分析，结合前文的详细分析可知刑法的授权性规定明显违背宪法。

---

① 《中华人民共和国民事诉讼法》（2017 修正）第 16 条规定：民族自治地方的人民代表大会根据宪法和本法的原则，结合当地民族的具体情况，可以制定变通或者补充的规定。自治区的规定，报全国人民代表大会常务委员会批准。自治州、自治县的规定，报省或者自治区的人民代表大会常务委员会批准，并报全国人民代表大会常务委员会备案。

② 《中华人民共和国妇女权益保障法》（2018 修正）第 60 条第 2 款规定：民族自治地方的人民代表大会，可以依据本法规定的原则，结合当地民族妇女的具体情况，制定变通的或者补充的规定。自治区的规定，报全国人民代表大会常务委员会批准后生效；自治州、自治县的规定，报省、自治区、直辖市人民代表大会常务委员会批准后生效，并报全国人民代表大会常务委员会备案。

③ 《中华人民共和国老年人权益保障法》（2018 修正）第 83 条规定：民族自治地方的人民代表大会，可以根据本法的原则，结合当地民族风俗习惯的具体情况，依照法定程序制定变通的或者补充的规定。

④ 《中华人民共和国刑法》（2017 修正）第 90 条规定：民族自治地方不能全部适用本法规定的，可以由自治区或者省的人民代表大会根据当地民族的政治、经济、文化的特点和本法规定的基本原则，制定变通或者补充的规定，报请全国人民代表大会常务委员会批准施行。

就"变通规定"的立法程序而言，现行法律的规定不甚统一。关于批准主体，现行法律的授权性规定违背立法法第 75 条①的规定，未尊重我国的政治实际。民事诉讼法和妇女权益保障法规定自治州、自治县的变通、补充规定由省、自治区人大常委会批准，上述规定忽视了一个事实：直辖市重庆拥有四个自治县（石柱、秀山、酉阳、彭水），依照《立法法》的授权，上述四个自治县的人大有权进行变通立法，获得通过之后应当提交重庆市人大常委会批准生效。因此，只要自治县人大拥有变通立法权，那么批准主体就应当包括直辖市人大常委会。因此，上述二部立法的授权性规定应当适时修改。

就立法形式而言，现行法律的授权性规定与《立法法》的规定不一致。新《立法法》第 75 条第 2 款规定"自治条例和单行条例可以依照当地民族的特点，对法律和行政法规的规定作出变通规定"，而现行《民事诉讼法》第 16 条、《老年人权益保障法》第 83 条以及《妇女权益保障法》第 60 条第 2 款却规定"民族自治地方的人民代表大会……可以制定变通或者补充的规定"。若严格按照字面意思来理解，上述两种规定之间明显存在冲突，"变通或者补充的规定"其范围可能超越《立法法》中"变通规定"所指称的范围。按照《立法法》第 75 条的字面意思来看，2000 年之后，民族自治地方的变通立法其名称只能采用"变通规定"而不能采用"补充规定"。当然，对该问题也可能存在另一种理解方式：是否《立法法》并未明确规定变通立法的名称只可选用"变通规定"还是二者皆可？是否《立法法》中的"变通规定"指的是立法内容而非立法名称？若果真如此，仅凭分析相关授权性规定的用词尚无法回答变通立法应否使用"变通规定"和"补充规定"两种名称。

（二）部分变通立法陈旧，缺乏清理

变通、补充规定施行多年后，当下民族实际可能已非立法之初可比，立法目的或已实现、或无实现之必要，也可能因合法性、合理性存在问题导致现有规定不宜继续存在，应当及时组织评估清理。目前，现行有效的变通、补充规定仍有一定数量处于"年久失修"状态。

我国变通、补充规定的立法高峰期在第一阶段，即 1980.1.1—1990.3.15 阶段。该阶段通过的规定最早的距今已有 40 年，其中有一些仍然现行有效却未经任何修改，同时期同类型的其他变通、补充规定已有不少被修改、废止。面对如此情形不得不思考：是否有必要对上述规定进行评估清理？变通、补充规定应当针对少数民族实际而制定，但民族实际也处于发展变化过程之中，很可能一段时间之后的实际已非立法之初的实际。因此，变通、补充规定施行若干年之后，应当适时对其展开评估，着重考察是否出现新情况导致现存规定不适宜继续存在。例如《内蒙古自治区执行〈中华人民共和国婚姻法〉的补充规

---

① 《立法法》第 75 条规定：自治州、自治县的自治条例和单行条例，报省、自治区、直辖市的人民代表大会常务委员会批准后生效。

定》第 4 条规定 "大力提倡三代以内的旁系血亲不结婚",该规定已经落后于时代很多,应当由倡导性规定改为强制性规定。

就变通、补充规定而言,必定存在其所对应的上位法作为变通对象,否则"变通立法"的"变通"二字也将不成立。规定条文中一般都会直接援引上位法,有时甚至明确到具体的上位法条款。经过一段时间后,可能上位法已被废止,也可能上位法的条款内容、次序发生改变。因此,严谨起见,作为下位法的变通、补充规定也应及时做出回应。否则,可能出现的情形便是:变通、补充规定中援引了一些不存在的法律或者无法对应的条款。如此,将会导致法律体系内部的不和谐,违背法制统一原则,甚至动摇法律的权威。特别是民法典的出台,使得很多变通立法的部门法根据不复存在,各个民族自治地方应当对此作出及时回应。例如,新的《计划生育法》出台后诸多以"计划生育"为主题的变通立法与上位法之间无法共存,应当及时对变通立法进行清理。

根据宪法、《民族区域自治法》《立法法》的相关规定,变通、补充规定的立法主体应当是"民族区域自治地方的人民代表大会"。但是,现行有效的变通、补充规定中仍有不少其立法主体为"民族自治地方的人民代表大会常委会",该状况的存在有其历史原因,不必苛责。但是,2000 年《立法法》出台后,便不应该再有此问题。因为 2000 年《立法法》第 66 条已经对此作出安排,经历法律修改程序后,其他法律的授权性规定以及民族自治地方的变通、补充规定便不得与《立法法》的上述规定相抵触。一些地方已经意识到上述问题,故在变通、补充规定修改后,改由"民族自治地方的人民代表大会"通过。

此外,还有个别变通、补充规定的法律实效较低,属于"僵尸"立法,几乎没有被裁判文书所援引,也很少作为行政执法的依据出现。虽然原因是多方面的,但立法质量的欠缺也是不容忽视的一点。再者,相较于中央立法,基层法院法官对地方立法的合法性与合理性存在较大程度的不信任,为了避免裁判风险,他(她)们一般都不会援引或者单独援引地方立法,这种现象导致地方立法的司法适用几率较低。

(三) 部分变通立法名称选择混乱

变通立法的名称到底应当选用"变通规定"还是"补充规定"?就现行变通立法的名称选择来看,基本形态则是未严格区分"变通规定"与"补充规定"的适用场景。在立法实践中,针对相似内容的立法,有的地方使用"变通规定"为标题,有的选用"补充规定"为标题,还有的地方选用"变通条例"为标题;有的立法最初选择"补充规定"修改后又选择"变通规定"作为名称。有的立法选用"变通办法"作为标题,还有些立法虽未出现"变通"二字却有变通之实。[①] 如果两者可以混用,那么保留一个名称即可,

---

① 前者如《西藏自治区实施〈中华人民共和国民事诉讼法(试行)〉的若干变通办法》(1983 年),后者如内蒙古自治区《关于在交通十分不便的边远旗延长对重大复杂的刑事案件办案期限的决定》(1984 年)。

如果两者不能混用，那么各自的适用范围在何处？

变通二字具有"变化、通达"之义，从字面来看"变通规定"有权作出不同于上位法的规定。因此，针对同一事项上位法已有规定（包括强行性规定），下位法可以作出不同规定。"变通规定"之目的不在于将上位法弃置不用，而在于更好地实施上位法。考察变通立法的目的可知，民族自治地方根据当地民族实际无法完全施行上位法的既有规定，为了尊重民族自治地方的自治权，需要在当地实施与上位法的个别条款不相一致的规定。因此，变通立法的核心便是与上位法的规定相异，使用"变通规定"一词作为法规标题足以表达该类立法的独特性。

关于变通立法的名称选择，除立法法之外，其他上位法尚无明确规定。2000年《立法法》第66条第2款①规定民族自治地方人大有权针对上位法"作出变通规定"，那么此后的变通立法是否都应当以"变通规定"的形式出现？事实上，从表10、12可以看出，立法法出台之后仍有13部"补充规定"出台，现行有效的还有10部。值得一提的是，该阶段有1部补充规定（《木里藏族自治县实施〈四川省《中华人民共和国草原法》实施细则〉的补充规定》）被废止后以"变通规定"（《木里藏族自治县实施〈四川省《中华人民共和国草原法》实施办法〉的变通规定》）的形式存在。

2015年修正后的《立法法》第75条第2款并未改动旧立法法第66条第2款的内容和措辞，而且并未提及"补充规定"。可见"补充规定"一词并非来自《立法法》的创设，而是其他授权性法律的创设。早在1950年《婚姻法》中已经出现"变通的或者补充的规定"这一措辞，1980年《婚姻法》第36条②继续使用上述措辞，而2001年修正后的《婚姻法》第50条③则授权民族自治地方"制定变通规定"，此处的"制定"二字表明宾语一定是某种类似法律、行政法规的规范，而非某个条款。由上述论证可以推知，《婚姻法》规定变通立法应当以"变通规定"的名称出现。1987年生效的《玉树藏族自治州施行〈中华人民共和国婚姻法〉的补充规定》已于2019年5月30日废止，取而代之的则是《玉树藏族自治州施行〈中华人民共和国婚姻法〉的变通规定》，该立法实践便是上述论断的例证。

2000年《立法法》第66条第2款的措辞与其他法律中的授权性规定有所不同，其内涵在于：民族自治地方变通立法的形式为"自治条例和单行条例"，应当符合上述二者的

---

① 《中华人民共和国立法法》第66条第2款：自治条例和单行条例可以依照当地民族的特点，对法律和行政法规的规定作出变通规定，但不得违背法律或者行政法规的基本原则，不得对宪法和民族区域自治法的规定以及其他有关法律、行政法规专门就民族自治地方所作的规定作出变通规定。
② 《中华人民共和国婚姻法》（1980年）第36条：民族自治地方人民代表大会和它的常务委员会可以依据本法的原则，结合当地民族婚姻家庭的具体情况，制定某些变通的或补充的规定。自治州、自治县制定的规定，须报请省、自治区人民代表大会常务委员会批准。自治区制定的规定，须报全国人民代表大会常务委员会备案。
③ 《中华人民共和国婚姻法》（2001年）第50条：民族自治地方的人民代表大会有权结合当地民族婚姻家庭的具体情况，制定变通规定。自治州、自治县制定的变通规定，报省、自治区、直辖市人民代表大会常务委员会批准后生效。自治区制定的变通规定，报全国人民代表大会常务委员会批准后生效。

立法权限和程序，即只能由民族自治地方的人民代表大会作立法（通过）主体；变通立法的对象为"法律、行政法规的规定"，就内容而言，针对上位法的个别条款作出不同规定；此类不同于上位法的规定便是变通规定。因此，《立法法》并未明确规定：涉及变通内容的自治条例和单行条例是否必须以"变通规定"为名称。

上述探讨只停留在变通立法的名称之上，能否在变通立法的内容方面更进一步？即回答如下问题：若变通立法统一以"变通规定"为名称，其范围能否囊括原先的变通规定和补充规定所涉及的范围？对此，有必要对"补充规定"这一名称进行讨论。"补充"二字具有"补足、充实"之义，从字面来看"补充规定"具有补足充实上位法的功能。此处应当进一步探讨民族自治地方的"补充规定"到底如何进行"补充"。如果上位法未能提供明确依据，则单行条例（包括自治条例）便不可设定行政处罚、行政强制和行政许可，而在该方面地方性法规的立法权限反倒比民族自治立法要大。

具体就自治县而言，如果上位法已有较为粗疏的强制性规定，民族自治地方对此进行实施性立法（与上位法不抵触），则该立法并非变通立法，应当以普通单行条例（或自治条例）的形式出现；如果上位法已有相关非强制性规定（例如倡导性规定），民族自治地方对此作出不违背上位法精神和原则的规定，那么该立法也属非变通立法。如果上位法已有强制性规定，民族自治地方对此作出不同规定，那么该立法应当以"变通规定"的名称出现。

就自治州和自治区而言，情况则稍微复杂一些，因为二者具备双重立法权，既可开展民族自治立法（包括变通立法以及非变通立法），亦可开展地方性法规立法。就地方性法规和非变通立法而言，其不得与上位法的强制性规定相冲突，就变通立法而言，只要不违背前文提到的禁止性原则即可。具体而言，首先区分事项属于地方性法规的立法范围还是单行条例（包括自治条例）的立法范围，如果立法原则是"在中央的统一领导下，充分发挥地方的主动性、积极性"，则应当制定地方性法规；如果立法原则是保障"各民族一律平等"，则应当制定单行条例。其次，明确立法条件亦有助于区分地方性法规和单行条例，若立足于"本行政区域的具体情况和实际需要"则应制定地方性法规，地方性法规不具备变通权限，不能与上位法的强制性规定相抵触；若立足于"当地民族的政治、经济和文化特点"则应制定单行条例。第三，需要区分该立法属于普通单行条例还是变通立法，其标准则与自治县的标准相一致。

由上述论证可知，不管出现何种情况，使用"变通规定"的名称即可解决问题，不存在必须采用"补充规定"这一名称进行立法的情形。

（四）部分变通立法体现民族特点不够

现行变通、补充规定的创新性较为不足，同质化情况较为严重。从法规内容来看，一些变通、补充规定并未充分体现当地民族的特点，反而更像一部地方性法规。具体而言，此类规定内容庞杂，调整事项面面俱到，却并无太多变通之处，例如《甘孜藏族自治州实施〈四川省旅游条例〉的变通规定》更像一部地方性法规而非自治立法。

长期以来，自治州和自治县不具备制定地方性法规的立法权限，往往以单行条例的形式实现地方性法规的立法目的，其内容涉及该行政区域内的环境资源保护、城乡建设管理、社会治理等多个方面。2015年新《立法法》授权自治州行使制定地方性法规的权限，自此，与自治区一样，自治州也具有"双重立法权"，既有权制定地方性法规又有权制定单行条例。

民族区域自治地方应以何种形式立法取决于立法的合法性和必要性。"只有凸显当地民族的政治、经济和文化特点"才能证成单行条例（和自治条例）的立法必要性。实践中，单行条例往往未能突出当地民族的特点，更多在于实施或者重复上位法的规定，扮演着"地方性法规"的角色。对自治县而言，其无权进行"地方性法规"的立法，若非立足于"当地民族的特点"则不得立法。

当然，"地方实际"与"民族特点"之间并非毫无关联，"民族"本身便具有"地方"含义。一些事项初看与本行政区域内的经济、社会、地理、环境直接相关，可能其本身并不具备少数民族特征，但其结果可能因少数民族特有的思维方式、观念价值、行为习惯而呈现独特之处，最终长远影响到少数民族的生活和发展。那么该事项便具有了民族意义，便可根据需要将其归入变通立法的范围。

（五）部分变通立法质量欠佳

变通立法的技术性问题既有民族自治立法特有的方面，又有地方立法共有的方面。部分变通立法的变通条款数量较少，个别变通、补充规定中根本看不到少数民族的特殊性。个别条款仅仅是对上位法的重复和强调，创新性与民族独特性严重不足，甚至单从立法内容来看，此民族自治地方制定的变通、补充规定用在彼民族自治地方亦无十分不妥。就婚姻方向的变通立法来看，变通后的年龄全部都是"男二十岁，女十八岁"，另外，对婚姻登记形式的要求也是一概贯彻。其实，不同民族可能有其不同婚俗，只要在本民族自治地方施行，其影响范围极为有限，因此完全可以突破千篇一律，将一些具有特殊性的变通尝试纳入立法。

囿于当时的立法技术和能力，很多变通立法的语言不够规范，使用了大量政策性用语，甚至在同一部立法中选用两个不同术语来表达同一概念。《新疆维吾尔自治区执行〈中华人民共和国婚姻法〉的补充规定》第4条使用"寡妇"一词表达"丧偶妇女"的含义，用语不规范，且暗含一定歧视意味。个别条款内容较为抽象，缺乏操作性、针对性，对民众的行为缺乏指引，例如《甘孜藏族自治州实施〈四川省城乡环境综合治理条例〉的补充规定》第12条第2款规定"电力、通信线路的建设应当符合'景城一体、景镇一体、景村一体'的风貌要求"。个别立法中存在一些不必要的条款，例如《凉山彝族自治州施行〈兽药管理条例〉的变通规定》第4条的规定"本变通规定未作变通的按照《兽药管理条例》执行",该规定属于没有错误同时又无实际意义的条款。个别变通立法规定了法规解释权,例如《甘肃省阿克塞哈萨克族自治县实施〈甘肃省计划生育条例〉的变通规定》第10条"本规定执行过程中的具体问题,由自治县计划生育主管部门负责解释",在此,至少自治县计划生育主管部门不具备解释资格。此外,个别条款存在较大争议,例如《甘肃省甘南藏族自治州实施〈甘肃省计划生育条例〉变通规定》第1条"禁止非婚生育",该规定现在来看不具备操作性,涉嫌侵犯公民生育权。一些强制性规定只列明假定条件和行为模式,却欠缺法律责任。此外,还有个别变通立法与法律的精神相违背,或者不切合当地民族的实际,与现实之间的差距较大,不具备实施的现实条件。个别变通立法之间高度雷同,抄袭痕迹突出。另外,《黔南布依族苗族自治州执行〈中华人民共和国婚姻法〉变通规定》第3条第1款规定:"结婚年龄,男不得早于二十二周岁,女不得早于二十周岁。"该规定并无任何变通之处,却出现在变通立法中,实属非必要条款。

造成上述状况的原因部分在于民族自治地方的立法人才储备不足,受过系统法学教育的人才欠缺,遑论受过系统立法学教育和训练的人才。立法咨询制度落实不到位,个别立法是几个立法工作者边起草边学习的结果。另外,当地对民族习惯、传统以及实际情况的研究深度不够,再加上变通、补充规定立项程序缺乏论证和监督,使得变通立法欠缺长远规划、科学性有限。

四、变通立法可能的完善路径探索

(一) 重视民族习惯与制定法的良性互动

我国长期以来,对刑法功能的认识存在一种不合理的信任,认为解决刑事纠纷必须依靠国家出面,刑罚是唯一正解。但刑法(抑或所有法律)本身有其局限性,而且在个案中完成定罪量刑并非解决刑事纠纷的唯一目标。一些民族自治地方有其通行已久的刑事习惯,若无一例外地适用刑法的规定,可能无法高效地解决刑事纠纷,甚至可能引起不必要地官民对抗。治理社会问题,类似医病,不在乎使用西医方法还是中医方法,只要能够实现良好的社会效果即可,争议何为正宗何为旁门都无甚必要。但是,不管社会治理的效果如何良好,都不能否认以下事实:依据少数民族习惯和刑事政策作出裁判都有违"罪刑法定原则",或者说涉嫌在统一的法制体系之外寻找新的规则。如果发现少数民族习惯具有法治价值,完全可以将该类习惯进行确认,以国家立法的形式确立下来。当然,社会治理的前提必然是依法治理,民族习惯也应当在宪法、立法法的统辖之下发挥作用。

但是上述论断仍非全部正解,习惯可以被划分为多种类型,只有具备规范性特征的习惯才具备此处探讨的价值。所谓习惯,其效力源自存在一种被遵守的事实,但是,其法律效力是否同样来自上述事实?也就是说习惯具备法律效力与否取决于制定法是否对其进行确认吗?倘若对少数民族习惯以变通、补充规定的形式加以确认,那么结果可能是制定法之外并不存在具备法律效力的习惯。因为经过制定法确认后的习惯，其法律效力的根源在于"确认"而非"习惯"。不可否认，现代社会是一个依靠规则（特别是理性化规则）进行治理的社会，那么其他治理手段的生存空间是否会越来越小？法律是人类历史上的伟大创举，为利益分配、纠纷解决以及社会治理提供了持续性制度支持，但法律本身的局限性不应当被忽视。应当为其他治理手段留有空间，少数民族习惯便是有效的治理手段之一。

历史上，习惯的发展总是伴随着国家权力的影响和制约，倘若国家法对民族习惯保持较大程度的宽容和支持，则后者便会获得较大程度的发展。另外，民众选择国家法或是民族习惯的理由往往在于何者能够帮助其获得更大利益，选择的过程也是国家法得以理解和贯彻的过程。此处的利益指那些可能得到国家认可的利益，既包括物质利益也包括精神利益。民族习惯中往往存在家庭、家族、部落等权利、责任主体，就这一点而言，国家法发挥社会治理功能的方式与习惯法颇为不同。

在当前状况之下，少数民族习惯与制定法之间存在着一些交流，主要的交流方式呈现单向度，即合理的民族习惯不断被制定法所确认和吸纳。上述交流方式并未充分重视少数民族习惯的独有价值，实质上少数民族习惯的功能并不限于简单地为制定法提供素材。少数民族习惯除了被国家法所确认之外是否还有发挥其他作用的空间？二者之间可能的互动方式还有：国家法的贯彻实施逐渐影响了民族习惯，后者在现代社会中逐渐发生变化，同时又为国家法提供了新的社会基础。逐渐地，不宜继续存在的习惯会被社会成员主动放弃。此外，国家法可能为那些经过现代化洗礼的民族习惯留有余地，以一种新的形式与国家法融合并存，如此既尊重民族传统又不破坏法制统一，同时有助于实现国家法对民族习惯的指引。例如，符合一定标准的"赔命价""赔血价"可以承认其性质属于"刑事附带民事部分的调解协议"。自此，习惯与国家法之间的裂痕也会不断弥合。另外，少数民族习惯与国家法之间并非一直处于对立状态，在国家法的贯彻实施过程中，有相似价值取向的习惯则能为其提供法治资源。

《中华人民共和国民法典》第 5 条①的规定颇有价值也耐人寻味，可以认为国家法在司法领域为习惯保留了一定空间。人类生活的表现形式多种多样，虽然国家法对社会的影响深度和广度极大，但国家法本身有其局限性，无法触及民众生活的全部方面。因此，一些合理的民族习惯可以在变通立法中得到确认，而一些应当交由民族习惯调整的事项也可适时退出立法领域。

法律受时代变迁的影响，乃所处时代的物质生产条件和社会实际情况下所产生的社会共同意志，立法内容只有来自实践且不断回应时代发展，才能获得普遍认可并被有效遵循。变通规定和补充规定的立法必须真正符合当地民族政治、经济和文化的实际特点，能

---

① 《中华人民共和国民法典》第 10 条：处理民事纠纷，应当依照法律；法律没有规定的，可以适用习惯，但是不得违背公序良俗。

够解决当下出现的问题。哪些事项有权立法、哪些事项最适宜立法？这是开展变通立法之前必须回答的问题。

变通立法的开展离不开对少数民族习惯的研究与借鉴。少数民族习惯承载着当地民族的地方性记忆，其中自然能够体现少数民族的特点。一些少数民族，在漫长的历史时期里必定积累了许多有特色的民族风俗和习惯。从文化传承来看，保持足够的文化多样性对于少数民族乃至整个国家都意义非凡。从社会治理来看，少数民族习惯起到解决纠纷的效果，有利于维持社会的和谐与稳定，通过系统的少数民族习惯识别程序使其进入民族自治立法颇具价值。需要注意的是：民族习惯的研究应当超越单纯的法律史研究，应当进入社会学研究，不可仅仅驻足于民族习惯曾经的存在形态，而应当以此为基础研究民族习惯的当下存在形态以及可能的未来存在形态。

少数民族习惯内容丰富，不仅影响了民族地区的历史发展进程，也使不同地区形成了独有的社会生活习惯。少数民族的文化不可能随着制定法的出台而迅速改变，同时习惯也不会随着时间的推进而立即消逝。少数民族习惯与国家法之间的统合互动关系着多民族国家的稳定发展，同时二者之间的冲突和对立则会使得国家法在民族自治地方的实施遇阻受困。

学术界和实务界都应当重视对少数民族习惯的研究，充分借鉴少数民族习惯的精髓。民族自治地方应以《宪法》《民族区域自治法》赋予的自治权为基础，将少数民族习惯中的合理成分加以确立、传承和固化，通过变通的方式纳入国家法体系，为国家法和少数民族习惯的良性互动提供空间和支持。如此，一方面维护了国家法的权威，上位法中的规定被地方切实有效地实施；另一方面保持了民族地区原有的文化多样性，促进少数民族自治地方的和谐发展。

需要强调的是，变通立法应当避免"为了立法而立法"的误区，不必追求结构的完整和内容的全面，而应当强调立法本身解决问题的能力和效率。有些少数民族习惯不适宜转变为国家法，应当保持其原有面貌；有些少数民族习惯与上位法的立法精神相冲突，则不得将其合法化。此外，变通立法并非解决民族地方社会问题的唯一方案，有时甚至不算最佳方案，行政机关亦可以在法律法规允许的范围内积极探索合理执法的多种方式。

（二）明确"变通规定""补充规定"的法律位阶

变通规定的立法应当遵循何种规则？欲解决上述问题首先要回答如下问题：民族自治地方的"变通规定"在我国法律体系中处于何种地位？明确"变通规定"的法律位阶即可将对应的规则适用于变通立法活动。

历来有多部法律授权民族自治地方制定变通规定和补充规定，不可将上述变通规定和补充规定直接归属于特定授权法律的一部分。立法领域的授权不同于民事授权，对后者而言，授权对象的主体资格并无非常严格的要求，而且行为后果当然归于授权主体；而立法授权却大有不同，其涉及公权力之运作，应当强调授权对象为适格主体，且在法律权限范围内行使权力。民族自治地方依特定法律授权进行变通立法有其更高依据，即宪法、《民族区域自治法》《立法法》的规定。授权立法不能视为授权主体本身的立法，也不能将授权立法的行为后果直接归属于授权主体。因此，在判断变通规定和补充规定的效力级别时，应当重视民族自治地方本身的立法权限，不可将其效力级别等同于特定授权法律。如此，才能保持我国整个法律体系的内部和谐统一。

遵循宪法是确保法制统一的必然要求。宪法规定了各项权力的运作原则和制度，当然立法权也不例外。法律、行政法规、地方性法规、自治条例、单行条例、规章的制定、修改以及废除都应当遵循宪法和其他宪法性法律的规定，甚至法律的形式和名称都不得违背宪法。我国宪法对法律的形式作出规定，具体而言，宪法中出现的国内法渊源包括如下几种："宪法""法律"（包括"基本法律"和"其他法律"）、"行政法规""地方性法规""规章""自治条例""单行条例"，再结合《立法法》的措辞进行判断，我国的法律渊源中不存在一种叫作"变通规定或补充规定"的法律形式。

能否将"变通、补充规定"纳入"地方性法规"或者"自治条例和单行条例"的范围？从《立法法》的编排体例来看，第75条第2款涉及"变通规定"的内容，该条属于第四章第一节"地方性法规、自治条例和单行条例"，而且该条第1款规定了"自治条例和单行条例"的立法主体、事项和程序，不难看出该条第2款的规范对象也是"自治条例和单行条例"。由此可知，"变通规定"必须以"自治条例和单行条例"的形式作出。"变通、补充规定"并非一类独立特殊的立法形式，其包含于自治条例和单行条例。同样的结论适用于立法法第90条①。

变通立法的形式就是自治条例和单行条例，授权民族自治地方进行变通立法便是授权其以单行条例和自治条例的形式立法。因此，进行变通立法需要满足宪法对自治条例和单行条例的规定。宪法明确规定，自治条例和单行条例的立法主体是自治区、自治州、自治县的人民代表大会。再进一步，除了上述三个主体之外，其他主体都不得在民族自治地方进行变通立法。

相较于中央立法而言，变通、补充规定属于地方立法，而且其不同于地方性法规。在立法主体、程序、内容方面，二者存在根本性差异。学术界和实务界应当清楚区分变通、补充规定与地方性法规，严格防止民族自治地方以变通、补充规定的形式行地方性法规的立法事实。宪法、《立法法》对"本行政区域的具体情况和实际需要"（地方性法规）与"当地民族的政治、经济和文化特点"（自治条例和单行条例）作出明确区分，二者的确指代两个差别较大的领域，但实践中很难将诸多情形作出非此即彼的归类。

---

① 《立法法》第90条规定：自治条例和单行条例依法对法律、行政法规、地方性法规作变通规定的，在本自治地方适用自治条例和单行条例的规定。

另外，从逻辑上而言，民族自治地方变通立法包含于自治条例和单行条例（更多以单行条例的形式出现），那么单行条例中尚有一部分属于"非变通立法"。那么如何区分"变通立法"与"非变通立法"？自治条例和单行条例都有权进行变通立法，但并非所有自治条例和单行条例都需变通上位法。"非变通立法"有两种情况：上位法没有明确规定，民族自治地方的人大根据当地民族实际立法，可称之为"原创性立法"，例如上位法对某一事项没有明确规定，或者只有倡导性规定，那么普通单行条例即可进行立法，其中可以创设某些制度措施、采取某些行政手段；上位法已有宏观或者粗疏规定，民族自治地方根据当地民族实际立法，可以称之为"实施性立法"，例如上位法已有行政处罚、行政强制和行政许可依据，那么普通单行条例即可据此进行细化。

上文已有过论证，变通立法可以保留"变通规定"一种名称，其指称的范围即可涵盖原先"变通规定"和"补充规定"的全部。换个说法，现行立法体制之下，并不存在一种立法情形需要以"补充规定"这一名称出现。

（三）全面清理法律中的授权性规定

为了保证我国的法制统一，有必要确保法律体系内部和谐，而法制统一的首要标准在于保持下位法与上位法不抵触、不冲突。针对法律中的授权性规定而言，其首先不得违背宪法的规定，其次不得违背其他的宪法性法律关于立法的专门规定。其他法律中针对变通立法的授权性规定应当在遵守《立法法》的前提下作出。《立法法》的目的在于规范立法行为，使得立法权力的行使有章可循，一切立法行为都应当遵守《立法法》的规定，任何法律关于民族自治地方变通立法的授权性规定不得违背《立法法》的规定。因此，2000年《立法法》出台以后，应当将相关法律中的授权性规定依照《立法法》作出修改。新修正的《立法法》对授权立法作出进一步规范，这也间接说明授权立法应当遵守立法法的规定。

宪法授权自治区、自治州、自治县的人民代表大会制定自治条例和单行条例，进行变通立法的主体也应当是如上三个。因此，为了尊重自治州和自治县的自治权，不能剥夺自治州和自治县的人民代表大会进行变通立法的主体资格。我国许多省级行政区划下辖有民族自治地方，有的甚至有多个民族自治地方。如果授予自治区或者省人民代表大会越过自治州、自治县直接进行变通立法，可能违背了创设民族区域自治制度的初衷。其他法律规范应当尊重并保障宪法授予自治州、自治县人民代表大会制定变通或补充规定的权力。从自治条例和单行条例本身的制定与实施来看，自治州、自治县的人民代表大会有能力进行变通立法活动，而且它们对当地民族的实际情况可能更为了解。最重要的一点，由当地民族进行自我治理则是地方自治制度的精髓。由上可知，不应当剥夺自治州、自治县的人民代表大会的立法权限。

《中华人民共和国民法典》已提交十三届全国人民代表大会审议通过并颁布实施，因此其废止了《中华人民共和国婚姻法》《中华人民共和国继承法》《中华人民共和国民法通则》《中华人民共和国收养法》《中华人民共和国继承法》。《民法典》中并未涉及民族自治地方的变通立法问题，故上述几部单行法律中的授权性规定也被一一废止。此后，除《民族区域自治法》和《立法法》之外，涉及变通、补充规定立法的法律只有《中华人民共和国刑法》《中华人民共和国民事诉讼法》《中华人民共和国妇女权益保障法》《中华人民共和国老年人权益保障法》四部法律，其他法律中关于民族自治地方变通立法的授权性规定全部废止。现行有效的授权性规定中，只有刑法和民事诉讼法的规定有违《立法法》，其他二部法律都与立法法的规定相一致。因此，倘若民族自治地方需要开展变通立法，只需严格遵守宪法、《民族区域自治法》以及《立法法》规定的主体、权限和程序即可。若法律需要授权民族自治地方制定变通规定，其授权性规定应当严格遵守《立法法》的规定；若民族自治地方认为有必要制定变通规定的，即使相关部门法并无授权性规定，也可立法。

具体而言，法律中的授权性规定应当与立法法的规定保持一致，即如下规定："民族自治地方的人民代表大会可根据当地民族的实际，制定变通规定。自治区的变通规定应当经全国人民代表大会常务委员会批准后生效，自治州、自治县的变通规定应当经省、自治区、直辖市人民代表大会常务委员会批准后生效"。

（四）系统评估现行变通、补充规定

对于民族习惯而言，其背后的驱动力自然是生产生活的现实需要。就婚姻制度而言，抛开两性的爱慕情感等非结构性因素之外，其形成的根本动力则是人口繁衍和抚育的需要，而上述需要最终都要与当时的生产生活条件完成匹配。择偶标准、结婚年龄、婚姻形式、生育意愿、子女养育方式等都具有一定历史性和地方性特点，随着时间推移，上述因素也会逐渐发生改变。倘若变通、补充规定对上述方面有所涉及，也应随着情势改变而作出回应，当然其他内容的变通立法也一样。

少数民族自治地方对变通立法的需求亦非一成不变，制定变通、补充规定前需要全面评估其立法必要性，对现行有效的变通、补充规定也应当适时进行评估清理。一切立法都有其特定历史背景和立法目的，一段时间后，个别立法可能已经完成其历史使命或者与时代不相匹配，甚至已经背离立法目的，如此便应当推动其进入修改、废止程序。不可否认，就变通立法的必要性而言，少数民族的汉化程度越高，经济发展程度越高，对变通立法的需求越低。

具体而言，出现如下条件变通补充规定应当被废止或修改：其所依据的上位法发生修改、废止，变通依据已不存在，或者与已有上位法存在矛盾冲突，不适宜继续保留；民族自治地方的实际情况发生改变，原先的变通已无必要；新的立法已经出台，且从功能上已经取代旧有的变通、补充规定；旧有变通、补充规定本身存在不妥之处，应当依法修改或

废止。

变通、补充规定一旦满足上述标准，必须尽快予以修改或废止。此外，还存在一类规定，可称其为"僵尸法"，其已生效多时，且内容与上位法的规定并无抵触，该规定亦不违背法律的正义、平等、自由等价值，但在执法、司法、守法中又并无太多适用。该类变通、补充规定也应当及时清理废止。

（五）规范完善变通、补充规定的立法程序

现行法律并未对变通立法程序进行系统规定，变通立法的困境与此相关，故有必要在立法程序方面进行规范和完善。

民族自治地方进行变通立法前应当充分论证其必要性，制定科学严谨的立法规划和计划。制定变通、补充规定的前提在于民族自治地方因其民族实际无法普遍适用法律、行政法规等的个别规定，有必要在该地探索不同规则。如果对民族风俗和习惯的研究尚不深入，自然无法断言哪些应当进入变通立法。在立法项目的规划上，应当紧跟上位法的规定，充分把握自治地方的民族实际。若出现无法普遍适用上位法的情况，应当及时开展变通、补充规定的立法调研。立法机关应当对提案进行立项前的评估，将评估结果作为变通立法立项的重要依据，对于适宜进行变通、补充规定立法的，可考虑纳入立法规划或计划，对于不适宜制定变通、补充规定的，应当及时停止。

为了提高变通立法的正义、合理属性，可在变通立法过程中引入立法听证、咨询制度。在立法草案拟提请审议前，民族自治地方的人大或者起草主体可以邀请利害关系人、专家学者、社会公众、政府人员等出席座谈会、研讨会、听证会，广泛听取意见，并在草案修改过程中加以参考。很有可能基层民众对相关民族实际的了解远胜于立法工作者，充分听取当地少数民族群众的意见，变通立法才能真正做到立足民族实际。对于非专业人员，应当使用通俗易懂的语言进行说明，使其能够表达真实意见。另外，在立法草案征求意见阶段加强宣传，引起民众的广泛关注和讨论，畅通建言献策渠道，将民众意见一一记录并逐条参研，最终将意见采纳情况进行统一说明，重要意见应当逐个反馈。另外，起草单位或者人大应当派专人对网络意见进行收集整理，供修改草案时参考。

立法实践中经常出现的情况则是审议人员并不熟悉变通立法草案，导致其表决行为的分量颇为不足，人民代表大会制度的实践价值亦会大打折扣。因此，有必要通过专业和民主两种举措提升变通立法的审议质量。审议前应当交由专门委员会进行内行审议，扎实解决专业问题，尽量将草案的法律风险提前排除；正式审议前应当至少提前十个工作日将草案送达人大代表，为其阅读研究留足时间。也可将草案中的焦点问题列明，审议表决前进行重点说明，保证人大代表能够真正履行投票职责。

在变通立法草案提交审议和批准时，应当附上详细的起草说明和调研报告，对变通立法草案进行充分说理。如此将有助于审议人员和批准机关尽快了解民族自治地方的民族实

际和立法需求,提高工作效率。就批准标准而言,应当主要审查变通立法的合法性问题而非合理性问题。原因在于,通过机关很可能比批准机关更为了解和熟悉民族实际,只要变通立法中的具体举措不违背合法性原则,批准机关都应当予以包容。现行立法并未明确规定变通、补充规定的批准时限,可以参照设区的市的地方性法规的批准时限,设置4个月时间为宜。

在立法实践中,为了保证变通立法顺利获得批准,通过主体往往邀请批准主体(例如人大常委会法工委)提前介入,征求其意见和建议,并帮助完成草案修改工作。实质上,通过程序完成之后也意味着批准程序完成,上述现象可能使得批准程序的监督功能落空。因此,为了充分实现批准程序的立法监督功能,批准主体应当尽量保持克制和宽容,给予通过主体较大的自主空间。

变通立法的批准程序亦缺乏明确规定,通过机关处于被动地位,只要批准机关不予批准,则无任何争议解决机制提供救济。在我国的立法体制之下,相较于变通立法的通过机关,批准机关处于绝对强势地位。而立法权下沉是民族区域自治制度的重要实现方式,对批准权缺乏监督可能使得变通立法权虚置。可以由全国人大常委会作为最终的争议解决机关,面对省级人大常委会的不批准决定,自治州、自治县人大可以向全国人大常委会申请复议。具体可以由宪法和法律委员会与民族事务委员会联合调查,将调查结果和处理建议提交全国人大常委会作出终局决定。

五、结论

党的十九大提出"科学立法"的要求,立法应当尊重客观规律,具备针对性、可操作性,同时避免主观立法、政绩立法。尊重客观规律要求民族自治地方的变通立法尊重自然规律和社会规律。与立法相关的社会规律中,第一条规律便是法律有其局限性,并非所有问题都应当通过立法来解决。毫无疑问,立法的第一驱动力应当是社会需求。变通立法应当紧密结合现存问题,进行深入调研,全面把握问题实质,探索切实可行的解决路径。

学术界和立法实务界都应当抱有"立法谦抑"的态度,不能对立法抱有一种迷信:完美的立法一定能够完美解决社会问题。社会治理是一项系统工程,而立法仅仅是该项工程的一个子项目,和谐社会还需其他项目的恰当配合。同时很多社会问题其根源不在立法而在他处,指望通过立法毕其功于一役解决问题当属不智;即使诸多问题有赖于立法先行,也需要在法律运行的各个环节着力。

不可否认,现代社会是一个依靠规则治理的社会,人们将会生活在高度理性化的规则体系之下。法律规则的普适性可能越来越高,但文化的多样性却不应当被削弱,包容且多元的文化才能为个性发展提供肥沃的土壤。移风易俗并非朝夕之事,即使是看似不合理的社会规则背后可能存在强大的驱动力,一旦驱动力改变社会规则自然改变。

An Empirical Research to Flexible Legislation in Ethnic Autonomous Regions: Taking the Flexible and Supplementary Regulations as Objects

Zhang Yin

Abstract: Since the 1980s, our country has issued (formulated) a total of 52 flexible regulations (currently effective 42) and 44 supplementary regulations (currently effective 31). The legislation of flexible and supplementary regulations is a useful exploration of autonomous legislation in ethnic autonomous regions, and also makes significant contributions to coordinating the conflict between national statutory laws and ethnic customs. However, there are still some difficulties in its practice, for example the authorization provisions in some laws are inconsistent, and some old flexible legislations are not assessing and cleaning up timely, and the titles of which are also imprecise, and some of them do not does not fully reflect ethnic characteristics, and some of them are of low quality. It is necessary to conduct a comprehensive statistical analysis of flexible and supplementary regulations, and propose an optimized path for flexible legislation in ethnic autonomous areas. Specifically, efforts can be made in the following areas: attach importance to the benign interaction between ethnic customs and national statutory laws, and clarify the legal hierarchy of flexible and supplementary regulations, and comprehensively clean up the authorization provisions in laws, and systematically evaluate existing flexible and supplementary regulations, and standardize and improve the legislative procedures for flexible legislation.

Key Words: Ethnic Autonomous Regions; Flexible Legislation; Flexible and Supplementary regulations

互联网平台经济从业者劳动权益法律保障困境及应对[*]

黎 林 杨柳圻[**]

摘 要 至2019年，我国互联网平台经济交易规模达32828亿元，居世界之首，为7800万人提供了灵活就业岗位。平台经济在新冠肺炎疫情期间，提供大量新的就业岗位，对"保就业"发挥了重要作用。但互联网平台经济将过去的"企业＋劳动者"的传统用工模式转变为"平台＋个人"的新型平台用工方式，该用工模式也导致互联网平台经济从业者劳动权益保障出现纠纷，对"稳就业"带来了一定的挑战。挑战的根源在于"有劳动关系则给予保护、无劳动关系则不予保护"的制度框架。互联网平台用工模式下，应当改变这种认定劳动关系进而施加或豁免所有劳动法责任的进路，满足互联网平台经济发展和解决从业者劳动权益保障问题的双重需要。在现行制度框架内，为保障互联网平台经济从业者的合法劳动权益，当务之急并非针对互联网平台用工制定专门的适用规则，而是应该根据劳动关系理论，坚持重实质、轻形式的原则，明确劳动关系认定的相关司法裁判规则。弱化劳动关系认定的法律意义，实现劳动基准、社会保险等内容与劳动关系的脱钩。由于互联网平台用工的复杂性和差异性，除劳动法路径外，平台企业、工会组织还应当承担维护从业者劳动权益的责任，多角度保护从业者的劳动权益。

关键词 互联网平台 从业者 劳动权益 劳动关系 法律保障

---

[*] 国家社会科学基金青年项目《"全面二孩"政策下生育保障立法完善研究》（项目编号：17CFX043）；国家社会科学基金重大项目《积极老龄化的公共政策与法治问题研究》（项目编号：19ZDA158）子项目《积极老龄化的公共政策与法律体系构建——基于年龄平等理念》；湖南大学哲学社会科学青年学术提升计划项目《新妇儿发展纲要（2021—2030）中的重点法律问题研究》。

[**] 黎林，湖南大学法学院博士研究生。

杨柳圻，湖南大学法学院硕士研究生。

一、问题提出

近年来,我国互联网平台经济高速发展。据中国国家信息中心分享经济研究中心统计,我国互联网平台经济①2018 年交易规模达到 29420 亿元、2019 年交易规模达到 32828 亿元。2019 年我国互联网平台经济参与提供服务者人数约 7800 万人,②而且其中不乏高学历人才。③互联网平台经济就业受众群体的社会、地理、文化背景多元,为降低就业门槛、提升就业效率、改善民生做出卓越贡献。特别是新冠肺炎疫情发生后,就业形势紧张。④党中央、国务院统筹推进疫情防控和经济社会发展工作,在"六稳"⑤的基础上提出了"六保"⑥工作要求。无论是"六稳"还是"六保",都是将就业放在首位,⑦可见解决就业问题是重中之重的工作任务。疫情期间,互联网平台经济在稳定生活秩序、保就业、促复产方面发挥了积极的作用,⑧互联网经济平台作为就业蓄水池的作用进一步凸显出来。⑨也应当认识到,虽然平台经济在此次疫情期间提供大量新的就业岗位,对"保就业"发挥了重要作用。但互联网平台经济将过去的"企业+劳动者"的传统用工模式转

---

① 也有称之为"合作经济"(Collaborative Economy)、"共享经济"(Sharing Economy)等提法,因为互联网平台是共享经济的主要技术特征,"互联网平台经济"是对这一新业态更为客观的描述。
② 中国国家信息中心分享经济研究中心:《中国网络平台经济发展年度报告》(2020),2020 年 3 月。
③ 据美团统计,2020 年上半年,大专及以上学历骑手的占比达到 24.7%,比 2019 年提升 6.7 个百分点。参见美团研究院:《美团 2020 年上半年骑手就业报告》,第 1 页。
④ 崔艳:《新冠肺炎疫情对我国就业的影响和思考》,载《中国劳动保障报》2020 年 2 月 22 日,第 3 版。
⑤ 2018 年 7 月,中央首次提出"稳就业、稳金融、稳外贸、稳外资、稳投资、稳预期工作"的"六稳"要求。"六稳"本质上是一种稳增长的分解,是对新常态下经济下行压力有所抬头的进一步反应,属于长期发展战略。参见刘元春:《正确理解"六稳"和"六保"之间关系》,载《北京日报》2020 年 6 月 1 日,第 13 版。
⑥ 2020 年 4 月中央提出"保居民就业、保基本民生、保市场主体、保粮食能源安全、保产业链供应链稳定、保基层运转"的"六保"政策。"六保"政策是应对疫情冲击所带来的经济社会停摆的紧急措施,属于应急性战术。
⑦ "保就业"是 2020、2021 年的短期目标,而"稳就业"是疫情之后适应新经济、新技术发展的中长期目标。参见李敏、刘采妮、白争辉、张春阳:《平台经济发展与"保就业和稳就业":基于就业弹性与劳动过程的分析》,载《中国人力资源开发》2020 年第 7 期,第 85 页。
⑧ 有学者通过对疫情期间,中美经济、就业情况进行比较,得出疫情防控形势下平台经济发展为稳定社会生活秩序、保就业发挥了重要作用。其比较的基础在于:我国 2020 年 2、3 月全国城镇调查失业率分别为 6.2%、5.9%,但是到第一季度末,全国城镇登记失业率仅为 3.66%(国家统计局公布数据),失业率下降原因是平台经济吸纳了很多因为疫情失业的人员;美国于 2020 年 3 月宣布国家进入紧急状态之后,多数州都实施了"封城"措施,因其平台经济生态较弱,其失业率大幅飙升。美国 2020 年 4 月份的失业率为 14.7%,创 20 世纪 30 年代经济大萧条以来最高值。参见李敏、刘采妮、白争辉、张春阳:《平台经济发展与"保就业和稳就业":基于就业弹性与劳动过程的分析》,载《中国人力资源开发》2020 年第 7 期,第 85 页。
⑨ 卓贤:《新就业形态是稳定就业的动力源》,载《北京日报》2020 年 9 月 28 日,第 13 版。事实上,很多互联网平台企业为响应国家"稳定就业"号召,也在积极提供就业岗位。比如美团启动"春归计划",向全国提供逾 20 万个工作岗位。数据显示,疫情发生以来,在美团平台获得收入的新增骑手数量已超 95 万。参见美团研究院:《美团 2020 年上半年骑手就业报告》,第 1 页。

变为"平台+个人"的新型平台用工方式,① 该用工模式也导致互联网平台经济从业者劳动权益保障出现纠纷,对"稳就业"带来了一定的挑战。

互联网平台用工因形式复杂灵活、行业领域规范缺失,大多数互联网平台经济从业者游离于劳动权益保障体系之外。在法律层面,我国尚未对互联网平台用工进行专门规定,对互联网平台经济从业者劳动权益保障只能根据具体事实情况参照适用相关的法律法规。《劳动法》第三条规定了劳动者权益保障的具体类型,但是互联网平台经济从业者的权益保障是否适用于该规定,还需要结合实际予以考量。《劳动合同法》中也规定了用人单位应当与劳动者订立劳动合同,以此来保障双方权利义务。如果互联网平台用工符合上述《劳动法》与《劳动合同法》规定的情形,那么可以据此适用该部分规定予以保障。此外,《就业促进法》和《就业服务与就业管理规定》等与劳动就业密切相关的法律法规,对于平台经济从业者的平等就业权、职业技能培训方面也能起到一定的规范作用。② 在行政法规和部门规章层面,国务院及相关部委对互联网平台用工劳动权益保护作出了一定的尝试。

表1 互联网平台用工劳动权益保护主要行政法规和部门规章

序号	发布时间	名称及文号	内容
1	2015年5月4日	《国务院关于大力发展电子商务加快培育经济新动力的意见》(国发〔2015〕24号)	规范电子商务企业劳动用工,保障从业人员劳动权益
2	2016年7月27日(2019年12月28日修正)	《网络预约出租汽车经营服务管理暂行办法》(交通运输部等7部委2016年第60号令)	平台公司应当保障驾驶员合法权益,签订劳动合同或协议,并开展培训、教育
3	2017年7月3日	《关于促进分享经济发展的指导性意见》(发改高技〔2017〕1245号)	发挥分享经济促进就业作用,完善灵活就业人员参加社会保险措施
4	2018年5月24日	《出租汽车服务质量信誉考核办法》(交运发〔2018〕58号)	明确将驾驶员权益保障纳入网约车平台公司服务质量信誉考核指标
5	2019年8月8日	国务院办公厅关于促进平台经济规范健康发展的指导意见(国办发〔2019〕38号)	完善平台从业人员、灵活就业人员社保政策,开展职业伤害保障试点;平台企业建立健全平台从业人员权益保护制度,加强对平台从业人员的职业技能培训

---

① 为突出互联网平台的地位以及平台企业在互联网平台经济用工中的主体地位,本文使用"平台用工"的提法。平台用工主要是指平台企业把传统由企业员工执行的工作任务,利用互联网平台外包给满足其要求、自愿加入的非特定社会大众,也称之为"众包用工"。从业者可以"兼职"也可以"全职",可以在一个平台接单也可以在多个平台接单。对互联网平台用工的从业人员,本文根据语境,泛称为"互联网平台经济从业者""平台经济从业者""平台从业人员""从业者"。

② 胡夏枫:《网约工劳动权益保障的现状与问题》,载《社会科学家》2018年第4期,第122页。

综观现行有效的互联网平台经济从业者劳动权益保护行政法规和部门规章，其要旨包括以下三个方面：一是平台企业和互联网平台经济从业者可以自行协商选择用工形式，既可以是劳动关系用工，也可以采用其他用工形式；二是无论平台企业和互联网平台经济从业者采用何种用工形式，平台企业都应当保障互联网平台经济从业者的社会保险权益及其他合法权益；三是兼顾平台企业发展与互联网平台经济从业者合法劳动权益保障，保护互联网平台经济从业者劳动权益固然重要，但不能损害互联网平台经济的发展。然而，这些政策仍没有解决如下疑问：其一，互联网平台经济用工模式对于劳动法理论带来了多大的挑战，是否从根本上动摇了劳动法的基础，劳动关系理论和劳动法理论还能否适用于互联网平台用工？其二，不管何种形式的互联网平台用工，都要保障平台经济从业者劳动权益，是不是意味着保障平台经济从业者劳动权益无需以劳动关系存在与否为前提，那么，面对当前"有劳动关系则给予保护、无劳动关系则不予保护"的制度框架，又应当采取何种路径对劳动者权益进行保护呢？其三，保障互联网平台经济从业者劳动权益的同时要兼顾互联网平台经济发展的需要，那么，对互联网平台经济从业者劳动权益给予何种程度的保护才不至于损害互联网平台经济的发展？这些疑问需要不断探索并求解答案。

二、平台经济从业者劳动权益纠纷类型及判决分歧

（一）平台经济从业者劳动权益纠纷案件类型

近年来，越来越多的平台经济从业者为了维护自身劳动权益，开始寻求司法救济。通过中国裁判文书网，笔者检索了2015—2020年6月期间，包括蜂鸟众包、好厨师、e代驾、滴滴出行、五八到家、齐齐直播、UU跑腿等多个知名众包平台涉及劳动争议诉讼的案例共计158件。对收集的案例进行归纳，发现纠纷主要集中在两大类：一是平台从业者请求法院认定其与平台企业构成劳动关系，以便获得工伤救济等劳动权益保障；二是涉及第三人利益纠纷，平台从业者在提供劳务过程中，造成第三方人身损害，法院为确定责任主体时，需判断平台与从业者之间的法律关系。这两类纠纷的争议焦点都集中在劳动关系的认定上。

（二）司法裁判分歧与价值取向

出于不同的利益考量，对平台企业与平台从业者之间的用工关系裁判不一。从统计结果可以看出，法院确认平台企业与平台经济从业者建立劳动关系的案件为56件、占比35.4%；认定双方不建立劳动关系的案件为97件、占比61.4%。在不构成劳动关系的案件中，法院根据情况认定其构成合作关系、居间合同关系、雇佣关系和劳务关系等，详见表2；有5个案件、占比3.2%，法院未明确认定是否存在劳动关系，或者认为劳动关系

确认不属于其审理范围。① 如果说法院对于不同平台与从业者之间的法律关系有不同的认识和判断是在情理之中，但是对于相同平台与从业者之间的法律关系作出不同的认定就颇令人费解。司法实践对于此类案件没有形成可以普遍适用的裁判路径，显示出劳动法律在面对互联网平台用工方面的适用窘境。

表 2 典型案例及其裁判意见

类型	涉案平台企业	案件号	争议焦点	判决结果
劳动争议	曹操专车	（2019）鲁02民终1391号	是否构成劳动关系	构成劳动关系
	好厨师	（2017）京03民终11768号	是否构成劳动关系	构成劳动关系
	多米直播	（2018）辽13民终1569号	是否构成劳动关系	构成民事合作关系
	齐齐直播	（2018）赣0424民初1142号	是否构成劳动关系	构成民事合作关系
	UU跑腿	（2019）皖01民终1913号	是否构成劳务关系	构成居间合同关系
	达达	（2018）京0102民初4883号	是否构成劳务关系	构成居间合同关系
涉及第三人利益纠纷	达达	（2017）陕01民终11374号	交通事故责任承担	从业者与平台企业建立了劳务关系，从业者的配送行为属于履行职务行为
	E代驾	（2019）黑01民终3539号	交通事故责任承担	从业者接受平台的指派提供代驾服务，属于雇佣关系，构成职务行为
	E代驾	（2017）粤01民终13837号	交通事故责任承担	从业者接受平台的指派提供代驾服务，属于雇佣关系，构成职务行为
	E代驾	（2014）浦民一（民）初字第37776号	交通事故责任承担	构成劳动关系，代驾属于职务行为，由平台企业承担赔偿责任
	饿了么	（2017）沪01民终10822号	交通事故责任承担	不论证是否构成劳动关系，从业者受平台管理，属于职务行为

---

① 该统计结论与法院公布的数据基本吻合。2015－2018年4月，朝阳法院受理188件互联网平台用工劳动争议案件中，61.2%的案件，从业者要求确认劳动关系。在判决的105件案件中，确认平台与从业者建立劳动关系的为39件、占比37.1%，确认双方建立劳务派遣关系的为8件、占比7.6%，认定双方不构成劳动关系的为58件、占比55.2%。参见石岩：《朝阳法院发布互联网平台用工劳动争议审判白皮书》，载北京法院网 http://bjgy.chinacourt.gov.cn/article/detail/2018/04/id/3261190.shtml，最后访问于2020年11月20日。

从司法判决可以看出，互联网平台经济从业者劳动纠纷案件有三个特点值得思考：

第一，司法裁判中对劳动关系的认定存在巨大的自由裁量空间。法院对不同类型的平台与其从业者的法律性质进行裁判时，所考量的因素有所差异。当平台经济从业者仅要求认定劳动关系并享有相关社会保险权益时，法院认定为不符合劳动关系认定标准；而当平台经济从业者提出确定赔偿责任主体的要求时，法院则指出平台经济从业者提供服务属于受平台企业"指派/管理"而履行职务行为，间接认定劳动关系的存在，保护了劳动者权益免遭损害。但是这种在劳动者权益受侵害或者劳动者无力赔偿对第三人造成损失的情况下，基于消极保护或者第三人权益的考虑而认定劳动关系的存在，显然是逻辑错误。即使是劳动者只是主张与平台企业构成劳动关系也不能不予保护，事实上，主张劳动关系本身就是从业者权利的具体体现。① 劳动法上的倾斜保护不局限于在劳动者权益受到侵害时提供消极保护，也包括将属于劳动关系的法律关系纳入劳动法适用范围予以提供积极保护，从而防止受到潜在的劳动权益侵害。

第二，司法裁判对用工关系性质与责任承担的因果联系，采用了较为宽松的标准。平台经济从业者与平台企业之间法律关系的性质应为责任认定及其分配的前提，然而，在诸如交通事故侵权案件中，为了回避可能存在的争议，忽视平台经济从业者与平台企业法律关系的性质认定，直接以平台经济从业者受平台企业管理/指派为由，认定构成职务行为。未对基础用工关系进行判断而作出平台企业应承担责任的判决，缺乏充分的事实和法律依据。

第三，基于平衡互联网平台经济从业者与平台企业的利益，采取谨慎保护手段。如在上海乐快信息技术有限公司与张琦劳动争议案件中，② 法院创造性的认定张琦与上海乐快信息技术有限公司构成劳动关系，同时对保护方式作出了平衡，即仅支持了劳动者对于违法解雇赔偿的诉请，对于未签订书面合同两倍工资支付、年休假补偿、加班费、保险费等诉请均未支持；又如李某诉同城必应科技有限公司案件中，③ 认定李某与同城必应科技有限公司构成劳动关系，但是平台企业也仅限于在工伤范围内承担交通事故相应责任，驳回原告其他诉请。

综上，尽管基于利益衡量，司法实践中对于平台经济从业者与平台企业的法律关系认定莫衷一是。但是至少这也说明，突破现行劳动关系标准认定平台经济从业者与平台企业构成劳动关系，具有司法可行性，关键在于价值取向的选择。

---

① 参见李雄、田力：《我国劳动关系认定的四个基本问题》，载《河南财经政法大学学报》2015 年第 3 期，第 120 页。
② 详见民事判决书（2017）京 03 民终 11768 号。
③ 参见黄晓宇：《闪送员起诉确认劳动关系获支持》，载《北京晨报》2018 年 6 月 7 日，第 A11 版。

三、互联网平台经济从业者劳动纠纷及权益保障困境

（一）任务化用工：增加了劳动关系的认定难度

1. 平台经济的任务化用工特征

传统用工模式下，劳动者在固定时间、固定地点为用人单位提供劳动服务，具有强烈的人身和经济、组织从属性特点。然而，互联网平台用工模式下，劳务和工作机会的提供均不具有确定性，平台企业与从业者以单次任务为联系纽带，仅在就任务达成合作意向后，彼此才享有相关的权利和履行相应义务。① 在当前迅猛发展的平台经济中，平台从业者呈现出包括但不限于如下四个新特质。其一，互联网平台用工的目标是实现按需劳务。即劳务需求者和互联网平台经济从业者之间以互联网平台为载体，进行供需匹配，从业者根据需求者发布的任务，提供相应劳务或者完成相应任务。其二，工作时间、地点、内容的弹性化。平台企业借助网络技术，精准的匹配需求者与劳务提供者，从业者可以随时接收到需求者发布的任务，无需从业者在固定时间、固定的工作场所接受工作任务。用工模式更多地呈现出"不特定市场劳务需求＋不特定从业者"的特点，工作时间、地点和内容都有了弹性化的发展趋势。其三，互联网平台用工匹配具有间歇性。从业者在平台软件上实现劳务需求匹配后开始工作，在满足劳务需求之后结束工作。由于不同任务之间存在不确定的时间间隔，从而导致按需匹配在时间上具有间歇性的特点，即从业者与平台企业在形式上也并不具有持续的用工关系，从业者仅在订单期间与平台企业保持合作关系。其四，劳动者的薪酬支付模式发生改变，打破了传统按月结算工资的薪酬支付模式，代之以按单次工作量逐笔结算。

2. 任务化用工影响从属性内容

首先，平台从业者与平台企业的人身从属性被弱化。用人单位能否对劳动者的工作过程进行控制或监督是人身从属性的重要体现。② 平台经济的任务化用工模式下，平台经济从业者受到平台企业控制的特征并不明显。第一，平台经济从业者按次接受任务，不受平台控制。平台从业者可以自主选择何时何地接受何种任务，并不对平台负有强制接受任务的义务；第二，平台经济从业者在执行任务时，与平台企业相对独立。平台经济从业者接受任务后，是根据需求者的要求完成任务，而平台企业不直接参与对其管理。尽管平台企业会制定任务监督规则，但是平台企业却认为，相关监督规则的设置是为了确保服务质量与安全，并非作为管理平台经济从业者工作过程的手段。③

其次，平台从业者与平台企业的组织从属性难以证明。劳务给付的组织从属性常需要

---

① 班小辉：《"平台经济"下任务化用工的劳动法规制》，载《法学评论》2019年第3期，第108页。
② 班小辉：《"平台经济"下任务化用工的劳动法规制》，载《法学评论》2019年第3期，第110页。
③ 例如，《好厨师平台》的厨师协议（20140901版）第3.4条规定："给付劳务过程自主完成不受甲方管理和约束，但甲方对合作厨师的服务质量拥有监督权。"

通过雇佣的连续性或长期性表现出来，以证明劳务给付是企业经营的重要环节。但是，任务化用工使劳务给付变得松散，组织从属性相对难以证明。第一，合同双方当事人对用工关系的持续性并无要求，因而难以证明某一次或某几次的劳务给付行为属于雇主经营整体中必不可少的组成部分，这为组织从属性的判断增加了难度。第二，在平台经济中，平台企业的劳动组织方式是开放的，不特定的主体均可参与到平台用工之中。平台企业经营所需要的劳务给付由不特定主体来提供。因为劳务提供者数量众多，单个主体的劳务给付难以成为企业经营整体的必要组成部分。

再次，平台从业者与平台企业的经济从属性模糊化。劳动关系的经济从属性主要体现在两个方面：一是劳动者在经济上相对处于弱势，其通过向用人单位提供劳动，获得工资以求生存；二是生产资料由用人单位提供，并且劳动者不对企业的经营风险承担任何责任。[1] 由于平台用工的任务化特征，平台经济从业者与平台企业的关系不具有持续性，平台企业的报酬计算与发放方式以"任务"为基础，单次计发，与传统的工资模式大相径庭。此外，因网络平台经济所需生产资料一般比较简单，通常由劳务提供者自备，这在一定程度上模糊了经济从属性的特征。

最后，平台从业者对平台企业的信息从属性逐步增强。平台经济从业者的劳动过程与信息技术、数据资料联系紧密，相比起从业者自身提供的生产资料，其对于平台提供的数据形态的信息资料依赖程度更高。相比传统工业化企业中的受雇劳动者，平台经济从业者的信息从属性更加凸显，从属性正以新的表现形式存在于新型劳动关系的发展过程中。[2]

目前，我国对于劳动关系的判断主要是根据原劳动与社会保障部发布的《关于确立劳动关系有关事项的通知》（劳社部发〔2005〕12号），其中劳动者对于用人单位的从属性也就是"三要素"标准依然是判断是否形成劳动关系的关键。但是在任务化的用工模式中，以按需劳务为目的、弹性化、间歇性等特征导致劳动者与平台企业的经济从属性、人身从属性、组织从属性不断趋弱，而信息从属这一新特性逐渐增强，这使得本就复杂的劳动关系、劳务关系、雇佣关系与合作关系更加难以分辨。

3. 平台从业者与平台企业关系性质的理论争议

学界关于从业者与平台企业之间法律关系性质并未达成统一意见，众说纷纭，归纳起来，主要包括四类意见。

一是劳动关系说，持该类观点的学者认为，"互联网+"只是对劳动力与生产资料相结合的方式有较大影响，但是并未改变劳动力与生产资料相结合的本质。平台经济中的用

---

[1] 参见台湾劳动法学会编：《"劳动基准法"释义——施行二十年之回顾与展望》，新学林出版股份有限公司2009年版，第55页。

[2] 参见王健：《APP平台用工中的网约工身份认定与劳动关系重构》，载《兰州学刊》2019年第6期，第47页。

工性质，并非真正意义上的平等合作关系，雇佣仍然是平台经济中用工关系的基本形态，① 平台企业应当承担起从业者劳动过程中的雇主责任。②

二是劳务关系说，持该类观点的学者认为平台企业与平台经济从业者的法律关系不符合传统劳动关系的判断标准，应当作为普通民事行为对待。将平台企业与平台经济从业者的关系认定为劳务关系，更加符合平台经济的特征及发展趋势。现阶段，如果平台经济从业者与平台企业发生纠纷，应当遵循市场规律，让双方平等协商处理纠纷，法院也应将其作为平等民事主体对待并予以裁判。③

三是分层分类说，持该类观点的学者认为平台用工模式复杂多变，要结合平台经济特点，增设非标准劳动关系，或者改进传统劳动关系理论、判定方法。因为平台企业运营模式多样且缺乏统一性，因而其在组织劳动时也就存在劳动、居间、合作等差别，无法从整体上纳入某类典型合同范畴。④ 在现行制度框架中，应当结合不同平台及其用工特点，注重实质从属性、平台经济从业者工作时长、收入来源来认定构成何种法律关系，⑤ 此外，可以将一些符合条件的灵活用工认定为非典型劳动关系，纳入劳动法的保护范围。⑥

四是经营合作关系说，持该类观点的学者认为判断平台经济从业者与平台企业的法律关系应当突破现有的法律制度，采用全新的视角对待新生事物。用劳动、居间、劳务关系理论来解释平台企业和平台经济从业者关系性质，均不能自圆其说，两者属于共担风险、共享收益的经营合作行为。⑦

这四类观点存在明显差异，而且秉持同一类观点的不同学者，对于如何调整劳动关系认定标准和完善劳动者权益保护制度的理论见解及政策主张也存在一定差异。

（二）制度难题：社会保险与劳动关系捆绑

在当前政府主导、用人单位为主、个人为辅的社会保障体系下，用人单位扮演着重要的参保载体角色，而用人单位给劳动者缴纳社会保险的基本前提是与劳动者建立劳动关系。换言之，从业者与平台企业是否构成劳动关系成为从业者能否享受社会保险待遇的关键因素。但是，如果轻易认定从业者和平台企业之间构成劳动关系，平台企业就得承担

---

① 常凯、郑小静：《雇佣关系还是合作关系——互联网经济中用工关系性质辨析》，载《中国人民大学学报》2019年第2期，第85页。

② 吴清军、杨伟国：《共享经济与平台人力资本管理体系——对劳动力资源与平台工作的再认识》，载《中国人力资源开发》2018年第6期，第105页。

③ 参见彭倩文、曹大友：《是劳动关系还是劳务关系——以滴滴出行为例解析中国情境下互联网约租车平台的雇佣关系》，载《中国人力资源开发》2016年2期，第97页。

④ 王天玉：《互联网平台用工的合同定性及法律适用》，载《法学》2019年第10期，第174页。

⑤ 谢增毅：《互联网平台用工劳动关系认定》，载《中外法学》2018年第6期，第1569页。

⑥ 王全兴、刘琦：《我国新经济下灵活用工的特点、挑战和法律规制》，载《法学评论》2019年第4期，第88页。

⑦ 蒋岩波、朱格锋：《共享经济模式下网约车平台与司机法律关系的辨析与认定》，载《河南财经政法大学学报》2019年第5期，第70页。

《劳动法》规定的关于用人单位的一系列义务，比如给从业者缴纳社保、支付最低工资等，这无疑会加重平台企业责任，进而可能会对互联网平台经济的发展产生影响；如果认定从业者与平台企业之间不构成劳动关系，则从业者将完全不能享受相关社会保险待遇，从业者的生活将面临很大的不确定性。这种模式意味着劳动法对平台企业的规制要么完全适用，要么全部放任。对于互联网平台经济从业者和平台企业来说，该种全有或全无的规制路径可能造成过度规制或规制不足的问题。① 众所周知，倾斜保护是劳动法的核心原则之一，② 尽管平台企业对从业者的控制区别于传统用工模式，从业者在就业地点、工作方式等方面的选择也更为自由，但是从业者在劳动过程中依然处于弱势地位、面临不平等待遇，如果完全采取意思自治原则，那么从业者将因为和平台企业经济地位、信息的不平等，难以与平台企业进行平等谈判，平台经济从业者的一系列劳动权益也难得到充分保障。③

（三）实践障碍：平台企业隐蔽雇佣规避用工责任

互联网平台经济中，雇佣关系更具有隐蔽性。④ 国际劳工组织（ILO）认为，在互联网平台经济中一部分劳动者具有隐蔽雇佣（disguised employment relationships）或伪自雇（sham self-employment）的性质，而另一些则具有非标准雇佣（non-standard employment）的特征。⑤ 源于经济、制度等多种因素的考虑，平台企业会采取各种方式来规避与从业者构建劳动关系，成本与收益则是首要考虑因素。平台企业通过灵活弹性的任务化用工模式，可以规避最低工资、社会保险、劳动保护等用人单位应承担的法定义务，最大限度地降低成本，提升市场竞争力。而现行的以《劳动法》为主体的相关劳动法律法规主要保护的是传统意义上固定时间、固定地点为用人单位提供劳务的劳动者，在规制平台用工方面存在供给不足，从而为平台企业隐蔽雇佣留下了制度"缝隙"。⑥ 在劳动法律规范滞后于经济发展的情况下，平台企业以民事关系掩盖雇佣关系、以非标准劳动关系掩盖标准劳动关系为手段，对劳动者进行"隐蔽剥削"降低用工成本，是实现利润最大化的重要手段。⑦ 平台隐蔽雇佣的模式包括：一是排除双方劳动关系。在实践中，排除劳动关系主要

---

① 参见丁晓东：《平台革命、平台经济与劳动法的新思维》，载《环球法律评论》2018年第4期，第91页。
② 参见林嘉：《劳动法和社会保障法》，中国人民大学出版社2009年版，第24页。
③ 参见丁晓东：《平台革命、平台经济与劳动法的新思维》，载《环球法律评论》2018年第4期，第92页。
④ 隐蔽雇佣是指平台企业基于逃避税收或社会保障等目的，故意以表象关系掩盖真实雇佣关系，是雇主的主观故意行为。参见董保华：《"隐蔽雇佣关系"研究》，载《法商研究》2011年第5期，第111页。
⑤ See Valerio De Stefano, The rise of the "just-in-time workforce": On-demand work, crowdwork and labour protection in the "gig-economy", Conditions of work and employment series, No. 71, ILO, 6-9 (2016).
⑥ 参见胡磊：《网络平台经济中"去劳动关系化"的动因及治理》，载《理论月刊》2019年第9期，第125页。
⑦ 参见袁文全、徐新鹏：《共享经济视阈下隐蔽雇佣关系的法律规制》，载《政法论坛》2018年第1期，第119-120页。

有两种做法：第一，不签署劳动合同。根据北京市总工会的调查显示，北京专职平台经济从业者中，从业者与平台企业直接签订劳动合同占23%，与第三方公司签订合同占4%，两者相加比例只有27%。① 显然，签订劳动合同的网络平台经济从业者只是该群体中极少的一部分；第二，通过单独的书面协议或者"平台注册协议"排除双方之间的劳动关系。② 在朝阳法院审理的188件案件中，有138件案件签订了相关条款排除劳动关系，涉及7个互联网平台，案件占比达73.4%。③ 二是雇佣合同层级化。平台企业通过劳务派遣、外包方式，不直接与平台从业者发生雇佣联系，通过合同的层级化安排模糊雇佣事实；④ 三是设立关联公司。有些平台企业通过设立大量的关联公司，对平台的主营业务进行分割。关联公司分别负责平台业务的某一环节，比如订立合同、提供劳动工具、租赁场地、发放报酬等。⑤ 该种操作模式增加了雇佣的复杂程度，隐蔽了真实雇主，延长了劳动关系认定"链条"。总体而言，平台企业故意隐蔽与从业者的雇佣关系，增加了从业者与平台企业法律关系嵌入劳动关系的难度。

（四）诉求表达：从业者话语权被削弱且难以获得组织支持

伴随着互联网平台经济"陌生人交易"的制度演化，数据驱动的算法管理成为劳动过程控制的主要方式。⑥ 互联网平台借助高效便捷的算法管理，实现"人－单"的精准快速匹配、劳动定价的动态调整。如此一来，互联网平台用工关系模式下，传统的"面对面"人际交往模式被即时的、无情感的人机互动所取代，而本处于弱势地位的互联网平台经济从业者却在"工作优步化"（Uberization）中，以不稳定的工作收入、无安全保障的劳动环境为代价，换得大多名实不符的灵活就业和工作自主，⑦ "体面劳动赤字"问题愈发严重。⑧ 首先，劳动过程算法管理削弱了从业者的话语权。算法管理供需匹配规则和定价机

---

① 汪雁：《关于共享经济平台网约工劳动权益保障的研究》，载《中国劳动关系学院学报》2019年第6期，第82页。
② 比如《好厨师平台》的厨师协议（20140901版）3.4条约定，好厨师为合作厨师提供"好厨师"平台，为合作厨师的厨艺进行在线推广，并为合作厨师提供客户预约服务；达达平台《注册协议》（V2.0版）1.2条约定，用户与达达平台之间并非劳动、劳务、雇佣关系。
③ 参见石岩：《朝阳法院发布互联网平台用工劳动争议审判白皮书》，北京法院网 http://bjgy.chinacourt.gov.cn/article/detail/2018/04/id/3261190.shtml，最后访问于2020年11月20日。
④ 参见孟现玉：《互联网平台经济从业者的失业保险：制度困局与建构逻辑》，载《兰州学刊》2020年第11期，第75－76页。
⑤ 海淀法院课题组：《涉互联网行业劳动争议现状分析及对策解决——基于海淀区涉互联网企业劳动争议情况的调研分析》，载《法律适用》2019年第8期，第100页。
⑥ See Kuhn K，Maleki A，Micro－Entrepreneurs，Dependent Contractors，and Instaserfs：Understanding Online Labor Platform Workforces，3，*The Academy of Management Perspectives*，183－200（2017）.
⑦ See Drahokoupil J，Piasna A，Work in the Platform Economy：Beyond Lower Transaction Costs，52，*Intereconomics：Review of European Economic Policy*，335－340（2017）.
⑧ 参见黄再胜：《网络平台劳动的合约特征、实践挑战与治理路径》，载《外国经济与管理》2019年第7期，第105页。

制具有不透明性，很容易引发基于用户画像的算法偏见，进而对从业者的接单机会、交易公平感知和工作满意度造成不同程度的影响。此外，为增强用户对互联网平台的黏性，最大限度地防止供需双方绕过平台线下交易，互联网平台通过程序设计限制供需双方的沟通与交流。面对需求方发布的任务以及冰冷、不透明智能化匹配的结果，从业者只有接受与不接受的选择。算法管理促使互联网平台用工的去人际化，不仅导致"员工声音"的缺场，甚至劳动尊严在新的"机器膜拜"中也不断被侵蚀。其次，就业灵活、工作自主悖论实质影响劳动安全。① 互联网平台劳动的任务化用工模式显著特点是按需服务，意味着需求者可以随时发起任务，这直接导致从业者工作时间的零碎不固定。没有接到任务就意味着没有收入，为避免错失抢单机会，从业者只能无问昼夜的时刻保持在线。② 并且，按需服务发单也存在"时冷时热"的情况，势必造成从业者时而拼命赶工，时而无所事事。以外卖送餐员为例，他们的收入水平跟接单量、及时送达率有非常大的关联，外卖平台为了锁定用户，无一不要求送餐员在平台大数据确定的送达时间内尽快完成送餐任务，如果超时或者被用户"差评"，送餐员极有可能当天"颗粒无收"。为了及时送达或者多接订单，送餐员往往在大街小巷风驰电掣，甚至闯红灯，安全难有保障。这种"工作自主悖论"，很难让互联网平台经济从业者平衡家庭与就业、生活与工作，不同程度地面临不稳定工作带来的就业焦虑和不安全感。③ 再次，较传统实体就业者，互联网平台经济从业者更难以享受到组织化的职业支持。对劳动者职业支持，于企业和劳动者而言，都是双赢的选择，不仅可以为企业实现更好的价值创造奠定人力基础，也可以助力劳动者提升就业技能，增强就业竞争力。从互联网平台经济从业者工作模式来看，互联网平台劳动任务的颗粒化和劳动过程的去场景化，降低了平台企业与互联网平台经济从业者的组织关联性，平台企业也不会对互联网平台经济从业者进行长效技能培训。互联网平台经济从业者面临劳动过程的任务化、碎片化以及失去工作场所社会化交往的浸润，从工作中获取的仅有完成任务带来的经济收入，职业支持的缺乏割裂了互联网平台经济从业者劳动投入与工作成果之间的关系，不仅互联网平台经济者难以理解其工作的意义和价值，也无法基于互联网平台劳动价值链来激发工作的创造性，进而促进自身职业发展和工作技能提升。④

在资强劳弱的就业市场中，劳动者通过代表性组织主张劳动权益，表达合理诉求，并

---

① See Drahokoupil J, Piasna A., Work in the platform economy: Beyond lower transaction costs, 6, *Intereconomics*, 335–340 (2017).

② See Huws U, Logged labour: A new paradigm of work organisation., 1, *Work Organisation, Labour & Globalisation*. 7–26 (2016).

③ See Schörpf P, Flecker J, Schönauer A, et al., Triangular love–hate: Management and control in creative crowdworking, 1, *New Technology, Work and Employment*, 43–58 (2017).

④ See Graham M, Isis H, Vili L., Digital labor and development: Impacts of global DL platforms and the gig economy on worker livelihoods., 2, *Transfer: European Review of Labour and Research*, 135–162 (2017).

与资方进行集体协商,是维护自身劳动权益的关键路径,在劳动者组织程度低时,更应如此。① 互联网平台经济从业者与传统建立劳动关系劳动者相比,其由于组织性弱、零工性强,渴望加入集体并通过集体力量表达合法诉求的愿望也更加强烈。② 但是,事实正好相反,平台经济从业者的组织化程度并不高,据全国总工会权益保障部调查,2018 年仅有 29% 的平台经济从业者中加入工会组织,这里还包含兼职从业者中在主业单位加入工会的成员。③ 互联网平台经济从业者加入工会组织比例较低,主要有两个方面的原因:第一,当下工会等职工组织大多依托于企事业单位或者党群社会组织建立,互联网平台经济"个人+平台"的用工模式存在流动性大、无固定工作场所等特点,因缺乏依托载体导致组织化程度不高;第二,互联网平台经济从业者加入工会还存在一定的资格障碍。根据《中国工会章程》第一条,④ 加入工会的两个资格条件,一是以工资收入为主要生活来源,二是与用人单位建立劳动关系,满足其一即可。司法实践中,面对将从业者从平台企业获取的收入认定为"根据提供劳务量进行结算,方式不同于传统工资"以及"从业者不一定与平台企业构成劳动关系"的情况,互联网平台经济从业者加入工会组织还存有一定的障碍未能解决。

四、互联网平台经济从业者劳动权益法律保障体系构建

互联网平台经济从业者的劳动权益能否得到保障,从而促进就业公平与体面就业,关键在于互联网平台劳动治理机制和政策支持体系的完善程度。⑤ 面对目前从严认定劳动关系与保护手段"一刀切"互为制约的现行逻辑,破解之道应同时从四方面着手。其一,基于实质审查标准适度从宽认定劳动关系,放宽对人身从属性的理解,扩展组织从属性的认定标准,加强对经济从属性本质的剖析,重视对信息从属性的考察,并谨慎认定合作关系;其二,弱化社会保险与劳动关系的联系,即不论有无劳动关系,均根据经济和社会政策目标的需要,按互联网平台经济从业者保护需求,配置相应的社会保护手段;其三,平台企业应当承担维护从业者劳动权益的主体责任,加强对从业者的权利保障及职业技能培训等;其四,创新服务与维权结合的工会工作机制,推动行业性集体协商、开拓平台经济从业者加入工会组织的通道、创新工会的基层组织形式、落实工会的经费保障、发挥工会维权功能。

---

① 参见丁煜、胡悠悠:《新时期我国劳动关系治理中的问题研究》,载《公共管理与政策评论》2018 年第 3 期,第 47-49 页。
② 参见王全兴、刘琦:《我国新经济下灵活用工的特点、挑战和法律规制》,载《法学评论》2019 年第 4 期,第 78 页。
③ 汪雁:《关于共享经济平台网约工劳动权益保障的研究》,载《中国劳动关系学院学报》2019 年第 6 期,第 84 页。
④ 《中国工会章程》第一条规定:以工资收入为主要生活来源或与用人单位建立劳动关系的劳动者可以加入工会。
⑤ See Graham M, Isis H, Vili L., Digital labor and development: Impacts of global DL platforms and the gig economy on worker livelihoods. , 2, *Transfer: European Review of Labour and Research*, 135-162 (2017).

（一）基于实质审查标准适度从宽认定劳动关系

互联网平台经济中的工作不应理解为一种单一且统一的现象，更不应被理解为一种需要法律单独规制的新型工作关系。互联网平台经济并没有颠覆劳动法理论和劳动关系理论，对于互联网平台经济从业者仍有必要且能够从劳动力与生产资料相结合的本质来认识其用工性质问题。① 判断劳动关系的科学作法是结合案件全部事实进行全方位考虑，并作出判断，但是劳社部发〔2005〕12号第1条中确立的标准过于严苛，要求所有因素同时具备并不科学，② 难以满足互联网平台经济从业者劳动权益保护的需要。互联网平台用工模式复杂多样，而且商业模式的快速变化也会导致用工模式的不断更新，加之传统的劳动关系理论和认定标准仍有适用空间，③ 当务之急并非是针对互联网平台用工制定专门的适用规则，而是应该根据劳动关系理论，对以典型劳动关系为基础的认定标准进行修正，适度从宽认定劳动关系，更加注重解决现实中存在的互联网平台经济从业者劳动权益保护问题，明确相关的司法裁判规则。总的来说，劳动关系的认定要坚持重实质、轻形式的原则，④ 不需要面面俱到，应重点突破，⑤ 弱化对人身和组织从属性的认定，将经济从属性和信息从属性作为关键标准。基于上述认识，在司法裁判过程中，应当结合互联网平台用工的特点，灵活理解劳动关系认定标准。为此，笔者提出如下建议：

第一，放宽对人身从属性的理解。互联网平台经济中，互联网平台经济从业者的劳动成果多为服务而非产品，基于此，平台企业对从业者工作的直接控制逐渐减少，但是对其服务质量的控制却有增无减，而对服务质量的控制与劳动行为的控制本质并无差别，故互联网平台经济从业者对平台企业的人身从属性并未消灭，只是存在程度差异而已。因而，无论平台企业对从业者采取哪种控制方式，只要对从业者的产生了实质影响，即可认定人身从属性的存在。比如平台企业利用顾客评价系统对从业者工作质量进行监督，确保从业者按质按量完成任务，这应当视为互联网平台经济从业者对平台企业具有人身从属性。

第二，扩展组织从属性的认定标准。面对任务化用工使劳务给付变得松散，组织从属性相对难以证明的情况，应不拘泥于固有的认定标准，从业者所提供的劳务是否属于平台企业经营业务的重要组成部分应当是认定劳动关系的重要考量因素。比如在苏州格桑网络科技有限公司与胡全增确认劳动关系纠纷等案中，法院认为外卖配送服务属于配送公司的主要经营内容，且是配送公司的主要用工领域，作为推定从业者与平台企业具有组织从属

---

① 参见王全兴、王茜：《我国"网约工"的劳动关系认定及权益保护》，载《法学》2018年第4期，第54页。
② 谢增毅：《互联网平台用工劳动关系认定》，载《中外法学》2018年第6期，第1566页。
③ 谢增毅：《互联网平台用工劳动关系认定》，载《中外法学》2018年第6期，第1567页。
④ 参见田思路：《劳动关系非典型化的演变及法律回应》，载《法学》2017年第6期，第146页。
⑤ 参见王天玉：《基于互联网平台提供劳务的劳动关系认定——以"e代驾"在京、沪、穗三地法院的判决为切入点》，载《法学》2016年第6期，第58页。

性的条件。① 除此之外，还应当考虑从业者与平台企业是否存在持续性、规律性的业务关系，如果从业者仅仅偶尔从平台领取任务，并没有规律性，那么就不宜将其视为具有组织从属性。

第三，加强对经济从属性本质的剖析。受平台经济特征所影响，按次结算报酬、工具等生产资料由劳动者提供，是互联网平台经济商业模式的特点，不能以此否认经济从属性的存在。结算报酬的方式、劳动者自己提供简易生产资料，不会改变是否依赖平台企业获取经济收入的本质。尽管平台经济从业者在工作时间上享有较大的自主性，但是也不排除较大比例的平台经济从业者是全职工作或者将参与平台工作作为收入的主要来源。② 平台企业作为服务标准、收费价格的制定方，从业者对此并没有议价权，如果平台经济从业者全职从事平台工作或者将其作为主要收入来源，那么这在一定程度上也表明从业者与平台具有紧密的关系，而且受平台管理的程度也更深入。基于此，司法裁判中，对于全职从事平台工作的，认定全职工作的从业者与平台企业构成经济从属性的可能性应更高，认定劳动关系也必要性也较大，反之，对于兼职的从业者，认定构成经济从属性的可能性应降低，认定劳动关系的必要性也较小。

第四，重视对信息从属性的考察。平台经济从业者对于平台企业信息数据的依赖是否能成为从属性的判断新标准值得探讨。平台企业对于平台经济从业者在劳动过程中的控制力，不拘泥于平台企业拥有更强大的资本，更多的是平台企业能够依托信息技术，占有更为关键的数据资源——这个非物质的关键生产资料。平台企业掌握着数据这一关键生产要素，不仅可以更好地满足消费者需要，提升市场竞争力，更能够利用数据不对称，取得相对于平台经济从业者的优势地位，进而获得控制平台经济从业者劳动自主性的权力，③ 换言之，平台企业可以根据信息优势地位对于平台从业者的劳动过程进行控制。

此外，关于"合作关系"定性问题。在我国民事立法中，合作关系并非明确的法律概念，但是从合同法理论讲，包括劳动合同在内的任何合同关系都具有合作性。基于此，合作关系可以分别与劳动关系、承揽关系、委托关系等并存，而不相互排斥。尽管平台企业倾向于将与互联网平台经济从业者的关系定义为合作关系，或者明确书面约定为合作关系，但是基于实际情况，仍可认定其是劳动关系、承揽关系或委托关系等，不能仅凭被贴上合作关系标签而否定其是劳动关系。④ 要侧重于从基本事实中查双方的真实意思表示，

---

① 详见民事判决书（2018）苏 05 民终 9618 号。
② 关于工作是否全职的判断，可参见《劳动合同法》第 68 条关于非全日制工的概念和范围界定。关于收入主要来源的具体标准，有学者认为应当以收入的一半为判断标准，假设某平台经济从业人员的一半的收入都来自同一个平台，那么该平台就是平台经济从业人员的收入来源。参见谢增毅：《互联网平台用工劳动关系认定》，载《中外法学》2018 年第 6 期，第 1564 页。
③ 参见魏益华、谭建萍：《互联网经济中新型劳动关系的风险防范》，载《社会科学战线》2018 年第 2 期，第 87 页。
④ 参见王全兴、刘琦：《我国新经济下灵活用工的特点、挑战和法律规制》，载《法学评论》2019 年第 4 期，第 89 页。

在上海乐快信息技术有限公司与张琦劳动关系案件中,① 法院认为劳动关系成立与否,不能仅依据双方的排除劳动关系的书面约定,要根据法律强制性规定予以认定。② 合作关系的认定上,要加强对经营独立性的考察。分析互联网平台经济从业者是否能与平台企业平等、自主协商价格,是否自担风险等,有助于厘清从业者是否具有独立经营地位。如果从业者仅能按照平台定价获取完成任务的报酬,而不能与平台协商价格时,很难说从业者是独立经营主体。如果从业者在劳动过程中,使用的是平台的商标,穿戴平台统一的服装,足以让用户相信是平台在提供服务,也可以侧面证明从业者并非自己独立经营,而是为平台企业的利益创造提供劳动。

(二) 弱化劳动关系与社会保险的关联性

劳动法缺乏灵活性的问题是存在的,平台经济从业者需要保护也是现实的,但两者是两个战场的问题,将其混为一谈是选错了战场。③ 保障平台经济从业者劳动权益努力的方向之一应是在劳动法调整的从属劳动之外探索建立多层次的法律保障体系,使因从属性不足而从劳动法中溢出的人能够获得下一层的法律保护。换言之,缴纳社会保险与享受社会保险待遇的依据应当是职业风险,而并非一定要拘泥于标准劳动关系,互联网平台经济从业者享受社会保险权益的关键点在于,社会保险能否与劳动关系"松绑"。《社会保险法》尽管在该方面有所突破,互联网平台经济从业者作为灵活就业者参与社会保险已于法有据,④ 但仍然面临很多制度上的障碍。扩大社会保险制度覆盖范围、落实防范和化解职业风险机制应成为社会保险改革的重点内容,基于此,应重视以下要点内容:

第一,根据实际情况分步推进险种改革。在互联网平台经济快速发展的当前,将互联网平台经济从业者作为灵活就业者纳入社会保险体系,应当考虑到社会保险制度的现实情况及互联网平台经济从业者权益保障的紧迫性,不适宜同步推进所有险种。因工伤保险在保障从业者职业安全方面的效果更为突出,宜优先实行,⑤ 其后再根据现实条件逐步推行养老和医疗保险。第二,明确灵活就业工伤保险的制度定位。在现行社会保险体系中,灵活就业者社会保险的定位还没有法律明确规定,面临着纳入职工社会保险、居民社会保险

---

① 详见民事判决书 (2017) 京 03 民终 11768 号。

② 如上文所言,实践中,与从业者签订格式合同试图排除劳动关系,成为互联网平台的通常做法,该案遵从了国际劳工组织 (ILO) 第 198 号《关于雇佣关系的建议书》所确立且为许多国家立法和司法所肯定的关于劳动关系认定的"事实第一原则"。ILO 第 198 号《关于雇佣关系的建议书》第 9 条中规定,"就保护雇佣关系中的劳动者的国家政策而言,确定此种关系的存在,应主要以与劳动者从事劳务并获得报酬相关的事实作指导,而不论在各方当事人之间可能商定的任何契约性或其他性质的相反安排中的关系特点"。See ILO. the employment relationship, report V (1), Geneva (2005).

③ 王天玉:《网络劳务是对劳动法的挑战吗》,载《中国法律评论》2018 年第 6 期,第 124 页。

④ 《社会保险法》第 10 条、第 23 条,灵活就业人员可以参加养老保险和医疗保险。

⑤ 浙江省衢州市出台了《新业态从业人员职业伤害保障试行办法》,将"快递骑手""外卖小哥"等新业态从业人员纳入职业伤害保障范围,先对这类从业人员参加单险种工伤保险,再通过购买商业保险形式,把用人单位应承担的工伤保险责任转由保险承担。

或者自成体系的选择。在地方政策摸索中,有地方将灵活就业者工伤保险纳入职工工伤保险,比如南通市,① 有地方则将职工社会保险构建成独立体系,比如太仓市。② 考虑到现行职工社会保险与居民社会保险的保障水平存在一定差异,并且工伤保险仅存在于职工社会保险之中。从保障水平、保障能力、可行性来考虑,笔者认为宜将灵活就业者工伤保险纳入职工社会保险体系。同时,因"职工"属于劳动关系中的概念,考虑到互联网平台经济从业者未必都有劳动关系,故"职工社会保险"也应转向"劳动者社会保险"。第三,强制灵活就业者参保与保险费激励结合。目前法律制度下,对于灵活就业者养老和医疗保险,法律规定灵活就业者"可以"参加,但是参保率不高,对于灵活就业者工伤保险,法律层面尚无规定,地方试点也是要求自愿参加。③ 鉴于社会保险公法属性以及保障社会公共安全的目的,同时为调动灵活就业者参保意愿,应采取强制参保措施,并辅之以保险费补贴等激励举措。④ 地方政府已对此进行了有效探索,比如太仓市政府规定,职业伤害保险基金列入社会保险补贴范围,参保人员个人不负担费用,基金不足支付时,由市财政负责补足。⑤ 第四,采取更为便捷的社保缴纳方式,探索建设"网上社保"。针对平台经济灵活多变、与互联网关联度高的特点,应加快探索更符合平台从业者就业特点的"网上社保"新模式。《关于做好当前和今后一段时期就业创业工作的意见》(国发〔2017〕28号)明确指出,为适应新就业形态特点及灵活就业人员社保缴纳需要,将加快建设"网上社保",为新就业形态从业者参保及社保转移接续提供便利。应以此为契机,探索建设网络社保入口并不断拓展新的参保渠道,保障平台经济从业者能够更加方便的参与社会保险和转移接续社保关系。第五,以商业人身伤害保险为补充。目前,有些平台企业要求互联网平台经济从业者自行购买人身意外险,这种做法有一定的积极意义。但是,应当清楚地认识到,购买商业保险不能作为工伤保险的替代品,宜作为工伤保险的补充,并且若互联网平台经济从业者自行购买意外险等商业保险,应当予以税收支持,将商业保险的保费支出纳入个人所得税应税所得额的税前扣除范围。

(三) 平台企业承担从业者劳动权益保障主体责任

在互联网平台经济中,平台企业作为组织生产要素的枢纽,联结实体社会与网络虚拟空间,面向广泛的空间范围和不特定的相对人,具有极强的外部性。应对这种外部性,自

---

① 《南通市灵活就业人员工作伤害保险暂行办法》(通人社规〔2015〕10号)第四条:工作伤害保险基金归入工伤保险基金合并使用。
② 《太仓市灵活就业人员职业伤害保险暂行办法》(太政发〔2014〕81号)第十一条:建立职业伤害保险基金财政专户,实行专户核算管理。
③ 《太仓市灵活就业人员职业伤害保险暂行办法》(2014年)第5条;《南通市灵活就业人员工作伤害保险暂行办法》(2015年)第2条。
④ 参见谢增毅:《互联网平台用工劳动关系认定》,载《中外法学》2018年第6期,第1568页。
⑤ 《太仓市灵活就业人员职业伤害保险暂行办法》规定:"……职业伤害保险基金根据以支定收、收支平衡的原则筹资,列入社会保险补贴范围,参保人员个人不承担缴费;职业伤害保险基金不足支付时,由市财政承担。"

律监管对于互联网平台经济是非常重要的规制策略。① 平台加强自律能力建设能够有效补充传统的政府监管,基于此应当认识到平台建立自律机制的重要性。② 此外,对于劳动型平台企业而言,劳动者的多寡,对平台企业有重要的影响,若一味滥用市场优势,忽视从业者劳动权益保护,带来的后果就是作茧自缚。第一,按照有关法律法规规定,与互联网平台经济从业者签订劳动合同或者相关用工协议,明确双方权利与义务。至于签订劳动合同还是其他用工协议,可以在考虑从业者个人意愿、专职或兼职情况、工作持续性等因素后作出选择。第二,强化从业者生命健康基准保护。劳动基准体系主要由以收入为中心基准和以生命健康为中心基准构成,对于互联网平台经济从业者劳动权益保护而言,以生命健康为中心的基准显得尤为急迫。当前,我国的职业安全卫生基准已然突破劳动关系的限制,比如《职业病防治法》已然将适用对象扩展至生产经营单位和从业人员,而不再局限于用人单位和职工。由此可知,将职业安全卫生基准适用于互联网平台经济从业者,在法律上,并不存在相关障碍,即互联网平台经济从业者若从事的某些职业属于特定基准范围,就应当适用相应的职业卫生基准。第三,加强对互联网平台经济从业者的培训。针对互联网平台经济从业者职场较分散的特点,可以通过面授、直播、录播、线上答疑等途径,保证互联网平台经济从业者能够第一时间了解需要学习的业务内容,持续加强其职业技能水平提升。强调平台企业对从业者的培训,不仅具有很强的现实必要性,而且已为实践证明切实可行。如滴滴出行平台从"驾驶时长、车速、加速、转弯、刹车"五个维度监测司机驾驶行为,③ 通过每日数据监控,如发现从业者不符合平台工作要求,即会采取脱岗培训、回炉培训等方式,即要开展学习后方能重新上岗,落实对从业者的"可视–可管–可控"。这类强化平台培训管理责任的优势在于:一方面,降低了从业者发生事故的可能性,保障了从业者的安全和劳动权益;另一方面,有利于提高平台企业监督管理劳动过程的积极性和责任感,进而有利于交通安全等公共利益维护。

(四)"互联网+工会"推动行业性集体协商及权益维护

作为劳动者的"娘家",工会组织应当在互联网平台经济从业者劳动权益保障中有所担当。工会应当积极主动的适应互联网平台用工模式带来的变化,尽可能地通过扁平化的管理机制将流动性高、组织化程度低的互联网平台经济从业者组织起来,推动行业性集体协商,完善劳动保护标准,并依托和借助互联网平台,创新服务与维权结合的工会工作机制。加强工会组织的保护力度,主要着力点在于:

---

① 唐清利:《"专车"类共享经济的规制路径》,载《中国法学》2015年第4期,第300页。
② 参见[意]圭多·斯莫尔托:《平台经济中的弱势群体保护》,宁萌译,载《环球法律评论》2018年第4期,第68页。
③ 参见国家信息中心分享经济研究中心课题组:《网络平台经济:从起步期向成长期加速转型》,载《光明日报》2018年3月29日,第15版。

第一，减少互联网平台经济者加入工会的障碍。一是入会资格方面。对于《中国工会章程》第一条中"工资收入"的理解，不应局限于劳动关系中的工资收入，应当扩大到灵活就业者劳动收入，弱化会员资格与劳动关系的联系，为互联网平台经济从业者入会提供法律依据。此种理解业已被互联网平台经济背景下工会改革实践所证实。2018年，全国总工会发布《推进货车司机等群体入会工作方案》，大力推进货车司机、送餐员等群体加入工会，希望借助工会力量，提升平台从业者的权利保障。各地方性工会也进行了类似的尝试。比如上海，为打通服务职工的"最后一公里"，2017年5月，《上海市总工会关于推进上海非公有制企业工会改革工作的指导意见》，将快递小哥、外卖送餐员等六大新型就业人群纳入工会改革范畴，积极吸引上述人群加入工会组织，聚焦其切身利益问题，给广大平台经济从业者带来更多的归属感和安全感。再比如石家庄财贸工会成立外卖送餐员行业工会联合会，专门吸纳外卖送餐员入会，为其提供技能培训、普惠互助、法律援助等服务；在重庆市成立的沙师弟货车司机（网络）工会，被列为全国试点的样板工会。二是申请入会渠道方面，要采取便利互联网平台经济从业者加入工会的措施，开辟入会新渠道，比如通过微信公众号、手机APP等互联网方式就可申请入会。第二，推动平台从业者开展集体协商。集体谈判权是劳动者的重要权利之一，集体协商在过去一直是保护劳动者权益的利器，但当今社会，出现了劳动关系非集体化的倾向，集体协商的功能弱化了。① 当前平台经济用工规则中的"集体合意"性质已丧失殆尽，劳动内容、劳动条件、工资报酬、员工福利、奖惩措施都是由平台企业单方规定，没有经过任何的集体谈判、职工讨论等程序。② 工会组织可以借助大数据参与制定行业集体合同、行业劳动标准，并就与平台经济从业者联系紧密的派单规则、服务价格、员工福利、奖惩措施、社保缴纳等同平台企业展开积极协商。世界范围内，平台经济从业者通过工会开展集体协商已有尝试。2015年12月，美国西雅图市通过地方性立法，成为首个允许网约司机组建工会的城市，并给予网约车司机就薪酬、工作条件等与雇主进行集体谈判的权利。③ 第三，创新工会的基层组织形式，在单位工会之外创建社会化基层工会，将互联网平台经济从业者纳入工会组织，由单个企业向行业、社区、市场拓展。我国已有在单位工会之外创建社会化基层工会的实践，比如按照互联网平台经济从业者所属区域、所属行业或者所属平台建立起区域性、行业性、平台性工会组织。重庆市的沙师弟货车司机（网络）工会，就是依托沙师弟物流平台建立起来的，会员主要是货运物流司机。第四，落实工会的经费保障。由互联网平台经济从业者组成的社会化基础工会，难以像单位工会那样有用人单位提供部分经费，而且会员多为低收入群体，会费缴纳存在困难，故应当通过政策明确经费来源，比如财政

---

① 涂永前：《应对灵活用工的劳动法制度重构》，载《中国法学》2018年第5期，第230页。
② 问清泓：《共享经济下劳动规章制度异变及规制》，载《社会科学研究》2018年第3期，第89页。
③ 参见王悠然：《新经济模式挑战旧有劳动关系——美国劳动法陷于僵化》，载《中国社会科学院报》2016年1月20日，第891期。

补贴，上级工会补助等，当前，上海地区就通过政策明确规定财政对"两非一无"人员提供入会补贴。① 第五，工会维权、服务对象要具有开放性，不限于特定会员。所谓维权、服务对象开放性，强调的是工会服务对象可以拓展为所在区域、行业、平台的其他未入会的互联网平台经济从业者，通过职能先于组织覆盖，提升工会组织的社会公信力和组织凝聚力，有助于促进工会发展和保障尚未入会的互联网平台经济从业者劳动权益。

五、结论

党的十九大报告提出要全面建成多层次社会保障体系、构画美好生活。健全互联网平台经济从业者劳动权益保障体系是完善社会保障制度必不可少的一部分。进入数字化时代，互联网平台经济的兴起，既展现出就业机会多、工作方式更灵活自主的美好图景，又因互联网平台用工形式复杂灵活、行业领域规范的缺失，大多数互联网平台经济从业者游离于劳动权益保障体系之外。互联网平台经济的任务化用工模式中，以按需劳务为目的、弹性化、间歇性等特征导致劳动者与平台企业的经济从属性、人身从属性、组织从属性的不断趋弱，信息从属这一新特性逐渐增强，让本就复杂的劳动关系、劳务关系、雇佣关系与合作关系更加难以分辨。而作为保障劳动者权益的重要内容的社会保险，又与"难以确定"的劳动关系紧密捆绑，使得从业者与用人单位是否构成劳动关系成为从业者能否享受社会保障待遇的关键因素。加之平台企业通过隐蔽雇佣刻意规避用工责任，从业者话语权被削弱且难以获得组织支持等因素，导致平台经济从业者劳动权益保障面临困境。在现行制度框架内，为保障互联网平台经济从业者的合法劳动权益，当务之急并非针对互联网平台用工制定专门的适用规则，而是应该根据劳动关系理论，坚持重实质、轻形式的原则，明确劳动关系认定的相关司法裁判规则。除了劳动法路径，还应从加快社会保险制度改革，重视对平台企业的监督、完善工会组织职能方面着手。这种解决思路和理念，考量了现实国情与法律制度，无需进行"推倒式"更新，既维护稳定性，又充分考虑了资源可利用性。

The Predicament of Legal Protection for the Labor Rights of Internet Platform Economic Practitioners and its Countermeasures

Li Lin , Yang Liuqi

Abstract：By 2019, Internet platform economic transactions in China had reached the scale

---

① 两非一无是指非正规就业、非标准劳动关系和无单独建立工会人员。2016年10月，上海市总工会和上海市财政局联合印发了《关于服务非正规就业、非标准劳动关系和无单独建立工会会员项目经费使用管理办法（试行）》的通知，提供了服务"两非一无"工会会员的资金保障。

of 3. 2828 trillion yuan, ranking first in the world. Internet platform economy has provided over 78 million people with flexible jobs. During the COVID – 19 outbreak, platform economy has offered a large number of new jobs, contributing significantly to "employment security". However, by converting the traditional "business + labor" employment pattern to the new "platform + individual" pattern, Internet platform economy has caused disputes over the protection of labor rights of the practitioners, therefore challenging the "stable employment situation". The challenge is rooted in the "protection for those with labor relation, no protection for those without" institutional framework. Under the employment mode of the Internet platform, this approach of applying or exempting all labor law responsibility by identification of labor relation should be changed so as to meet the dual demands of development of Internet platform economy and solution to protection of labor rights of the practitioners. Within the existing institutional framework, to protect the legitimate labor rights and interest of the practitioners, the top priority should be clarification of labor relation identification – related rules of adjudication according to the theory of labor relation rather than developing specifically applicable rules for employment by the Internet platform. We should further weaken the legal significance of identification of labor relation, and decouple labor standards, social insurance, etc. from labor relation. For the complexity and diversity of employment by the Internet platform, in addition to the labor law approach, enterprises on the platform and trade unions should also act for all – round protection of the labor rights of practitioners.

Key words: Internet Platform, Practitioners, Labor Rights and Interests, Labor Relations, Legal Protection;

域外视窗

法律民族志研究：
重新连接人类学和社会学传统*

乔纳斯·本斯　拉里萨·维特斯　著
刘锐一　译**

摘　要　法律人类学和法律社会学有许多共同之处，但传统上这两个学科都在努力保持彼此之间的界限。至20世纪90年代以来，这些学科之间界限的漏洞越来越多，学术上对于学科边界的划分似乎越来越难以说服相关领域的实践者。这一进展为近年来出现于法律人类学、法律社会学、官僚机构的民族志研究和组织社会学交界处的国家人类学的一个次级学科所证实。在本导论中，我们建议在官方法的民族志研究中，有意识地突破法律人类学、法律社会学和国家人类学之间的传统界限。我们以本专刊所载文章（包括实证研究和评论）的研究为基础，重新描绘了突破学科界限的几种路径以及由此可能导致的理论上的再概念化，包括：将国家法律制度的实践视作同时具有正式的非正式形式和非正式的正式形式；从社会空间隐喻转向考察作为民族志研究对象的官方法律场所和空间；以及在更广的实践领域研究官方法中的规范制定行为。

关键词　法律民族志研究　法律人类学　法律社会学　国家人类学　官方法

---

* 本文是法律民族志研究专刊《谁惧怕官方法？——在法律民族志研究中重新连接人类学和社会学传统》（Who is afraid of official law? Reconnecting anthropological and sociological traditions in ethnographic legal studies）的导论，是关于法律民族志研究的总结性文献。本文译自Jonas Bens & Larissa Vetters, Ethnographic legal studies: reconnecting anthropological and sociological traditions, 50；3, The Journal of Legal Pluralism and Unofficial Law, 239–254（2018）。乔纳斯·本斯来自柏林自由大学社会文化人类学研究所和情感社会任命研究中心和柏林自由大学马克斯·普朗克社会人类学研究所。

** 刘锐一，四川大学灾后重建与管理学院宪法学与行政法学专业博士研究生。

本文讨论法律的民族志研究。本文是专刊《谁惧怕官方法？——在法律民族志研究中重新连接人类学和社会学传统》的导论，综合了以下成果：（1）1篇关于法律多元主义研究在法律人类学中将国家概念化的历史变迁，及其对社会和法律理论影响的讨论（本达·贝克曼和特纳、马谢尔克）；（2）6篇基于当代法律现象民族志调查的实证研究（本斯、安德拉德内维斯、雅各布、穆尔格、罗勒、山特维克）；（3）6篇来自这三个领域学者的概念性短评（比尔申克、德罗博姆和里德克、埃克特、基尔希、谢弗、尤努库）。我们运用这些研究成果论证了法律民族志研究所进行的跨学科努力。

我们将民族志视作一种研究模式，在这一模式中，民族志研究者将自己沉浸于某个社会领域、环境或安排当中，以理解行为人的社会关系、他们的实践以及他们对于自己和世界的描述。为实现这个目的，民族志研究者采用参与式观察、访谈、进行调查、参与自然会话、收集档案和视听资料等多种技术。民族志数据是通过持续收集、解释、分析和表达等相互关联的过程而形成的人工产品——在这一过程中，文字扮演了中心角色。因此，这一领域总是将自己深深地嵌入在民族志理论建设当中，而其理论概念的发展则是在早先的理论性争论和认识及意义建构实践的中间地带进行的。①

基于本文的研究目的，我们将重点放在官方法的民族志研究上。"官方法"一词使人联想到本刊的标题，其目的是推动法律多元主义研究范式，并使法律研究的范围扩展至非官方法。我们完全赞成这种做法，但同时也坚持认为，认真对待所有法律形式，也意味着将官方法作为民族志研究的对象加以认真对待。在官方法和法律多元主义的民族志研究中所获得的洞见也可以引导我们以新颖的方式重新研究官方法，并围绕新鲜的问题将官方法的形式、功能、表现和实践进行概念化。

许多社会科学的子学科运用民族志研究法律。在本文中，我们重点关注其中三个：法律人类学、法律社会学和较为晚近的国家人类学。这三种研究进路的不同之处在于它们所代表的学术传统、它们所借鉴的理论来源以及它们呈现研究发现的写作风格。但是，若以民族志研究作为焦点，我们认为这三个学科之间的界限已经变得漏洞百出，发起辩论，讨论如何以及在哪里可以打破其学科界限并从中受益，正当其时。

因此，在文章第一部分，我们简要概述了法律人类学、法律社会学和国家人类学当下的立场。随后，通过聚焦民族志对理解当今世界法律的贡献，我们提出了将这些研究进路结合在一起的可能路径。

一、法律人类学、法律社会学和国家人类学的学科分工

从20世纪初社会科学在大学里全面体制化到1960年代，法律社会学和法律人类学之

---

① 尽管这一认识长期作为社会文化人类学的一部分，但正式成为扎根理论之后，在社会科学定性研究中获得了更为广泛的认可。近期关于这一问题的讨论参见 Holbraad, Martin, et al., What Is Analysis? Between Theory, Ethnography, and Method, 62 (1), *Social Analysis*, 1-2 (2018)。

间存在着舒适的分工,这种分工遵循了社会学和人类学之间更普遍的学科界限的逻辑。当社会学调查那些以"现代"民族国家为特征的社会时,法律社会学①因而负责研究北方世界法律。当人类学家调查那些假定不存在国家的社会时,法律人类学因而负责研究南方世界②"前现代"非国家社会的法律。埃米尔·涂尔干（1893）③ 和马克斯·韦伯（1922）④ 这样的经典政治学和法律社会学家对理解欧洲国家及其法律感兴趣,而布罗尼斯拉夫·马林诺夫斯基（1926）⑤ 和马克斯·格拉克曼（1955）⑥ 这样的经典政治学和法律人类学家则在研究欧洲以外的传统上的非国家法律体系。⑦ 在这种跨学科逻辑下,国家人类学这样的学科尚不存在。而政治人类学的经典著作则聚焦于非国家背景下的社会秩序和政治权力组织。⑧

20 世纪 60 年代末,当人类学家开始将欧美民族国家纳入研究时⑨,社会学和人类学之间的跨学科分工的一般规则受到严重挑战。其背景是,这一学科在美国正在经历重要的机构扩编,非洲正式殖民主义终结和后殖民国家兴起,以及伴随着抗议越战政治严重左倾。当时,法律人类学家劳拉·纳德（Laura Nader）发表了名篇《人类学家的崛起：从

---

① 在本文中,我们使用法律社会学的广义概念。本文作者及本期专刊撰稿人均来自欧洲大学,他们最熟悉欧洲大陆常见的法律社会学方法。在美国,法律与社会运动具有更广泛的跨学科视野,英国的社会法律研究也是如此。

② 关于这一分工的较有影响的批评参见 Wolf, E. R., *Europe and the People without History*, 3rd ed, Berkeley: University of California Press, 2010 (1982)。

③ Durkheim, Emile, *De la Division Du Travail Social Étude Sur L'Organisation Des Sociétés Supérieures*, Paris: Felix Alcan, 1893.

④ Weber, Max, Wirtschaft und Gesellschaft: *Grundriss der verstehenden Soziologie.*, Tübingen: Mohr Siebeck, 1922.

⑤ Malinowski, Bronislaw, *Crime and Custom in Savage Society*, London: Kegan Paul, 1926.

⑥ Gluckman, Max, The Judicial Process among the Barotse of Northern Rhodesia, Manchester: Manchester University Press, 1955.

⑦ 这也规则也存在例外,例如 Eugen Ehrlich（1913）在法律社会学领域和 Cornelis VanVollenhoven（1928）在法律人类学领域所做的研究工作,他们两人均研究非国家法律体系,并且特别注重非国家法律体系和殖民地法律体系之间的互动—Ehrlich 研究奥地利控制下的东南欧洲地区,Can Vollenhoven 研究荷兰控制下的印度尼西亚。他们在研究方法上走在时代的前面,可以被视作早期的法律多元主义者,Tuori, Kaius., The Disputed Roots of Legal Pluralism , 9 (2), *Law, Culture and the Humanities*, 330 – 351 (2013). Van Vollenhoven, Cornelis, *De Ontdekking van het Adatrecht*, Leiden: Brill, 1928。

⑧ 见 Fortes, Meyer, and Edward Evan Evans Pritchard, eds, *African Political Systems*, London: Oxford University Press, 1940. Leach, Edmund Ronald, Political Systems of Highland Burma: *A Study of Kachin Social Structure*, London: G. Bell, 1954. 关于这些所谓无国家社会的殖民背景研究有多么深入,以及殖民主义对既有的规范和政治秩序的影响,成为后世法律和政治人类学家争论不休的问题。例如,在法律人类学中,"习惯法的发明"成为争论的焦点,参见 Merry, S. E, Law and Colonialism, 25 (4), *Law and Society Review*, 889 – 922 (1991). 在政治人类学中,在前述《非洲政治制度》一书的前言中,经常提及拉德克里夫·布朗将国家斥为"哲学家的虚构",并对其进行有争议的解释,是类似辩论的表现,参见 Radcliffe – Brown, A. R, Preface, In Meyer Fortes and E. E. Evans – Pritchard ed., *African Political Systems*, Oxford: Oxford University Press, xi – xxiii (1940). Trouillot, Michel Rolph, et al, The Anthropology of the State in the Age of Globalization. Close Encounters of a Deceptive Kind, 42 (1), *Current Anthropology*, 125 – 38 (2001). Bouchard, Michel, The State of the Study of the State in Anthropology, 40 (3), *Reviews in Anthropology*, 183 – 209 (2011)。

⑨ Bens, J, Anthropology and the Law: Historicising the Epistemological Divide, 12 (03), *International Journal of Law in Context*, 235 – 52 (2016).

"向上看"中获得的观点》。在这篇文章中,她呼吁人类学家研究美国国家机构。① 这篇文章主张将人类学研究扩展到以前为社会学保留的领域,它不仅旨在改变法律人类学的外观,而且可以视作是为国家的人类学的出现奠定了基础。②

自 20 世纪 60 年代末以后,人类学和社会学的全球观发生了显著变化,传统学科分工逐渐过时。在这一背景下,一个重要的发展是法律人类学范式的转变,不仅是非国家法律成为研究对象,而且重点放在了国家法与传统、宗教和非国家法律形式的相互作用上。③ 法律人类学家"回家",尤其是对美法律体系的研究促成了这一转变。更多以马克思主义为导向的方法也起到了促进作用,其中包括对国家和非国家法律以及法律所嵌入的权力关系的历史研究。④

自 20 世纪 80 年代以来,法律多元主义成为法律人类学子学科的指导范式。⑤ 在与法律学者的辩论中,法律多元主义的支持者明确批评了"法律中心主义"⑥ 过分以法律为中心的"法律"概念,并将其称作"支配性法律意识形态"⑦。在本期中,基伯·冯·本达·贝克曼(Keebet von Benda – Beckmann)和贝特拉姆·特恩(Bertram Turner)的研究着眼于法律多元主义运动如何将国家纳入人类学研究,并通过去中心化使其成为规范的来源之一。特别是,从制度上来说,法律社会学家根植于法学系,在书本上研究官方法的社会生活,他们以怀疑的眼光看待人类学家关于法律的广义概念,即法律包含不受国家认可的规范。在整个 20 世纪 90 年代和 2000 年以来,围绕法律多元主义的概念以及其支持者和反对者所持的不同法律概念的旷日持久的辩论中,这一变化尤其明显。⑧

---

① Nader, Laura, *Up the Anthropologist: Perspectives Gained from Studying Up*, In Dell Hymes ed., Reinventing Anthropology, 284 – 311. New York: Pantheon Books, 1969, p. 293.
② 关于早期人类学家与现代民族国家的接触见 Fallers, Lloyd. A, *The Social Anthropology of the Nation – State*, Chicago: Aldine, 1974. Kertzer, D, Ritual, Politics, and Power. New Haven: Yale University Press, 1988. Abélès, Marc, Anthropologie de l'État, Paris: Armand Colin, 1990. 虽然这些研究似乎没有产生什么影响,但是,当政治学家发现了研究文化转向对于研究国家的用处,且人类学家能够进行国家话语和文化建构之类的研究时,国家人类学作为一个独特的分支的地位在后来得到了巩固。
③ Moore, Sally Falk, Law and Social Change: The Semi – Autonomous Social Field as an Appropriate Subject of Study, 7, *Law & Society Review*, 719 – 46(1973).
④ 如 Starr, June, and Jane Fishburne Collier, *History and Power in the Study of Law: New Directions in Legal Anthropology*, Ithaca: Cornell University Press, 1989. 人类学中有关法律民族志方法论的文献相对较少,但可参见 Starr, June, and Mark Goodale, eds, *Practicing Ethnography in Law: New Dialogues, Enduring Methods*, New York: Palgrave Macmillan, 2002。
⑤ Griffiths, John, What Is Legal Pluralism?, 1(24), *Journal of Legal Pluralism and Unofficial Law*, 1 – 55(1986). Merry, S. E, Legal Pluralism, 22(5), *Law and Society Review*, 869 – 96(1988).
⑥ Griffiths, John, What Is Legal Pluralism?, 1(24), *Journal of Legal Pluralism and Unofficial Law*, 3 – 4(1986).
⑦ Von Benda – Beckmann, Franz, Riding or Killing the Centaur? Reflections on the Identities of Legal Anthropology, 4(2), *International Journal of Law in Context*, 97 – 98(2008).
⑧ 如 Tamanaha, Brian Z, The Folly of the 'Social Scientific' Concept of Legal Pluralism, 20(2), *Journal of Law and Society*, 192 – 217(1993). Roberts, Simon, Against Legal Pluralism: Some Reflections on the Contemporary Enlargement of the Legal Domain, 30(42), *The Journal of Legal Pluralism and Unofficial Law*, 95 – 106(1998). 又见本期本达·贝克曼和特纳的文章。

在更坚定扎根于社会科学的法律社会学家中,出现了一批基于不同理论和方法论假设的研究。哈罗德·加芬克尔(Harold Garfinkel)①和哈维·萨克斯(Harvey Sacks)的早期研究②是后来发展成为法律民族志研究的民族志方法论传统的起点③;这些以民族志方法论和语言学为导向的研究并没有以"书本上的法律"和"行动中的法律"之间的差距作为调查研究的起点④,而是基于一个假设,即法律秩序是通过法律专业人士和非专业人士的参与活动而形成的"有条理的成果"⑤。尽管法律社会学研究者在认识论和方法论上存在分歧,但他们的研究设计主要还是集中在官方法律背景、专业法律人士及外行人士对官方法的理解上。

自冷战结束以来,人类学家对国家的兴趣日益浓厚,他们相对独立于法律人类学家和法律社会学家的这些辩论。在这一新兴子学科中,我们发现了几种不同的方法:受福柯启发而进行的一场广泛的政府治理研究运动⑥;受重读马克斯·韦伯和洛伦茨·冯·斯坦的启发,对"运行中的国家"和南方国家官员的实践准则进行的实证调查⑦;与后社会主义国家和西欧国家的国家地位转型相关的一种方法⑧;对作为民族志研究对象的法律、官僚

---

① Garfinkel, H, Chapter 4: *Some Rules of Correct Decisions that Jurors Respect*, In *Studies in Ethnomethodology*., Cambridge: Polity Press, 2002 [1967].
② Sacks, Harvey, *Notes on Police Assessment of Moral Character*, In David N. Sudnow ed., *Studies in Social Interaction*, New York: Free Press, 1972, pp. 280-293.
③ Travers, Max, and John F. Manzo, *Law in Action*: *Ethnomethodological and Conversation Analytic Approaches to Law*. Aldershot: Ashgate, 1997. Dupret, Baudouin, Michael Lynch, and Tim Berard, Introduction: Law at Work, In Baudoin Dupret, Michael Lynch, and Tim Berard ed., *Law at Work: Studies in Legal Ethnomethods*, Oxford: Oxford University Press, 2015, pp. 1-24. 他们在法庭民族志研究中的角色参见本期本斯的文章。
④ 书本上的法律和行动中的法律之间的区别是美国法律现实主义的指导原则,参见 Fisher, William W., Morton J. Horwitz, and Thomas Reed, *American Legal Realism*., New York: Oxford University Press, 1993。
⑤ Dupret, Baudouin, Michael Lynch, and Tim Berard, *Introduction: Law at Work*, In Baudoin Dupret, Michael Lynch, and Tim Berard ed., *Law at Work: Studies in Legal Ethnomethods*, Oxford: Oxford University Press, 2015, pp. 1-24.
⑥ 如 Hansen, Thomas Blom et al. eds, *States of Imagination: Ethnographic Explorations of the Postcolonial State*, Durham: Duke University Press, 2001. Das, Veena, et al., *Anthropology in the Margins of the State*, Santa Fe, School of American Research Press, 2004. Gupta, Akhil, *Red tape: Bureaucracy, Structural Violence, and Poverty in India*, Durham: Duke University Press, 2012. Sharma, Aradhana, et al., *Introduction: Rethinking Theories of the State in an Age of Globalization*, In Aradhana Sharma and Akhil Gupta ed., *The Anthropology of the State: A Reader*, Malden: Wiley Blackwell, 2006, pp. 1-41.
⑦ 如 Bierschenk, Thomas, and Jean Pierre Olivier de Sardan, *Studying the Dynamics of African Bureaucracies: An Introduction to States at Work*, In Thomas Bierschenk and Jean-Pierre Olivier de Sardan ed., *States at Work: Dynamics of African Bureaucracies*, Leiden: Brill, 2014, pp. 3-33. De Herdt, Thomas, and Jean Pierre Olivier de Sardan, *Introduction: The Game of the Rules*, In Tom de Herdt, and Jean-Pierre Olivier de Sardan ed., *Real Governance and Practical Norms in Sub-Saharan Africa: The Game of the Rules*, London: Routledge, 2015, pp. 1-16.
⑧ Thelen, Tatjana, Larissa Vetters, and Keebet von Benda-Beckmann, *Introduction: Relational Modes, Boundary Work, and Embeddedness*, In Tatjana Thelen, Larissa Vetters, and Keebet von Benda-Beckmann ed., *Stategraphy: Toward a Relational Anthropology of the State*, New York: Berghahn, 2018, pp. 1-19. 关于非洲官僚制环境的讨论参见本期雅各布斯的文章。

文献和实践的兴趣,尤其是受科学和技术启发而产生的兴趣①;以及从道德和情感看待国家的新兴范式②。尽管这些研究的理论出发点不同,但它们在将民族志作为核心研究技术上是一致的。民族志方法被认为是为揭示国家和治理的各个层面量身定做的,这些层面一直被更为宏观的政治学或政治社会学忽略。

国家人类学中反复出现的主题是国家官员如何在正式的和非正式的实践之间游走,以及国家地位的观念如何与国家政策的实际执行和(重新)配置国家机构及其制度安排的过程联系起来。例如,这些主题曾经聚焦于腐败话题③、实践规范④以及道德主体等⑤。然而,令人惊讶的是,很少有人提及法律人类学和法律社会学的这些争论和洞见。在这些作者中,大多数人并不是依照国家官僚机构执行和调解的法律设定研究框架,而是吸收了统治、治理、政策、政治等概念。

我们认为,是时候将这些学科紧密结合在一起,并探讨在哪里以及如何开辟交叉渗透和跨越学科边界的路径。这些努力可以基于研究官方法的共通的民族志路径进行。在以下各节中,我们提出了一系列建议,以回应本期所刊相关文章。

二、以法律民族志为中心重新连接法律社会学、法律人类学和国家人类学的路径

在本期所收录的 6 篇文章中,民族志是其研究官方法的切入点。如前文所述,它们往来于理论起点、民族志见解和概念框架之间,以这样或那样的方式跨越了子学科的边界。尽管这些文章由于研究地点和初始问题不同而采用了不同的民族志研究方式,但每篇文章

---

① Latour, Bruno, *The making of law: an ethnography of the Conseil d'État*, Cambridge: Polity Press, 2010. Hull, M, The *Government of Paper: The Materiality of Bureaucracy in Urban Pakistan*, Berkeley: University of California Press, 2012. Mathur, N, *Paper Tiger: Law, Bureaucracy and the Developmental State in Himalayan India*, Cambridge: Cambridge University Press, 2016.

② Stepputat 和 Nuijten (2018) 提供了这一领域的最新综述,他们确定了关于主权和暴力主题的另一组后续研究(同上 138 - 139)。参见 Stepputat, Finn, and Monique Nuijten, Anthropology and the Enigma of the State, In Harald Wystra and Bjørn Thomassen ed., *Handbook of Political Anthropology*, Cheltenham: Edward Elgar, 2018, pp. 127 - 144. Stoler, Ann Laura, Affective States, In D. Nugent, and Joan. Vincent ed., *A Companion to the Anthropology of Politics*, Malden: Blackwell, 2007 pp. 4 - 20. Navaro - Yashin, Yael, *The Make - Believe Space: Affective Geography in a Postwar Polity*, Durham: Duke University Press, 2012. Fassin, D., Y. Bouagga, I. Coutant, J. - S. Eideliman, F. Fernandez, N. Fischer, C. Kobelinsky, C. Makaremi, S. Mazouz, and S. Roux, eds, *At the Heart of the State: The Moral World of Institutions*, London: Pluto, 2015. 及本期安德拉德内维斯的文章。

③ Gupta, Akhil, Blurred Boundaries: The Discourse of Corruption, the Culture of Politics, and the Imagined State, 22 (2), *American Ethnologist*, 375 - 402 (1995).

④ 如 De Herdt, Tom, and Jean - Pierre Olivier de Sardan Introduction: The Game of the Rules, In Tom de Herdt, and Jean - Pierre Olivier de Sardan ed., Real Governance and Practical Norms in Sub - Saharan Africa: *The Game of the Rules*, London: Routledge, 2015, pp. 1 - 16。

⑤ 如 Fassin, D., Y. Bouagga, I. Coutant, J. - S. Eideliman, F. Fernandez, N. Fischer, C. Kobelinsky, C. Makaremi, S. Mazouz, and S. Roux, eds, *At the Heart of the State: The Moral World of Institutions*. London: Pluto, 2015.

都展示了民族志作为一种特殊的知识生产模式，如何将官方法的一些尚未为人们所注意的方面带到前沿，并促进了法律社会学、法律人类学和国家人类学的持续辩论。我们注意到本期文章的主题有三个趋同点：（1）观察法律制度的实践，无论是非正式的正式形式还是正式的非正式形式；（2）从空间隐喻转向考察法律环境的重要性及其相互关联的方式；（3）将官方法作为更广泛的实践领域进行考察。实证研究中的问题和见解将通过短评来介绍。在这些短评中，作者概述了他们对于官方法的民族志研究领域的理解，并以实证研究文章为跳板，将自己的见解加入到正在进行的子学科和跨学科辩论中。

（一）官方法律制度的实践：非正式的正式形式还是正式的非正式形式

人们无法通过参照官方的或非官方的背景对正式的和非正式的治理模式进行严格的区分，这在法律民族志中属于普遍现象。事实上，无论是官方机构或非官方机构，都可以有正式的和非正式的程序、决策过程，以及调用、制定和改造或多或少已经成为法典的规范。民族志研究更关注划定边界的复杂过程，这些过程支持正式和非正式领域的分离，以及正式的形式和非正式的形式之间进行谈判的特殊方式：在官方和非官方背景中，非正式的做法如何嵌入正式的实践之中，正式的规则如何实现非正式化，或者非正式的实践如何实现标准化和正式化。

在国家人类学领域，一个最新的例子是泽伦、蒂曼和罗斯针对国家和家庭的边界的研究[1]，这是前文所述研究国家关系方法的一部分。与官方法主题更为接近的例子是比尔申克在本刊早期的一卷中对贝宁司法机构日常运作中的非正式化和私有化战略的描述[2]，哈马尼使用有序非正式形式的概念来描述尼日尔地区法院人员的创造性做法[3]；以及德赫特和奥利维尔·德·萨丹明确参考法律多元主义，运用实用规范的概念描述指导公务人员实践但并不符合官方规范的不成文规则[4]。后一类作品属于一组国家人类学研究的一部分，这些研究呼吁借鉴组织社会学和法律社会学以应对南方国家毫无根据的排斥，而另外一组此类民族志研究却源于法律人类学对习惯法概念的关注。由曾克和霍恩编辑的论文集通过询问国家官员的日常实践如何有助于形成国家和非国家规范秩序之间的相互作用的实质，

---

[1] Thelen, Tatjana, Andre Thiemann, and Duška Roth, State Kinning and Kinning the State in Serbian Elder Care Programs, In Tatjana Thelen, Larissa Vetters, and Keebet von Benda‐Beckmann ed., Stategraphy: Toward a Relational Anthropology of the State, New York: Berghahn, 2018, pp. 107‐123.

[2] Bierschenk, Thomas, The Everyday Functioning of an African Public Service: Informalization, Privatization and Corruption in Benin's Legal System, 40 (57), Journal of Legal Pluralism and Unofficial Law, 101‐39 (2008).

[3] Hamani, Oumarou, "We Make Do and Keep Going!" Inventive Practices and Ordered Informality in the Functioning of the District Courts in Niamey and Zinder (Niger), In Thomas Bierschenk and Jean‐Pierre Olivier de Sardan ed., States at Work: Dynamics of African Bureaucracies, Leiden: Brill, 2014, pp. 145‐173.

[4] De Herdt, Tom, and Jean‐Pierre Olivier de Sardan, Introduction: The Game of the Rules, In Tom de Herdt, and Jean‐Pierre Olivier de Sardan, ed., Real Governance and Practical Norms in Sub‐Saharan Africa: The Game of the Rules, London: Routledge, 2015, pp. 3, 7.

表明了对国家行为者和国家法律内部运作更深的兴趣。① 他们广泛借鉴了前文提及的非洲官僚制的人类学研究成果,显示了这两个领域之间正在进行的和解。

本期前两篇由卡罗琳·雅各布斯(Carolien Jacobs)和英戈·罗勒(Ingo Rohrer)撰写的文章(分别关于刚果(金)和阿根廷城市背景下的司法救助)为这一新兴对话作出了贡献。在许多方面,它们像是镜子的两面:雅各布斯探讨了公民如何看待刚果民主共和国执法和司法机构伸张正义的能力,以及这种看法如何影响他们是否和如何寻求诉诸国家司法或选择其他形式的正义,例如所谓的大众正义。她发现,公民相信与公职人员正式的和个性化的关系以及官方程序未预见的付款是获得国家正义和成功解决其不满的关键因素。罗勒从国家与公民关系的另一面开始,追溯司法外联办公室的国家官员如何想象公民可以对司法机构建立信任的条件,以及这些想法如何塑造他们的司法实践而已,他们在司法机构中的(关键)自我定位。这些官员采用专业的、非正式的和个性化的特殊的互动组合,以便利诉诸国家正义。

这两篇文章都以暴力人际冲突的纠纷解决为出发点,这是法律人类学的一个经典兴趣,但民族志所关注的则是国家正义的提供。作者主要并非将国家正义视作与其他规范秩序竞争的集中统一的规范秩序,而是将其视作国家官员间的个人关系和内部分歧发挥作用的制度机制。托马斯·基尔希(Thomas Kirsch)(本期)采纳了这一观点,她主张对国家采取民族志的方法,将国家行为人自己对国家与社会之间边界的看法和想象纳入考虑范围。虽然基尔希的评论与近期主张将国家作为一种分解形态进行研究的大多数国家的人类学学者一致,但他强调国家官员之间可能的正义社会想象的多元性,为人们深入研究这些假想和定位对官方法中以及国家雇佣的司法人员中实践性影响开辟了一条新路。在对雅各布斯论文的评论(本期)中,德罗博姆和伊娃·里德克(Eva Riedke)持类似观点,他们建议通过分析国家及其法律的历史和情感维度(本期安德拉德·内维斯持类似观点),在概念上将国家及其法律多元化。他们认为,哪些所谓的"非政治性"领域和问题,例如在人际暴力冲突中主张正义,也可以成为对政治学进行民族志分析的有效场所。

(二)从空间隐喻到研究法律环境的重要性和影响

借助"半自治社会领域"②"法律舞台"③ 和"论坛"④ 等概念,法律人类学家提出

---

① Zenker, Olaf, and Markus Virgil Höhne, Processing the Paradox: When the State Has to Deal with Customary Law, In Olaf Zenker, and Markus Virgil Hoehne ed., *The State and the Paradox of Customary Law in Africa*, New York: Routledge, 2018, pp. 1-40.

② Moore, Sally Falk, Law and Social Change: The Semi-Autonomous Social Field as an Appropriate Subject of Study, 7, *Law & Society Review*, 719-46 (1973).

③ Hirsh, Susan F., and Mindie Lazarus-Black, Introduction: Performance and Paradox: Exploring Law's Role in Hegemony and Resistance, In Susan F. Hirsch and Mindie Lazarus-Black ed., *Contested States: Law, Hegemony and Resistance*, New York: Routledge, 1994, p. 1-31.

④ Benda-Beckmann, K. von, Forum Shopping and Shopping Forums: Dispute Settlement in a Minangkabau Village in West Sumatra, 13 (1), *Journal of Legal Pluralism*, 117-59 (1981).

了强有力的概念工具来理解不同规范命令的覆盖范围和相互作用。受法律社会学民族志方法传统的启示①，以及新近对于法律社会学的科技研究及国家和基础设施人类学的兴趣，我们主张进一步重视并且深入研究"法律场所"的重要性。"法律场所"的概念不仅促使我们要问为什么要选一个法域而非另一个法域，或是如何在地方、国家或跨国范围内调用来自不同秩序的规范，以及他们如何进入或被排除在特定的法律场所之外，而且会激励我们去分析环境的重要性、环境中各个主体的具体组织方式，以及在特定环境中可被调用的话语和认知机制，是如何影响通过结构化决策实现的规范的实质。

乔纳斯·本斯和英戈·罗勒在本期发表的两篇文章着重分析了法律场所的重要性。罗勒赋予建立信任的策略以核心的角色，他所调查的外联办公室也旨在依据空间建立不同的信任建立模式。这些外联办公室设在特定社区，并以特定方式组织内部物质环境，显示出它们在司法系统中拥有特殊的地位。罗勒指出，这些物质安排最终有助于实现国家的概念化和人们对于正义的认知，不论这些人是所在国工作的员工还是他们的客户。

本斯则针对另一种法律场所——法庭——提出了一种方法论研究路径。他认为，在将法庭定义为一种情感安排时，关注法庭上人类与非人类主题的组织方式，为思考场所的情感维度开辟了新的思路。尽管本期的作者都强调法律环境的情感层面，但正是因为物质和空间所产生的错综复杂的环境影响，才被本斯提出作为民族志的分析对象。丹妮斯·尤努库（Deniz Yonucu）在她一则评论中探讨了法庭情感层面的概念，并建议将其纳入越来越多的研究中，这些研究借鉴了朱迪斯·巴特勒对法律环境调查中的表述行为的概念化。②

尽管在民族志方法学的传统中，法庭民族志不仅因为语言偏见，而且也因激进的地方主义受到批评，本斯针对一个国际刑事法庭的民族志研究表明了当结合情感安排的概念性视角时，法庭民族志如何精确记录这些时刻，在这些时刻中，正义的情感在不同规范秩序中的行为人（和受众）参与决策过程的国际司法环境中形成。这样的法律决定是否以及如何在其他环境下（作为先例或参照）被调用，也是山特维克（Sandvik）关于人道主义组织不断演化的标准的讨论对象，如奥斯陆地方法院就丹尼斯诉挪威难民委员会案所裁定的那样。在该案中挪威一家地方法院不得不对一个案件作出裁决。该案涉及一个总部设在挪威的全球性非政府组织，以及来自加拿大、菲律宾和肯尼亚的人道主义工作者，他们在肯尼亚难民营遭到绑架，以疏忽为由向雇主提出索赔。山特维克借鉴了摩尔的"半自治社会领域"以及埃里克和席尔比的"法律意识"的概念，追踪了这些不同规范空间的纠缠和偶然性，以及参与者的规范取向。朱莉亚·埃克特（Julia Eckert）特别指出了世界社会的这种纠缠，并敦促研究者在民族志上研究如何在全球互联的世界中重新协商直接和间接因

---

① Star, Susan Leigh, The Ethnography of Infrastructure, 43（3）, *American Behavioral Scientist*, 377 – 91（1999）. Larkin, B, The Politics and Poetics of Infrastructure, 42（1）, *Annual Review of Anthropology*, 327 – 43（2013）.

② Butler, Judith, *Gender Trouble: Feminism and the Subversion of Identity*, New York: Routledge, 1990.

果关系的观念。这就需要对法治化过程进行多层次的追踪,正是在法治化的过程中,道德义务转化为具有法律约束力的义务,责任的概念被重新定义,同时也抵制了更严格的责任的概念以及"切断"因果链的呼吁。这两个过程都发生在或多或少存在相互关联且或多或少实现了法治化的环境中,因而可以作为法律场所进行调查。在针对安德拉德·内维斯(Marcos Freire de Andrade Neves)关于德国辅助自杀的情感治理的分析的评论中(见下文),托马斯·谢弗(Thomas Scheffer)同样主张(尽管来自不同的传统)一项研究计划,该计划将特定法律场所的微观分析与以对象为中心追踪法律问题的出现、它们如何在法律轨道上运行以及如何运用不同的(法律)工具结合起来。将罗勒、本斯和山特维克的文章与埃克特的评论结合起来阅读,可以将不同概念框架纳入对话,以便在一个相互关联的世界中,把握特定的、且常是不对称的法律环境对于有关正义的争议性的谈判结果的影响。

(三)更广泛实践领域中制定官方法规范的研究

我们认为,从作为法律人类学经典话题的争端解决过程转向分析内部运作、物质和情感安排以及对于官方机构的外部认知,可以催生新的概念工作。这同样适用于法律多元主义和国家人类学。在山特维克、安德拉德·内维斯和穆格勒(Johanna Mugler)等人的文章中,我们还看到另一个共同特征,即对于官方法中广泛存在的制定(国内和跨国)规范的实践。尽管传统法律学说将立法视作立法机构的特权或政府间条约的结果,法律社会学家和民族志学家则都强调了法律专业人士,尤其是法官①和官僚②在制定规范和政策中的作用。研究者已经指出了普通公民和社会运动经由法律动员和法律本土化所产生的影响③,法律人类学家长期以来一直认为规范的制定并未被国家垄断。④ 最近,政治的法律化已经成为法律人类学中的一个突出研究课题⑤。通过将规范制定行为置于国家和非国家

---

① Lautmann, Rüdiger, *Justiz – die stille Gewalt*: teilnehmende Beobachtung und entscheidungssoziologische Analyse, Frankfurt am Main: Fischer, 1972.

② Lipsky, Michael, *Street – level Bureaucracy*: Dilemmas of the Individual in Public Services, New York: Sage, 1980.

③ Felstiner, William LF, Richard L. Abel, and Austin Sarat, The Emergence and Transformation of Disputes: Naming, Blaming, Claiming, 15 (3/4), *Law and Society Review*, 631 – 54 (1980). Sarat, Austin, and Stuart A. Scheingold eds, *Cause Lawyers and Social Movements*, Stanford: Stanford University Press, 2006. Merry, Sally Engle., Legal Transplants and Cultural Translation: Making Human Rights in the Vernacular, In Sally Engle Merry ed., *Human Rights and Gender Violence: Translating International Law into Local Justice*, Chicago: Chicago University Press, 2006, pp. 134 – 178.

④ Benda – Beckmann, F. v., and K. v. Benda – Beckmann, *Rechtsproduktion der Bevolkerung – Rechtsbewusstsein der Juristen*, In Brun – Otto Bryde, and Wolfgang Hoffmann – Riem ed., Rechtsproduktion und Rechtsbewusstsein, 1988, pp. 11 – 25.

⑤ Comaroff, Jean, and John L. Comaroff, eds, *Law and Disorder in the Postcolony*, Chicago: University of Chicago Press., 2006. Eckert, J., Eckert, Julia, et al, Introduction: Laws Travels and Transformations, In Julia Eckert, Brian Donahoe, Christian Strümpell, and Zerrin – Özlem Biner ed., *Law Against the State: Ethnographic Forays into Laws Transformations*, Cambridge: Cambridge University Press, 2012, pp. 1 – 22.

行为人以复杂方式（重新）制定官方规范的更为广泛的实践领域，本期的文章对这些辩论作出了贡献。它们显示出当结合法律社会学、法律人类学和国家人类学的现有概念框架，并将其作为敏感性概念使用时，这些制定规范的实践和过程如何能够成为更突出的焦点。

约翰·穆格勒着眼于国际税法的制定。她关于巴黎经合组织制定国际税法的民族志研究不仅揭示了一个由约束性和执行机制各不相同的条约、标准和准则组成的动态官方法律秩序，而且还揭示了一系列行为人，这些行为人以不同的且不断变化的角色（作为国家财政部的代表、跨国企业游说者、非政府组织行动者或经合组织税务专家）参与政府间规范制定的过程。虽然穆格勒的发现可以从法律多元主义角度进行分析（这是一个越来越被法律学者接受的概念框架，参见本期贝克曼和特纳），她还借鉴了监管理论以及官僚机构和国家人类学，以使国际税收立法的"黑箱"昭示于下天。这一跨国领域中出现的情形可以与近期非洲官僚民族志中街道官员的工作的细微差别进行有趣的对比①。这两类官员都根植于多元化的社会关系中，都对于规范和政策的实际（重新）制定有所帮助，并在此过程中就"服务、司法规定"或"公共利益"的含义进行协商。但是一个案例研究了高级公务员在高度正规化的技术专长领域与跨国公司进行的跨国互动，而在另一个案例中，街道层级的官僚与公民的互动则是在规定地点和日常生活中观察到的。托马斯·比尔申克（Thomas Bierschenk）在他的评论中讨论了这一方法论所面临的挑战。尽管他承认，这两组研究处在全球不平等和地方不对称权力关系这一更广阔的背景中，但他认为民族志学家的先验反霸权立场对于研究毫无助益。相反，我们需要更加仔细地考虑民族志的过程——尤其是研究高度形式化的专家知识及其所需的认识论的（自我）反思。

如果说穆格勒的文章对官僚规范制定的研究有所贡献，而桑特维克探讨了司法标准制定的过程，那么安德拉斯·内维斯则是通过一项立法修正案开始了他对辅助自杀情感治理的民族志研究，这项修正案将"商业性"协助自杀入罪化规范引入了德国刑法。他描述了这一规范是如何被插入到各种成文法及专业医疗行为准则、指南和建议中的一套分散规范组成的多元法律景观中，以及它如何不仅在联邦和地区管辖范围内产生重叠，而且在自杀协助申请人和提供者产生强烈的法律上的不确定感。安德拉斯·内维斯借鉴从道德和情感层面来看待国家的方法，敦促人们在多元规范背景下解读这一立法活动，在这种立法活动中，国家并不维护对法律定义的绝对垄断，而是将辅助自杀精确地隐藏在非法性和法律不确定性的情感基调中，从而产生一种影响性治理形式。这一发现与贝克曼和特纳关于殖民地环境的观察（本期）相呼应，"国家不是被动的旁观者，而是构建多种法律秩序的积极参与者"。它展示了法律人类学家在殖民地背景下发展的法律多元主义概念如何被用作研究高度制度化、法典化、差异化和程序管制的法律景观的敏感性概念。

---

① 例如 Andreetta, Sophie, and Annalena Kolloch, Money, Morality and Magistrates: Prosecuting and Judging in the Republic of Benin, 50 (2), *The Journal of Legal Pluralism and Unofficial Law*, 145 – 166 (1987)。

在他的评论中,托马斯·谢弗认为这样的研究应该不仅限于陈述多元法律主义的存在,而且应该展示法律多元主义如何确切地影响社会。他运用了科技研究以及民族计量学的语言,以呼吁人们对法律多元主义采取一种行为学的研究方法。他建议对多元法律秩序(国家机构通常是其中的一部分)①如何转换其目标进行跨序列的研究,并敦促法律民族志学家密切关注导致这些转变的事件和过程。因此,谢弗建议采取一种方法学措施,既包括微观分析,也包括对基本文化规范或规范秩序范畴体系进行更全面的探究。

这篇评论,连同前述实证研究文章,可以视作是介入许多法律人类学家长期关注的问题的方式之一,这些法律人类学家不加反思地将西方民间法律模式用作法律比较研究的分析概念。②穆格勒、罗勒和安德拉斯·内维斯从民族志角度剖析了这些西方民间法模式,并揭示了其基本构成实践,例如,通过询问国家官员如何看待他们所属的司法系统并据此采取行动,国家官僚和私人利益相关者如何协商国际税收规范,或立法变更如何与专业行为准则交叉,创造出一个多元的、道德上模棱两可的法律景观,在其中不确定感和恐惧成为有效的治理技巧。

三、作为跨学科努力的法律民族志研究

人们呼吁对法律进行交叉学科研究的频率与对这种跨学科对话可能性的质疑一样多。③我们与本达·贝克曼和特纳都认为"人类学和其他社会科学之间没有不可逾越的学科界限",我们也不认为法律人类学是一个"封闭的子学科"(本期)。在针对本达·贝克曼和特纳的文章中的评论,简·马谢尔克(Jan Marschelke)(本期)对法律人类学研究发起了更加雄心勃勃的挑战,呼吁其与社会理论和法律理论进行更广泛的跨学科对话。我们也相信,民族志研究是一个富有成效的结合点,可以为法律、文化和社会的跨学科研究作出实证上更为扎实、理论上更具雄心的贡献。

这是民族志研究努力从开放的沉浸式田野调查中获得分析性洞见的本质所在。民族志研究建立在一定程度上欣赏、尊重和同情研究对象为其所处的世界赋义的方式之上。同时,民族志学者往往渴望具有批判性,以使他们认为存在于本领域或延伸至本领域之外的权力关系和不平等结构变得可见和可分析。当涉及官方法研究以及由此频繁涉及的各种形式的"向上看"的研究时,批判的性质和作用一直是学科内和学科间争论的焦点。针对这

---

① 这呼应了法律多元主义关于国家阴影下非国家争端的解决形式的见解,见 Spittler, Gerd, *Streitregelung im Schatten des Leviathan. Eine Darstellung und Kritik rechtsethnologischer Untersuchungen*, 1 (1), Zeitschrift für Rechtssoziologie, 4 – 32 (1980)。

② Bohannan, Paul, Ethnography and Comparison in Legal Anthropology, In Laura Nader ed., *Law in Culture and Society*, Chicago: Aldine, 1969, pp. 401 – 418. Gluckman, Max, Concepts in the Comparative Study of Tribal Law, In Laura Nader ed., *Law in Culture and Society*, Chicago: Aldine, 1969, pp349 – 373. Laura Nader, Introduction, In Laura Nader ed., *Law in Culture and Society*, Chicago: Aldine, 1969, pp. 1 – 11.

③ Anders, Gerhard. 2015, Law at Its Limits: Interdisciplinarity between Law and Anthropology, 47 (3), *The Journal of Legal Pluralism and Unofficial Law*, 411 – 422 (2015)。

一问题,本达·贝克曼和特纳注意到早期有关法律多元主义的讨论受到法律学者对法律人类学家"道德反国家原则"(moral anti-state tenet)质疑的困扰。在国家人类学方面,比尔申克也提到,一些人类学家在研究警察或执行国家核心职能的其他行为人时,存在着一种先验的反霸权立场。前述三位作者都赞成,确定社会的、经济的和象征性的统治关系是否以及如何精确地在法律秩序及公职人员的实践中确立、嵌入和复制,首先是一个经验性的问题。

本期的文章说明,当这类针对批判性问题的经验性研究方法涉及民族志研究时,至少应结合三个方面的内容:(1)通过沉浸式交流,与我们的对话者及其社交世界建立融洽的关系,他们的批评能力也变得可见和可理解。(2)民族志还需要努力把握更大的结构性力量,这些结构性力量将自身纳入微观事件和相互作用(本斯,本期),或试图追溯因果关系和责任的概念是如何(重新)协商,以达成在全球互联世界中对反映非对称权力的正义的一致理解。掌握如此巨大的力量使得人们有必要利用民族志以外的资源,如历史、经济、统计信息等。(3)对研究者自己研究的实践和认识论条件的不断反思,包括对公法研究中不同学科传统的认识,有助于研究者选择从什么立场表达自己的批评。

在本文中,我们强调了在法律人类学、法律社会学和国家人类学中,研究传统、分析视角和指导概念是如何沿着有时相对独立的路径发展的。我们认为,民族志作为一种知识生产方式,包括与我们的对话者建立融洽的关系,将我们自己沉浸于他们的社交世界和理解当中并从概念上改造这些世界,是特别适合的起点,使我们能够探索如何使这些研究传统、分析视角和概念在研究每个传统的核心问题时都富有成效。运用和测试在另一种学科传统中发展而来的概念,并根据不同分析视角提出问题的方式重新确定我们的研究问题,可以丰富我们对于官方法的理解,并决定我们是否以及如何评价其影响。

Ethnographic legal studies: reconnecting anthropological and sociological traditions

Jonas Bens & Larissa Vetters trans. By Liu Ruiyi

Abstract: Legal anthropology and legal sociology have much in common. Traditionally, however, these approaches have tried to maintain disciplinary boundaries toward each other. Latest since the 1990s, these boundaries have become more and more porous and the academic practices of boundary-making do seem to convince practitioners of these fields less and less. The recent emergence of a subfield of the anthropology of the state situated at the interface of legal anthropology, legal sociology, ethnographic studies of bureaucracies and organizational sociology attests to this development. In this introduction, we propose to consciously transgress the traditional boundaries between legal anthropology, legal sociology and the anthropology of the state when it comes to the ethnographic investigation of official law. Based on the contributions to this special issue—consisting of empirical articles and commentaries—we map several avenues for boundary transgressions and the theoretical reconceptualizations these may engender. Among them are: looking at legal institutions of the state as practicing both informal formality and formal informality; moving from socio – spatial metaphors to investigating official law – places and – spaces as ethnographic objects; and studying norm – making within official law as a wider field of practice.

Keywords: Ethnographic legal studies; legal anthropology; legal sociology; anthropology of the state; official law

阿拉斯加州公共卫生改革：
迈向模范公共卫生法[*]

[美] 劳伦斯·O. 戈斯廷　小詹姆斯·G. 霍祺　著[**]
李文军　译[***]

摘　要　公共卫生的使命是通过确保人们的健康来实现社会利益，因此维护公共卫生是政府最重要的目标之一，而法律对于帮助实现这一目标至关重要。各州现有的法规无法有效应对疾病对公众健康威胁，原因在于这些法规通常早于现代科学和宪法的发展；没有赋予公共卫生官员控制传染病所需的一系列灵活权力；缺乏足够的隐私标准、正当程序和风险评估；基于与现代疾病威胁或流行病学感染控制方法无关的任意疾病分类方案。阿拉斯加州的法律改革应该表达对公共卫生的清晰愿景，以促进公共卫生的最佳理论与实践。公共卫生法规应以适用于所有健康威胁的统一规定为基础。这将消除根据需要防控的疾病类型或条件而对法律进行不必要的分割。公共卫生干预措施应根据风险程度、应对措施的成本和效果以及对保障人权的责任而定。通过改革公共卫生可以实现许多社会效益，包括更新过时的法律；结合现代科学对疾病和不健康状况的认识；使当前的标准现代化；以及也许最重要的是明确各个州、地方和部落参与者之间的法律权力、法律职责和法律关系。具体来看，阿拉斯加州可以通过以下方式来促进公共卫生的改革：确定公共卫生的宗旨和目标；在当地可容许的灵活范围内授权和限制公共卫生行动；创造更健康的条件作为预防手段；促进政府和非政府卫生活动的规

---

[*]　本文译自原载于《Alaska Law Review》（2000 年）的论文 "The Public Health Improvement Process in Alaska：Toward a Model Public Health Law"，已获得翻译和发表授权。——译者注

[**]　劳伦斯·O. 戈斯廷（Lawrence O. Gostin），法学博士，乔治敦大学法律中心教授；约翰·霍普金斯大学卫生和公共卫生学院公共卫生教授；乔治敦大学/约翰·霍普金斯大学法律和公共卫生项目联合主任。

小詹姆斯·G. 霍祺（James G. Hodge, Jr.），法学博士，乔治敦大学法律中心法律兼职教授；约翰·霍普金斯大学卫生和公共卫生学院副教授。

[***]　李文军，西南政法大学人权研究院讲师。本文为西南政法大学强化公共卫生法治保障专项的研究成果。

划和协调。

关键词 阿拉斯加州 公共卫生改革 公共卫生法 改革准则

引 言

公共卫生的使命是通过确保人们的健康来实现社会利益。① 维护公共卫生是政府最重要的目标之一，而法律对于帮助实现这一目标至关重要。公共卫生法需要考虑个人的义务和政府为社会健康采取行动的责任。法律规定了公共卫生官员的管辖权，并具体规定了他们行使职权的方式。法律还可以建立健康行为的规范，以及创造人们健康所需的社会条件。在权利、义务和正义等法律语言范围内，立法机关、法院和行政机构是重要公共卫生问题进行社会辩论的渠道。正如一位公共卫生律师恰当地指出的那样，"公共卫生领域……如果没有健全的法律基础，它就不可能以我们今天所知道的方式长期存在"。② 在即将出版的一本书中，我们将公共卫生法领域定义为：既是对确保公共卫生条件所必需的法律权力和国家责任的研究，又是对为了社区卫生利益而限制个人权利之国家权力的限制。③

医学研究所（Institute of Medicine，IOM）在其 1988 年的基本文件"公共卫生的未来"（Future of Public Health）中，赞同法律对于促进公共卫生至关重要，但对美国公共卫生法的合理性提出了质疑。④ 医学研究所认为，美国"忽视了其公共卫生目标，使公共卫生活动体系陷入混乱，"⑤ 部分原因是州法律和法规的陈旧和不足。虽然这种悲观论调也并未得到普遍认同，⑥ 医学研究所建议各州进一步审查其公共卫生法规，并进行必要的修改以实现以下两个目标：第一，明确界定赋予州和地方各级公共卫生机构、委员会和官员的基本权力和责任，以及它们之间的关系。第二，支持一系列针对当代卫生问题的现代疾

---

① Institute of Medicine, *the Future of Public Health* 7 (1988).

② Frank P. Grad, Public Health Law Manual 4 (2d ed. 1990); see also Scott Burris, Thoughts on the Law and the Public's Health, 22 *J. L. Med.* & Ethics 141 (1994); Lawrence O. Gostin, The Future of Public Health Law, 12 Am. *J. L. & Med.* 461, 464 (1986).

③ See Lawrence O. Gostin, *Public Health Law: Power, Duty, Restraint* (forthcoming 2000).

④ *Institute of Medicine*, supra note 1, at 146 – 150.

⑤ Id. at 19; see also Laurie Garrrett, *the Coming Plague: Newly Emerging Diseases in A World Out of Balance* 512 (1994)（认为美国公共卫生系统的混乱和无序程度堪比第三世界国家）；Lawrence O. Gostin, Securing Health or Just Health Care? The Effect of the Health Care System on the Health of America, 39 ST. *Louis U. L. J.* 7, 16 – 17 (1994)（认为一整套公共卫生服务而不仅仅是个人医疗服务，可以降低发病率和过早死亡率）。

⑥ See Leonard Robins & Charles Backstrom, The Role of State Health Departments in Formulating Policy: A Survey on the Case of AIDS, 84 *Am. J. Pub. Health* 905 (1994)（调查发现卫生机构在艾滋病防控政策中发挥了领导作用）。

病防控措施……并纳入正当程序保障措施（通知、听证会、行政复议、律师权利、证据标准）。①

为了应对这一挑战，一些州自1988年以来更新和修订了其公共卫生法。然而，大多数州还没有进行更新或修订。在许多州，改革公共卫生法的时机尚未成熟。根据对50个州的传染病法进行的全面调查，我们认为现有的州法规由于多种原因无法有效应对当代的健康威胁。② 这些法规通常（1）早于现代科学和宪法的发展；（2）未赋予公共卫生官员控制传染病所需的一系列灵活权力；（3）缺乏足够的隐私标准、正当程序和风险评估；（4）基于与现代疾病威胁或流行病学感染控制方法无关的任意疾病分类方案。③

医学研究所和其他组织都明确表示需要进行公共卫生法改革。然而，关于公共卫生法领域的混乱已经使许多州的公共卫生官员、州立法者和普通公众试图进行的有意义的改革提案变得扑朔迷离。为了解决这个问题，我们在几个州（例如，新罕布什尔州、弗吉尼亚州和俄勒冈州）进行了全面的公共卫生法案例研究，以促进对公共卫生法的理解，并为法律修订和机构改革提供客观、学术性的建议。这些研究揭示了各个司法管辖区内公共卫生系统法律结构存在的巨大差异。我们在阿拉斯加的案例研究揭示了也许是最复杂和最有趣的公共卫生法体系，这为公共卫生改革提供了创新机会。

在本文中，我们介绍了阿拉斯加州关于改善公共卫生法的研究结果。我们探讨和分析了支持州公共卫生系统的公共卫生法律。阿拉斯加州是最近才获得州地位的，它的管理结构涉及州、市、农村和部落实体，这为该州提供了独特的机会来改善其公共卫生系统及其配套的法律基础设施。

第二部分以体系形式将公共卫生作为一个独特的法律和政策领域进行探讨。它简要地论述和定义了美国宪法结构中的公共卫生法。联邦宪法通过两种方式限制政府权力：（1）它将联邦权力划分为三个政府分支；（2）它将权力分配给联邦政府和各州政府。三权分立保护个人自由，联邦制意识形态保护国家主权。虽然联邦宪法没有规定联邦政府或州政府必须为公共卫生的利益而采取行动，但联邦政府从联邦宪法的规定所具体列举的权力中获得了在公共卫生领域采取行动的广泛权力。这些权力包括为公共卫生服务增加收入

---

① Institute of Medicine, supra note 1, at 10; see, e.g., Centers for Disease Control & Prevention, Public Health Core Functions—Alabama, Maryland, Mississippi, New Jersey, South Carolina, and Wisconsin 1993 43 (Morbidity & Mortality Wkly. Rep. 13 1994)（认为现行公共卫生法往往无法支持公共卫生部门履行其核心职能）。从更广泛的意义上讲，医学研究所批评卫生部门在对艾滋病等重要问题的立法回应中，没有提供明确的政治领导。See Institute of Medicine, supra note 1, at 4–5。

② See, e.g., Lawrence O. Gostin et al., The Law and the Public's Health: A Study of Infectious Disease Law in the United States, 99 *Colum. L. Rev.* 59 (1999).

③ See id. at 101–18. 译者注：治安权（police power）是指根据美国宪法第十条修正案授予州的权力，依此权，州有权制定和实施保障公共卫生、公共安全和社会福利的法律，或将此权委托给地方政府。不过州行使此项权力应受正当程序和其他规定的限制。参见薛波主编，潘汉典总审订：《元照英美法词典》，法律出版社2003年版，第1063页。

的职权，以及通过其商业职权直接和间接地管制危害人类健康的私人活动。

然而，新联邦制的原则对联邦权力可以合法地扩展到传统国家关注的领域（例如公共卫生）的程度提出了挑战。根据宪法第十修正案各州保留其主权。州治安权（police power）——或州保护、维护和促进公众健康、安全、道德和公共福利的固有职权——代表州为维护公共卫生利益而行使的保留职权。地方政府包括县或区、自治市和特定区，通过州治安权的特别授权共享公共卫生权力。

第三部分通过对构成州和部落管辖区公共卫生实践基础的宪法、成文法和行政法的全面探讨，研究了阿拉斯加公共卫生的法律授权。与联邦宪法一样，阿拉斯加州宪法对州的权力进行了限制，同时也对政府的权力给予了积极认可。阿拉斯加州宪法保障许多个人权利，特别授权州立法机关促进和保护公共卫生和公共福利。① 第三部分论述了阿拉斯加州立法机构颁布的一系列法规，要求州和地方政府机构、部门调整和履行传统的公共卫生职能。

阿拉斯加州的大部分公共卫生事务都由州的两个机构管理，即卫生和社会服务部（Department of Health and Social Services，DHSS）和环境保护部（Department of Environmental Conservation，DEC）。卫生和社会服务部主要负责传染病的防治、公共卫生保健管理和一些公共安全问题。环境保护部被授权管理包括公共卫生妨害在内对健康的环境威胁。

阿拉斯加州的行政区和城市根据州法律的特定法定分类被授予各种公共卫生权力。然而，阿拉斯加州原住民村落和部落群体的合法存在以及他们的许多公共卫生权力，都要归功于联邦政府。国会先前承担了向部落政府提供医疗保健的直接责任。最近，国会鼓励部落政府直接参与卫生项目的规划和运作。虽然联邦和部落之间的关系很密切，但美国最高法院已经确认，阿拉斯加州政府对部落土地拥有主要管辖权。② 然而，州对部落政府的影响程度取决于是否承认与部落政府的联邦伙伴关系。这种将部落卫生当局视为联邦伙伴和地方政府的双重承认，引发了人们对这些部落政府与州和其他地方政府共同承担公共卫生责任的质疑。

第四部分讨论了改革公共卫生法的效益和我们的改革建议。尽管立法方法存在政治局限性，但法律改革可以通过以下方式促进公共卫生：（1）确定公共卫生的宗旨和目标；（2）在当地可容许的灵活范围内授权和限制公共卫生行动；（3）创造更健康的条件作为预防手段；（4）促进政府和非政府卫生活动的规划和协调。通过改革公共卫生可以实现许多效益，包括以下方面：更新过时的法律；结合现代科学对疾病和不健康状况的认识；使当前的标准现代化；以及也许最重要的是明确各个州、地方和部落参与者之间的法律权力、法律职责和法律关系。

---

① See Alaska Const. art. VII, § 4.
② See Alaska v. Native Village of Venetie Tribal Gov't, 522 U. S. 520, 533 (1998)

阿拉斯加州的法律改革应该表达对公共卫生的清晰愿景，以促进公共卫生的最佳理论与实践。公共卫生法规应以适用于所有健康威胁的统一规定为基础。这将消除根据要防控的疾病类型或条件而对法律进行不必要的分割。公共卫生干预措施应根据风险程度、应对措施的成本和效果以及对保障人权的责任而定。

当局应被授权根据有关公共卫生风险的性质和程度的现有最佳科学证据做出决定，并拥有广泛的权力来完成其职责。实施一系列分级的灵活替代方案，可以在不损害个人权利的情况下保护公共卫生。为了进一步保护隐私，公共卫生当局应该坚持基本信息隐私惯例，这些惯例已经被纳入我们的《州公共卫生隐私示范法》（Model State Public Health Privacy Act）。① 这些惯例包括：（1）提供收集数据的理由；（2）共享公共卫生部门收集汇总的数据信息及其目的；（3）取消秘密数据系统；（4）允许人们查阅自己的资料；（5）保证数据的可靠性和准确性；（6）对所有可识别个人身份的信息，附加具有法律约束力的隐私保证（例如保密条款）；（7）建立数据安全保护制度；（8）对未经授权的信息披露行为予以处罚。

最后，我们建议州的主要公共卫生行政机构——卫生和社会服务部（DHSS）和环境保护部（DEC），应该将它们的沟通和协调渠道正规化。

一、公共卫生法的体系

定位公共卫生法并不容易。立法者、法官、卫生官员、学者和其他人通常认为公共卫生法是其他学科的交叉，包括卫生法、卫生保健法、法律与医学、法医学、环境法和生物伦理学。本文将把公共卫生法作为一门独特的学科。正如1926年的一篇公共卫生法论文推测的那样，公共卫生法不应与法医学相混淆，后者仅涉及在法律方面将医学知识和外科知识应用于个人……公共卫生不是医学的一个分支，而是一门科学，预防医学是这门科学的一个重要贡献。公共卫生法是法理学的一个分支，涉及的是将普通法和成文法应用于卫生和卫生科学理论。②

因此，虽然公共卫生法在概念上与法律和医学、卫生保健法有关，但它本身是一个独特的学科，在理论和实践上容易与法律和医学方面的其他学科相区别。③ 在这部分中，我们将在宪法框架内简要定义公共卫生法，并展示与我们的定义相一致的与公共卫生有关的各种政府职责和权力。

---

① See Lawrence O. Gostin & James G. Hodge, Jr., Model State Public Health Privacy Project (last modified Oct. 8, 1999) < http://www.critpath.org/msphpa/privacy.htm >.
② James A. Tobey, *Public Health Law: A Manual of Law For Sanitarians* 6 – 7 (1926).
③ See Gostin, supra note 3.

(一) 公共卫生法的定义

历史上,公共卫生一直与防控传染病和改善社区的不卫生或不安全条件联系在一起。① 公共卫生实际上更加包罗万象。现代的公共卫生定义差异很大,从世界卫生组织关于身体健康和心健康②理想状态的乌托邦概念,到仅列出公共卫生通常做法的定义。③ 医学研究所 (IOM) 提出了当代最有影响力的公共卫生定义之一,尽管其表述简单但相当准确:"公共卫生是我们作为一个社会为确保人们健康所采取的集体行动"。④

在此公共卫生定义的基础上,我们将公共卫生法作如下定义:研究国家的法律权力和法律义务以确保人们健康的条件(例如,识别、预防和改善人口健康风险),以及限制国家以保护或促进社区健康为由,从而限制自治、隐私、自由或其他受法律保护的个人权利。⑤ 根据这一定义,公共卫生法与医学和法律领域相区别的五个基本特征是:(1) 政府:公共卫生活动是政府部门而不是私人部门的主要责任;(2) 人群:公共卫生关注的是人群的健康,而不是个体患者的临床改善;(3) 关系:公共卫生考虑的是国家和民众之间的关系(或国家和自己或社区处于危险之中的个人之间的关系),而不是医生和病人之间的关系;(4) 服务:公共卫生是指提供公共卫生服务,而不是个人医疗服务;(5) 强制:公共卫生拥有强制个人以保护社区的权力,因此它不依赖于一种近乎普遍的唯意志论伦理。虽然这些宽泛的参数有助于将公共卫生法与其他领域区分开来,但有必要通过我们的政府宪政体制进一步研究公共卫生法的概念。

(二) 宪法赋予的公共卫生权力

美国宪法是分析任何关于政府权力分配的出发点。宪法将权力划分为三个政府分支(权力分立);限制政府权力(以保护个人自由);在联邦政府和各州之间分配权力(联邦制)。⑥ 在公共卫生领域,宪法既是源泉又是堤坝。它产生了维护公共卫生的权力,同时也限制了保护个人自由的权力。⑦

1. 权力的分立

美国宪法将联邦政府的权力划分为三个分支:(1) 立法分支拥有制定法律的权力;(2) 行政分支有权执行法律;(3) 司法分支拥有解释法律的权力。各州根据自己的宪法

---

① See *Tobey*, supra note 13, at 3.
② See, e.g., Lawrence O. Gostin & Zita Lazzarini, *Human Rights and Public Health in The Aids Pandemic* 27 – 30 (1997).
③ See, e.g., Charles Edward Armory Winslow, *The Evolution and Significance of The Modern Public Health Campaign* (1923).
④ *Insitrute of Medicine*, supra note 1, at 19.
⑤ *Gostin*, supra note 3.
⑥ See Erwin Chemerinsky, *Constitutional Law: Principles And Policies* 1 – 6 (1997).
⑦ See Judith Areen et al., *Law, Science and Medicine* 520 (2d ed. 1996)

制定了类似的权力划分方案。通过拆分政府的权力，宪法提供了一种制衡机制，这被认为可以减少政府压迫的可能性。

分权原则对公共卫生法领域至关重要，因为政府的每个分支都拥有独特的宪法权力来制定、执行或解释卫生政策。立法机构制定卫生政策，并分配必要的资源实施该政策。然而，一些观点认为立法机构无法平衡和做出复杂的公共卫生决策。立法者可能因仓促应对而没有进行充分的事实调查或考虑所有的影响，缺乏卫生科学方面的专业知识，以及受到可能与公共卫生目标相抵触的普遍观念的影响。然而，立法者仍需要对他们的行为负有政治责任，并与相互矛盾的主张保持平衡。

除执行现有的公共卫生法外，行政机构还通过制定卫生政策和卫生条例对公共卫生法律产生重大影响。联邦和州两级的行政机构不仅负有执行立法规定的责任，而且还负有制定复杂的卫生条例的责任。行政机构在管理公共卫生方面具有独特的地位。设置这些机构的目的是为了促进公共卫生，使其能够长期关注公共卫生问题，并且可能拥有解决这些问题的重要专业知识和资源。然而，与此相对的是，行政机构官员可能过于狭隘地专注于单一的主题，并且可能因任职时间过长，无意中导致政策和程序停滞不前，以及与监管主体串通一气。

通过法律解释，司法机关通过确定立法权力和行政权力的边界，对公共卫生政策进行实质性的控制。法院决定公共卫生法规是否符合宪法，行政机构的行为是否得到立法授权，行政官员是否收集了足够的证据来支持其行政行为，以及政府官员和私人团体是否存在过失行为。司法机关具有的独立性和专业性，能够使其就个人权利或联邦制之类的宪法主张作出深思熟虑的决定。但是，法院可能没有足够的能力来严格审查卫生政策的实质内容。法官因不经选举产生而通常被认为在政治上不负责任，他们可能会受到特定案件事实的约束，可能会受到未经检验的专家意见的影响，并且可能过于专注于个人权利，而牺牲了对公共健康保护的集体主张。

2. 有限的权力

宪法的第二项功能是限制政府权力以保护个人自由。政府为促进公共利益而采取的行动往往会侵犯个人自由。公共卫生管理与个人权利可能直接冲突。以人群为基础的管理和个人权利之间紧张关系的解决需要妥协。因此，虽然宪法赋予了政府广泛的权力，但它也通过个人权利主张来进行权衡，政府没有某种程度的正当理由不能侵犯个人权利。《权利法案》与其他宪法条文共同创造了一个涉及个人自由、自治、隐私和经济自由的区域①，而政府无正当理由不能干涉。公共卫生法努力确定政府促进公众健康的权力必须让步于个人权利要求的临界点。

---

① See, e. g., U. S. CONST. art. I, §§ 9, 10（联邦和州政府不得对合法行为进行刑事处罚）; id. art. I, § 10（任何州不得损害契约义务）; id art. IV, § 2（每一州的公民应享有若干州公民的一切特权和豁免）。

1905年美国联邦最高法院对雅各布森诉马萨诸塞州（Jacobson v. Massachusetts）的意见表明了这种紧张关系。① 在雅各布森（Jacobson）案中，联邦最高法院认为这是对一般天花疫苗接种要求的宪法挑战。② 马萨诸塞州颁布了一项法律，授权市政卫生委员会根据公共卫生或公共安全需要要求居民接种疫苗。③ 根据法律规定的授权，剑桥卫生委员会（Cambridge Board of Health）通过了以下规定："鉴于天花在剑桥市的流行……并且还在继续增长；因此，迅速消灭这种疾病是必要的……应命令城里面的所有居民……接种疫苗"。④ 亨宁·雅各布森（Henning Jacobson）拒绝了接种疫苗。经初审法院定罪后，他被判罚款五美元。马萨诸塞州最高法院维持了原判，案件被上诉到美国联邦最高法院。⑤ 雅各布森认为，"强制接种法律规定是不合理的、武断的和压迫的，因此，它与每个自由人以他认为最好的方式照顾自己的身体和健康的固有权利相抵触"。⑥ 他坚称他的宪法自由权利支持身体完整和决策隐私的自然权利。⑦

联邦最高法院对个人自由采取了更狭义的观点，因此驳回了雅各布森的上诉。联邦最高法院强调一种更以社区为导向的理念，即公民对彼此和整个社会负有义务。哈兰（Harlan）大法官在判决中写道：美国宪法保障的自由……并不是说每个人都有绝对的权利，在任何时候、任何情况下完全不受约束。为了所有人的共同利益，每个人都必须受到多种约束。在任何其他基础上，有组织的社会都应对其成员的安全负责。⑧ 根据社会契约理论，"社区有权保护自己成员免受传染性疾病的威胁"。⑨ 哈兰大法官认为这一理论与国家的传统治安权相一致。传统治安权授权政府为公共卫生利益采取一系列行政行为的优先权。⑩

雅各布森案为治安权规定的正当性提供了先例，以支持强有力的社会福利理念。然而，联邦最高法院也承认广泛治安权的弊端。只有在符合下列原则的情况下，宪法才允许利用州治安权来支持疫苗接种要求或其他公共卫生措施：

第一，公共卫生的必要性。在雅各布森案中，哈兰大法官坚持认为治安权必须以"案件的必要性"为基础，并且不能以"武断的、不合理的方式"行使，或"超出保障公众

---

① 197 U. S. 11（1905）.
② Id. at 12.
③ Id. at 12 – 13.
④ Id.
⑤ See id. at 14.
⑥ Id. at 26.
⑦ See id.
⑧ Id. at 26.
⑨ Id. at 27.
⑩ Id. 治安权是指有主权的州对影响公共卫生、公共安全和社会福利的事项进行管理的广泛权力。See, e. g., Ernst Freund, The Police Power：Public Policy and Constitutional Rights 3 – 4（1904）；James G. Hodge, Jr., The Role of New Federalism and Public Health Law, 12 J. L. & HEALTH 309, 318 – 20（1998）.

安全的合理要求范围"。①

第二，合理手段。在雅各布森案中，联邦最高法院提出了一项手段和目的测试，要求在公共卫生干预与实现合法的公共卫生目标之间建立合理的关系。② 虽然立法机关的目标可能是有效和有益的，但所采取的方法必须与保护公众健康有"真正的或实质性的关系"，而不能是"对权利的明显侵犯"。③

第三，比例原则。哈兰大法官在雅各布森案的判决中写道，"一个州的治安权……在这种情况下，或在某些武断的、压迫的法律规定特殊情况下，法院为防止错误的……不公正的、压迫的或荒谬的结果发生而进行干预具有正当性"。④ 因此，如果管制是不必要的或不公平的，则公共卫生条例可能违宪。

第四，避免伤害。虽然可以要求对社会构成危险的人采取强制措施，包括为公众利益接种疫苗，但措施本身不应对相关主体构成健康危险。要求一个人在明知接种疫苗会造成伤害的情况下仍进行免疫接种，这种做法是"非常残忍和不人道的"。⑤ 雅各布森没有提供医学证据证明他不是接种天花疫苗的"合适人选"。⑥

因此，虽然雅各布森案的判决坚决支持治安权授权各州为公共利益强制接种疫苗，但政府权力必须合理行使以符合宪法规定。

3. 联邦制

联邦制作为一种法律原则和政府设计⑦，试图在联邦和州两级政府之间适当地分配权力。⑧ 根据美国宪法规定，联邦政府在其有具体管辖权的地区拥有某些有限的权力来颁布法律。为了保护联邦政府的权力不受各州的侵犯，最高条款⑨（Supremacy Clause）规定根据优先权原则，联邦法律和规则高于与之相冲突的州法律。⑩ 联邦宪法或成文法优先于

---

① Jacobson, 197 U. S. at 28.

② See id at 28 - 29; see also James A. Tobey, *Public Health Law* 90 (2d ed. 1939).

③ Jacobson, 197 U. S. at 31; see also Nebbia v. New York, 291 U. S. 502, 525 (1933)（认为公共福利规则不能"不合理、任意、变化无常，所选择的手段应当与所追求的目标具有真实和实质的联系"）。

④ Jacobson, 197 U. S. at 38 - 39.

⑤ See id. at 39.

⑥ Id.

⑦ See Texas v. White, 74 U. S. 700, 725 (1868); see also Working Group on Federalism of The Domestic Policy Council, The Status of Federalism in America 5 (1986)（"联邦制是基于宪法的政府组织理论，旨在确保政治自由……"）。

⑧ See, e. g., The Court and Federalism, Wash. Post, Jan. 14, 2000, at A26 ("The proper question [of federalism] is whether.., policy issues [are being] addressed by the appropriate level of government, [not] which level is likely to deliver a particular favored outcome.").

⑨ See U. S. Const. art. VI, cl. 2. 译者注：最高条款（Supremacy Clause）是指美国宪法第六条第二项的规定，宣布该宪法和依该宪法所制定的合众国法律，以及根据合众国的权力已缔结或将缔结的一切条约，都是全国最高法律（supreme law of the land），对与之冲突的州宪法或法律享有优先权。参见薛波主编，潘汉典总审订：《元照英美法词典》，法律出版社2003年版，第1315页。

⑩ See id.

州法律，或者明示规定①联邦法律与州法律之间的冲突规则②，或者暗示国会如此彻底地占据了立法领域，"以致可以合理地推断国会没有留下任何空间给各州来补充"。③

随着宪法第十修正案的通过，各州保留了对"在正常事务过程中关系到人民的生命、自由和财产以及州的内部秩序、改善和繁荣的所有事物"的主权权力。④ 这些权力统称为治安权（police powers），赋予了各州管理影响公众健康、公共安全、社会福利事务广泛的管辖权。⑤

联邦权力和州权力之间的区别在应用上并不总是可以预测。⑥ 尽管政府之间的权力分配原本相对明确⑦，但联邦政府和州政府的权力经常相互作用。正是在这些权力发生碰撞的时候，联邦制呈现出许多不同的色调和层次。⑧

联邦制问题可以分为两大类。第一类包括州政府对联邦领域的干预。这些例子包括州试图侵犯联邦政府的宪法权力（例如，制定法律干涉国会对州际贸易的监管）⑨，或不承认联邦最高权力或权威（例如，试图对联邦货物征税）。⑩ 在美国成立初期，随着对各州主权权力的限制，此类州干预联邦领域的例子激增。

第二类包括联邦政府对传统州政府职权的干预。最初，涉及传统上由各州负责领域的联邦立法被认为超出了国会的管辖权，因此不能超越州法律。⑪ 但在新政时期（New

---

① See, e.g., Rice v. Santa Fe Elevator Corp., 331 U.S. 218 (1947).

② See, e.g., Maryland v. Louisiana, 451 U.S. 725 (1981); New York State Conference of Blue Cross & Blue Shield Plans v. Travelers Ins. Co., 514 U.S. 645, 654 (1995).

③ Fidelity Fed. Savings & Loan Assn. v. De la Cuesta, 458 U.S. 141, 153 (1982) (quoting Rice v. Santa Fe Elevator Corp., 331 U.S. 218, 230 (1947)); see also Jones v. Rath Packing Co., 430 U.S. 519, 525 – 26 (1977).

④ Gregory v. Ashcroft, 501 U.S. 452 (quoting THE FEDERALIST No. 45, at 292 – 93 (James Madison) (Clinton Rossiter ed., 1961)).

⑤ See supra note 32 及相关论述。

⑥ See, e.g., New York v. United States, 505 U.S. 144, 155 (1992) (指出确定联邦和州权力之间的宪法界限的任务，引发了联邦最高法院的许多最困难和最著名的案件）。

⑦ See, e.g., K. C. WHEARE, FEDERAL GOVERNMENT 2 (1947); see also Younger v. Harris, 401 U.S. 37, 44 (1971) (指出联邦制度涉及 "对州职能的适当尊重……相信如果各州及其机构能够以各自的方式自由发挥各自的职能，则联邦政府将会发展得最好"）。

⑧ See, e.g., Alan R. Arkin, Inconsistencies in Modem Federalism Jurisprudence, 70 *TUL. L. REV.* 1569 (1996).

⑨ See, e.g., South Carolina Highway Dep't v. Barnwell Bros., Inc., 303 U.S. 177 (1938) (维持了南卡罗来纳州一项法律的合宪性，该法律禁止宽度超过 90 英寸或重量超过 20000 磅的卡车在州际公路上行驶，尽管这违反了州际贸易）。

⑩ See McCulloch v. Maryland, 17 U.S. (4 Wheat.) 316 (1819) (宣布马里兰州试图对新成立的美国联邦银行发行的纸币征税无效）。

⑪ 各州被认为是政府运作的关键，因为它们保留了大多数权力。See A REPORT OF THE WORKING GROUP ON FEDERALISM, supra note 39, at 10. 在联邦和州政府之间原有的权力平衡下，各州的权力是如此强大，以致亚历山大·汉密尔顿（Alexander Hamilton）评论说，各州对联邦政府的侵犯比联邦政府对各州的侵犯更有可能。Id. at 9 (citing THE FEDERALIST No. 31, at 197 (Alexander Hamilton) (Clinton Rossiter ed., 1961)); see also New York v. United States, 505 U.S. 144, 157 (1992) (指出联邦政府今天所做的事情在两方面都是制宪者无法想象的：首先，因为制宪者不会想到任何政府会进行这样的活动；第二，因为制宪者不相信联邦政府而不是各州会承担这样的责任）。

Deal),联邦政府的扩张放宽了联邦制争论的传统观念[1],这些争论源于联邦政府对各州的干预,虽然不是唯一的,但却是新联邦制时代的典型现代争论。[2] 联邦制日益成为政治[3]和司法问题的焦点。美国联邦最高法院在建立联邦制的新领域方面发挥了重要作用。[4] 从1976年联邦最高法院对全国城市联盟诉尤塞里[5](National League of Cities v. Usery)一案的判决开始,新的联邦制案件导致联邦最高法院的裁判发生了重大变化。这些变化包括(1)采取强有力的规则来抵制联邦政府侵犯州政府的核心职能;[6] (2)推定不得将联邦法规应用于州和地方政治程序;[7] (3)反对"强令"州政府为联邦监管目的服务的联邦行为;[8]

---

[1] See, e. g. , Daniel S. Herzfeld, Note, Accountability and the Nondelegation of Unfunded Mandates: A Public Choice Analysis of the Supreme Court's Tenth Amendment Federalism Jurisprudence, 7 GEO. MASON L. REV. 419 (1999)

[2] "新联邦制"("new federalism")一词最早可能是由小唐纳德·威尔克斯(Donald E. Wilkes, Jr.)在他的文章中使用。The New Federalism in Criminal Procedure: State Court Evasion of the Burger Court, 62 KY. L. J. 421 (1974). See Richard C. Reuben, The New Federalism, ABA J. , Apr. 1995, at 76 - 77(联邦制的复苏部分是由于各州为从联邦政府获得更大自治权而加大政治努力的结果,以及这种努力对国会政治进程的影响);see also Juliet Eilperin, House GOP's Impact: Transforming an Institution, WASH. POST, Jan. 4, 2000, at A4. 艾尔佩林(Eilperin)记述了前众议院议长纽特·金里奇(Newt Gingrich)的失败,并评论说:"虽然金里奇曾经希望从议长的椅子上领导国家,但他通过这些年向州和地方政府转移权力带来的一些变化,可能会大大削弱立法部门的权力"。

[3] 有几位州长在1994年组织"各州会议"起草联邦宪法修正案以支持更多州权力的努力失败了。See William Claiborne, Supreme Court Rulings Fuel Fervor of Federalists, WASH. POST, June 28, 1999, at A2. 已经提出了一些法案,要求国会在通过立法之前考虑联邦制问题。See Ron Eckstein, Federalism Bills Unify Usual Foes, LEGAL TIMES, Oct. 18, 1999, at 1. 1999年8月,克林顿总统签署了关于联邦制的行政命令的第二稿。该命令的初稿被州和地方政府协会完全拒绝,因为它没有适当地反映新的联邦制原则。See David S. Broder, Federalism's New Framework, WASH. POST, Aug. 5, 1999, at A21. 修订后的命令不支持联邦优先的法律或政策,要求行政官员在制定联邦标准时尽可能尊重各州的意见,并设有针对缺乏联邦主义"影响力声明"的联邦行政策实施的强制执行机制。See id。

[4] See David S. Broder, Challenge for the States, WASH. POST, Aug. 10, 1999, at A19; see also Claiborne, supra note 56。

[5] 426 U. S. 833 (1976)(国会由于缺乏商业条款赋予的管辖权,所以无法通过《公平劳工标准法》来规范传统政府职能范围内从事整体业务公职人员的工资和工时); see also Robert H. Freilich & David G. Richardson, Returning to a General Theory of Federalism: Framing a New Tenth Amendment United States Supreme Court Case, 26 URB. LAW. 215 (1994)。

[6] See, e. g. , City of Boerne v. Flores, 521 U. S. 507 (1997) (宣布1993年《宗教自由修复法》无效,因为根据宪法修正案第14条的规定该法超出了国会的权力范围,起因于地方分区当局决定拒绝教会的建筑许可而受到质疑);see also United States v. Lopez, 514 U. S. 549 (1995)(国会缺乏制定1990年《无枪学区法》的商务权力,该法使学生明知在学校持有枪支的行为构成犯罪)。

[7] See City of Columbia v. Omni Outdoor Adver. , Inc. , 499 U. S. 365 (1991).

[8] See Printz v. United States, 521 U. S. 898 (1997)(宣布《布雷迪手枪暴力预防法》的联邦规定违宪,该法要求各州首席执法官员对潜在的手枪购买者进行临时背景调查);New York v. United States, 505 U. S. 144 (1992). 1985年《联邦低放射性废物政策修正法》的"取得所有权"激励条款在宪法上无效,其要求各州(1)依照国会的指示进行监管,或(2)取得所有权和占有州内生产的放射性废物,或因州未能接受废物而需要对废物生产者造成的损失负责。这两种"选择"都基于联邦制原则而违宪,因为国会既不能要求各州根据联邦的指示执行法律,也不能"强行"要求各州为联邦监管目的服务。See id。

(4) 拒绝私人当事方针对州①提出的关于加班费②、专利侵权③、涉及虚假广告④和解决赌博纠纷的联邦索赔⑤以及 (5) 当联邦政府的行为可能改变联邦制的平衡时⑥，采用"明确的声明规则"要求国会必须"在法规中用明确的语言表达其意图废除宪法第十一修正案"。⑦ 最近，联邦最高法院裁定州雇员不能就违反《联邦就业年龄歧视法》⑧（Federal Age Discrimination in Employment Act）对州提起诉讼，因为国会在试图对州提起诉讼时⑨，超出了其根据宪法第十四修正案废除该州在宪法第十一修正案⑩下的豁免权。这些案件中的大多数涉及联邦制的第二类问题，即联邦对主要的州事务的干涉超过了对联邦权力的限制。然而，联邦最高法院审理的新案件表明存在非典型的联邦制纷争，即各州和私人当事方已开始积极挑战联邦管辖内的问题。例如，在新世纪的第一个任期内，联邦最高法院将决定（1）各州是否可以对油轮实施比联邦法律更严格的环境法规（联邦最高法院最近认为各州不能这样做）；⑪（2）尽管预先制定的联邦法律和法规允许汽车制造商安装自动安全带或安全气囊，但私人当事方仍可对20世纪80年代后期未能安装安全气囊的汽车制造商在州层面提起人身伤害索赔；⑫（3）各州可执行州法律禁止各州与在令人反感的国际地区（基于其威权政府、人权问题或其他标准）开展业务的公司签订采购协议，这可能违反联邦宪法规定管理外交事务的权力。⑬

无论如何，新的联邦制已使宪法第十修正案作为挑战联邦法规的手段，这些法规迫使州进行立法或作出行政行为。因此，一些联邦公共卫生法可能会因宪法第十修正案而容易受到州的挑战。例如，未来的挑战可能包括要求各州采用或执行联邦监管计划的环境法

---

① See, e.g., Joan Biskupic, Justices, 5–4, Strengthen State Rights, WASH. POST, June 24, 1999, at Al.
② See Alden v. Maine, 527 U.S. 706 (1999).
③ See Florida Prepaid Post – Secondary Educ. Expense Bd. v. College Say. Bank, 527 U.S. 627 (1999).
④ See College Say. Bank v. Florida Prepaid Post – secondary Educ. Expense Bd., 527 U.S. 666 (1999).
⑤ See Seminole Tribe of Florida v. Florida, 517 U.S. 44 (1996).
⑥ See Gregory v. Ashroft, 501 U.S. 452, 469 (1991).
⑦ Atascadero State Hospital v. Scanlon, 473 U.S. 234, 243 (1985)
⑧ See Kimel v. Florida Bd. of Regents, 120 S. Ct. 631 (2000).
⑨ See Linda Greenhouse, Age Bias Case in Supreme Court Opens a New Round of Federalism, N.Y. TIMEs, Oct. 14, 1999, at A25; see also Joan Biskupic, Court Curbs Suits By State Workers; Continuing Pattern, 5–4 Ruling Bars Claims of Age Bias Under Federal Law, WASH. POST, Jan. 12, 2000, at All.
⑩ 合众国的司法权不得被解释为适用于由他州公民或任何外国公民或臣民对合众国一州提出的或起诉的任何普通法或衡平法的诉讼。U.S. CONST. amend. XI.
⑪ See International Ass'n of Indep. Tanker Owners v. Locke, 148 F. 3d 1053 (9th Cir. 1998), rev'd, 120 S. Ct. 1135 (2000).
⑫ See Geier v. American Honda Motor Co., 166 F. 3d 1236 (D.C. Ct. App. 1999), cert. granted, 120 S. Ct. 33 (1999).
⑬ See National Foreign Trade Council v. Natsios, 181 F. 3d 38 (1st Cir. 1999), cert. granted, 120 S. Ct. 525 (1999); see also Joan Biskupic, High Court to Review Mass. Law on Burma, WASH. POST, Nov. 30, 1999, at A4; Linda Greenhouse, Justices to Decide Foreign Policy Question in Massachusetts Boycott of Myanmar, N.Y. TIMEs, Nov. 30, 1999, at A20.

规①，或侵犯各州在公共卫生方面的核心关切而预先制定宽松的联邦法律。② 以下的论述探讨了联邦、州和地方政府的宪法权力和公共卫生权力的行使。

第一，联邦权力。在国会通过的一项法律被认为符合宪法之前，必须提出两个问题：（1）宪法是否肯定地授权国会采取行动，（2）这种权力的行使是否不当地干涉了任何受宪法保护的利益？③

从理论上讲，美国是一个权力有限、明确的政府。在现实中，通过默示的权力（implied powers）理论对联邦权力进行政治和司法扩张，使联邦政府有相当大的权力为公共卫生和公共安全采取行动。联邦政府可以采取一切合理适当的手段，以实现宪法规定的国家权力目标。④ 出于公共卫生目的，主要权力是征税、支出和管理州际商业的权力。这些权力赋予国会独立的职权，以增加公共卫生服务的收入，并直接和间接地监管危害人类健康的个人行为。

第二，州治安权。尽管联邦政府广泛参与了现代公共卫生监管，但各州历来都在提供以人口为基础的卫生服务方面发挥着主导作用。除了个人医疗服务和环境改善方面外，各州仍然占公共卫生服务的传统支出的大部分。⑤ 联邦宪法第十修正案将宪法未赋予联邦政府也没有禁止各州行使的所有权力保留给各州。⑥

治安权代表州的权力以实现所有政府的首要目标：促进社会的普遍福利。治安权通常可以被定义为"州（和经授权的地方政府）颁布法律和法规以保护、维护和促进人们的健康、安全、道德和普遍福利的固有权力"。⑦

---

① See New York v. United States, 505 U. S. 144 (1992).
② See Gregory v. Ashcroft, 501 U. S. 452 (1991).
③ See James G. Hodge, Jr., The Role of New Federalism & Public Health Law, 12 *J. L. & HEALTH* 309, 311 (1998).
④ See McCulloch v. Maryland, 17 U. S. (4 Wheat.) 316, 323 – 24 (1819).

译者注：默示的权力（implied powers）是指为行使明示授予的权力所必需的权力；政府官员为实现其主要职能而享有的附带的权力；美国宪法所默示赋予的联邦权力，指不是明确规定在宪法或法律中而是从明确的法律授予的权力中推演出来的权力。默示权力必须来源于明示的权力（expressed power），而且是实现明示权力的手段。在美国，联邦政府被认为是只享有列举权力（enumerated powers）的政府。但是因为宪法中的用语常常含混而晦涩，如果对授予联邦政府的权力作狭隘理解的话，可能会严重束缚联邦政府的活动空间。因而从美国建国早期，美国最高法院就已经开始关注首席大法官约翰·马歇尔（John Marshall）关于美国宪法本身并没有具体规定"从严解释"（strict construction）的规则这一主张。通过从宽解释宪法，马歇尔认为国会的商业管理权不仅仅限于交通方面。现在由于默示权力的存在，商业管理权已成为一项极宽泛的国会权力。同样，马歇尔有充足的理由从必要而适当的条款（necessary and proper clause）推导出其意图并不是限制国会只能采取任何合适的行使职权的方式。其他例子还有：设置邮电局的权力必然包含惩罚抢劫邮件者这项默示权力；移民归化权一直被认为暗示着在移民方面的绝对权力。这种默示权力——相当部分是包括在宪法文本精神中的权力——并不限于国会。例如，总统所享有的解雇下级官员的权力，就是授予其行政权的默示权力，尽管并不存在总统解职权的确切规定。参见薛波主编，潘汉典总审订：《元照英美法词典》，法律出版社 2003 年版，第 667 – 668 页。

⑤ See *Instrute of Medicine*, supra note 1, at 178 – 83.
⑥ U. S. Const. amend. X.
⑦ Lawrence O. Gostin & James G. Hodge, Jr., *Reforming Alaska Public Health Law, A Report for the Alaska Public Health Improvement Process* 3 (1999) (on file with authors).

为了实现这些公共利益，州保留在联邦和州宪法范围内限制私人利益（自由、自治、隐私和结社方面的个人利益）以及缔约自由和财产使用方面经济利益的权力。① 公共卫生方面的治安权包括所有直接或间接旨在控制人口发病率和死亡率的法律和法规。治安权使州和地方政府能够在伤害、疾病预防②、环境卫生、水和空气污染等领域促进和维护公共健康。③

第三，地方权力。除了联邦政府和州政府在宪法体系中对公共卫生法的重要作用外，地方政府也是负责公共卫生的重要机构。县（或区）、自治市和特定区的地方政府的公共卫生官员通常处于公共卫生困境的前线。他们可能直接负责收集公共卫生监测数据，执行联邦和州的计划，实施联邦或州公共卫生法律，运营公共卫生诊所，并为其特定人群制定公共卫生政策。

地方政府确定的地方公共卫生重要事项，需要根据州治安权的具体授权。宪法体系中的地方政府被认为是其州政府的附属机构。因此，任何地方政府颁布公共卫生法律或政策的权力都必须由州授权。这种权力的下放可能狭窄也可能广泛，这为地方政府在其管辖范围内就地方关注的公共卫生事务提供了有限的权限或"地方自治"（home rule）权限。这种权力的授予可以受到州宪法或法律的保护，以防止使其被撤回或受到侵犯。但是，如果授予给地方政府的权力没有宪法保护，则各州就可以随意修改、解释、预先制止或取消地方政府的"地方自治"权力。

地方政府为公共卫生利益而行使的权力不得超越有限的管辖权范围，不得与联邦法律或州法律相冲突或削弱联邦法律或州法律。因此，地方政府在公共卫生法律中的作用在很大程度上受到联邦和州法律、法规的限制，地方政府在制定或实施公共卫生政策时必须遵守联邦和州的法律、法规。

二、阿拉斯加州的公共卫生法

在定义了公共卫生法并将其置于美国政府宪法体系的框架下之后，我们转向对阿拉斯加州的公共卫生法进行考察。

阿拉斯加州的公共卫生系统非常复杂，它与联邦政府（包括印第安卫生服务、疾病控制和预防中心、环境保护署）、州政府（主要是阿拉斯加州卫生和社会服务部、环境保护部）、地方政府（包括区、自治市）以及部落组织之间有错综复杂的关系。我们无法描述这些不同机构所有的复杂细节及其在阿拉斯加州公共卫生中的作用。相反，我们根据阿拉

---

① See *Hodge*, supra note 77, at 318 – 30.
② See *Tom Christoffel & Stephen P. Teret, Protecting The Public: Legal Issues in Injury Prevention* 25 – 28 (1993).
③ See 39 AM. JuR. 2D Health § 34 (1968)。译者注：地方自治（home rule）是指州宪法或类似立法授予地方市镇一定自治权以分配州和地方政府间权力的规定，地方政府如接受上述条款，即构成自治。参见薛波主编，潘汉典总审订：《元照英美法词典》，法律出版社 2003 年版，第 644 页。

斯加州宪法、州成文法、市政法和部落法，以及我们的定义和概念方法，以此来研究阿拉斯加州的公共卫生权力。

（一）阿拉斯加州宪法

与联邦宪法一样，阿拉斯加州宪法对州权力进行了限制，同时以肯定方式授予政府权力。阿拉斯加州宪法明确保障了联邦宪法所规定的许多相同或相似的个人权利保障。这些权利包括生命、自由和追求幸福的正当程序权利；[1] 平等保护；[2] 宗教[3]和言论自由；[4] 禁止不合理的搜查和扣押。[5]

阿拉斯加州宪法还通过联邦宪法中未明确规定的条款，对个人权利提供了附加保护。值得注意的是，在阿拉斯加州宪法中的这些附加保护措施中有一项明确的宪法权利，即关于政府侵犯隐私权[6]的规定。州隐私权的范围在很大程度上是不确定的[7]，需要取决于具体情况。[8] 阿拉斯加州法院对州宪法的解释提供了比联邦宪法更广泛的隐私保护。[9] 但是，权利并不是绝对的。[10] 如果政府能够证明侵犯隐私权是出于合法且令人信服的政府利益，那么政府的行为就可能符合宪法规定。[11]

与联邦宪法和大多数其他州宪法不同，阿拉斯加州宪法明确授权州立法机构促进和保护公共卫生[12]及公共福利。[13] 虽然这些规定似乎要求州立法机构采取行动保护公共卫生和促进公共福利，但实现公共卫生目标的程度和方式在很大程度上由立法机构自行决定。因此，阿拉斯加州的公共卫生法律和法规由州立法机构制定。

在隐私权方面，这些规定已被解释为确立了政府为公共卫生利益所采取传统措施的有效性推定。[14] 因此，阿拉斯加州宪法规定的隐私权不会阻碍许多合法的公共卫生活动，例如疾病监测、传染病报告、减少和控制公害以及对公共卫生构成威胁人员的登记。[15] 然而，这些隐私权可能会保护个人在其家中的隐私不受州政府不必要的侵犯，尽管这样的行为可能会进一步促进公共卫生目标尚有疑问。例如，在拉万诉阿拉斯加州（Ravin

---

[1] See ALASKA CONST. art. I, §§1, 7.
[2] See ALASKA CONST. art. I, §3.
[3] See ALASKA CONST. art. I, §4.
[4] See ALAsKA CONST. art. I, §5.
[5] See ALAsKA CONST. art. I, §14.
[6] See ALASKA CONST. art. I, §22（公民的隐私权得到承认，不得侵犯）。
[7] See State v. Glass, 583 P. 2d 872 (Alaska 1978).
[8] See Ravin v. State, 537 P. 2d 494, 498 (Alaska 1975).
[9] See Messerli v. State, 626 P. 2d 81, 83 (Alaska 1980).
[10] See State v. Erickson, 574 P. 2d 1, 22 (Alaska 1978).
[11] See Messerli, 626 P. 2d at 84.
[12] ALASKA CONST. art. VII, §4.
[13] Id. §5.
[14] See Ravin v. State, 537 P. 2d 494, 510 (Alaska 1975).
[15] See Rowe v. Burton, 884 F. Supp. 1372 (D. Alaska 1994).

v. State）一案中，阿拉斯加州最高法院支持个人在自己的家中使用大麻的权利，而无需政府以刑事起诉的形式进行干预。① 阿拉斯加州最高法院随后驳回了一项关于在家中个人使用可卡因的类似指控，认为将更危险的物质可卡因定为犯罪与防止对个人和公共健康造成伤害的合法政府目的之间存在着充分密切和实质性的关系。②

根据州宪法规定的隐私权，阿拉斯加州立法机构已颁布法律保护个人医疗和公共健康记录的秘密。③ 虽然州政府已经宣布几乎所有州的机构和部门持有的信息都是可供查阅的公共记录，但它特别豁免了"医疗和相关公共卫生记录"的披露。④ 健康信息隐私保护通常与反歧视保护结合在一起，禁止歧视身体或精神上有残疾人。⑤

阿拉斯加州宪法还授权立法机构将州组织成有组织和无组织的行政区⑥（类似于县），并将城市纳入这些行政区。⑦ 行政区和城市被授予自由的"地方自治"（home rule）权力，行使州法律不禁止或与州法律相一致的立法权。⑧ 根据这一宪法授权颁布的成文法进一步界定和分类行政区和城市⑨，并明确规定其地方自治权力的范围。⑩

（二）阿拉斯加州公共卫生法的宪法和法律规定

根据明确的宪法授权，阿拉斯加州立法机构颁布了一系列法规，这些法规通常授权州和地方政府机构管理和执行传统的公共卫生职能。以下表格总结了其中的许多法规和一些重要的州宪法规定。

阿拉斯加州公共卫生法的相关规定⑪：

---

① See Ravin, 537 P. 2d at 510.
② See State v. Erickson, 574 P. 2d 1, 23 (Alaska 1978).
③ ALASKA STAT. § 9.25.120 (LEXIS 1997).
④ Id. § 9.25.120.
⑤ 尽管《美国联邦残疾人法》（《美国法典》第42卷第12101-12201号（1992年））为反歧视保护奠定了坚实的基础，但阿拉斯加州已依法提供了额外的保护。阿拉斯加州人权委员会（在州长办公室内）依法获得授权颁布符合立法的一般禁止个人的法规，涉及就业、信贷业务、公共住所，或出售、租赁、出租不动产，而基于种族、宗教、肤色、国籍、性别、年龄、身体或精神残疾、婚姻状况、怀孕或生育原因歧视个人。ALASKA STAT. § 18.80 (LEXIS 1997)。
⑥ See ALASKA CONST. art. X, § 3.
⑦ See id. § 7.
⑧ See id. § § 1, 10, 11.
⑨ ALASKA STAT. § § 29.03 et seq. (LEXIS 1997).
⑩ See infra Part III. C.
⑪ 本表根据阿拉斯加州官方的法律汇编《阿拉斯加州法规》（LEXIS 1999），按顺序列出了阿拉斯加州重要的公共卫生法索引。它不包括联邦法律、州行政法规、部落法规、地方条例或阿拉斯加州公有关公共卫生的重要判例法。由于这些原因，本表不应被视为阿拉斯加州公共卫生法律的完整清单，而应被视为与公共卫生利益相关的阿拉斯加州宪法和成文法的指南。

条款 （Provision）	法律引用 （Legal Citation）	引用的简要介绍 （Brief Description of Citation）
隐私权	ALASKA CONST. art. I, §22.	公民享有隐私权不受侵犯
促进公共卫生	ALASKA CONST. art. VII, §4.	立法机构必须规定促进和保护公共卫生
公共福利	ALASKA CONST. art. VII, §5.	立法机关应提供公共福利
公共卫生记录——检查权除外	ALASKA STAT. §9.25.120（LEXIS 1999）.	任何人都有权查阅本州的公共档案，但有其他规定禁止的除外
教育——体检和免疫	§14.30.120 §14.30.125	体检应交由儿童的父母完成。如果卫生和社会服务专员要求学龄儿童接种疫苗，则学区应按要求执行
健康及个人安全教育	§14.30.360	应鼓励各州公立学校系统启动从幼儿园至12年级的健康教育计划
鱼类健康检查	§16.05.868	如有必要应进行鱼类健康检查
卫生和社会服务部（DHSS）的执法	§18.05.010	卫生和社会服务部应执行有关促进和保护公众健康、控制传染病和产妇/胎儿健康的法律和法规
卫生和社会服务部（DHSS）——报告	§18.05.020	卫生和社会服务部应拟定一份年度活动报告
计划生育	§18.05.035	卫生和社会服务部应当发布计划生育信息
胎儿健康影响和怀孕	§18.05.037	卫生和社会服务部应向患者提供怀孕期间对胎儿健康影响的信息
公共卫生法规	§18.05.040（a）（1）	卫生和社会服务部应采用与现行法律一致的对疾病具有公共卫生重要性的法规
残障人士	§18.05.044	卫生和社会服务部应对同意的残障人士进行登记
卫生委员会——规划和研究办公室	§18.07.021	该办公室应管理需求计划许可证……并履行其他职能
紧急医疗服务	§18.08.010	该部门负责开发、实施和维护全州范围内的综合紧急医疗服务系统……
卫生单位和地区（区、地方卫生委员会、市政公司、原住民）	§§18.10.010 et seq.	在非合并地区设立卫生单位，并指定合并为卫生区

续表

条款 （Provision）	法律引用 （Legal Citation）	引用的简要介绍 （Brief Description of Citation）
结核病	§ 18.15.120	卫生和社会服务部可在本州制定控制结核病的综合方案……
验血和产前验血	§ 18.15.150	孕妇应在第一次就诊时或之后10天内采集血样进行检测
苯丙酮酸尿症（PKU）	§ 18.15.200	帮助分娩的医生或护士应检查新生儿是否有苯丙酮尿症
医院的规章制度	§ 18.20.010	目的在于为医院和相关医疗中心对个人护理和治疗的制定、建立和执行提供标准
护理机构	§ 18.20.300	根据可适用的州和联邦法律法规，确保本州护理机构保持高质量的护理服务
病人查阅记录	§ 18.23.005	病人有权查阅和复制任何记录……提供给病人与医疗保健有关人员
电子医疗记录	§ 18.23.100	卫生保健提供者可以使用电子格式保存医疗记录
卫生和社会服务部（DHSS）	§ 18.26.020	创建阿拉斯加医疗设备管理局，通过寻找医疗设备融资的方法来促进健康和公众福利
社区健康援助计划	§ 18.28.010（c）（1）	拨款可用于培训基层社区卫生辅助人员
石棉	§ 18.31.010	努力协调州的各部门和机构，以减少在学校受到石棉的健康危害
公共场所	§ 18.35.010	授权卫生和社会服务部维护公共场所的卫生标准
公共场所吸烟的管理	§ 18.35.305	指定禁止吸烟的地方
放射性物质	§ 18.45.030（1）	卫生和社会服务部应当研究在本州内放射性物质对公共健康的危害
重要的统计数据	§ § 18.50.010 et seq.	卫生和社会服务部应搜集重要的统计数据
事故和健康危害；事故预防	§ 18.60.010（b）	批准一项计划以减少本州与工作有关的事故和健康危害的发生率
雇员安全教育计划	§ 18.60.066	要求雇主对可能接触有毒或危险物质或物理制剂的雇员进行安全教育
家庭暴力和性侵犯委员会	§ 18.66.010	为家庭暴力和性侵犯受害者提供规划和协调服务

续表

条款 （Provision）	法律引用 （Legal Citation）	引用的简要介绍 （Brief Description of Citation）
州人权委员会	§18.80.050	委员会应通过与身体或精神残疾歧视相关的法规
乳房X光检查覆盖率	§21.42.375	医疗保险公司应覆盖低剂量乳腺X光检查
子宫颈癌和前列腺癌的检测	§21.42.395	医疗保险公司应承担宫颈和前列腺癌筛查的费用
本地空气质量控制计划	§29.35.055	市政当局可以根据条例制定地方空气质量控制计划
本地酒类监管	§29.35.080	市政当局可以监管酒精饮料的销售和消费
本地有害废物报告	§29.35.500	市政当局可以制定报告危险化学品、材料和废物的计划
有害物质清单	§29.35.530	要求市政当局清查有害物质
有害废物信息	§29.35.540	危险废物信息应当方便地供公众查阅、复制
卫生和社会服务部的职责	§44.29.020	卫生和社会服务部应管理州公共卫生和社会服务项目
环境保护部（DEC）——政策声明	§46.03.010	保护和改善阿拉斯加州的自然资源和环境，并控制水、土地和空气污染，以提高该州人民的健康、安全和福利
阿拉斯加州环境计划	§46.03.040	环境保护部应制定并每年审查一项全州的环境计划
减少有害废物配套补助金	§46.03.317	设立减少危险废物的补助金
农药及推广化学制品的管制	§46.03.320	农药和化学品的运输、检测、检验、包装和标识由环境保护部负责
下水道及供水设施的运营	§46.03.720	未经批准任何人不得建造和经营下水道系统或污水处理厂
农药；油类污染	§§46.03.730-740	任何人不得喷洒滴滴涕或其他商业杀虫剂，或排放油类产品
水污染	§46.03.800	个人不得污染或污损生活用水的质量
空气和土地妨害	§46.03.810	任何人不得公开存放任何"令人厌恶或会引起疾病传播或以任何方式危害社区健康"的物品

续表

条款 (Provision)	法律引用 (Legal Citation)	引用的简要介绍 (Brief Description of Citation)
环境保护部术语的定义	§46.03.900	定义了空气、水、土壤和其他环境术语
固体和有害废物管理方法	§46.06.021	环境保护部应促进减少废物来源、废物回收及废物处理和处置,以最大限度地减少对人类健康和环境的威胁
乡村安全用水法	§46.07.010	制定为本州的村庄提供安全的水和卫生的污水处理设施的计划
有害物质排放控制	§46.09.010	处理有害废物的人员必须向环境保护部和其他适当的公共安全机构报告排放情况
有害物质泄漏技术审查委员会	§46.13.100	委员会应协助密封和清理产品及程序的识别
州空气质量计划	§46.14.030	环境保护部应代表州制定任何州空气质量控制计划
记录和秘密的公开	§47.05.020	卫生和社会服务部可以采纳关于信息记录和信息披露的规定
滥用公共救助记录	§47.05.030	任何人不得"索取、披露、接收、使用或授权……使用,申请或接受救助的人员名单、姓名或有关资料"
公共政策——儿童	§47.05.060	确保为每一名儿童提供照顾和指导,即为儿童和社区提供道德、情感、精神和身体方面的福利
医疗救助——目的	§47.07.010	不论种族、年龄、国籍或经济地位,本州的贫困人员都能得到统一和高质量的医疗服务
灾难性疾病救助	§47.08.010	不论种族、年龄、国籍或经济地位如何,本州的贫困人员都能得到统一和高质量的医疗服务
虐待和忽视儿童	§47.17.010	要求报告虐待儿童案件
发育迟缓儿童——早期干预和家庭支持服务	§47.20.060	为某些表现出发育迟缓或残疾风险的儿童提供基金帮助
社区精神健康服务	§47.30.056	建立阿拉斯加州精神健康管理机构以确保有一个全面的精神健康规划
酒精中毒和药物滥用治疗法	§47.37.020	为有酗酒和吸毒问题的人组织和提供治疗服务
产前服务费用	§47.40.100	要求卫生和社会服务部支付产前服务的费用,这是现有的州或联邦计划中无法为有社会或经济困难的孕妇提供的服务

与大多数州一样，阿拉斯加州有多个州机构负责公共卫生的管理。这些机构包括劳工部门（主要负责职业安全与健康）；商业和经济发展部门（提供医生和护士的执照）；公共安全部门（为遭受家庭暴力和性侵犯受害者提供帮助）。

在阿拉斯加州，大多数传统的公共卫生职能都是由两个州的机构直接执行，即卫生和社会服务部（DHSS）① 以及环境保护部（DEC）。② 如下所述，这些州的机构的各自职责和功能因机构设立的一般立法目的而有所区别。卫生和社会服务部主要负责管理与传染病控制、公共卫生管理和一些公共安全问题相关的公共卫生事务。③ 环境保护部通过制定条例和检查发生污染活动的场所来保护环境和州的自然资源。④

1. 卫生和社会服务部

卫生和社会服务部（DHSS）及其下属的许多部门，包括公共卫生部门，由卫生和社会服务专员领导。⑤ 大多数传统的公共卫生职责和功能，由州立法机构通过宽泛的定义而大范围地授权给卫生和社会服务部。⑥ 卫生和社会服务部被授予的权力有（1）执行有关促进和保护公共卫生的法律、法规；（2）控制传染病；（3）开展改善母婴健康的项目；（4）履行法律规定的其他职责。⑦

卫生和社会服务部的公共卫生职责围绕州公共卫生法规、计划，以及与母婴健康和福利服务有关的举措进行管理；⑧ 预防医疗服务；⑨ 公共卫生护理；⑩ 营养服务；⑪ 健康教育；⑫ 公共卫生实验室；⑬ 心理健康服务；⑭ 州的机构（惩教机构除外）和医疗机构的管理；⑮ 残障人士的登记；⑯ 以及普通的救助。⑰

---

① See ALASKA STAT. §44.29.010 et seq. (LEXIS 1999); see also Alaska Health and Social Services Online (visited Mar. 30, 2000) <http://www.hss.state.ak.us>.

② See ALASKA STAT. §44.46.010 et seq. (LEXIS 1999); see also Alaska Department of Environmental Conservation (visited Mar. 30, 2000) <http://www.state.ak.us/dec>.

③ See ALASKA STAT. §46.03.020 (LEXIS 1999)

④ See id.

⑤ See id. §44.29.010 (LEXIS 1997); see also Alaska Health and Social Services Online – Division of Public Health (visited Mar. 30, 2000) <http://www.hss.state.ak.us/dphhome.htm>.

⑥ See ALASKA STAT. §44.29.010 (LEXIS 1999).

⑦ Id. §18.05.010.

⑧ 例如，包括提供计划生育资料，see id. §18.05.035. 儿童保育设施的许可，see id. §44.29.20 (a) (14). 助产中心的登记，see id. §18.040 (a) (10). 以及酒精对胎儿影响的研究，see id. §18.05.037。

⑨ See id. §44.29.20 (a) (2).

⑩ See id. §44.29.20 (a) (3).

⑪ See id. §44.29.20 (a) (4).

⑫ See id. §44.29.20 (a) (6).

⑬ See id. §18.05.040 (8).

⑭ See id. §44.29.20 (a) (7).

⑮ See id. §44.29.20 (a) (9).

⑯ See id. §18.05.044 (a) – (c). 该法规将有缺陷的人定义为那些身体或精神状况如果没有得到其他方面的纠正，将严重限制个人活动或功能的人。

⑰ Id. §44.29.020 (a) (13).

卫生和社会服务部的公共卫生功能在阿拉斯加州修订法规的后续章节中有补充说明，主要是第18标题栏（Title），"健康、安全和住房"。[1] 根据第18标题栏的规定，卫生和社会服务部被授予的权力有：（1）协调和建立全州紧急医疗服务系统；[2]（2）建立结核病[3]和包括艾滋病在内的其他传染病综合防治规划；[4]（3）搜集重要的统计数据；[5]（4）医院服务质量的规范；[6]（5）监测石棉的含量[7]和本州放射性物质对健康的影响；[8]（6）与阿拉斯加州劳工部和其他有关部门协调以预防职业事故和伤害并促进住房安全。[9]

以上这些权力以及卫生和社会服务部的其他公共卫生职责也有相应的立法授权，以制定更准确地定义这些权力的范围和程度的行政法规。这些行政法规可能具有成文法的约束力和效力，但其效力不如联邦和州的宪法和成文法。

2. 环境保护部

环境保护部（DEC）是阿拉斯加州的主要环境保护机构。[10] 环境保护部还被指定负责排除主要是环境性质的公共卫生妨害（nuisance）。[11] 环境保护部的具体职责包括：（1）协调和制定全州的环境政策；（2）制定大气、水、地表、地下污染标准；[12]（3）防止公共卫生妨害；[13]（4）保持公共场所卫生标准（包括禁止在某些公共场所吸烟）；[14]（5）为公共卫生利益调整卫生惯例，包括对各种商业企业制定环境卫生标准（例如，食品加工和制造企业、工厂、理发店、餐馆和酒吧）和非商业机构（例如学校和任何缺乏卫生设施可能会导致疾病发生的其他类似机构）[15]制定环境卫生标准。

环境保护部下属的各个部门负责执行符合这些广泛的立法标准项目。空气和水质部门（Division of Air and Water Quality）监测空气和水污染。[16] 环境卫生部门（Division of Environmental Health）负责管理有关固体废物处理、安全饮用水、环境卫生、食品安全和农药

---

[1] See generally id. §18.
[2] See id. §18.08.
[3] See id. §§18.15.120 – 149.
[4] See id. §18.15.310.
[5] See id. §18.50.
[6] See id. §18.20.
[7] See id. §18.31.
[8] See id. §18.45.030（1）.
[9] See id. §18.60.
[10] See id. §46.03.020.
[11] See FRANK P. GRAD, PUBLIC HEALTH LAW MANUAL 16 – 17 (1990)
[12] See ALASKA STAT. §46.03.020（10）(LEXIS 1998).
[13] See id.
[14] See UL §§1835.010 – 365 (LEXIS 1998).
[15] Id. §44.46.020（5）（c）.
[16] See Alaska Department of Environmental Conservation – Division of Air and Water Quality（visited Apr. 14, 2000）< http：lwww. state. ak. usllocallakpagesl ENV. CONSERV/dawq/dec – dawq. htm >.

控制等方面的法律和法规。① 通过环境卫生和食品安全项目，环境卫生部门检查了全州超过 6000 个公共设施，以监测食品和公共安全，并可能协助对食品和水污染物进行流行病学调查。② 溢油预防和应对部门（Division of Spill Prevention and Response）负责管理环境污染领域，包括地下存储罐。③ 与卫生和社会服务部（DHSS）相同，环境保护部（DEC）有权制定和执行行政法规。④

3. 自治市/地方的公共卫生权力

阿拉斯加州宪法授权立法机关制定法律，以管理州的自治区和城市的建立和权力。阿拉斯加州的 17 个行政区分为一级、二级或三级。⑤ 州内的城市可以被定为一级或二级。⑥ 行政区或城市可以进一步分类。"自治市"是指已经通过自治宪章的地方政府。⑦ 这些地方政府的立法权不受州法律或宪章的禁止。⑧ 此外，行政区可以被划分为"普通法律自治市"，其中包括未经特许的区或立法权力必须由州法律明确授予的城市。⑨

虽然阿拉斯加州的成文法没有明确界定州与地方政府在公共卫生责任方面的关系，但在审查授予给地方政府的公共卫生权力的程度时，这些附属政府单位的分类是重要的。例如，一级行政区可以宣布关于水污染、空气污染、动物管理和日托机构许可的区域性法规，以及州法律未另行禁止的任何非区域性法规。⑩ 二级行政区可以在整个区范围内以类似的方式进行监管，但仅限于非全地区范围内的监管对象。⑪ 一级或二级行政区可以通过举行地区选举获得更多的权力。⑫ 例如，1998 年基奈半岛行政区（Kenai Peninsula Borough）的居民投票（尽管没有成功），反对当地政府将动物管理政策扩展到行政区城市以外的地区。⑬

三级行政区在功能上相当于许多州的特殊服务区，缺乏任何公共卫生监管权力，不像一级行政区和二级行政区那样拥有防止石油或其他有害物质在环境中排放的权力。⑭ 阿拉

---

① See Alaska Department of Environmental Conservation – Division of Environmental Health（visited Apr. 14, 2000）< http：//www.state.ak.us/decdeh >（total public facilities mentioned under "Performance Measures"）.
② See id.
③ See Alaska Department of Environmental Conservation – Division of Spill Prevention and Response（visited Apr. 14, 2000）< http：//www.state.ak.us/decl dspar/decjspr.htm >.
④ See ALAsKA STAT. § 46.03.020（6）–（10）.
⑤ See id. § 29.04.030.
⑥ See id.
⑦ Id. § 29.04.010.
⑧ See id.
⑨ Id. § 29.04.020.
⑩ See id. § 29.35.200.
⑪ See id. § 29.35.210.
⑫ See id. § 29.35.300.
⑬ See Heather A. Resz, Animal Issues Goes to Voters, PENINSULA CLARION, July 16, 1998, at Al（on file with authors）.
⑭ See ALASKA STAT. § 29.35.220（LEXIS 1998）.

斯加州只有一个三级行政区。① 不会再设立三级行政区。② 类似的地方自治权力授权也适用于城市，这取决于它们是否存在于行政区内或区外。③ 城市也可以将它们的权力转移到它们所在的行政区。④

阿拉斯加州将某些公共卫生职能委托给所有的自治市，无论是地方自治权还是普通法律，以及行政区还是城市。例如，任何自治市都可以建立当地的空气质量控制计划；⑤ 管理酒精饮品的销售及消费；⑥ 建立报告危险化学制品、材料或废物的程序；⑦ 利用州基金形式的激励措施建立医疗设施和医院；⑧ 以及获得州拨款用于清理或防止石油和危险物质的泄漏。⑨ 但是，授权并不包括传统的公共卫生职能如传染病控制。

过时的州法律还授权创建卫生单位（即合并城市以外的社区或定居点）和卫生区（由两个或多个邻近的卫生单位组成）。⑩ 这些卫生单位或地区除了向卫生和社会服务专员报告外没有分配具体职责。⑪ 尽管根据州法律已授权，但卫生和社会服务部（DHSS）报告称，阿拉斯加州没有法律规定的职能性卫生单位或地区。⑫

4. 部落的公共卫生权力

阿拉斯加州的原住民村落（Native villages）早于州的建立。⑬ 他们目前的合法存在和许多公共卫生权力都来自联邦政府。⑭ 美国国会承认阿拉斯加州原住民和印地安部落政府在宪法制度中的独特地位，这与国会承认阿拉斯加州以外的美国印地安部落政府的方式类似。⑮

联邦政府与美国印第安人的关系是妥协的产物。在19世纪中期，美国印第安人与美国政府签订条约，将大量印第安人的土地移交给联邦政府管理。⑯ 作为回报，美国印第安人获得了有限的保留土地（保留地），被允许建立独立的部落政府，并接受联邦政府的直

---

① See *Local Blundary Commission*, *Local Government in Aalska* 5 (1998) (last modified October 1998) < http: llwww. dced. state. ak. us/mralLocalGovAK. pdf >).
② See ALASKA STAT. § § 29.05.031 (b), 29.06.090 (a) (LEXIS 1998).
③ See id. § § 29.35.250, 260.
④ See id. § 29.35.310.
⑤ See id. § 29.35.055.
⑥ See id. § 29.35.080.
⑦ See id. § 29.35.500.
⑧ See id. § 29.60.120.
⑨ See id. § 29.60.500.
⑩ See id. § § 18.10.010 – 050.
⑪ See id. § 18.10.050.
⑫ See Lawrence O. Gostin & James G. Hodge, Jr., Reforming Alaska Public Health Law, *A Report for the Alaska Public Health Improvement Process*, 23 (1999) (on file with authors).
⑬ See *A Brief History of Alaska Statehood* (1867 – 1959) (visited Apr. 12, 2000) 〈http://xroads.virginia.edu/ – CAP/BARTLETT/49state. html〉.
⑭ See DAvID S. Case, *Alaska Natives and American Laws* 5 (1984).
⑮ See id.
⑯ See FELIX S. Cohen, *Handbook of Federal Indian Law* 63 – 66 (1988).

接援助。① 当俄罗斯在1867年将阿拉斯加州出售给美国时，执行交换的条约为阿拉斯加州原住民提供了类似的条款。② 1971年，阿拉斯加州原住民索赔和解法③（Alaska Native Claims Settlement Act，ANCSA）解决了阿拉斯加州原住民的所有土地要求，并将土地转让给州特许的原住民法人团体。④

根据1921年的斯奈德法⑤（Snyder Act），国会直接承担了向部落政府提供医疗保健的责任。⑥ 这种联邦援助今天继续通过对联邦卫生和公众服务部（Department Health And Human Services，DHHS）的印第安卫生服务（Indian Health Service，IHS）以及在较小程度上由印第安事务局（Bureau of Indian Affairs，BIA）管理的综合卫生服务的长期承诺。⑦ 国会已通过1975年的印第安自决和教育援助法⑧（Indian Self-Determination and Education Assistance Act）和1976年的印第安保健改善法⑨（Indian Health Care Improvement Act）的立法加强承诺，向阿拉斯加州原住民提供卫生保健福利。这些法律共同明确了联邦政府提供与卫生有关服务的目标，并鼓励部落政府直接参与卫生项目的规划和运作。⑩

1991年，国会开始了印第安卫生服务（IHS）部落自治示范项目。⑪ 该项目预计将持续到2006年，具体授权印第安卫生服务（IHS）和印第安事务局（BIA）与阿拉斯加州原住民和美国印第安人签署协议（或合约），目的是在没有重大联邦监管的情况下为卫生项目和机构提供联邦资金。⑫ 根据这项法律，这些项目和机构的总体管理和监督由部落政府负责。在阿拉斯加州，许多这些部落团体合作形成了阿拉斯加州部落健康协定（Alaska Tribal Health Compact，ATHC），它成功地与印第安卫生服务（IHS）协商了一项健康服务协议。⑬ 因此，制定公共卫生目标已成为地方部落政府的主要责任。1994年国会通过了部落自治法（Tribal Self-Governance Act），进一步巩固了这一自治运动。⑭

阿拉斯加州部落健康协定（ATHC）的村落和小组成员直接从印第安卫生服务（IHS）

---

① See *American Indian Law Deskbook* 15-16 (Conference of Western Attorneys General ed., 2d ed. 1988).
② See *Case*, supra note 171, at 67.
③ See 43 U.S.C. § § 1601-29 (1994).
④ See Alaska v. Native Village of Venetie Tribal Gov't, 522 U.S. 520, 524 (1998).
⑤ See 25 U.S.C. § 13 (1994).
⑥ See *Case*, supra note 174, at 246-47.
⑦ See Donald Craig Mitchell, Alaska v. Native Village of Venetie: Statutory Construction or Judicial Usurpation? Why History Counts, 14 *Alaska L. Rev.* 353, 401 (1997).
⑧ See Pub. L. 93-368, 88 Stat. 2206 (1975).
⑨ See Pub. L. 94-437, 90 Stat. 1400 (1976).
⑩ See Betty Pfefferbaum et al., Learning How to Heal: An Analysis of the History, Policy, and Framework of Indian Health Care, 20 *Am. Indian L. Rev.* 365, 383-89 (1996).
⑪ See 25 U.S.C. § 450f (1994).
⑫ See *Pfefferbaum* et al., supra note 183, at 387.
⑬ See Nancy Pounds, Native group ready to take over hospital management in January, 23 *Alaska J. Com.* 1 (1999).
⑭ See 25 U.S.C. § 450 (1994).

处获得资金。① 他们可以在他们的自由裁量权范围内将资金用于特定的健康项目，前提是支出符合联邦资金的一般条件。② 这种灵活性使地方部落政府，能够针对它们所了解的不同人群的不同卫生需求作出针对性的应对。相关组织如阿拉斯加州原住民健康委员会③（Alaska Native Health Board）协助整个社区规划卫生服务和需求。④

尽管阿拉斯加州原住民与美国联邦政府有着不同的存在和关系，但他们也是阿拉斯加州的公民。在阿拉斯加州诉韦尼蒂部落政府的原住民村落案⑤（Alaska v. Native Village of Venetie Tribal Government）中，美国联邦最高法院认为根据1971年阿拉斯加州原住民索赔和解法（ANCSA）的规定，分配给阿拉斯加州原住民的非保留地部落土地不是"印第安村落"（Indian country），因此不受联邦政府直接管辖，并且没有形成与行使一般政府权力有关的某些类型的部落管辖权的地域基础。⑥ 阿拉斯加州对其原住民的村庄和部落的土地拥有民事管辖权和刑事管辖权。⑦ 因此，州法律一般适用于这些居民。

虽然联邦最高法院在韦尼蒂案的裁决中确认了阿拉斯加州对部落土地拥有主要管辖权，但州权力的范围仍然取决于承认与部落政府的联邦伙伴关系。⑧ 部落卫生组织注册为州特许的非营利性机构。但是，就它们起源于联邦政府资助的实体而言，出于某些目的它们已被阿拉斯加州当局视为联邦机构。⑨ 例如，在某些情况下，部落附属医疗机构的医护人员无需获得州法律的许可。⑩

这些部落政府与州政府和地方政府共同承担的公共卫生责任并不确定。部落政府利用其联邦基金开展公共卫生行动。联邦资金帮助建立了阿拉斯加州原住民流行病学中心，该中心负责调查阿拉斯加州原住民的疾病率和其他健康状况。⑪ 部落政府也有权申请州公共卫生拨款。部落医疗机构可以治疗阿拉斯加州原住民以外的居民。⑫ 关于部落政府何时以及是否必须遵守州公共卫生计划和要求已经引起了争议。尽管公共卫生的总体责任可能应由州承担，但在部落组织对州管辖权提出异议或在为同一社区服务的地方政府和部落政府之间发生冲突的情况下，理论上和实践上的问题会使单纯的州公共卫生目标的实现复杂化。

---

① See Cook Inlet Treaty Tribes v. Shalala, 166 F3d 986, 988 (9th Cir. 1999).
② See id.
③ See Alaska Native Health Board (visited Mar. 30, 2000) < http://www.anhb.org >.
④ See Alaska Native Health Board – All About ANHB (visited Apr. 10, 2000) < http: llwww.anhb.orglsub/about.html >.
⑤ 522 U.S. 520 (1998).
⑥ See id. at 532.
⑦ See 18 U.S.C. § §1162, 1360 (1994).
⑧ See generally Venetie, 522 U.S. 520.
⑨ See Gostin & Hodge, supra note 169, at 25 – 26.
⑩ See id.
⑪ See EpiCenter Home Page (visited Apr. 12, 2000) < http://www.anhb.org/Web%20Site/Epidemiology/index.htm >.
⑫ See Rose L. Pfefferbaum et al., Providing for the Health Care Needs of Native Americans: Policy, Programs, Procedures, and Practices, 21 Am. Indian L. Rev. 211, 222 (1997).

三、公共卫生法的改革

公共卫生法考虑个人的责任和政府为社会的健康采取行动的责任。因此，公共卫生法是公共卫生活动的基础和框架。它应确保公共卫生机构完全有能力应对当前和潜在的公共卫生威胁。不幸的是，现有的公共卫生法律往往未能支持卫生部门开展其基本服务和实现其目标。法律改革可以促进更有效的决策和保护个人权利。

在解释为什么改革公共卫生法可以带来许多效益之前，有必要坦率地说明改革的局限性。公共卫生问题可能不是主要通过法律改革来解决，而是要通过更好的领导和培训、改进监测和流行病学调查的基础设施、广泛的咨询服务和健康教育以及创新的预防战略来解决。在制定政策时，公共卫生当局必须考虑普遍的社会价值观，并尊重多个群体的意见，包括科学家、政治家和社区领导人。尽管有这些限制，公共卫生法在促进公共卫生方面至少有四种可能的作用。

（1）法律可以界定公共卫生的目标并影响其政策议程。公共卫生法规应确定公共卫生的宗旨、目标和核心职能，执行这些职能实际需要的人员和基础设施，以及提供可靠支持标准的预算机制。通过这样做，法律可以告知和影响政府的活动以及社会对公共卫生的范围和基本重要性的期望。法院尊重立法意图的陈述，并可能允许开展与立法目标一致的广泛活动。在预算危机期间，任何政府项目都不能保证获得充足的资金。然而，构建公共卫生法以包含明确的职能、最低限度的基础设施和人员需求以及资助机制，可以在将来为卫生部门和决策者提供标准。

（2）法律可以授权和限制公共卫生行动。公共卫生法必须为行使公共卫生权提供广泛的权力，并在有必要保护个人权利的同时广泛地限制这种权力。在考虑法律改革时，重要的是要区分公共卫生中的职责和权力。① 立法机关应该要求卫生部门履行开展广泛活动职责。例如，监测、传染病控制、环境保护、公共卫生和伤害预防。更为重要的是，卫生官员在行使权力时必须保持灵活性，以实现公共卫生的目的。在提供灵活的公共卫生权力范围的同时，法律还必须对这些保护人权的权力作出适当限制。要做到这一点最好的办法是坚持某些策略，包括：制定明确的强制权力行使标准，要求卫生当局使用科学证据来证明公共卫生的重大风险；为所有自由受到严重限制的个人提供程序性正当权利；保护个人隐私；以及预防或惩罚令人反感的歧视。

（3）法律可以作为预防手段。公共卫生法是而且应该继续是一种预防手段。公共卫生法应当运用多种法律手段预防伤害和疾病，以及改善促进人民群众健康的条件。

（4）法律可以促进政府和非政府卫生活动的规划和协调。私营部门（例如，管理式

---

① "卫生部门"一词是泛指州政府执行的所有公共卫生职能，包括卫生和社会服务部以及环境保护部的职能。

医疗和其他健康保险公司、个人保健提供者和研究人员）在确保健康状况方面可以发挥重要作用。法律可以促进和鼓励私营部门发挥的这种有益于公共卫生的作用。

（一）改革公共卫生法的效益

在讨论了法律在保护和维护公共卫生方面的作用之后，我们转向分析阿拉斯加州公共卫生法改革的可能效益。在下面的第二部分中，我们提出了法律改革的具体准则。然而，首先我们总结了一些阿拉斯加州公共卫生法基本的和结构性的困境，以及通过公共卫生改革可以获得的效益。①

1. 更新过时的法律

阿拉斯加州的许多公共卫生法是在大约正式建州的 50 年前制定的。就其本身而言，它们是古老而过时的。与美国的大多数公共卫生法一样，阿拉斯加州的公共卫生法律法规也是针对结核病、性传播疾病和艾滋病等特定疾病威胁而零散通过的。因此，公共卫生法是从一个时期到另一个时期逐层发展起来的。根据我们的案例研究，与阿拉斯加州公共卫生当局进行的讨论显示，有时关于谁拥有哪些公共卫生权力以及何时行使这些权力感到困惑。考虑到有关阿拉斯加州公共卫生法律和法规的多样性和层次性，即使是最专业的律师也难以就其行为的权威性向公共卫生官员提供明确的答案。公共卫生法改革的一个主要效益是使法律权力和职责更加明确。

当然，旧的法律不一定是坏的法律。一部好的制定法可能在几十年内都有效。然而，旧的法律往往是过时的方式，直接降低其效力和符合现代法律标准。旧的法律可能不能反映当代对疾病的科学理解、当前的医疗方法，或者宪法对各州限缩个人自由的权力的限制。

当制定阿拉斯加州公共卫生法时，对疾病的科学理解与今天大不相同。毫不奇怪，那个时代的公共卫生法反映出对疾病的理解更加有限，而且可能缺乏基于当代科学知识的公共卫生论据。这些法律也早于宪法、残疾歧视法、健康信息隐私和其他现代法律要求的同时期发展。在宪法层面，美国联邦最高法院现在对法律的平等保护、实质正当程序和程序性正当权利有更严格的标准。根据联邦宪法，影响自由的公共卫生权力（如隔离和直接观察治疗）、隐私（如报告和伴侣通知）和自主权（如强制检测、免疫或治疗）可能会受到更仔细的审查。与此同时，联邦宪法可能要求在行使强制权力之前有更严格的程序保障措施。

联邦残疾人法可以解释为禁止因健康缺陷（如传染病）而对人的歧视。② 这可能要求卫生官员在采取强制措施之前采用"重大风险"（significant risk）的标准。重大风险可以

---

① See, e.g., Gostin et al., supra note 8.
② See Lawrence O. Gostin et al, Disability Discrimination in America, 281 *Jama* 745 (1999).

定义为对他人健康或安全的直接威胁，不能通过修改政策、惯例或程序予以消除。① 因此，根据这一标准，只有在某人对他人的健康或安全构成重大危险时，才允许作出如决定使用强制性权力的不利对待。例如，传染病的重大风险将通过对传播方式、传播可能性、危害严重程度和传染性持续时间的个体化评估来确定。②

2. 增进对话

阿拉斯加人就公共卫生系统进行了积极、系统和高度建设性的对话。这些对话发生在各级政府、公共卫生官员、社区代表和其他利益相关的个人之间。尽管没有完成真正的法律改革，但从州公共卫生改革中产生的对话进程在许多方面是有价值的。对卫生官员的法律权力和职责进行了认真思考。高级卫生官员已表达并考虑了阿拉斯加人民的关切。有关政府间和部落之间的紧张关系已经公开。多方的愿意反映了阿拉斯加州公共卫生的改革状况，这已使卫生当局和社区了解了全州的公共卫生实践。

也许更重要的是，对话过程是改善全州公共卫生工作关系重要的第一步。正如我们在案研究中所探讨的那样，阿拉斯加州在联邦、州、部落和地方官员之间政府和非政府关系的深度和复杂性在美国很特别。

从历史上看，联邦政府在阿拉斯加州的公共卫生方面一直是错综复杂的。联邦投资的目的是发展一个相对较新的州的基础设施，特别是履行联邦对阿拉斯加州原住民的信任承诺。随着印第安卫生服务（Indian Health Service）部门完成向部落当局移交卫生保健责任，联邦政府的参与正在减少，联邦、州和部落当局之间仍然需要建立牢固的关系。

州立法委员和公共卫生官员有时对政府在公共卫生中的作用有明显不同的理解。公共卫生当局经常寻求更大的自由，以在有关社区健康的问题上行使自由裁量权。它们有时认为法律要求和政治程序妨碍了卫生部门的良好运作，并对立法委员如何进行公共卫生法改革表示关切和不信任。公共卫生当局还对资助和发展适当的公共卫生基础设施表示关注。与此同时，立法委员认为有必要制定明确的标准和程序，使公共卫生官员能够根据这些标准开展工作。另一个州的一位著名立法委员反对这样一种观点，即公共卫生官员（尽管是政务官）作出的决定是科学的和好的，而立法委员作出的决定是政治的和坏的。③ 对话的语气和以往高层讨论的相对罕见表明，公共卫生当局和立法委员之间需要更经常沟通，这不仅仅是对最新政治问题的回应。

考虑到阿拉斯加州的面积和多样性，当地关于公共卫生的对话至关重要。州和地方各级卫生官员之间有着亲切友好的关系，并定期讨论公共卫生问题。这些机构之间缺乏定期沟通可能会对公共卫生造成严重影响。例如，如果州因预算限制或其他原因不得不停止公

---

① Id. at 246.
② Id.
③ Lawrence O. Gostin et al., Milbank Memorial Fund, *Improving State Law to Prevent and Treat Infectious Disease* 6 (1998).

共卫生服务，则应让地方政府了解这一决定，以便为它们提供这些服务的可能责任做好准备。否则，在公共卫生服务方面可能会出现暂时的、严重的缺口。

最后，州（及其附属的地方政府）和部落当局之间的关系对阿拉斯加州的公共卫生至关重要。由于部落负责许多公共卫生服务，因此存在一种并存的权力（州和部落）来保护原住民的健康。这需要仔细和谨慎的协调。没有系统的协调和持续的讨论，两个实体之间偶尔会产生不信任。因此，需要作出一些努力来改善州和部落当局之间的对话。例如，乡村及阿拉斯加州原住民社区（Rural and Alaska Native Community）和公共卫生咨询小组（Public Health Advisory Group）定期举行会议，为州和部落代表之间正在进行的审议性讨论提供一个论坛。然而，关于州和部落当局在公共卫生方面的作用仍然存在理论分歧。

从一些州官员的角度来看，有时需要对原住民社区进行干预，以避免公共卫生威胁。然而，部落社区视自己为对土地及其人民具有管辖权的政府。从他们的角度来看，州往往不能为原住民提供足够的服务，如干净的水、污水处理和适当的卫生设施。这些关于州和部落当局的不同理论观点可能导致不信任和误解。例如，在我们的个案研究中，一名代表阿拉斯加州原住民的知识渊博高级人员被问及与州政府的谈判是否有用时，他表示担心与州政府的谈判不可避免地意味着让步。

阿拉斯加州丰富的多样性是其独特的优势。很明显，所有群体都想要同样的东西，即一个充满活力的公共卫生项目。虽然联邦、州、部落、市政公共卫生当局、决策者和其他人的理想和职业道德令人钦佩，但保持积极的沟通至关重要。沟通和协调应该是常规和持续的，而不是简单地应对公共卫生危机。

（二）阿拉斯加州公共卫生法的改革准则

如前所述[①]，阿拉斯加州是否应该改革其公共卫生法仍然悬而未决。虽然存在着可能，但法律改革并不是公共卫生法完善过程的必然结果。虽然法律改革会产生很多效益，但也有风险。一旦法案在立法机关提出，它就会被政治化。制定的法律可能会束缚公共卫生官员的手脚。因此，许多公共卫生专业人员强调灵活性的必要性。最后，一旦不同群体之间的关系在立法中被划定，可能会产生巨大的不信任。尽管存在这些明显的风险，但我们仍建议以下面的相关内容作为公共卫生法的改革准则，其中一些与阿拉斯加州公共卫生法的改革效益直接有关。

（1）使命声明：基本公共卫生服务。大多数州的法律并没有对所有由医学研究所（IOM）和联邦卫生与公众服务部（DHSS）[②]推荐的基本公共卫生服务给予明确的授权。

---

① See supra Part IV. A.
② Kristine M. Gebbie & Inseon Huang, Identification of Health Paradigm in Use in State Public Health Agencies, Columbia Univ. School of Nursing, Center for Health Policy and Health Services Research (Oct. 28, 1997) (on file with authors).

与其他州一样，阿拉斯加州的公共卫生法没有明确规定公共卫生的使命，也没有明确规定为服务该州所必需的核心或基本公共卫生服务。因此，阿拉斯加州的法律改革应该表达对公共卫生的清晰愿景。这一设想应阐明公共卫生方面的最佳理论和实践，并就确保人民健康所必需的条件作出具有象征意义的声明。这不仅包括个人医疗服务，还包括各种疾病和伤害预防以及促进健康服务。

（2）避免制定不同的疾病分类和特定疾病的法律。疾病分类和不同治疗的主要流行病学原理是区分疾病传播的模式。然而，这种区别对待的起源可以用历史和政治影响来解释，而不是用详尽论述区别或缜密思考策略来解释。这导致的结果往往是根据疾病的分类，为不同的疾病制定不同的法律标准和程序。公共卫生法应以适用于所有健康威胁的统一规定为基础。公共卫生干预措施应基于风险程度、应对措施的成本和效果以及跨越疾病分类的人权负担。阿拉斯加州的公共卫生法是一个复杂的混合体，公众难以理解，而卫生官员难以执行。一套单一的标准和程序将为法律管制增加必要的明确性和一致性，并可能减少有关现有疾病和新出现疾病而出于政治动机的争议。

（3）根据重大风险的最佳科学证据制定公共卫生决策。在应对公共卫生威胁时，卫生官员需要有明确的授权和灵活性来行使权力，并需要充分的指导。因此，一部有效和符合宪法的阿拉斯加州公共卫生法，需要一种合理和可靠的方法来评估风险和建立公平的程序。阿拉斯加州的公共卫生法应该赋予公共卫生当局权力，以根据可获得的最佳科学证据作出决定。公共卫生官员应在以下领域审查科学证据：（a）风险的性质是什么（例如，传播方式）？（b）风险导致伤害的概率是多少？（c）风险的潜在危害有多大？（d）健康风险的持续时间有多长？如果卫生官员的行为具有良好的科学基础，则他们应该得到公共卫生法的支持。

（4）为公共卫生当局提供灵活的权力范围。良好的公共卫生法应赋予卫生官员广泛而灵活的权力以完成其使命。这些权力包括：强制措施如隔离、许可、迁移和排除妨害，直接观察治疗，停止和终止命令，以及要求参加课程接受咨询、教育、治疗。它还将包括各种促进健康和教育的权力。通过向卫生官员提供一系列灵活和分级的替代方案，可以保护公共卫生并提升个人权利。公共卫生法必须阐明并确保程序公平。所需程序的性质和程度取决于以下几个因素：（a）受影响利益的性质；（b）作出错误决定的风险；（c）额外保障措施的价值；（d）附加程序的行政负担。除非在紧急情况下必须迅速做出反应，公共卫生法应确保公平和公开的程序，以解决有关行使权力和职权的争议。

（5）数据保护：公共卫生数据需求和隐私考虑。收集、存储、维护和使用有关人口健康的大量信息是公共卫生的核心功能之一。监测是公共卫生最重要的职责之一，可及早发现健康威胁，有针对性地提供预防服务，并与治疗和其他服务相联系。[①] 公共卫生法必须

---

① See, e.g., Lawrence O. Gostin & James G. Hodge, Jr., The "Names Debate": The Case for National HIV Reporting in the United States, 61 ALB. L. REV. 679, 689 – 724 (1998).

支持、鼓励和资助一个强大的公共卫生信息基础设施。

然而，收集大量可识别个人身份的数据会产生隐私问题。越来越多的健康信息以电子形式存储。用户可以比以前更容易地访问这些数据。由此导致的公共卫生信息和隐私之间的紧张关系在经常被称为"远程医疗"（telemedicine）的新兴技术中显而易见。由于阿拉斯加州的面积及其偏远的农村人口，所以阿拉斯加州处于远程医疗的最前沿。这就要求州政府不仅要应对隐私方面的挑战，还要应对质量控制、许可和责任方面的问题。

调整数据收集和隐私的法律规定必须设法满足两个有时会发生冲突的目标：确保公共卫生宗旨的最新信息和保护信息不被不当披露。只有通过执行与既定的法定准则相一致的政策和惯例，才能平衡这些相互冲突的目标。这些准则是在我们的"州公共卫生隐私示范项目"①（Model State Public Health Privacy Project）的背景下起草的，该项目由美国疾病控制和预防中心（Centers for Disease Control and Prevention）、州和地区流行病学家委员会（Council of State and Territorial Epidemiologists）资助。在一个由公共卫生、隐私和政府专家组成的多学科小组的帮助下，我们制定了一部州公共卫生隐私示范法（model state public health privacy law），如果获得通过，将编纂关于使用和披露公共卫生信息的隐私和安全法则。州公共卫生隐私示范法只涉及可识别个人身份的数据（因为不可识别数据不构成或极少构成个人隐私问题），并基于以下主要原则：

（a）数据收集的理由。公共卫生当局必须提供他们需要可识别数据的正当理由，尽管他们在获得这些数据时应该有很大的灵活性。这些合法的理由包括：监测、疾病检查、流行病学（及相关）的研究、预防公共卫生风险、为社区提供服务包括采取干预措施避免和减少公共卫生威胁。

（b）社区获取信息。一般社区应知悉公共卫生部门收集的汇总数据及其目的。即使在无法识别信息的情况下，人们一般也应该知道公共卫生部门收集数据的类型。社区成员实质上可以出于任何目的访问汇总的公共卫生数据。

（c）公平信息惯例。公平的信息惯例要求不存在秘密的数据系统，人们可以访问关于他们自己的数据，公共卫生官员应该确保数据的可靠性和准确性。

（d）隐私保证。具有法律约束力的隐私保证应附加到所有可识别的个人身份信息。公共卫生官员应保守秘密并确保数据系统的安全。无正当理由的披露应该被禁止。这并不意味着公共卫生官员应该被限制使用必要的卫生数据。相反，他们在将数据用于所有重要的公共卫生目的时应具有广泛的灵活性。因此，公共卫生官员可以跨专业职位类型和项目共享信息，只要这些信息对于实现正当的公共卫生目的是必要的。

出于非公共卫生目的、未经授权的信息披露应予以处罚。法律保护应防止未经授权向

---

① Lawrence O. Gostin & James G. Hodge, Jr., Model State Public Health Privacy Project（last modified Oct. 8, 1999）<http：//www.critpath.org/msphpa/privacy.htm>.

商业营销人员、雇主、保险公司、执法部门和其他可能将信息用于不一致、无正当理由、歧视性或商业目的的人披露。

示范法（model act）允许为公共利益对数据进行所有合法的公共卫生使用，但禁止对个人数据进行可能的歧视性使用。这使公共卫生当局有保护公众健康的自由裁量权，并给予了社区一种公平和隐私保护的观念。解决方案并不完美。冲突将继续出现。然而，示范法承认公共卫生和隐私利益，并在法律上寻求公平解决办法。

（6）优化卫生和社会服务部与环境保护部之间的协调。卫生和社会服务部（DHSS）和环境保护部（DEC）在阿拉斯加州共同承担确保公众健康的责任。由于这种公共卫生责任的双重体系，所以这些机构进行协调努力是很重要的。每一方都需要另一方的专业知识和力量，以充分完成公共卫生使命。这些机构承担的一些公共卫生职能在一定程度上有所重叠。例如，卫生和社会服务部（DHSS）控制公共卫生疾病的广泛权力与环境保护部（DEC）为公共卫生利益监测和预防食物和水传播污染物的责任相交叉。一些传染病，如甲型肝炎（hepatitis A）和隐孢子虫（crypto sporidium），可能通过食物或供水的污染传播，因此需要这两个机构采取可能的行动来监测和预防它们的传播。

在很大程度上，这种公共卫生监管的双重体系运作良好。每个部门履行其职能，并从该部门内的大量专门知识中汲取养分。当一个部门拥有特定的资源时，它通常愿意将其专业知识提供给另一个部门。虽然在某些情况下，双重责任有助于改善公共卫生，但如果这些机构未能就实现公共卫生目标的努力进行沟通和协调，则可能会出现机构权力和行为的冲突。

令人惊讶的是，阿拉斯加州的公共卫生法没有包括这些机构之间正在进行的对话和信息共享的正式程序。阿拉斯加州应通过建立正式的结构来促进卫生和社会服务部（DHSS）及环境保护部（DEC）之间的沟通与协调，从而改善公共卫生服务的协作。这可以包括定期举行高层讨论会议，系统协调相互补充的职能，以及规划州以人口为基础的公共卫生服务。加强阿拉斯加州卫生和社会服务部及环境保护部这两个政府实体之间，以及公共卫生系统内的其他实体的关系、协调和对话，可能会改善公共卫生。

四、结语

阿拉斯加州在很多方面都是独一无二的。这是一个相对较新的州，它在社区卫生方面有明显的和高度创新的意识，该州的许多公共和私人团体对公共卫生非常感兴趣。这为改善公共卫生系统包括公共卫生法律基础结构提供了一个重要机会。在本文中，我们试图系统地探讨阿拉斯加州的公共卫生法，并为法律改革提供有意义的准则。按照建议其中一些改革可能需要法定的修改，而另一些改革可能产生于司法案件的解决或通过行政法规。然而，阿拉斯加州公共卫生法改革的一个主要效益可能不是准则本身，而是制定准则的过程。阿拉斯加州的公共卫生官员已经投入到紧张的培训和调查过程中。阿拉斯加州的公共卫生法改革暂时正处于第三发展阶段，这将包括培训、继续对话、宣传、适当审议和可能实施的公共卫生改革。迄今为止，公共卫生的效益已经使得他们的努力非常值得。我们建议第三阶段应确保阿拉斯加州的公共卫生改革继续取得进展。

The Public Health Improvement Process in Alaska: Toward a Model Public Health Law

Abstract: The mission of public health is fulfilling society's interest in assuring conditions in which people can be healthy, so preserving the public health is among the most important goals of government, and law is essential in helping to achieve this goal. The existing states' statutes are ineffective in responding to contemporary health threats for many reasons, including these statutes often pre – date modem scientific and constitutional developments; fail to equip public health officials with a range of flexible powers needed to control infectious disease; lack adequate standards of privacy, due process, and risk assessment; and are based on arbitrary disease classification schemes that no longer relate to modem disease threats or epidemiologic methods of infection control. Law reform in Alaska should express a clear vision for public health, promoting the best theories and practices in public health. Public health regulations should be based on uniform provisions that apply equally to all health threats. This would eliminate the unnecessary fragmentation of laws according to the type of disease or condition to be regulated. Public health interventions should be based on the degree of risk, the cost and efficacy of the response, and the burden on human rights. Many benefits could be achieved through a public health improvement process, including the following: updating antiquated laws; incorporating modem scientific understanding of diseases and unhealthy conditions; modernizing current standards; and, perhaps most importantly, clarifying the legal powers, duties, and relationships of various state, local, and tribal actors. Specifically, the legal reform in Alaska may advance public health by defining the purposes and objectives of public health; authorizing and limiting public health actions within a permissible degree of local flexibility; serving as a tool of prevention to create healthier conditions; and facilitating the planning and coordination of governmental and non – governmental health activities.

Key words: Alaska; Public Health Improvement; Public Health Law; Guidelines for Reforming

联邦托管责任视角下美国土著领地的环境保护[*]

郑 勇^{**}

> **内容提要** 印第安人是历史上长期生活在北美大陆上的土著社群。印第安部落作为拥有独立主权的政治实体对其成员和领地范围的事务享有内在的自治权。美国政府根据历史上与部落签订的条约而对这一社群负有保障其领地安全的"托管责任"。长期以来,印第安人社群一直面临着不利的环境状况和健康风险。随着联邦印第安人政策的重大调整,美国政府最终转向通过国会立法的确认和授权、联邦行政部门出台专门的政策和提供资金、技术上的协助以及加强政府间的磋商和合作等方式切实履行其托管责任,以确保部落管理其领地环境的主权地位和推动部落环境监管能力的提升并在这一过程中制定和实施源自于部落自身并与其文化相适应的监管策略和环境项目,从而最大限度地推动土著领地的环境保护。
>
> **关键词** 美国土著 环境正义 部落主权 托管责任 环境保护

长期以来,印第安人社群一直都重视管理它们赖以生存的资源和环境以确保自身的健康和福祉并在这一过程中塑造其独特的政治和文化认同。对资源和环境的监管传统上一直就是部落政府的一项核心职责,部落政府在保护其环境的完整性上一直是坚定不移的,它

---

* 国家社会科学基金青年项目《法律东方主义的中国误读反思研究》(项目编号:15CFX011);国家留学基金委"国家建设高水平公派研究生项目"(留金发〔2015〕3022)。

** 郑勇,湖南大学法学院博士研究生。

们行使其作为政府实体的主权权力以主张对位于印第安人领地①边界范围内的资源加以管控,通过为其领地上的环境要素设置标准以及对可能影响环境的活动加以监管的方式来保护环境的完整性和安全。尽管部落一直坚持对其领地上的所有土地和其他自然资源享有自治权,并且主张对保护、保存和修复由土地、空气、水源、动植物以及其他资源这些传统上构成其文化的整体环境的权利。然而,因为长期受到联邦印第安人政策不利的影响,部落的上述努力在 20 世纪 60 年代联邦政府引入"印第安人自决"这一政策之前在很大程度上都是被忽视的。② 这一社群长期面临着不利的环境状况以及不合理的健康和安全风险。

一、理论框架:部落主权与联邦托管责任

美国印第安人的环境保护和土著领地的环境正义不能脱离对这一社群独特的社会历史背景、政治和法律状况的考察而实现。对于部落社群而言,它们争取实现环境正义的努力并不仅仅是平等地实施全国性的环境立法这一问题,它同时还涉及保护印第安人土地和自然资源的联邦的托管责任以及对"土著的家园将永远得以持续存在"这一承诺的切实履行,而这正是美国土著领地环境保护问题区别于其他社群的最为显著的特征。③

(一) 印第安部落的主权地位

与其他社群相比,环境监管对于印第安部落而言涉及一系列不同的问题,也即部落是具有内在主权地位的族群,对其成员和领地上的事务享有内在的自治权,并在政治和法律上享有特殊的地位。部落作为主权实体的地位在与欧洲移民接触之前就已经存在并在后续与欧洲殖民者签订的各类条约中不断地得以确认。④ 这一主权地位在美国成立之初就获得

---

① 美国联邦立法对这一基本概念进行了界定。从广义上说,"印第安人领地"("Indian Country"或"Indian Territory")是指在美国政府监管下,已经分配给印第安人使用的所有土地。具体包括:(1)所有在美国政府管辖下的印第安人保留地,尽管并未授予任何土地产权证书,以及所有穿越保留地的公路;(2)美国领土范围内的所有依附性印第安人社区,无论是最初或是后来获得的领地,无论是否位于某个州的范围内;(3)所有的印第安人份地(allotment),以及包含穿越其境的公路在内的拥有有效土地产权的印第安人的土地。参见 Crimes and Criminal Procedure, 18 U.S.C. § 1151 (1988)。

② Nicholas C. Zaferatos, Environmental Justice in Indian Country: Dumpsite Remediation on the Swinomish Indian Reservation, *Environment Manage*, Vol. 38, 900 (2006).

③ Nicholas C. Zaferatos, Environmental Justice in Indian Country: Dumpsite Remediation on the Swinomish Indian Reservation, *Environment Manage*, Vol. 38, 896 (2006).

④ 美国和各个印第安部落历史上签订了 400 多个的条约,同时也是欧洲主权国家与部落所订立的某些条约的权利义务的继受主体。联邦最高法院首次在有关解释联邦政府与印第安人于 1785 年所签订《霍普韦尔条约》(The Treaty of Hopewell) 以及于 1791 年签订的作为其补充的《霍尔斯顿条约》(The Treaty of Holston) 最早的判决中承认部落政府作为在美国成立之前就已经存在的特殊政治性的社群仍然保留有某些区别于外国("foreign state")的主权属性。并且得出结论认为"这一条约明确地认识到了切诺基部落作为一个国家的人格及其自治权"。另外,法院还裁决认为"一项条约,包括美国与某个印第安部落所签订的条约,实质上是二个主权国家之间签订的一个合同"。参见 Cherokee Nation v. Georgia, 30 U.S. 1 (1831); Worcester v. Georgia, 31 U.S. (6 Pet.) 515 (1832); Washington v. Washington State Commercial Passenger Fishing Vessel Association, 443 U.S. 658, 675 (1979)。

了联邦宪法的认可并在联邦最高法院（Federal Supreme Court）作出的裁决中持续得以体现。①

部落是具有主权地位的政府，在涉及部落公民和部落土地这些内部的社会性和政治性的事务上，部落仍然保留了完整的主权权力。② 它们有权组建自己的部落政府和司法机构，有权在处理部落内部事务上制定它们自己的实体法并且在它们自己的部落法庭里加以实施。③ 因为部落政府是拥有主权的政府，部落和联邦政府之间的关系有时被描述为"政府对政府"的关系，早在克林顿（William J. Clinton）政府时期，联邦机构就被要求在这一框架下处理与部落的关系。④ 从根本上说，这就意味着联邦政府的官员必须意识到每一个为联邦所认可的部落都是独立于联邦政府和各州的独特的主权实体。

维护健康和福祉是任何一个主权实体对其民众的中心任务所在。部落及其成员的健康和福祉取决于部落包括土地在内的重要的自然资源的健康和安全状态。实际上，每个现代的印第安部落都有着独特的历史并对自然资源和其生活方式之间的关系、自然界以及自身在世界上所处的地位有着不同的理解。而这些理解就包含了大量可以归类为"环境管理"（"environment management"）的活动以及对部落主权和自治的认识。部落所制定的与环境监管有关的制度性安排和管理体制曾经是并且仍然是部落对于其内在固有主权和政治认同的认识的重要组成部分。⑤ 因此，部落的健康和福祉包含了部落作为其资源和环境管理者的地位和能力以及将部落所制定的并与其传统和文化相适应的监管方案适用于这一任务的能力。⑥

（二）联邦政府对印第安人社群的托管责任

美国联邦环境保护署（Environmental Protection Agency，缩写 EPA）作为专门负责美

---

① 早在19世纪30年代，美国最高法院在 Cherokee Nation v. Georgia 这一判例中就将印第安部落视为"彼此之间以及与世界上其他部分的族群独立开来的独特的族群，拥有他们自己的制度并通过他们自己的法律进行自治。"1832年，美国联邦最高法院马歇尔首席大法官在 Worcester v. Georgia 中宣称印第安人部落是"拥有领土边界的独特的政治社群，在其领土范围内拥有专属的权力并对这一边界范围内对土地拥有的权利获得美国政府的承认和保证"。参见 Matthew L. M. Fletcher, The Iron Cold of the Marshall Trilogy, *North Dakota Law Review*, Vol. 82, 627（2006）.

② White Mountain Apache Tribe v. Bracker, 448 U. S. 136 (1980).

③ Williams v. Lee, 358 U. S. 217 (1959).

④ 为了更好地尊重部落政府的主权和明确联邦政府的托管责任，克林顿总统于1994年发布了一项备忘录，要求和指导行政部门和联邦机构在政府对政府的基础上处理与部落政府的关系。参见 President William J. Clinton. Memorandum on Government – to – Government Relationships With Native American Tribal Governments, (April 29, 1994), 59 *Fed. Reg.* 22, 951。

⑤ Darren J. Ranco, Catherine A. O'Neill, Jamie Donatuto, and Barbara L. Harper, Environmental Justice, American Indians and the Cultural Dilemma: Developing Environmental Management for Tribal Health and Well – being, *Environmental Justice* Vol. 4, No. 4, 224 (2011).

⑥ Darren J. Ranco, Catherine A. O'Neill, Jamie Donatuto, and Barbara L. Harper: *Environmental Justice*, American Indians and the Cultural Dilemma: Developing Environmental Management for Tribal Health and Well – being, *Environmental Justice* Vol. 4, No. 4, 230 (2011).

国领土范围内环境管理事务的联邦机构，它将环境正义界定为"在有关制定、执行和实施环境立法、法规和政策的事项上，所有不同种族、族群、国籍和收入状况的人都应获得公平的对待和有意义的参与"。① 环境正义意味着那些潜在的受到损害的群体将有机会参与影响其环境的决策且他们所关注的问题将在决策程序中逐步得到充分的考虑，并在所有人都享受免于环境和健康危害同等的保护以及平等地参与环境决策程序的情况下得以实现。② 部落在为其家园实现环境正义这一目标进行了长期和持久的抗争。部落一直以来就坚持其对保留地③上的所有土地和资源享有自治权，并且主张对保护、保存和修复由土地、空气、水源、动植物以及其他自然资源这些传统上构成其文化的整体环境的权利。对于这一社群而言，它们争取实现环境正义的努力并不仅仅是平等地实施全国性的环境立法，它同时还涉及保护印第安人土地和自然资源的联邦托管责任以及对"保留地作为土著的家园将永远持续存在"这一承诺的切实履行。④

实际上，目前所有被联邦承认的 567 个部落作为拥有内在主权地位的政治实体与美国政府之间实际上存在着一种政府对政府的特殊的"托管责任"关系。而这种"托管责任"关系起源于美国政府与各部落历史上所签订的各类条约。在这些条约中，通常会有要求为印第安人设立保留地并保障以之作为其家园的安全的承诺，以此作为对印第安人出让给美国大量的土地以及其他的资源或利益的补偿。⑤ 这一托管原则同样基于联邦政府为了部落和部落成员能够有效利用而将大部分的印第安人的土地置于联邦托管的这一实践做法。⑥ 同时，这种关系被描述为受监护人和监护人之间的关系，随之而来的是创立一项对作为"境内依附性族群"（Domestic Dependent Nations）的印第安人的"保护义务"（duty of

---

① 参见 EPA. Final Guidance For Incorporating Environmental Justice Concerns In EPA's NEPA Compliance Analysis § 1.1.1 (1998), http://www.epa.gov/compliance/resources/policies/ej/ejguidance-nepa~epa498.pdf。

② Stuart Harris, Barbara Harper, A Method for Tribal Environmental Justice Analysis, *Environmental Justice* Vol. 4, No. 4, 231-237 (2011).

③ 在美国印第安人法研究领域，"印第安人保留地"（"Indian Reservation"）和"印第安人领地"这二个概念被经常交换使用，但二者的意义也存在着某些区别。前者是指联邦政府为了一个或多个部落的利益，划归其使用的土地。美国现有的 300 多个印第安人保留地中，大多数都是通过条约、联邦法令和总统的行政命令方式建立的，其中许多为联邦所承认的部落并不拥有保留地，而某个部落却同时拥有数个保留地。如前注所述，后者包含的范围则更广，不仅包括所有的印第安人保留地，还包括所有依附性印第安人社区以及保留地以外的置于联邦托管的受到限制使用的份地（trust and restricted allotments）。参见 Stephen L. Pevar, *The Rights of Indians and Tribes*, New York: Oxford University Press, 2012 (4th Edition), p. 23。

④ Nicholas C. Zaferatos, Environmental Justice in Indian Country: Dumpsite Remediation on the Swinomish Indian Reservation, *Environment Manage*, Vol. 38, 900 (2006).

⑤ 在 1787 年至 1871 年间签订的几乎所有的条约中，印第安人通常会放弃它们原始祖居领地的大部分的土地以交换美国政府包括保障部落永久性的保留地以及对其安全和福祉提供联邦性的保护在内的承诺。联邦最高法院裁决认为这些承诺在联邦政府和部落政府之间确立一种特殊的托管关系。参见 Cherokee Nation v. Georgia, 30 U. S. 1 (1831)。

⑥ 参见 National Environmental Justice Advisory Council Indigenous Peoples Subcommittee. Guide on Consultation And Collaboration With Indian Tribal Governments And The Public Participation Of Indigenous Groups And Tribal Members In Environmental Decision Making, 2000. https://www.epa.gov/sites/production/files/2015-03/documents/ips-consultation-guide_0.pdf。

protection'）这样一种持续性的承诺。根据这一托管原则，联邦政府对部落负有一种"道德义务"（moral obligations），它就要求联邦机构在完成其总体任务时必须确保部落的权益得到有效保护。① 联邦政府的上述义务在随后国会的立法、最高法院的裁决、总统行政命令以及其他的联邦政策中得以进一步的明确和重申，并最终演化为通过成立印第安人事务局（Bureau of Indian Affair，缩写 BIA）这一联邦专门机构为印第安人社群提供专项服务并保障其安全和福祉的机制。当然，这一托管责任也并不仅限于对部落土地、自然资源以及其他托管资源的管理。除此之外，部落整体上受保护的地位在"美国政府对每一部落政府的托管责任都包含了对其主权的保护"这一国会立法中得以进一步明确。②

在实践中，对联邦机构而言，托管责任原则使其负有某些特殊的托管义务，它们必须"根据最为严格的托管责任标准来运作"。③ 正如联邦最高法院所解释的那样，联邦政府的官员"履行联邦政府的托管义务时应该秉承诚实信用和公平原则，并受到所有道德的和衡平考量的约束"。④ 作为部落土地和资源的受托人，联邦政府有义务确保部落能够实现它们最初建立保留地的目的——作为部落的家园——并且采取所有合理和必要的措施以保护印第安人的托管资源以及由其所构成的环境的健康和安全，并根据其作为受托人的托管责任对其未能保护好部落的资源和环境的行为而承担法律赔偿责任。⑤

二、美国土著领地环境保护的现状与困境

受联邦印第安人政策的不利影响，部落在实施联邦环境保护项目中的地位和作用通常被错误地界定并长期被排斥在联邦环境立法和政府决策之外，其实施环境监管的主权地位和能力在很大程度上仍然没有得到保障和提升。部落和非部落环境管理者之间的关系已经普遍被一个对部落环境管理者试图适用土著的管理方式、价值理念和知识结构设置了障碍的联邦监管体制所结构化了。⑥ 这一非印第安人的环境监管体制所存在的缺陷造成了大量的危害后果，包括使部落环境和资源退化和遭受污染、给部落成员的健康带来了严重后果，并造成其精神和心灵上的创伤以及将部落排除在相关的环境决策程序之外影响了部落对其资源集体权利的行使。

---

① Seminole Nation v. United States, 316 U. S. 286, 296 – 97 (1942).
② 25 U. S. C. § 3601 (2).
③ Nance v. Environmental Protection Agency, 65 F. 2d 701, 710 9th Cir. (1981).
④ United States v. Payne, 264 U. S. 446, 448 (1924).
⑤ Nell Jessup Newton, Robert Anderson et al., *Felix S. Cohen's handbook of federal Indian law*, San Francisco: LexisNexis., 432 – 451 (2012).
⑥ Darren J. Ranco, Catherine A. O'Neill, Jamie Donatuto, and Barbara L. Harper, Environmental Justice, American Indians and the Cultural Dilemma: Developing Environmental Management for Tribal Health and Well – being, *Environmental Justice*, Vol. 4, No. 4, 229 (2011).

(一) 部落实施环境监管的主权地位受限

对印第安人领地上与环境保护事务相关的监管和决策的控制权关系到联邦、部落和州三个主权实体对于管辖权的现实考虑。实际上,各个主权实体都在不同的程度上主张对印第安人领地上相关的区域拥有决策权和使用权。尽管从实践和主权地位上来看,部落是控制和管理其领地上的土地、资源和环境的最佳的政府主体,而实际上在联邦的"全权原则"以及在联邦最高法院的"司法隐性剥离原则"影响下州对保留地管辖权的主张使部落的环境监管管辖权受到了极大地削弱和限制。

1. 联邦"全权原则"的主导

印第安人领地上的土地利用和环境保护的根本问题在于哪个政府实体拥有最终的决策权。尽管部落作为拥有独立主权的政治族群,仍然保留有管理和控制其保留地上的内部事务的权力,但它们将部落法适用于保留地上的非印第安人的权力有时是不明确的或存在争议的,因为它们仍然需要受制于联邦至高无上的立法权和联邦最高法院所做出的司法隐性剥离的裁决。①

联邦在印第安人领地内的权力源自于国会对印第安人族群的全权("plenary power")。② 全权原则,根植于殖民时期的"发现原则"(doctrine of discovery),③ 并被整合进美国宪法之中。④ 国会的全权是联邦印第安人法中与联邦托管原则相关的另外一个至关重要的原则。根据这一原则,联邦被宪法赋予了处理与部落关系的专属权力,从而有效地排除州权的介入。这一原则允许国会对印第安部落、印第安人的土地和主权行使几乎不受限制的权力。它可以被用来单方面地取消部落主权的某些内容,也可以被用来对部落的土地和资源实施联邦性的控制。⑤ 因为受到全权原则以及联邦政府对印第安人土地一般性的托管责任的约束,国会被授权可以制定涉及印第安人事务的具体性的立法。凭借这一权力,联邦政府就拥有了对印第安人领地上的土地和资源的管辖权。另外,除对印第安人的土地和活动进行具体规制之外,那些具有普遍适用性的联邦立法也通常能够适用于印第安人和

---

① Darren Ranco, Dean Suagee, Tribal Sovereignty and the Problem of Difference in Environmental Regulation: Observations on "Measured Separatism" in Indian Country, *Antipode*, Vol. 39, No. 4, 701 (2007).

② National Farmers Union Ins. Cos. v. Crow Tribe of Indians, 471 U. S. 845, 851 (1985).

③ Johnson & Graham's Lessee v. M'Intosh, 21 U. S. (8 Wheat.) 543 (1823).

④ 国会"全权"原则主要的宪法依据在于美国联邦宪法第一条第八款第三项的"与印第安人贸易条款"、第二条第二款第二项国会的"条约权力"以及第六条第二款的"最高效力条款"。参见 McClanahan v. Arizona State Tax Commission, 411 U. S. 164, 172 n. 7 (1973)。

⑤ 参见 Newton, Federal Power Over Indians: Its Sources, Scope, and Limitations, *University of Pennsylvania Law Review*, Vol. 132, No. 2 (1984), p.195. 转引自 National Environmental Justice Advisory Council Indigenous Peoples Subcommittee. Guide on Consultation And Collaboration With Indian Tribal Governments And The Public Participation Of Indigenous Groups And Tribal Members In Environmental Decision Making, 2000. https://www.epa.gov/sites/production/files/2015-03/documents/ips-consultation-guide_0.pdf。

印第安部落。① 例如，联邦政府已将诸如污染控制立法这些具有普遍适用性的联邦立法的适用范围扩展到了印第安人领地范围内。②

2. 州对部落环境监管权的削减

印第安人领地上的政府权力通常取决于其错综复杂的土地所有权状态，由此根据土地的所有权状况划分了各个政府实体的权力范围。同时，在这一领地上，任何主权实体对相关活动进行规制的权力都会根据这些行为所发生的土地所有权类型的不同而存在很大的差异。虽然被联邦认可具有主权政府实体的地位，但部落经常会发现其主权权力的领土范围受到了削减。美国政府历史上为掠夺印第安人土地而出台的一系列的政策导致了目前印第安人领地上绝大部分土地所有权体制碎片化的现状，并使部落的领地范围内存在着部落的托管土地、印第安人的份地、印第安人通过购买而拥有独立产权的"飞地"（fee land）和非印第安人的"飞地"四种基本的土地所有权形态。③ 而这些碎片化的土地所有权状况反过来又引发了各个主权实体之间的管辖权争议，包括联邦政府、州和地方政府在内的非部落政府通常会忽视部落对其领地上的非印第安人所有的土地的管辖权，并强行使其权力，最后的结果便是基于领土的主权性权力碎片化。而政府权力碎片化的后果从根本上损害了部落的领土主权，妨碍了部落管理其领地范围内环境事务的权力的正常运行。而具体危害表现为有损于部落实施整体和长期的规划、阻碍部落对其资源和环境实施综合性的监管以及滋生各主权实体间的冲突和不信任。④

尽管部落政府对位于其领地上的印第安人行使管辖权是毋庸置疑的，但各州正在越来越趋向于获取对位于印第安人领地上的非印第安人和非印第安人所有的土地的行政管辖权。在部落存在碎片化的土地所有权的印第安人领地上，州主张至少对非印第安人享有更为广泛的管辖权。与此同时，在过去的数十年间，联邦最高法院通过其判决也极大地损害了部落所保留的主权权力。最初，在几乎所有的判决中，联邦法院都会断然地否决州对发生在保留地边界范围内的印第安人土地上的非印第安人的活动进行规制的意图。⑤ 不过，后来州对非印第安人所有的土地上的非印第安人的行政管辖权获得了更为有利的认可。当联邦最高法院意识到部落的主权利益在规制非印第安人的行为过程中已经最小化时，一般

---

① 这一原则起源于 Federal Power Commission v. Tuscarora Indian Nation 这一联邦最高法院的判例。在这一判例中，联邦最高法院裁决认为在没有条约和联邦立法相反规定的情况下，联邦具有普遍适用性的立法也适用与印第安人。参见 Federal Power Commission v. Tuscarora Indian Nation, 362 U. S. 99 (1960)。

② 参见 Phillips Petroleum Co. v. EPA, 803 F. 2d 545 (10th Cir. 1986) (Safe Drinking Water Act); Blue Legs v. Bureau of Indian Affairs, 867 F. 2d 1094 (8th Cir. 1989) (Resource Conservation and Recovery Act)。

③ William C. Canby, JR., *American Indian Law in A Nutshell* (6th edition), St. Paul: West Academic Publishing, 2014, pp. 442 – 445.

④ Judith Royster, Environmental Protection and Native American Rights: Controlling Land Use Through Environmental Regulation, *Kansas Journal of Law Public Policy*, Vol. 89, No. 1, 91 (1991).

⑤ 联邦最高法院在 New Mexico v. Mescalero Apache Tribe 这一判例中就驳回了新墨西哥州对发生在部落领地上的非印第安人的渔猎活动加以规制的管辖权主张。参见 New Mexico v. Mescalero Apache Tribe, 462 U. S. 324 (1983)。

都会允许保留内一定程度上的州的权力的存在。① 这一法院也越来越倾向于查明部落政府在全面的和长期性的资源规划上的利益不足以排斥州的权力。与此同时,法院还准许州对非印第安人土地上的非印第安人行使司法管辖权,尽管这种授权进一步加剧了资源监管碎片化的境况。最后,联邦法院根据部落因为其"国内依附性族群"地位而被隐性剥夺了对于非印第安人的固有主权这一理论而裁决剥夺了部落对于印第安人领地上的非印第安人的个人、活动和土地的管辖权。②

受到对部落主权适用联邦最高法院"司法隐性剥离原则"的鼓舞,各州愈加主张对印第安人领地范围内非印第安人活动的控制权。在那些非印第安人土地所有权占显著比例的印第安人领地上,州通常被允许对发生在该区域内的非印第安人的活动行使管辖权。而部落却被剥夺了对该部分非印第安人所有的土地进行功能分区的权力,至少是在那些联邦法院认为由部落规制非印第安人的利益已经最小化的情况下。③ 这就在各主体所有权碎片化的保留地上引发了当前土地功能分区的问题。那些领地范围内包含了显著比例的非印第安人土地所有权的部落丧失了其对非印第安人所有的土地实施土地利用规划的权力,据此也就丧失了对那些可能危害环境的活动的地点加以整体布局和预防控制的第一道环境保护防线。④ 联邦最高法院 Brendale 这一判例的裁决意见中关于功能分区的裁定对部落的主权而

---

① 正如马歇尔大法官所声明的那样,"作为阻碍州管辖权的固有的印第安人主权观念已经渐行渐远,而倚重于联邦优先原则正成为发展趋势……因此,现代的判例倾向于摆脱依赖柏拉图式的印第安主权观念,转而仰赖于那些界定州权界限的可是用的条约和立法"。参见 McClanahan v. Arizona State Tax Commission, 411 U. S. 164, 93 S. Ct. 1257, 36 L. Ed. 2d 129 (1973)。转引自顾元:《论美国印第安部落的自治权——联邦宪制分权的另一种样态》,载《比较法研究》2017年第1期,第133页。

② Brendale v. Confederated Tribes & Bands of Yakima Indian Nation, 109 S. Ct. 2994 (1989).

③ 部落功能分区的权力源自部落内在的主权并且其对象包含了印第安人领地范围内的非印第安人所有的土地上的非印第安人活动。在1989年 Brendale v. Confederated Tribes & Bands of Yakima Indian Nation 这一判例作出之前,印第安部族反对非印第安人在部落领土内从事可能对环境造成损害的活动的一个相对简单和直接的方法是它们可以对保留地的土地进行功能分区以预防或者至少是控制对环境有害的活动的位置。在1981年 Montana v. United States 这一判例中,联邦最高法院重申了印第安部落规制非印第安人的权利,甚至是在非印第安人所有的土地上,当他们的行为将"对部落的政治完整性(political integrity)、经济安全以及健康或福利产生威胁或直接影响时"。而在 Brendale 这一判例中,联邦最高法院使许多部落丧失了对其领地范围内的土地完整的控制权,这一法院授予非部落政府对保留地上的某些土地进行功能分区的重大权力。法院裁决认为,在整个或部分印第安人保留地上存在显著比例的非印第安人土地所有权的情况下,这一区域就失去了"印第安人"的属性这一"本质特征('essential character')",州或郡就对所有非印第安人所有的土地的利用拥有了控制的权力。参见 Montana v. United States. 450 U. S. 544 (1981); Brendale v. Confederated Tribes & Bands of Yakima Indian Nation, 109 S. Ct. 2994 (1989)。

④ 土地利用规划主要关注对土地的实际使用,是一个政府决定如何使用其领土以及确保周边地区土地的使用是否是破坏性的或者是兼容的程序,而环境监管则更关注控制因使用土地而对环境造成的损害。通过功能分区而对土地的利用加以规划是对环境可能造成不利影响的活动加以规制的根本方法。土地利用规划意味着对污染问题的事先控制,即对周边土地进行环境不兼容方式的利用方式采取分离、控制和预防措施。因此,当某个政府丧失了对其土地进行功能分区的权力,即对土地利用规划进行控制的权力,也就失去了对土地进行有害使用完全掌控的能力。它既不能将那些有害的使用方式排除在外,也不能控制这些已被准许使用的土地的具体地点。通过功能分区而对土地的利用加以规划是对环境可能造成不利影响的活动加以规制的根本方法。参见 Judith Royster, Environmental Protection and Native American Rights: Controlling Land Use Through Environmental Regulation, *Kansas Journal of Law Public Policy*, Vol. 89, No. 1, 89 – 100 (1991)。

言确实是一个直接打击。毕竟，当对其领土范围内的土地的具体利用不能加以控制时，没有哪个政府能够完全投入对该土地的长期规划和开发。目前在大部分的印第安人领地内，郡（County）能够自由地允许对非印第安人所有的土地加以利用，当然也包含了对环境有害的利用方式，而这与部落的目标和需求是不一致的。另外，在环境监管领域，对于部落而言，当面临由保留地内非印第安人所有的土地上的非印第安人导致的环境退化的问题时，如何单独行动以实现环境监管的目标也将变得更为困难。①

（二）部落自身环境监管能力滞后

环境监管能力的提升是确保部落能够在其领地上实施直接和持续有效的环境监管的重要条件。受联邦印第安人政策以及部落的历史和社会经济条件的综合影响，印第安人领地上的环境保护问题长期未受到重视，部落在环境监管中的地位和作用通常被错误地界定，并且部落规划、制定和实施环境保护项目的能力在很大程度上仍然没有得到提升。20世纪70年代，当国会制定大量的联邦性的环境控制立法时，立法者及其职员很少会关注这些联邦立法将在部落保留地内如何实施以及如何将部落政府融入这一制度体系这二个问题。② 在大多数情况下，都会忽略部落政府的主权地位且不会为部落政府就如何管理其保留地的环境提供指导。③ 这样，大部分的部落的环境监管制度建设都存在严重的滞后，环境监管能力也仅仅处在初期发展阶段。

除此之外，为印第安人领地上的部落环境项目和环境执法提供的联邦拨款一直存在着不足和不均衡的现状，特别是考虑到在过去的三十多年里有大量的联邦资金投入到州的环境项目，尽管近年来为部落的环境项目提供的资金也在持续地增长。因此，为部落环境项目提供的资金不足也被很多人认为是一个环境正义问题，而部落环境项目有限的能力也是阻碍其他政府实体与部落进行有效的磋商和合作的最为重要的因素。④

（三）部落环境监管的文化困境

土著的传统文化植根于其长期世居的自然环境，对他们环境权益的法律保护对该群体

---

① Sanders, Allen H., and Robert L. Otsea, Jr., *Protecting Indian Natural Resources: A Manual for Lawyers Representing Indian Tribes or Tribal Members*, Boulder, CO: Native American Rights Fund, 1982. 转引自 Nicholas C. Zaferatos, Environmental Justice in Indian Country: Dumpsite Remediation on the Swinomish Indian Reservation, *Environment Manage*, Vol. 38, 899 (2006)。

② Dean B. Suagee. The Tribal Right to Protect the Environment, *Natural Resources & Environment*, Vol. 27, No. 2, 1 (2012)。

③ Nicholas C. Zaferatos, Environmental Justice in Indian Country: Dumpsite Remediation on the Swinomish Indian Reservation, *Environment Manage*, vol. 38, 897 (2006)。

④ 参见 National Environmental Justice Advisory Council Indigenous Peoples Subcommittee. Guide on Consultation And Collaboration With Indian Tribal Governments And The Public Participation Of Indigenous Groups And Tribal Members In Environmental Decision Making, 2000. https://www.epa.gov/sites/production/files/2015-03/documents/ips-consultation-guide_0.pdf。

的文化生存和发展而言是至关重要的。① 印第安人领地上那些构成环境要素的土地、水源和生物是印第安人社会、文化和精神生活不可或缺的组成部分。部落成员以有别于美国社会中其他族群的方式利用土地、动植物及其他自然资源。他们利用自然界中的某些场所从事宗教和文化活动，并且这些场所又成为他们口口相传的故事中的题材。和其他的文化一样，部落文化是充满活力的，虽然大部分的印第安人并不再以其祖先的方式生活，但传统的文化和宗教信仰及其习俗仍然是构成现代社会中的印第安人身份认同最为重要的组成部分。印第安人社群的文化是美国土著文化，它根植于他们长期生活的这片土地之上，这是其最为显著的差异所在。② 部落的文化习俗和宗教信仰根植于这片土地并最终绘制成为现实社会生活。对于部落而言，环境正义不能脱离对其独特的历史、文化的认识和考察而实现，因为印第安人社群的文化通常会与维系其存在的自然环境之间存在某种特殊的相互依存的关系。其历史、信仰和精神的存在以及他们最重要的政治身份和文化认同通常都有赖于特定的土地、资源和环境，部落及其成员的健康和福祉都不可避免地取决于部落重要的自然资源和环境的健康和安全状态。③

尽管部落作为环境管理者或者"共同管理者"（co - managers）的地位在不同程度上已经被主流社会通过大量的正式红头文件所认可，这一进步可能有利于解决争议中的环境和资源安全所面临的非常紧迫的问题，但从更深层次上来看，一个尤其值得特别重视的问题起因于这一事实——印第安人领地上面临着环境监管的文化困境。一方面，部落必须在现有的体制内以一种能够为非印第安人所认可的方式代表自身；另一方面，部落必须维持和展现其独特的文化并承担对它们主权和自治权利构成挑战的风险。④ 实际上，长期为联邦所主导的环境监管体制恰恰反映了非印第安人环境管理策略、价值理念、知识结构和具体的方法，⑤ 而这是与印第安人社群的传统、文化和习俗明显不相适应。

---

① 林森：《土著人民环境权益保护的困境及其法律原因》，载《湖北民族学院学报（哲学社会科学版）》2014年第1期，第116页。

② Dean B. Suagee, Dimensions of Environmental Justice in Indian Country and Native Alaska, (Second National People of Color Environmental Leadership Summit Resource Paper Series, October 23, 2002). Washington, DC. 转引自 Darren J. Ranco, Catherine A. O'Neill, Jamie Donatuto, and Barbara L. Harper. Environmental Justice, American Indians and the Cultural Dilemma: Developing Environmental Management for Tribal Health and Well - being, *Environmental Justice Volume*, Vol. 4, No4, 222 (2011)。

③ Nicholas C. Zaferatos, Environmental Justice in Indian Country: Dumpsite Remediation on the Swinomish Indian Reservation, *Environment Manage*, Vol. 38, 898 (2006)。

④ Darren J. Ranco, Catherine A. O'Neill, Jamie Donatuto, and Barbara L. Harper, Environmental Justice, American Indians and the Cultural Dilemma: Developing Environmental Management for Tribal Health and Well - being, *Environmental Justice* Vol. 4, No. 4, 225 (2011)。

⑤ Rebecca Tsosie, Tribal Environmental Policy in an Era of Self - Determination: The Role of Ethics, Economics, and Traditional Ecological Knowledge, *Vermont Law Review*, Vol. 21, 1996, pp. 225 - 333. 转引自 Darren J. Ranco, Catherine A. O'Neill, Jamie Donatuto, and Barbara L. Harper. Environmental Justice, American Indians and the Cultural Dilemma: Developing Environmental Management for Tribal Health and Well - being, *Environmental Justice* Vol. 4, No. 4, 223 (2011)。

三、土著领地环境保护中联邦托管责任的具体履行

20 世纪 60 年代以来，联邦印第安人政策出现了重大调整。在过去的数十年里，联邦政府层面非常重视在这个国家最为贫困的印第安人社群中长期面临着不合理的健康和环境风险以及持续存在的环境的非正义。而要从根本上改变这一状况，不仅取决于由部落自主保护其资源和环境而且还有赖于联邦政府切实履行其托管责任，通过国会立法和行政部门出台相关政策确认和维护部落在印第安人领地上实施环境保护的主权地位，通过提供资金、技术上的协助和政治支持并加强政府间的合作以保障和提升部落环境监管的权力和能力，同时在这一过程中逐步确立和适用源自部落自身并与其传统、文化和习俗相适应的监管体制和策略。

（一）维护部落环境监管的主权地位

维护和保障印第安人领地的环境安全，首先必须认可和保障部落的主权地位以及土著社群在环境保护过程中的根本利益。与联邦最高法院削弱部落政府监管土地利用权力的做法大为不同的是，通过 20 世纪 70 年代以来国会出台的立法、政策声明和总统行政命令以及 EPA 所制定的本机构的印第安人政策，联邦政府的立法部门和行政部门已经明确认可联邦政府对印第安人社群以及这一社群的环境和资源的托管责任，并且在联邦政府与部落所确立的"政府对政府"关系政策的基础上承认部落政府对其领地实施环境监管的主权地位。[①]

1. 国会立法的确认和授权

在过去的数十年里，国会和 EPA 一直在通过立法确认和授权的方式强化部落在印第安人领地范围内环境监管的主权地位。首先，根据《清洁水源法案》（Clean Water Act，缩写 CWA）等国会一般性环境控制立法的规定，部落可以行使根据其固有主权而拥有的对其领地上的环境事务加以控制的权力。根据联邦污染控制立法的规定，部落的环境监管权作为其自治权的重要内容，可以对发生在其领地上的某些环境损害活动进行有效地监管。部落有权要求针对非印第安人所有的土地所批准的活动都必须是对环境无害的。例如，根据《清洁空气法案》（Clean Air Act，缩写 CAA）的规定，部落长期以来就拥有重新设置保留地上空气质量标准以保护清新的空气质量的权力。[②] 其次，部落依据其"制定本部落的法律并由其加以实施"的自治权力可以根据需要制定部落的环境保护法令（ordinances）并由部落机构在其领地内实施，而这一点也在多部联邦环境立法中得到了确认。

其次，国会通过立法在某些情况下授予部落环境监管的管辖权。例如，数个主要用于

---

① Nicholas C. Zaferatos, Environmental Justice in Indian Country: Dumpsite Remediation on the Swinomish Indian Reservation, *Environment Manage*, Vol. 38, 896 (2011).

② Clean Air Act, 42 U.S.C. § 7474 (c) (1988).

污染控制的联邦性立法在重新获得授权时都已通过修改以增加基于环境保护的目的而将部落等同于州的规定（"treatment as a state"，缩写 TAS）。并且，相关立法在其所设置的绝大多数或全部具体的联邦环境项目中都明确指导 EPA 将部落等同为州。其中，根据 CAA 的规定，EPA 就将该立法中 TAS 规定中的国会的意图解释为对部落的一项授权。例如，根据这一修订后的立法的规定，国会授权部落有权制定实施、维护和执行空气质量标准的部落计划。① 这一权力允许部落对其领地上的非印第安人所有的土地拟议的可能导致空气质量恶化以至低于保留地空气域（airshed）所允许的最低标准的活动加以规制。与此相似，部落根据 CWA 的授权可以为保留地上的水体发布水体质量标准和制定实施方案，并且有权对与这些水体质量有关的污染物的排放、河道疏浚和填充材料的选用等行为进行监管。② 同时，通过制定水体质量标准，部落能够为其领地上的水体设定所能容纳的污染物排放的总量。随后，通过对申请向这些水体排放污染物的活动颁发许可以及为许可持有人设置相关的条件，部落能够有效地维护和实施这些水体的质量标准。③ 另外，为疏浚河道和选用填充材料颁发许可也可以使部落有机会控制或者至少是减少对印第安人领地上的湿地造成的环境损害。④ 根据 TAS 条款授予的联邦权力是极其重要的，部落政府因此获得了保护保留地上民众健康和福祉以及维护保留地环境安全的实质性的权力（substantial powers）。⑤

此外，国会对部落环境监管权力所涵盖的地域范围的认可也一直暗含在各类联邦污染控制立法之中。除了印第安人领地之外，州对其领土所覆盖的全部范围拥有环境监管的权力。如果部落能够和州获得同等对待的话，顾名思义，部落就必须同样拥有对其领地的所有区域实施环境监管的权力。这样，与联邦最高法院将部落功能分区的权力限制在具有"印第安人本质特征"（essential Indian character）的地域范围内不同，部落对环境的监管控制权则延伸到了整个"印第安人领地"，并且包含了所有位于印第安人保留地外部边界范围内的土地而不考虑其所有权的状态。此外，在某些情况下，国会还会明确其意图。例如，CAA、CWA 和《安全饮用水法案》（Safe Drinking Water Act，缩写 SDWA）等联邦立法都明确授权部落对其领地范围内的所有土地实施环境监管的权力。⑥ 同时，EPA 一直

---

① Clean Air Act Amendments of 1990, 42 U. S. C. § 7410 (o).
② Clean Water Act, 33 U. S. C. § 1313 (1988).
③ Clean Water Act, 33 U. S. C. § 1342 & § 1344.
④ Clean Water Act, 33 U. S. C. § 1344.
⑤ Nicholas C. Zaferatos, Environmental Justice in Indian Country: Dumpsite Remediation on the Swinomish Indian Reservation, *Environment Manage*, Vol. 38, 899 (2006).
⑥ 例如，最新修订的 Clean Air Act amendment 就规定，除非另有明文规定，部落实施空气质量标准的计划应该适用于部落保留地领土范围内的所有的区域（"all areas"）。与此相似，Clean Water Act 规定了部落的权力适用于整个印第安人领地，并明确规定了当某个印第安部落负责管理某个环境保护项目时，它将对其控制的由美国为该部落托管的水源以及"除此之外的其他位于该印第安人保留地边界范围内的资源"行使管辖权。参见 Clean Air Act amendment, 42 U. S. C. § 7410 (o); Clean Water Act, 33 U. S. C. § 1377 (e) (2).

都认可部落实施环境监管的权力覆盖整个印第安人领地。①

最后，TAS 项目将主要的管辖权责移交给部落，允许它们对其保留地行使与州对其管辖范围同等的权力，这充分授权部落可以对印第安人领地上非部落政府就非印第安人所有的土地所拟定的利用方案进行更为直接有效地的规制。例如，《资源保护和回收利用法案》（Resource Conservation and Recovery Act，缩写 RCRA）这一立法所授予部落的环境保护项目管理权力中就包含了"在印第安人领地范围内任何有害废弃物处理设施的选址都需要向部落申请颁发许可"。② 因此，尽管部落可能在大多数情况下都不能阻止非部落政府对非印第安人所有的土地的具体利用（如功能分区），除非该部落能够证明上述行为对部落造成了明显严重的损害，但它仍然至少可以通过联邦污染控制立法具体授权的方式对这些对土地的利用设置相关的条件以对非印第安人的活动和具体的土地利用行为可能导致的环境损害加以控制。这样，至少在决定对印第安人领地上非部落政府的土地利用方案是否存在对环境的不利影响上，某些对土地利用规划的决策权将重新回归到部落政府的手中。③

2. 总统政策声明和行政命令的推动

20 世纪 60 年代以来，随着印第安人土著族裔意识复兴和"红种人权力"运动的兴起，美国联邦印第安人政策出现了重大调整，从"重新安置"正式转向支持印第安人社群"自决"和"自治"。④ 尼克松（Richard M. Nixon）总统在 1970 年发表的"印第安人政策声明"对联邦与印第安人之间的关系产生了极为深远的影响。他强调联邦政府与印第安部落之间政府对政府的关系是建立在美国宪法以及双方所订立的一系列条约的基础之上。他提出了部落"自决"（Self-determination）这一概念，同时提议那些对部落所提供的联邦服务项目由部落政府"接管"并由部落具体负责管理和实施。⑤ 这一新的联邦印第安人政策极大地推动了支持部落自决和改善印第安人领地上的环境保护状况具有里程碑意义的立法。1983 年，里根（Ronald W. Reagan）总统发布了其印第安人政策，主题在于进一步强调和推动联邦机构落实联邦政府与部落之间政府对政府的关系。⑥ 1994 年，克林顿总统签署的一项总统备忘录中概括了行政部门在处理与部落政府关系的过程中应该遵守的主要原

---

① EPA 根据联邦污染控制立法的规定在处理与州以及部落关系的过程中已经明确采用了国会的标准。例如，该机构负责具体实施 Safe Drinking Water Act 中将部落和州加以同等对待规定的法规（regulations）就明确规定"印第安人土地"（"Indian lands"）包含了整个印第安人领地。参见 40 C. F. R. § 144.3 (1990)。
② Resource Conservation and Recovery Act, 42 U. S. C. § 6925 & § 6926 (1988).
③ Judith Royster. Environmental Protection and Native American Rights: Controlling Land Use Through Environmental Regulation, *Kansas Journal of Law Public Policy*, Vol. 89, No. 1, 96 (1991).
④ 丁见民：《1960－1970 年代美国"红种人权力"运动与土著族裔意识的复兴》，载《福建师范大学学报（哲学社会科学版）》2009 年第 4 期，第 140 页。
⑤ President Richard Nixon, Special Message on Indian Affairs, *H. R. Doc.* No. 91-363, 1970.
⑥ President Ronald Reagan, "Statement on Indian Policy," January 20, 1983, *Public Papers of the Presidents of the United States: Ronald Reagan*, 1983, 2 vols. (Washington: U. S. Government Printing Office, 1984), I: 96.

则，其目的在于指导联邦机构在与部落之间保持政府对政府的关系的框架下履行托管责任。① 往后的各届政府基本上也都会发表相关的政策声明或总统行政命令以强调联邦政府和部落之间政府对政府的关系以及联邦政府对印第安人社群的托管责任。

随着全球"环境正义运动"的兴起，为了确保所有的联邦机构与部落以符合部落主权地位和根据联邦法授权的方式与部落进行合作，克林顿总统于 1994 年向各联邦机构发布了总统行政命令"针对少数族群和低收入群体环境正义的联邦行动"（Executive Order 12898, "Federal Actions to Address Environmental Justice in Minority Populations and Low – Income Populations"），指导各个联邦机构实现与其使命相关的环境正义。② 这一总统命令为包括 EPA 在内的各个联邦机构设定了大量的义务，包含要求各个联邦机构制定一项策略以识别和解决"针对少数族群和低收入群体的项目、政策和措施对人类健康或环境造成的明显不合理的和不利的影响"。另外，这一总统命令的第 6 – 606 部分（section 6 – 606）规定："根据这一命令所设定的各个联邦机构的义务应该同等地适用于美国土著项目"。该部分还指导内政部（Department of Interior，缩写 DOI），与（根据这一总统命令）所设立的工作组进行协调，并且"在与部落领导人进行磋商之后，根据这一针对联邦所认可的部落的命令采取协调措施"。同时，它明确要求 EPA 在政府对政府关系的基础之上与部落政府进行磋商，维护和尊重部落的主权地位并切实履行联邦的托管责任。这一总统行政命令直接推动了 EPA 印第安人政策的出台以及一系列联邦环境项目的实施。1998 年，克林顿总统签署了总统行政命令"与印第安部落政府的磋商与合作"（Executive Order 13084, "Consultation and Coordination with Indian Tribal Governments"），指导联邦机构在制定相关政策"将对印第安部落政府产生显著和独特的影响"时应尊重部落自治和部落主权以及部落的权利和义务。③ 它要求联邦机构在制定规制性政策时，应该与部落进行有效和及时的磋商，并且必须考虑强加给部落政府的执行费用。这一命令要求"在与部落自治、托管资源、条约或者其他权利有关的事项上，各联邦机构都应探索并在适宜的情况下适用共识机制以制定行政法规，并考虑协商式的规则制定程序"。2000 年，克林顿总统又签署一项同名的总统行政命令"与印第安部落政府的磋商与合作"（Executive Order 13175, "Consultation and Coordination with Indian Tribal Governments"）进一步明确了联邦政府和各印第安部落之间存在的政府对政府的特殊关系、联邦政府的托管责任、部落固有的主权权力以及

---

① President William J. Clinton. Memorandum on Government – to Government Relationships With Native American Tribal Governments, (April 29, 1994), 59 *Fed. Reg.* 22, 951 (April 29, 1994).

② President William J. Clinton. Executive Order 12898, 'Federal Actions to Address Environmental Justice in Minority Populations and Low – Income Populations.' (February 11, 1994), 59 *FR* 32; 7629 – 7633.

③ President William J. Clinton. Exec. Order No. 13084, 'Consultation and Coordination with Indian Tribal Governments.' (May 14, 1998), 63 *FR* 96; 27655 – 2765.

自治的权利。①

3. EPA 印第安人政策的进一步明确和落实

为了切实遵照和执行上述总统行政命令的要求，EPA 作为 DOI 之外的第一个联邦机构就其处理与部落的关系以及在印第安人领地上制定和实施部落环境保护项目于 1984 年发布了一项以"印第安人保留地上环境项目的管理政策"命名的正式的政策声明。② 这一政策声明具体包含了 9 项原则，进一步明确了部落根据其固有的主权和相关联邦环境立法的授权而有权在印第安人领地内进行环境监管和实施环境保护项目。

首先，这一政策认可部落政府"作为主权实体"对印第安人领地范围的环境事务"拥有首要权力并承担主要的责任"，部落在有关影响保留地环境的事项上是制定标准、做出环境政策决策和管理相关环境项目最为重要的主体。同时，该政策保证"在将部落政府作为处理保留地事务独立的主权实体而不是州或其他政府实体的政治分支的基础上和部落政府进行直接合作"。此外，这一政策的出台还直接推动了对数个联邦环境控制立法的修订以授权部落承担管理其资源和环境的重要职责，尽管上述授权实际上是发生在这些环境立法最初通过的数十年之后。最后，EPA 根据这一政策所确认的联邦政府对印第安人社群、印第安人土地和资源的托管责任以及通过解释上述联邦环境立法现有的框架而将州的环境监管权主张排除在印第安人领地之外，并且上述解释也一直为联邦法院所支持。③

（二）强化对部落环境监管的协助和支持

要完全实现部落维护其领地上环境安全和福祉的目标，除了基于部落固有的主权和国会立法授权所确立的环境监管权这一前提条件外，同时还需要获得联邦政府根据联邦托管责任和相关环境控制立法的规定所提供的协助、合作与政治支持，以此促进部落不断提高自身环境监管的能力和水平，确保部落能够直接、持续和有效地履行其环境监管职权。尽管各部落所需要的支持类型存在很大的差异，但总体上包含了为获取提升其技术性的环境管理能力所需要的资金支持、为联合解决具体环境问题所需要的联邦技术性协助或者共同执行某项 EPA 的印第安人托管政策所需要的政治上的支持。④

---

① President William J. Clinton. Executive Order 13175, "Consultation and Coordination with Indian Tribal Governments." (November 9, 2000), 65 *FR* 218: 67249-67252.

② 参见 Environmental Protection Agency. EPA Policy for the Administration of Environmental Programs on Indian Reservations (Nov. 8, 1984), https://www.epa.gov/tribal/epa-policy-administration-environmental-programs-indian-reservations-1984-indian-policy.

③ EPA 认为除非获得条约和国会的明确单独授权，州对印第安人领地内的环境事务不享有管辖权。为了阻却华盛顿州对印第安人行使环境管辖权，联邦第九巡回上诉法院在其裁决中确认了 EPA 对华盛顿州享有对印第安人领地上影响环境的有害废弃物监管权的主张的合理否决。参见 State of Washington, Department of Ecology v. EPA, 752 F. 2d 1465, 9th Cir (1985).

④ Nicholas C. Zaferatos, Environmental Justice in Indian Country: Dumpsite Remediation on the Swinomish Indian Reservation, *Environment Manage*, Vol. 38, 906 (2006).

尽管 EPA 根据联邦环境立法的规定拥有保障部落环境安全的职权，但其通常不在印第安人领地内直接行使。数项联邦环境立法授权部落适用 EPA 在 TAS 这一类立法中为州设置的相似的程序，并由部落直接行使与州对其管辖范围同等的权力。同时，为帮助部落提升必要的环境监管技术和管理能力以有效地行使其根据联邦环境立法所确认和授予的权力，维护和加强部落环境项目总体上的完整性，联邦公平合理标准的财政和技术上的援助以及对相关联邦项目的政策支持也是必不可少的。毕竟大量强有力的、公平和成功的部落环境项目不仅会使部落社群及其附近的人群受益，而且还有助于强化部落的主权和自治以及促进这些基本的原则在更为广泛的美国社会里获得更好的接受。[①] 在此基础上，20 世纪80 年代以来部落的环境监管能力逐步提升，很多部落的环境监管技术能力最终发展成为一个包含了科学家、规划人员、管理人员和咨询顾问（负责监督环境政策框架的制定）在内的综合性的环境管理项目。此外，EPA 还支持和协助部落政府以一种有效和开放的方式确立其环境项目并且公正高效地实施其环境立法和政策，以确保部落公众的健康，部落的文化、精神、自然和经济资源得以免于环境恶化的损害。

（三）推动各政府间环境监管的磋商与合作

为了维护和尊重部落的主权并切实履行联邦的托管责任，根据国会立法、总统发布的大量的行政指令以及 EPA 制定的印第安人政策的要求，EPA 及其他相关的联邦机构必须在政府对政府关系的基础之上与部落政府就印第安人领地上的环境监管进行磋商和合作。其中，EPA 的印第安人政策中就具体包含了与部落进行磋商和合作特别相关的规定。例如，其第一条原则就明确认可与部落之间政府对政府的关系，并规定了 EPA "随时准备与印第安部落在一对一的基础上进行合作"；第五条原则认可联邦的托管责任并规定了为了遵守这一义务，EPA 将 "当其措施或决策可能会对保留地的环境产生影响时，确保部落的关注和利益得到考虑"；第九条原则规定 EPA "将印第安人政策目标纳入其规划和管理措施中，并且包含预算…"。与此同时，这一政策中的第六条原则更是包含了鼓励和支持部落与州以及地方政府就实施联邦环境项目和解决共同关注的环境问题进行合作的内容。

磋商是 "在做出决策程序之前尽早获取、讨论和考虑部落的意见的程序"，因此通常比仅仅 "简单地提供通知和允许部落对本机构的决策加以评论有着更为丰富的内涵"，它

[①] 参见 National Environmental Justice Advisory Council Indigenous Peoples Subcommittee. Guide on Consultation And Collaboration With Indian Tribal Governments And The Public Participation Of Indigenous Groups And Tribal Members In Environmental Decision Making, 2000. https：//www.epa.gov/sites/production/files/2015 – 03/documents/ips – consultation – guide_ 0. pdf。

"意味着在持续和双向沟通交流的基础上就如何有效地解决部落所关心的问题达成共识"。① EPA 根据 TAS 条款与各部落就为部落资源和环境提供共同管理，部落制定土地利用规划、空气质量、地表和地下水源质量标准，有害污染物防控以及环境污染损害修复等诸多事项进行了磋商。其中，为在印第安人领地有效实施《综合性环境反应、赔偿和责任法案》（Comprehensive Environmental Response, Compensation, and Liability Act, 缩写 CERCLA），EPA 通过与部落协商订立"协议备忘录"（Memorandum of Agreement, 缩写 MOA）的形式以明确双方之间的合作关系、地位和责任，并与部落确立起了一种符合该机构印第安人政策的磋商关系。② MOA 代表了为有效实施 CERCLA 而形成一种良好的政府对政府关系合作程序的理论框架以及 EPA 在有关保护部落资源、环境的事项上履行与部落进行有效磋商这一托管责任的模型。③

此外，作为提升部落环境监管技术能力和扩大其管辖范围策略的一部分，EPA 同时还支持和积极推动那些有利于增强与部落、州以及地方政府之间关系的合作。部落与 EPA 以及州的机构所签订的数个环境协议进一步增强了部落实施环境监管的能力。例如，1996 年，EPA 为了有效实施联邦环境立法和切实履行该机构所制定的政府对政府的印第安人政策声明而与 Swinomish 部落签订了一项环境协议（agreement,）。这一协议帮助部落对相关的环境问题进行综合性的评估，并为部落设立环境项目提供资金、技术和管理上的协助。④ 同年，EPA、Swinomish 部落和华盛顿州环保部（Washington Department of Ecology, 缩写 WDOE）就加强联邦水源质量许可管理之间的合作签订了一项历史性的三方协议（trilateral agreement）。根据这一协议，部落通过与华盛顿州签订协议就国家污染物排放消减系统项目（National Pollution Discharge Elimination Systems Program, 缩写 NPDES）的许可申请开展技术性研究直至部落能够制定本部落的水源质量标准并正式将其适用于 EPA 授权的环境保护项目。⑤

最后，EPA 在协助部落实施环境保护项目的过程中也逐渐认识到部落环境管理的历史经验、不断增强的环境监管专业技能以及这一社群长期积累的传统知识和生态智慧都有助于解决保留地上的环境问题，以此作为支持部落进行有效的环境监管的重要因素并在这一

---

① 参见 National Environmental Justice Advisory Council Indigenous Peoples Subcommittee. Guide on Consultation And Collaboration With Indian Tribal Governments And The Public Participation Of Indigenous Groups And Tribal Members In Environmental Decision Making, 2000. https：//www.epa.gov/sites/production/files/2015 – 03/documents/ips – consultation – guide_ 0.pdf。

② Comprehensive Environmental Response, Compensation, and Liability Act, 42 U.S.C. § 9601.

③ Nicholas C. Zaferatos, Environmental Justice in Indian Country：Dumpsite Remediation on the Swinomish Indian Reservation, *Environment Manage*, Vol. 38, 904 (2006).

④ Nicholas C. Zaferatos, Environmental Justice in Indian Country：Dumpsite Remediation on the Swinomish Indian Reservation, *Environment Manage*, Vol. 38, 900 (2006).

⑤ Nicholas C. Zaferatos, Tribal Nations, local governments, and regional pluralism in Washington state：the Swinomish approach in the Skagit valley, *Journal of the American Planning Association*, Vol. 70, No. 1, 91 (2004).

基础上就如何管理保留地环境建立了更为有效的合作关系。这样,部落可以更为自由地与非部落管理人员一起以共享和重叠责任的形式实施更富成效的环境监管,并且"根据不同的资源种类"分门别类地运用其功能性职权,采取更具创新性的策略。①

(四)增强部落环境监管的文化适应性

如前所述,在联邦所主导的环境监管体制之下,部落环境监管的文化困境使印第安人领地上各类环境保护项目在具体的实施过程中面临着严重的文化适应性问题。不过,在过去的数十年里,受益于国会环境控制立法的授权和联邦政府相关政策措施的推动,很多部落的环境监管能力得到了很大程度上的提升以致于能够逐步有效地解决自身复杂的和历史性的环境问题,并且还能够在技术平等的基础上与 EPA 以及州和地方政府进行合作。更为重要的是,部落环境监管主权地位的巩固和监管能力的提升为其规划、制定和实施与其文化、习俗和传统价值观念相适应的环境监管策略和环境保护项目提供了机会和可能。

实际上,突破部落实施环境监管文化困境的关键在于在正确认识和理解印第安人与对这一社群而言极其重要的资源和环境之间的关系以及尊重这一族群文化独特性的基础上,增强包括联邦政府在内的非部落政府对部落所制定和实施的结合了土著的传统知识和生态智慧并与其文化相适应的环境监管策略和环境保护项目的理解和支持。而联邦政府的这一义务除了起源于对部落主权、部落所保留的权益、联邦法院系统对保护这些权利所确立的制度性的解释性立场以及联邦政府的托管责任的讨论之外,支持这一主张的理由同时还来自对部落语境下的环境正义的讨论。② 通过这种方式,采用了文化独特性方法的部落将会作为合法的环境管理主体以更具活力并与其文化相适应的方式管理对其健康和福祉至关重要的资源和环境,并且部落政府也能够更好地规划其具有文化适应性的环境监管策略和环境保护项目。③

四、结语

印第安人社群特别复杂的政治和历史背景以及美国政府和部落之间长期形成的特殊关系形塑了部落主权和联邦对印第安人的托管责任原则。而二者之间的托管关系正是联邦政

---

① Darren J. Ranco, Catherine A. O'Neill, Jamie Donatuto, and Barbara L. Harper, Environmental Justice, American Indians and the Cultural Dilemma: Developing Environmental Management for Tribal Health and Well-being, *Environmental Justice* Vol. 4, No. 4, 225 (2011).

② Darren J. Ranco, Catherine A. O'Neill, Jamie Donatuto, and Barbara L. Harper, Environmental Justice, American Indians and the Cultural Dilemma: Developing Environmental Management for Tribal Health and Well-being, *Environmental Justice* Vol. 4, No. 4, 226 (2011).

③ Jaclyn Johnson and Darren J. Ranco, 'Risk Assessment and Native Americans at the Cultural Crossroads: Making Better Science or Redefining Health?' in *Technoscience and Environmental Justice*: Transforming Expert Cultures through Grassroots Engagement, eds. Gwen Ottinger and Benjamin R. Cohen, Cambridge, MA: MIT Press, 2011, pp. 179–199.

府保护印第安人社群土地、资源和环境并确保部落健康和福祉的理论依据所在。① 印第安人社群为维护自身的环境权益并在其家园实现环境正义进行了长期和持久抗争,他们一直在朝一个能够容纳源自部落自身并与其文化相适应的环境监管策略,同时也认可部落有权管理对其极其重要资源地位的环境监管体制而努力。尽管这一努力在很大程度上必须在现有的法律和政治框架内发挥作用,它吸收了部落对管理其资源权力现有的理解,并且以目前由美国国会立法以及联邦法院系统和其他机构对部落管理其资源和环境的权力认可的强有力的规定和解释为前提。② 不过,要实现这一目标,最终仍然有赖于部落自身主权地位的确认和维护、部落环境监管能力的提升以及联邦政府对印第安人社群的环境正义与联邦的托管责任之间存在内在联系这一事实的认可并在此基础上采取的切实行动。

Environmental Protection in Native Americans' territory under the Perspective of The Federal Trust Responsibility

Zheng Yong

Abstract: American Indians refer to indigenous people who have been inhabiting in North America for centuries; they are political entities possessing of independent sovereign authority, qualified to exercise inherent right to their members and territorial affairs. Based on the historical treaties signed between the U.S. federal government and the Indian tribes, the federal government has "Trust Responsibility" for the security of tribal homelands. For a long time, tribes' health, well-being and environmental security in their territory have been limited. With the federal policy adjustment, federal government exercises trust responsibility through congressional legislation and authorization, specialized Indian policies introduced by federal executive branches, financial and technical assistance and inter-governmental cooperation, which ensures tribal sovereignty in the regulation of their resources, environment and the improvement of environmental regulatory capacity. Tribally derived regulatory-cultural approaches and environmental programs are also applied to this undertaking.

Keywords: Native Americans; Environmental Justice; Tribal Sovereignty; The Trust Responsibility; Environmental Protection

---

① Wood M. C., Protecting the Attributes of Native Sovereignty: a New Trust Paradigm for Federal Actions Affecting Tribal Lands and Resources, *Utah Law Review*, Vol. 109, No. 1, 228 (1995).

② Darren J. Ranco, Catherine A. O'Neill, Jamie Donatuto, and Barbara L. Harper, Environmental Justice, American Indians and the Cultural Dilemma: Developing Environmental Management for Tribal Health and Well-being, *Environmental Justice* Vol. 4, No. 4, 221 (2011).

学术评论

场域公共秩序中的移风易俗与助推型治理
——兼论《民间法哲学论》引发的思考

段泽孝[*]

摘　要　移风易俗是一项旨在改变乡村社会中陈规陋习的工作，通过村规民约的制定与执行推进移风易俗具有合理性与正当性。但在实践中，存在一些损及村民权益的"雷人"和"奇葩"村规，其本质是国家意志向民间法规范的"渗透"从而导致的异化现象。文本作者在其《民间法哲学论：一种中国特色法哲学建构论纲》中提出的"场域公共秩序"理论揭示了法治场域的层次性与建构性，有助于矫正村规民约的异化问题。同时，其与助推理论相契合，在乡村社会的法治场域中，可以村规民约为载体适用助推型规制工具，有效调控利害关系，助推移风易俗任务的实现。

关键词　场域公共秩序　民间法　移风易俗　助推　村规民约

红白喜事大操大办、相互攀比、人情往来过于频繁、孝道不彰、低俗表演、迷信活动、买码赌博等陈规陋习和不良风气一度成为影响农村社会健康发展的重要因素之一。这些陋俗与习气不仅加重了农民的物质与精神负担，也阻碍农村善良风俗的养成。为了治理这些农村社会乱象，党的十九大报告提出要"开展移风易俗、弘扬时代新风行动，抵制腐朽落后文化侵蚀"。[①] 历年"中央一号文件"也多次提出要倡导、开展、抓好、加强、持

---

[*] 段泽孝，法学博士，湖南省社会科学院国家治理与公共政策研究中心助理研究员。
[①] 习近平：《决胜全面建成小康社会　夺取新时代中国特色社会主义伟大胜利——在中国共产党第十九次全国代表大会上的报告》，载《人民日报》2017年10月28日。

续推进农村移风易俗工作。① 可见，移风易俗是农村社会治理的重要手段之一，也是推进社会主义新农村建设的重要目标之一。然而，移风易俗工作在实践中也面临着操之过急、方法粗暴的问题，出现了诸如红白事和周岁寿诞不准宴请、丧葬不准披麻戴孝等"一刀切"式的做法，有的甚至直接与贫困生认定、转学、上户等手续相关联，违反就不予办理②。这些做法，许多都是以村规民约或签署"移风易俗承诺书"的形式使之具备了所谓"合法性"与"自愿性"的外衣，但本质上则是对公民权利的一种过度干预。"通过基层群众性自治组织制定约束性强的措施以治理陈规陋习，推进移风易俗，促进乡风文明"③是我们的初衷，但实践中的偏差反映了通过村规民约开展移风易俗的限度与边界需要进一步厘清。湖南省社会科学院姚选民研究员的《民间法哲学论：一种中国特色法哲学建构论纲》（社会科学文献出版社2019年版）可以为明确民间规范的治理与疆域，消除"雷人"和"奇葩"村规，使其在法治轨道上开展移风易俗工作提供有益的理论支持和实践指导。

一、被遮蔽的"国家法"：民间法规范异化的成因

看似"雷人"和"奇葩"的民间法规范，给人以戏谑、随意的印象，但其对人的权利的影响却是具体实在的。在这个表面上不易理解的现象背后，有着自然而然的逻辑。概言之，就是在国家意志不便进入的场域，民间法规范因其与生俱来的特质而被国家意志所渗透，使得民间规范异化为了一种国家意志介入原本非国家法调整领域的媒介。

（一）移风易俗中贯穿着国家意志向民间法规范的"渗透"

之所以将移风易俗中的民间法规范称为被遮蔽的"国家法"，并非因其实施机制系由国家通过强制力保障，而是在于其在实施中贯彻了国家意志。因此，所谓被遮蔽的"国家法"，实则是一种形容方式，用以表述该现象最显著的特征。国家意志向民间法规范渗透的现象，可以从三个方面进行考察：

首先，移风易俗是一种国家意志的体现。近年来在乡村不断推进的移风易俗工作，并非来自基层群众自治主体的自觉或主动作为，而是来自党和政府的积极引导和推动。移风

---

① 2007年"中央一号文件"提出："引导农民崇尚科学、抵制迷信、移风易俗。"2014年"中央一号文件"提出："深入推进农村精神文明建设，倡导移风易俗，培养良好道德风尚，提高农民综合素质。"2015年"中央一号文件"提出："弘扬优秀传统文化，抓好移风易俗，树立健康文明新风尚。"2016年"中央一号文件"提出："提升农民思想道德和科学文化素质，加强农村移风易俗工作，引导群众抵制婚丧嫁娶大操大办、人情债等陈规陋习。"2018年"中央一号文件"提出："开展移风易俗行动。广泛开展文明村镇、星级文明户、文明家庭等群众性精神文明创建活动。遏制大操大办、厚葬薄养、人情攀比等陈规陋习。加强无神论宣传教育，丰富农民群众精神文化生活，抵制封建迷信活动。深化农村殡葬改革。加强农村科普工作，提高农民科学文化素养。"2019年"中央一号文件"提出："持续推进农村移风易俗工作，引导和鼓励农村基层群众性自治组织采取约束性强的措施，对婚丧陋习、天价彩礼、孝道式微、老无所养等不良社会风气进行治理。"
② 戴先任：《倡导移风易俗莫跑偏》，载《湖南日报》2019年10月11日。
③ 杨华：《农村移风易俗的重点在哪里》，载《人民论坛》2019年第29期。

易俗不仅多次出现在我们党的"中央一号文件",更是频繁见诸其他重要的党政联合发布的政策文件,其中代表性的有《中共中央 国务院关于实施乡村振兴战略的意见》,中央农村工作领导小组办公室、农业农村部等中央 11 个部门联合下发的《关于进一步推进移风易俗 建设文明乡风的指导意见》等,与之相配套的是各级党政机关贯彻落实中央关于移风易俗工作精神的各类规范性文件。可以说,为了实现移风易俗的目标任务,已经形成了一套相对完备的规范性文件体系。同时,通过在司法部法律法规数据库中检索可以发现,目前我国共有 216 部地方性法规或地方政府规章明确有"移风易俗"的表述。由此可见,"移风易俗"不仅仅是一种政策性的话语,更是成为一种法律概念。如此大规模的、超越科层和地域的制定相关政策与规范,仅仅依靠基层群众自治主体的自觉是不可能实现的,其背后无疑是国家意志的作用。

其次,乡村社会习俗或习惯本是国家法不易介入的场域。所谓"移风易俗",主要"移"与"易"的对象就是乡村社会的习俗或习惯中与现代社会文明标准不相符合的部分。从上述法律法规数据库中检索出的地方性法规和地方政府规章的具体条文来看,关于"移风易俗"的规定多为原则性规定,其操作性并不强。相较而言,愈是基层党政机关的有关规范性文件,对"移风易俗"的具体内容、事项等规定得愈是清晰明确。但是,一旦真正考察乡村社会移风易俗的实践时,就可以发现基层群众自治主体真正依据的是其制定的村规民约、乡规民约、承诺书等民间法规范。换言之,真正对村民产生效力的是民间法规范而非更高位阶的法律与政策。于是,这就产生了一个悖论。对乡村社会的习俗与习惯而言,其传承者是村民及其组成的集体。在没有外力作用的情况下,村民们不大可能自主、自发、自觉地改变或放弃大多数已经传承千百年的习俗与习惯。相反,由基层群众自治组织制定的民间法规范,在大多数情况下是对乡村社会习俗或习惯的一种去粗取精式的提炼与确认。换言之,由于移风易俗是一种国家意志的体现,在乡村社会的移风易俗无疑是国家意志对原本属于基层自治领域的一种介入,体现了移风易俗主体与民间法规范制定主体之间的矛盾。然而,在实践中出现的与移风易俗相关的"雷人"和"奇葩"的民间法规范,对乡村社会的习俗或习惯而言近乎产生一种颠覆式、革命式的变革,在客观上形成了民间法规范贯彻国家意志而"抵触"基层群众自治主体意志的现象。因为,一个客观的情况就是,移风易俗工作之所以在许多地方会变为简单粗暴的"雷人"和"奇葩"规定,除了与有欠科学合理的工作方式方法有关外,还与乡村社会对移风易俗工作存在较大阻力有密切关系。

再次,党组织对基层群众自治主体与民间法规范的再造。如果仅仅从国家意志与基层群众自治的视角来审视经由民间法规范来进行的移风易俗工作,则会是一个无解的问题。因为在习俗与习惯的传承上,国家意志与民间意愿也许总会保持一定的紧张关系。但是,移风易俗的必要性毋庸置疑,且已然在实践中不断推进。这种把理论上的不可能转化为实践中的客观现实,离不开党组织的因素。我们党区别于西方政党的一个重要特征,是其为嵌入型政党。无论是各级政府还是各地基层群众自治组织，均有党组织嵌入其中，并发挥领导作用。如此一来，原本存在界分或紧张的国家意志（以及国家法）和民间意愿（以及民间法规范）便经由党组织黏合了起来。党自上而下的完整组织构造，确保了党和国家的政策可以超越科层得到贯通，而嵌入基层群众自治组织的党组织则保障了国家意志在乡村社会得到贯彻。其实，党对具有自治性质的组织进行嵌入，进而确保政策得到执行与落实的做法早就存在，最典型的就是社会主义核心价值观进入公司章程、社会组织章程、村规民约等。这种对章程和村规民约的修改，同样是通过党和国家制定政策后，法律、法规、规章或规范性文件进行原则性规范，再经由嵌入型党组织的中介作用确保执行。可见，移风易俗领域国家意志对民间法规范的"渗透"也并非孤例。因此，从民间法规范贯彻了国家意志的角度来看，移风易俗领域的村规民约更像是具备民间法规范外在形式的一种"国家法"，其本质上并不完全反映基层群众自治主体的意愿。

（二）民间法规范的特性便于国家意志在乡村社会的"进场"

乡村社会的移风易俗，可以视为一种村民意愿逐步"退场"和国家意志逐步"进场"的过程，民间法规范之所以可以被国家意志所借用，端在于其自身的特性。而损及村民权利的"雷人"和"奇葩"的民间法规范也是其特性使然。关于民间法规范的特性，有学者总结为民族性、地域性、强制性、变异性、经济性和局限性①。就乡村社会的移风易俗问题而言，这些特性中最便于国家意志介入的就是强制性和局限性。

首先，民间法规范不以国家强制力做后盾但仍不失强制性。民间法规范与国家法最能体现泾渭分明之处，在于前者不具有国家强制力的保障，因为"民间法的形成主体是排斥国家的"②。但是，习俗也好，习惯也罢，其能够发展成为民间法规范，在于其在调整乡村社会关系与秩序中的有效性。这种有效性，不仅仅表现在村民基于一种"社会契约"式的让渡权利给基层群众自治主体，也不完全是凭借乡村熟人社会的朴素道德约束，而是仍然有着一定的强制力作为兜底。有学者指出，从实施结果上说，有的民间法可能在制裁的严厉性上远比国家法的相应制裁要硬得多③。当然，这类强制性制裁属于少数，在当下的社会环境中不具有普遍性，但其他形式的变相强制仍然是存在的。例如，村干部在执行相关村规民约时采取"说服"的方式逼着村民执行④。又如，本文引言中所提及的一些侵害到村民实体权利的措施。正是因为"当前政府主导的移风易俗行动是强制性变迁中的指导

---

① 于语和、张殿军：《民间法的限度》，载《河北法学》2009年第3期。
② 沈岿：《为什么是软法而不是民间法》，载《人民法治》2016年第2期。
③ 郑毅：《论习惯法与软法的关系及转化》，载《山东大学学报（哲学社会科学版）》2012年第2期。
④ 唐钱华：《乡村文化振兴中的移风易俗主题与政府角色转换》，载《深圳大学学报（人文社会科学版）》2019年第6期。

变迁，在很大程度上忽视了文化主体的内生动力"①，所以不依赖一定程度的强制是难以达成既定目标任务的。民间法规范不是国家法却有强制力的特性，正好可为国家意志的介入提供便利。

其次，民间法规范在执行中损及村民权利系源于其局限性。民间法规范最明显的局限在于"缺乏必要的规范性和程序限制"②。从损及村民权利的这些"雷人"和"奇葩"村规民约来看，基本上是非程序性的措施，随意性极强，村集体相关决策者和执行者的主观性极高。乡村社会中当下大多数村民的文化素质水平，以及乡村作为基层社会的基本定位，注定了其村规民约的制定与执行不可能达到法律、法规甚或政策、规范性文件那样较为严谨慎重的程度。假如民间法规范的制定如同立法或政策出台一般耗时冗长，则其经济性、便利性的优势也就难以发挥。换言之，民间法规范在制定、执行、救济等方面存在的程序瑕疵或漏洞，反而给了其强制性发挥效力的空间。譬如，有学者在调研某地移风易俗工作时发现，"一旦通过村规民约确定了新的风俗规定，其执行力是比较高的，村委会也通过多种方式强制执行"③。显然的，所谓多种方式强制执行，不可能是法律意义上的强制执行，也不会是村规民约明文规定的执行方式。这样就"弥补"了国家法在一些民间场域不便介入而造成的在国家意志贯彻上的真空，缺乏严格程序约束的强制性"便利"了国家意志在乡村社会的实现。

二、"场域公共秩序"对民间法规范异化的矫正

"场域公共秩序"是文本作者在氏著中提出的一个重要概念，也是其最突出的理论增量。文本作者将"场域公共秩序"界定为"国家或全球社会范围内不同区域或领域亦即各种场域法域中的社会主体，集体地通过以一定强制力为潜在后盾的非强制性手段如民间法规范来支撑的社会主体间的相对稳定关系体"④。这为我们审视村规民约和移风易俗问题提供了一种新的理论视角和分析框架。

（一）通过"场域"建构法治的层次性

文本作者指出："'场域公共秩序'这一表达，主要是用'场域'这一建构元素来有力地呈现国家或全球社会范围内不同区域或领域中公共秩序的结构层次性，并没有增添公共秩序的概念的内涵要素，而是让公共秩序概念所指涉之内涵或外延内涵更有力地呈现或凸显出来。"⑤ 其中，"层次性"是对法治运行中的结构现象的一种敏锐观察。具体而言，

---

① 唐钱华：《乡村文化振兴中的移风易俗主题与政府角色转换》，载《深圳大学学报（人文社会科学版）》2019年第6期。
② 于语和、张殿军：《民间法的限度》，载《河北法学》2009年第3期。
③ 陈寒非：《风俗与法律：村规民约促进移风易俗的方式与逻辑》，载《学术交流》2017年第5期。
④ 姚选民：《民间法哲学论：一种中国特色法哲学建构论纲》，社会科学文献出版社2019年版，第50页。
⑤ 姚选民：《民间法哲学论：一种中国特色法哲学建构论纲》，社会科学文献出版社2019年版，第49页。

可以从以下三个方面进行考察：

首先，民间法的核心法益是场域公共秩序。文本作者指出："国家层面之民间法存在的核心目的主要是保护场域公共秩序法益，也可以说，在国家法启动以前，国家层面之民间法可能已经实现了对各种场域法域之场域公共秩序法益的保护。"[①] 从核心目的出发，进而指向核心法益，即"在国家层面上，民间法的核心或基石法益是场域公共秩序"[②]。

其次，民间法对国家法的参照。由于民间法的核心或基石法理主要以国家法的核心或基石法理为基本参照，因此，其通过梳理国家法所具有的规范社会主要关系、效力及于整个国家范围和全体公民，并且国家法精神于国内一以贯之的政治秩序逻辑，以此为框架概括了民间法的法理型构思维[③]。具体而言，就是场域逻辑与民间法之"乡土性""地域性""自发性"和"内控性"相契合[④]。

再次，国家法与民间法的分工。即国家法与民间法在维护社会意义上之秩序的问题上存在一种自然的分工。国家层面的民间法主要维护的是国家范围内不同区域或领域亦即各种场域法域内的社会秩序，一般不产生政治秩序影响的社会公共秩序。即国家法所没有顾及的、顾及起来不经济的、难以彻底解决的社会纠纷[⑤]。

在上述考察之基础上，提出法治具有场域层次性，即民间法像国家法一样，在法治中国的建设中亦有其使命担当。一方面，在国家法尚未介入之前解决现实生活纠纷，回复整个社会法秩序；另一方面，配合国家法，实现整个社会法秩序回复的完整性，在国家法回复政治秩序的时候，民间法回复国家范围内不同区域或领域亦即各种场域法域的场域公共秩序[⑥]。换言之，民间法对法治的建构，体现为一种国家法与民间法分工基础之上的，有层次的公共秩序规制。法治的场域层次性，形塑了民间法规范能够适用和得以调整的具体公共秩序，突出了民间法规范在类似于乡村社会这样具体的场域之中，调整社会关系的主体作用，有助于克服以国家法为价值判准的民间法"婢女思维"。

（二）通过"场域"避免对地方性知识的误读

"场域"与"地方性知识"在概念与使用上具有一定的相似性，对于为何选择"场域"而不使用"地方性知识"来阐释民间法规范的公共秩序建构价值，文本作者在氏著中解释为，人们对"地方性"的直观理解多是平面性的，"地方"这个日常用语会掩盖

---

① 姚选民：《民间法哲学论：一种中国特色法哲学建构论纲》，社会科学文献出版社 2019 年版，第 66 页。
② 姚选民：《民间法哲学论：一种中国特色法哲学建构论纲》，社会科学文献出版社 2019 年版，第 74 页。
③ 姚选民：《民间法哲学论：一种中国特色法哲学建构论纲》，社会科学文献出版社 2019 年版，第 84 – 93 页。
④ 姚选民：《民间法哲学论：一种中国特色法哲学建构论纲》，社会科学文献出版社 2019 年版，第 93 – 103 页。
⑤ 姚选民：《民间法哲学论：一种中国特色法哲学建构论纲》，社会科学文献出版社 2019 年版，第 103 – 112 页。
⑥ 姚选民：《论民间法的法治中国担当：一种法哲学视角》，载《原生态民族文化学刊》2020 年第 4 期。

"地方性"概念的结构层次性,而"场域"这个建构元素则不会①。此种观点可以很好地与"场域"概念蕴含的层次性结合起来,在一本著作内可以保持内容与逻辑的一惯性。但是,"层次性"当然不会是选择"场域"而弃用"地方性知识"的唯一理由。

从"地方性知识"这一概念的使用情况来看,其确实存在被误读的可能性,而不能理解其中的层次性仅是误读的一个方面。"法律与民族志,如同驾船、园艺、政治及作诗一般,都是跟所在地方性知识相关联的工作。"②吉尔兹这段关于"地方性知识"的论述为许多研究所引用,成为探讨该问题不能绕过的观点。然而,在诸多的使用中,却存在着一种倾斜,即将"地方性知识"对民间法规范的影响视为一种天然正当的现象。例如,有学者提出,"从治理论视角来看,移风易俗主要依赖基于'地方性知识'而形成的村规民约"③。又如,有学者在研究民族地区生态环保村规民约时指出,其是民族地区地方性知识(特殊的自然和人文环境)的产物④。再如,有学者在研究少数民族地区习惯法时强调,传统习惯法是在其独特的自然与社会环境中产生和发展而来的,是一种"地方性知识",其规约因得到中央政府的认可而具有正当的法律强制性⑤。类似的概念使用不一而足,但共同点就是均蕴含了基于"地方性知识"的概念对所谓地方"个性"的凸显具有天然的正当性。但是,对该概念的反思也早已存在。例如,理查德·A. 爱泼斯坦指出:"文化相对主义是没有说服力的。法律纠纷也许起源于并未吸引世界许多人注意力的、与地方性利益相关的具体事实,可是,解决法律纠纷的过程,论证这一解决过程的正当性,却依然迫使人们必须随之说明一些普遍原则,而这些基本原则,同时还必须经受理性的检验和时代的检验。"⑥换言之,我们不能简单地将"地方性知识"视为一个整全的概念,其内部其实存在各种要素。有学者总结,地方性知识具有文化特殊性、评说与适应环境的功能、语境相关性、本土内嵌性四个特征⑦。从作为一种分析工具的视角来看,这是选取了其具有积极价值的、建构性的一面。地方性知识同样是历史的、动态的,包含与当下环境不适应的部分。假如都作为正当性的论证工具,那移风易俗的正当性就存疑了,毕竟一个具有正当性的习俗、习惯是不必改变的。相较而言,"场域"的概念,因其建构性、层次性,就没有这方面的困扰。

---

① 姚选民:《民间法哲学论:一种中国特色法哲学建构论纲》,社会科学文献出版社2019年版,第94页。
② [美]吉尔兹:《地方性知识:阐释人类学知识论文集》,王海龙、张家瑄译,中央编译出版社2000年版,第222页。
③ 陈寒非:《风俗与法律:村规民约促进移风易俗的方式与逻辑》,载《学术交流》2017年第5期。
④ 舒松:《民族地区生态环保村规民约的作用机理及其实证分析》,载《贵州民族研究》2019年第11期。
⑤ 陈秋云、姚俊智:《乡村治理视野下海南黎区村规民约的裂变与传承》,载《原生态民族文化学刊》2019年第6期。
⑥ 张世明:《"地方性知识"的概念陷阱》,载《中华读书报》2015年4月8日第13版。
⑦ 鞠实儿、贝智恩:《论地方性知识及其局部合理性》,载《科学技术哲学研究》2020年第2期。

(三)"场域公共秩序"在移风易俗中的矫正功能

"场域公共秩序"的提出,有助于我们再次审视民间法规范的异化问题。基于法治场域层次性的视角,对民间法规范异化的矫正可以从以下两个方面展开:

首先,矫正移风易俗中民间法规范与国家法功能混同的问题。被遮蔽的"国家法"这种现象,实际上反映了民间法规范"僭越"行使了国家法的一些功能,造成了二者之间功能的混同,是一种法治场域的模糊。如果村规民约之类的民间法规范不再是体现基层自治功能的载体,那么其无疑将成为国家法的附庸。在此情形下,法治场域的层次性也就模糊了。但是,国家意志又是一种更加高位的价值,乡村社会并不能以基层自治为由而拒绝履行贯彻国家意志的义务。目前这种通过村干部主导集体制定旨在体现国家意志的村规民约的做法,有其贯彻国家意志的正当性,但与民间法规范的性质并不完全符合。因为,民间法规范应当是自下而上的,而非自上而下。民间法规范应当最大限度体现基层群众自治主体的意愿,只有被普遍接受的村规民约,才真正体现其基于民意而产生的强制性和执行力。依赖于村干部主导制定规则,再由村干部督促秩序的村规民约,如果没有村民的普遍真心认同,即便在短时内由于政治需要而得以执行,其效力的韧性和耐力也将存在疑虑。因此,如何真正发挥民间法规范体现民意的秩序建构功能,并且使之在区别于国家法的前提下,贯彻好移风易俗的国家意志,是矫正民间法规范与国家法功能混同问题的关键。

其次,矫正移风易俗中民间法规范的程序性问题。目前存在的程序性不足导致的损及村民权利的现象,实际上是对地方性知识的错误适用。依赖地方性知识形成的村规民约,却产生损及村民权利的效果,假如这个逻辑可以成立的话,就更加说明地方性知识中存在一些负面的组成元素。同时,从另一个逻辑上看,之所以需要移风易俗,就因为习俗、习惯等地方性知识相关的规范,存在与国家法律、社会主流价值等不兼容的部分。而另一方面,国家意志的贯彻仍然是通过村规民约的方式进行,说明了在国家意识的贯彻方面,仍然体现了依赖地方性知识形成的村规民约的积极作用。这种积极作用,体现在法治场域层次性逻辑下的与国家法的分工。而矫正实践中的异化现象,则需要进一步突出村规民约的法治建构功能,具体而言就是其内在的程序性要求,不能滥用民间法规范中强制性的一面。

综上可见,"场域公共秩序"对移风易俗中存在的村规民约异化现象的矫正,主要是通过法治场域层次性所体现的秩序建构功能。这为我们进一步思考,如何既确保移风易俗目标的实现,又真正发挥村规民约的规范和引导功能,提供了思路。

三、在"场域公共秩序"中通过民间法规范助推移风易俗

通过村规民约之类的民间法规范实现秩序建构的效果,需要真正发挥其规范和引导功

能，这离不开村民等基层群众自治主体的意愿与积极配合。而促进村民意愿的产生和意识的自觉，过于刚性的规定恐怕效果并不显著，助推村民主动践行才是村规民约区别于国家法的价值所在。

（一）"场域公共秩序"与助推理论的内在契合

移风易俗是对人的行为的调整，从目前存在的"雷人"和"奇葩"村规来看，由于对村民产生了实质上的损益效果，体现了民间法规范强制性的一面，具有相当程度的高权性，因而属于一种"控制—命令"型的调整。而在规制领域，从"控制—命令"型的规制活动向"助推"型的规制活动转变，已成为一种在实践中可能更为有效的调整方式。所谓"助推"，就是指在一种选择体系中的任何一方都不采取强制的方式，而是以一种预言的方式去改变人们的选择或者改变他们的经济动机及行为。而若要称得上助推，则必须使副作用降到最小①。虽然"助推"是一种源自行为经济学的理论，但其无论是在经济性规制还是社会性规制领域，都逐渐为人们所接受，至少是选择性采纳。笔者认为，助推理论同样也可以适用于移风易俗领域，原因如下：

首先，民间法规范与助推理论都不提倡过于强硬的"家长式管理"。有学者指出："权力还有一种面目是'父爱'型的。这个时候它部分具有'管家'的特征，要为主人服务，同时还有一种类似'家长'的特征，可能会为了当事人自身的利益，限制、约束或指引当事人的自由选择。这种'家长'，有时候表现出的是严厉的面目，用'硬实力'要求人们做某事或不做某事。"② 从移风易俗中出现的损益行为来看，例如因为人情礼金负担过重而严格限制，甚至禁止村中举办红白喜事之类的作法，就属于典型的家长式管理。因为，尽管其出发点是完全正确的，甚至是以一种"家长"的视角完全站在村民的立场来规制此类活动，但客观上限制或剥夺了村民的选择权。这种过于强硬的"家长式管理"，已经不是当下规制活动的主流。而从民间法规范的视角来看，其生命力就在于体现村民等基层群众自治主体的意愿，在特定场域之内的调整手段与当地的习俗、习惯相契合。这就意味着，民间法规范必然不能和国家法一样总是展现其刚硬的一面。就移风易俗而言，如果村规民约的制定与执行仍然以"控制—命令"型内容为主要基调来限制人们的行为，则无法体现民间法规范的优势，更无法摆脱"场域公共秩序"所意欲克服的对国家法的"婢女思维"。

其次，民间法规范与助推理论都接纳"软家长式管理"。家长式管理并不等于错误，亦非必然存在对调整对象的损益行为，"家长式管理的干预可能有利于人们的生活"③。我

---

① ［美］理查德·泰勒、卡斯·桑斯坦：《助推：如何做出有关健康、财富与幸福的最佳决策》，刘宁译，中信出版集团2018年版，第7页。
② 郭春镇：《权力的"助推"与权利的实现》，载《法学研究》2014年第1期。
③ ［美］卡斯·桑斯坦：《为什么助推》，马冬梅译，中信出版集团2015年版，第X页。

们还是必须肯定，站在"家长"或"管理者"的视角，客观审视移风易俗前村民因为传统或落后风俗而产生的一些经济负担、思想负担，是非常必要的。重点在于，在"家长式"之下采取何种管理行为。如果村规民约等民间法规范在制定和执行中展现为过于强硬的"家长式管理"，则仅有自治、自愿的外衣，本质上仍为"控制—命令"型的规制。"软家长式管理相对温和、自由，关键在于它维护了选择的自由。"① 这种选择的空间，与"场域公共秩序"理论中的法治场域层次性可以结合，形塑一种有引导但基于自主选择的公共秩序。具言之，就是在国家法与民间法分工的逻辑前提之下，强制性的部分主要由国家法来负责，主要起到确保政策得以落实的兜底效果；而体现选择性的部分，则由村规民约在制定和执行中通过赋予村民选择空间，进而助推移风易俗目标的实现。

再次，民间法规范与助推理论都适用于规制领域。助推作为一种规制理论，本质上旨在干预人们的行为。传统上，无论是助推理论还是规制理论，都是为了因应市场失灵以及由此引发的政策失灵。从这一点上看，移风易俗领域的干预则主要集中于风俗习惯、文化意识等方面，虽不能完全否认市场对其有一定的影响，但毕竟影响有限。因此，移风易俗领域存在的损益行为，市场失灵并非主因。但是，如果将其归结于政策失灵，则并不矛盾。移风易俗过程中，极大程度地贯彻了国家意志，相关村规民约尽管在实践中可能存在一些偏差，但目的上是为了落实国家政策。将"雷人"和"奇葩"的村规民约及其负面影响视为一种政策失灵并无不妥。村规民约等民间法规范，在实践中也对人们的行为产生干预效果，否则移风易俗将无法实现。鉴于此，民间法规范是载体，助推是手段，移风易俗是目的，三者可以契合。

（二）通过民间法规范助推移风易俗的路径

将"场域公共秩序"和助推理论的结合，旨在在乡村社会建构一个富有选择空间的公共秩序，进而实现移风易俗的政策目标。具体而言，本文提供如下建议：

首先，注重运用规制工具对村民的引导。助推是一种强制性相对较弱但干预性较强的规制活动，其区别于村干部对村民做思想工作的行为。运用助推型规制工具时，在逻辑预设上应当将被规制对象定位为不具备相关知识或意识的人。就移风易俗工作而言，如果村民们普遍能够认识到其必要性，或者经由做思想工作后能够被动接受并配合相关工作，那么，移风易俗就没有了对象，在实践中也就不会存在推行困难的问题。当然，这并不是否认村干部为了推进移风易俗而对村民们开展的思想工作不具价值，相反，该项工作的必要性不言而喻。但是，村规民约作为一种民间法规范，其发挥法的助推作用，引导村民实现移风易俗的目标，这与村干部做思想工作是并行不悖的。区别在于，做思想工作强调思想认识、政治觉悟的提高，而助推则侧重于人们基于衡量利害关系而作出的选择。换言

---

① ［美］卡斯·桑斯坦：《为什么助推》，马冬梅译，中信出版集团2015年版，第XXII页。

之，就是要在制定或修改村规民约的时候，加入一定的引导性规范内容，助推村民基于利害关系的衡量而选择村规民约所预期的行为。

其次，运用多样化的助推规制工具和方法调控利害关系。既然选择空间的基础在于对利害关系的衡量，那么，村规民约就需要运用多种规制工具和方法实现对乡村社会这一特定法治场域的利害关系调控。这种调控以民间法规范的制定与实施为主要载体和手段，体现的是一种"场域公共秩序"下国家法与民间法的分工。有学者将国家为遂行公益而导致行政任务相应扩张，然而实际上甚难满足国家遂行此等任务所必要的相关要求，以致令行、禁止的传统国家调控手段功能日蹙，并且另一方面国家政治也日益取决于非国家行动者的同意或合作意愿的现象称之为"社会自我规制"[1]。移风易俗工作中借助村民自治组织及其村干部，通过村规民约实践国家政策的做法，正好与之契合。在乡村社会这样的法治场域，起到利害关系调整功能的只能是村规民约等民间法规范。为此，村规民约可以发挥自身优势，结合地域文化特征，增强对村民的吸引力。例如，有学者提出通过助推机制中的吸引性，"尝试改进信息的表达方式，具体包括个性化定制、信息简化和突出、情感影响等，从而改变作用对象的认知，引导其行为"。又如，通过助推机制的社会规范性，"向规制对象展示同一情景中其他人的做法，由此在某个具体问题的处理上形成社会规范，以此来促使其调整行为，确保与该社会规范相一致"[2]。

再次，借助民间法规范的形式优势实质助推移风易俗任务的实现。多样化的规制工具能否实现，很大程度上取决于"法"的形式。借由传统立法而规范的规制工具，由于立法程序的繁复，往往导致规制工具本身严谨有余、灵活不足。这也就在实践中产生了一个有趣的现象，借由政策性文件所实施的规制活动，通常更具效率。但另一方面，突破"法"的形式的政策性文件如果成为助推型治理的主流，在现象上我们可以描述为这是公共行政的实际情况，但却对传统法的形式产生了冲击。在一个更为宏观的场域，譬如县域、市域，乃至于省域，如果政策普遍代替立法，无论是对形式法治还是实质法治皆无益处。而在乡村社会这样的法治场域，因其具有基层群众自治的属性，与国家立法活动本就存在场域上的分工，民间法规范将不存在国家法所面临的形式化困扰。经济性是民间法规范的特点之一，经济性不仅表现在制定成本、执行成本上，也体现在规范形式上的灵活。因此，村规民约，甚至其他经由村集体所议定的规范，均可以通过更加"接地气"又形式多样的方式，为村民设定行为选择上的空间，进而助推移风易俗任务的实现。

---

[1] 陈爱娥：《行政法学作为调控科学——以行政组织与行政程序为观察重心》，台湾行政法学会主编《行政法学作为调控科学》，元照出版公司2018年版，第18页。

[2] 张力：《迈向新规制：助推的兴起与行政法面临的双重挑战》，载《行政法学研究》2018年第3期。

ChangingCustoms and Nudging – Oriented Governance in Field Public Order
——With "On the Philosophy of Folk Law"

Duan Zexiao

Abstract: Changing customs is a work aimed at changing the old and bad habits in rural society. It is reasonable and legitimate to promote changing customs through the formulation and implementation of village rules and regulations. However, in practice, there are some strange village rules which damage the villagers' rights and interests. Its essence is the alienation phenomenon caused by the "infiltration" of the state will into the folk law norms. The theory of "field public order" proposed in the "On the Philosophy of Folk Law: A Theory of Legal Philosophy with Chinese Characteristics" reveals the hierarchy and constructiveness of the field of rule of law, which helps to correct the alienation of village rules and regulations. At the same time, it is consistent with the nudging theory. In the field of rule of law in rural society, we can use village rules and regulations as the carrier, apply nudging – Oriented regulatory tools, effectively regulate the interests, and help to realize the task of changing customs.

Keyword: field public order; folk law; changing customs; nudging; village rules and regulations

理论指导实践：
法律学说在司法运用中的应然样态
——《论法律学说的司法运用》之批判性阅读

沈 寨[*]

> **摘　要**　理论指导实践，是法律学说在司法运用中的应然样态。彭中礼教授《论法律学说的司法运用》一文系统分析论证了法律学说的概念、司法地位、理论价值、实践功能和制度构造等核心内容，并在一些方面作了开创性阐释。法律学说可以为裁判说理提供理由来源、为司法论证提供权威资源、为法律适用提供理论渊源；在司法实践中可以帮助法官进行法律解释、填补法律漏洞、创制法律规则，以及发展法律学说。法官应当在宽泛的学术视野中发现和运用法律学说，并将法律方法与之有机结合，在具体案件中进行说理，增强裁判的正当性和可接受性，提升司法效率。法律学说在司法裁判中的运用应当有限度，即不得违背公序良俗和超越法教义学。
>
> **关键词**　法律学说　司法裁判　司法运用　法教义学

　　从我国司法裁判实践来看，法官有时会运用法律学说来增强说理，达到以理论指导实践的效果。在案件类型方面，包括民事案件、刑事案件和行政案件；在运用方式方面，既有将法律学说直接运用于司法裁判中的具体案件，从而解决问题；也有将法律学说内化为法官自身的知识背景，即隐性运用。[①] 从现行有效的依据来看，2018 年 6 月，最高人民法院颁布的《关于加强和规范裁判文书释法说理的指导意见》（以下简称《意见》）第十三条规定，除依据法律法规、司法解释的规定外，法官可以运用"法理及通行学术观点"论

---

[*] 沈寨，江苏师范大学法学院副教授，法学博士，硕士生导师。
[①] 参见彭中礼：《论法律学说的司法运用》，载《中国社会科学》2020 年第 4 期。

证裁判理由，以提高裁判结论的正当性和可接受性。① 从《意见》的表述来看，最高人民法院是认可通行学术观点作为法官论证和说理的依据的，其目的是强化裁判结论的说理，增强裁判的正当性和可接受性。

应当看到，在社会生活不断变化、司法改革持续推进的今天，成文法的固有弊端（如滞后性、稳定性强、预见性有限等）日益显现，司法人员尝试运用法律学说来帮助解决实践问题。那么通行学术观点在司法裁判中是如何运用的，以及法律学说在司法裁判中的地位如何？笔者通过阅读彭中礼教授《论法律学说的司法运用》一文（以下简称"彭文"）之后，得到了重大启发，并尝试对此文作一简要述评，以求抛砖引玉之效。

一、法律学说在司法裁判中的理论价值

首先需要澄清的是，《意见》中并无"法律学说"这一概念的具体表述，采用的是"通行学术观点"的概念。有学者认为，法律学说是指：以法律作为职业和追求的法律人依据一定的原则和方法，对现行有效的实在法进行系统性、规范性和评价性的解释。②"彭文"认为，"从历史来看，'法理及通行学术观点'并非严格的法律概念。自古罗马以来，法律学说概念才是主流用语。"③ 基于此，本文也采用"彭文"中已厘清的法律学说的概念来进行表述，即"法学家在特定社会物质生活条件下创造的具有历史规定性和现实规范性的关于法律运行及其相关理论问题的科学思想体系。"④ 那么，我们应当思考的是，法律学说在司法裁判中有何理论价值？根据"彭文"的内容以及笔者的思考，可以概括为以下三个方面。一是为裁判说理提供理由来源；二是为司法论证提供权威资源；三是为法律适用提供理论渊源。

（一）为裁判说理提供理由来源

正如《意见》所言，将法律学说作为法官论证和说理的依据，其目的是强化裁判结论的说理，增强裁判的可接受性和正当性。因此，法官在司法裁判中运用法律学说，其主要目的是为裁判说理提供理由来源。从笔者的观察来看，实践中大多数法官对于裁判文书充分说理问题还不是很重视，多数裁判文书的说理部分都是寥寥数语，并不充分。有学者指出"我国当下的裁判文书依然存在'不愿说理''不会说理''不敢说理''不善说理'

---

① 参见最高人民法院：《关于加强和规范裁判文书释法说理的指导意见》法发〔2018〕10号，中国审判流程信息公开网，https://splcgk.court.gov.cn/gzfwww/spyw/spywDetails?id=ff808081635e1e19016434e9b5b30899。
② 参见［瑞典］亚历山大·佩岑尼克：《法律科学：作为法律知识和法律渊源的法律学说》，桂晓伟译，武汉大学出版社2009年版，第3–12页。
③ 彭中礼：《论法律学说的司法运用》，载《中国社会科学》2020年第4期。
④ 彭中礼：《论法律学说的司法运用》，载《中国社会科学》2020年第4期。

'说不好理'等方面的问题。"① "裁判说理的刚性约束和欠缺激励机制致使法官缺乏充分说理的动力。"② 其实强化裁判文书说理有利于增强裁判的可接受性，有利于人民以"看得见的方式"感受到司法公正，进而可以增强司法权威和司法公信力。正如有学者指出，"裁判文书说理不纯粹是一个司法或技术问题，而是一个政治问题和制度问题，重视裁判文书说理实质上是司法文明进步的体现，尤其是司法民主和司法理性的体现。"③ 对法律学说而言，它通过严谨性、体系性、逻辑性来呈现出科学性，强化法官的论证过程，提升法官的修辞技巧，从而增强裁判的说理性，让当事人能够更容易信服和接受裁判结果。正如有学者指出："法学学说作为一种知识体系所揭示的是法律概念与法律规范的含义及其解释方法之理，它虽然不具有法律的形式，不可以与立法具有同等地位，但却具有法律的效应，即权威性和社会强制性，有助于法官在司法裁决中达成共识。"④ 具体来看，法官在司法裁判中运用法律学说为裁判说理提供理由来源，又可分为两个方面。

第一，法律学说可以帮助法官和当事人更准确地理解法律条文。正如有学者指出，不仅判例法的构建需要法律学说，成文法的具体化和体系化更离不开法律学说。⑤ 在一定程度上，现行成文法的某些条文和制度是由法律学说所形成和发展的，法律条文承载着法律学说的核心内容。例如，我国在制定《民法典》时，学界就出现了梁慧星、王利明、徐国栋等专家学者分别向国家立法机关呈交的学者建议稿。其实，不单单是民法典，刑法、行政法、环境法、诉讼法等法律规范在起草或修改法律条文时，立法机关都会召开论证会听取专家学者的意见，从而强化法律条文的科学性。在这个过程中，权威专家的法律学说的精神追求和价值取向，就会渗透到具体的法律条文中。因此，在司法裁判中运用法律学说，可以帮助司法人员和当事人更准确地理解具体法律条文。

第二，法律学说在一定程度上可以弥补成文法的不足。众所周知的是，成文法存在着滞后性、稳定性强以及预见性有限等不足。可想而知的是，在经济社会生活不断发展的今天，成文法必然不能涵盖所有社会现象，司法实践中的问题也不可能都能够在成文法中找到答案。因此，当成文法无法有效解决法官面临的实践问题时，法官又不得因无法律规定而拒绝裁判，此时法律学说就可以有用武之地了。法律学说源于法律专家对社会物质生活条件和各类复杂社会关系的规律性认识，能够发挥对规制人与人之间的社会关系起到引领性和建设性的作用，帮助法官定分止争，准确裁判案件，从而弥补成文法的不足。

---

① 胡仕浩、刘树德：《新时代裁判文书释法说理的制度构建与规范诠释（上）——〈关于加强和规范裁判文书释法说理的指导意见〉的理解与适用》，载《法律适用（司法案例）》2018年第16期。
② 王聪：《我国司法判决说理修辞风格的塑造及其限度——基于相关裁判文书的经验分析》，载《法制与社会发展》2019年第3期。
③ 胡云腾：《论裁判文书的说理》，载《法律适用》2009年第3期。
④ 姜涛：《法律概念、法律规范与法学学说——法律实施面向的关系建构》，载《人大法律评论》2016年第1辑。
⑤ Mark Van Hoecke and Mark Warrington, Legal Cultures, Legal Paradigms and Legal Doctrine: Towards a New Model for Comparative Law, *The International and Comparative Law Quarterly*, vol. 47, No. 3, 1998, P. 32.

(二) 为司法论证提供权威资源

为司法论证提供权威资源,是为了提高司法裁判的正当性和可接受性,因此应当强调法官对案件的论证过程。正如有学者指出:"司法裁判在本质上不仅是一种法律论证活动,而且是一种依法裁判的论证活动。"① 法律学说在司法论证过程中能够给出理性解答,提供知识力量,引领社会发展。② 这可以从以下两个方面进行理解。

第一,法律学说可以为司法论证过程中的争议焦点提供经验知识。裁判的核心是围绕争议焦点展开的,法官论证的目的不仅仅是为了说服自己,更重要的是说服当事人。裁判文书作为法官与当事人沟通、交流的平台和载体,法官在裁判文书中对争议焦点展开司法论证的过程就是对当事人进行说服的过程。正如"彭文"所阐述的,"法律学说作为源自法律实践的理论,能够基于个案的具体问题而反映普遍性的实践问题,指引司法论证。"③ 应当看到,有的案件的争议焦点往往难以准确归纳,法官需要借助法律学说这一经验命题,为他们准确归纳争议焦点提供智力支持。

第二,法律学说可以作为司法论证过程中的权威论据。为了实现司法裁判的正当性和可接受性,法官应当实现学术理论知识背景层面的丰厚性以及裁判结构的融贯性、合理性,对司法论证的过程也应当秉持开放的立场和姿态。正如"彭文"所言,"如果一个司法决定是由司法者按照合理的推论规则得出结论,所依据的前提是合理的,且整个论证过程符合逻辑要求,则结论就是可接受的。"④ 综上所述,法律学说是法官在司法论证过程中加以运用来洞悉案件的事实,进而通过权威学术话语的转换形成裁判语言,达到司法论证的目的和效果。

(三) 为法律适用提供理论渊源

司法过程的核心是适用法律及相关规范。诚如麦考密克所言:"适用规则的过程对于法律活动来说是中心环节。"⑤ 但司法活动所适用的法律绝不仅仅局限于国家立法,还应当包括社会规范。因为"国家立法在内容上的限度和调整机制的滞后两大方面都有不可克服的天然局限性,因此国家立法不能否定和完全替代社会自我生成秩序的能力。"⑥ 由此看来,广义的法律适用当然包含法律学说,法律学说可以为司法过程中的法律适用提供一定的理论渊源。

当法律没有规定时,法官可以运用法律多元主义这一学说,适用习惯等民间规范。我

---

① 雷磊:《法律体系、法律方法与法治》,中国政法大学出版社 2016 年版,第 239 页。
② 参见彭中礼:《论法律学说的司法运用》,载《中国社会科学》2020 年第 4 期。
③ 彭中礼:《论法律学说的司法运用》,载《中国社会科学》2020 年第 4 期。
④ 彭中礼:《论法律学说的司法运用》,载《中国社会科学》2020 年第 4 期。
⑤ [英] 尼尔·麦考密克:《法律推理与法律理论》,姜峰译,法律出版社 2005 年版,第 226 页。
⑥ 庞正:《法治秩序的社会之维》,载《法律科学(西北政法大学学报)》2016 年第 1 期。

国是典型的成文法国家，在司法实践中法官主要是以正式法源即国家制定法作为裁判依据，习惯等非正式法源只是作为补充。当某个案件面临法律并无明文规定时，基于法官不得因为法律漏洞拒绝裁判原则，法院可以依据习惯进行裁判。正如《民法典》第10条所规定的，"处理民事纠纷，应当依照法律；法律没有规定的，可以适用习惯，但是不得违背公序良俗。"这一法律条文的形成，在一定程度上受法律多元主义这一学说的影响。因此，法官可以运用法律学说，为司法裁判的法律适用提供理论渊源。

二、法律学说在司法裁判中的实践功能

法律学说在司法裁判中具有诸多理论价值，在实践中也发挥着重要功能。根据"彭文"的内容以及笔者的思考，具体可分为以下四个方面：一是进行法律解释；二是填补法律漏洞；三是创制法律规则；四是发展法律学说。

（一）进行法律解释

法谚有云："法律未经解释不得适用。"我国在过去的一段时期内，法官在裁判文书中很少对法律进行解释，往往只是援引具体法律条文即作判决。但是，如今我国正在如火如荼地推进司法体制改革，其中裁判文书改革是非常重要的一项工作。在改革过程中，有一点特别值得我们注意，那就是强化法官对法律的解释。但是对法律的解释并不是一件容易的事，尤其是当特定案件事实投射到具体法律概念，容易引起歧义和误解时，就需要法官运用法律学说来对法律条文进行解释。法官通过运用法律学说，可以让法律概念和具体条文变得更加清晰、实用，在司法裁判实践中予以准确适用。有学者指出："当法官在对不确定法律概念与法律规范做出解释之时，必须重视法学学说对法律解释的意义，这是实现理由之治并增加法律解释之可接受性的重要维度。"[①] 由此出发，法官运用法律学说进行法律解释，具体可包括对法律概念的解释和对具体法律条文的解释。

首先是法官运用法律学说对法律概念的解释。如在民事侵权案件中，法官运用"理性人标准"这一法律学说来区分行为人的主观心态，究竟是"故意""重大过失"还是"轻微过失"。在交通肇事罪这一刑事案件中，法官运用"经验规则与逻辑规则判断主观心态说"这一法律学说来解释"间接故意"和"过失"。[②] 由此看来，法官是可以运用权威法律学说来解释具体法律概念，达到充分论证和说理的目的。

其次是法官运用法律学说对法律条文的解释。在裁判过程中，法官既可以先对法律学说进行简要介绍，再运用具体的内容来对法律条文进行解释，也可以直接运用法律学说来解释法律条文。例如，某机动车交通事故责任纠纷案中，法院运用"无过错联系的共同加

---

① 姜涛：《法律概念、法律规范与法学学说——法律实施面向的关系建构》，载《人大法律评论》2016年第1辑。
② 参见北京市第一中级人民法院（2015）一中刑终字第1797号刑事判决书。

害行为说"理解特殊共同侵权的适用问题。①

(二) 填补法律漏洞

人类的理性是有限的,社会生活在不断发展变化,因此通过人类有限的理性制定出来的法律不可能完美,必然存在着漏洞。法律漏洞,是指违反立法计划导致法律规范的不完整性。是否构成法律漏洞应视此种未规定的事项是否违反了法律规范的目的,以及是否立法者出于立法技术等方面的考虑而有意不设置条文而定。具体可以区分为开放的漏洞和隐蔽的漏洞,前者指针对某一事项欠缺法律规定,后者指虽有法律规定,但依据该规定的目的,不应适用于某一事项。②

法律漏洞的补充方法主要有依习惯法补充、类推适用、目的性扩张、目的性限缩及创造性补充等几种。"彭文"指出:"通过法律学说来补充法律漏洞是理论界和实务界都通用的方法之一。"③ 1907年瑞士《民法典》第2、3款规定:"如无相应的法律规定,法官应根据习惯法,如无习惯法,则依据他作为立法者可能制定的规则进行裁判。法官这时服从现有的学说和传统。"有学者进一步指出:"当法官在进行教义分析之时,必须重视法学学说对法律规范之正当目的诠释的意义,这种法学学说是法官教义分析的理论说明或隐性依据,在法教义学分析中,它是弥补法律规范与法律实践之裂缝的有力工具。"④ 法官在法律出现明显漏洞时,应当运用其自由裁量权,借助法律原则和法律学说,解释法律、适用法律。通过这种方式来填补法律漏洞并未超越法官的权限,反而符合法律推理、法律解释和法律论证的基本原则和逻辑,既解决了当事人之间的矛盾和纠纷,又维护了法律的统一性和合理性,并取得了良好的社会效果,实现了法律效果和社会效果的有机统一。

(三) 创制法律规则

成文法是有弊端的,如法院依据成文法来裁判案件会引发社会不正义时,就需要法官来创制新的法律规则并予以在个案中适用。有学者指出:"法律学说在创制法律规则方面就能发挥重要作用。"⑤ 法学专家对于法律规则的理性分析和思考,形成了法律学说,其本质并非仅仅是用以指导实践,而更重要的是通过这种研究来强化法律人在法律实践中的论证和推理能力。正如卡多佐所言,"司法过程的最高境界并不是发现法律,而是'创造'法律。"⑥ 我国也有学者指出:"法官在司法活动中不是一个机器,而是一个有能动性

---

① 参见河北省定州市人民法院(2017)冀0682民初1800号民事判决书。
② 参见最高人民法院(2017)最高法民再287号民事判决书。
③ 彭中礼:《论法律学说的司法运用》,载《中国社会科学》2020年第4期。
④ 姜涛:《法律概念、法律规范与法学学说——法律实施面向的关系建构》,载《人大法律评论》2016年第1辑。
⑤ [德] 卡尔·拉伦茨:《法学方法论》,陈爱娥译,商务印书馆2003年版,第249页。
⑥ Benjamin Nathan Cardozo, The Nature of the Judicial Process, Yale University Press, 1921, pp. 166–167.

的为正义精神所驱动的人，法官在司法活动中如果遇到已有的法律规范未作明确规定的事项，就应当本着正义精神和遵循创制法律规范的正确途径去寻找新的法律规范，以补充已有的法律规范。"① "彭文"列举了法官运用法律学说创制法律规则的两种情形，一是存在现成的法律规则可供适用，却因某种原因不能直接适用该规则时，法官可以通过运用法律学说来阐述理由，从而适用现有的法律规则，实现法律规则的"类比"适用。二是不存在现成的法律规则可供适用，法官面临无法可用的尴尬局面时，法官可以通过运用法律学说来创制新的法律规则。②

（四）发展法律学说

法律学说并非一成不变，它在司法实践中也需要不断地发展。经济社会生活在不断地发展和进步，法律的滞后性逐渐司空见惯，当法律学说因时间久远面临过时的危险时，司法人员就需要在司法裁判中对其进行淘汰或者改造，发展新的法律学说。正如卡多佐所言，"在司法裁判的'试验田'里，新的学说总会不断涌现，蚕食旧的学说，从而使旧学说的根基断绝。原有的风景已经改变，旧有的地图必须抛弃，人们必须起草新的工作地图，新的学说随之登堂入室。"③ 我国在司法实践中也有通过法律学说的运用来发展法律学说的实例。例如，最高人民法院公布的第24、27号指导案例，就体现了这一点。

三、法律学说在司法裁判中的运用方法

上文已经对法律学说在司法裁判中的理论价值和实践功能进行了分析和评述，那么法律学说在司法裁判中是如何运用的呢？根据"彭文"的内容以及笔者的思考，其具体运用方法包含四个方面。一是在宽泛的学术视野中发现和运用法律学说；二是将法律学说与法律方法进行有机结合；三是在具体案件中深度融合法律学说进行说理；四是运用法律学说简化说理过程提升司法效率。

（一）在宽泛的学术视野中发现和运用法律学说

应当指出的是，学者观点不完全等同于法律学说，只有那些权威的学者观点才可能被视为法律学说，从而在司法裁判中被法官运用。如果任何一个学者的观点都能成为法律学说的话，那么就真的形成了"甲说乙说随便说""公说公有理婆说婆有理"的尴尬局面，法律学说在司法裁判中的运用也会变得混乱，失去了其应当发挥的理论价值和实践功能。因此，如何判断该学者观点是否权威呢？正如有学者所说："在一定时期，围绕同一问题

---

① 严存生：《论"法学家法"——以埃利希的有关论述为切入点》，载《法律科学（西北政法大学学报）》2010年第2期。
② 参见彭中礼：《论法律学说的司法运用》，载《中国社会科学》2020年第4期。
③ Benjamin Nathan Cardozo, *The Nature of the Judicial Process*, Yale University Press, 1921, pp. 178 – 179.

可能会有多个学说存在,其中哪个学说能胜出成为法理,则与该学说的精密程度、学界是否认同以及所处的社会环境有关。"① 有学者分析了法学通说的判断方法,即"当两种或几种学说在经由长期的批判与反批判后,并且一方在不断修正自己的学说中说服了对方,或对方已经无法提出重要理由来反驳时,这种学说基本上就可以位居法学通说。当然,并不排除的情形是:对立的各大阵营以合力完成对某种法学通说的再造,并自愿服从这种再造的产物。"② 笔者认为,这种判断方法也可以用来判断学者观点是否权威,此外法官需要以比较法、综合法等方法作为发现的工具,在宽泛的学术视野中去寻找和发现,从而给出自己应有的判断。

(二)将法律学说与法律方法进行有机结合

毋庸置疑的是,法律方法是服务于司法工作的,正如"彭文"指出的,"法律方法作为判断、处理和解决法律问题的专门方法,在司法裁判当中有广阔的运用空间。"③ 那么,具体有哪些法律方法可以与法律学说的司法运用有机结合呢?笔者认为,主要包括利益衡量、法律推理、法律论证和法律修辞等具体法律方法,将这些法律方法与法律学说进行有机结合,应当能够更好地服务于法官的司法裁判工作。以利益衡量方法为例,法官在运用法律学说,需要平衡利益时应该将其个人的好恶置之度外,而必须以社会大多数人的福利为标准。法律的目的在此就是维护社会实质的公平和公正。再以法律修辞方法为例,法官运用法律修辞方法强化说理,可以避免法律形式主义的弊端。正如波斯纳所言,"判决的艺术必然是修辞,不能认识到这一点是法律形式主义学派的一个缺点。"④ 还有学者认为,法官可以将修辞作为论辩技巧、说服的艺术以及裁判的方法。⑤ 但正如有的学者所指出:"修辞本身不是目的,修辞的运用必须为说服的目的服务,也就是为说理服务。"⑥ 笔者认为,我国的法官可以合理地将法律学说与法律修辞方法有机结合,强化对裁判文书的论证说理,并说服当事人。

(三)在具体案件中深度融合法律学说进行说理

法律学说作为权威的学者观点,具有较强的专业性、体系性、逻辑性和科学性,主要受众是受过专门训练的法律人。但是不得不考虑到,司法裁判中的当事人往往不具备专门

---

① 胡玉鸿:《清末变法中法理言说的兴起及其内涵——清末变法大潮中的法理言说研究之一》,载《法制与社会发展》2020年第2期。
② 姜涛:《认真对待法学通说》,载《中外法学》2011年第5期。
③ 彭中礼:《论法律学说的司法运用》,载《中国社会科学》2020年第4期。
④ [美]理查德·波斯纳:《法律与文学》,李国庆译,中国政法大学出版社2002年版,第356页。
⑤ 参见彭中礼:《真理与修辞:基于苏格拉底审判的反思》,载《法律科学(西北政法大学学报)》2015年第1期。
⑥ 胡仕浩、刘树德:《新时代裁判文书释法说理的制度构建与规范诠释(下)——〈关于加强和规范裁判文书释法说理的指导意见〉的理解与适用》,载《法律适用(司法案例)》2018年第18期。

的法律知识，更遑论受过专门的法学思维训练了。因此，他们不一定能够理解那些晦涩难懂的法律学说，这就要求法官应当在具体案件中深度融合法律学说进行论理，用简单直白的语言，阐述事理、法理、情理，从而实现法律学说的有效转化。笔者认为，法官可以借鉴佩雷尔曼新修辞学中的"听众理论"，融合法律学说强化裁判文书的论证和说理。通过裁判文书的充分说理来说服当事人、诉讼代理人以及关注该案件的人，提高裁判的可接受性，便于人们从更深层次来理解司法正义。只有司法裁判文书充分说理，社会公众才会从内心深处认同裁判结果，遵从裁判，从而形成对法律的内心信仰，自觉地守法，达致"高级的守法状态"。

（四）运用法律学说简化说理过程提升司法效率

法官在司法裁判中运用法律学说，其目的不是为了展示自己深厚的法学理论基础，而是为了提高裁判的正当性和可接受性。这就决定了法律学说的运用不应当是复杂的，而应该是简单的、通俗的。诚如波斯纳所说："表达不经济，对司法意见的受众不够体贴。在这个旗号下可以汇集那种过头、重复、乏味以及因印证、事实、引述以及公示造成的杂乱。"① 因此法官应该运用法律学说简化说理过程，提升司法效率。在这个过程中，法官不仅要强化法律修辞方面的训练，还要合理运用法律学说对司法个案予以论证说理。法官在庭审过程中应该对当事人及诉讼代理人进行仔细观察，考察其文化水平、认知能力、法律素养，根据这些要素合理调整自己的说理过程及方法，以求达到说服当事人、诉讼代理人之实效。只有当事人和诉讼代理人被法官的说理所说服，他们才能在内心中认同和接受法院的裁判结果，才能提高裁判文书的可接受性，实现法律效果和社会效果的有机统一，进而降低当事人上诉信访的可能性，切实提升司法效率。

四、法律学说在司法裁判中运用的限度

根据上文的分析，法官在司法裁判中运用法律学说具有重要的理论价值和实践功能，并应当着重运用方法的训练和使用。但是，不容忽视的是，法律学说在司法裁判中的运用也应当有限度。这是"彭文"中未涉及的内容，笔者尝试作简要探讨。

（一）法律学说的运用不得违背公序良俗

参照《民法典》第十条的规定，"处理民事纠纷，应当依照法律；法律没有规定的，可以适用习惯，但是不得违背公序良俗。"根据法理，法律规则的适用不得违背法律原则。笔者认为，公序良俗原则作为《民法典》重要的基本原则之一，在运用法律学说裁判案件

---

① ［美］理查德·波斯纳：《波斯纳法官司法反思录》，苏力译，北京大学出版社 2014 年版，第 237－238 页。

时与习惯类似，法官不得违背公序良俗。

法律学说的运用不得违背公序良俗这一观点，在我国是有司法案例可以支撑的。一是被人们称为"中国公序良俗第一案"的"泸州二奶遗赠案"，该案体现了法律规范与社会道德的碰撞。尽管当时的《继承法》中有明确的法律条文支持遗赠行为，而且该案中黄某遗赠的意思表示也是真实的，根据法律学说，应当支持"第三者"的诉讼请求。但是黄某将遗产赠送给"第三者"的这种民事行为违反了公序良俗原则，因此法院判决驳回了原告张某的诉讼请求。二是"无锡冷冻胚胎案"，彰显了法理与人情之间的冲突。一审法院认为该案中"冷冻胚胎"是夫妻双方基于"生育目的"而保存在医院的"物"。基于意志论的权利理论，胚胎是具有发展为生命的潜能，含有未来生命特征的特殊之物，不能像一般之物一样任意转让或继承，故其不能成为继承的标的。同时，夫妻双方对其权利的行使应受到限制，即必须符合我国人口和计划生育法律法规，不违背社会伦理和道德，并且必须以生育为目的，不能捐赠、买卖胚胎等。本案中，沈某夫妇均已死亡，通过手术达到生育的目的已无法实现，故其夫妇二人对手术过程中留下的胚胎所享有的受限制的权利不能被继承。① 应当说，根据"意志论的权利"学说理论，这种裁判不能说是错误的。但是基于公序良俗原则和一般的伦理与情感考量，这种判决是不近人情的错误裁判。二审法院对一审判决进行了改判，二审法院基于利益保护理论认为，在夫妻双方去世之后，夫妻两人保存在医院中的冷冻胚胎已经成为了夫妻双方父母的情感寄托。其双方的父母不但是这个世界上唯一关心胚胎命运的主体，而且也是亦当是胚胎之最近最大和最密切倾向性利益的享有者。在我国现行法律对胚胎的法律属性没有明确规定的情况下，结合本案实际，应考虑伦理、情感、特殊利益保护等因素以确定涉案胚胎的相关权利归属。判决双方老人享有涉案胚胎的监管权和处置权，于情于理是恰当的。② 显而易见的是，二审法院这种兼顾法理和人情的判决符合公序良俗原则，也能提高裁判的正当性和可接受性。这恰恰是前文所论证的，法官运用法律学说的主要目的是强化裁判结论的说理，增强裁判的可接受性。

（二）法律学说的运用不得超越法教义学

随着近年来我国学界关于"法教义学"与"社科法学"的理论争鸣，③ 使得法教义学受到猛烈的批评和冲击，被人们误解为是呆板和机械的代名词，④ 进而引发人们思考，法律适用是否必须要严格遵守法教义学的基本要求，以及法律学说的运用是否可以超越法教义学。有学者认为："法教义学不仅要求认真对待规则，而且还要求认真研究判例、学

---

① 参见江苏省宜兴市人民法院（2013）宜民初字第 2729 号民事判决书。
② 参见江苏省无锡市中级人民法院（2014）锡民终字第 1235 号民事判决书。
③ 尽管有学者对"社科法学"这一概念存在疑问，但这并不影响本文讨论的结论。
④ 参见雷磊：《法教义学：关于十组问题的思考》，载《社会科学研究》2021 年第 2 期。

说。"① 笔者认为，法律学说的运用不得超越法教义学。主要有以下两个方面的原因。

一是从域外经验来看，法教义学作为一种主流研究立场和研究方法，被广泛运用在司法裁判实践当中，因此，在裁判中运用法律学说不得超越法教义学。德国是法教义学最发达的地区之一，法官善于运用法教义学来分析和解决疑难案件。阿列克西认为法教义学的工作主要包括三个部分，即对现行有效法律的描述、对这种法律概念体系化的研究，以及提出解决法律争议的建议。② 还有学者认为，法教义学依凭其强大的司法解释功能，能够作为对现行法的决定性理由和解决模式的解释。③ 因此，我国可以借鉴法教义学的合理之处，在司法裁判中运用法律学说时严格遵守法教义学的基本要求，即对法律学说进行系统严密的逻辑分析，建构起系统完备的法律学说体系，并且将这种法律学说体系运用于司法裁判当中。

二是从我国实践来看，法官对法教义学的训练还不够，这可能会造成法律学说的错误运用，因此应当重视法教义学。有学者在文章中指出，德国的一家公司在对中国的法官进行培训时发现，大部分法官都并未掌握司法三段论的方法。德国的培训教师认为，缺乏方法论的训练可能是导致判决质量不稳定的原因之一。④ 还有学者认为，本土化的案例分析中（例如许霆案、于欢案等），并没有很好地体现出法教义学处理和分析疑难案件的能力。⑤ 当前，法教义学在我国被一部分学者所误解，认为其是机械司法的导火索，其实这是法教义学在发展初期时的特征。但是经过学界的艰辛探索和不断发展，法教义学不再是"咬文嚼字"，严守法律概念和条文的传统法教义学。正如有学者所指出，法教义学现在已经能够"带着镣铐跳舞"，既能够以法律的规范性为工作前提，恪守法官必须受法律约束的法治原则，又能够尊重与关照个案事实的特殊性与不规则性，通过目光在事实与规范之间的往返顾盼，实现对复杂疑难案件的正当裁量。⑥ 此外，法教义学能够培养司法人员的法律思维、法学思维和法理思维，训练他们的法律实务能力。有学者指出："如欲养成法律实践能力，每位研习法律的人必须掌握法教义学方法。"⑦ 正如有的学者所呼吁的，从目前的情况来看，我们应该重视法律人最基本的教义学训练和论证。⑧ 因此，法官在司法裁判中运用法律学说不得超越法教义学，并且应当强化法教义学思维和方法的训练。

---

① 焦宝乾：《法教义学在中国：一个学术史的概览》，载《法治研究》2016 年第 3 期。
② 参见[德]罗伯特·阿列克西：《法律论证理论——作为法律证立理论的理性论辩理论》，舒国滢译，中国法制出版社 2002 年版，第 311 页。
③ Bernd Ruethers, *Rechtstheorie*, 4. Auflage, Verlag C. H. Beck 2008, S. 207.
④ 参见卜元石：《法教义学：建立司法、学术与法学教育良性互动的途径》，载日士永等主编《中德私法研究》（总第 6 卷），北京大学出版社 2010 年版，第 18 - 19 页。
⑤ 参见泮伟江：《中国本土化法教义学理论发展的反思与展望》，载《法商研究》2018 年第 6 期。
⑥ 参见[德]卡尔·拉伦茨：《法学方法论》，陈爱娥译，商务印书馆 2003 年版，第 18 - 24 页。
⑦ 焦宝乾：《法教义学在中国：一个学术史的概览》，载《法治研究》2016 年第 3 期。
⑧ 参见庄加园：《教义学视角下私法领域的德国通说》，载《北大法律评论》2011 年第 2 辑。

五、结语

作为指导实践的理论,是法律学说在司法运用中的应然地位。本文以"彭文"作为述评的基础,结合笔者的思考,分析和论证了法律学说在司法裁判中的理论价值、实践功能以及运用方法,并关注到"彭文"中未涉及的运用限度问题。法律学说的运用不得违背公序良俗,不得超越法教义学。但是,即使"彭文"给予作者以极大的启发性,但囿于笔者的学术积累以及研究视野,本文对法律学说的司法运用问题的探讨也仅仅是初步性的。例如,在司法裁判过程中法律学说如何回应社会事实问题值得学界关注。正如马克思所言:"社会不是以法律为基础的。那是法学家们的幻想。相反地,法律应该以社会为基础。"①哈贝马斯也曾说:"法至多能在比喻的意义上'调节'社会,也就是说以这样的方式:它改变自己,使自己作为一个改变了的环境出现在其他系统面前,而这些系统也可以用同样间接的方式作出'反应'。"② 此外,还有法律学说与法教义学的关系辨析等问题,都尚待学界进一步系统、深入、细致地探讨。

Theory Guiding Practice: the Ought – to – be State of Legal Theory in Judicial Application
——A Review of Professor Peng Zhongli's Work on the Judicial Application of Legal Theory

Shen Zhai

Abstract: theory guiding practice, which is the ideal form of legal theory in judicial application. Professor Peng Zhongli's work on the judicial application of legal theory systematically analyzes and demonstrates the core contents of legal theory, such as the concept, judicial status, theoretical value, practical function and institutional structure, in addition, it makes a pioneering explanation in some aspects. Legal theory can provide reasons for legal reasoning, authoritative resources for judicial argumentation and theoretical sources for application of law; at the same time, it can help judges to interpret law, fill legal loopholes, create legal rules, and develop legal theories in judicial practice. Judges should find and apply legal theories in a broad academic field of vision, combine legal methods with them, and argue in specific cases, so as to

---

① 《马克思恩格斯全集》第6卷,人民出版社1961年版,第291–292页。
② [德] 尤尔根·哈贝马斯:《在事实与规范之间:关于法律和民主法治国的商谈理论》,童世骏译,生活·读书·新知三联书店2014年版,第62页。

enhance the legitimacy and acceptability of judgments and enhance judicial efficiency. The application of legal theory in judicial adjudication should be limited, that is, it should not violate public order and good customs and go beyond legal dogma.

Key words: legal theory; judicial judgment; judicial application; dogmatics of law

网络法治探索的民间法向度

——第十六届全国民间法·民族习惯法学术研讨会综述

魏小强[*]

摘　要　在全面推进依法治国的背景下，民间法如何因应人们的网络生活而成为网络法治的规范资源，是民间法研究所应当面对的时代命题。第十六届全国民间法·民族习惯法学术研讨会以"网络平台上的国家法与民间法"为主题，研讨了民间法与网络法治、科技发展中的民间法等前沿问题，以及司法中的民间法、民族习惯法、民间法的一般理论等传统问题中的新内容，体现了网络法治探索的民间法向度，是民间法研究者对这一时代命题的积极回应。

关键词　民间法　民族习惯法　网络社会　网络法治

2020年11月6日至8日，由江苏大学主办，江苏大学法学院、湖南省高级人民法院和中南大学司法人工智能研究中心承办，江苏瀛尚律师事务所协办的第十六届全国民间法·民族习惯法学术研讨会在江苏省镇江市召开。本届会议的主题是"网络平台上的国家法与民间法"。有严存生教授、谢晖教授等来自全国六十多家高校、法院、检察院、律师事务所的一百多名专家学者参会，会议论文八十余篇。[①] 本届会议不仅学术成果丰富，而且会议信息先后被镇江电视台、镇江日报、江苏经济新闻、交汇点新闻、学习强国等各类媒体报道，产生了广泛的社会影响。本文围绕会议主题，以会议所设定的各研讨分主题为框架，依据会议论文，兼顾会议发言，对与会学者及参会论文的学术观点进行综述。为了

---

[*] 魏小强，法学博士、江苏大学法学院副教授。
[①] 会议论文编入《第十六届全国民间法·民族习惯法学术研讨会论文集》（以下简称《会议论文集》）。

使本文的内容尽可能系统连贯,其中主要梳理与会议主题直接相关的观点,对与主题关系不大或没有直接关系的观点则简单提及或者不提。

一、民间法与网络法治

严存生认为,网络社会是人类基于通讯技术革命的新的社会交往方式。网络社会的"法"是社会化了的网络规则,它是传统社会法律的新发展。网络社会问题的解决离不开"法治",但网络社会的"法治"并不是对原来法律的否定和抛弃,而是在对原来法律认识的基础上,创制网络社会的法律规则,并在社会治理中把它们统一起来。[①] 于语和认为,法律谚语是人们对法律与道德的认识表现,随着网络的迅速普及,法律谚语的内容与传播方式也在悄然变化,传播方式由线下的口耳相传变成线上线下齐头并进,网络传播的法谚内容也与过往线下传播的内容大有不同。对网络法谚展开研究与分析,可以帮助我们熟知民间法律文化,为基层社会治理,提供鲜活的规则依据。[②] 李瑜青认为,新媒体时代社会风险的发展呼唤交互式政府信息公开制度构建,即在积极吸收政府信息公开制度单向度特点的基础上,依据法治建设的要求,增加信息建设的透明度,构建信息建设的发布机制、回应机制、监督机制等。[③]

张朝霞通过分析官方网站公布的44起网络执法监督案件,认为明确执法监督的依据、明确执法监督的内容,以及通过详细的执法监督信息披露以帮助执法监督的相对人引以为戒,是解决我国网络执法监督依据不明、监督内容模糊等问题的对策。[④] 刘康磊发现,我国现有的民法体系是基于古典契约理论和新自由主义而构建,面对以算法为技术内核的微信社群,难以形成完备的国家法体系加以规制;对于微信社群的法律规范构造,国家法当谨慎介入,应等待相关民间法形成规范体系之后再予以确认、修改和补充。[⑤] 尚海涛认为,第三方平台法律规制体系的优化,既要鼓励技术创新和经济效率,也要做到风险防控和权利保护,合理设定第三方平台法定义务的边界,坚持有限干预和激励性原则,适度规制平台私权力,并助推多源数据体系的开放共享。[⑥]

翟宇航认为,面对互联网新兴财产权利认定的困境,需要正确理解民间习惯在其中的作用。一方面民间习惯是互联网新兴财产权利的产生基础,另一方面民间习惯也是司法者在对传统财产权利进行法律解释时的重要参考要素。[⑦] 陈禹衡认为,从网络盗窃的保护法

[①] 严存生:《网络社会的法哲学思考》,大会主题发言。
[②] 于语和、何丽琼:《网络法谚刍议》,载《会议论文集》。
[③] 李瑜青:《新媒体时代政府信息公开制度的创新》,载《会议论文集》。
[④] 张朝霞、张静:《网络执法督察案件的类型化研究——以国家网信办公布的44起案件为例》,载《会议论文集》。
[⑤] 刘康磊、高翔:《待价而沽:微信购物群的国家法与民间法治理》,载《会议论文集》。
[⑥] 尚海涛:《网络餐饮第三方平台法律规制的理念更迭与体系优化》,载《会议论文集》。
[⑦] 翟宇航:《论民间习惯对认定互联网新兴财产权利的指导作用》,载《会议论文集》。

益出发，网络盗窃侵害的是以虚拟财产为主的财物以及财产性利益，因此以盗窃罪加以规制最为恰当；从保护法益和行为模式的角度考量，网络盗窃不需要秘密性要素。[1] 王鹏认为，我国过往的商业秩序管理法规对药品原料和中医资格严格管理与对中医秘方的知识产权保护缺陷，源于国家法和民间习惯的立场冲突，为此需要对商业竞争管理制度做出符合传统中医内在文化习惯的适度调整。[2]

陈铭聪认为，必须把互联网、大数据、人工智能等的开发运用置于法治的规制之中，使之在法治的轨道上运行，将其对人类有利的一面发挥到极限，而将其对人类有害的另一面及时拦截于外。[3] 王鑫认为，完善网络社交平台自治规则应当以权利义务平衡为原则构建网络社交平台自治规则体系，建立网络社交平台服务协议的格式条款"黑名单"制度，完善网络社交平台自治规则的制定程序。[4]

李佳飞认为，半熟人社会的社会结构构筑的社会行动逻辑表现为，从社会系统运行的"民间法规制为主、国家法干预为辅"转变为"国家法引领为主、民间法干预为辅"的行动路径。[5] 陶焘认为，网络社会下"缺场交往"的标志即"身份隐匿"与社会治理的要求即"身份确定"之间的分离，是网络条件下身份认同的根本性问题。[6] 胡佳敏认为，微博平台的自治规则在微博社区的治理中发挥了重要的规范作用，但其权威性不足和私权力性质成为阻隔用户积极选择的重要原因，推动其向更加规范的方向发展是未来应考虑的前进方向。[7]

郑志泽发现弹幕治理涉及国家规范、平台规范与用户规范三类规范。各类规范在外化—客体化—内化的结构和日常—非日常—日常的流转中生成，利用仪式的象征意义和词汇的意向两种方式促进治理效果的实现，并通过原则规则比较的刚性方式和规范文化外溢的柔性方式进行规范互动，以实现和谐友爱的弹幕氛围。[8] 张雪寒认为，伴随着网络在人们现实生活中的深度结构，网络暴力的规制愈发成为当下给予互联网治理视域的重要论题。在官方法治理与民间法治理的路径分化以及网络公共空间主体的沟通和交往选择中，也许可以通过一种"民间叙事"的路径来实现网络暴力规制问题的解决。[9]

---

[1] 陈禹衡、尹航：《网络社会背景下的网络盗窃刑法规制研究》，载《会议论文集》。
[2] 王鹏：《浅谈民间法与网络平台上的国家法冲突——从传统中医从业者参与网络平台商业竞争所遭遇的困境分析》，载《会议论文集》。
[3] 陈铭聪、邓荣基、钱玮：《网络平台上国家法与民间法的比较研究》，载《会议论文集》。
[4] 王鑫：《论网络社交平台自治规则》，载《会议论文集》。
[5] 李佳飞：《民间法与国家法互动视阈下"半熟人"社会的社会行动逻辑——以网络空间为切入点》，载《会议论文集》。
[6] 陶焘：《新兴职业身份及其法律认同——以网络行业为例》，载《会议论文集》。
[7] 胡佳敏、唐春燕：《微博平台的自治规则分析》，载《会议论文集》。
[8] 郑志泽：《制度修辞视角下B站弹幕的多元规范治理》，载《会议论文集》。
[9] 张雪寒：《网络暴力的法律民间叙事与重说》，载《会议论文集》。

二、科技发展中的民间法

周赟认为，前沿科技要带来真正的法学挑战，应该至少满足如下三个条件中的一个：它或者引起了法律主体的变更，它或者引起了法律关系内容的变化，它或者引起了法律调整机制的变化。法律人当然应该关注科技前沿，但我们真正应关注的是新技术带来的问题中有哪些真正可以引起法学范式的转换，否则任何所谓的法学前沿研究都不过是赶时髦，没有学术意义。[①]

曹瀚哲认为，以人工智能、基因编辑为代表的新兴科学技术的发展与进步，导致传统的控权模式不仅难以发挥其"限制公权，保障人权"的正常功能，而且导致了决策者的决策能力倒退，进而导致国家在重大决策上的失误。为此必须通过经济、社会基础的变动，倒逼上层建筑的改革，促进制定法的变迁，从制度上使技术进步背景下控权功能衰退和决策能力削弱的问题得到较为有效的解决。[②] 温昱认为，信息控制者权行权以权利主体负担对个人信息权的义务为前提，其赋权依据在于信息控制者的算法投入和算法产出；对信息主体个人利益的保护、特别是对人格利益的尊重，是信息控制者权规范力根源的内在原因；健康码应用系统是信息控制者权主导下的产物，凸显了信息控制者权旨在促进个人利益保护与满足公共福祉的结合。[③]

申汪洋认为，借鉴现有法律层面的法人登记制度和法人人格制度，应该将人工智能界定为有限人格或限制人格，同时要对人工智能的范围和内容进行严格登记，将其权利和义务进行限定，有助于发挥人工智能促进现实社会发展的作用。[④] 龚珊珊认为，数字时代知识产权与言论自由所面临的新矛盾在于数字科技创造新的自由样态与文化参与形式，但是利润导向的商业主体又必须限制或者剥夺自由参与的多样化方式以达成经济目的，因此在知识产权立法中需要以法律的内部机制来实现知识产权与自由言论权的动态平衡。[⑤] 张玉洁认为，为了避免"数据资源所有权"被"国家"和"平台"一分为二的局面，保证国家基于对"数据资源所有权"的有效行使，有必要创设基于"分配正义"的数据资源国家所有权和数据资源用益物权，明确信息集合作为权利客体。[⑥]

于杰认为，随着微商时代的衰退以及电商时代的到来，人们的消费方式和消费理念发生了巨大改变，消费者的权利尤其是知情权的保护面临挑战，因此亟需因应社会发展实际，通过知情权主体范围的双边化、知情权内容体系的扩张化、知情权救济方式的多元化

[①] 周赟：《高科技到底带来了什么法学挑战》，载《会议论文集》。
[②] 曹瀚哲：《技术进步背景下的"控权民间法"研究》，载《会议论文集》。
[③] 温昱：《民法典背景下信息控制者权利范式与结构——以健康码应用系统为例》，载《会议论文集》。
[④] 申汪洋：《现实与回应：人工智能法律主体资格的理性应对》，载《会议论文集》。
[⑤] 龚珊珊、严小翔：《数字时代知识产权与言论自由的冲突》，载《会议论文集》。
[⑥] 张玉洁：《数据资源归国家所有的权利构造研究》，载《会议论文集》。

以丰富并完善知情权的内涵与救济路径。① 黄娅琴认为,电商平台的安全保障义务部分继承了传统侵权法中的危险控制理论,但在危险特点与危险对象上需要结合电子交易的特点予以检视;规范电商平台的安全保障义务要把握利益平衡、宽严相济、合情合理三个原则,从对危险的把控义务和对消费者的保障义务两部分予以构设。②

高完成认为,针对自动驾驶汽车的高度复杂性和自主性,其产品设计缺陷的判断应综合运用消费者合理期待标准和风险—效用标准;产品缺陷与损害之间因果关系的证明采取推定方式;扩充产品责任主体范围,包括广义上的生产者、销售者、研发者、改造者以及智能应用辅助者;关于发展风险的抗辩应严格限定适用,同时完善风险预防的补救机制。③ 张利利借鉴社会心理学的相关理论,从国家法律法规的授权、契约、从众等方面分析了"网约车"行业自治规范的效力来源,探究了影响"网约车"行业自治规范得以有效实施的各方面缘由,试图通过明确"网约车"行业规范效力的运作机理以更好发挥"网约车"行业规范在网络社会治理中的作用。④

三、司法中的民间法

蓝寿荣认为,鉴于民间借贷的复杂性,司法审理认定民间借贷纠纷案件中的夫妻债务应该是尊重生活常识、遵循民间社会习惯,给当事人公平、向社会传递公平正义;为此要构建一个夫妻财产对外债务清偿关系和内部债务承担关系的制度规范,其中夫妻共同债务构成的必要要件应该是夫妻双方对于债务知情同意。⑤ 宋菲认为,民法典设置和考量习惯要素的作用,一是借助"习惯法典化"将道德要素考量引入法律的规范性评价体系,摒弃裁判者进行价值判断时的主观恣意;二是为法典实施提供实质性的漏洞填补依据和法律论证规则,保证法官针对疑难案件讲法说理时"有据可循"。⑥ 潘润全认为,虽然《民法总则》第十条为民族习惯用于司法裁判搭建了桥梁,欲协调"法律优先,习惯补充"的适用规则与民族习惯直接适用于裁判的冲突,需要在处理涉及民族习惯纠纷时充分发挥调解及人民陪审制度的作用。⑦

徐子越基于实证分析,针对民事习惯在司法适用中所面临的实践困境,提出了善于总结援用民事习惯进入司法适用的经验、规范民事习惯司法适用的论证过程、明确制定法与

---

① 于杰:《电子商务法》视阈下的知情权保护问题研究,载《会议论文集》。
② 黄娅琴:《电商平台安全保障义务的理论检视与具体构设》,载《会议论文集》。
③ 高完成:《自动驾驶汽车致损事故的产品责任适用困境及对策研究》,载《会议论文集》。
④ 张利利:《探析网约车行业自治规范的效力来源——以"滴滴出行"平台自治规范为例》,载《会议论文集》。
⑤ 蓝寿荣、罗静:《民间借贷夫妻债务的司法认定问题》,载《会议论文集》。
⑥ 宋菲:《论我国民法典中习惯要素的设置及其司法实效》,载《会议论文集》。
⑦ 潘润全:《民事司法实践中民族习惯适用的困境与出路——结合《民法总则》第十条运用的考察》,载《会议论文集》。

民事习惯的司法适用顺序等纾困对策。① 韩振文认为,在疑难案件的解决中重申依法裁判的坚定立场,可以使"疑难案件出坏法"命题得到反转。正是疑难案件的审慎裁决,驱动着司法治理逐步走上良性发展道路,从而获致良法善治。② 吴睿佳认为,民间调解机制在实践中存在的"规则悬置"现象以及社会性制裁运行的失范,使得民间调解在转型过程中不可避免地需要国家权力介入;通过完善社会信用体系建设、拓宽救济渠道、订立村规民约等渠道,可以更为融贯地实现社会权力与国家权力的合作治理。③

张建文认为,裁判上的个人信息合理使用的界定标准是未给信息主体造成不合理的损害,这一点会诱惑裁判者倾向于将在实践中难以证明的或者是对个人而言本来就是不那么重要的损害,都认定为合理使用,这与自然人的个人信息受法律保护的目的背道而驰。④ 王林敏认为,由于罪刑法定原则排斥习惯法规则,赔命价等刑事习惯法因此不可能作为判决依据进入司法判决的大前提,只能作为案件事实进入小前提。案件事实证据化是赔命价进入司法的可行方式。以证据的方式看待刑事习惯法,可以绕过刑事法习惯法的合法性问题,构建刑事习惯法进入司法的合法路径。⑤

肖建飞通过个案考察发现,虽然人民法庭及其巡回审判职能在当下学术语境中面临着被解构的可能,但是新疆阿勒泰 AH 人民法庭却通过满足游牧社会地域性的司法需求给了巡回审判以生命力,这一个案在维护法官职业声誉、稳定法庭值守、积累双重知识方面富有启发意义。⑥ 杨建军发现,我国在运用区块链技术解决纠纷方面的优势在于国家主导、预防为主和重在公益,而劣势在于我们对于区块链技术的理解还有待深入,建立链上纠纷解决机制的意识还很欠缺。因此,我国应在总结国际经验的基础上尽快建设完整 BDR 机制,并借助国家与社会的合力激发中国企业在 BDR 建设中的创造性以应对区块链领域的全球竞争。⑦

贾滕发现,当前农村联合家庭的养老往往陷入集体行动的困境,打破这种困境,首先需要从"实情"到"同情"——基于经济条件的赡养意愿"合理化";其次要"理""法"结合——强制与自觉的平衡;再则需要第三方介入,发挥赡养人中"积极分子"的引领与沟通作用。⑧ 刘腾肤的实证研究表明,当前民间法是乡村纠纷解决的主要规则,国

---

① 徐子越:《〈民法总则〉第十条"习惯"的司法适用实证研究——基于贵州省 63 份裁判文书的分析》,载《会议论文集》。
② 韩振文:《智慧法院建设背景下"疑难案件出坏法"吗?》,载《会议论文集》。
③ 吴睿佳:《论国家权力对当代民间调解运行机制的介入及优化》,载《会议论文集》。
④ 张建文:《个人信息合理使用的立法创新与裁判立场》,载《会议论文集》。
⑤ 王林敏:《当代藏区赔命价的司法认可》,会议论文集。
⑥ 肖建飞:《人民法庭巡回审判如何回应农牧区司法需求?——对新疆阿勒泰 AH 法庭日常个案的考察》,载《会议论文集》。
⑦ 杨建军、杨锦帆:《BDR:基于区块链技术的链上纠纷解决机制研究》,载《会议论文集》。
⑧ 贾滕:《纾解农村家庭养老集体行动困境:在"情""理""法"之间——基于"老常说事"案例调解的分析》,载《会议论文集》。

家法的适用空间有限。这一现象出现的原因是二元的,一方面,法律制度使用成本较高、乡村普法活动成效有限使国家法的适用受阻;另一方面,传统观念的回归、民间法与乡村生活的强适应性造就了民间法适用的强倾向。① 齐俊草基于甘南藏族自治州纠纷多元化解决机制构建中的主要做法以及取得的成效,分析了该机制实施的情况和存在的问题,以期斑窥新时代民族地区的法治变化与发展。②

崔超认为,以清代贵州苗疆为代表民族地区司法制度调试的历史实践能为当下我国民族地区司法制度调试的"三析"提供历史镜鉴与现实反思。③ 胡现岭发现,限于司法资源短缺,1940年代太行革命根据地大量婚姻纠纷的解决主要采用调解的方式,且取得了较为理想的效果,而大量婚姻纠纷的出现对根据地传统的男权提出了挑战,客观上提高了根据地女性的家庭、社会地位。④ 唐华彭发现,改革开放前存在着日常状态下的和作为群众运动的两种人民调解,其中后者以群众运动的方法实施,按群众运动的轨迹波动运行,填补了乡绅调解崩溃后的空白,体现了中国共产党的法制智慧。⑤ 张健发现,刑事和解作制度在晚近百年发生了数次转型,对不同阶段的刑事和解进行分析,可以观察不同历史时期刑事和解的特征与发展轨迹,不仅为了解基层司法真实面貌提供一个窗口,而且为反思与预测该制度未来发展提供了思路。⑥

四、民族习惯法

龚卫东认为,在少数民族地区的法治建设中,法治体系及法治话语的中国化进路,必然要求对少数民族传统习惯规则进行法治化归导问题从法理上进一步进行逻辑证成,将散落于民间的传统习惯规则,通过地方国家立法机关予以立法,并付诸于司法、执法实践,使少数民族地区人们权利在传统习惯与现代法治的实质交融中,获得更有效的保护。⑦ 赵天宝认为,目前德昂族习惯规范的研究成果尚不系统,且多留在描述层次,缺乏细致深入的文化阐释与法理分析。未来德昂族习惯规范的研究应运用多学科的研究方法,注重场景深描和深度解析,致力于发现德昂族习惯规范与当今法人类学理论的背离之处,然后对之进行深入思考并合理阐释,力争为我国民族法理论的提升增砖加瓦。⑧

马敬认为,对于西北民族地区的乡村治理而言,通过乡贤运用非正式的规范调解纠纷的方式仍有其存在价值,总体而言还是利大于弊。对其除弊兴利需要在国家和社会两个层

---

① 刘腾肤:《乡村纠纷解决中国家法与民间法适用的实证研究》,载《会议论文集》。
② 齐俊草、牛绿花:《多元纠纷解决机制的运行与建构——以甘南州玛曲县的具体实践为研究样本》,载《会议论文集》。
③ 崔超:《民族地区司法制度调试的历史镜鉴与现实反思》,载《会议论文集》。
④ 胡现岭:《论1940年代太行革命根据地婚姻纠纷的解决》,载《会议论文集》。
⑤ 唐华彭:《作为群众运动的人民调解——以江苏司法改革运动前后为例》,载《会议论文集》。
⑥ 张健:《重拾被遗忘的传统:晚近百年刑事和解的变迁——以龙泉司法档案为样本》,载《会议论文集》。
⑦ 龚卫东:《少数民族传统习惯法治化归导的法理证成》,载《会议论文集》。
⑧ 赵天宝:《回眸与前瞻:德昂族习惯规范研究五十年(1950-2020)》,载《会议论文集》。

面进行共同的努力，国家层面主要是通过法律进行规制，使其在法治的框架内充分发挥积极作用，避免消极影响；社会层面则应以中国化为根本理念导向，使其能在符合当代民族地区实际的基础上进一步凸显出中国社会的特质。[1] 马连龙发现，在青海藏区为代表的西部民族地区，无论认罪认罚从宽制度推行与否，以习惯促进刑事和解已经在广泛运用。应当从证据法层面将带有自愿认罪、积极和解的"董嘉哇"习惯（法）转化为书证，从而增强认罪认罚导向，促进认罪认罚制度在西部地区适用更加完善。[2]

牛绿花考察发现，藏传佛教高僧自产生以来逐步成为藏族社会的精英与权威并存续千百年，始于吐蕃王朝的政治法律建构和元以来中央政权的认可，伴随并延续于藏民族精神建构，强化并传承于藏族文化教育建构。[3] 韩雪梅以陇南康县女娶男嫁婚姻习俗为对象，通过田野调查，梳理了该婚俗背景下的婚姻成立、解除、离婚制度，以及子女财产继承和分割等方面所发生的变化，进而分析了社会与家庭习惯法文化之间的调适建构关系。[4] 徐斌从中美苗族"抢婚"习俗的现代遗留与相关案例入手，从法人类学视角分析中美司法机关对苗族"抢婚"习俗的态度和处理办法，探讨了中美不同文化背景下的司法处理。[5]

吴雅泱耶·光雷认为通过司法确认模式有效避开判决前的棘手程序，将少数民族习惯法内容直接带进执行程序，实现少数民族习惯法在法治建设中发挥价值和作用的目的，是解决目前少数民族习惯法与国家司法实践衔接的理论及实践停滞不前的有益尝试。[6] 苏洁研究发现南方山地民族民间文学起源并生长于相对封闭的群山之间，作为一种特殊生态空间里存在的语言符号体系，承载着山地民族数千年的社会结构与文明传承功能。[7] 李远华以桂北山区的一个瑶族聚居村屯的传统度戒仪式为调查对象，经过实地调查采访，了解了当地瑶族社会的度戒的主要内容、程序以及其文化与社会功能。[8] 雷伟红认为，民族环境习惯既包括调整人与自然关系的习惯及与此相关的调整人与人关系的习惯，又包括技术性规范和规定性习惯，也包括保护生态环境的习惯和有害生态环境的习惯。它是由观念层面的民族环境习惯、物质层面的民族环境习惯与制度层面的民族环境习惯组成的有机整体。[9]

杨森井根据碑记及相关资料，发现自有宋以降历代王朝对清水江下游地区少数民族之国家认同进行建构的进路，一是通过设立土司、建制府卫和改土归流进行建政施治，实现

---

[1] 马敬：《甘肃临夏乡贤调解纠纷的程序规范探析》，载《会议论文集》。
[2] 马连龙，马晓萍：《西部民族习惯与认罪认罚从宽制度的互动研究》，载《会议论文集》。
[3] 牛绿花：《精英与权威的社会建构——基于藏传佛教高僧的历史考察》，载《会议论文集》。
[4] 韩雪梅，赵婧汝：《调适与冲突：司法实践中的陇南"女娶男嫁"婚姻法习惯》，载《会议论文集》。
[5] 徐斌，徐晓光：《"文化罪行"及其司法处理——黔东南与美国苗族"抢婚"案件的比较研究》，载《会议论文集》。
[6] 吴雅泱耶·光雷：《少数民族习惯法与国家司法实践衔接路径研究》，载《会议论文集》。
[7] 苏洁：《南方山地民族民间文学之法律叙事功能研究》，载《会议论文集》。
[8] 李远华：《仪式与规制：瑶族度戒的基层社会治理功能与启示》，载《会议论文集》。
[9] 雷伟红：《论民族环境习惯内涵的界定》，载《会议论文集》。

了从因俗而治到直接统治的制度推进；二是在前者基础上采用政治吸纳、经济惠苗和施行教化之策来大治化苗，实现政治经济文化参补下的政策供给。① 徐晓光发现，清代民族村寨一般诉讼不入官，民间调解后以保证书形式作为誓言和以后鸣官的凭证。民间通过送惩权连接官府，官府对轻微案件回批给民间组织，重要案件按法律处理。官府实行限诉，尽量使纠纷化解在民间。② 林飞翔发现，清代中央政权对葬俗持禁止或打击的态度，但地方官府在立法中通过变通，避免民间习俗与国家律法产生严重冲突，使民间社会秩序得以保持稳定。③ 沙勇发现，晚清甘青藏区基层社会纠纷解决在具体的司法实践中，基于对甘青藏区复杂社会形态的考量，清王朝仍遵循"因俗而治"的传统，体现出较大范围的适用性和变通性，但也造成越级上诉、抗不赴讯、缠讼不休、拒不执行等诸多情形的司法困境，给纠纷的解决和落实造成不利影响。④

五、民间法的一般理论及其他问题

胡玉鸿认为，在正式的法律渊源之外，还有大量的非正式法律渊源的存在，他通过择取"自然与约定"、"理性与经验"、"国家与社会"三对范畴，论述了社会渊源存在的理论依据。最后结论是，法律的社会渊源既是法律的理论与实践所必需，也符合法律与社会关系的一般原理，具有正当性与民主性基础。⑤ 姚选民认为，国家法的基石法理是政治秩序逻辑，民间法的法理型构思维是场域逻辑，要摆脱当前法学舆论格局中的被动地位，民间法须型构自己的基石法理逻辑亦即场域公共秩序逻辑。⑥ 许修尧认为，民间法与国家法在人性假设、注重实效以及对道德的遵循的特征上存在契合，法治建设需要民间法与国家法的互动，并提倡法律的多元化。⑦ 胡昌明认为，民间法与国家法之间既互相渗透、配合，又彼此抵触、冲突，只有在与国家法的互动中宽容地对待民间法，才能使民间法发挥积极的作用，避免其消极性，并从根本上认识到法律文化的真谛。⑧

高中意认为，民间法的成长不是其内部具体规则的变动，也不是其内部具体规则的数量增加，而是其内部成长能量实现动态平衡的过程，这是民间法的能量守恒定律的表现。⑨ 武暾认为，西方法学所描述的"习惯是法律的基础——习惯经认可才为法律——习

---

① 杨森井：《少数民族之国家认同建构研究——以清水江下游地区〈验洞记述碑〉作为切入》，载《会议论文集》。
② 徐晓光：《清代民族村寨纠纷解决与官府办案倾向》，大会主题发言。
③ 林飞翔：《清代省级立法对葬俗的调适分析——以〈福建省例〉作为分析视角》，载《会议论文集》。
④ 沙勇：《晚清甘青藏区基层社会纠纷解决的司法实践》，载《会议论文集》。
⑤ 胡玉鸿：《试论法律社会渊源的理论基础》，载《会议论文集》。
⑥ 姚选民：《论民间法的场域公共秩序逻辑——基于广义法哲学视角之民间法的基石法理型构》，载《会议论文集》。
⑦ 许修尧：《民间法与国家法的契合与互动——儒家法律文化的影响》，载《会议论文集》。
⑧ 胡昌明：《法律文化与法律多元——在与国家法的互动中宽容地对待民间法》，载《会议论文集》。
⑨ 高中意：《民间法的外部成长动力——民间法的能量守恒定律研究之一》，载《会议论文集》。

惯是法律的一种——习惯的程序转向"的图景,是后起的中国法治建设可资借鉴的外部资源。① 张伟认为,传统礼法可以在解决国家法与地方法的冲突中发挥至关重要的作用。② 张洪新认为,以裁判规则构造为核心关注的"民间法"研究,要想仍然是可欲的,应该采取更为开放的视角,将"民间法"在日常生活实践中的运作方式与具体运作领域予以客观描述和全面呈现。③ 秦启迪发现,诸多家法族规对卫生健康问题均有规范,这些卫生健康规范还产生了祛病防疫、弥补国法、移风易俗等历史影响,对推进法治中国、健康中国和文化强国战略有启示意义。④

彭中礼认为,整体上看我国设区的市立法对于民间规范的态度比较淡漠,设区的市立法可以充分吸收、改造或者借鉴民间规范,从而体现设区的市立法的"地方性",但这既需要立法主动作为,也需要立法讲究方法。⑤ 金梦认为,区域协同立法者作为协同立法机制构建的主体性要素,其心智构念影响协同立法的进程和质量。⑥ 魏治勋认为,国家普适性立法无法照顾复杂的区域特色问题,从而需要地方立法的辅助与填补,将地方治理纳入法治化轨道,正是地方立法的制度"合理性"所在。⑦ 钱锦宇认为,新冠肺炎疫情的爆发作为典型的现代化风险,对我国城市风险防控与治理体系和治理能力提出了严峻挑战,应当抓住全面加强和改善党的领导这个关键,构建以城市治理现代化为导向的多元主体协同共治的城市疫情整体性防控模式。⑧

此外,还有李杰对基层社会治理网格化的反思,⑨ 余浩然对条块管理模式在基层的扩展中存在的问题的田野调查,⑩ 赵海怡对影响地方营商法治环境的规范性文件的考察,⑪ 杜国强对教师升等中的外审程序的法治与自治的研究,⑫ 刘家佑对清代漕运引发的社会问题与法律控制的研究,⑬ 杜鑫关于"中华民族共同体"理论逻辑的历史追索,⑭ 冯玉东关

---

① 武暾:《法律与习惯:一部西方法律思想简史》,载《会议论文集》。
② 张伟,张颖:《礼法时代民间法律规则体系旁微》,载《会议论文集》。
③ 张洪新:《"民间法"的边界及其方法拓展——从法社会学研究的理论困局谈起》,载《会议论文集》。
④ 秦启迪:《论家法族规中卫生健康规范的内容与规律》,载《会议论文集》。
⑤ 彭中礼:《设区的市立法与民间规范:经验、理论及其解析——基于东中西部三省设区的市立法的比较分析》,载《会议论文集》。
⑥ 金梦:《立法者之心智:区域协同立法机制构建的动因》,载《会议论文集》。
⑦ 魏治勋,刘一泽:《地方立法的"地方性"》,载《会议论文集》。
⑧ 钱锦宇:《风险治理视域的现代城市疫情防控》,载《会议论文集》。
⑨ 李杰:《基层社会治理网格化反思——以台湾地区"社区营造运动"为借鉴》,载《会议论文集》。
⑩ 余浩然:《条块管理、空间构建与主体互动:以S县新冠疫情防控应急管理为例》,载《会议论文集》。
⑪ 赵海怡:《中国地方营商法治环境及其"未被直接赋予法律效力"的制度载体》,载《会议论文集》。
⑫ 杜国强:《外审程序的法治与自治:以台湾地区教师升等为镜鉴》,载《会议论文集》。
⑬ 刘家佑,徐晓光:《清代漕运引发的社会问题与法律控制——以处理中央与地方的法律规制为视角》,载《会议论文集》。
⑭ 杜鑫:《"中华民族共同体"理论逻辑的历史追索——谈顾颉刚中国民族史理论研究的时代轨迹》,载《会议论文集》。

于中华法系国法与人情相互合璧之立法智慧的研究,① 许娟关于民间发行机构发行的数字票的法律属性及其监管的研究,② 黄鑫政关于论"新兴权利"的本质及其局限的研究,③ 朱梁伟关于如何为"民间法"辩护的研究等。④

六、结语

综观上述内容,可以发现本届会议总体呈现如下特点。一是学术成果丰富,社会影响广泛。这说明在全面推进依法治国的进程中,民间法作为社会生活和社会治理的重要规范资源,其不仅为专家学者们所研究重视,也获得了社会的广泛关注和认可。二是本届会议的主题既紧跟网络社会发展的时代步伐,又保持了民间法、民族习惯法研究的一贯特色。可见民间法研究不只是"向后"、"边缘"的学问,也是与时俱进、面向法治中国建设的前沿和核心的问题。三是会议的研究成果具有理论探索、规范分析、事实梳理并举的多样性。作为社会规范体系的有机部分,民间法本身就是生活之法,其自身的复杂多元决定了相关研究成果的丰富多样。

当然,与会的学术成果也存在一些可能的不足。一是对网络民间法的探讨存在主题分散、事实零碎、理论研究不够深入等问题。尤其是关于网络民间法的本体、作用机制、作用效果等问题的探讨,少有具体详细的案例分析和理论支撑。二是民间法、民族习惯法的研究对象和范围仍集中于乡村或少数民族地区而很少涉及城市。在中国社会的发展"道路通向城市"的大趋势之下,不关注城市民间法,既不符合民间法客观存在于城市社会的事实,还有可能使民间法的研究失去拓展研究领域、提升研究水平、提高学术地位的机会。三是对科技发展所促使的民间法对国家法的挑战的探讨不足。科技发展本身产生了诸多新的非传统的民间法规范,它们不仅影响了人们既有的生活方式,更是对国家法所调整的社会关系和社会秩序产生了巨大的冲击。本届会议对这方面的问题虽然有所涉及,但是总体上缺乏深入的探讨。

总的来看,本届会议是一届虽难言圆满但也相当成功的会议。在《法治社会建设纲要(2020-2025年)》强调要加强居民公约、村规民约、行业规章、社会组织章程等社会规范建设的背景下,我们有理由相信民间法将在法治建设中发挥更大的作用,民间法的研究也将迎来更好的发展,民间法·民族习惯法学术研讨会自然也将越办越好。

---

① 冯玉东:《中华法系国法与人情相互合璧之立法智慧研究——以〈大清律例〉为例》,载《会议论文集》。
② 许娟、陈鹏:《民间发行机构发行的数字票的法律属性及其监管——从实物货币到数字货币的历史演进》,载《会议论文集》。
③ 黄鑫政:《论"新兴权利"的本质及其局限——兼论冤案受害者之人格尊严是新兴权利》,载《会议论文集》。
④ 朱梁伟:《如何为"民间法"辩护——从姚选民《民间法哲学论》切入谈"法观念"的历史叠层》,载《会议论文集》。

TheFolk Legal Dimension of the Exploration of Network Rule of Law
——A Summary of the 16th National Symposium
on Folk Law and National Customary Law

Wei Xiaoqiang

Abstract: Under the background of comprehensively promoting the rule of law, how to adapt to people's network life and become the standard resources of network rule of law is the era proposition that the research of folk law should face. With the theme of "national law and folk law on the network platform", the 16th National Symposium on folk law and national customary law discussed the frontier issues such as folk law and network rule of law, folk law in the development of science and technology, as well as the new contents of traditional issues such as folk law, national customary law and general theory of folk law in judicature, reflecting the folk law direction of network rule of law exploration Degree is the positive response of folk law researchers to the proposition of this era.

Key Words: folk law; national customary law; network society; network rule of law